JN429719

농업계급구조와 경제발전

-브레너 논쟁-

농업계급구조와 경제발전: 브레너 논쟁
Korean Translation Copyright © 1991 Jipmoondang, Seoul, Korea.
All rights reserved.
This Korean edition was published by Jipmoondang in 2025 Seoul, Korea.
이 책의 한국어판 저작권은 **(주)집문당**에 있습니다.
이 책의 한국어판 출판권은 **(주)집문당**에 있습니다.
저작권법에 의하여 보호를 받는 저작물이므로 무단 전재와 복제를 금합니다.

the Brenner debate

농업계급구조와 경제발전

- 브레너 논쟁 -

R. 브레너 외 지음

T.H. 아스톤 / C.H.E. 필핀 엮음

이연규 옮김

집문당

농업계급구조와 경제발전
-브레너 논쟁-

1991년 6월 1일 1판 1쇄
2025년 2월 1일 2판 1쇄

지은이 | R. 브레너 외
엮은이 | T. H. 아스톤 · C.H.E. 필핀
옮긴이 | 이연규
발행인 | 임동규
발행처 | **(주)집문당**
등록 | 1971. 3. 23. 제2012-000069호
주소 | 03134 서울시 종로구 돈화문로 82, 5층
전화 | +82-1811-7567
이메일 | sale@jipmoon.com
홈페이지 | www.jipmoon.com

ISBN 978-89-303-1969-0 03300

가격 38,000원

(주)집문당 이순신돋움체B (저작권자 아산시, 무료글꼴)

서 문

브레너 논쟁the Brenner debate이라고 불리게 된 논쟁은 마땅하게도 최근에 벌어진 가장 중요한 역사적 논쟁 가운데 하나라고 볼 수 있으며, 어떤 형태로든 적어도 마르크스Marx 시절로까지 거슬러 올라간다. 전반적으로 말해서 이 논쟁은 봉건제에서 자본주의로 이행이라는 획기적인 주제에 대해 역사가와 여러 인접 분야의 학자들이 끊임없이 관심을 기울여 왔음을 분명하게 보여준다. 보다 구체적으로 보면 그것은 과거의 본질적으로 중요한 문제들에 대한 논의와 논쟁을 촉진시키고 부추기는 『과거와 현재*Past and Present*』의 전통—그 전통에서 가장 일찍이 맺어졌고 또 어쩌면 가장 영향을 많이 미쳤을 결실은 1965년에 루틀레지-키건 폴 출판사에서 출간된 『유럽의 위기, 1560~1660*Crisis in Europe, 1560-1660*』였다—을 잇고 있다. 이제 그 잡지에서 이 책에 다시 옮겨 게재된 이 논쟁은 오랜 기간에 걸쳐 전개되어 왔다. 로버트 브레너Robert Brenner의 원래 논문은 1976년에 『과거와 현재』에 게재되었으나, 사실상 그것은 더 거슬러 올라가 1974년 4월에 브레너가 프린스턴대학 부설 고등학문연구소의 사회과학 세미나에 제출한 논문에서 비롯된 것이었는데, 논쟁은 그로부터 시작하여 1982년에 브레너의 반론이 실릴 때까지 계속되었던 것이다. 유감스럽게도 이 논쟁에 기고한 마이클 포스탄Michael Postan 경과 쿠퍼J. P. Cooper 두 분은 논쟁이 끝을 맺기 전에 세상을 달리하였으나, 두 분이 기고한 글들은 그 문제에 대한 서로 다르지만 똑같이 흥미를 돋우는 그들 자신의 접근방식을 보여주는 뛰어난 본보기가 되고 있다. 그 두 분과 몇몇 다른 필자들이 그들의 주장을 이제는 좀 다른 형태로 제시하고자 하리라는 것은 분명하지만, 논쟁의 틀을 유지하기 위해서만이라도 논문들을 몇 군데 아주 사소한 수정과 변경을 한 것 말고는 원래 잡지에 실린 그대로 게재하기로 결정하였다.

이 논쟁은 이미 많은 분야의 학자들뿐만 아니라 일반 독자들 사이에서도—그들의 주된 관심이 사회사와 경제사 그리고 인구사 가운데 어느 것에 있든, 중세와 근대 초 가운데 어느 시대에 있든, 또 영국과 프랑스 그리고 서유럽 및 중앙유럽의 어떤 다른 나라 가운데 어디로 쏠려있든—아주 폭넓은 관심을 불러일으켜 왔다. 그것은 또한 사회학자와 사상사가, 역사서술가, 그리고 농민사회에 관해 아니 실로 서유럽 문명 전체에 관해 연구하는 학자들 사이에서도 아주 즐겨 읽혀왔다. 하지만 이 논쟁이 이것으로 종결된다고 기대할 수는 없으며, 우리도 이 논쟁을 그런 식으로 보고 싶지 않다. 오히려 우리는 이 논쟁으로 인해 이것이 아주 구체적으로 다루고 있는 그 커다란 문제에 대한 논의가 더욱 확산되기를, 또 이 책이 역사가와 인접분야의 학자들 모두가 그들이 제각기 어떤 시대에 특별히 관심을 두고 있든 반드시 읽어야 하는 문헌이 되기를 바라며 또 그렇게 되리라고 믿는다.

우리는 이 책을 마련하는 데 도움을 준 캠브리지대학 출판사의 모든 분들께, 특히 무엇보다도 친절하게 찾아보기를 작성해준 피오나 바르Fiona Barr 여사께 깊은 감사를 드린다.

아스톤T. H. Aston

필핀C. H. E. Philpin

차 례

서문 • v

서론 — 1
로드니 힐튼R. H. Hilton

□ 산업시대 이전 유럽의 농업계급구조와 경제발전 — 17
로버트 브레너Robert Brenner

□ 봉건사회에서의 인구와 계급관계 — 99
마이클 포스탄M. M. Postan · 존 해처John Hatcher

□ 농업에서의 계급구조와 자본주의의 발달 : 프랑스와 영국의 비교 — 125
패트리셔 크루트Patricia Croot · 데이비드 파커David Parker

□ 독일 동부와 서부에서의 농민조직과 계급 갈등 — 145
하이데 분더Heide Wunder

□ 로버트 브레너에 대한 반론 — 161
에마뉘엘 르 르와 라뒤리Emmanuel Le Roy Ladurie

□ 신맬서스모델에 대한 비판 — 171
기 브와Guy Bois

□ 봉건제의 위기 — 191
로드니 힐튼Rodney Hilton

□ 농업 자본주의를 찾아서 — 223
쿠퍼J. P. Cooper

□ 산업시대 이전 보헤미아의 농업계급구조와 경제발전 — 311
아노스트 클리마Arnošt Klíma

□ 유럽자본주의의 농업적 뿌리 — 343
로버트 브레너Robert Brenner

번역을 마치고 • 523

서론

로드니 힐튼
R. H. Hilton

『과거와 현재』 제70호(1976년 2월)에 실린 로버트 브레너의 도전적인 논문 「산업시대 이전 유럽의 농업계급구조와 경제발전」은 역사가들에게뿐만 아니라, 한 사회구성으로부터 다음 사회구성으로의 이행을 불러일으킨 원인들에 관심을 지닌 모든 사람들에게도 엄청난 흥미를 일깨워주는 논쟁의 신호탄을 이루었다. 몇 가지 측면에서 그것은 미국의 경제학자 폴 스위지Paul Sweezy가 모리스 돕Maurice Dobb이 그의 『자본주의의 발달에 관한 연구』에서 제시한 분석에 대해 비판을 가함으로써 촉발되었던 봉건제로부터 자본주의로의 이행에 관한 또 하나의 잘 알려진 논쟁을 이어받은 것으로 여겨질 수도 있을 것이다. 그러나 1950년에 미국의 학술 잡지 『과학과 사회』에서 시작되었던 그 논쟁은 주로 마르크스주의자들 사이의 논쟁으로 한정되었다.[1] 그리고 그 논쟁이 마르크스주의자들의 범위를 넘어 폭넓은 반향을 일으켰음은 의심할 나위가 없지만, 그것은 불가피하게 더욱 광범위한 대중을

1) M. Dobb, *Studies in the Development of Capitalism* (London, 1946; repr. London, 1963, 1972). *Science and Society* 에서의 논쟁은 보충자료를 덧붙여 The Transition from Feudalism to Capitalism, introd. R. H. Hilton(London, 1976)으로 다시 출간되었다.

상대로 한 논쟁이기보다는 마르크스주의 자체 안에서의 논쟁으로 간주되지 않을 수 없다. 이른바 "이행 논쟁"이라 불리는 그 논쟁과 이 책에 실려있는 "브레너 논쟁"은 그 주제에서 상당히 많은 중복을 보이고 있으며, 또한 브레너 자신이 1977년에 『뉴 레프트 리뷰』에 실은 폴 스위지와 안드레 군더 프랑크André Gunder Frank 그리고 임마누엘 왈러스타인Immanuel Wallerstein에 대한 한 비평에서 그 이행 논쟁에 관해 폭넓게 언급하고 있기는 하지만,[2)] 브레너 논쟁에서 이행 논쟁은 거의 언급되고 있지 않다. 그럼에도 불구하고 이 책에 나오는 글들의 논의를 보고서 흥미를 갖게 된 사람들은 돕-스위지 논쟁에도 많은 흥미를 느끼게 될 것이다.

브레너의 논문에 대한 반론들은 아주 다양한 성격을 띠고 있었다. 브레너는 바로 그가 산업시대 이전에 유럽에서 농업경제들이 발전해 간 과정을 일종의 인구적 결정론으로 해석하고 있다고 여겼던 견해를 (그리고 보다 작은 정도로는 상업적 해석도) 공격의 과녁으로 삼고 있었으므로, 가장 먼저 나온 몇몇 반론은 브레너가 "신맬서스주의자"로 이름지었던 역사가들로부터 나왔다. 이 역사가들이 브레너의 사실적인 기반이 지닌 결함들이나 그 어떤 것에 관해 무슨 말을 할 수 있든, 가장 주된 다툼은 역사적 발전을 설명하는 서로 경쟁적인 이론들 사이의 대립에서 비롯되었다. 바로 이것이 포스탄M. M. Postan 및 존 해처John Hatcher의 반론과 에마뉘엘 르 르와 라뒤리Emmanuel Le Roy Ladurie의 반론 아래에 깔린 주된 동기였던 것으로 보인다. 그러나 브레너의 이론에 대한 또 하나의 강력한 이론적 비판은 신맬서스주의자로부터

2) R. Brenner, "The Origins of Capitalist Development: A Critique of neo-Smithian Marxism", *New Left Review*, no. 104(1977).

가 아니라 브레너 자신에 못지않게 신맬서스주의를 신랄하게 비판하고 있는 학자로부터 나왔다. 그는 다름 아닌 기 브와Guy Bois로, 중세 말의 노르망디Normandy에 관한 아주 상세한 연구서로서 논쟁이 벌어지기 바로 앞서 출간된 그의 『봉건제의 위기』는 13세기와 16세기 사이에 인구가 보여주었던 움직임에 대해 특별히 주목하고 있었다.[3)]

광범위한 이론적 해석의 문제에 대해서보다는 오히려 브레너의 주장을 뒷받침하고 있는 사실적인 기반에 대해 더 많은 관심을 두었던 역사가들로부터는 좀 다른 성격의 반응이 나왔다. 패트리셔 크루트Patricia Croot와 데이비드 파커David Parker는 근대 초에 프랑스와 영국에서 나타난 농업 구조와 농업 발전에 관한 브레너의 생각에 의문을 제기하였다. 하이데 분더Heide Wunder는 엘베 강을 경계로 한 서부 독일과 동부 독일의 농업사에 관한 브레너의 평가에 대해 의문을 표시하였다. 반론을 제기한 나머지 사람들은 사실상 이미 언급된 역사가들이 그랬던 것만큼 브레너를 상대로 한 논쟁에 그토록 깊이 빠져들지는 않았다. 필자 자신의 논문은 1977년에 독일에서 행해진 강연에 바탕을 둔 것으로서, 원래는 브레너 논쟁과 관계없이 씌어진 것이었으나, 그 주제가 관련을 맺고 있기 때문에 심포지엄에 포함되었다. 쿠퍼J. P. Cooper의 논문은 그의 죽음으로 말미암아 수정되지 않은 채 실리게 되었는데, 물론 그 논문이 이 논쟁으로부터 영향을 받았음은 의심할 나위가 없지만, 그것은 근대 초에 유럽이 겪은 사회 경제사에 관한 그 자신의 각별한 관심에서 빚어진 것이었다. 또한 아노스트 클리마Arnošt Klíma의 논문도 비슷하게 특별히 브레너에 대한 반론으로서 씌

3) G. Bois, *Crise du féodalisme* (Paris, 1976); 영역본, *The Crisis of Feudalism* (Cambridge, 1984).

어진 것이라기보다는 보헤미아 자본주의의 초기 역사에 관한 그 자신의 관심에서 비롯된 것으로 여겨진다.

따라서 이제 우리가 알아보겠지만 이 심포지엄에 기고된 글들은 서로 좀 다른 방식으로 브레너가 제기한 문제와 연관된다. 아주 길고 포괄적인 브레너의 반론은 서로 다른 이들 기고문 대부분을 흡수 · 종합하고 그의 원래 입장에 관한 한 비판자들에게 전혀 양보하지 않으면서 뭉뚱그려 반박을 가하고 있다. 논쟁 당사자들 사이의 차이는 그들이 끌어대고 있는 증거보다는 그들의 이론적인 출발점과 더 크게 관련되어 있는 것으로 여겨질 것이다.

신맬서스주의(또는 인구적 결정론)가 산업시대 이전의 경제발전에 관한 역사적 연구에서 지배적인 정통설을 이루고 있다고 일컫는 브레너의 말에는 얼마간 옳은 점이 있다. 물론 이 정통설을 단순히 학문적인 인습에 의해 부과된 것으로만 보아서는 안 된다. 그것은 1950년대 이래로 (물론 몇몇 사람들이 생각하듯이 그 자체로 독립된 학문 분야로서 그랬던 것은 아니지만) 역사학에 없어서는 안 될 기여로서 역사 인구학이 발달해 나온 것과 연관을 맺고 있다.[4] 중세사 연구에서 이 정통설을 선구적으로 제창해 온 기수로 간주될 수 있는 포스탄이 중세 경제사에 관한 그의 많은 글들에서 맬서스를 거의 언급하고 있지 않다는 것은 사실이다. 그럼에도 그는 인구의 팽창과 위축에 아주 중요한 의미를 부여하고 있다. 브레너가 그의 첫 논문에서 지적하고 있듯이[5] 포스탄의 선구적인 업적은 1950년에 파리에서 열렸던 제10차 국

4) 역사 인구학에 관해서는 일반적인 저작들이 많이 나와 있다. 그 보기로는 T. H. Hollingsworth, *Historical Demography* (London, 1969)와 E. A. Wrigley, *Population and History* (London, 1969)를 들 수 있다.

제역사학대회에서 중세 경제사에 관해 보고한 그의 글에 나타나 있다.[6] 그 글에서 포스탄은 다른 어떤 것보다도 화폐의 요인을 중심으로 장기적인 가격변동을 이해하려는 설명을 거부하고, 인구적인 요인이 무엇보다 중요함을 확고하게 주장하였다. 하지만 그가 스스로 사회의 "경제적 토대"[7]에 대한 그의 정의가 "초기 마르크스주의와 비슷한 내용을 암암리에 품고 있다"[8]고 고백했다는 것은 흥미롭다. 그럼에도 "법적 · 사회적인 제도들의 작용"이나 "계급들 사이의 관계"에 주목하지 않으면서 "인구와 토지에의 정착"을 고찰한다는 주제는, 그의 뒤이은 저작에서도 교역에 관한 글의 배경으로서나, 또는 그의 유명한 논문인 「중세 말의 인구감소에 대한 경제적 증거」에서처럼 보다 특정하게 인구문제에 관련해서나, 계속 되풀이해 나타나고 있다.[9]

반면에 에마뉘엘 르 르와 라뒤리는 아주 초기부터, 줄곧 생존의 한계 너머로까지 인구가 팽창하고 그러한 인구팽창이 필연적으로 인구감소를 낳아 기근과 역병 그리고 전쟁을 통해 인구를 자원과의 "적절한" 관계로 되돌려놓게 된다는 맬서스의 모델에 끈질기게 매달렸다. 그는 이 모델을 그의 가장 중요하고 만만찮은 저작인 『랑그독의 농민』에 통합시켜 넣었는데[10] 그 책의 두 번째 절에는 "맬서스의 부활"이

5) 본서의 p.25.

6) M. M. Postan, "[Section 3. Histoire économique :] Moyen âge", in IXe *Congrés international des sciences historique*, Paris, 1950, 2 vols.(Paris, 1950-1), i. *Rapports*; 그의 *Essays on Medieval Agriculture and General Problems of the Medieval Economy* (Cambridge, 1973)에 다시 게재되었음.

7) 본서의 p.25에서 브레너가 인용한 것임.

8) Postan, "Moyen âge", p.225(p.3).

9) M. M. Postan, "Some Economic Evidence of Declining Population in the Later Middle Ages", *Econ. Hist. Rev*, 2nd. ser., ii(1949-50) ; 그의 *Essays on Medieval Agriculture and General Problems of the Medieval Economy* 에 재수록됨.

라는 부제가 붙어있고, 그 전체 저작은 맬서스를 환기시키는 것으로 끝을 맺고 있다. 물론 이 저작이 농민의 존재가 지닌 사회적 정치적 영역들을 무시했던 것은 아니다. 사실상 그 책의 세 번째 절에는 "사상 논쟁과 사회적 투쟁"이라는 부제가 붙어있는 것이다. 하지만 1973년에 콜레쥬 드 프랑스에 취임하면서 그가 "움직이지 않는 역사"라는 제목으로 강연을 할 때에는 그의 맬서스주의가 더욱 뚜렷하게 제창되었다. "우리는 역사의 원동력을 계급투쟁보다는 오히려 경제와 사회적 관계들 그리고 더욱 근본적으로는 생물학적 사실들에서 찾아야만 한다"는 것이었다.[11] 그리고 그는 다시 "14세기로부터 17세기까지 통틀어 경제는 주인이기보다는 하인이고 이끌기보다는 이끌림을 당하며……궁극적으로 보아 삶과 죽음이라는 거대한 힘들 앞에서 아주 나약한 모습을 보여준다. 그리고 정치 또는 계급투쟁에 관한 한 그들이 힘을 얻을 때는 아직 다가오지 않고 있다"고 말했다.[12]

포스탄이 어떤 면에서든 마르크스주의적인 역사해석들을 완전히 적대시했다고 생각해서는 결코 안 된다. 견해가 여러 점에서 뚜렷하게 맞부딪치고 있긴 하지만 소련의 역사학자인 코스민스키E. A. Kosminsky는 공립 기록보관소에서 자신에게 도움을 준 데 대해 그리고 자신을 영국 역사가들에게 소개해 준 데 대해 포스탄에게 감사를 표하였다. 포스탄은 코스민스키가 1950년대에 영국을 방문했을 때 그를 따뜻하게 환영해 주었는데 그즈음은 그러한 접촉을 하기에 결코 좋은 시절

10) E. Le Roy Ladurie, *Les Paysans de Languedoc*, 2 vols.(S. E. V. P. E. N. edn, Paris, 1966).

11) E. Le Roy Ladurie, "L'histoire immobile", *Annales E. S. C.*, xxix(1974), p.675.

12) *Ibid.*, p.689.

이 아니었다. 포스탄은 마르크스를 곧잘 "세계적 천재"라 부르곤 했으며 1977년에는 『뉴 레프트 리뷰』를 위해 폴란드의 마르크스주의 역사가인 비톨드 쿨라Witold Kula의 저작에 대해 매우 호의적인 서평을 기고하였다.[13]

물론 그렇다고 해서 마르크스주의자로서 브레너가 논쟁을 위한 목적으로 신맬서스주의(또는 신리카르도주의)의 입장과 그 자신의 입장 사이의 거리를 과장했다고 말하는 것은 아니다. 하지만 이 논쟁을 읽는 독자는 마르크스주의의 입장을 이해하는 데 여러 다른 방식이 있다는 점을 감안할 필요가 있다. 다음에 실린 논문들로부터 분명하게 드러나겠지만 포스탄과 그의 학파를 브레너로부터 가장 뚜렷하게 구별 짓는 요소는 경제사의 주제로부터 "계급들 사이의 관계"를 배제하고 있다는 점에 있다. 브레너에게는 그리고 많은 마르크스주의 역사가들에게는 계급착취와 계급투쟁의 주제가 중세 경제의 본질적인 측면들을 이해하는 데 근본적으로 필요하다고 여겨지고 있는 것이다.

중세 사회에서는 자본주의 이전의 모든 경제에서 그러하였듯이 농업생산이 산업 생산을 압도하고 있었다. 생산자 가운데 압도적인 대다수를 차지하고 있던 농민들이 공산품과 소금 같은 산물을 사들이고 특히 지대와 세금을 납부하는 데 필요한 현금을 얻기 위하여 시장에 그들의 생산물 가운데 일부를 내다 팔았음은 분명한 사실이다. 그러나 그들의 생산 가운데 대부분은 자급자족과 경제적 재생산을 목적으로 이루어졌다. 국제교역에서 거래되는 사치품들, 성당과 성채 같은 거창한 규모의 건축사업, 전쟁을 벌이고 약탈을 자행하는 데 필요한

13) M. M. Postan, "The Feudal Economy", *New Left Rev.*, no. 103(1977), review of W. Kula, *An Economic Theory of the Feudal System* (London, 1976).

무기와 갑주 따위, 그리고 모든 문화적인 물품들은 모두가 주로 상층계급의 수요에 의존해 있었다. 인구의 대다수를 차지하고 있는 농민 대중으로부터 나오는 비농업생산물에 대한 수요에서 나타난 변화는 경제의 상층부에 아주 사소한 영향만을 미쳤을 뿐이다. 결정적인 것은 토지를 소유하고 있는 지배계급의 수입과 처지에서 나타나는 변화였다. 하지만 이러한 변화를 결정하는 것은 무엇이었는가? 지배계급의 수입 가운데 주된 부분을 차지한 것은 지대였으므로 우리는 지대의 수준을 결정했던 것이 무엇이었는가를 따져보아야 한다. 바로 여기에서 마르크스주의자들의 업적은 중요한 의미를 띠게 된다. 중세 농민들은 토지시장에서 자유롭게 거래를 하여 마음대로 토지를 획득하거나 토지를 버리고 떠날 수 있는 입장에 놓여있지 못했다. 그들 가운데 대부분은 아마도 봉건영주가 자리를 잡기 전에 이미 뿌리를 내리고 있었을 전통적인 공동체 안에서 살고 있었다. 또 그들 가운데에는 법적으로 예속되어 있었거나 또는 신분상으로는 자유로웠지만 영주의 권력에 종속되어 있던 사람들이 높은 비율을 차지하고 있었다. 마르크스주의 역사가들에게는 자원과 노동력 사이의 상대적인 비율이나 농업생산의 기술적인 수준이 얼마나 커다란 영향을 미쳤든 영주의 권력이야말로 지대 수준을 결정하는 데 더할 나위 없이 중요한 요소였다. 영주와 차지인 사이의 관계는 "경제적"이기보다는 "정치적"이었고, 따라서—마르크스가 자본주의 경제에서 자본가와 임금노동자 사이에 이루어지는 자유로운 계약과 대조하여 만들어 낸—"경제외적 강제"라는 말이 사용되기에 이르렀다. 하지만 경제외적 강제가 한결같이 성공을 거두지는 못하였다. 영주가 노동 부역으로든 현물로든 또는 현금으로든 지대를 수탈하는 것은 농민 생산자가 보기에 그의 생산물을 공공연히 빼앗아가는 것으로 여겨졌을 게다. 그리하여 노동 부역을 게을리하는 것에서 공공연한 반란에 이르기까지 아주 다양한 방식으로 지대에 대한 저항이 다소 강력하게 나타났다. 바로 이것이 마르크스주의 이론의 핵심을 이루는 계급투쟁이었다.

그러나 오로지 이것만이 핵심을 이루는 것은 아니다. 기 브와가 이 논쟁에 기고한 글은 우리로 하여금 마르크스주의의 전통 속에서 활동하고 있는 역사가들 사이에도 중요한 차이들이 존재하고 있음을 상기하게 만든다. 이러한 차이들을 이해하기 위해서는 역사적 유물론의 주된 내용들을 인식할 필요가 있다. 역사적 유물론은 결코 고정된 교의가 아니다. 마르크스주의자와 비마르크스주의자 사이에서뿐만 아니라 마르크스주의 자체 안에서도 논쟁이 벌어지고 있는 것이다. 그럼에도 "생산양식"의 개념은 모든 마르크스주의 역사가들로부터 역사적 탐구를 하는 데 반드시 필요한 도구로 받아들여지고 있다. 마르크스주의는 유물론이기 때문에 생산양식은 첫째로 마르크스가 "생산력"이라고 불렀던 것, 즉 자연자원과 기술 그리고 노동력—생존과 재생산을 위한 투쟁 속에서 인간과 자연 사이에 맺어지는 관계—에 바탕을 두고 있는 것으로 이해된다. 생산양식에 대한 규정에서 두 번째 요소는 "생산관계"이다. 이 짤막한 용어는 본질적으로 노동을 통해 자신의 생계를 꾸려갈 뿐만 아니라 생산수단의 소유자에게도 수입을 제공하는 생산자가 생산수단의 소유자에 대하여 맺는 관계를 가리킨다. 이러한 생산관계는 당연하게도 생산력이 어느 수준에까지 발달해 있는가에 따라서 크게 달라진다. 마르크스주의자들이 봉건적 생산양식이라 부르는 것에서는 본질적으로 농민과 영주 사이의 관계가 생산관계를 이룬다. 또는 역사적 발전이 특히 시장의 발달 및 도시화의 진척과 더불어 다른 계급들과 다른 관계들을 낳는다는 점에 비추어보면, 어쩌면 오히려 봉건적 생산양식에서는 생산관계가 농민과 영주 사이의 관계에서 시작된다고 말해야 될 게다.

"생산양식"은 사실상 역사의 발전 과정에 대한 마르크스주의적 분석의 뼈대에 지나지 않는다. 생산양식은 단순히 한 사회의 하부구조일 뿐이며 그 사회의 법률과 종교, 국가의 형태 그리고 문화는 그 경제구조와 밀접하게 연관되어 있거나 또는 그 구조로부터 발달해 나온 상부구조의 여러 측면을 이룬다. 어떤 것도 결코 단순하지 못하다. 어떤 특정한 사회구성은 비록 지배적인 생산양식에 의해 형성되기는 하지만, 다른 생산양식들과 그 양식들의 상부구조에 나타나는 형태들의 여러 요소를 그 안에 포함할 수 있다. 18세기로부터 오늘날에 이르기까지 자본주의 사회에서 봉건제의 요소들이 얼마나 많이 살아남아 있는가를 상기하는 것만으로도 우리는 충분히 그러한 사실을 알 수 있을 것이다. 게다가 무엇이 하부구조이고 무엇이 상부구조에 속하는가에 관해서 마르크스주의자들 사이에 반드시 견해가 일치하고 있는 것도 아니다. 법률은 어떤 경우에나 상부구조에 속하는가? 어떤 사람들은, 봉건사회에서는 예농제에 관련된 법률들이 "잉여착취"의 과정 속에 너무나 깊이 개입하고 있어서 법률적 · 정치적 그리고 이데올로기적인 상부구조의 한 부분이기보다는 생산관계의 한 부분으로 간주되어야만 한다고 주장할 것이다. 또는 심지어 더욱 강력하게 노예제의 법률은 인간을 단순히 생산도구에 지나지 않는 존재로 만든다는 점에서 의심할 나위 없이 경제적 하부구조의 한 요소를 이루고 있었다는 주장도 제기될 수 있다.

마르크스주의 역사학이 지니고 있는 문제들 가운데 몇 가지에 대한 이와 같은 간략한 서술은 브레너 논쟁에서 중요한 위치를 차지하고 있는 한 가지 중요한 요소에 대해 배경을 제공하기 위한 것이다. 역사에서 변화를 불러일으키는 원동력은 과연 무엇인가? 브레너에게는 계급투쟁이 가장 중요한 원동력이다. 하지만 그에 대해 비판을 가하는 마르크스주의자들은, 마르크스주의 학계에 속한 많은 학자들뿐만 아니라 다름 아닌 마르크스 자신도 생산력에서 이루어진 발전—새로운 기술, 노동을 조직하는 새로운 방식, 새로운 사회계급들의 경제적 성공—이 기존의 생산관계와 모순을 일으키고, 따라서 물론 당연하게 법률적 · 정치적 그리고 이데올로기적인 상부구조와도 모순을 일으키게 된다는 점을 강조했다는 사실에 주목하고 있다. 그렇다면 하나의 사회구성으로부터 다른 사회 구성으로 전환을 일으키는 주된 원인을 생산양식의 두 요소 가운데 어느 쪽에 둘 것인가? 좀 투박하게나마 우리는 기술의 발달에 우위를 둘 수 있다. (마르크스가 초기에 내놓은 명제를 인용하자면 "맷돌은 봉건영주가 지배하는 사회를 가져오는 반면 증기제분기는 산업자본가가 지배하는 사회를 가져온다.")[14] 하지만 계급투쟁에 우위를 두려는 사람들도 지대를 둘러싼 투쟁을 통해 지배계급의 수입이 결정되었다는 점이 봉건사회에서 아무리 중요한 요소를 이룬다고 하더라도 변화하지 않는 맥락 속에서 이러한 투쟁이 벌어지는 것은 결코 아니라는 사실을 반드시 깨달아야만 한다는 점 역시 분명하다. 특히 여러 해 전에 모리스 돕이 지적한 바 있듯이 농민생산이 지배하는 사회에서는 토지와 노동력 사이의 상대적인 비율이

14) 이 글은 Marx, *The Poverty of Philosophy* [1847](Moscow, n. d.), p.122에 나오는 말인데 G. A. Cohen은 그의 저작 *Karl Marx's Theory of History* (Oxford, 1978)에서 여러 차례(예컨대 pp.41, 144) 이를 인용하고 있다. Cohen은 마르크스가 생산력에 우위를 두었다고 주장한다.

결정적으로 중요하다. 토지에 비해 인구가 너무 많아 방목지가 부족하고 척박한 땅까지 지나치게 경작되며 그에 따라 농업 생산성이 심각하게 낮아지고 있었던 1300년 무렵의 서유럽을 특징짓는 상황과는 대조적으로, 토지가 풍부하고 차지인이 부족한 곳에서는 지대를 둘러싼 투쟁이 아주 다른 결과를 낳게 되리라는 데 대해 거의 의문의 여지가 있을 수 없다. 이러한 모순된 결과는 사회의 인구적인 측면에서 나타나는 본질적인 요소들—출생률과 가임률 그리고 사망률—이 노동력에 결정적으로 영향을 미친다는 사실을 감안하지 않고는 결코 이해될 수 없다. 특히 기본적인 생산단위—농민 보유지와 수공업자의 작업장—가 가족에 기반을 둔 노동력을 사용했던 사회에서는 더더욱 그러하다.

이 논쟁을 읽는 독자들은 쉽게 알아차리겠지만 브레너는 중세 말과 근대 초에 유럽의 여러 나라에서 서로 다른 역사적 발전이 이루어지도록 만들었던 결정적인 요인으로 생산력에서의 발전보다는 오히려 계급투쟁을 강력하게 내세우고 있다. 이러한 강조는 무엇보다도 농민들이 그들의 보유지에 대한 권리를 침해당하지 않고 그대로 지켜내는 데 성공적으로 투쟁하면 일종의 역사적 퇴행이 나타나게 된다는 결론을 낳고 있다. 그 이유는 소규모 생산이 그 자체의 성격 때문에 기술의 혁신을 이루어낼 수 없었다는 데, 그리고 기술혁신은 초기 자본주의의 대변자로서 완전히 성숙한 자본주의적 농업을 위한 토대를 놓게 될 영주와 부유한 요맨들에게 내맡겨질 수밖에 없었다는 데 있었다. 소규모 농업생산이 혁신을 이룰 수 있었는가 없었는가는 역사가들 사이에서뿐만 아니라 오늘날 남아있는 (특히 제3세계의) 농민층에 대해 관심을 갖고 있는 학자들 사이에서도 논쟁거리가 되고 있다. 산업자본주의의 선구자인 영국이 농민층의 파괴에 바탕을 둔 농업 자본주의를 가장 먼저 발달시킨 나라이기도 했다는 사실이 반드시 그 문제가 제기되지 못하도록 만들지는 않는다고 말할 수 있는 것이다.

이미 지적한 바 있듯이 마르크스주의 역사가들 가운데에는 봉건사회에서 계급투쟁이 지니는 중요성을 부정하지 않으면서도 브레너에 비해 (마르크스주의의 용어를 빌려 말하자면) “생산관계”보다는 오히려 “생산력”에 우선권을 주게 될 경제적 요인들을 더욱 크게 강조하는 사람들이 있다. 그들 가운데 일부는 사실상 근대 자본주의의 발달에 관해 마르크스가 계급투쟁과 관련짓지 않고서 제시했던 논의와 비슷한 내적 논리를 봉건적 생산양식에서 찾아내고 있다. 마르크스는 대규모 공장생산에서 이루어진 자본주의적인 기술의 발전이 자본의 근본적인 구성을 변화시키고, 즉 노동력에 비하여 기계와 원자재에 투여되는 자본의 양을 더욱 늘리고, 수익률을 감소시키며, 정기적으로 과잉생산의 위기를 낳는다고 제시하였다. 브와와 쿨라는 (물론 불가피하게 서로 방식은 다르지만)[15] 둘 모두 봉건제 안에서 봉건영주의 대규모 토지소유와 농민의 소규모 생산 단위 사이에 나타나는 구조적인 모순을 강조하고 있다. 중세 봉건제에는 봉건영주가 총생산량에서 차지하는 몫의 비율이 장기적으로 낮아지는 추세가 내재되어 있는데, 이러한 추세는 (브와에 따르면) 농민가구들 가운데 점점 더 많은 수가 생계를 제대로 유지할 수 없는 소보유농으로 구성된 하위계급으로 전락해가는 팽창국면 동안에 시작된다는 것이다. 물론 이러한 경제적 논리는 마르크스가 자본주의적 생산에서 찾아냈던 것과 결코 같지 않

15) 쿨라의 *Theory of the Feudal System* 은 근대 초의 폴란드에 관한 것이다.

았다. 하지만 그것이 어떤 면에서든 완전히 (브레너가 사용하는 의미로) 정치적인 차원에서 영주와 농민 사이에 벌어지는 투쟁에 의해 결정되는 것은 아니었다.

계급투쟁의 역할을 특별히 강조하는 마르크스주의자들과 그보다는 계급투쟁에 우선권을 주지 않고 생산양식 전체에 눈을 돌리는 마르크스주의자들 사이의 차이가 이 논쟁에서만 나타나는 것이 아니라는 점은 흥미로운 사실일 수 있다. 예컨대 그러한 차이는 고대 세계의 위기에 관해 프랑스의 마르크스주의 역사가들 사이에서 벌어진 논란에서도 드러나고 있다. 그들 가운데 일부는 몇몇 비마르크스주의 역사가들도 주장하고 있는 견해, 즉 노예제에 바탕을 둔 생산양식이 노예의 부족 때문에 그리고 값싼 노예노동에 의존한 덕분에 유산으로 물려받게 된 기술의 후진성 때문에 점점 더 수익성이 낮아지는 상황에 직면하게 되었다는 견해를 받아들이고 있다. 반면에 고대 노예제가 노예노동에 대한 통제력이 확보될 수 있는 한 그 자체로서는 수익성이 높았으나, 로마제국 말기에 노예의 반란이 점점 더 성공을 거두었기 때문에 무너지게 되었다고 주장하는 사람들도 있다.[16] 계급투쟁을 강조하는 학자들은 그들을 비판하는 마르크스주의자들을 "경제결정론"에 빠져있다고 비난하는 반면, 그들 자신은 반대쪽으로부터 "정치결정론"에 빠져있다는 비난을 받고 있다. 물론 양쪽 모두 자기 쪽이 지나치게 한 면만을 강조하고 있다는 상대방의 비난을 터무니없는 소리라고 부정하고 있다. 마찬가지로, 신맬서스주의자들은 그들이 사회구조

16) P. Dockés, *La libération mèdiévale* (Paris, 1979) ; 영역본 *Medieval Slavery and Liberalion* (London, 1982)와 1979년 12월에 열린 봉건제 연구회 모임(Séances de la Société de l'étude du féodalisme)의 보고서(comptes-rendus)에 실린 논의를 참고할 것.

와 계급 간 구별 그리고 착취의 현실을 무시하고 있다는 지적을 부정한다. 이 책의 독자들은 이러한 문제들에 대해 스스로 판단을 내리고, 로버트 브레너와 그를 비판하고 있는 기고자들이 닦아놓은 길을 다시 밟아 나아갈 기회를 마음껏 누릴 수 있을 것이다.

산업시대 이전 유럽의 농업계급구조와 경제발전

로버트 브레너 Robert Brenner[1)]

중세 말과 근대 초에 유럽의 경제에서 나타난 장기적인 변화에 대한 일반적인 해석들은 줄곧, 거의 오로지 느슨하게 “객관적”인 경제적 요인이라고 불릴 수 있는 것—특히 인구의 변화와 교역 및 시장의 성장—에만 비추어 형성되어 왔다. 이와 같은 요인들을 중심으로 다양한 모델들이 구성되어 왔다. 그러나 이러한 모델들의 정확한 성격이 어떻든, 그리고 변화를 일으킨 압력이 도시화 및 교역의 성장에서 비롯된 것으로 여겨지든 아니면 자동적인 인구의 변화에서 비롯된 것으로 여겨지든, 대부분의 경우에는 수요-공급의 시장 메커니즘이 가장 기본적인 이론적 근거들을 제공해 준다고 전제된다. 그리하여 경제적 압력들에 대한 농업경제의 반응은 그 압력들이 어디에서 비롯되었든

1) 이 논문은 원래 1974년 12월에 열린 미국역사학회의 연례대회에서 발표되었던 것이다. 이 논문의 초고는 1974년 4월에 프린스턴대학 부설 고등학문연구소의 사회과학세미나에서 발표된 바 있다. 필자는 Franklin Mendels와 T. K. Rabb, Eleanor Searle 그리고 Lawrence Stone에게 그들이 이 논문에 많은 시간과 노력을 들여 논평과 비판을 해준 데 대해 감사를 드린다. 필자는 독일에서의 발전을 이해하려고 애쓰는 가운데 지식과 분석 두 측면 모두에서 필자에게 엄청난 도움을 준 Joel Singer에게 특별히 많은 빚을 졌다.

다소간 당연한 것으로서, 즉 "수요와 공급의 법칙"에 의해 경제적으로 결정된 방향을 향해 얼마간 자동적으로 나타나는 것으로서 여겨지게 된다.

이러한 경제적 모델들이 구성되는 가운데에서 계급구조의 문제는 여러 가지 방식으로 취급되는 경향이 있다. 전형적으로는 모델을 구성하는 가운데 어떤 특정한 목적을 위하여 (당분간) 사회구조 또는 계급구조를 옆으로 제쳐놓고 있다고 말하는 경우가 있다.2) 하지만 이 경우 실제 설명 과정에서는, 즉 모델을 경제의 구체적인 역사적 발전에 적용하는 과정에서는 계급구조가 거의 불가피하게 다시 넌지시 끼어들어 오는 경향이 있다는 사실이 그대로 남는다. 또 때로는 계급구조가 모델이 포괄할 수 없는 역사적 추세를 이해하기 위하여 임시변통으로 끼어들기도 한다. 그러나 더욱 많은 경우에는 의도적으로든 또는 그렇지 않든 계급구조가 단순히 모델 자체 안에 통합되어 근본적으로 그 모델을 구성하는 데 가장 우선적이고 기본적인 바탕이 되어 온 객관적인 경제적 요인들에 의해 형성되거나 또는 그 요인들에 따라 변화될 수 있는 것으로 간주된다. 가장 일관되게 공식화된 모델들에서는 계급구조의 존재 그 자체가 암암리에 또는 공공연하게 부정된다. 장기적인 경제발전은, 시장의 변화하고 있는 조건들 아래에서 서로 다른 그리고 상대적으로 희소한 요소들을 그들의 희소가치에 따라 거래하고 있는 계약당사자 개개인들 사이에서 이루어지는 제도화된 "평등한 교환"의 관계가 변화해 가는 양상에 비추어 이해된다.3)

2) 예컨대 본서의 p.26을 참고할 것. M. M. Postan, "[Section 3. Histoire économique :] Moyen âge", in IXe *Congrès international des sciences historique, Paris, 1950*, 2 vols.(Paris, 1950-1), i, *Rapports*.

본 논문의 목적은 경제적인 모델의 구성을 위한 그러한 시도들이 처음부터 필연적으로 실패할 수밖에 없는 운명에 처해있으며, 그 이유는 다름 아니라—아주 노골적으로 말하자면—특정한 인구변화와 상업적 변화들이 소득분배와 경제 성장에서의 장기적인 추세에 얼마만큼 영향을 미칠 것인가를 결정하는 요인은 계급관계의 구조 즉 계급간의 세력 구조이지, 그 거꾸로는 결코 아니기 때문임을 주장하려는 데 있다. 필자가 여기에서 사용하고자 하는 의미의 계급구조는 분석적으로는 서로 뚜렷하게 구별되지만 역사적으로는 하나로 통합되어 있는 두 가지 측면을 가지고 있다.[4] 첫째 측면은 직접생산자들이 직접 생산을 해나가는 과정에서 그들 사이에 서로 맺는 그리고 또한 그들의 도구 및 토지와 맺는 관계로, 이는 "노동과정" 또는 "사회적 생산력"이라고 불리어왔다. 둘째 측면은 비생산자계급이 직접생산자들로부터 생산물의 일부를 그에 대한 대가 없이 수탈하는 장치로서 본질적으로 갈등을 내포하고 있는—따라서 언제나 결국에는 직접적으로든 간접적으로든 무력에 의해 보장되는—재산의 소유권에 따른 관계인데, 이는 "소유관계" 또는 "잉여착취관계"라고 불릴 수 있다. 우리는 어떤 한 사회에서의 기본계급들—한편으로는 직접생산자계급(들)과 다른 한편으로는 잉여착취계급 또는 지배계급(들)—을 바로 이

3) 이러한 종류의 접근방식을 중세와 근대 초에 나타난 사회경제적 변화를 해석하는 데 적용하려는 최근의 시도에 대해서는 D. C. North & R. P. Thomas, *The Rise of the Western World* (Cambridge, 1973)을 참고할 것.

4) 물론 이와 같은 개념 규정은 Karl Marx의 저작, 특히 *A Contribution to the Critique of Political Economy* (New York, 1970 edn)의 서문; "The Genesis of Capitalist Ground Rent" 및 "Distribution Relations and Production Relations", in *Capital*, 3 vols.(New York, 1967 edn), iii. chs. 47, 51; *Grundrisse* (London, 1973 edn)의 서론에서 빌려온 것이다.

러한 소유관계 또는 잉여착취관계를 중심으로 규정하고 있다.5) 여기서 필자가 주장하려는 바는, 서로 다른 계급구조 특히 그 가운데에서도 소유관계 또는 잉여착취관계가 일단 뿌리를 내리면, 그것은 그 사회의 경제발전에 꽤 엄격한 한계와 가능성을, 아니 실로 더 나아가 특정한 장기적 패턴을 부여하는 경향이 있다는 것이 될 게다. 동시에 필자는 계급구조가 경제적인 요인들의 압력에 대해서 아주 탄력적인 반응을 하는 경향이 있어서 대개의 경우 인구의 추세나 상업의 추세에서 나타난 변화들에 의해 형성되거나 변형되지 않는다는 것도 주장하고자 한다. 따라서 경제의 장기적인 변화, 특히 가장 결정적인 것으로서 경제발전은, 계급관계가 우선 구체적으로 밝혀지지 않는다면 상대적으로 희소한 요소들이 이루고 있는 어떤 특정한 상황의 대두에 비추어 결코 올바르게 분석될 수 없다는 결론이 나오게 된다. 실로 분명히 비슷한 것으로 보이는 경제적 상황에 영향을 받고서도 서로 정반대의 결과가 빚어질 수 있는 것이다. 요컨대 중세 말과 근대 초의 장기적인 경제발전—성장 그리고/또는 후퇴—을 제대로 이해하기 위해서는 특정한 계급구조, 특히 그 가운데에서도 소유관계 또는 잉여착취관계가 자리를 잡아가는 상대적으로 독자적인 과정과 무엇보다도 그러한 과정이 불러일으키는 (또는 그렇지 않은) 계급 갈등을 분석하는 것이 결정적으로 중요하다. 왜냐하면 우리는 바로 그런 계급 갈등으로 말미암은—옛 소유관계가 다시 확립되거나 아니면 그것이 붕괴된 뒤에 새로운 구조가 자리를 잡게 되는—결과에서 어쩌면 중세 말

5) 이는 반드시 모든 사회에서 계급들이 존재하거나 또는 존재해왔다고 뜻하는 것은 아니다. 필자가 보기에 계급들은 여기에서 사용되는 특정한 의미에서의 잉여착취관계 또는 소유관계, 즉 궁극적으로는 결코 합의에 의해 이루어지지 않고 직접적으로든 간접적으로든 무력에 의해 보장되는 바로 그러한 관계가 자리를 잡고 있는 곳에서만 존재한다고 말할 수 있다.

과 근대 초에 유럽에서 이루어진 장기적인 경제발전에 관한 문제와 더욱 전반적으로는 봉건제에서 자본주의로 이행에 관한 문제를 해명해 줄 열쇠를 찾아낼 수도 있을 것이기 때문이다.

이처럼 일반적인 용어로 제시되는 경우 지금까지 언급한 명제들과 개념들은 좀 모호하게 보일 것이다. 필자는 그러한 명제와 개념들을 그것들이 당연한 것으로 거의 간주되지 못해왔고 필자가 보기에 경제적-결정론적 모델구성이 압도적으로 지배적인 지위를 누리고 있는, 중세 말과 근대 초의 유럽경제사에 관한 이제까지의 서술에서 경제발전을 설명하는 데 주된 역할을 해왔던 특정한 요소들을 겨냥한 비판과 관련지음으로써 그것들에 구체적인 내용을 부여하고자 한다. 그리하여 필자는 중세와 근대 초에 유럽에서 이루어진 경제의 장기적인 변화를 포괄적으로 설명하는 두 가지 서로 다른 해석에 초점을 맞출 것인데, 그 하나는 "인구 모델"이고 다른 하나는 "상업화 모델commercialization model"이라고 불릴 수 있다. 인구 모델은 상업화 모델에 대한 비판에서 비롯되었지만 필자는 두 모델 모두가 비슷한 문제들을 안고 있음을 밝혀내고자 한다.

I. 인구 모델

심지어는 산업화 시대까지 포함한 유럽 경제사의 서술에서 이른바 인구의 요인이 점점 더 지배적인 자리를 차지해가고 있다는 점은 일찍이 1958년에 하버쿡크H. J. Habakkuk에 의해 그의 유명한 논문 「근대영국의 경제사」에서 지적되었다. 하버쿡크가 써놓았듯이 "포괄적인 패턴을 찾아내고 싶어 하는 사람들에게는, 가격과 소득분배, 투자, 실질임금, 그리고 이주에서의 장기적인 변화들을 인구의 증감에서 나타난 변화들에 의해 지배되는 것으로 보아, 19세기 이전의 영국사를 용감하고 과감하게 단순화시켜 서술할 수 있게 해주는 요소들이 분명히 존재하고 있다. 인구증가와 그에 따른 가격상승, 농업수익의 증대, 대다수 인구에 대한 실질임금의 하락, 산업에 불리한 교환조건—이와 같은 것은 사회제도들에서 이루어진 변화들에 따라 상황이 다르기는 하지만 13세기와 16세기 및 17세기 초 그리고 1750~1815년 사이의 시대를 묘사하는 것으로 간주될 수 있다. 반면에 농업수익을 떨어트리지만 대중의 소득은 더 증대시키는 인구의 감소 또는 정체는 앞에 말한 시대들 사이사이에 있는 기간들을 특징짓는 것으로 일컬어질 수 있다"는 것이다.[6] 또한 포스탄은 하바쿡크의 논문이 나오기 앞서 더 일찍이 중세시대에 이루어진 장기적인 사회·경제적 변화에 대한 표준적인 해석이 되어온 설명의 기본적인 윤곽을 제시한 바 있었다. 그리고 인구를 중심으로 한 그의 접근 방식은 『캠브리지 유럽경제사』에 실은 그의 글 "중세 전성기의 농업사회 : 영국"에서 보다 가다듬어지고 뚜렷한 형태를 띠게 되었다.[7] 더구나 대체로 똑같은 논지가 이제 피터 보우든Peter Bowden에 의해 『잉글랜드와 웨일스의 농업사』에서 16세기와 17세기에 이르기까지 적용되기에 이르렀다.[8] 또한 이러한

6) H. J. Habakkuk, "The Economic History of Modern Britain", *Jl Econ. Hist.*, xviii (1958), pp.487-8.

7) M. M. Postan, "Medieval Agrarian Society in its Prime: England", in *Cambridge Economic History of Europe*, i, 2nd edn.

8) P. Bowden, "Agricultural Prices, Farm Profits, and Rents", in J. Thirsk(ed.), *The Agrarian History of England and Wales*, iv, 1500-1640(Cambridge, 1967).

접근방식이 오늘날 그것이 얼마간 표준적인 것으로 되어 있는 영국 경제사에만 한정되어 있지도 않다. 그것은 산업시대 이전 프랑스의 사회 · 경제사에 대한 어쩌면 가장 영향력이 큰 업적일 에마뉘엘 르 르와 라뒤리의 고전적 저술인 『랑그독의 농민』에서도 엄격하게 적용된 바 있는 것이다.[9] 그처럼 뛰어난 대변자들을 거느리고 있다는 점에 비추어 볼 때 이른바 장기적 맬서스주의라 불릴 수 있을 그러한 접근이 얼마간 정통설의 지위를 얻어왔다는 것은 놀랄 만한 사실이 아니다. 그것의 주기적인 동력학은 단선적인 "시장의 성장" 대신에 산업사회 이전에 이루어진 장기적인 경제적 · 사회적 변화를 해명하는 열쇠로 등장하게 되었다.

또한 맬서스적 모델이 그 자체로는 하나의 뚜렷하고 부정할 수 없는 논리를 가지고 있다는 것도 의심할 나위가 없는 사실이다. 우리가 첫 번째로 어떤 경제가 농업 생산성에서 개선을 이루어 낼 수 없다고 전제하고, 두 번째로 토지의 공급은 한정되어 있는 가운데 인구는 자연적으로 증가해 가는 추세를 보인다고 전제한다면, 그에 따라 하나의 소득분배 이론이 필연적으로 나타나리라고 여겨진다. 토양의 지력이 점점 더 떨어져가고 점점 더 질이 낮은 토지에로 경작이 확대되는데 따라 농업 생산성도 낮아져간다면, 우리는 논리적으로 수요가 공급을 초과하게 되고 그에 따라 산업에 불리하고 농업에 유리한 교환조건, 임금의 하락, 식량 가격의 상승, 그리고 대부분 영주와 농민으로 이루어진 사회에서는 어쩌면 가장 중요한 것으로서 지대의 상승이 나타나게 되리라고 예상할 수 있는 것이다. 더구나 그 모델은 그 자체

9) E. Le Roy Ladurie, *Les paysans de Languedoc*, 2 vols.(S. E. V. P. E. N. edn, Paris, 1966).

안에 그 자신의 방향 전환과 장기적인 움직임을 자동적으로 결정해주는 자체 교정의 메커니즘을 갖고 있기도 하다. 이를테면 보유지들이 점점 더 심각하게 분할되거나 너무나 많은 사람들을 수용하게 된다는 것은 인구 과다를 가리키며 그러한 인구 과다는 맬서스의 억제를, 특히 기근과 기아를 불러일으킨다. 이러한 맬서스의 억제는 인구의 감소나 파탄을 야기하고, 그에 따라 소득분배에서는 첫 번째 국면과는 정반대되는 추세가 나타나게 된다는 것이다. 하바쿡크가 지적하였듯이 이러한 두 국면의 모델은 이제 대략 1050년으로부터 1800년 사이의 기간 전체에 적용되기에 이르렀다. 실로 "전통사회의 경제"가 지닌 가장 핵심적인 본질은 이러한 여러 세기에 걸친 장기적인 두 국면 운동에서 포착될 수 있다고 여겨져 왔다. 르 르와 라뒤리가 한마디로 말했듯이 "맬서스는 너무 뒤늦게 세상에 나온 것"이었다. 얄궂게도 맬서스 모델은 맬서스가 분석하고 있는 새로이 등장해 나오던 산업화된 경제가 아니라 그에 앞서 자리 잡고 있었던 정체된 후진사회에 더 올바르게 적용될 수 있는 것이었다. 실로 르 르와 라뒤리에게는 그 패턴이 너무나 불가피한 것으로 여겨져 그는 생물학이나 생리학으로부터 그에 대한 유추를 끌어내 왔다. 그는 육백 년에 걸친 랑그독의 농업사를 "한 사회구조의 거대한 숨쉬기 운동"으로 보아야 한다고 말하고 있는 것이다.10)

10) *Ibid.*, 서론, 특히 i, p.8 그리고 또한 결론, 특히 pp.652-4.

1. 인구와 소득분배 그리고 경제 성장

장기적 맬서스주의는 그것의 특별한 전제들과 그에 포함되어 있는 적은 수의 변수들에 비추어 볼 때 거의 틀림없는 것으로 여겨진다. 그러나 반드시 의문이 제기되어야 하는 문제는 그것이 실제 역사적 변화를 설명하는 데 타당한가 하는 것이다. 그 모델의 전제 및 상수들, 실로 더 나아가 그 자체의 동력학은 중세 말과 근대 초의 유럽에서 이루어진 장기적인 경제적 변화의 다양한 패턴들을 해명해주는가, 아니면 사실상은 더욱 모호하게 만드는가? 포스탄은 중세 유럽의 경제발전에 관한 그의 인구 모델을 제시한 1950년의 고전적인 논문에서 그가 자신이 중세사회의 "경제적 토대"라고 이름한 것에만 관심을 가지고 있음을 분명하게 밝혔다. 그는 "경제적 토대"를 "인구와 토지에의 정착, 생산기술과 경제활동의 전반적인 추세들, 요컨대 법적 · 사회적인 제도들의 작용과 계급들 사이의 관계에 주목하지 않고서도 고찰될 수 있는 모든 경제적 사실들"로 규정하였다.[11] 포스탄은 계급관계로부터 따로 떼어내어 "이러한 무리의 주제들을 함께 다루는 것을 반드시 필요하고도 또 가능한 일로" 만드는 점은 "그러한 주제들 모두가 최근에 와서야 경제활동의 전반적인 추세들에 관한 고찰에, 또는 좀 더 유행을 따라 말하자면 사회적 소득의 '장기적인 동향'에 관한 고찰에로 편입되어 들어왔다"는 사실이라고 주장하였다.[12] 그러나 우리가 사회적 소득의 "장기적인 동향"—즉, 소득분배 및 경제 성장의 장기적인 추세들—을 해석하려고 시도하고자 하는 경우 곧바로 지체 없이

11) Postan, "Moyen âge", p.225.

12) *Ibid.*

제기되어야 하는 물음은 그 동향들을 "법적 · 사회적 제도들의 작용"으로부터 따로 떼어내는 것이 과연 받아들일 수 있는 일인가 아닌가 하는 것이다. 포스탄이 말하는 이른바 "경제적 토대"의 발전에 관한 문제를 "계급들 사이의 관계"로부터 따로 떼어내서 고찰하는 것이 그렇게 의미 있는 결과를 낳을 수 있을까?

소득분배의 장기적인 추세에 관해서 필자는 중세와 근대 초에 토지 보유 조건에 관한 문제가 언제나 모호하고 또 논란을 불러일으키고 있었다는 사실에 비추어 맬서스적 모델이 매우 극복하기 힘겨운 어려움들에 마주치게 된다는 점을 논증하고자 한다. 한편으로는 영주와 농민 사이에 토지소유권이 어떻게 분배될 것인가 하는 점 자체가 그 시대 내내 줄곧 문제가 되고 있었다. 농민이 토지의 세습적 보유권과 고정된 지대—즉, 토지에 대한 본질적으로 자유로운 보유 조건—를 확립하는 데까지 나아갈 수 있었는가? 그랬다면 지대의 의미 자체가 바뀌었을 것이고, 영주계급이 살아남을 수 있는 힘은 위태로운 처지에 빠져버렸을 것이다. 반면에 영주가 토지소유권을 확립해 놓은 상황에서는, 또 하나의 문제가 제기될 수 있었을 것이다. 영주들은 그들이 거느린 차지인들의 몸뚱이에 대해 경제외적 권한을 획득하여 결혼을 규제하고 특히 토지의 양도와 농민의 이동을 통제할 수 있었는가? 그랬다면 농민에 대해 경제외적 또는 자의적인—즉 관습에 의해 정해진 수준이나 경제 요소들의 상대적인 희소성에 의해 결정될 수 있는 수준을 넘어서는—납부금들을 부과할 수 있을 가능성이 나타났을 게다. 따라서 중세 말과 근대 초에 이루어진 소득분배의 발전에 관한 어떠한 설명도 반드시 토지에서 직접 수확된 생산물의 분배가 어떻게 변해갔는가 하는 문제뿐만 아니라 보다 중요한 것으로서 영주와 농민 사이에 재산이 어떻게 분배되었고 지대 관계에서 무력이 직접 사용될 수 있었는가 아닌가 하는 문제들도 해석해 낼 수 있어야만 한다. 몇몇 경제사가들은 이 문제가 존재한다는 사실을 부정하거나 무시함으로써, 특히 군사적 기술 및 무기, 토지, 농업노동력 따위와 같은 희소한 자원들을 가지고 있는 개개인들 사이에 맺어진 계약 관계를 중심으로 하여 경제를 그려냄으로써 그 문제를 다루려고 시도해 왔다.[13] 다른

13) 예컨대 North와 Thomas는 "서유럽의 예농제는 본질적으로 노동 부역이 보호 및 정의라는 공공의 이익과 교환되는 계약 관계였다"고 주장하고 있다 : D. C. North & R. P. Thomas, "The Rise and Fall of the Manorial System : A Theoretical Model", *Jl Econ. Hist.*, xxxi(1971), p.778. North와 Thomas가 이러한 주장을 펼 수 있는 것은 그들이 ① 예농이 본질적으로 "자의적인 납부금의 부과로부터 보호되고" 있었고, ② "강제력을 지닌 중앙권위"가 없었던 덕분에 예농들이 본질적으로 자유, 특히 이주의 자유를 지니고 있었으며 그 결과 "초보적인 노동시장"이 존재해 있었다고 전제하기 때문이다. 필자가 보기에 이러한 두 가지 전제는 그들 사이에서는 일관되지만, 다름 아니라 바로 예농제란 본질적으로 계약 관계가 아니기 때문에 예농제의 현실과는 들어맞지 않는다. 영주와 예농 사이에는—North와 Thomas에 따르면 계약의 본질적인 측면을 이루는—"상호합의"가 전혀 존재하지 않았다. 오히려 정반대로 중세의 예농경제에 그 특수한 성격들을 부여했던 것은 바로 영주들이 농민들로부터 자의적인 수탈을 했고, 또 영주들이 농민의 이주를 통제했다는 서로 연관된 특징들, 다시 말해서 North와 Thomas가 생각하듯이 계약을 통한 등가 교환이 아니라 무력의 직접적인 사용을 통한 잉여착취였던 것이다. North와 Thomas의 접근방식에 어떠한 종류의 문제들이 딸려있는가는, 예농제의 기원에 대한 그들의 다음과 같은 설명에서 분명하게 드러난다. "군사적으로 월등한 기술과 장비를 갖춘 개인들이 전투에 숙련되지 못해 무력한 처지에 빠져있던 농민들을 보호하는 데 절실하게 필요하였다. 어떤 한 농민 가족을 보호하는 것은 그 이웃들까지 보호해야만 가능한 일이었으므로 여기에서 우리는 공익의 고전적인 보기를 찾아볼 수 있다. 그러한 경우에는 자기 이웃에게 그 비용을 떠넘기려 하는 농민 각자의 동기를 극복하기 위해 **강제가 반드시 필요했고 영주의 군사력은 필요한 무력을 제공해주었다**." : North & Thomas, *Rise of the Western World*, pp.29–30(강조는 필자). 이와 같은 설명은 본질적인 계급의 문제 즉 무엇보다도 먼저 한 사회 안에서 토지와 무력수단 그리고 군사적 기술이 분배되어 있는 양상을 어떻게 설명할 것인가 하는 문제를 제기한다. 하지만 그뿐만 아니라 그것은 또한 여기에서 예농이 강제를 당하고 있음을 분명하게 인정하고 있으므로 예농제가 본질적으로 계약의 성격을 지녔다는 그들 자신의 주장을 뒤흔들기도 한다. 뒤이어 "예농들을 착취하는 영주의 권한은 한정되지 않았지만 (극단적인 경우에) 예농이 도망을 칠 수 있었다는 점에 의해 억제되었다"고 말하는 것(p.30)이 본질적인 어려움, 즉 예농제를 계약의 성격을 띤 것으로 보면서 동시에 그것이 본질적으로 강제적 성격을 띠었음을 인정하는 데 따르는 어려움을 없애주는 것은 아니다.

사람들은 그 문제를 그들의 기본적인 경제적 모델에 통합시킴으로써, 즉 재산이 어떻게 분배되는가 그리고 지대 관계에서 무력이 성공적으로 사용될 수 있는가 아닌가 하는 점이 장기적으로는 생산물의 분배 그 자체와 본질적으로 똑같은 종류의 수요-공급에 따른 압력을 받아 대체로 같은 방향으로 움직여 나아갈 것이라고 직접적으로든 간접적으로든 주장함으로써 그것을 해결하려고 시도해 왔다. 필자는 이러한 주장이 사리에 맞지 않음을 경험적으로 밝혀내고 그 대신 이러한 것들이 본질적으로는 경제적 요인들로부터 비교적 독자적으로 결정되는 계급관계 및 계급 세력의 문제라는 사실을 주장하고자 한다.

중세 말과 근대 초의 경제를 인구의 요인을 중심으로 해석하는 사람들은 그들이 총생산에서 나타나는 추세들 즉 경제적인 성장 또는 정체를 설명하고자 시도하는 경우에 소득분배를 설명하려고 시도하는 경우보다도 더욱 심각한 어려움들에 빠져들게 된다. 물론 농업에서 생산성이 낮아져 갔다는 그들의 전제가 산업시대 이전의 유럽경제들 모두는 아니더라도 그 대부분에 대해서는 합당한 것임이 분명하다. 실로 이러한 경제사가들은 특히 농업조직 및 기술이 뒤떨어져 있고 투자 수준이 낮은 상황 아래에서 가축과 비료의 부족에 직면하여 토양의 지력을 유지하는 데 따랐던 어려움들에 대한 그들의 연구를 통해, 장기적인 생산성 하락의 기술적 · 경제적인 뿌리들 가운데 몇몇을 분명하게 밝혀낼 수 있었다.14) 그럼에도 장기적인 정체를 불러일으킨 조건들을 이런 식으로 밝혀내는 것이 이러한 현상을 정말로 설

14) Postan, "Medieval Agrarian Society in its Prime : England", pp.548-70; M. M. Postan, "Village Livestock in the Thirteenth Century", *Econ. Hist. Rev.*, 2nd ser., xv(1962-3); J. Z. Titow, *English Rural Society, 1200-1350* (London, 1969).

명하는 것은 결코 아니다. 그것은 그러한 상황이 왜 지속되었는가를 이해할 수 있게 만들 참된 설명을 전혀 제공해주지 않는 것이다. 이를테면 르 르와 라뒤리가 그러하듯이 경제적인 "정체성"을 "기술의 정체, 자본의 부족, 모험심 및 혁신 정신의 결여에서 비롯된 결과"로 설명하는 것은 사실상 문제의 핵심을 비켜가는 것일 뿐이다.[15] 그것은 경제 성장을 단순히 새로운 생산조직과 새로운 기술 그리고 새로운 투자 수준의 열매로만 설명하려는 시도와 비슷하다. 물론 이러한 요인들은 경제발전을 설명해 주지 못한다. 그것들은 단지 경제발전이란 무엇인가를 서술하고 있을 뿐이다. 중세 말과 근대 초에 유럽에서 전통적인 경제들 가운데 대부분이 계속해서 정체되어 있었던 것은 그들 가운데 얼마 안 되는 몇몇이 실제로 발전을 이루어 내면서 참다운 경제 성장을 겪었다는 점이 설명되지 않고서는 결코 충분하게 이해될 수 없다. 보다 일반적으로 말하자면 경제적 후진성은 경제발전에 관한 알맞은 이론이 없이는 결코 완전하게 이해될 수 없는 것이다. 중세와 근대 초에 유럽의 많은 경제들에서 농업 생산성의 하락으로 말미암아 나타나기 시작한 특정한 두 국면의 농업적-경제적 주기를 묘사하는 가운데 맬서스주의 이론가들은 사실상 장기적인 경제발전 및 정체가 보여주는 하나의 중요한 패턴을 뚜렷하게 밝혀내왔다. 그러나 이 극적인 두 국면의 운동은 심지어 전통사회들에서도 보편적인 것은

15) Le Roy Ladurie, *Paysans de Languedoc*, i, p.634. Le Roy Ladurie는 이따금 경제발전을 본질적으로 겉보기에 독자적인 것으로 여겨지는 기술혁신의 과정에서 직접 빚어진 결과로 보고자 하는 것 같다. 이를테면 그는 다음과 같이 말하고 있다. "사회의 기술적인 허약함 즉 그 사회가 생산성을 늘리며 지속적으로 그리고 결정적으로 생산을 증대시키지 못했다는 점이, 그 시대가 막을 내릴 무렵에 그 사회에서 두 국면 운동과 유사한 움직임을 통해 인구와 소규모 농민의 소유권이 더 이상 성장하지 못하게 가로막은 걸림돌을 만들어낸 장본인이었다." ; 본 논문의 주 37)도 참고할 것.

아니며[16] 더구나 그 자체가 설명을 필요로 한다. 필자는 장기적인 정체를 낳는 맬서스의 주기는 경제적 후진의 다른 형태들과 다름없이 이미 확립되어 있는 계급관계(특히 잉여착취관계)의 구조가 빚어낸 산물로 파악될 경우에만 완전하게 이해될 수 있고, 꼭 마찬가지로 경제발전도 새로운 생산조직과 기술혁신 그리고 생산투자 수준의 상승에 보다 유리하게 작용하는 새로운 계급관계의 등장에서 빚어진 결과로 파악될 경우에만 완전하게 이해될 수 있다고 주장하고자 한다. 이러한 새로운 계급관계는 그 자체가 그에 앞서 비교적 독자적으로 이루어진 계급 갈등의 과정에서 비롯된 결과였다.

2. 비교사적인 조망에서 바라본 인구적 모델

필자는 이러한 반론들이 특정한 역사적 사례들에서 구체적인 내용을 띠게 되면서 더욱 강력한 설득력을 갖게 되리라고 기대한다. 필자의 구체적인 비판 방법은 더할 나위 없이 간단하고 명백하다. 그것은 12세기와 18세기 사이의 6백~7백 년에 걸쳐 유럽 전역이 비슷한 인구추세를 겪어왔음을 알아보고, 그 다음 그처럼 비슷한 인구추세와 더불어 농업구조 특히 소득 분배 및 경제발전의 패턴에서는 아주 다른 결과들이 나타났음을 밝혀내는 것이다. 이러한 길을 따라서 필자는 우선 (12세기에서 15세기까지에 대한) 포스탄과 (16세기에서 18세기까지에 대한) 르 르와 라뒤리의 서로 상보적이고 서로 연관을 맺고 있는 인구중심의 모델들 안에 본질적으로 내포되어 있는 문제들을 드러

16) C. Geertz, *Agricultural Involution* (Berkeley, 1963) 참조.

내는 것으로 출발점을 삼고자 한다.

포스탄에 따르면 12세기와 13세기는 인구의 증가로 특징지어진다. 그러한 인구증가는 한계지의 경작과 토양의 지력 감퇴—요컨대 비교적 비탄력적으로 공급이 이루어지는 식량 및 토지에 대한 수요의 증대—를 낳고 그리하여 식량 가격 및 지대를 상승시킨다. 그러나 포스탄 자신이 물론 잘 알고 있듯이 우리는 이 시대에서 매우 특수한 형태의 지대를 다루고 있다. 직접적인 임대차 협약이나 계약에 따라 정해지는 지대는 아주 드물다. 그 대신 우리에게는 토지보유의 조건을 결정하는 관습적인 권리 및 의무들로 짜여진 이론적으로는 고정되어 있으나 실제로는 계속 변화하고 있는 구조가 놓여있다. 이러한 권리 및 의무들은 우선 농민이 그의 토지를 보유하기 위해 영주에게 납부해야만 하는 정규적인 (겉보기에는 고정된) 부담들을 구체적으로 명시해준다. 그러나 그에 더하여 그것들은 종종 또 다른 일련의 토지보유 조건들을 규정하고 있다. 그러한 조건들로는 이례적인 부담들(임의세와 토지보유 허가료)을 추가로 부과할 영주의 권한, 토지를 이용하고 양도하고 상속할 농민의 권리, 그리고 끝으로 가신의 몸뚱이에 대한 농민의 처분권 (특히 이주의 자유) 따위를 들 수 있다. 여기서 포스탄의 주장에 따르면 하나로 뭉뚱그려져 농민의 관습적 지위—자유 또는 부자유—를 결정하는 이러한 조건들은 그것들이 장기적인 경제적 추세와 관련을 맺는 한 그의 수요-공급에 따른 인구적 모델에 얼마간 직접적으로 통합될 수 있다. 이를테면 포스탄이 핵심적으로 주장하는 바는, 13세기에는 인구의 압력이 증대되어 간 덕분에 근대적인 임대차 보유로 불릴 수 있는 토지보유가 모습을 드러냈던 몇 안 되는 지역에서뿐만 아니라, 이른바 관습보유가 지배적인 지역에서도 농민에 대한 영주의 입장이 강화되어 간다는 것이다. 이에 토지를 둘러싼 경쟁은 농민으로 하여금 자기 땅뙈기를 계속 보유하기 위해서는 자신의 신분 및 보유 토지의 지위가 심각하게 하락하는 것을 받아들이지 않을 수 없게 만들고, 이는 다시 단지 수요와 공급의 요인들만으로도 농민들이 전반적으로 점점 더 깊숙이 빠져 들어가고 있는 어려운 경제적 상황을 더욱더 악화시킨다. 그리하여 농민들은 그들의 토지를 계속 보유하기 위하여 특히 (1) 전통적인 지대를 넘어서 추가로 부과되는 자의적인 세금들(토지보유 허가료와 임의세)의 증가와 (2) 영주의 직영지에서 행해야 하는 노동 부역의 증대를 감수하지 않을 수 없다. 이렇게 부담들이 더 무거워지는 것은 농민을 통제하고 그들의 처지를 결정하는 영주의 힘이 전반적으로 증대되어 가는 과정의 한 부분을 이룬다. 달리 말해서 포스탄에게는 영주와 농민 사이의 경제외적 관계—구체적으로 말하면 농민이 점점 더 부자유한 상황에 빠져드는 데 발맞추어 늘어난 그러한 부담들—가 순수한 시장 관계 또는 계약 관계에 적용되는 것과 전혀 다름없는 형태를 띤 "경제적 요소들의 상대적인 희소성"을 중심으로 한 논의를 통해 이해될 수 있고 실로 영주와 농민 사이의 소득분배라는 면에서 똑같은 결과를 빚어내는 것으로 간주될 수 있다. 예컨대 포스탄이 한 곳에서 말하고 있듯이 "노동 부역의 증가와 감소는 수요와 공급—예농 부역에 대한 수요와 예농 노동력의 공급—의 통상적인 상호작용에 의한 설명 말고는 어떤 다른 설명도 필요로 하지 않는다"는 것이다."[17]

17) M. M. Postan, "The Chronology of Labour Services", *Trans. Roy. Hist. Soc.*, 4th ser., xx(1937), p.171, 이 문장에 관해서는 Postan, "Medieval Agrarian Society in its Prime : England", pp, 552-3, 607-9.

14세기와 15세기에는 생산성의 하락과 기근 그리고 역병으로 말미암아 인구의 감소가 나타났다. 인구의 파탄은 궁극적으로 인구와 토지의 비율을 급격하게 뒤바꾸어 놓았다. 그리하여 포스탄은 아주 일관되게 이러한 인구의 변화가 13세기에 지배적이었던 것과는 완전히 정반대되는 상황을 낳았다고 주장한다. 농민의 수가 크게 줄어들었음은 지대 수준의 하락을 뜻했을 뿐만 아니라 그와 마찬가지로 농민의 이주를 제한하는 영주의 권한이 줄어들고 전반적으로 농민의 자유가 신장되었음을 뜻하는 것이기도 했다. 드물어진 농민 차지인들을 확보하기 위해 영주들 사이에 경쟁이 벌어지는 상황 아래에서는 수요-공급의 법칙에 따라서 지대 일반, 특히 노동 부역이 감소할 뿐만 아니라, 영주들이 농민을 통제할 그들의 권리를 포기하는 일도 벌어지게 된다. 요컨대 인구의 파탄이 예농제의 몰락을 결정짓고 있는 것이다.[18)]

르 르와 라뒤리는 포스탄이 손을 뗀 바로 그 시점—즉 15세기 말—에서 그 주기를 이어받는다. 이제 예농제는 영국에서나 프랑스의 대부분에서나 더 이상 남아있지 못하다. 우리의 눈앞에는 그 대신에 영국과 프랑스 두 경우 모두 자유로운 농민들로 이루어진 사회가 놓여 있는데 그들 가운데 일부는 대체로 계약의 성격을 지닌 조건 아래에서 영주로부터 토지를 보유하고 있으며, 또 일부는 자유보유자와 비슷한 지위를 획득하고 있었다. (필자는 잠시 뒤에 다시 이 문제로 되돌아갈 것이다.) 어쨌든 이미 지적되었듯이 우리는 포스탄이 12세기 및 13세기와 14세기 및 15세기의 두 국면으로 그려냈던 주기적 운동

18) Postan, "Medieval Agrarian Society in its Prime : England", pp.608-10. "궁극적으로는 경제적 요인들이 가장 앞면에 나섰으며 영주와 고용주들은 노동력을 유지하는 가장 효과적인 방법은 보다 높은 임금을 지불하는 것이고, 마찬가지로 차지인을 유지하는 가장 효과적인 방법은 지대를 낮추고 예속적인 의무들을 면제시키는 것임을 깨닫게 되었다."(p.609)

이 다시 되풀이되고 있는 양상을 만나게 된다. 다시 말해 우선 "장기 16세기"에는 인구의 증가 성향이 지대의 상승과 임금의 하락 그리고 농민 보유지의 분해를 낳는 첫 번째 국면이 나타난다. 이에 따라 다음에는 생산성이 급격하게 낮아져 가는데 이는 17세기 동안에 추세를 역전시켜 인구의 파탄을 낳고 소득분배와 토지분배의 측면에서 정반대되는 상황을 빚어낸다는 것이다.[19)]

이 거창한 구조물 전체에서 우리가 찾아볼 수 있는 명백한 난점은 그것이 비교사적 분석 앞에서 그냥 무너지고 만다는 사실에 있다. 비슷한 인구추세로부터 유럽의 서로 다른 지역에서 서로 다른 시기에 서로 다른 결과가 나타났던 것이다. 따라서 우리는 인구의 변화가 핵심적인 변수이기는커녕 하나의 원인으로나마 취급될 수 있는지 의문을 던질 수 있다. 이를테면 13세기에 인구의 증가가 영국에서뿐만 아니라 프랑스의 일부 지역들(특히 파리 지역의 북쪽 및 동쪽에 있는 베르망두아, 라누와, 부르고뉴)에서도 지대상승을, 그리고 보다 일반적으로는 농민에 대한 영주의 통제권이 증대되는 양상을 수반했음은 사실이다.[20)] 그러나 프랑스의 다른 지역들(노르망디, 피카르디)에서는 이 시대에 그에 앞서서 예농제의 소멸을 빚어내었던 장기적인 추세를 뒤집어엎는 성향이 전혀 발달해 나오지 못했다는 것도 역시 사실이다.[21)] 더구나

19) Le Roy Ladurie, *Paysans de Languedoc*.

20) P. Petot, "L'évolution du servage dans la France coutumière de XIe au XIVe siècle", *Recueils de la Société Jean Bodin*, ii(1937); C.-E, Perrin, "Le servage en France et en Allemagne", in *X congresso internaazionale de scienze storiche, Rome, 1955*, 7 vols.(Florence, 1955), iii. pp.227-8; G. Fourquin, *Les campagnes de la région parisienne à la fin moyen âge* (Paris, 1970), pp.175-9 : R. Fossier, *Histoire sociale de l'Occident médiévale* (Paris, 1970), pp.161-3.

21) R. Fossier, *La terre et les hommes en Picardie jusq'uâ la fin du* XIIIe *siècle*, 2

프랑스의 또 다른 지역들(특히 파리 주변의 지역)에서는 농민의 지위가 악화되어 가는 과정이 바로 이때에 갑작스럽게 중단되고, 오히려 그와 정반대되는 움직임이 시작되어 13세기 말에는 농민의 자유를 (그리고 그에 더하여 농민의 거의 완전한 토지소유권을) 결정적으로 확립시키게 되었다.[22] 이처럼 서로 뚜렷하게 대조되는 발전들은 소득분배의 추세에 강력한 영향을 미쳤다. 포스탄 자신이 지적하고 있듯이 영주들은 자유로운 차지인에 비해 예농으로부터 훨씬 더 많은 지대를 뜯어낼 수 있었고, 더 나아가 그 지대를 13세기가 지나가는 동안 크게 증대시킬 수 있었다.[23] 그러나 포스탄은 "영주들이 이제 노동 부역의 부담을 증대시키기를 바랐을 뿐만 아니라 또한 동시에 그 일을 별 어려움 없이 '잘 해 나갈' 수 있었던 이유를 추측하기란 어렵지 않다. 토지가 점점 더 희귀해지고 토지를 얻기 위해 기다리고 있는 사람들이 점점 더 길게 줄을 섬에 따라 차지인에 대한 영주의 경제적 힘에 저항하기란 더욱 힘겹게 되었던 것"이라고 주장한다.[24]

인구의 증가가 토지에 대한 수요를 증대시킴으로써 농민으로부터 어떤 형태로든 지대를 수탈하는 영주의 권한을 강화시키는 경향이 있었으리라는 것은 분명하다. 그러다 그러기 위해서는 반드시 필요한 전제조건으로서 영주가 지대를 고정된 수준 이상으로 부과할 권리를 이미 성공적으로 확립해 놓고 있어야만 했다. 하지만 중요한 점은 중

vols.(Paris, 1968), ii, pp.555-60. 바로 앞의 주에서 인용한 문헌도 참고할 것.

22) Fourquin, *Campagnes de la région parisienne*, pp.160-72, 189-90.

23) Postan, "Medieval Agrarian Society in its Prime : England", pp.552-3, 603, 607-8, 611, 특히 p.603 : "관습보유지 즉 예농보유지에 부과된 현금부담액은 비할 나위 없이……심지어는 부유한 농민자유보유자들의 그것에 비해서도 아주 무거웠다."

24) *Ibid.*, p.608(강조는 필자).

세에는 대체로 영주측에서 이와 같은 종류의 "경제적 힘"을 행사하는—즉 가외로 노동 부역을 부과할 뿐만 아니라 다른 종류의 자의적인 부담들, 특히 토지보유 허가료와 임의세를 관습적인 지대의 수준 너머로 부과하는—것을 감수할 수밖에 없었던 유일한 차지인들이 자유롭지 못하고 예농보유지로서 토지를 지니고 있던 부류뿐이었다는 사실에 있다. 13세기에 자유보유농(이 부류는 덧붙여 말하자면 인구의 꽤 많은 부분을 차지하고 있었다)은 그 지위 자체 덕분에 대개 영주의 직영지에서 무거운 (또는 점점 더 증대되어 가고 있던) 노동 부역을 행해야 하는 의무로부터 벗어나 있었고, 임의세와 토지보유 허가료 그리고 그와 비슷한 다른 부담들로부터 해방되어 있었던 것이다.[25)]

따라서 인구의 압력이 토지에 어떠한 영향을 미칠 것인가—즉 토지에 대한 수요의 증대와 토지가격 및 지대의 상승으로부터 누가 이익을 얻고 누가 손해를 입을 것인가—는 그보다 앞서 영주와 농민 사이의 계급관계가 지닌 성격이 질적으로 어떻게 결정되는가에 따라서 결정될 수밖에 없었다. 예컨대 13세기 동안에 파리 지역에서는 영주들이 농민에 대해 점점 더 많이 임의세를 부과하는 방향을 향한 추세가 그에 역행하는 농민의 해방을 향한 추세에 의해 정면으로 저지되었다. 영국의 경우와 마찬가지로 여기에서도 중요한 점은 농민들이 일단 자유를 얻게 되자 관습에 의해 고정된 지대만을 납부했으며 가외

25) 앞의 주 23)과 24) 그리고 본 논문의 주 17) ; R. H. Hilton, *The Decline of Serfdom in Medieval England*(London, 1969), pp.18-19, 24, 29-31을 참고할 것. 심지어는 인구가 증가하고 있던 13세기 동안에도 이미 자유를 확실하게 얻어내고 있던 농민들이 지대를 뜯어내는 영주들의 가장 강력한(그리고 절망적인) 노력에 저항할 수 있었음을 실감나게 보여주는 것으로는 E. Searl, *Lordship and Community*(Tronto, 1974), pp.163-6을 참고할 것.

로 자의적인 지대를 납부하도록 강요될 수는 없었다는 사실에 있었다. 더구나 파리 지역에서 지대를 제한하고 자유로운 토지보유 조건을 확립시키는 방향을 향한 이러한 추세가 프랑스를 통틀어 가장 인구가 조밀했던 지역에서 나타났다는 것은 주목할 만하다.[26] 다시 말해서 똑같이 인구의 증가에서 비롯된 압력은 사회적 소유관계와 계급들 사이의 세력균형에 따라 소득분배에서 영주에게 유리하든지 아니면 농민에게 유리한 변화들—즉 정반대되는 결과들—을 낳을 수 있었고 또 실제로 낳았던 것이다.

14세기 동안에 지역에 따라 다른 시점에 시작되었으나 유럽 전역에 걸쳐 나타났던 인구의 감소도 비슷한 문제들을 제기한다. 영국에서는 장기적으로 볼 때 지대의 하락과 농민의 자유 획득이라는 두 가지 추세가 이 시대에—특히 15세기에는 아주 분명하게—병행하여 지배적인 양상을 이루었다. 그러나 대조적으로 카탈로니아에서는 14세기 말과 15세기에 농민에 대한 영주의 통제가 더욱 강화되어 가는 모습이 나타났고, 프랑스의 일부지역들(보르들레와 중부지역)에서도 적어도 일시적으로는 역시 그러했다.[27] 물론 이러한 지역들에서 그리고 서유럽의 대부분 지역에서 16세기 초에 예농제가 소멸되어 있었음은 사실이다. 반면에 동유럽, 특히 포메라니아와 브란덴부르크, 동프로이센, 그리고 폴란드에서는 14세기 말로부터 줄곧 이루어진 인구의 감소가 그

26) Fourquin, *Campagnes de la région parisienne*, 특히 pp.170ff.

27) P. Vilar, *La Catalogne dans l'Espagne moderne*, 3 vols.(Paris, 1962), i, pp.466ff.; J. Vicens Vives, *Historia de los remensas en el siglio XV* (Barcelona, 1945), pp.23-4ff.; R. Boutruche, *La crise d'une sociétése* (Paris, 1963, 3rd edn), pp.321ff.; I. Guérin, *La vie rurale en Sologne aux* XIVe *et* XVe *siècles* (Paris, 1960), pp.202-15ff.

때까지 유럽에서 가장 자유로운 농민집단 가운데 하나였던 농민들에게 경제외적 통제 즉 예농제를 부과하는 방향으로 궁극적으로 성공을 거둔 움직임을 수반했다.[28] 1500년에는 유럽 전역에 걸친 똑같은 추세들이 유럽사에서 유럽을 크게 두 부분으로 가르는 중요한 구분 가운데 하나를 확립하는, 즉 서유럽에서는 거의 완전하게 자유로운 농민인구가 등장하고 동유럽에서는 농민들이 부자유한 처지에로 전락하는 양상을 확립하는 방향을 향해 이미 먼 길을 걸어오고 있었다.

그러나 1500년에서 1750년까지의 시대에는 맬서스적 모델이 역사적 현상을 설명하는 데 지니는 가치를 다시 한번 의심케 만드는 또 하나의 커다란 구분이 나타났다. 이 경우에는 맬서스적 모델이 소득분배의 문제뿐만 아니라 경제발전의 추세들이 서로 극적일 만큼 대조적인 모습을 드러내고 있다는 문제도 통째로 설명하지 못한 채 내버려두고 있다. 어떤 지역들에서는 인구증가에 수반하여 줄곧 장기적인 정체가 계속되고 있었던 반면에, 다른 지역들에서는 인구증가에 수반하여 성장이 비교적 자기지속적으로 이루어지는 완전히 새로운 패턴이 멋들어지게 등장해 나왔던 것이다. 이를테면 르 르와 라뒤리가 우리로 하여금 예상할 수 있도록 이끌고 있듯이 프랑스의 대부분에서는 16세기와 17세기에 인구의 증가가 실제로 보유지의 분해와 지대의 상승 그리고 생산성의 하락을 가져왔다. 그리고 여러 다른 지역에서 서로 다른 시기에 우리는 고전적인 생존의 위기와 인구의 파탄 그리

28) F. L. Carsten, *The Origins of Prussia* (London, 1954), pp.804, 101-16; M. Malowist, "Le commerce de la Baltique et le problème des luttes sociales en Pologne aux XIVe et XVe siècles", in *La Pologne au Xe Congrès international des sciences historiques à Rome* (Warsaw, 1955), pp.131-6, 145-6; J, Blum, "The Rise of Serfdom in Eastern Europe", *Amer. Hist. Rev.*, lxii(1957), 820-2.

고 궁극적으로는 "추세의 역전"이 나타나는 것을 찾아볼 수 있다.[29] 그럼에도 같은 시대에 영국에서 나타난 비슷한 인구의 증가는 기묘하게도 그와 완전히 정반대되는 발전을 설명하기 위해 사용되어 왔다. 예컨대 보우든에 따르면 "인구의 증가와 농산물가격의 상승 그리고 토지가치의 증대가 가하는 자극 아래에서 토지에 대한 수요는 더욱 강렬해졌고 **토지의 사용은 더욱 효율적으로 되어갔다**. 경작지가 팽창하였다. **소규모 보유지들의 희생 위에 대영지들이 형성되어 갔다**."[30] 다시 말해서 프랑스에서는 인구가 증가함에 따라 보유지들이 극도로 분해되고 생산성이 하락하는 현상이 나타났다. 그러나 영국에서는 정반대로 경작 단위가 점점 더 크게 형성되어 가는 것, 즉 보유지를 더욱 크게 통합하고 그것을 대규모 차지농에게 임대하며, 그 차지농은 다시 그 땅을 임금노동의 도움을 받아 경작하는 것이 지배적인 성향으로 나타났다. 생산조직에서 나타난 이러한 변화에 수반하여 농업 생산성에서 커다란 증대가 이루어져 실로 획기적인 결과들을 낳았다. 17세기 말에는 영국의 인구가 13세기 말의 높은 수준에로 다시 되돌아갔으나 17세기에 프랑스에서 나타난 것과 같은 인구 패턴 즉 "A 국면"으로부터 필연적으로 뒤따르는 "B 국면" 같은 것은 전혀 나타나지 않았다. 오히려 우리는 맬서스적 패턴이 마침내 궁극적으로 깨어지고 충격적일 만큼 새로운 지속적인 경제발전의 형태가 등장해 나오기 시작하는

29) 예컨대 p.Goubert "Le milieu démographique", in p.Goubert, *L'ancien régime*, 2 vols.(Paris, 1969-73), i, ch. 2; P, Goubert, *Beauvais et le Beauvasis de 1600 à 1730* (Paris, 1960) ; J. Meuvret, *Etudes d'histoire économique* (Paris, 1971) ; F. Braudel and E. Labrousse(eds.), *Histoire économique et sociale de la France*, 4 vols. in 7(Paris, 1970-80), ii.

30) Bowden, "Agricultural Prices, Farm Profits, and Rents", p.593(강조는 필자).

모습을 찾아볼 수 있다.[31]

II. 상업화 모델

앞서 말한 비교사적 분석으로부터 필자가 보기에 필연적으로 따르는 대안을 제시하기 전에 전산업사회에서의 경제적 변화에 대한 인구 중심의 접근방식을 대변하는 가장 뛰어난 학자인 포스탄과 르 르와 라뒤리가 둘 모두 원래에는 그에 앞서서 역사학계에서 지배적인 위치를 차지하고 있던 정통설—그들이 궁극적으로 인구에 부여하였던 것과 비슷한 역할을 교역의 성장과 시장에 부여했던 견해—에 맞서서 그들의 모델을 만들어 냈다는 사실이 지적되어야만 한다. 다시 말해서 포스탄과 르 르와 라뒤리는 시장의 요인이 첫째로는 종종 단순히 노동지대로부터 화폐지대로의 변화와 동일시되는 예농제의 쇠퇴를, 그리고 둘째로는 자본주의적 농업—고전적인 형태로는 자본투자와 임금노동을 토대로 하는 대규모 차지 영농—의 대두를 결정한다고 주장해왔던 소박한 단선적인 관념들에 대해 강력한 공격을 퍼부었던 것이다.

31) 영국 농업이 겪은 변화와 그 원인 및 결과에 대해서는 예컨대 R. H. Tawney, *The Agrarian Problem in the Sixteenth Century* (London, 1912; New York, 1967 edn) ; E. Kerridge, *The Agricultural Revolution* (London, 1967) ; E. Kerridge, *Agrarian Problems in the Sixteenth Century and After* (London, 1969), 특히 ch. 6; W. G. Hoskins, The Leicestershire Farmer in the Seventeenth Century", *Agric. Hist. Rev.*, xxv(1951); Thirsk(ed.), *Agrarian History of England and Wales*, iv를 참고할 것. 또한 본서의 p.73 이하도 참고할 것.

1. 교역과 예농제

포스탄은 특히 중세에는 시장의 요인이 자동적으로 예농제의 해체를 가져오기는커녕 오히려 실제로는 예농제의 강화를 수반할 수도 있었다는 것을 밝혀내는 데 힘을 쏟았다. 그는 예컨대 런던 시장과 접촉하기가 가장 쉬웠던 몇몇 지역에서는 13세기에 노동 부역이 증대되는 성향과 영주의 반동이 가장 강렬하게 나타났다는 것을 입증해내었다. 어쩌면 포스탄이 주장하는 바를 더욱 분명하게 보여주는 사실은 같은 시대에 파리 시장의 영향력 아래에 놓여있던 지역들에서 발견될지도 모른다. 이를테면 세느 강을 따라서 그 모두가 파리 사람들의 소비를 위해 생산을 하고 있던 일련의 지역들을 지나가는 경우, 파리에 가까워질수록 자유농지역에서 반자유농지역을 거쳐 예농 지역으로 향해 가게 되어있었던 것이다. 하지만 가장 뚜렷한 보기는 포스탄이 지적했듯이 동유럽의 경우였다. 중세 말과 근대 초에 국제 곡물 시장의 강력한 영향이 서구에서 자본주의의 발달을 자극하고 있던 바로 그때에 동유럽에서는 그 영향이 농민의 예속화를 촉진시키는 중요한 추진력을 제공했던 것이다.32)

그러나 포스탄이 교역을 중심으로 유럽의 발전을 이해하려는 접근 방식이 지닌 결정적인 결함을 정말로 밝혀낸 것은 결코 아니었다. 필자가 보기에 그 결함은 바로 예농제가 화폐지대에 반대되는 것으로서 노동 부역을 뜻할 뿐만 아니라 오히려 그것보다도 더욱 본질적이고

32) Postan, "Chronology of Labour Services", 특히 pp.192-3; Fourquin, *Campagnes de la région parisienne*, pp.169-70 그리고 주 71). 또한 M. M. Postan, "The Rise of a Money Economy", *Econ. Hist. Rev.*, xiv(1944)도 참고할 것.

중요한 것으로서 자의적인 수탈을 자행할 영주의 강력한 권한과—어느 정도로 부자유했는가라는 점에서 얼마간 차이는 있으나—농민의 부자유를 뜻하기도 했다는 사실을 무시하는 경향에 있다. 다시 말해 예농제는 영주가 그가 거느린 차지인의 몸뚱이, 특히 그 차지인의 이주를 통제함으로써 관습으로 정해진 수준 또는 수요와 공급 두 요인의 단순한 작용에 의해 정해질 수 있는 수준보다 더 높은 수준으로 지대를 결정하는 권한을 지니고 있었다는 점을 내포하였던 것이다. 이러한 이유 때문에 예농제의 쇠퇴는 이따금 암암리에 여겨지고 있는 것과는 달리 단순한 금납화, 즉 양쪽 모두에게 보다 더 큰 효율성을 가져다주는 이로운 거래로 행해질 수 있는 노동 부역과 화폐지대의 "등가 교환"을 통해서는 결코 이루어질 수 없었다.[33] 금납화가 이루어진 뒤에도 농민에 대한 영주의 권한은 여전히 그대로 남아있곤 했던 것이다. 사실상 금납화가 영주의 뜻에 따라 일방적으로 지시될 수—그리고 역전될 수도—있었다는 것은 주목할 만한 사실이다. 이를테면 포스탄이 지적하고 있듯이 금납화는 12세기에 영국에서 아주 폭넓게 진척되었지만 13세기에 가서는 농민들이 또 다시 부역에 대한 영주의 요구를 감수하게 되었으므로 12세기의 이러한 금납화 추세가 농민의 해방을 뜻했던 것은 아니었다. 실로 영주가 노동 부역을 징발하기로 결정하지 않았던 곳에서조차 농민은 여전히 화폐로 대가를 치르고서 그의 노동 부역을 사들이도록 요구되었고, 더 나아가 그의 예속된 신분에 딸려있던 (임의세와 토지보유 허가료 따위의) 자의적인 부

33) 이러한 견해를 최근에 다시 제기한 글로는 North & Thomas, *Rise of the Western World*, pp.39-40을 참고할 것. 이는 물론 예농제를 강제적이고 수탈적이기보다는 계약적인 것으로 보는 그들의 견해로부터 나오는 당연한 귀결이다. 본 논문의 주 13)을 참고할 것.

담들을 여전히 감수해야만 했다.[34] 따라서 예농제의 소멸을 이루어내기 위해 제거되어야만 했던 것은 영주가 농민에 대해 직접 강력하게 행사해 왔던 경제외적 통제권에서 분명하게 드러나는 "비등가 교환"의 유형이었다. 예농제의 본질은 영주가 지대 수준을 결정하는 데 있어서 특히 농민의 이주를 금지하고 그리하여 차지인들을 거래 대상으로 하는 자유로운 시장을 금지시킴으로써 농민들에게 시장외적인 압력을 떠안게 만들 수 있는 권한을 지니고 있었다는 점에 있었다. 따라서 교역에서의 변동들, 더 나아가 실로 어떤 형태로든 시장의 요인들에서 나타난 변동들이 그 자체만으로는 예농제의 해체를 결정하는 데 충분하지 못했다는 것은 거의 놀랄 필요가 없는 당연한 사실이다. 예농제는 세력 관계로서, 말하자면 그 자체를 통해서만 즉 계급들 사이의 세력균형에서 나타나는 변화를 통해서만 뒤엎어질 수 있었던 것이다.

물론 특히 인구의 압력이 증대됨에 따라 비롯된 토지에 대한 그리고 그에 따른 토지보유권에 대한 엄청난 수요가 영주들로 하여금 꽤 많은 경우, 전보다 더 유리한 조건으로 언제나 새로운 차지인을 구할 수 있게 만듦으로써 농민의 이주에 대해 아주 느슨한 태도를 가질 수 있도록 (다시 말해서 자발적으로 그들이 거느린 예농 차지인들의 이주에 대한 제한을 완화시킬 수 있도록) 허용해 주었던 시대들이 분명히 있을 수 있었다. 이미 지적되었듯이 13세기 후반은 아마 바로 이와 같은 시대였을 게다. 그러나 그러한 시대로부터 나온 증거를 예농제

34) Postan, "Medieval Agrarian Society in its Prime : England", pp.604-8, 611. 금납화를 예농제의 완화로 받아들일 경우 금납화를 잘못 이해하는 것이 되는 이유들에 대한 분석으로는, 특히 Hilton, *Decline of Serfdom in Medieval England*, pp.29-31; R. H. Hilton, "Freedom and Villeinage in England", *Past and Present*, no.31(July, 1965), p.11.

가 소멸되었다거나 본질적으로 중요하지 않았음을 주장하는 정당한 근거로 삼을 수는 없다.[35] 예농제는 농민을 통제할 수 있는 영주들의 능력과 권리가 **계속 그러한 통제를 원하는 그들의 바람에도 불구하고** 끝장이 난 다음에야 소멸된다고 말할 수 있는 것이다. 심지어 13세기 동안에도 계속해서 장원을 떠나려고 하는 농민들이 떠나도 좋다는 허락을 받도록 요구되었고, 해마다 한두 차례씩 십호조 검사view of frankpledge를 위해 되돌아와야만 했다는 사실은 중요하다. 이 시대에는 래프티스Raftis가 말하고 있듯이 "장원 법정이 통상 예농을 영주의 직영지에 되돌아오도록 만드는 것이 아니라 예농을 영주의 사법권 아래에 계속 놓아두는 데에만 관심을 쏟았다." 그러나 중요한 점은 흑사병으로 말미암아 갑자기 차지인이 (이제까지의 과잉 상태와는 정반대로) 부족해진 바로 직후에 예농의 이주에 대한 영주의 태도가 급격히 변화했다는 사실이다. 이 시대는 예농들로 하여금 차지인이 되어 그에 따른 의무들을 넘겨받도록 압력을 가하고, 영주의 장원을 떠나도 좋다는 허락에 대한 대가로서 벌금을 훨씬 더 무겁게 물리며, 장원을 떠나도록 허락받은 사람들에게 요구되는 십호조 검사의 횟수를 크게 늘리고, 장원으로부터 도망친 자들에 대해 더욱 엄격한 태도를 취하며, 그리고 예농이 장원을 떠나있도록 허용되는 기간을 크게 단축시키는 양상들을 보여주는 엄청난 양의 증거를 남기고 있다.[36] 영주의 관점에서는 예농제가 의문의 여지없이 여전히 그 시대의 질서였고 영주들은 그것을 실행에 옮기려 할 만한 충분한 의도를 가지고 있었다. 그들이 그렇게 할 수 있을 것인가 아닌가는 뒤이은 시대에 벌어진 투쟁들 속

35) 예컨대 Titow, *English Rural Society, 1200–1350*, pp.59–60에서 그러하다.
36) J. A. Raftis, *Tenure and Mobility* (Toronto, 1964), pp.139–44.

에서만 해결될 수 있는 문제였다.

2. 상업화와 농업 자본주의

포스탄과 비슷한 방식으로 르 르와 라뒤리는 심지어 예농제가 붕괴된 뒤에 가서도 자본주의(자본투자와 임금노동을 바탕으로 하여 경영되는 대규모의 통합된 보유지들)를 향한 추세가 시장의 영향 아래에서조차 반드시 필연적인 것으로 전제될 수는 없다는 점을 밝혀냄으로써, 교역을 중심으로 유럽의 경제발전을 이해하려는 접근방식에 대한 비판을 더욱 멀리까지 끌고 나갔다. 이를테면 랑그독의 농촌지역에 대한 르 르와 라뒤리의 연구는, 부분적으로는 근대 초에 시장의 자극 아래에서 많은 경우 부르주아지 출신으로서 투자와 효율적인 시장생산을 향한 강력한 성향을 지닌 차지농이 경작하는 대규모 보유지의 발전으로 나아가는 보편적인 추세가 있었다는, 라보Raveau와 블로크Bloch 같은 역사가들이 앞서 제시해 놓은 관념을 수정하려는 의도를 띠고 있었다. 우리가 이미 살펴보았듯이 르 르와 라뒤리는 그러한 관념과 상반되게 (증대된 인구의 압력으로부터 자극을 받아 토지에 대한 수요가 점점 더 늘어나는 데 바탕을 둔) 단순한 농민 수탈에 반대되는 것으로서 (자본투자 덕분에 토지의 생산성이 증대되는 데 바탕을 둔) "자본주의적 지대"가 결코 필연적으로 나타나는 것은 아니며, 보유지의 분해가 나타날 가능성이 보유지의 통합이 나타날 가능성 못지않게 컸다는 것을 밝혀내었던 것이다.

그러나 포스탄과 마찬가지로 르 르와 라뒤리 역시 이 시대에 이루어진 농업의 변화에 대한 교역 중심의 접근이 지닌 난점들의 뿌리를 건드리지 못하고 있다는 사실은 그대로 남는다. 그것은 라뒤리가 16세기와 17세기에 어떤 지역에서는 분해와 생산성 하락의 새로운 주기가 다시 나타난 반면에, 다른 지역들에서는 통합과 개선이 이루어졌던 실제적인 이유를 구체적으로 밝혀내려 시도하고 있지 않기 때문이다. 물론 그는 암암리에 분해와 통합이 어떤 면으로는 서로 경쟁하는 추세들이었다고 전제하면서, 보유지의 "가차 없이 진행된 분해"가 "토지를 통합시키려는 자들의 노력을 헛일로 만들었다"는 사실을 밝히고 있다. 그 결과는 랑그독 농촌지역의 경제사가 "…… '자본주의의 기원'과는 거리가 먼……순수한 농민의 역사"로 끝을 맺게 된 것으로 나타난다고 그는 말한다.37)

그러나 어째서 한 추세가 다른 추세에 대해 승리를 거두었는가라는 (랑그독의 농촌지역뿐만 아니라 서유럽 전체에 해당되는) 문제를 르르와 라뒤리가 진정으로 제기하는 것은 결코 아니다.38) 또한 그는 필자가 해보고자 하는 것처럼 (영국 같은 지역과는 대조되게) 프랑스의 대부분 지역에서 농민들에게 비교적 커다란 면적의 토지에 대한 비교적 강력한 재산권을 부여해 주었던 토지소유권의 구조가 어떻게 해서 등장해 나왔는가에 대한 해답을 찾으려고 하지도 않는다. 프랑스에서의 이러한 상황은 토지를 집중시키려 했던 자들에게 커다란 걸림돌이

37) Le Roy Ladurie, *Paysans de Languedoc* ; 인용문은 i, p.8에 있음.

38) *Ibid.*, p.8ff. 프랑스에서 농업 자본주의가 발달해 나오지 못한 것을 설명하기 위해 Le Roy Ladurie는 궁극적으로는 후진적인 심성들이 지배적이었다는 점으로 돌아가고 있다. 이를테면 "기술적인 정체는 일련의 온갖 …… 문화적인 장벽들 속에 에워싸여 있었고, 또 그러한 장벽들에 의해 뒷받침되었다"는 것이다(pp.640-1). Le Roy Ladurie에게는 경제에 대해 "무엇보다도 가장 엄격한 한계를 짐 지우는" 것은 바로 "눈에 보이지 않는 정신적인 경계들"이었다(p.11). 그리고 계속해서 일관되게 그는 참다운 경제 성장의 씨앗을 계몽주의시대의 새로운 심성들에서 찾는 것으로 보인다(p.652).

되었다. 시장의 상황이나 토지의 가격이 어떠했든 농민은 대개 자신과 자기 후손들의 존재 기반인 그들의 보유지를 쉽게 포기하려 하지 않았던 것이다. 따라서 필자는 근대 초에 프랑스에서 농업이 장기적으로 후진성을 면치 못하도록 확실하게 만든 것은 바로 소토지 소유가 지배적이었던 상황이라는 점을 논증하고자 한다.39) 이는 특히 공동경작지 안에 있는 소보유지들의 구조 속에 기술적인 개선을 저해하는 걸림돌이 본질적으로 내재해 있기 때문만은 아니었다. 그것은 바로 필자가 밝혀내려고 애쓸 것이지만 프랑스에서는 농업투자와 농업발전을 저해하는 성향을 지닌 전반적인 소유관계 또는 잉여착취 관계의 구조—특히 절대주의 국가에 의한 무거운 과세와 영주들에 의한 농민 차지인(임차농)의 수탈, 그리고 끝으로 농민들 자신에 의한 보유지의 분해—가 발달해 나오는 것과 농민의 토지소유권이 역사적으로 결합되기에 이르렀기 때문이었다.40)

39) 농민의 토지소유가 널리 또 깊이 뿌리내리고 있던 상황에서 땅을 끌어모아 대규모 보유지를 형성하는 것이 (물론 몇몇 특정한 조건 아래에서는 그리고 비교적 장기간에 걸쳐서는 불가능한 것이 아니었지만) 여러 가지 어려움에 부딪쳤다는 점에 대해서는, L. Merle, *La métaire et l'evolution agraire de la Gâtine poitevine de la fin dumoyen âge à la R'volution* (Paris, 1958), pp.70-2; A. Plaisse, *La baronnie du Neubourg* (Paris, 1961), pp.583-5; Le Loy Ladurie, *Paysans de Languedoc*, i, p.327을 참고할 것. Roger Dion은 프랑스의 농민공동체가 대규모 농장의 발달을 가로막는 강력한 요인으로 작용한 데 대해 다음과 같은 일반화를 제시했다. "대규모 농장지역들은 부정적으로, 즉 대체로 촌락공동체의 손아귀를 벗어난 지역으로 규정된다." : J. Meuvret, "L'agriculture en Europe aux XVIIe et XVIIIe siècles", in J. Meuvret, *Etudes d'histoire économique*, p.177에서 재인용함. 물론 Meuvret가 (Dion과 동의하면서) 지적하고 있듯이 프랑스에서는 대규모 농장이 아주 적은 정도로만 그리고 그나마도 대개는 가장 척박한 땅에서만 발달해나오는 경향을 보였는데 그 이유는 바로 "강력하게 뿌리를 내리고 있었던 농민집단들"이 매우 강력하여 대규모 농장이 발달해나오는 것을 가로막았기 때문이었다.

40) 보다 자세한 논의를 보려면 본서의 p.73 이하를 참고할 것.

Ⅲ. 계급 갈등과 경제발전

요컨대 경제발전에 관한 교역 중심의 단선적인 이론들에 대한 그들의 공격이 파괴적인 힘을 지니고 있음에도 불구하고 포스탄이나 르 르와 라뒤리가 그들의 비판을 충분할 만큼 끝까지 밀고 나갔는지는 의심할 여지가 있다. 포스탄과 르 르와 라뒤리는 둘 모두 경제적 요소들이 비슷한 상황을 이루고 있는 가운데 지역에 따라 서로 대조적인 발전 노선이 나타난 것을 설명할 수 있게 해줄 근본적인 차이점들을 탐색하기보다는, 오히려 주로 그들이 불신하게 된 상업이라는 기존의 객관적인 변수를 버리고 그 대신에 또 다른 객관적인 변수인 인구를 내세우는 방식을 통해 새로운 모델을 구축하는 쪽을 택했던 것이다. 필자가 보기에 그들은 계급구조의 발전과 그에 따른 결과들을 분석의 핵심으로 삼지 못했기 때문에, 그들 자신의 주기적인 맬서스적 모델은 우리가 이미 살펴보았듯이 그들 스스로가 교역 중심의 단선적인 접근들을 비판하는 가운데 제기하였던 비교사적 관점에 직면하여 똑같은 종류의 어려움들에 마주치게 된다. 특히 그들은 그들 자신이 사용한 방법 때문에 중세 말과 근대 초의 유럽에서 나타난 장기적인 경제발전—또는 보다 전반적으로는 "봉건제에서 자본제로의 이행"—을 분석하는 데 필자가 보기에 어쩌면 가장 본질적인 중요성을 지닐 것이라 여겨지는 두 가지 문제를 제기하지 못하고 있다. 그 두 문제란 (1) 예농제가 쇠퇴하였는가 아니면 줄곧 존속하였는가, 그리고 그에 따른 결과는 어떠했는가? (2) 토지 위에서 소규모 농민의 안정된 토지소유권이 등장해 지배적인 것이 되었는가, 아니면 영주와 대차지농이 결합되어 있는 관계가 출현하였는가? 하는 것이다. 역사적으로 볼 때 이는 최소한 (1) 서구에서는 예농제가 쇠퇴의 길을 걸었던 반면에 동유럽에서는 예농제가 더욱 강화되어 가던 현상에 대한 비교사적 분석과 (2) 영국에서는 농업 자본주의가 대두하고 농업 생산성이 증대되었던 반면에 프랑스에서는 그렇지 못했던 현상에 대한 비교사적 분석을 뜻하고 있다. 간략하게 말하자면 "전통적 경제"로부터 비교적 자기지속적인 경제발전의 돌파는 농촌에서 특정한 일련의 계급관계 또는 사회적 소유관계—즉 자본주의적 계급관계—가 등장하느냐 않느냐에 달려있었다는 것이 필자가 주장하는 바가 될 것이다. 또 이러한 결과는 다시 그에 앞서 계급발전과 계급 갈등의 양면적인 과정—한편으로는 예농제의 붕괴, 그리고 다른 한편으로는 소규모 농민의 토지소유권이 점점 더 널리 확산되어 가는 것을 중단시키고 타파하는 것—이 성공적으로 이루어지느냐 아니냐에 달려있었다.41)

1. 예농제의 쇠퇴

우리는 중세 경제에 인구 위기를 향한 장기적인 경향이 내재되어 있었다는 포스탄의 생각에 동의하는 것으로부터 출발할 수 있다. 그러나 위기를 향한 이러한 경향은 겉보기에 고정되어 있는 기술 수준에 비추어 사용될 수 있는 인적자원과 자연 자원을 검토하는 것만으로 설명될 수 있는 당연한 사실이 아니었다. 그것은 오히려 한편으로

41) 이와 같은 견해가 자본주의의 발전을 가로막는 걸림돌과 자본주의의 발전을 뒷받침하는 계급구조에 관한 Marx의 논의, 특히 "The So-Called Primitive Accumulation of Capital", in *Capital*, i, pt 8과 *Pre-Capitalist Economic Formations*, ed. E. J. Hobsbawm (London, 1964), pp.67-120에 나와있는 논의로부터 나온 것임은 분명하다.

는 농민의 생산조직이 지닌 서로 관련된 구조 속에 그리고 다른 한편으로는 영주로 하여금 봉건지대를 수탈할 수 있게 만드는 예농제의 제도화된 관계들 속에 내재되어 있었다. 이를테면 예농을 기반으로 하는 농업경제가 시장의 유인이 극도로 컸던 상황 아래에서조차 농업을 혁신시키지 못했다는 사실은, 첫째 영주가 농민으로부터 수탈하는 무거운 잉여착취, 그리고 둘째로 그들 자체가 부자유한 잉여착취관계의 본질적인 부분을 이루는 인력 및 토지의 이동에 대한 제한이라는 서로 관련된 두 가지 사실에 비추어 이해될 수 있는 것이다.

다시 말해서 영주의 잉여착취(지대)는 농민의 소득 가운데 생존에 필요한 만큼을 뺀 나머지를 (그리고 가능한 경우에는 심지어 그보다도 더 많은 부분을) 빼앗을 뿐만 아니라, 동시에 농민 보유지의 지력을 유지하고 토지 생산성의 장기적인 하락을 막는 데 필요한 자금의 확보까지도 위협하는 경향이 있었다. 포스탄은 부자유농민의 총생산 가운데 평균해서 대략 50퍼센트가량이 영주에 의해 수탈되었다고 추산한 바 있다.[42] 그 가운데 생산에 다시 투입된 것은 거의 없었고 대부분은 군사적 지출과 과시적인 소비에 탕진되었으므로 그것은 완전히 비생산적인 수익이었다.[43]

동시에 영주가 그의 토지로부터 더욱 많은 소득을 올리는 가장 분명한 방식은 그가 부자유농민을 거느리고 있다는 사실에 비추어 볼

42) Postan, "Medieval Agrarian Society in its Prime : England", pp.603-4.

43) M. M. Postan, "Investment in Medieval Agriculture", *Jl Econ. Hist.*, xxvii(1967); R. H. Hilton, "Rent and Capital Formation in Feudal Society", in *Second International Conference on Economic History, Aix-en-Provence, 1962*, 2 vols.(Paris, 1965), ii, 특히 pp.41-53. Hilton은 13세기에 영주들이 그들의 총수입 가운데 5퍼센트도 안 되는 정도만을 생산적인 투자에 다시 투입했다고 추산하고 있다(p.5).

때 자본의 투자와 새로운 기술의 도입을 통한 것이 아니라, 화폐지대와 노동 부역 가운데 어떤 것으로든 더욱 수탈을 증대시킴으로써 농민들을 쥐어짜는 것이었다. 특히 예속 신분으로서 지대를 납부하는 차지인들을 이용할 수 있다는 점은, 통합된 직영지를 만들어내고 이러한 기반 위에서 새로운 혁신들을 도입하기 위해 농민들을 쫓아내거나 또는 돈으로 매수하여 떠나게 만드는 추세를 억제하는 방향으로 영향을 미쳤다. 영주들은 임의세와 토지보유 허가료 그리고 그밖의 다른 부과금들을 통해 지대를 증대시킴으로써 더욱 많은 수입을 올릴 수 있었고, 따라서 대규모 보유지를 만들어내고 투자를 하는, 즉 관습 차지인을 제거하고 새로운 기술을 도입하는 힘겹고 값이 비싸게 먹히는 과정에 괜스레 뛰어들 필요는 거의 없었던 것이다. 따라서 중세 영주들의 농업에 대한 투자가 그들의 영지가 필요로 하는 만큼 충분하게 이루어졌다고 하는 이따금 제기되어 온 논의는, 영주의 계급적 지위 및 그것과 묶여있는 농업구조를 당연한 것으로 간주하기 때문에 문제의 핵심을 회피하는 것이다.[44]

물론 직영지의 생산성에서 꽤 커다란 개선을 불러올 수 있었던 (궁극적으로 혁명적인 결과를 낳게 된 "돌려짓기"를 포함한) 농업기술의 개선들이 전혀 알려져 있지 않거나 사용될 수 없는 것은 아니었다.[45]

44) Titow, *English Rural Society, 1200-1350*, pp.49-50. 필자가 그의 논의를 제대로 이해하고 있다면 Titow는 농업개선이 이루어지지 못한 것이 대체로 기술적인 지식이 결여되어 있었고, 새로운 기술이 이용될 수 없었던 데에서 비롯된 결과였다는 주장을 펴고 있다. 이를테면 그는 "중세농업이 지닌 기술적인 한계들은 필자가 보기에 영지에 쓸모 있게 사용될 수 있었을 투자를 일정한 한도로 묶어놓았던 것으로 여겨진다"고 말한다(p.50).

45) 예컨대 14세기 초에 플랑드르에서 돌려짓기 농업이 시행되고 있었음을 참고할 것 : B. H. Slicher van Bath, *The Agrarian History of Western Europe, A. D. 500-1850* (London, 1963; repr. London, 1966), pp.178-9.

사실상 엘레노어 설Eleanor Searle이 밝혀낸 바 있듯이 배틀수도원의 말리장원에서는 14세기 초로부터 나무랄 데 없는 돌려짓기가 체계적으로 채용되고 있었다. 이 장원이 (관습 보유지가 전혀 없이) 완전히 하나의 통합된 직영지로만 이루어져 있었고, 완전히 임금노동으로만 경작되고 있었다는—봉건적인 생산조직 및 계급관계로부터 완전히 떨어져 나온 모습을 보여준다는—사실은 아주 중요하다. 더구나 말리장원이 자유로운 차지인들을 매수해 떠나보냄으로써 만들어졌다는 사실도 주목할 만하다. 이 차지인들은 자유보유자였기 때문에 배틀수도원은 그 지대를 증대시킬 수 없었다. 물론 배틀수도원이 지대를 증대시키려 애쓰지 않은 것은 아니었다. 사실상 배틀수도원은 그 차지인들을 예속 신분으로 떨어트리기 위해 온 힘을 다해 싸워왔으며, 그 목적은 바로 그들에게 임의로 가외의 부담을 짐 지우려는 데 있었다. 그러나 결국에는 이것이 성공을 거두지 못했고 그 결과 이러한 토지들로부터 더욱 많은 수입을 끌어낼 유일한 대안은 농민의 보유지를 매수하는 것 말고는 없게 되었다. 그렇게 된 뒤에는 수도원이 스스로 이 땅들을 하나의 통합된 직영지로 경영할 수 있을 것이었고 사실상 그 수도원이 떠올렸던 해결책도 바로 이러한 것이었다.[46]

물론 영국의 영주들은 배틀수도원이 말리장원에서 사용했던 방법들을 거의 완전히 외면하였다. 그들은 대개 수입을 증대시키기 위해 개선을 이루어낼 노동생산성과 효율성 그리고 생산을 증대시킬 필요가 없었다. 이는 다름 아니라 그들은 그 대안으로서 "착취적"인 방식, 즉 농민에 대한 지배권을 지니고 있다는 그들의 입장을 이용하여 생

46) Searle, *Lordship and Community*, pp.147, 174-5, 183-94, 267-329.

산물 가운데 그들이 차지할 몫을 늘리는 방법을 써먹을 수 있었기 때문이었다.

동시에 영주에 의해 지대를 착취당했고 또 토지와 자본—특히 가축—모두가 극도로 불평등하게 분배되어 있었던 데에서 비롯된 자금의 부족 때문에 농민들은 대개의 경우 그들이 보유한 토지를 자유롭고 합리적인 방식으로 이용할 수 없었다. 그들은 말하자면 그들이 토지로부터 얻어낸 것을 다시 생산에 투입할 수 없었던 것이다. 그리하여 예농제라는 잉여착취관계는 그 자체가 농민 생산을 고갈시키는 경향을 지니고 있었다. 특히 쟁기를 끌고 또 비료도 대주는 가축에 대한 투자를 할 수 없었던 것은 토양의 지력을 악화시켜 갔고, 이는 다시, 전에는 가축들을 먹여 살리기 위한 땅으로 따로 남겨졌던 토지에까지 경작이 확대되도록 만들었다. 이는 질이 나쁜 토양이 경작되고 동시에 가축이 그만큼 줄어드는 것을 뜻하였으며, 그리하여 결국에는 농민의 생계 수단이 파괴되는 악순환을 의미하였다. 이에 따른 생산성의 위기는 인구를 생존의 한계 너머로 밀어붙임으로써 인구의 위기를 낳았다.[47)]

반면에 시장에 내다팔 수 있는 잉여생산물을 생산해낼 만큼 충분한 토지를 가지고 있으며 따라서 축적을 해나갈—즉 토지를 집중시키고 노동력을 끌어모으며 새로운 개선들을 도입할—잠재력을 지니고 있

47) Hilton, "Rent and Capital Formation in Feudal Society", pp.53-5 ; Postan, "Medieval Agrarian Society in its Prime : England", pp.548-70. 전체 토지 가운데에서 적어도 3분의 1(더구나 이 가운데에서는 가장 비옥한 땅이 지나칠 만큼 커다란 비율을 차지하고 있었다)에서 나오는 생산량 전부가 곧바로, 얼마 안 되는 영주계급의 손 안으로(즉 직영지로) 들어갔다 : E. A. Kosminsky, "Services and Money Rents in the Thirteenth Century", *Econ, Hist. Rev.*, v(1934-5) ; Postan, "Medieval Agrarian Society in its Prime : England", pp.601-2. 본서의 p.50과 주 42)를 참고할 것.

던 농민들로 이루어진 자그마한 집단에 대해 영주가 맺고 있던 소유관계 역시 생산성의 발전에 걸림돌로 작용하였다.48) 첫 번째로는 당연하게도 봉건지대 그 자체가 축적을 위해 사용될 수 있는 자금을 한정지었다. 두 번째로는 농민의 이주에 대한 제한들이 농민으로 하여금 보다 잠재력이 큰 기회가 마련되어 있는 지역으로 옮겨가지 못하도록 억제했을 뿐만 아니라, 노동력의 자유로운 거래가 발전하는 것도 제약하는 경향이 있었다.49) 끝으로 토지의 이동에 대한 봉건적인 제한들은 토지가 집중되는 것을 억제하는 경향을 지니고 있었다. 부자유농민들은 영주의 허락 없이 그들의 땅을 다른 농민에게 양도하도록 허용되지 않았다. 그러나 커다란 땅을 축적해가고 있는 차지인들로 하여금 보다 많은 땅을 얻지 못하도록 방지하는 것은 많은 경우 영주의 이익을 위한 것이었다. 왜냐하면 영주들은 특히 그러한 차지인들이 자유로운 신분을 지닌 경우에 그들로부터 지대를 거두는 것이 꽤 어려운 일임을 깨달을 수 있었기 때문이다.50)

이러한 소유관계 또는 잉여착취관계 아래에서는 이르건 늦건 생산성의 위기가 다가오고 그것이 인구 위기를 이끌고 오리라는 것이 얼

48) Hilton, *Decline of Serfdom in Medieval England*, pp.30-1, 그리고 *passim*.

49) 물론 13세기에는 극도의 인구 과다를 감안할 때 임금노동을 사용할 수 있는가 없는가는 문제가 아니었다. 13세기에 이루어진 임금노동의 공급에 관해서는 E. A. Kosminsky, *Studies in the Agrarian History of England in the Thirteenth Century*(Oxford, 1956), ch. 6.

50) 관습 차지인들로 하여금 지나치게 많은 땅을 집중시키거나 땅을 자유민에게 떠넘기지 못하게 만들었던 영주들의 행동에 관한 증거로는 특히 Raftis, *Tenure and Mobility*, pp.66-8을 참고할 것. Searle은 13세기 중엽으로부터 줄곧 배틀수도원으로 하여금 차지인들을 자유로운 신분에서 부자유 신분으로 전락시키려고 계속 노력하게 만들었던 주된 동기가 지대를 확보하기 위해 농민의 토지시장을 보다 잘 통제하는 데 있었다고 말하고 있다 : Searle, *Lordship and Community*, pp.185ff. ; M. M. Postan, "The Charters of the Villeins", in M. M. Postan & C. N. L. Brooke(eds.), *Carte nativorum*(Northants. Rec. Soc., xx, Northampton, 1960), pp.xxxi-xxxiiff.

마간 예상되는 일이었다.[51] 그러나 정말로 제기되어야만 하는 문제는 인구의 파탄, 특히 14세기 말과 15세기에 나타난 인구파탄으로 빚어진 경제적 · 사회적 결과들에 관한 것이다. 포스탄은 하나의 논리만을 제시하였다. 농민들은 분명히 그들의 수가 크게 줄어들었다는 그들의 경제적 입장을 이용해 자유를 획득했다. 슬리허 반 바트B. H. Slicher van Bath가 서유럽 전반을 대상으로 논의하고 있듯이 "장원영주는 더 좋은 조건을 제시하거나, 아니면 그의 예농들이 토지로부터 사라져 없어지는 것을 보아야만 하는 입장에 빠졌다"는 것이다.[52] 그러나 기묘하게도, 이따금 동유럽에서 예농제가 더욱 강화된 것을 설명하기 위해 아주 다른 논리가 제기되어 왔다. 동유럽에서는 인구가 감소하고 차지인들이 사라져 버린 데 뒤이은 영주의 수입 위기가 영주들로 하여금 그들의 수입과 그들의 생존 그 자체를 보호하기 위해 농민들에 대한 그들의 통제권을 주장하고 농민들을 땅에 묶어 놓도록 만들었다는 것이다.[53] 그 두 논리 모두가 서로 다른 계급적 관점에서 볼 때 결코 빈틈이 없는 것임은 명백하다. 분명히 발언권이 강화된 자신의 입장을 이용해 자유를 얻어내려 한다는 것은 농민의 논리였다. 반면에 농민의 자유를 위축시킴으로써 자신의 지위를 보호한다는 것은 영주의 논

51) 여기에서 특히 관련되는 것은 다음과 같은 Postan의 지적이다. 농민들의 봉건지대는 "무엇보다도 우선하여 치러져야 하는 것으로 간주될 수밖에 없었다. 지대는 수확의 풍 · 흉이나 차지인의 개인적인 상황에 따라 감면될 수 없었다…… 사실상 식량 및 사료에 대한 차지인의 필요는 강제로 부과된 모든 부담들을 다 치른 뒤에 남은 것으로 충족되어야 했다." : Postan, "Medieval Agrarian Society in its Prime : England", p.604.

52) Slicher van Bath, *Agrarian History of Western Europe*, p.145.

53) Carsten, *Origins of Prussia*, pp.103ff.; Malowist, "Commerce de la Baltique et le problème des luttes sociales en Pologne aux XVe et XVIe siècles", pp.132-3ff. ; G. Fourquin, Seigneurie et féodalité au moyen âge(Paris, 1970), pp.215-6.

리였다. 그에 따른 결과가 단순히 인구적 경제적인 수요와 공급의 요인에만 비추어 설명될 수는 없다. 그것은 분명히 힘의 문제, 더 나아가 실로 무력의 문제로까지 소급되기에 이르렀고 실제로 14세기 후반과 15세기 그리고 16세기 초에 걸쳐 유럽 전역에서는 거의 어디에서나 보편적으로 똑같은 문제들—첫째로는 물론 예농제, 그리고 둘째로는 영주와 농민 가운데 어느 쪽이 토지재산 특히 인구의 파탄 이후에 임자 없이 비어있게 된 광대한 땅에 대한 궁극적인 소유권을 차지할 것인가라는 문제—을 둘러싸고 영주와 농민 사이에 줄곧 강렬한 투쟁이 벌어졌다.

영국에서는 흑사병이 휩쓸었던 1349년 이후에 영주의 반동이 나타났다. 그것은 농민들에게 이주 허가를 받기 위한 벌금을 도저히 치를 수 없을 만큼 큰 액수로 부과함으로써 농민의 이주를 억제하려는 시도로, 또한 임금을 규제하기 위한 법률의 제정으로, 그리고 몇몇 지역에서는 실제로 지대가 상승하는 것으로 나타났다. 그러나 1400년에는 영주의 공세가 실패로 끝났다는 사실이 분명하게 드러나 있었다. 반란과 도주가 15세기 내내 줄곧 계속되어 예농제를 종말로 이끌었던 것이다.[54] 특별히 뚜렷한 양상을 보여주는 경우인 카탈로니아에서도 우리는 코르테스—영주와 성직자 그리고 도시상인 귀족을 대변하는 대의체가 농민의 이주를 제한하고 인신의 자유를 위축시키는 법률을 점점 더 많이 제정하고 있는 양상을 찾아볼 수 있다. 15세기 초에는 이러한 입법 활동이 겉보기에는 상당한 성공을 거두면서 꽤 멀리까지

54) 영주의 반동과 그것의 실패에 대해서는 Hilton, *Decline of Serfdom in Medieval England*, pp.32-59를 참고할 것. 상세한 사례 연구로는 Raftis, *Tenure and Mobility*, 특히 pp.143-4 이하를 참고할 것.

나아가고 있었다. 그러나 그것은 그에 상응하여 농민들로부터 아주 잘 짜인 농민조직과 특히 농민대중으로 이루어진 군대를 결성하게 만드는 반응을 불러일으켰다. 15세기 중엽 이후에 가서도 영주의 반동이 성공할 가능성은 꽤 높은 것으로 나타나 있었다. 궁극적으로 농민의 승리가 확정되었던 것은 단지 일련의 격렬하고 피 튀기는 싸움들을 통해서 얻어진 결과였을 뿐이었다. 무장투쟁은 마침내 1486년에 농민들에게 완전한 인신의 자유와 그들의 재산에 대한 (물론 고정된 부담들을 납부해야 하는 의무는 여전히 남아있었지만) 완전한 항구적 소유권, 그리고 어쩌면 그에 못지않게 중요한 것이었을 인구의 파탄에 뒤이은 시대에 그들이 자기 보유지에 병합했던 공보유지들에 대한 완전한 소유권을 부여해 주었던, 구아달루페 판결로 끝을 맺게 되었다.[55] 끝으로 엘베 강 동쪽의 유럽에서는 우리가 영주들이 완전히 농민들을 압도하여 꾸준하게 입법을 통해 농민의 인신적 자유를 위축시켜 나아가다 결국에는 농민의 토지 가운데 커다란 부분을 몰수해 그들의 직영지에 병합시킨 잘 알려진 이야기를 듣게 된다. 요컨대 유럽에서의 예농제 문제는 결코 경제학의 문제로 환원될 수 없다. 동유럽에서 예농제가 장기적으로 성장해 간 과정은 처음에 인구가 감소하고 교역이 정체되었다가 다음에는 인구가 증가하고 교역이 성장해 간 시대(1400~1600)에 이루어졌다. 반면에 서유럽에서는 예농제가 처음에 인구가 증가하고 상업이 성장했다가 다음에는 인구가 감소하고 교역이 위축되어 갔던 시대(1200~1500) 동안에 쇠퇴하였던 것이다.

요컨대 예농제라는 계급관계를 규정했던 잉여착취관계와 농민 생

55) Vicens Vives, *Historia de los remensas en el siglo XV*, p.23ff.; Vilar, *Catalogne dans l'Espagne moderne*, i, pp.466-71, 506-9.

산의 발전 사이에 나타난 모순들은 농민의 축적과 농민 생산성 그리고 궁극적으로는 농민의 생존을 위기에 빠트리는 경향이 있었다. 이 위기에 수반하여 기존의 구조에 내재되어 있던 계급 갈등은 더욱 강렬해지게 되었으나, 그 결과는 맞서고 있는 계급들 사이의 세력균형에 입각하여 지역에 따라—기존 구조가 무너지든지 아니면 그것이 다시금 힘을 얻든지—다르게 나타났다. 다시 말해 예농을 기반으로 한 봉건적인 계급구조는 일정하게 한정된 발전 패턴들을 열어주었고 예견될 수 있는 특정한 위기들을 불러왔으며, 특히 그 구조 자체에 내재된 특정한 계급 갈등을 유발시키는 경향을 지니고 있었다. 여기서 확정되지 않은 요소는 지역에 따라 이러한 갈등이 서로 다른 성격과 결과를 드러냈다는 점과 관련하여 나타난다. 이 말은 그러한 결과들이 얼마간 제멋대로 나타났다는 것이 아니라, 오히려 그 결과들이 서로 다투는 농업계급들과 그 계급들의 상대적인 세력이 서로 다른 유럽사회에서 제각기 다르게 겪었던 **역사적으로 특수한** 특정한 발전 패턴들과 관련을 맺는 경향이 있었다는 것을 이야기하고자 하는 것이다. 다시 말해 농업계급들이 제각기 상대적으로 어느 정도 수준의 내적인 단합을 이루고 있었고, 얼마나 계급의식과 조직을 갖추고 있었으며, 그리고 전반적으로 어떠한 정치적 자원—무엇보다도 비농업계급들과의 관계(특히 도시계급과 동맹을 맺을 가능성이 있었는가 아닌가)와 국가와의 관계(특히 국가가 농민의 잉여생산물을 둘러싸고 영주들과 경쟁을 벌이는 계급과 비슷한 존재로 발전했는가 아닌가)—을 지니고 있었는가에 따라 서로 다른 결과가 나타나는 경향이 있었던 것이다.

이 짤막한 논문에서 중세 말기에 유럽 전역에 걸쳐 영주와 농민 사이의 세력 관계에서 나타났던 차이들과 계급 갈등이 보여주었던 서로 다른 패턴을 제대로 서술하기란 분명히 불가능한 일이다. 하지만 중세 유럽 전역에 걸쳐 거의 보편적으로 나타났던 영주의 반동이 성공했는가 실패했는가라는 본질적인 물음에 답하기 위해서는, 그리고 그와 함께 중세 말에 있었던 농업 위기와 계급 간의 대립이 어떻게 해서 동유럽과 서유럽에서 서로 대조적인 결과를 빚어내 결국 그에 뒤이은 사회적 · 경제적 발전이 완전히 다른 길을 걸어가도록 만들었는가라는 보다 구체적인 물음에 답하기 위해서는 이 문제를 적어도 제기할 필요는 있다. 또한 백보를 양보하더라도 수요와 공급의 요인들이 상업에서 비롯된 것이든 아니면 인구에서 비롯된 것이든 그리고 또 얼마나 강력하든, 최소한 그러한 요인들의 직접적인 영향 속에서 하나의 설명을 찾아낼 수 없다는 점은 반드시 분명하게 밝혀져야만 한다. 동유럽에서는 예농제가 중세 말에 인구가 감소하고 있던 시대에 (서유럽에서는 뚜렷하게 몰락해 가기 시작했던 반면에) 대두하기 시작했고 유럽 전역에 걸쳐 인구가 증가하고 있던 16세기와 17세기 동안에 강화되었으며, 17세기 말에 인구가 재앙을 맞이하고 있었던 때에 그 칼날을 더욱 날카롭게 세웠던 것이다.

또한 교역의 압력도, 비록 얄궂게도 역사가들이 대규모 수출상업의 성장을 (서유럽에서 자본주의가 대두한 것을 설명하기 위해 비슷하게 그것을 끌어왔던 것처럼) 이따금 동유럽에서 예농제가 대두한 것을 설명하기 위해 끌어대오긴 했지만,56) 더 설득력 있는 해답을 제공해 주지 못한다. 물론 필자가 경제적 조건들, 특히 교역의 성장이 계급관계의 발전과 서로 다투는 계급들 사이의 세력균형에 중요한 영향을

56) 최근에 이러한 입장을 취한 것으로는, I. Wallerstcin, *The Modern World System*, 2 vols.(New York, 1974-80), i, pp.90-6을 참고할 것.

미친다는 점을 부정하고자 하는 것은 결코 아니다. 동유럽의 경우 예농을 기반으로 한 농업에서 생산되고 발트해에서 서유럽으로 수출을 통해 팔려나간 곡물로부터 얻어진 수입이 동유럽 영주들의 계급 세력을 더욱 강화시킴으로써, 그 영주들로 하여금 줄곧 공세의 칼자루를 쥐게 만드는 데 도움을 주었음은 의심할 나위가 없는 것이다. 그러나 영주들이 농민을 예농으로 전락시키는 데 성공함으로써 획득하였던 곡물생산(그리고 그와 더불어 곡물교역)에 대한 통제권이 곡물 시장 그 자체가 성장했다는 사실만으로 보장되었던 것은 결코 아니었다. 북서부 독일의 비옥한 곡물생산지역들에서는 농민들이 대체로 북동부 독일에서 예농제가 힘을 얻어가고 있던 바로 그 시대에 곡물 생산에 대한 주도권을 쥐는 데 성공했는데, 그들은 오랜 세월에 걸쳐 영주에 맞서 저항을 치른 뒤에야 그럴 수 있었던 것으로 보인다. 사실상 이 지역에서 농민이 (내륙교역뿐만 아니라 발트해의 수출교역에서도 한몫을 차지하고 있었던) 농업상품들에 대한 거래를 장악할 수 있었다는 점이야말로 그들로 하여금 영주들에 맞서서 그들의 세력과 재산을 공고히 할 수 있게 만드는 데 보탬이 되었던 한 요인이었던 것으로 여겨진다.57)

실로 보다 일반적인 차원에서 중세 서유럽에서 상업이 때 이르게 발전해 나왔다는 사실은 종종 서유럽에서 농민이 상대적으로 강력한 힘을 얻었고 그리하여 예농제가 쇠퇴의 길을 걸었던 것을 설명해 주

57) F. Lütge, *Deutsche Sozial-und Wirtschaftsgeschichte*(Berlin, 1966), pp.232-5. Dithmarschen과 Fehmarn에서 중세 말과 근대 초에 커다란 보유지를 가지고서 발트해의 수출 교역에 깊이 간여하고 있었던 고도로 상업화된 자유로운 농민들이 등장해 나온 데 대한 흥미로운 자료를 담은 C. Reuter, *Ostseehandel und Landwirtschaft im sechzehnten und siebzehnten Jahrhundert* (Berlin, 1912), pp.18-29를 참고할 것.

는 요인으로 거론되어 왔다. 그 논의에 따르면 시장의 성장은 부농들로 이루어진 중요한 계층이 대두할 수 있게 만들었는데 그러한 부농들은 잉여 농산물의 판매를 통하여 커다란 규모의 보유지를 끌어모으고는 이를 바탕으로 하여 힘을 쌓고 농민의 저항을 조직하는 데 핵심적인 역할을 맡을 수 있었다는 것이다.[58] 이처럼 교역이 영주의 권력을 무너트리는 방향으로 영향을 미쳤다는 주장은 얼핏 보기에 그것이 영주의 권력을 더욱 증진시켰다는 주장 못지않게 설득력이 있는 것으로 보인다. 따라서 우리는 원래의 출발점으로, 즉 경제적 · 인구적인 요인들에서 나타난 변화가 지닌 중요성을 역사적으로 발전해 간 계급관계의 구조와 특히 계급간 세력균형의 변화에 비추어 해석해야 할 필요에로 되돌아가게 된다.

동유럽과 서유럽이 서로 다른 길을 따라 발전해 간 것 특히 동유럽에서 예농제가 대두한 것을 설명해주는 요인으로서 어쩌면 가장 널리 받아들여지고 있는 것은, 이 지역에서 도시들이 미약하게 발전하여 이 지역 전체를 영주의 반동 앞에서 보다 무력하게 만들었다는 데에서 찾아져 왔다.[59] 도시들이 규모도 작고 또 발전도 뒤늦어 있었으므로 귀족들은 더욱 쉽게 도시들을 압도하고, 그리하여 농민이 도망쳐 갈 수 있는 가장 주된 출구를 막고 농민들로부터 중요한 동맹 세력을 박탈해 버릴 수 있었다는 것이다. 그러나 이와 같은 고전적인 추론을

58) 예컨대 R. H. Hilton, "Peasant Movements in England before 1381", in E. M. Carus-Wilson(ed.), *Essays in Economic History*, 3 vols.(London, 1954-62), ii, pp.85-90; E. A. Kosminsky, "The Evolution of Feudal Rent in England from the XIth to the XVth Centuries", *Past and Present*, no. 7(April 1955), pp.24-7.

59) Carsten, *Origins of Prussia*, 특히 pp.115-6, 135; Blum, "Rise of Serfdom in Eastern Europe", pp.833-5를 참고할 것.

남김없이 받아들이기란 여전히 어렵다. 왜냐하면 서유럽에서 농민에 대한 영주의 지배권을 무너트리는 데 한몫 했다고 일컬어져 온 도시의 영향이 실제로 어떠한 메커니즘을 통해서 그렇게 했는지가 아직도 정확하게 밝혀져 있지 못하고 있기 때문이다.

도시들이 과연 부자유한 농민 대중에게 가능한 대안으로 제시될 수 있었는가는 단지 도시 인구가 전체 인구에서 차지하는 비중에 비추어 보기만 해도 의문시되지 않을 수 없다. 비교적 자그마한 도시 중심들—이들은 유럽의 불과 몇몇 지역에서만 총인구 가운데 10퍼센트를 겨우 넘어설 수 있었다—이 1500년 무렵에 서유럽의 거의 어디에서나 예농제가 몰락해 있던 것을 설명해 줄 만큼 농촌 대중에게 충분한 흡인력을 행사해 올 수 있었을까?[60] 또한 도시들이 농촌에서 이주해 온 사람들에게 과연 실제로 얼마만 한 경제적 기회를 제공했는가도 의문스럽다. 도망쳐 들어온 예농들 가운데 도시에서 상인은 고사하고 장인이나 상점주의 지위에 들어설 만큼이라도 자본이나 기술을 가질 수 있었던 경우는 거의 없었던 것이다. 동시에 한정된 시장을 위한 사치품 생산에 바탕을 두었던 도시경제의 본질적인 측면은 경제적 규제—특히 노동시장에 대한 통제—에 있었다. 중세도시에서 확고한 자리를 잡고 있었으며 전형적인 경우 배타적인 집단들로 조직되어 있었던 시민들 가운데 농촌에서 이주해 오는 자들을 환영해 맞아들일 수 있었던 자는 거의 없었음이 분명하다. 물론 많은 경우 도시의 자유민이 도시 인구 가운데 얼마 안 되는 소수만을 이루고 있었음은 사실이다. 하

60) 중세 말에 영국에서 도시 인구가 상대적으로 아주 적은 비율에 지나지 않았음을 가리키는 것으로는 R. H. Hilton, A Medieval Society (London, 1966; repr. Cambridge, 1983), pp.168을 참고할 것. 특히 chs. 4-5를 참고할 것.

지만 그들은 종종 도시에서의 기회들을 정말로 한정시킬 수 있는 위치에 놓여있었다.[61] 사실상 길드의 힘이 잠재적인 산업자본으로 하여금 자유로운 노동력을 얻기 위해 농촌으로 흘러 들어가지 않을 수 없게 만드는 데 중요한 요인으로 작용했다는 것은 역사적인 상식에 속한다.

끝으로 중세도시에 살고 있던 사람들이 당연하게 부자유농민들의 동맹자가 되었는가도 역시 결코 명백하지 않다. 여러 가지 이유로 도시의 상인 귀족은 농민에게 맞서 귀족들과 제휴를 맺는 경향을 보이곤 하였다. 이 두 계급은 사회질서를 유지하고 재산을 수호하며 서로에게 이익을 가져다주는 (원자재와 사치품의) 상업적 교환관계를 보호하는 데에 공통된 이해관계를 지니고 있었다. 더구나 도시의 상인 귀족들은 많은 경우 그들 스스로가 토지소유자였으며 따라서 귀족과 다름없이 똑같은 농촌계급관계의 구조 속에서 농민들의 적이 되어 있었다.[62] 물론 도시의 장인들은 사실상 상인 귀족과 대조적으로 귀족에게 적대적인 성향을 가지고 있었다. 하지만 이 점이 그들로 하여금 반드시 농민들의 투쟁을 지지하도록 만들지는 않았다. 여기서도 역시 농민을 해방시킨다는 것은 노동시장에 대한 도시의 통제를 위태롭게 만들고 경쟁을 더욱 심하게 만드는 요인이 될 수 있었던 것이다.

사실상 중세 유럽의 농민이 지니고 있던 자유를 향한 열망이 도시민으로부터 지지를 받았다는 것을 보여주는 역사적 기록은 그리 많지 않다. 중세 후반 동안에 줄곧 고질적인 사회적 갈등의 무대가 되었던 브란덴부르크와 포메라니아 그리고 프로이센의 커다란 도시들은 도

61) 중세의 도시 조직에 대한 연구로는 *Cambridge Economic History of Europe*, iii,

62) 예컨대 Vilar, *Catalogne dans l'Espagne moderne*, i, pp.490-3을 참고할 것.

망쳐 온 예농들이 도시 안으로 들어오지 못하게 금지하는 법률을 제정하라고 그 도시들에게 요구하는 영주들의 압력에 대해 뚜렷한 반발을 보이지 않았다.[63] 또한 쾨니히스베르크의 시민들도 1525년에 동프로이센에서 발발한 농민 반란—북동부유럽에서 이 시대 동안에 발발한 단 하나의 정말로 규모 큰 농민봉기—에 도움을 주지 않았다. 그 도시의 상인 귀족은 오히려 앞장서서 그 반란에 반대하였다. 한편 나머지 시민들은—비록 그들 자신이 그 당시에 상인 귀족에 맞서 격렬한 투쟁에 뛰어들고 있었음에도 불구하고—예농으로 전락당할 점점 더 가까이 다가오고 있는 위협에 마주쳐 반란을 일으킨 농민들이 요청해 온 실질적인 지원을 제공해주지 못했다.[64] 한편 그에 상응하여 중세 말의 반란 가운데에서 도시와 농촌 사이의 유대가 어쩌면 가장 두드러지게 나타난 것이었을 1323년과 1328년 사이에 플랑드르의 해안지대에서 발발한 대규모 반란의 경우에는 반란에서 한쪽 역할을 맡았던 농민은 이미 자유를 얻고 있었으며 (또는 한 번도 예농으로 전락했던 적이 없었으며), 따라서 여기에서는 부자유한 농민을 기반으로 하는 농촌의 사회질서에 대해 도시가 반기를 들 이유도 또 그럴 건더기도 전혀 없었다.[65] 끝으로 예농제를 공격의 과녁으로 삼은 중세 말의 반란 가운데 어쩌면 가장 중요한 것이었을 14세기 말로부터 시

63) Carsten, *Origins of Prussia*, p.111(pp.83-8도 참고).

64) F. L. Carsten, "Der Bauernkrieg in Ostpreussen, 1525", *Internal. Rev. Social Hist*, iii(1938), pp.400-1, 405-7; G. Franz, Der deutsche Bauernkrieg(Munich, 1933), p.287; A. Seraphim, "Soziale Bewegungen in Altpreussen im Jahre 1525", *Altpreussische Monatsschrift*, lviii(1921), 특히 pp.74, 82-3, 87, 92.

65) R. H. Hilton, B*ond Men Made Free* (London, 1973), pp.114-5, 125-7; H. Pirenne, *Le soulèvement de la Flandre maritime de 1323-1328* (Brüssels, 1900), pp.i-v, *passim*.

작된 카탈로니아 농민의 반란에서는 농촌의 하층계급과 도시의 하층 계급 사이에 어떤 중요한 연계도 나타나지 않았는데, 카탈로니아의 경우에는 농촌에서의 반란과 더불어 도시에서도 꽤 오랜 기간에 걸쳐 계급 갈등이 심각하게 분출해 나왔음에도 도시와 농촌 사이의 유대를 찾아볼 수 없는 것이다. 카탈로니아의 농민 반란은 유럽에서 발발한 모든 농민 반란 가운데 아마 가장 잘 조직되고, 또한 도시 계급들로부터의 지원이 없었음에도 가장 커다란 성공을 거둔 것으로서 카탈로니아에서 예농제의 몰락을 가져왔다.[66] 요컨대 도시들은 예농제에 대한 농민들의 저항에 거의 도움을 주지 않았고 또 그 저항이 성공하느냐 마느냐가 그러한 도움에 달려있던 것도 분명 아니었다.

동유럽과 서유럽이 중세 말로부터 사회 · 경제적으로 왜 서로 다른 길을 걸어갔는가에 대한 몇몇 설명이 도시의 발달 수준에서 나타나는 차이의 중요성을 지나치게 과장해왔다면, 그에 상응하여 서로 대조적인 이 두 지역에서 농촌사회 그 자체가 그때까지 발전해왔던 과정의 중요성은 그만큼 무시되어 왔다. 서유럽에서는 농민들 사이의 단합과 농민의 총체적인 힘이—특히 그것이 촌락 차원에서의 농민조직으로 드러나는 경우에—동유럽에서보다 훨씬 더 멀리까지 발달해 갔던 것으로 여겨진다. 그리고 서유럽에서 이처럼 농민들의 계급 세력이 훨씬 더 훌륭하게 제도화되었다는 점이야말로 그곳 농민으로 하여금 영주의 반동에 더 강력하게 저항할 수 있게 만든 핵심적인 요인이었을 게다. 농민의 계급조직이 서로 다른 길을 따라 발전해 왔다는 사실은 비교연구의 대상 가운데 아마 가장 중요한 사례일 엘베 강을 경계로

66) Vilar, *Catalognc dans l'Espgne moderne*, i, pp.448-521, 특히 pp.449, 492-3, 497-9, 508-9.

한 동부 독일과 서부 독일의 비교에서 가장 뚜렷하게 드러난다. 그리고 이 두 지역이 걸어간 서로 다른 발전 노선은 그 둘이 제각기 한 부분을 이루고 있는 훨씬 더 넓은 영역에서 나타난 서로 대조적인 발전 패턴들에 관해 중요한 단서들을 제공해 준다.

중세 말에는 이미 서부 독일의 대부분에 걸쳐 농민들이 한 촌락 한 촌락씩 꾸준하게 수행된 오랜 투쟁을 통해 경제적 규제와 정치적 자치를 담당할 촌락기구들로 짜인 하나의 거창한 그물망을 만들어 내는 데 성공을 거두고 있었다. 이러한 기구들은 영주들이 침입해 들어오는 것을 막아낼 수 있는 강력한 방어선이 되어주었다. 우선 무엇보다도 농민조직과 영주에 대한 농민의 저항은 농민경제가 지닌 공동체에 준하는 성격에서 비롯되어 나왔던 것으로 보인다. 가장 기본적이었던 것은 촌락의 공유지를 공동으로 규제하고 영주에게 맞서 투쟁하여 공동권—(가축을 방목하거나 그 밖의 다른 목적을 위한) 공유지의 이용과 돌려짓기 농사를 위한 공동 경작지의 편성(여기서는 수확한 뒤에 남은 그루터기가 가축을 먹여 살리는 데 중요한 역할을 했다)—을 확립하고 지켜내야 할 필요였다. 하지만 이르건 늦건 경제적 · 정치적으로 보다 일반적인 성격을 띤 문제들이 제기되는 경향이 있었다. 농민들은 지대를 고정시키고 상속권을 확보하기 위하여 그들 스스로 조직을 갖추었다. 어쩌면 가장 중요한 것이었을 사실로 농민들은 성공적인 투쟁을 통해 많은 곳에서 영주가 임명해 왔던 기존의 촌장을 쫓아내고 그 대신 그들 스스로 선출한 마을 지도자를 내세우게 되었다. 몇몇 촌락에서는 농민들이 심지어 마을 사제를 선출할 권리까지 획득하였다. 농민들은 영주로 하여금 그들이 얻어낸 이 모든 권리를 마을 헌장으로 인정하도록 강요하였고, 농민이 쟁취해 낸 구체적인 권리들은 그와 같은 수

많은 마을 헌장을 통해 공식으로 제도화되었다.[67)]

동부 독일에서는 더할 나위 없이 뚜렷하게 대조적인 발전이 나타났다. 여기에서는 경제적인 협동작업과 특히 농민촌락의 자치가 비교적 보잘것없는 정도로만 발전해 나왔던 것으로 보인다. 그 결과 동부 독일의 농민들은 서부 독일의 농민들에 비해 영주의 공격과 예농제로 이끌어가는 영주의 통제권 강화에 저항할 채비를 훨씬 덜 갖추고 있었던 것으로 나타난다. 아마도 이러한 측면에서 가장 중요한 사실은 동부 독일의 농민들이 촌락에서 독립적인 정치기구들을 발전시키는 데 상대적으로 실패를 했다는 점일 게다. 그리고 이 점은 원래 영주의 대리인으로서 식민 사업을 조직하였고 중세 내내 촌락에서 (영주의 대리인으로서나 또는 세습적인 관리로서나) 그의 지도적인 정치적 역할을 유지하고 있던 식민사업자 또는 촌장을 농민들이 내쫓을 수 없었던 것으로 나타난다는 사실에서 어쩌면 가장 분명하게 드러나고 있을 것이다. 더구나 서부 독일에서 영주에 맞서서 촌락이 그 권리들을 차근차근 확립해 나간 것을 분명하게 보여주는 그 수많은 마을 헌장들이 중세 말의 동부 독일에서는 아주 드물게만 발견된다는 것도 주목할 만한 사실이다.[68)]

촌락에의 정착이 그 형태로 보아서는 비슷한 성격(이른바 "독일적" 유형)을 띠고 있었음에도 동부 독일에서 촌락 차원의 단합이 상대적으로 미약했던 것은, 그 지역이 식민사회로 발전해 나왔던 과정—비교적 뒤

67) G. Franz, *Geschichte des deutschen Bauernstandes vom frühen Mittelalter bis zum 19. Jahrhundert* (Stuttgart, 1970), pp.48-66.

68) *Ibid.*, p.50, 53, 58, 62. 이와 상응하게 동부 독일의 농민들이 마을 사제를 임명할 권리를 얻어내지 못한 것을 참고할 것(pp.62-3).

늦게 형성된 것, 정착이 "합리적"이고 또 "인위적"으로 이루어진 점, 그리고 특히 식민과정에서 영주들이 그것을 주도했다는 사실—전체와 연관되어 있었던 것으로 나타난다. 그리하여 우선 무엇보다도 촌락경제의 공동체적인 측면들이 상대적으로 발달해 나오지 못했던 것으로 보인다. 대체로 공유지는 존재하지 않았다. 더구나 공동 경작지를 바탕으로 한 농업 그 자체가 그렇게 고도로 발전해 나오지 못했던 것으로 여겨지는데 이는 정착이 이루어진 시기에 원래 경지들이 조직되었던 방식—특히 경지들 안에 있는 개개 농민의 보유지를 서부 독일에서의 "자연적"이고 "혼란스러운" 발전을 특징지었던 자그맣고 흩어져 있는 땅뙈기들과는 아주 대조적으로, (많은 경우 농민이 살고 있는 집에서 곧바로 뻗어있는) 꽤 커다랗고 비교적 한 곳에 모여있는 지조地條로 구획하는 식민이주자들의 성향—에서 비롯된 결과로 보인다. 그리하여 동부 독일에서는 개개 농민이 독자적으로 농사를 짓는 성향이 더 컸고 촌락의 차원에서 또는 (예컨대 공유지를 함께 이용하는 따위로) 촌락들 사이에서 협동을 통해 농사를 짓는 작업조직은 제대로 발전해 나오지 못했으며, 서부 독일에서의 발전을 그토록 뚜렷하게 특징지었던 영주에 대항한 "공동권을 위한 투쟁"의 전통은 거의 없었던 것으로 여겨진다.69)

동시에 동부 독일에서 나타난 계획적으로 영주가 주도하여 만들어낸 정착 조직은 농민의 세력과 농민의 자치가 대두해 나오는 데 커다란 장벽을 가로놓는 경향이 있었다.70) 동부 독일의 촌락들은 대개 서

69) H. Aubin, "Medieval Agrarian Society in its Prime : The Lands East of the Elbe and German Colonization Eastwards", in *Cambridge Economic History of Europe*, i, 2nd edn, pp.464-5, 468-9.

부 독일의 촌락들에 비해 규모도 더 작고 인구도 더 희박했다. 더구나 그 촌락들은 단 하나의 영주만을 모시고 있는 경향을 보였다. 그 결과 인구가 더 밀집해 있었고 특히 촌락이 두 명 이상의 영주들 사이에 분할되는 경향을 보였던 덕분에 농민들에게 일을 꾸밀 여지가 보다 많이 남았고 그에 따라 공동체 형성이 보다 쉬웠던 서부 독일의 촌락들에 비해 동부 독일의 촌락들을 영주들이 통제하기란 상대적으로 어렵지 않았다.[71]

독일 농민을 연구한 한 역사가가 말한 바 있듯이 "[서부] 독일에서 공동체 생활이 강력하게 발달하지 않았다면 [1525년의] 농민전쟁도 생각할 수 없다." 이러한 관점에서 볼 때 동부 독일에서 1525년에 농민 반란을 겪은 유일한 지역인 동프로이센이 지배계급인 귀족이 (분명하게) 나약했을 뿐만 아니라 농촌공동체가 이례적으로 강력했던 양상을 특징적으로 내보였다는 사실은 주목할 만하다. 우선 한편으로 동프로이센의 농민 반란은 잠란트samland에서 처음 발생하여 줄곧 그곳을 중심으로 진행되었는데, 잠란트는 서유럽의 수준과 어깨를 겨룰

70) 중세 말에 동부 독일에서 촌락공동체(Gemeinde)의 힘이 약했음을 설명하는 가운데 바로 그 공동체에 관해 말하고 있는 다음과 같은 서술을 참조하라. "그곳에서는 촌락의 영주가 가장 먼저 왔고 그 다음에야 촌락의 구성원들이 왔다. 보다 오래전에 정착이 이루어진 지역에서는 그 기원이 대부분 머나먼 과거의 어둠 속에 묻혀있는 **촌락공동체**가 더 먼저였다." : H. Patze, "Die deutsche bäuerliche Gemeinde im Ordensstaat Preussen, in *Anfänge der Landgemeinde und ihr Wesen*, 2 vols.(Konstanzer Arbeitskreis für mittelalterliche Geschichte, Vorträge und Forschungen, vii-viii, Stuttgart, 1964), ii, p.151. 영주가 주도한 식민운동이 농민들을 영주의 수탈 앞에 무력하고 나약한 처지에 빠뜨렸던 지역에 대한 시사적인 사례연구로는 Searle, *Lordship and Community*, pt 1, ch. 3, 특히 pp.62-8을 참고할 것.

71) Aubin, "Medieval Agrarian Society in its Prime : The Lands East of the Elbe and German Colonization Eastwards", p.469: Franz, *Geschichte des deutschen Bauernstandes*, pp.49, 56-7.

만큼 이례적으로 인구밀도가 높았을 뿐만 아니라 튼튼하게 뿌리를 내리고 상대적으로 강력했던 형태의 농민조직이 완강하게 버텨온 것으로도 특징지어지는 지역이었다. 잠란트는 엘베 오른쪽에서 식민화 과정을 피하였고 따라서 "독일적"인 농업적 · 정치적 정착 형태도 부과당하지 않을 수 있었던 얼마 안 되는 지역들 가운데 하나였다. 그 결과 프로이센에 원래 자리 잡고 있던 농촌공동체들은 대체로 피해를 입지 않은 채 살아남았고 아주 오래된 것이 분명한 그들 특유의 사회적 · 정치적인 구조를 그대로 지니도록 허용되었다.72) 또한 다른 한편으로 동프로이센의 귀족은 엘베 오른쪽 전역에 걸쳐 어쩌면 가장 허약하게 자리 잡은 편이었을 것이다. 물론 그 지역의 식민화가 대부분 튜톤기사단이 거느린 관료들의 주도 아래에서 수행되었다는 것은 사실이다. 하지만 1525년에 농민 반란이 발발했을 당시에, 새로운 지배 귀족인 융커는 해체되고 있던 튜톤기사단의 국가로부터 권력을 넘겨받는 작업을 겨우 마무리한 단계에 머물러있을 뿐이었다.73)

72) Franz, *Geschichte des deutschen Bauernstandes*, p.63에서 인용. 잠란트 지역의 발전과 그 지역의 프로이센인 공동체들이 지니고 있던 특수한 사회적, 정치적, 인구적 특징들에 관해서는 R. Wenskus, "Kleinverbände und Kleinrftume bei den Preussen des Samlandes", in *Anfänge der Landgemeinde und ihr Wesen*, ii, pp.202-32 이하를 참고할 것. "튜톤기사단에 맞선 저항의 중심을 이루었던 북서부 잠란트에서는 원래의 지배계급들이 사라져 있었다. 바로 이 때문에 예로부터의 유대들은 특별히 오랜 기간에 걸쳐 유지될 수 있었던 것으로 보인다"고 Wenskus는 지적하고 있다(p.232). 또한 H. H. Wachter, *Ostpreussische Domanenvorwerke im 16. und 17. Jahrhundert* (Würzburg, 1958), p.7도 참고할 것. 그리고 에름란트 주교령의 영지에서 이례적으로 조밀한 인구 및 두드러지게 강력한 촌락공동체가 성공적인 농민 반란과 맺고 있던 분명한 상호관계에 대해서도 주목할 것 : Carsten, *Origins of Prussia*, pp.60-1, 104-5; Patze, "Deutsche bäuerliche Gemeinde im Ordensstaat Preussen", pp.164-5.

73) 특히 1525년의 반란과 관련하여 튜톤기사단의 쇠퇴와 프로이센 귀족의 대두에 관해서는 Carsten, "Bauernkrieg in Ostpreussen, 1525", pp.398-9; Seraphim, "Soziale Bewegungen in Altpreussen im Jahre 1525", pp.2-3을 참조할 것. 또한 튜톤기사단이 종종, 점점 더 깊이 농민들을 침해하고 있었으며 또 물론 동시에 기사단 자체를 잠식하고

물론 서부 독일에서나 동부 독일에서나 농민전쟁은 중세 말에 유럽에서 정말로 규모가 크게 발발한 농민 반란이 거의 모두 그러했듯이 대체로 실패로 돌아갔다. 하지만 비록 농민전쟁에 비해 그렇게 극적이지는 않았지만 궁극적으로는 더욱 중요한 것으로서 농민들이 끈질긴 저항을 통해 그들의 단결력과 촌락기구들을 발달시켜 나아간 과정은 서부 독일에서뿐만 아니라 서유럽의 거의 전역에 걸쳐서 성공을 거두었다. 서유럽에서 농민들이 귀족의 요구들을 상당히 강력하게 제한하며 궁극적으로는 예농제를 해체시키고 영주의 반동을 제압할 수 있었던 것은 바로 이러한 과정을 통해서 이루어진 일이었다.[74] 서유럽에서는 농민들이 촌락 단위의 협동과 저항을 위한 기구들을 만들어 가는 가운데 그들의 세력을 키워나갔던 반면에, 식민화된 동유럽에서는 농민들이 그러지 못했기 때문에 버틸 힘도 제대로 갖추지 못하고 있었다. 그리고 그 결과 그들은 영주의 반동과 예농제의 부과에 굴복하고 말았던 것이다.

중세 말에 나타난 파란과 갈등에서 새롭게 빚어져 나온 사회적 소유관계는 그에 뒤이어 유럽이 겪게 될 사회적 변화에 여러 가지 중요한 결과를 가져다주었다. 세계시장의 영향 아래 동유럽에서 이제 더욱 강화된 예농제의 계급구조에 의해 짐 지워진 경제발전의 패턴은,

있던 새로 대두하는 귀족에 맞서 농민들과 그들이 관습적으로 누려오던 입장을 보호해주려고 시도했다는 Seraphim의 지적도 주목할 것(pp. 9-11). Carsten, *Origins of Prussia*, pt 2, "The Rise of Junkers", 특히 p.111 이하 참고. 또한 본서의 pp.53-7도 참고할 것.

74) 프랑스의 한 지역에서 이러한 과정들이 그대로 재현된 것에 관해서는 Fossier, *Terre et hommes en Picardie*, ii, pp.708-28의 "Les conquêtes paysannes"라는 절을 참조할 것. 특히 Fossier의 다음과 같은 지적을 보라(p.708). "농민들의 생활수준이 꾸준하게 상승되고 그들의 사회적 처지라는 영역에서 진보가 이루어졌던 것은 올바르게도 중세사의 본질적인 현상으로 간주된다 …… 수세에 몰린 귀족의 세계에 맞서서 농민들의 세계는 더욱 강력해졌고 조금씩 조금씩 해방되어 갔다."

서유럽의 자유로운 상황에서 널리 퍼져있던 패턴과 아주 달랐다. 보다 구체적으로 말하자면 동유럽에서 새롭게 대두한 계급관계의 구조는 그 결과로 "저개발의 발전"을 낳아 일반적으로는 생산성의 증대를 그리고 특정하게는 산업화를 불가능하게 만들었던 것이다. 우선 첫째로 영주가 그에게 예속된 노동자를 이용할 수 있어 그들에게 계속해서 강제 부역을 더욱 많이 부과할 수 있었다는 점은 농업에서 여러 가지 개선이 이루어지는 것을 위축시켰다. 둘째로 영주가 농민으로부터의 잉여 착취를 점점 더 강화시킴에 따라 산업생산품에 대한 내수시장의 출현은 줄곧 제약당했다. 셋째로 농민의 이주에 대한 직접적이고 강력한 통제가 이루어졌다는 사실은 산업노동력의 위축을 뜻했으며, 그 결과는 산업이 질식당하고 도시들이 쇠퇴하는 것으로 나타났다. 끝으로 자기 영지를 통치하는 지배계급으로서 영주들은 "반중상주의"라 불리어 온 정책을 추구하였다. 그들은 상인이 지닌 중개인으로서의 기능을 말살하려 시도했고 서유럽으로부터의 산업생산품 수입을 장려하였으며, 그리하여 그나마 남아있던 도시 및 산업 조직의 토대마저도 대부분 무너트리고 있었던 것이다.75) 이로써 균형 잡힌 경제 성장의 가능성은 파괴되었고 동유럽은 여러 세기 동안 후진의

75) 동유럽에서 이루어진 예농제의 성장과 그 원인 및 결과에 대한 최근의 분석 가운데 가장 중요한 것들은 Marian Malowist의 여러 글에서 찾아볼 수 있다. 이 가운데 많은 것들이 그의 *Croissance et régression en Europe XIVe–XVIIe siècles* (Paris, 1972)에 수록되어 있다. 또한 Malowist, "Commerce de la Baletique et le problème des luttes sociales en Pologne aux XVe et XVIe siècles"도 참고할 것. Carsten, *Origins of Prussia*; A. Maczak, "Export of Grain and the Problem of Distribution of National Income in the Years 1550–1650", *Acta Poloniae historica*, xviii(1968) ; J. Topolski, "La régression économique en Pologne du XVIe au XVIIIe siècle", *Acta Poloniae historica*, vii(1962) : L. Zytkowicz, "An Investigation into Agricultural Production in Masovia in the First Half of the 17th Century", *Acta Poloniae historica*, xviii(1968)도 보라.

늪에 빠져들게 되었다.

따라서 동유럽에서의 경제적 후진성은 이따금 주장되고 있듯이 경제적으로 결정된 현상으로, 즉 서유럽으로 1차 생산품 수출에 의존한 데 따른 결과로 간주될 수 없다. 사실상 거꾸로 곡물수출에의 의존이 후진성—내수시장이 성장하지 못한 것(인구 대다수의 구매력이 형편없이 떨어진 것)—으로 말미암은 결과였다고 말하는 것이 더 옳을 게다. 그리고 그러한 후진성은 다시 농업에서 생산성이 비참할 만큼 낮고 소득분배가 엄청나게 불공평한 데에서 비롯된 것이었고 이러한 현상은 궁극적으로 예농제의 계급구조에 그 뿌리를 두고 있었던 것이다.

2. 농업 자본주의의 대두와 억제

그러나 끝으로 심지어 서유럽에서조차 예농제의 몰락이 반드시 자동적으로 자본주의 또는 성공적인 경제발전에로 이끌어간 것은 결코 아니라는 사실을 되새길 필요가 있다. 15세기 말로부터는 유럽 전역에 걸쳐 인구의 압력과 시장의 발전 그리고 곡가의 상승이 나타났다. 영국에서 우리는 영주들이 보유지를 통합하고 그 보유지들을 자본주의적인 대규모 차지농에게 임대하며 그 차지농들은 다시 임금노동과 농업개선을 바탕으로 하여 그 땅을 경작하였다는 사실을 찾아볼 수 있다. 그러나 프랑스에서는 보유지의 통합을 비교적 찾아보기 힘들다. 심지어는 영주가 직접 통제하는 토지—즉 기간이 정해진 계약에 따라 임대된 직영지—도 대개는 작은 조각들로 나누어 임대되고 소농 차지인에 의해 경작되었다. 물론 그와 동시에 농민이 소유한 토지에서도 분해가 압도적으로 나타났다. 이처럼 서로 다른 계급구조는 농업 생산성의 변화라는 측면에서 본질적으로 다른 결과를 낳았고 더 나아가 실로 전반적인 경제발전의 패턴을 완전히 다르게 결정지었는데 이에 대해서는 다시 간략하게 살펴볼 것이다. 그러나 여기서는 먼저 계급구조 그 자체—영국에서는 자본주의가 성장해 나온 반면에 프랑스에서는 반대로 농민적인 소유 및 생산이 유지되었던 것—를 설명할 필요가 있다. 다시 한번 필자는 이러한 계급구조가 앞선 시대의 역사적 발전 특히 두 나라 각각에서 예농제의 해체를 가져오고 또 그 해체로부터 비롯된 계급 갈등의 서로 다른 과정이 물려준 유산으로서만 이해될 수 있다고 주장하고자 한다.

서유럽의 거의 전역에 걸쳐 그러했듯이 영국에서도 농민은 15세기 중엽에 도주와 저항을 통하여 그들의 이주에 대한 봉건적인 제약을 결정적으로 깨트리고 완전한 자유를 얻어낼 수 있었다. 사실상 이 당시의 농민 차지인들은 그들의 관습 보유지에 대해 완전한 그리고 본질적으로 자유로운 보유권을 얻어내기 위해 열심히 싸우고 있었으며, 또 머지않아 그것을 쟁취하는 데 성공할 것이었다. 예속의 타파는 노동 부역과 자의적인 세금의 소멸을 뜻했다. 더구나 좁은 의미의 지대는 관습에 의해 고정되었고 물가 상승에 직면하여 장기적인 가치하락을 맛보아야 했다. 하지만 장기적으로 보아 영주에게는 토지를 농민의 자유보유지로 넘겨주지 않을 수 있는 두 가지 주된 전략이 있었다.

첫 번째로는 14세기 말과 15세기에 인구가 파탄을 겪는 바람에 예전에 농민의 관습 보유지였던 수많은 땅들이 차지인이 없는 채 버려지게 되었다. 영주들은 많은 경우 단순히 이러한 빈 땅들을 가로채 그들의 직영지에 보탤 수 있었던 것으로 보인다.76) 이렇게 해서 엄청난 면적의 땅이 간단하게 관습보유의 영역으로부터 떨어져 나와 임대차에 의한 보유의 영역에 보태졌고, 그럼으로써 자유 보유를 향해 나아갈 수 있었던 발전 노선을 미리 차단하고 본질적으로 농민의 토지소유권 아래에 놓일 수 있었을 토지의 면적을 크게 줄여 놓았다. 이제 살펴보겠지만 같은 시대에 비슷한 상황아래에 놓여있었음에도 프랑스의 영주들이 이러한 대안을 쉽게 이용할 수 없었다는 사실은 매우 중요하다.

두 번째로 아직도 자기 땅에 남아있고 자신의 보유지에 매달려 있는 관습 차지인들이 제기하는 자유보유권을 향한 요구들을 무너트리려는 영주들에게는 많은 경우 한 가지 결정적인 수단이 여전히 열려 있었다. 영주들은 농민의 토지가 매매 또는 상속을 통해 양도되는 경우 언제나 마음대로 토지보유 허가료를 부과할 권리를 내세울 수 있었던 것이다. 사실상 토지보유 허가료는 궁극적으로 많은 경우 영주들에게 관습적인 농민 차지인들을 다루는 데 필요한 수단을 제공해 주었던 것으로 보인다. 장기적으로는 토지보유 허가료가 경쟁을 통해 결정되는 상업적 지대로 탈바꿈할 수 있었던 것이다.[77]

76) Raftis, *Tenure and Mobility*, pp.197-8; Hilton, *Decline of Serfdom in Medieval England*, pp.44ff. : R. H. Hilton, "A Study of English Enclosure in the Fifteenth Century", in *Studi in onore di Armando Sapori*, 2 vols.(Milan, 1957), i; M. W. Beresford, "A Review of Historical Research(to 1968)", in M. W. Beresford & J. G. Hurst(eds.), *Deserted Medieval Villages* (London, 1971).

77) Tawney, *Agrarian Problem in the Sixteenth Century*, pp.287-310; L. Stone, *The Crisis of the Aristocracy, 1558-1641* (Oxford, 1965), pp.306-10. "마음대로 부과할 수 있는" 토지보유 허가료의 이용이 영주로 하여금 토지에 대한 경제적 통제권을 획득할 수 있게 만드는 메커니즘으로서 얼마나 중요했는가는 아직도 논쟁거리로 남아있다. 이는 특히 다음의 두 가지 문제에 관련되어 있다. ①등본 보유지 가운데 영주가 마음대로 어떤 수준으로든 토지보유 허가료를 부과할 수 있었던 것은 어느 정도였는가? ②그렇지 않고 차지인이 상속에 의해 등본보유지를 지니고 있던 경우에 영주가 과연 진짜 마음대로 토지보유 허가료를 부과할 권리가 있었는가? 영주의 뜻에 따라 토지보유 허가료가 부과될 수 있었던 등본보유지의 비율에 대한 몇몇 추산치로는 Tawney, *Agrarian Problem in the Sixteenth*

하지만 처음에는 토지보유 허가료를 거둘 권리에 대한 영주의 주장이 당연한 것이 아니었으며 아무런 도전도 받지 않은 것 또한 결코 아니었다. 15세기 내내 농민들은 토지보유 허가료를 납부하지 않기 위해 아주 폭넓고 겉보기에는 성공적인 저항을 펼쳤다. 그리고 이러한 종류의 저항은 토지에 대한 노동력의 비율이 증대되어 농민으로 하여금 보다 나쁜 조건을 받아들이고 보다 높은 지대를 물지 않을 수 없게 만들었을 것이라고 여겨지는 16세기에 들어와서도 줄곧 계속되었다.[78] 결국에 가서 농민들은 그들의 요구들을 관철시키기 위해 공공연한 반란에 뛰어들었다. 잘 알려져 있듯이 영국에서 16세기 초반은 농촌에서 커다란 봉기들이 발발해 사회질서 전체를 위협했던 시대였다. 그리고 이 가운데 가장 심각했던 봉기들—특히 1530년대 중엽에 북부에서 발발했던 반란과 1549년에 발생한 케트의 반란—에서 주된 쟁점으로 등장했던 것은 농민의 토지보유권을 안정되게 확보하는 문제, 특히 자의적인 토지보유 허가료를 둘러싼 문제였다."[79]

Century, pp.297-300: Kerridge, *Agrarian Problems in the Sixteenth Century and After*, pp.35-46을 참고할 것. Kerridge는 상속에 의한 등본 보유가 대개 "합당한 토지보유 허가료"를 보장해주었다—즉 차지인의 상속권을 짓밟지 않을 정도의 수준에서 토지보유 허가료가 결정되도록 만들어주었다—고 주장한 바 있다. 하지만 이러한 "합당함"의 원칙이 어느 때부터 국왕 법정에 의해 인정되고 시행되었는가는 분명하지 않다. Kerridge는 1586년에 앞선 시대에서는 이러한 종류의 사례를 전혀 찾아내지 못한 것으로 보인다 : Kerridge, *Agrarian Problems in the Sixteenth Century and After*, pp.38-9. 또한 Tawney, *Agrarian Problem in the Sixteenth Century*, p.296 그리고 주 3), 307; Stone, *Crisis of the Aristocracy*, pp.306-10도 참고할 것.

78) C. Dyer, "A Redistribution of Incomes in Fifteenth-Century England?", *Past and Present*, no.39(April 1968) ; Raftis, *Tenure and Mobility*, pp.198-9. 16세기 초에 대해서는 B. J. Harris, "Landlords and Tenants in England in the Later Middle Ages", *Past and Present*, no.43(May 1969)를 참고할 것.

79) Tawney, *Agrarian Problem in the Sixteenth Century*, p.307; S. T. Bindoff, *Kel's Rebellion*, 1549(Hist. Assoc. pamphlet, gen. ser., G. 12, London, 1949; repr.

만일 성공을 거두었다면 16세기의 농민 반란들은 한 역사가가 말한 바 있듯이 농촌자본주의의 날개를 꺾어버릴 수 있었을지도 모른다.[80] 그러나 그 반란들은 성공하지 못했다. 실로 17세기 말에는 영국의 영주들이 경작될 수 있는 땅 가운데 압도적인 비율—어쩌면 70~75퍼센트[81]—을 장악하고 있었으며, 다른 어떤 나라와도 달리 자본주의적인 계급관계가 발달하여 경제발전에 극도로 중요한 결과들을 낳아가고 있었다. 필자가 보기에 바로 영주와 자본주의적 차지농 그리고 임금노동자의 세 계급으로 이루어진 "고전적"인 농업계급구조가 등장했다는 것이 영국에서 농업생산의 형태가 뒤바뀔 수 있도록 만든 요인이었으며,[82] 이러한 생산형태의 전환은 다시 영국이 어떤 다른

London. 1968), pp.7-9.

80) Bindoff, *Ket's Rebellion*, 1549, p.9.

81) G. E. Mingay, *English Landed Society in the Eighteenth Century* (London, 1963), p.24는 1790년에 영주계급(즉 "대영주"와 "젠트리")이 차지하고 있던 토지의 비율이 80-85퍼센트에 달했다(그리고 그에 더하여 아마도 자본주의적인 토지소유자 겸 경작자를 상당수 포함했을 범주인 "비교적 부유한 자유보유자들"도 확실하진 않지만 어느 정도의 비율을 차지하고 있었다)고 제시하고 있다. 그는 뒤이어 다음과 같이 말하고 있다. "이와 같은 토지소유자 계급이 지닌 토지의 비율은 전체적으로 보아 아마도 1790년 이전의 백여 년 동안 그리 크게 변하지 않았을 것이다. 하지만 다른 두 집단(즉 젠틀과 자유보유자)의 희생 위에 대영주들에게 유리한 방향으로 변화가 있었음은 분명하다." F. M. L. Thompson은(크고 작은) 자유보유자들이 17세기 말에 토지의 3분의 1가량을 소유하고 있었다고 추산한 바 있다 : F. M. L. Thompson, "The Social Distribution of Landed Property in England since the Sixteenth Century", *Econ. Hist. Rev.*, 2nd ser., xix(1966), p.513.

82) 물론 그렇다고 해서 **바로 이와 같은** 구조의 등장이 이 시대에 경제발전으로 이끄는 참다운 농업의 도약을 위해서 반드시 필요하였다는 것은 아니며, 단지 어떤 형태로든 대규모의 자본주의적 영농이 필요했다는 말이다. 따라서 영주와 대규모 차지농 그리고 임금노동자의 세 계급으로 이루어진 형태를 띤 "영국의 고전적인" 자본주의적 농업을 실질적으로 대신할 수 있는 유일한 대안은 역시 대부분 임금노동을 사용하는 대규모 토지소유자 겸 경작자들을 기반으로 하는 똑같이 자본주의적인 체제뿐이었던 것으로 보인다. 이러한 체제는 사실상 15세기 말에 카탈로니아에서 앞선 시대에 농업에서 나타난 투쟁을 통해 등장해 나온 구조였는데, 그 투쟁에서 커다란 보유지를 지닌 농민들은 그들의 땅에 대해 본질적으로 자유로운 보유권을 얻었을 뿐만 아니라, 그에 더하여 14세기 후반의 인구격감으로 경작되지 않은 채 버려져 있

나라와도 달리 전반적인 경제발전을 성공적으로 이루어내는 데 핵심적인 요소가 되었다. 농민들이 토지에 대해 본질적으로 자유로운 보유권을 확보하지 못함에 따라 영주들은 땅을 더욱 많이 끌어모으고 한 군데로 통합시켜 울타리로 에워쌈으로써 커다란 농장을 만들어내고는 자본을 투자할 능력이 있는 자본주의적 차지농에게 그 농장을 임대할 수 있었다. 이는 농업이 크게 발전하기 위해 없어서는 안 될 전제조건이었다. 왜냐하면 농업의 발전은 새로운 기술의 도입과 작업 규모의 확대를 포함한 커다란 규모의 자본투입이 이루어진 바탕 위에서만 가능했기 때문이다. 그리고 그러한 보다 높은 수준의 농업투자는 새로운 형태의 영주-차지인 관계를 구현하고 있는 서로 다른 일련의 다양한 임대차 계약이 발전해 나옴으로써 가능하게 되었다. 이러한 임대차 계약을 통해 자본주의적 차지농들은 영주들과 본질적인 협력관계 속에 들어가게 되었다. 그들은 그들이 감행한 자본투자 덕분에 더욱 많아진 수입 가운데 상당한 몫을 자기가 차지할 수 있으며 영주가 지대를 상승시킴으로써 그 몫을 빼앗아가지 않을 것임을 보장받았다.[83] 따라서 그들은 거리낌 없이, 울타리가 없이 개방되어 있는 농민들의 자그마한 농장에서는 대개 사용되기가 훨씬 더 어려웠던 농장 설비들에 상당히 커다란 규모로 투자를 했을 뿐만 아니라, 아주 중요

던 막대한 면적인 공보유지에 대한 소유권까지 획득할 수 있었던 것이다. 그리하여 16세기에 카탈로니아에서 토지 소유 및 농업생산의 특징적인 단위를 이루었던 마시아는 전형적으로 아주 규모가 크지만 하나로 뭉쳐있는 농장이었다. 그리고 이러한 구조는 사실상 근대 초 내내 농업이 상당히 커다란 정도로 계속해서 발전할 수 있도록 그 기반을 마련해주었다. Vilar, *Catalogne dans l'Espgne moderne*, i, pp.575-8, 584, 586, 588. 또한 본 논문의 p.52와 주 89)도 참고할 것.

83) Kerridge, *Agrarian Problems in the Sixteenth Century and After*, p.46; E. L. Jones, "Agriculture and Economic Growth in England, 1660-1756: Agricultural Change", *Jl Econ. Hist.*, xxv(1965).

한 기술적인 혁신들 특히 돌려짓기 농사체제와 수경 농법(땅을 일정 기간 물에 잠기게 하여 지력을 유지 · 향상시키는 농법/역자)을 도입하기도 하였다.[84]

물론 그렇다고 해서 농민 생산이 개선을 이루어 낼 수 없었다는 것은 결코 아니다. 중요한 점은 농민 생산이 경제발전을 위한 농업적 기반을 마련해줄 수 없었다는 사실이다. 다시 말해서 소규모 영농은 포도 재배와 낙농업 그리고 원예업뿐만 아니라 몇몇 특정한 산업작물(예컨대 아마)에도 특히 효과적일 수 있었다. 하지만 이러한 종류의 농업

84) "자본"을 갖춘 규모가 커다란 농장들이 농업개선과 투자 그리고 전반적인 효율성과 관련하여 강력한 이점들을 누리고 있었던 데 대해서는 Kerridge, *Agrarian Problems in the Sixteenth Century and After*, pp.121-6; G. E. Mingay, "The Size of Farms in the Eighteenth Century", *Econ. Hist. Rev.*, 2nd ser., xiv(1962)를 참고할 것. 종합을 이루어낸 가장 중요한 저작들 가운데 몇몇이 영국 농업에서의 계급관계가 농업의 발전을 불러오는 데 지니고 있던 여러 이점에 대해 서술하면서도, 결국에 가서는 그러한 이점들의 중요성을 낮게 평가하는 경향이 있다는 사실은 주목되어야 마땅하다. 이를테면 E, L. Jones는 *Agriculture and Economic Growth in England, 1650-1815*(London, 1967)의 "편집자 서론(Editor's Introduction)"에서, 영국의 농업발전에서 열쇠가 된 것은 제도적인 구조의 변화라기보다는 오히려 새로운 기술의 도입이었다는—마치 이 둘이 서로 떼어질 수 없게 관련되어 있었다는 생각을 깨끗이 잊은 듯한—주장을 펴고 있다. 그는 한 곳에서(p. 12) "따라서 새로운 농사일 체제는 농업조직에서의 개선들보다도 어째서 농산물의 공급이 새로운 '반응'을 보이게 되었는가를 훨씬 더 잘 설명해준다"고 말하고 있다. 하지만 Jones는 그 자신이 다른 곳에서 농업발전을 불러오는 데 대규모 자본주의적 영농이 지니고 있던 결정적인 이점들을 강조하고 있으며, 더구나 핵심적인 것으로서 영국 안의 여러 지역 사이를 그리고 영국과 다른 나라를 서로 비교—이러한 비교는 대규모 영농과 농업 발전의 관계를 뚜렷하게 밝혀주고, 그에 상응하여 농민이 지배하는 농업 체제에 본질적으로 개선을 가로막는 성향들이 내재되어 있음을 입증해주는 경향이 있다—하고 있다. 이를테면 그는 "영국에서 발달한 농촌의 패턴과 농업조직은 농민이 지배하는 체제가 그럴 수 있었던 것보다 생산을 더 탄력적이게 만들고 시장에 훨씬 더 민감하게 반응할 수 있게 해주었다"고 말한다(p. 17). 그는 또한 이와 관련하여 다음과 같은 사례를 제시하고 있다(p.43). "Midland에서 토지가 몇 안 되는 소유자에게 속해있었던 몇몇 지역에서는 엔클로저가 일찍이 이루어졌고, '새로운' 작물들이 심어졌으며 농사꾼들은 식용가축의 사육을 전문적으로 하게 되었다. 반면에 미들랜드의 점토지역에서 보다 더 일반적이었던 '농민' 영농은 의회가 주도하는 엔클로저라는 고육지책 말고는 어떠한 변화도 받아들이려 하지 않았다."

은 대개 단위 노동투입량의 효율성을 증대시킴으로써가 아니라 오히려 노동력을 보다 집약적으로 투여함으로써 생산량을 증대시켰다. 따라서 그것은 "발전"이라는 말이 아주 한정되고 사실상 잘못된 의미로 사용되는 경우를 제외하고는 "발전"을 가져오지 못했다. 게다가 산업생산의 경우와 마찬가지로 부차적인 농산물의 생산에서 이러한 유형의 영농이 확산된 것 자체가 (그와는 다른 부문인) 일차적인 식량(곡물) 생산의 성장에 달려있었음은 물론이었고, 곡물생산성의 증대는 사실상 대규모 자본이 투입되는 커다랗게 통합된 대농장에서 가장 잘 이루어질 수 있었던 것이다.85)

심지어 커다란 규모의 영농단위가 출현한 것도 그 자체로는 농업의 개선을 보장해주지 못했다. 앞으로 살펴보겠지만 프랑스에서 커다란 농장들이 출현했던 몇몇 (비교적 한정된) 지역들에서는 그러한 농장들이 대개 농업 생산성을 크게 향상시키지 못했던 것이다. 따라서 영국에서의 농업발전에 가장 중요한 역할을 했던 것으로 입증된 요인은 영국 농촌의 계급관계가 지니고 있던 특수한 성격—특히 전통적으로 영주의 착취가 차지인의 주도적인 노력을 침해하였던 대립적인 관계가 사라지고 그 대신에 영주와 차지인이 투자와 개선을 위해 서로 협력하도록 만드는 공생관계가 대두해 나온 것—이 농업에서 비롯된 잉여가 아주 생산적으로 사용되도록 부추겼다는 사실에 있었다.86)

85) B. H. Slicher van Bath, "The Rise of Intensive Husbandry in the Low Countries", in J. S. Bromley & E. H. Kossman(eds.), *Britain and the Netherlands* [i] (London, 1960). 특히 pp.135-7, 148-9, 153. Slicher van Bath가 농사가 집약적으로 이루어지고 있던 플랑드르지역에 관해 결론짓고 있듯이(p.153) "그것은 부유한 모습이 아니라 가까스로 가난을 모면하고 있는 모습을 보여준다."

86) Jones, "Agriculture and Economic Growth in England, 1660-1750 : Agricultural Change"를 참고할 것. 근대 초에 프랑스에서 나타난 대규모 영농에 대해서는 본 논문의 주

17세기 말에 이미 농업개선이 영국의 경제발전에 상당한 영향을 미치고 있었다는 사실은 여러 가지 면에서 밝혀질 수 있다. 가장 직접적으로는 17세기 후반에 가격이 비교적 안정되고 인구가 (적어도) 유지되고 있었다는 놀라운 패턴에서, 그리고 장기적으로는 산업의 발전과 내수시장의 성장 이 둘 모두 서로 관련을 맺으면서 지속적으로 이루어지고 있었다는 현상에서 우리는 그 사실을 찾아볼 수 있는 것이다. 다시 말해 이 시대에 영국 인구가 14세기 초의 (그 당시에는 인구 위기를 뜻했던) 아주 높은 수준에 다다랐음에도 불구하고 영국에서는 같은 시대에 프랑스와 대륙의 대부분을 휩쓸었던 것과 같은 격심한 가격변동이나 생존의 위기가 전혀 나타나지 않았다.87) 또한 이즈음에 유럽의 대부분을 뒤덮게 된 인구의 뚜렷한 감소 즉 유명한 맬서스의 "B" 국면도 나타나지 않았다.88) 요컨대 영국은 이르건 늦건 대륙의 대부분에 타격을 가했던 "17세기의 전반적인 경제위기"를 거의 겪지 않을 수 있었던 것이다.89) 이 위기는 앞서 나타났던 "14세기의 전반

112)를 참고할 것.

87) 17세기 말에 영국이 생존의 위기를 겪지 않았던 것에 대해서는 A. B. Appleby, "Disease or Famine?", *Econ. Hist. Rev.*, 2nd ser,, xxvi(1973), 특히 pp.403, 430-1을 보라. 17세기 말과 18세기 초에 프랑스와 영국에서 나타난 가격의 변동을 비교하면서 프랑스의 대부분을 특징지었던 "격심한 변동"을 영국이 겪지 않았음을 강조한 것으로는 J. Meuvret, "Les oscillations des prix des céréals aux XVIIe et XVIIIe siècles en Angleterre et dans les pays du bassin parisien", in Meuvret, *Etudes d'hitoire économique*를 참고할 것.

88) G. S. L. Tucker, "English Pre-Industrial Population Trends", *Econ. Hist. Rev.*. 2nd ser., xvi(1963-4). 물론 그렇다고 해서 17세기 말 그리고/또는 18세기 초에 인구증가가 어느 정도 둔화되거나 심지어 어쩌면 일시적으로 중단되었을 가능성을 부정하는 것은 아니다.

89) 이 시대에 농업 생산성의 증대를 수반한 농업의 혁신을 이루어 냈던 몇 안 되는 지역 가운데 하나였던 카탈로니아가 17세기의 전반적인 경제위기를 겪지 않고 또 영국과 마찬가지로 계속 경제발전을 이루어 나가면서 인구의 격감을 피할 수 있었던 역시 몇 안 되는 지역 가운데

적인 경제위기"와 아주 흡사하게 궁극적으로는 농업생산의 위기로서, 앞선 위기가 그러했듯이 생산성의 향상을 가로막는 소유관계 또는 잉여착취관계가 유지된 데에서 비롯된 것이었다. 그와 대조적으로 영국으로 하여금 농업 생산성을 크게 증대시켜 앞서의 위기가 재발되는 것을 피할 수 있게 만들었던 것은 14세기 말 이래로 그 당시까지의 시대 동안에 농촌계급구조의 모습이 바뀌었다는 바로 그 점이었다.

더구나 농업의 개선은, 존스E. L. Jones에 따르면 17세기 말에 이미 영국 인구의 40퍼센트가량이 농업 이외의 부문들 특히 그 가운데에서도 대부분 산업부문에 고용될 수 있게 만들었던 바로 그 발전과정들의 뿌리를 이루었다고 여겨진다.[90] 물론 직물생산이 압도적인 위치를 차지하고 있던 영국 산업의 발전이 우선 무엇보다도 수출에 바탕을 두었고, 따라서 바다 건너편에서의 수요에 의해 촉진되었음은 분명한 사실이다. 그러나 그처럼 수출을 바탕으로 한 발전은 중세와 근대 초 내내 유럽에서 흔하게 나타난 현상이었는데도 예전에는 스스로 계속 발전을 유지해 나아갈 수 있었던 경우가 하나도 없었던 것이다. 이는 농업생산의 비탄력성이 언제나 산업 생산의 발전에 엄밀한 한계를 지워 놓았기 때문으로 여겨진다. 농업 생산성의 하락으로 말미암아 식량 공급이 완전히 파탄에 이르지는 않았다고 하더라도 식량 가격은 상승했을 것이 틀림없는데, 이러한 가격상승만으로도 비농업 부문에 종사할 수 있는 인구의 비율을 제한시킴으로써 산업을 곧바로 질식시

하나이기도 했다는 사실은 주목할 만하다 : Vilar, *Catalogne dans l'Espgne moderne*, i, pt 3, 특히 p.586, 588. 본 논문의 주 82)도 참고할 것.

90) Jones, "Editor's Introduction", *Agriculture and Economic Growth in England, 1650-1815*, p.2.

킬 수 있었을 게다. 또 그렇지 않았다고 해도 식량 가격의 상승은 임금(생존 비용)을 밀어올리고 그리하여 산업생산품의 가격을 상승시키거나 또는 인구의 소득 가운데 식량 이외의 물품을 구매하는 데 사용될 수 있는 부분을 줄여버림으로써 산업생산품을 위한 시장을 잠식했을 것이다. 이러한 메커니즘은 특히 17세기에 나타난 전반적인 농업 및 인구의 위기가 유럽의 대부분에게는 산업의 장기적인 위기를 뜻하기도 했으리라는 사실을 의미했다. 이 점은 구베르Goubert가 17세기의 프랑스를 대상으로 가장 분명하게 밝혀낸 바 있는데 그는 이 시대에 보배 지역에 널리 퍼져있던 직물 산업의 장기적인 쇠퇴를 식량 생산에서의 본질적인 문제들과 직접 연관시키고 있는 것이다.[91] 그러나 17세기 초에 이탈리아의 산업이 쇠퇴한 것에 대해서도 비슷한 논의를 펼 수 있으리라고 여겨진다. 이탈리아에서는 식량 가격의 급격한 상승이 이탈리아 상품의 생산가를 크게 높임으로써 이탈리아 상품을 유럽 시장과 특히 동부 지중해 시장으로부터 물러나 앉게 만들었던 (생계) 임금 비용의 상승을 불러일으키는 데, 어떤 다른 요인에 못지않게 커다란 역할을 했던 것으로 보인다. 그에 상응하여 대부분 농민에 의해 이루어졌던 후진적인 농업은 이탈리아 자체 안에서 내수시장이 상당한 규모로 성장할 가능성을 대부분 차단했던 것으로 여겨진다.[92]

91) Goubert, *Beauvais et le Beauvaisis de 1600 à 1730*, pp.585-7.

92) 수출을 중심으로 한 이탈리아 산업이 11세기 초부터 줄곧 쇠퇴해 간 기본적인 원인으로 작용한 높은 임금에 대해서는 C. M. Cipolla, "The Economic Decline of Italy", in B. Punan(ed.), *Crisis and Change in the Venetian Economy in the Sixteenth and Seventeenth Centuries*(London, 1968), pp.139-42를 보라. (생계) 임금을 상승시킨 식량 공급의 문제와 높은 식량 가격의 문제에 대해서는 B. Pullan, "Introduction"; "Wage-Earners and the Venetian Economy, 1550-1630", *ibid.*, 특히 pp.12-4를 참고할 것. 소규모 차지인으로부터 지대를 쥐어짜는 형태를 띤 베네치아 본토의 농업 조직에서 나타난 식량 공급과 내수 시장의 문제들을 불러일으켰던 구조적인 뿌리들에 대해서는 S. J.

끝으로 네덜란드의 산업은 비교적 미약한 손상만을 입은 채 17세기의 위기를 피할 수 있었던 것으로 보이기는 하지만, 그것이 18세기에 들어서서까지 줄곧 발전을 지속하지 못했던 점은 해외로부터의 곡물 수입에 지나치게 의존해 있었던 상황에서 곡물 수입 가격이 1750년 이후로 엄청나게 상승했다는 사실과 아주 커다란 정도로 연관되어 있었던 것으로 여겨진다.[93]

이처럼 근대 초에 영국이 보여준 산업발전을 뚜렷하게 특징지었던 점은 그것이 끊임없이 지속적으로 이루어졌으며, 발전을 스스로 지탱하고 또 영구히 추진시킬 동력을 그 자체에서 제공할 수 있었다는 것이었다. 여기에서도 또다시 열쇠는 자본주의적인 농업구조에서 발견될 수밖에 없었다. 농업의 개선은 인구 가운데 점점 더 많은 비율이 땅을 떠나 산업에로 뛰어들 수 있게 만들었을 뿐만 아니라, 그에 못지 않게 중요한 점으로 그것은 직접적으로든 간접적으로든 유럽이 17세기에 전반적으로 경제위기를 맞이했던 시대 동안 줄곧 영국이 계속해서 산업의 발전을 이루어 내는 데 필수적인 요소가 되었던 내수시장의 성장도 가능하게 만들었다.[94] 다시 말해서 16세기와 17세기 동안

Woolf, "Venice and the Terraferma", *ibid.*, 특히 pp.179-87을 참고할 것. 이탈리아와 지중해 지역에서 전반적으로 나타난 식량 공급의 문제에 대해서는, C. T. Smith, *A Historical Geography of Western Europe before 1800*(New York, 1967). pp.416-8을 참고할 것.

93) 이 점은 Jones, "Editor's Introduction", *Agriculture and Economic Growth in England, 1650-1815*, p.21에 제시되어 있다.

94) 영국의 산업이 17세기 후반에 들어서서까지도 줄곧 성장했고 이러한 과정에서 내수 시장이 중요한 역할을 한 데 대해서는 L. A. Clarkson, *The Pre-Industrial Economy in England, 1500-1750* (London, 1971), ch.4 특히 pp.114-5를 보라. 또한 "The Origins of the Industrial Revolution(Conference Report), *Past and Present*, no. 17(April 1960) : C. Wilson, *England's Apprenticeship, 1603-1763*(London, 1965), ch. 9, 특히 pp.185ff.: F. J. Fisher, "The Sixteenth and Seventeenth Centuries :

에는 영주들뿐만 아니라 부유한 차지농 계급도 영국의 산업생산품에 대한 꽤 커다란 규모의 시장을 제공해 주었던 것으로 보인다.[95] 그와 동시에 그리고 장기적으로 특히 17세기 말과 18세기 초로부터는 농업 생산성의 지속적인 향상이 낮은 식량 가격과 함께 작용하여, 중산계급과 심지어 어쩌면 하층계급에 이르기까지 인구의 중요한 구성 요소들에게 구매력의 여지를 더 크게 남겨주었으며, 그럼으로써 내수시장을 팽창시키고 산업이 산업혁명의 시대에 이르기까지 줄기차게 발전해 갈 수 있도록 동력을 제공해 주었다.[96] 이처럼 영국의 경제발전은 농업과 산업 사이의 거의 유례없는 공생관계에 의존하여 이루어졌다. 영국이 최초로 산업화를 겪은 나라가 될 수 있었던 것도 사실상 궁극적으로는 농촌에서 자본주의적인 계급관계가 출현한 것을 바탕으로 하여 이루어진 농업혁명 덕분이었던 것이다.

그와 대조적으로 프랑스에서 농업이 변혁을 이루어 내지 못했던 것

The Dark Ages of English History", *Economica*, new ser., xxiv(1957)도 참고할 것.

95) W. G, Hoskins, "The Leicestershire Farmer in the Sixteenth Century", in W. G. Hoskins, *Essays in Leicestershire History*(Leicester, 1950) ; F. J. Fisher, "London and an Engine of Economic Growth", in J. S. Bromley & E. H. Kossman(eds.), *Britain and the Netherlands*, iv(The Hague, 1971) ; Fisher, "Sixteenth and Seventeenth Century".

96) 이러한 논의에 대해서는 다음을 보라 : Jones, "Editors Introduction", *Agriculture and Economic Growth in England, 1650-1815*; Jones, "Agriculture and Economic Growth in England, 1660-1750 : Agricultural Change" ; E. L. Jones, "Agricultural Origins of Industry", *Past and Present*, no. 40(July 1968) ; A. H. John, "Agricultural Productivity and Economic Growth in England, *1700-1750*", *Jl Econ. Hist.*, xxv(1965) : A. H. John, "Aspects of English Economic Growth in the First Half of the Eighteenth Century", *Economica*, new ser., xxviii(1961) ; D. E. Eversley, "The Home Market and Economic Growth in England, 1750-1780", in E. L. Jones & G. E. Mingay(eds.), *Land, Labour and Population in the Industrial Revolution*(London, 1967).

은 농민에 의한 토지보유가 영국에서는 해체되고 있었던 반면 프랑스에서는 근대 초에 들어와서까지 줄곧 강화되어 갔다는 사실에서 곧바로 비롯되어 나왔던 귀결로 여겨진다. 중세에 서유럽 전역에 걸쳐 농민공동체가 비교적 성공적으로 영주의 권력에 저항할 수 있었다는 사실은 이미 언급된 바 있다. 특히 프랑스의 여러 지역에서 촌락들이 하나하나씩—공유지의 이용권을 확보하고 지대를 고정시키는 한편 토지의 세습적 보유권을 얻어내며 예전의 촌장maire 대신 자체에서 선출한 대표를 세우는 등—몇몇 중요한 경제적 · 정치적인 권리들을 획득해 나갈 수 있었던 장기적인 과정은, 그 과정이 지닌 역사적 중요성에 주목해 왔던 역사가들에 의해 특별히 주의 깊게 추적되어 왔다.[97] 하지만 프랑스의 농민들이 우선 먼저 영주를 상대로 특정한 여러 가지 권리와 토지소유권을 확보할 수 있었을 뿐만 아니라 더 나아가 그러한 권리들을 역사적으로 이례적일 만큼 오랜 동안—특히 영국의 농민들이 더 이상 그럴 수 없게 되었던 시대 동안—그대로 유지할 수 있었다는 사실은 아직 설명되지 않고 있다. 이에 대한 어떠한 해답도 매우 잠정적일 수밖에 없다. 하지만 영국의 발전에 비추어 볼 때 프랑스에서 농민의 토지소유권이 놀라울 만큼 완강하게 유지된 그 밑에는, 농민의 토지소유권이 프랑스 왕정국가의 발전이 보여주는 특수한 형태와 밀접한 상호관계를 맺고 있었다는 사실이 깔려있다고 여겨진다.

다시 말해 영국과는 달리 프랑스에서는 중앙집중화된 국가가 계급과 비슷한 현상으로서—즉 무엇보다도 특히 토지에 대해 임의로 과세

97) 특히 Fossier, *Terre et hommes en Picardie*, ii, pp.708-28을 보라. 또한 본 논문의 주 74)와 Fourquin, *Campagnes de la région parisienne*, pt 1, ch.3, 특히 p.190도 참고할 것.

할 수 있는 권력을 바탕으로 한 또 하나의 독자적인 잉여 착취자로서—발전해 나왔던 것으로 여겨진다. 농민들이 영주에 맞서 단합하여 예농제로부터의 자유를 획득하고 자유보유권을 구성하는 본질적인 요소들을 확보해내는 데 어느 정도로 성공할 수 있었는가—그리고 실제로 그들은 이미 주목되었듯이 상당한 정도로 그 일에 성공을 거두었다—에 따라, 그들은 국왕을 위한 재정적 기반으로서 착취당할 가능성에 그만큼 더 크게 노출되게 되었다. 한정된 지방을 기반으로 한—농민들이 가진 힘의 본질적인 원천이자 동시에 그 힘에 실질적인 한계를 짐 지웠던—농민의 조직은 때때로 그 지방의 영주가 내세우는 요구들에 저항하는 데에는 힘이 모자라지 않았을지 모르나, 중앙집중화된 국가의 요구에 맞서서는 적어도 장기적으로 볼 때 힘을 훨씬 덜 발휘할 수밖에 없었다. 그에 상응하여 국가는 실제로 그러했듯이 대체로 농민이 생산해 낸 잉여를 수탈할 권리를 어느 정도까지 확립할 수 있었는가에 따라 영주의 경쟁자로 등장할 수 있었다. 따라서 국가는 농민들이 국가에 보다 많은 세금을 낼 수 있도록 영주가 농민들에게 요구하는 지대의 수준을 제한하며, 그리하여 영주와 맞서서 농민의 부자유를 끝장내고 농민의 토지소유권을 확립 · 보장하는 데 관심을 갖게 되었다.

토지소유권을 확보한 농민의 대두와 관련하여 국가가 실제로 이런 식으로 계급과 비슷한 성격의 독자적인 잉여착취자로 발전해 간 사례의 원형은 아마도 근대 초에 서부 독일의 군주들이 발달시킨 축소판 절대주의 국가들의 등장에서 찾아질 수 있을 것이다. 이러한 국가들에서 그 군주들은 중세로부터 대두해 나와 이미 뿌리를 비교적 깊숙이 내리고 있었던 농민의 토지소유권을 의도적으로 보호하는 정책을 추구하였다. 특히 그 군주들은 그들 자신의 독자적인 과세 기반을 마련할 목적으로 농민의 토지소유권을 안정되게 유지하고 보호하려 했다(농민보호정책). 그리하여 농민이 부담하는 공조는 법으로 고정되었고 농민의 토지세습권은 그대로 유지되거나 또는 회복되었으며, 몇몇 경우에는 예전에 농민의 손 안에 있었으나 그 뒤에 귀족에게 넘어간 토지가 다시 농민에게 되돌려지기도 했다. 동시에 군주들은 여기저기에 흩어져 있는 농민의 땅때기들을 한데로 모아 통합된 보유지로 재편하기 위해 가능한 한 모든 노력을 기울였고, 반면에 농민들이 그들의 보유지를 분할하는 것을 막기 위해 영향력을 행사하였다. 그리하여 결국에는 제후들이 농민의 보유지를 통합된 과세단위로 탈바꿈시키는 데 성공을 거두게 되었다.[98] 그러나 그에 상응하여 17세기에 서부 독일에서는 농민들이 90퍼센트에 이르는 토지를 장악할 수 있었던 것으로 여겨진다.[99]

서부 독일과 비슷하게 프랑스에서도 농민들은 국왕 정부의 발달과 관련하여 토지에 대한 그들 자신의 (서부 독일의 경우에 비해서는 훨씬 한정되어 있지만) 강력한 권리를 공고히 할 수 있었으나, 그 과정이 어떠한 단계들을 밟아 이루어졌는가는 전혀 확실하지 않다. 적어도 파리 지역에서는 13세기 중엽에 전환점이 찾아들었던 것으로 여겨

98) F. Lütge, *Geschichte der deutschen Agrarverfassung* (Stuttgart, 1963), pp.100-2, 134-54. 서부 독일의 발전에 관한 지금까지의 고찰에 대해서 필자는 Joel Singer에게 많은 신세를 졌다.

99) E. Weis, "Ergebnisse eines Vergleichs der grundherrschaftlichen Strukturen Deutschlands und Frankreichs vom 13. bis zum 18. Jahrhunderts", *Vierteljahrschrift für Sozial-und Wirtschaftsgeschichte*, lvii(1970), 특히 p.13. 그 결과 독일의 귀족은 무엇보다도 행정 귀족이 됨으로써 군주들에게 이례적일 정도로 크게 의존하지 않을 수 없게 되었던 것으로 보인다.

지는데 그 당시 영주의 임의세를 보다 증대시키려는 영주들의 시도를 둘러싸고 벌어진 영주와 농민 사이의 갈등은 결정적인 것임이 판명되었다. 이 지역에서는 농민의 부자유한 신분에 관한 문제가 이미 우리가 주목한 바 있듯이, 바로 임의세의 문제를 중심으로 해서 판가름 나게 되었던 것이다. 영주들은 관습 차지인들에게 마음대로 과세할 수 있는 권한을 더욱 강화시키는 데 목표를 두고 있었다. 그들이 성공했다면 그것은 농민의 부자유한 신분을 확립시켜 농민들을 자의적인 영주의 과세에 더더욱 크게 노출시켰을 것이다. 그러나 파리 지역의 농민들은 너나 할 것 없이 벌떼처럼 들고일어나 격렬하게 저항하였다. 상황을 농민에게 유리하게 돌려놓은 것은 국왕 정부가 영주에게 불리한 방향으로 간섭해 들어왔다는 사실이었던 것으로 여겨진다. 국왕이 그 문제를 다룰 것을 동의했을 때 국왕은 암암리에 농민의 자유로운 법률적 신분을 인정한 셈이었고 그리하여 지대의 고정과 실질적인 토지소유권의 확립을 향한 길을 닦아놓았던 것이다.[100] 또한 국가가 15세기 동안에 취했던 몇몇 행위들은 장기적으로 볼 때 어쩌면 더욱더 결정적인 역할을 했을지도 모른다. 이 당시에 국왕 정부는 대체로 상스 보유지(농민의 세습적인 보유지)에 대한 보유권이 침해될 수 없음을 확인해 주었던 것으로 여겨진다. 그리하여 영주들이 전쟁과 인구감소로 말미암아 버려지게 되었던 수많은 상스 보유지를 그들 자신의 직영지에 마음대로 편입시키는 것은 여전히 법률적으로 어려운 일로 남아있었다. 그 결과 농민의 소유권 아래에 있는 토지의 면적은 그대로

100) M. Bloch, "Blanche de Castille et les serfs du chapitre de Paris", in M. Bloch, *Melanges historique*, 2 vols.(Paris, 1963). i; Fourquin, *Campagnes de la région parisienne*, pt 1, ch. 3.

유지될 수 있었다. 국왕이 엄청나게 증가하고 있던 국왕의 세금을 부과하고 거두기 위해, 선출된 위원들을 거느린 마을 회의체들을 중심으로 하여 농민공동체를 공식적으로 조직하는 데에서도, 바로 이즈음에 결정적인 조치들을 취하고 있었다는 사실은 주목할 만하다.101)

근대 초에 프랑스 절대국가의 발전에 관련하여 농민의 토지소유권이 깊이 뿌리를 내렸다는 사실이 프랑스 농촌에서, 영국에서 나타났던 것과는 아주 다른 종류의 계급구조를 만들어 냈음은 분명하다. 그리고 이처럼 서로 대조되는 구조를 보여주는 지표로서 두 나라 모두에서 근대 초를 뚜렷하게 특징지었던 농민 반란이 극적으로 다른 성격을 드러냈다는 사실만큼 훌륭한 것은 없다. 물론 영국에서는 농민 반란이 영주를 겨냥하여 자본주의가 점점 더 깊숙이 침투해 들어오고 있는 데 맞서서 해체되어 가고 있는 농민의 토지소유권을 지켜내려는 헛된 시도로 이루어졌다. 반면에 프랑스에서는 농민 반란이 얄궂게도 농민의 토지소유권을 확보하고 지키는 데 (그리고 그에 따라 자본주의의 발달을 막는 데) 아주 중요한 역할을 하였던 절대주의 국가의 파멸적인 과세를 공격의 과녁으로 삼고 있었다.102)

101) Fourquin, *Campagnes de la région parisienne*, pp.180, 377, 382, 430-2ff., 514-5; J. F, Lemarignier, *La France medievale* (Paris, 1970), p.318; M. Bloch, *French Rural History* (London, 1966), pp.128-9.

102) 영국에서의 반란에 대해서는 본서 pp.76-7을 보라. 프랑스에서의 농민 반란에 대해서는 서평인 J. H, M. Salmon, "Venality of Office and Popular Sedition in Seventeenth-Century France", *Past and Present*, no.37(July 1967)을 참고할 것. 이러한 반란들의 많은 측면을 둘러싸고 날카로운 논쟁이 벌어지고 있지만 주도적인 논객인 Boris Porchnev와 Roland Mousnier를 포함하여 논쟁에 뛰어든 거의 모든 사람들은 국가의 과세에 대한 저항이 핵심적인 요인이었다는 데 동의하고 있다. B. Porchnev, *Les soulevèments populaires en France de 1623 à 1648*(Paris, 1963); R. Mousnier, "Recherches sur soul vements populaires en France avant la Fronde", *Revue d'histoire moderne et contemoraine*, v(1958)을 참고할 것.

이처럼 프랑스에서는 농민의 강력한 토지소유권과 절대주의 국가가 서로가 서로를 뒷받침하면서 발달해 갔다. 국가는 영주와 농민 사이에 끼어들어 농민의 자유와 토지상속권 그리고 고정된 지대를 보장해주고 그리하여 의회에 의한 과세를 통하지 않고서도 농민의 생산을 국왕의 권력과 독립성을 뒷받침하기 위한 직접적인 수입원으로 사용할 수 있었던 덕분에 그 자신의 힘을 증대시켜 나아갔다. 마르크 블로크가 지적하였듯이 프랑스에서 절대주의의 발전이 절정에 달한 17세기에 지방에서 국왕을 직접 대변하였던 행정관리인 감독관들의 주된 기능은 "과세를 위한 알찬 자원인 농촌공동체들을 영주에 의한 지나친 수탈로부터 보호하는 것"이었다.[103] 그에 발맞추어 영주들은 그 시대 내내 농촌 안에서 그 영역을 넓히려고 체계적으로 노력을 쏟고 있던 국왕의 재정기구에 의해 침투당하지 않도록 그들이 거느린 농민들을 보호하기 위해 격렬한 방어전을 치렀다.[104]

그와 대조적으로 영국에서는 국왕 정부의 중앙집중화가 특히 15세기 말로부터 영주계급과의 우호적인 관계 속에서 그리고 궁극적으로는 영주 계급에게 의존하여 발달해 갔는데, 이는 의회제도들이 (프랑스에서는 쇠퇴해 갔던 반면에) 국왕 정부와 함께 성장해 나간 것에서 가장 극적으로 입증된다. 이미 살펴보았듯이 15세기에 이미 영국의 농민은 도주와 저항을 통해 예농제로부터 벗어나 자유를 얻을 수 있

103) Bloch, *French Rural History*, p.134.

104) 프랑스 국왕과 프랑스 귀족이 제각기 자신의 이익을 위해 농민을 수탈할 목적으로 농민을 보호하고자, 특히 토지세를 더욱 확대하려는 국왕의 시도와 이러한 시도에 대해 농민의 이름을 빌려 맞섰던 귀족의 저항을 중심으로 서로 투쟁을 벌인 것을 분명하게 드러내는 서술로는 p.Deyon, "A propos des rapports entre la noblesse française et la monarchie absolue pendant la première moitic du XVIIe siècle", *Revue historique*, ccxxxi(1964)를 참고할 것.

었다. 그러나 (프랑스의 농민들이 훨씬 더 이른 시기에 이미 그러했던 것처럼) 많은 토지에 대한 자유보유권을 확립하는 데에는 그들이 상대적으로 실패를 맛보았고, 이는 국왕 정부로 하여금 영주들로부터 독립해 나오기 위해 이용할 수 있는 재정적인 기반을 농민에게서 찾을 수 없도록 만들었다. 그리하여 국왕 정부의 중앙집중화는 절대주의적이고 농민에 기반을 둔 형태를 띨 수 없었다. 마찬가지로 국왕 정부가 15세기 말과 16세기 초에 중앙집중화를 향해 나아가는 가운데 영주들에게 힘을 기댔다는 사실은, 국왕 정부로 하여금 바로 이 시대에 자유보유권을 얻기 위해 농민들이 벌였던 투쟁에서 농민들을 돕는 데 결정적인 역할을 하지 못하도록 만듦으로써, 그 투쟁을 실패로 돌아가게 하였다. 영국의 귀족과 젠트리 가운데 꽤 중요한 부류들이 경제발전을 위한 질서와 안정된 상황을 만들어 내기 위하여, 싸움을 일삼아 혼란을 빚어내는 대제후들의 활동에 맞서서 중앙집중화를 이루어 내려는 국왕 정부의 정치적 투쟁을 기꺼이 지원하였다. 그러나 엔클로저와 보유지의 통합—그리고 농업 자본주의—을 위해 농민의 토지소유권을 잠식하는 데 가장 커다란 관심을 지니고 있던 것도 다름 아니라 바로 이러한 부류의 영주들이었다.105)

105) 튜더왕조 아래에서 이루어진 중앙집중화의 과정, 특히 전쟁을 일삼는 대제후들에 맞서서 중앙집중화를 지지했던 (귀족이든 아니든) 일부 부류의 토지소유자계급과 국왕 사이에 맺어졌던 상호관계에 대해서는 Stone, "Power", in Stone, *Crisis of the Aristocracy*, ch1.5와 또한 M. E. James의 다음과 같은 일련의 글들을 참고할 것 : *A Tudor Magnate and the Tudor State* (Borthwick Papers, no. 30, York, 1966) ; *Change and Continuity in the Tudor North*(Borthwick Papers, no.27, York, 1965) ; "The First Earl of Cumberland and the Decline of Northern Feudalism", *Northern Hist.*, i(1966); "The Concept of Order and the Northern Rising, 1569", *Past and Present*, no, 60(Aug. 1973). Lawrence Stone과 Mervyn James의 연구들은 귀족이든 아니든 사회적 안녕과 공공질서를 위해 국왕에 의한 중앙집중화를 지지했던 토지소유자 집단과 자신의 토지에 대해 아주 상업적이고 진보적인 정책들—토지의 통합, 엔클로저, 농

프랑스의 영주들이 보유지의 통합을 원하지 않았다고 말할 수는 없다. 그러나 영국의 경우와는 달리 그 영주들은 그렇게 하기 위해서 그냥 단순히 지대나 토지보유 허가료를 도저히 납부가 불가능한 수준까지 올려버리고 그리하여 토지의 임차권이나 등본 보유권을 포기하게 만듦으로써 소농 차지인을 내쫓을 수는 없었다. 프랑스에서는 거의 전역에 걸쳐 국가가 뒷받침하는 법률이 관습 보유지에 대한 세습권과 고정된 토지보유 허가료를 보장해 주고 있었던 것이다. 이에 따라 영주가 하나로 통합된 영지를 끌어모으기 위해서는 소농 보유지를 수많이 사들여야 하는 수밖에 없었을 것이다. 그리고 이러한 일을 쉽게 해낼 수 있는 경우는 거의 없었다. 한편으로는 농민에게 적극적으로 나서서 그의 보유지를 어떻게든 붙들어야만 하는 동기가 남아돌 만큼 많았다. 그 보유지는 그 자신뿐만 아니라 그의 가족과 자손이 살아가는 데 반드시 필요한 기반을 이루고 있었던 것이다. 그리고 또 다른 한편으로는 순수하게 경제적인 요인들 역시 아주 장기적으로만 농민의 토지소유권을 잠식하는 방향으로 작용했던 것으로 여겨진다.

그런데 여기서 중요한 점은 농민 소유자가 살아남기 위해 그의 땅뙈기를 그의 잠재적인 경쟁자들만큼 수익성 높게 효율적으로 운영해 나가야 하는 압력을 비교적 덜 받고 있었다는 사실이다. 그러한 경쟁자들에게는 농민을 "패배"시킬 직접적인 수단이 전혀 없었던 것이다. 달리 말해서 농민은 거래의 대상이 차지인이든 상품이든 시장의 세계

업개선—을 추구하고자 했던 집단이 서로 크게 중첩되어 있었던 사실을 분명하게 보여주는 상세한 사례연구들을 제공하고 있다. 이 점에 대해서 필자는 간행되지 않은 논문인 E. Searle, "The Jack Cade Rebellion : Social Unrest in England, 1450-1460"에서 도움을 받았다. 이 시대에 이루어진 의회의 발전에 관한 기본적인 저술로는 G. R. Flton과 J. E. Neale의 글들을 들 수 있다.

에서 "그의 자리를 마련할" 수 있어야만 할 이유가 사실상 전혀 없었기 때문에 경쟁을 할 필요도 없었던 것이다. 차지농과 달리 농민 소유자는 영주가 어떤 다른 차지인으로부터 얻어낼 수 있는 것과 같은 수준의 지대를 제공할—그리고 그렇지 않으면 그의 임대차 계약이 파기되어 쫓겨날—필요가 없었다. 또한 독립적인 수공업자와 달리 그는 그의 상품을 시장가격으로 이익을 남기고서 팔아넘길 만큼 값싸게 생산할 수 있어야 할—그리고 그렇지 않으면 파산을 해버릴—필요가 없었다. 농민 소유자가 살아남는 데 필요했던 것은 (물론 그가 식량 생산자였다고 전제할 경우) 오로지 그의 가족을 먹여 살리고 세금(그리고 대개는 고정된 관습지대)을 내는 데 충분한 만큼의 생산량뿐이었으며 더구나 이는 종종 임금노동을 통해 보충될 수도 있었다.

물론 그저 생계를 유지하는 것조차도 농민 특히 비교적 작은 보유지를 가지고 있는 많은 수의 농민에게는 그렇게 쉬운 일이 결코 아니었다. 인구의 증가와 보유지의 분할은 농민의 생산 기반을 상대적으로나 절대적으로나 보다 작은 규모로 축소시켰다. 한편 과세의 증대는 특히 그것이 전쟁에 뒤이어 이루어지는 경우 그저 살아남기 위해서 보다 많이 생산해야 한다는 것을 의미하였다. (그리하여 처음에는 농민의 토지소유권을 크게 뒷받침해 주었던 국가가 얄궂게도 간접적으로는 어쩌면 그것을 해체시키는 주된 요인이 될 수도 있었다.) 끝으로 그 시대 내내 줄곧 가격이 상승함으로써 많은 경우 농민의 수입을 보충해주어 농민의 보유지가 살아남을 수 있도록 만드는 데 필요했던 임금의 가치는 점점 더 낮아져갔다. 근대 초 내내 농민들은 사실상 빚구렁에 깊이 빠져들게 되었으며 결국에 가서는 그들의 보유지를 팔아넘기지 않을 수 없었다.[106] 더구나 이렇게 희생된 농민들이 전쟁(특히 종교전쟁과 프롱드의 난)과 기근(특히 17세기 말에 나타난 생존의 위기)이 벌어진 때에 가장 많이 발생했고, 또 군사적 행동에 의해 직접 영향을 받았던 지역(예컨대 파리 지역과 부르고뉴)에 가장 많이 집중되어 있었던 것으로 나타난다는 사실은 결코 우연이 아니었다.[107] 그러나 그와 같은 장기적인 압력과 단기적인 재앙들조차도 프랑스 전체로 볼 때에는 비교적 간헐적이고 느리게만 농민의 토지소유권을 잠식하는 데 영향을 끼쳤던 것으로 여겨진다. 프랑스의 농민공동체와 농민의 토지소유권이 심지어 17세기 말에 와서도 계속해서 강력한 힘을 지니고 있었다는 것은 경작지의 45~50퍼센트가량이 많은 경우 울타리가 없이 개방된 경지 전체에 걸쳐 산재되어 있는 상태로 여전히 농민의 손 안에 있었다는 사실로 뚜렷하게 드러난다.[108] 그와 대조적으로 영국에서는 이 당시 자기 소유의 땅을 직접 경작하는 농민이 차지하고 있던 토지가 전체 토지의 25~30퍼센트를 넘지 못하고 있었다.[109]

프랑스의 토지소유가 보여주는 구조를 감안할 때 16세기와 17세기에 나타났던 인구의 증가와 시장의 성장 그리고 곡물 가격의 상승이 프랑스에서는 농업의 개선을 이끌고 왔던 것이 아니라 단지 예전과

106) P. Goubert, "The French Peasantry of the Seventeenth Century", *Past and Present*, no. 10(Nov. 1956), p.75를 참고할 것.

107) 농민의 토지소유가 무너져간 데 대한 사례연구로는 특히 J. Jacquart, *La Crise rurale en Ile-de-France, 1550-1670* (Paris, 1974) : M. Venard, *Bougeois et Paysans au XVIIe au siècle*(Paris, 1957); p.de Saint-Jacob, "Mutations économique et sociales dans les campagnes bourguignonnes à la fin du XVIe siècle", *Eludes rurales*, i(1961)을 참고할 것.

108) P. Goubert, "Le paysan et la terre : seigneurie, tenure, exploitation", in Labrousse & Braudel(eds.), *Histoire économique et sociale de la France*, ii, pp.135-9 : "프랑스의 농민들이 프랑스의 땅 가운데 고작 반쯤만을 '소유'할 수 있었음은 통상 인정되고 있다."(p. 135)

109) 본 논문의 주 81)을 참고할 것.

같은 맬서스적인 저개발의 주기를 또다시 불러왔을 뿐이었다는 사실은 거의 놀랄 만한 일이 아니다. 농민의 토지소유권이 잉여 착취자로 등장한 국가에 의해 뒷받침되어 강력한 힘을 갖추고 있었다는 점으로 말미암아, 영주는 통상농업을 개선하고 생산량을 증대시킴으로써 토지 및 농산물의 가격상승으로부터 이익을 얻어낼 수가 없었다. 왜냐하면 이와 같은 일에는 통상보유지를 통합시켜야 하는 아주 어려운 작업이 개재되어 있었기 때문이다. 따라서 영주들은 그들에게 열려있는 유일한 길을 따라 정체되거나 심지어 줄어들고 있었던 총생산량 가운데에서 더욱더 커다란 몫을 차지하려고 애쓰게 되었다. 대개 서로 떨어져 있는 자그마한 땅뙈기들로 이루어져 있던 그들의 직영지에서는 영주들이 인구의 압력으로 말미암아 보유지에 대한 수요가 점점 더 증대되어 가는 상황을 틈타 지대를 올리고 농민의 생계 수준을 낮춤으로써 농민 차지인들을 쥐어짤 목적으로, 가혹한 조건이 딸린 단기임대로 땅을 빌려주었다. 이러한 조치는 당연히 그러한 땅을 빌린 차지인들에게 지대를 낸 뒤에 투자를 할 만한 자금을 거의 남겨주지 않았으므로, 차지인들이 농업개선을 이룰 수 있는 가능성을 크게 감소시켰다.[110] 영주들이 단순히 차지인들을 희생시키면서 정체되거나 줄어들고 있던 생산량 가운데 보다 커다란 몫을 뜯어내는 대신 차지인들과의 협력을 통해 대규모 농장에서 중요한 개선들을 이루어내고 그럼으로써 총생산량을 증대시키는 방식을 통해 지대를 상승시킬 수 있었던[111] 영국의 경우와 달랐던 점이 여기에서만큼 뚜렷하게 나타

110) 임차농을 쥐어짜는 이러한 과정과 그것이 경제에 미친 영향에 대한 훌륭한 서술로는 Merle, *Métairie et l'évolution agraire de la Gâtine poitevine*을 참고할 것.

111) 다음과 같은 Adam Smith의 비슷한 관찰을 참고할 것. "예전에는 지대가 지금보다 농업생

날 수는 없었다.112) 동시에 자유로운 농민 소유자들의 부류에서는 다시 되풀이해 말하건대 보유지들이 계속해서 더욱 작은 땅조각으로 분할되어 갔다. 이것 또한 당연하게도 농민의 전반적인 소득수준과 농

산물 가운데 더 큰 비율을 차지하고 있었다…… 개선이 이루어지면서 지대는 비록 그 자체로서는 더 늘어나지만 토지에서 나오는 생산물 가운데 그것이 차지하는 비율에서는 오히려 더 줄어든다." : Smith. *Wealth of Nations*, bk ii, ch. 3, ed. E. Cannan. 2 vols. in 1(Chicago, 1976), i, p.355.

112) 이 점과 관련하여 프랑스에서 커다란 규모로 통합된 보유지들이 생겨났던 비교적 국한된 지역들의 경우 영주들이 대개 그들의 대규모 차지인들에 대해 똑같이 쥐어짜는 정책을 채용하였고, 그 결과 비교적 얼마 안 되는 수의 대규모 농장들에서조차 개선이 거의 이루어지지 못했다는 것은 주목할 만한 사실이다. Jacquart, *Crise rurale Ile-de-France*, pp.289-91, 326-30. 그리고 특히 pp.747-8, 756-7을 참고할 것. 또한 Venard, *Bourgeios et paysans au XVIIe siècle*, 특히 pp.117-8도 참조할 것. 프랑스의 영주들이, 영주와 차지인이 협력하는 "영국식 체제"를 택하지 않고 이러한 방식을 채택했던 이유는 분명하지 않다. 하지만 그 이유 역시, 여전히 농민의 토지소유가 크게 지배하고 있던 프랑스의 전반적인 토지보유구조와—그리고 이러한 토지보유의 구조가 빚어내는 경향이 있었던 전반적으로 정체된 경제와—연관이 맺어질 수 있다. 프랑스의 농업은 영국과 비교해 볼 때 무엇보다도 특히 다른 고용기회를 전혀 갖지 못한—따라서 상대적으로 아주 낮은 임금을 받고 일해야 하는—농업노동력을 매우 풍부하게 지니고 있었으며 이는 당연하게도 노동 집약적인 경작 방법을 부추기는 한편, 자본을 사용하고 노동력을 절약하는 기술들을 외면하게 만들었다. 영주는 그의 토지에서 주된 개선들을 추진할 분명한 동기를 갖지 않고 있었으므로, 차지인을 쥐어짜는 행태를 벗어나려 할 이유도 전혀 갖고 있지 않았다. 그리하여 토지의 상당 부분을 대규모로 통합된 농장들이 지배하고 있던 곳에서조차 그러한 농장들은 여전히 먹고 살아가기 위해 스스로 임금노동자로 나서야 했던 소규모 농민 소유자들에 에워싸인 섬으로 남는 경향이 있었다. Jacquart, *Crise rurale en Ile-de-France*, pp.332-48, 특히 pp.341, 348; Venard, *Bourgeios et paysans au XVIIe siècle*, pp.27-9를 참고할 것. 토지에 대한 농민의 강력한 권리가 오로지 보유지의 분해(분할상속)나 농민인구가 자그마한 땅뙈기에 급속하게 밀집되어 가는 현상에만 연관되는 경향을 보였던 것은 아니었다. 아마 더욱 중요한 것으로는, 그 자체가 농민이 지배하는 기존의 농업구조에서 비롯된 결과이지만, 경제의 다른 부문(산업, 도시)에서 경제발전이 이루어지지 못했기 때문에 이와 같이 반쯤 농민이고 반쯤은 프롤레타리아인 농촌인구가 영국의 농업노동자와는 다르게 달리 갈 곳을 실질적으로 전혀 갖지 못했던 것이다. (토지에 대한 인구의 압력이 증대된 것은 임금을 하락시키는 압력이 커지는 것을 뜻하였다.) 따라서 자그마한 자신의 보유지에 남아있으려는 그들의 자연스러운 성향은 그쪽으로 더욱 몰아가는 경제적 필요로 말미암아 더 커지게 되었다. 이처럼 농민농업은 농업 자본주의를 심지어 그것의 외면적인 형태(대규모 차지인이 임금노동을 사용하여 경작하는 대규모로 통합된 보유지들)가 존재하는 곳에서조차 발전하지 못하도록 가로막음으로써 더욱더 뒤떨어진 상태를 몰고 오는 또 하나의 악순환을 낳았던 것이다.

업에 투자될 수 있을 잉여, 그리고 농업의 혁신을 향한 얄팍한 희망마저도 아래로 꺾어내렸다. 한편 농민들이 땅 위에 계속 남아있도록 도움을 주어왔던 국가도 이제 점점 더 세금을 많이 물려 농민의 잉여 생산물 가운데 많은 부분을 빼앗아 감으로써, 농민들이 그 잉여를 누릴 여지를 줄이는 데 한몫하게 되었다는 것 역시 분명한 사실이다.

요컨대 프랑스에서 이러한 계급구조가 경제발전의 어두운 패턴을 짐 지워 놓았음을 이해하기란 어려운 일이 아니다. 농업 생산성이 장기적으로 내리막길을 걸었을 뿐만 아니라 그에 상응하여 내수시장도 발전할 수 없었다. 이처럼 농촌인구의 가장 완벽한 자유와 토지소유권은 얄궂게도 가난을 뜻하였고 또 후진성이 저절로 되풀이해서 나타나게 만드는 영속적인 악순환을 의미했다. 영국에서 참다운 경제발전이 시작될 수 있도록 힘을 보태주었던 요인은 다름 아니라 바로 그러한 토지소유권이 자리 잡지 못했다는 사실에 있었던 것이다.

봉건사회에서의 인구와 계급관계

마이클 포스탄M. M. Postan
존 해처 John Hatcher

로버트 브레너의 주장이 지닌 본질적인 논점들은 전에도 길게 꼬리를 물고 나타났던 일련의 뛰어난 학자들에 의해 이미 여러 차례 제시되어 왔던 것들이다. 그에 대한 반론도 역시 역사학의 전통 속에 자리를 굳게 잡고 있다. 따라서 그냥 앞서 출간된 문헌들을 언급하는 것만으로도 충분하다고 말할 수 있다. 그러나 브레너의 논제는 그것이 널리 퍼져있는 잘못된 관념들을 많이 품고 있다는 이유만으로도 논평을 받을 만한 이유가 있다. 이러한 잘못된 관념들을 다루는 가운데 우리는 또한 역사에서 인구적인 요인들이 지니는 역할을 둘러싼 논쟁을 오랫동안 안개 속에 빠트려 왔던 이론적인 또는 오히려 용어상의 혼동을 물리칠 기회도 가질 것이다. 지면도 부족하고 전문지식도 짧기 때문에 우리는 중세의 서유럽 특히 영국에 대해서만 고찰하지 않을 수 없었다. 중세 이후에 서유럽이 겪은 발전에 관한 브레너의 생각들은 주로 르 르와 라뒤리의 저술들과 관련을 맺고 있으므로 그것들은 보다 뛰어난 능력을 갖춘 라뒤리에게 떠넘기는 편이 더 나을 것이라고 여겨졌다.

I

브레너는 그의 논문에서 이른바 "인구적" 또는 "주기적"인 맬서스적 모델을 논박하고 그 대신에 계급을 중심으로 하는 모델을 제시한다는 이중의 과제에 착수하고 있다. 그런데 그는 맬서스적 모델을 만들어 낸 장본인이라고 그가 주장하는 역사가들의 견해를 그릇되게 제시함으로써, 그 두 가지 과제 가운데 첫 번째 것을 그렇지 않았을 경우에 비해 힘이 훨씬 덜 드는 것으로 만들어 놓는다. 이처럼 그릇된 제시를 보여주는 예들은 그가 보기에 잘못을 저지르고 있는 역사가들이 중세의 경제와 사회에서 인구적인 요인들에 모든 것을 결정하는 역할을 부여해 왔고, 그러는 가운데 그들이 사회적인 요인들 특히 무엇보다도 봉건적인 계급체제와 그 체제 안에 내재된 예농에 대한 착취가 지니는 중요성을 무시하거나 깎아 내려왔다는 그의 이중적인 비난에서 찾아볼 수 있다. 그 두 가지 비방은 모두 근거가 없다. 그로부터 비난을 받은 문제의 역사가들은 인구적 요인들을 모든 경제적 · 사회적 활동 또는 경제적 · 사회적 조직의 모든 측면 아래에 언제나 깔려 있는 전능한 힘으로 제시하지 않고 있다. 인구적인 요인들에 관련하여 그들이 목적으로 삼고 있는 바는 시간에 따라 이루어지는 주기적인 운동 또는 경제적 변동들—다시 말하건대 변동들—을 그에 상응하는 인구에서의 변화들—다시 말하건대 변화들—에 연관 지으려는, 훨씬 더 한정된 것에 지나지 않는다. 원래 코스민스키Kosminsky가 처음으로 분명하게 제시했고 말로위스트Malowist나 발크Barg 같은 저명한 마르크스주의 중세사가들이 되풀이했으며, 최근에 소련의 역사학 백

과사전에서 공식적으로 재가를 받은 것으로서 사회적 요인들을 무시했다는 비난도 역시 마찬가지로 근거가 없다.1) 이른바 잘못을 저지르고 있다고 일컬어지는 역사가들은 중세의 경제와 사회가 줄곧 지니고 있던 구조나 제도들 또는 태도들과 같은 측면들을 인구적인 요인들만으로 설명하고자 시도해 왔던 것이 결코 아니다.2) 그들은 사실상 어

1) E. A. Kosminsky, *Studies in the Agrarian History of England in the Thirteenth Century* (Oxford, 1956), pp.vii-xiv, 178, 327의 주; E. A. Kosminsky, "Byli li XIV n XV veka vremenem upadka evropeiskoi ekonomii"(14세기와 15세기는 유럽경제에서 쇠퇴의 시대였는가?), Srednie veka, no. 10(1957); M. A. Barg, *Issledovaniya poistorii angliiskogo feodalizma* (영국의 봉건제에 관한 연구)(Moscow, 1962). pp.9-11: M. A. Barg. "K voprosu o...krizise feodalizma v XIV-XV v." (14세기와 15세기에 나타난 봉건제의 위기에 관하여), *Voprosi istorii*, no. 8(1960) ; *Sovetskaya istoricheskaya entsiklopediya*, 16 vols(Moscow, 1961-76). vi에 실린 M. M. Postan에 대한 서술.

2) 다른 역사가들을 브레너의 비판 대상으로 올려놓기란 언짢은 일이겠지만, 최근에 간행된 전문적인 연구들은 거의 대부분 인구적 요인이 무엇보다도 중요하다는 것을 강조하거나 또는 전제하고 있다. 예컨대 J. Z. Titow, *English Rural Society, 1200-1350* (London, 1969)와 E. Miller, "The English Economy in the Thirteenth Century", *Past and Present*, no.28(July 1964) 같은 전반적인 연구들이 그렇게 하고 있다. 이러한 연구들 가운데 어떤 것에서도 인구 수준이 경제적 변화를 결정하는 유일한 원인으로 간주되고 있지는 않지만, 인구 이외의 요인들에 주목하고 있는 최근의 몇몇 저작들 역시 마찬가지로 인구적 요인과 경제적 요인이 역사적 과정에서 커다란, 더 나아가 심지어는 주도적인 역할을 맡았음을 인정하고 있다. 예컨대, R. H. Hilton은 그의 *Bond Men Made Free* 에서 다음과 같이 지적하고 있다. "비록 이따금 역전되긴 했지만 장기적으로는 노동지대로부터 화폐지대를 향한 추세가 나타났다. 지대의 전반적인 수준이 떨어진 시대들이 있었다. 이러한 추세들이 농민공동체의 조직적이고 의도적인 행위와 아무런 관계도 없이 단지 토지의 공급과 인구 동향, 농산물에 대한 수요 따위와 같은 객관적인 요인들에만 의존해 있었을 뿐이라고 논의될 수 있었고 또 물론 실제로 그렇게 논의되고 있다. 물론 이러한 요인들이 가장 중요했음은 사실이며 어쩌면 농민들의 행위에 대해 우리가 주장할 수 있는 것은 기껏해야 장기적으로 보아 농민들의 행위는 이미 존재하고 있는 역사적 변화의 흐름들을 따라가거나 어쩌면 더욱 강화시킨 것에 지나지 않았다는 것뿐일 게다." : R. H. Hilton, *Bond Men Made Free* (London, 1973), pp.234-5. 소련 학술원 회원인 Skazkin과 같은 정통적인 소련의 마르크스주의자들이 Hilton과 Postan을 함께 싸잡아서 "중세사에 대한 경제주의적 견해"의 두 대표자로 일컫고 있는 것은 결코 놀라운 일이 아니다 : S. D. Skazkin, "K voprosu o genezise kapitalizma v sel'skom khozyaistve zapadnoi Evropy"(서유럽 농업에서의 자본주의의 탄생에 관하여), *Ezhegodnik po agrarnoi istorii vostochnoi Evropy* (1959).

떤 경제적 상황을 고찰하거나 묘사하는 경우 거의 예외 없이 그 상황을 그것의 사회적인 상황 속에 끼워맞추기 위해 애를 써왔다. 보다 구체적으로 말하자면 그들은 예농들이 가난에 허덕이고 자기 보유지에 투자를 하거나 또는 심지어 그들의 토지를 비교적 좋은 상태로 유지할 수조차 없었던 데 대한 책임을 대부분 봉건지대에 돌려왔던 것이다.[3] 그러나 그 역사가들이 통상 이끌어내는 사회적인 요인이 봉건지대뿐만은 아니다. 가족구조, 상속의 관습, 기술적인 발견 및 혁신에 대한 태도, 공동체의 존재에 따른 편익 및 제한들, 경제적인 목표 및 소비수요들이 배열되어 있던 전반적인 서열체계, 그 서열체계 속에서 토지의 소유가 차지하고 있던 특별한 위치, 전쟁에 따른 부담 및 재앙, 정부의 변덕스러운 정책들, 그리고 법률의 조항들—이 모든 것들과 그밖에 중세의 삶이 지니고 있던 많은 다른 현실들이 바로 그 역사가들에 의해 중세에 경제와 사회가 걸어갔던 발전 과정에 대한 그들의 전반적인 조망 속에 끼워넣어져 왔던 것이다.[4] 이러한 조망에서는 봉건체제보다는 중세시대 자체에 그리고 또한 봉건체제의 한 부분을

3) Titow, *English Rural Society, 1200–1350*, p.81; M. M. Postan, *The Medieval Economy and Society* (London, 1972), pp.124–6; M. M. Postan, "Medieval Agrarian Society in its Prime : England", in *Cambridge Economic History of Europe*, i, 2nd edn, pp.602ff.; 그리고 M. M. Postan의 중세사에 관한 다른 글들 가운데 여럿을 참고할 것.

4) 사회적인 환경 전체를 통틀어 환기시킨 고전적인 보기로는 G. C. Homans, *English Villagers of the Thirteenth Century* (Cambridge, Mass., 1942)를 들 수 있다. 상속의 규칙과 가족구조 그리고 토지보유의 패턴을 중요하게 여기는 Homans에게 공감하는 견해들은, 아무리 "맬서스주의적"인 성향을 띠고 있는 역사가들 사이에서도—특히 East Anglia, Danelaw 그리고 Kent를 다루고 있는 역사가들 사이에서—널리 받아들여지고 있다 : 예컨대, H. E. Hallam, *Settlement and Society* (Cambridge, 1965) ; H. E. Hallam, "Population Density in Medieval Fenland", *Econ. Hist. Rev.*, 2nd ser., xiv(1961–2).

이루는 계급관계보다는 봉건체제 자체에 더 많은 관심이 두어지고 있다. 달리 말해서 문제가 되고 있는 그러한 역사가들이 브레너와 다른 점은 그들이 사회적인 요인들을 무시하는 데 있는 것이 아니라 그들이 다루려는 사회적인 요인들의 범위에 있으며, 그 범위는 계급투쟁에 관한 예전의 마르크스주의적인 개념으로 압축되어 들어가기에는 너무나 넓은 것이다.

브레너가 제시한 이중적인 비난에 관한 고찰은 여기서 그치기로 하자. 그러나 브레너가 내놓은 논의가 이러한 이중적인 비난에만 머무르고 있는 것은 아니다. 그는 더 나아가 인구론적 가설을 내용상으로도 반박하려 시도하고 있는 것이다. 인구론적 가설에 대한 그의 반론은 주로 "비슷한 인구 추세로부터 유럽의 서로 다른 지역에서 서로 다른 시기에 서로 다른 결과가 나타났던" 보기들을 근거로 삼고 있다.[5] 그렇다면 브레너는 어떤 인과적인 요인도 그것이 완전히 다른 상황 속에서 똑같은 결과를 낳는다는 점이 증명될 수 없다면 결코 참된 원인으로 입증될 수 없다고 말하는 것인가?

브레너의 논의에서 찾아볼 수 있는 결함들은 그것의 논리에만 한정되지 않고 더 나아가 그것의 역사적 증거로까지 흘러넘치고 있다. 그가 비슷한 "원인"에서 전혀 다른 "결과"가 나타난 보기로 들고 있는 주된 예는 바로 동유럽에 관한 것이다. 그의 논의에 따르면 인구가 감소하고 있을 때 서유럽의 여러 나라에서는 예농제가 쇠퇴해갔던 반면에, 같은 시기에 같은 인구상황을 맞이하고 있었던 동유럽은 예농제의 강화와 확산을 겪고 있었다는 것이다. 이 글에서 동유럽에 관해 브

5) 본서의 pp.34-6.

레너가 언급한 점들을 충분하게 다루기란 알맞지 못한 일이고 또 우리가 그럴 일을 해낼 만한 입장에 있는 것도 아니다. 하지만 그 점들은 그의 비판에서 너무나 커다란 비중을 차지하고 있기 때문에 얼마간의 논평을 하지 않을 수는 없다. 따라서 우리는 독자들에게 엘베 강 너머에서 예농제가 성장한 것은 대체로 중세 말에 인구가 감소한 뒤에야 이루어진 일이었다는 사실만을 상기시키는 것으로 그치고자 한다. 엘베 강 너머에서의 예농제는 대체로 중세 이후에야 발전해 나온 것으로서 16세기와 17세기에 가장 널리 확산되었으며, 18세기의 러시아라는 좀 다른 상황 속에서 절정에 다다랐던 것이다. 헝가리에 관해서는 이처럼 예농제가 중세 이후에야 발전해 나왔다는 사실이 파하Z. P. Pach의 저작에서 분명하게 입증되어 있는데, 파하는 15세기 말까지는 "노동 부역이 단지 부차적인 역할만을 맡았을 뿐"이고 "헝가리의 경우 15세기 말까지는 중세 농촌경제의 발전 추세가 본질적으로 서유럽 여러 나라의 그것과 일치하였다"고 주장한 바 있다. 보헤미아와 폴란드쪽으로부터도 비슷한 결론들이 제시되어 왔고 그러한 결론들은 쿨라와 그라우스Graus 그리고 말로위스트 같은 학자들의 저작 속에서 찾아볼 수 있다.6)

그러나 브레너가 들고 있는 동유럽의 보기가 지닌 주된 약점은 그

6) Z. P. Pach, "The Development of Feudal Rent in Hungary in the Fifteenth Century", *Econ, Hist, Rev.*, 2nd ser., xix(1966), p.13. 동유럽의 농업사와 그것이 서유럽의 발전과 다르게 걸어온 길에 대한 간략한 요약은 F. Lütge, *Deutsche Sozial-und Wirtschaftsgeschichte*, 3rd edn(Berlin, 1966), pp.215-8: M. M. Postan, "Economic Relations between Eastern and Western Europe", in G. Barraclough(ed.), *Eastern and Western Europe in the Middle* (London, 1970), pp.170-4에서 찾아볼 수 있다. 특히 Postan의 연구는 동유럽에서 봉건제가 중세 이후에 걸어간 길을 크게 강조하고 있다.

것이 인구의 감소를 다른 요인들에 대한 상대적인 인력의 부족과 개념적으로 혼동하고 있다는 것이다. 동부 독일의 정부들 및 귀족들로 하여금 농민 토지보유자들로부터 농지를 몰수(농지수용)하고 일꾼들을 강제로 충원(노동강제)하는 조치를 취하도록 만들었던 유인은, 인구의 절대 수가 감소한 데 있는 것이 아니라(인구의 감소는 13세기에서 14세기로 넘어가는 시기에 시작되어 16세기와 17세기에 와서 궁극적으로 끝을 맺었다), 15세기와 18세기 사이에 국제적인 곡물시장이 팽창하고 그러한 팽창이 대규모 곡물 생산에 자극을 가한 데 있었다. 그에 따라 노동력에 대한 수요는 크게 증대되었으나 토지를 꽤 충분하게 지니고 있는 농민인구는 그 수요를 충족시킬 수 없었고 또 충족시키려고 하지도 않았기 때문에, 영주들은 농민의 토지를 몰수하고 노동 부역을 강제하는 데에서 해결책을 찾으려고 하지 않을 수 없었다. 말할 필요도 없이 이러한 해결책은 동부 독일에서 융커계급이 차지하고 있었던 지위가 실제로 그랬던 것보다 더 미약했다면 결코 실행에 옮겨질 수 없었을 게다. 그러나 그 계급은 동부 독일의 농민이 아직도 부유하고 자유를 누리고 있었던 앞선 몇 세기에도 아주 강력하였던 것이다.

브레너가 이러한 특수한 예를 사용하고 있는 방식은 사실과 의미 모두에서 잘못되어 있다. 그는 "모순된" 발전 과정을 보여주는 보다 좋은 보기를 찾아낼 수도 있었을 게다. 12세기에 영국에서는 예속적인 부담들이 완화되고 있었으며 13세기에 프랑스의 촌락들은 해방 특허장을 영주로부터 사들이고 있었는데, 이러한 일들은 바로 인구가 증가하고 있던 때에 이루어졌던 것이다.7) 그는 또한 흑사병 이후에

7) M. M. Postan, "The Chronology of Labour Services", repr. in M. M. Postan, *Essays on Medieval Agriculture and General Problems of the Medieval Economy*

널리 퍼졌던 영주의 반동이 어디에서나 실패할 운명을 맞이했던 것은 아니라는 사실에 주목할 수도 있었을 게다. 그러나 그가 그렇게 한다고 해도 브레너는 여전히 창을 꼬나들고 풍차를 향해 돌진하고 있는 것에 지나지 않을 게다. 인구적인 요인들을 중요하게 여기는 역사가들은 언제나 예외 없이 인구증가는 예농제의 강화를, 인구감소는 예농제의 쇠퇴를 불러왔다고 주장한 적이 결코 없는 것이다.

끝으로 그러나 결코 하찮다고 할 수는 없는 점으로서 인구적인 요인들에 관한 브레너의 고찰은 그가 비판하고 있는 견해가 이론적으로 어디에서 기원하고 또 어떤 것과 가까운 관계를 맺고 있는가에 대해 분명히 잘못된 생각을 드러내고 있다. 그 오해는 주로 이름에 관한 것으로서 문제가 되는 이름은 "맬서스주의"라는 것이다. 우리는 그러한 딱지표가 이따금 시대에 뒤진 마르크스주의자들에게 비추어지는 만큼 모욕적인 것이라고는 보지 않는다. 경제이론의 족보에서 맬서스는 시조의 자리를 차지하고 있으며 그의 관념들은 오늘날의 발전경제학에서도 그 주된 흐름 속에 여전히 확고하게 자리를 잡고 있는 것이다. 브레너가 그 이름을 사용하는 방식에 대한 우리의 반발은 그가 비판하고 있는 역사적 가설, 특히 그 가운데에서도 중세에 관한 가설이, 인구적 요인들을 거론하기만 하면 어떤 것에든 죄다 맬서스적이라는 딱지표를 붙이지 않는 한, 결코 맬서스적인 것으로 일컬어질 수 없다는 사실에서 비롯된다. 그가 맬서스를 좀더 가까이 들여다본다면 그는 그 이름이 포스탄 및 그와 비슷한 생각을 지닌 다른 학자들의 견해에 얼마나 잘 들어맞지 않는가를 깨닫게 될 것이다.

(Cambridge, 1973); G. Duby, *Rural Economy and Country Life in the Medieval West* (London, 1968), pp.242-4.

첫째로 이러한 역사가들이 주로 관심을 두고 있는 것은 맬서스의 그것과 아주 다르다. 그들은 주로 생활수준뿐만 아니라 경제활동과 경제발전에 관심을 두고 있는 반면에 맬서스는 총체적인 경제발전이나 경제활동이 아니라 거의 오로지 개개인의 복지 또는 일인당 소득에만 관심을 갖고 있었던 것이다. 둘째로 맬서스는 인구와 경제적인 복지 사이의 관계를 배타적인 관계로, 즉 어떤 다른 변수들도 끼어들지 않는 하나의 방정식으로 제시하였다. 셋째로 맬서스가 규정한 바와 같은 인구의 변화와 복지의 변화는 두 국면이 서로 뒤바뀌면서 되풀이해 나타나는 공학적인 의미에서의 왕복 운동을 이룬다. 이러한 왕복 운동에서는 인구가 증가하고 소득이 감소하는 국면 다음에 자동적으로 인구가 감소하고 소득이 증가하는 국면이 뒤따라 앞선 국면을 상쇄하게 된다. 맬서스적 운동이 지닌 이러한 두 국면의 리듬이 브레너가 고찰 · 비판하고 있는 이론의 한 측면을 이루기는 하지만, 그는 그 이론을 고찰하고 있는 가운데 그 두 국면의 리듬을 애처로울 정도로 그릇되게 갖다 붙이고 있다. 그 리듬이 겉으로 보기에 르 르와 라뒤리가 제시한 것과 같은 인구변화의 양태와 닮아있을 수는 있지만, 그것이 브레너가 비판하고 있는 중세사가들이 생각하고 있는 인구의 동향과 전혀 다르다는 것은 분명한 사실이다. 그러한 중세사가들이 주된 명제로 제시하고 있는 그 가운데 하나는 14세기의 인구감소가—맬서스의 이론체계에서 예상될 수밖에 없는 것과는 전혀 다르게—앞서의 추세를 완전히 역전시키지 않았고, 뒤이은 시대에 일인당 소득이 증대한 것도 그에 상응하는 인구증가를 낳지 못했다는 것이다. 사실상 회복이 어떤 이유로 그토록 뒤늦게 그리고 굼뜨게 이루어졌는가는 브레너가 이의를 제기하는 중세사에 관한 가설들이 본질적으로 안고 있는, 어려운 그리고 아직도 완전히 해결되어 있지 못한 문제들 가운데 하나로 남아있다.

이러한 가설들을 어떤 하나의 이론적인 틀에 짜맞추고자 하는 사람은 누구든 그 틀을 다른 곳에서 찾는 편이 더 나을 것이며, 특히 무엇보다도 리카르도Ricardo에게 눈을 돌리는 것이 좋을 게다. 우리는 리카르도의 지대이론에서 핵심을 이루고 있는 것이 농업에서 수확이 줄곧 끊임없이 줄어드는 추세를 보인다는 명제라는 사실을 상기시키고자 한다. 그에 따르면 그러한 수확체감의 추세는 보다 오래된 땅들에서 생산성이 계속 낮아지고, 보다 낮은 토질의 새로운 땅들에로 경작이 확대되며 그 결과 일인당 생산량이 줄어드는 현상에서 뚜렷하게 드러났다. 이와 같은 리카르도의 이론은 그에 뒤이어 많은 논의가 이루어지는 가운데 여러 학자 특히 캐리Carey와 밀Mill 그리고 마샬Marshall에 의해 비판되고 또 수정되었는데, 그들은 투자와 기술의 발전이 수확체감의 추세를 역전시킬 수 있고 또 실제로도 역전시킨다고 논의 또는 주장하였다.8) 이렇게 수정 · 보완된 리카르도의 이론체계는 브레너가 비판하고 있는 역사적 견해들에게 맬서스의 이론체계 보다 더 훌륭한 기반을 마련해준다. 리카르도가 제시했던 역전될 수 없는 수확체감의 추세가 투자와 혁신에 의해 제동이 걸리지 않은 채로 남아있을 때까지만 그리고 그러는 한에서만 지속되었음을 우리가 인정한다면, 중세 농업에서 혁신이 이루어지지 못했고 투자가 아주 빈약했다는 사실은 중세 말의 회복이 왜 그토록 느리고 굼뜨게 이루어졌는가를 훌륭하게 설명해주는 매우 중요한 원인으로 나타날 것이다. 사실

8) 투자와 기술적인 진보가 지니는 상쇄 효과에 관한 똑같은 논의가 경제발전에 대한 맬서스적 접근방식을 논박하는 오늘날의 비판들 대부분에서도 나타나고 있다.

상 브레너가 거부하고 있는 중세사에 관한 견해들은 이러한 설명을 암암리에 품고 있다. 그럼에도 불구하고 이러한 견해를 갖고 있는 역사가들이 리카르도의 이름을 드러내놓고 내세우기를 꺼려해왔다고 한다면, 그 주된 이유는 심지어는 리카르도의 이론까지도 포함하여 어떠한 이론적인 틀도 무한하게 복잡한 역사적 사실들을 충분할 만큼 긴밀하게 짜맞추지 못하리라는 점에 있었을 게다. 우리가 여기서 인구에 관한 원래의 맬서스이론보다는 더 나은 것으로서 수정된 지대이론을 제시해 놓은 목적도 단지 맬서스주의라는 이름을 덮어씌우는 것이 이따금 얼마나 엉터리가 될 수 있는가를 보여주는 데 있을 뿐이다.

II

경제적 · 사회적 변화를 촉진시키는 데 인구가 맡았던 역할의 중요성을 깎아내리려고 시도한 뒤에 브레너는 그가 더 좋아하는 또 하나의 논제, 즉 계급구조에 관한 논제에 눈을 돌리고 있다. "예농제는 세력 관계로서 말하자면 그 자체를 통해서만, 즉 계급들 사이의 세력균형에서 나타나는 변화를 통해서만 뒤엎어질 수 있었던 것"이라는 전제로부터 출발함으로써, 그는 14세기 초에 "위기"가 나타나게 되었던 원인을 "그 자체가 농민 생산을 고갈시키는 경향을 갖고" 있었던 "예농제라는 잉여착취관계"에서 찾지 않을 수 없게 된다.[9] 그렇게 함으

9) 본서의 pp.43, 49-53.

로써 그는 완전히 잘못된 길로 들어서게 된다. 그가 오해한 점들은 어쩌면 너무나 많고 또 많은 경우 너무나 사소한 것이기 때문에 여기에서 그 점들을 빠짐없이 고찰할 수는 없다. 하지만 그 가운데 몇몇은 간략하게나마 주목을 받을 만하다.

중세의 농업이 지닌 모든 결함들이 오로지 봉건제와 "예농제라는 잉여착취관계"에서 기인한 것이었다면, 봉건적인 억압이 전혀 없거나 아주 미약했던 상황에서는 가난과 경제적 후진성이 적어도 강력하게 나타나지는 못했을 것이다. 그렇다면 영국에서 장원화되어 있는 핵심 지역 바깥에 있던 지역들은 13세기의 경제적인 추세로부터 벗어나 있었는가? 모두가 완전히 또는 부분적으로 "장원의 억압"이 짐 지운 주된 부담으로부터 벗어나 있던 자유보유자와 반자유농 그리고 (예농이지만 부역을 거의 부담하지 않는/역자) 켄수아리우스 및 몰맨들은 중세의 경제적인 재앙으로부터도 전혀 영향을 받지 않았는가? 물론 포스탄을 비롯한 여러 역사가들도 예농제가 농민의 삶을 가난하게 만드는 결과를 빚어내었고, 신분상의 자유가 그와 함께 경제적인 이점들을 수반할 수 있었으며 따라서 토지를 충분히 가지고 있는 자유농은 비슷한 규모의 보유지를 지닌 예농에 비해 더 나은 삶을 꾸려가리라고 기대될 수 있었다는 논의를 펴왔다. 하지만 그렇다고 해서 자유농이 하나의 집단으로서 전반적으로 예농보다 더 부유하고 더 많은 생산을 해냈다고 말하는 것은 결코 아니다. 자유로운 토지보유에는 여러 권리뿐만 아니라 여러 위험도 뒤따랐던 것이다. 토지를 양도할 자유는 종종 분할상속과 함께 작용하여 자유보유지가 아주 작은 크기로 분해되도록 만들었다.[10] 1276년에 작성된 켄트 지방의 한 마을 특허장이 간명하게 기술하고 있듯이 "분할되지 않았던 때에는 통상 버젓하게 여러 사람을 먹여 살리는 데 충분했던……땅과 보유지들이……그 뒤에 공동상속자들 사이에서 너무나 여러 조각으로 분할되는 바람에, 상속자들 가운데 어느 누구의 경우에도 자기 몫의 땅이 그가 먹고 살아가기에 결코 충분하지 못하게 되어버리는 일이 종종 있다."[11] 링컨셔의 늪지대에 자리 잡고 있던 압도적으로 자유농이 우세한 촌락들을 영국에서 가장 인구가 조밀한 지역 가운데 하나로 만들고, (직영지와 쓸모없는 늪지를 제외한) 경작지와 목초지 그리고 방목지를 모두 합한 총 보유지의 일인당 평균 면적을 1~1.5에이커가량으로 줄어들게 만들었던 요인은, 물론 인구가 급격히 증가해 갔던 데에도 있었지만 그와 더불어 바로 이와 같은 관행이 시행된 데 있었다.[12]

브레너는 우리의 눈길을 13세기에 노르망디와 파리 지역에서 예농제가 사라져갔던 현상으로 이끌고 가지만,[13] 두 경우 가운데 어떤 것도 그가 제기하고 있는 해석을 입증해주지는 못할 게다. 12세기와 13세기에 프랑스의 여러 지역에서 자유를 향한 움직임이 나타났고 그 결과 "예농제라는 잉여착취관계"가 사라졌다는 것이, 인구가 증가하고 토지가 점점 더 부족해지는 데 따른 압력을 벗어날 수 있게 만들어

10) 1279년의 헌드레드 롤스(the Hundred Rolls)가 포괄하고 있는 넓은 영역에 걸친 Midland의 여러 주에서는 자유 보유자 가운데 8퍼센트가량이 1버게이트가 넘는 보유지를, 그리고 47퍼센트가 5에이커 미만의 보유지를 지니고 있었는데, 예농의 경우에는 그에 상응하는 비율이 각각 1퍼센트와 29퍼센트였다 : Kosminsky, *Studies in the Agrarian History of England in the Thirteenth Century*, 특히 pp.216-23의 여러 표. 자유보유자들 사이에서 경제적 격차가 크게 나타났고, 그들 가운데 가난한 소보유자들이 아주 많았음을 가장 분명하고 완전하게 밝혀주는 것으로는 M. A. Barg, "Frigold tsentral'noi Anglii v XII-XIII vv."(12세기와 13세기 미들란드에서의 자유보유). *Srednie veka*, no. 9(1957)를 들 수 있다.

11) Homans, *English Villagers of the Thirteenth Century*, pp.112-3에서 인용.

12) Hallam. *Settlement and Society*, pp.197-222: Hallam, "Population Density in Medieval Fenland".

13) 본서의 p.35.

주지 못했음은 분명한 것이다. 브레너가 주목할 대상으로 골라잡았던 바로 그 지역들은 13세기에서 14세기로 넘어갈 무렵에 위기를 앞에 두고 있는 징후를 드러냈다는 사실로도 잘 알려져 있다. 가구의 수가 크게 늘어나고 토지를 양도함으로써 현금을 손에 쥘 수 있다는 바로 눈앞의 유혹이 많은 사람들을 사로잡음으로써, 보유지들은 종종 비참할 만큼 자그마한 조각으로 분할되어 갔다. 이로 말미암아 농민의 소득이 충분하지 못하게 되자 농민들은 빚을 엄청나게 걸머지게 되었고 따라서 소득은 더욱더 낮아질 수밖에 없었으며, 그 결과 농민들은, 심지어 몇몇 지역에서는 그 대다수가, 당장 목돈을 받는 대가로 그들의 보유지에 대해 매년 항구적으로 지대를 납부할 것을 약속하기에 이르렀다. 그러나 농민의 보유지에 대한 새로운 지대 부담을 고려하지 않고 단지 토지에 대한 인구의 비율만을 염두에 둔다고 하더라도, 노르망디와 파리 지역에서 1300년 무렵에는 심지어 수확이 꽤 괜찮았던 해에도 "자원에 대한 심각한 압력"이 나타나고 "기근에 가까운 상황"이 만연되어 있었다는 결론을 피할 수는 없을 것이다.14)

사실상 13세기의 노르망디와 파리 지역에서는 13세기의 영국에서와 마찬가지로 자유농이든 예농이든 모든 농민이, 심각하고 또 더욱더 심각해져 가고 있던 토지의 부족으로 말미암은 여러 결과로 고통을 겪었다. 그러한 결과들은 대개 가격—토지 구입비와 토지에 부과

14) N. J. G. Pounds, "Overpopulation in France and the Low Countries in the Later Middle Ages", *Jl Social Hist.*, iii(1969-70), pp.239, 246; J. R. Strayer, "Economic Conditions in the County of Beaumont-le-Roger, 1261-1313", *Speculum*, xxvi (1951); G. Fourquin, *Les campgnes de la région parisienne à la fin moyen âge* (Paris, 1962); G. Fourquin, *Lordship and Feudalism in the Middle Ages* (London, 1976), pp.173-99: Duby, *Rural Economy and Country Life in the Medieval West*, pp.122-5, 255-9.

되는 갖가지 납부금의 부담—에서 모습을 뚜렷하게 드러냈다. 티토우 Titow와 포스탄이 보여준 바 있듯이 13세기에 농민 보유지에 부과되었던 부담들은 파멸적으로 무거웠다. 다른 무엇보다도 우선해서 납부되어야 하는 영주와 교회 그리고 국가에 대한 부담들을 모두 합치면 보유지의 총생산 가운데 적어도 반을 차지하게 되었다. 아주 옛날부터 자유 보유지였던 땅이거나 이미 오래전에 그가 짐 지고 있던 부담들을 고정된 화폐지대로 금납화시켰던 예농의 보유지에서는 그 비중이 많은 경우 더 낮았다. 그리고 토지의 가치가 낮아지고 그에 따라 토지에 부과되는 부담들도 떨어졌던 14세기 말과 15세기에는 거의 모든 지역에서 그 비중이 크게 하락하게 될 것이었다. 그러나 똑같은 이유로 그에 앞선 한 세기 반 동안 그 비중이 줄곧 높은 수준을 유지했다는 사실은 그 당시의 경제적 상황—토지가 부족하고 땅을 얻으려는 사람들이 남아도는 상황—을 반영한 것이었다. 토지에 부과되는 부담이 아주 높고 또 줄곧 높아져 가고 있었다는 것이 단순히 봉건 계급의 지나친 권력행사만을 반영했다기보다는 오히려 시장의 요인들을 반영하고 있었다는 점은, 13세기에 자유롭게 맺어진 임대차 계약에서 심지어는 임대인과 임차인 모두가 같은 촌락민이나 예농들 사이에서 나오는 경우에조차—계약조건으로 생산물을 나누어, 절반씩 갈라서 또는 생산물의 절반으로라는 말이 나오는 데에서 알 수 있듯이—임대료로 총생산 가운데 절반에 이르는 몫 또는 반타작이 요구되었다는 사실로도 뒷받침된다.15)

15) M. M. Postan, "The Charters of the Villeins", repr. in Postan, *Essays on Medieval Agriculture and General Problems of the Medieval Economy*, pp, 135-43 *passim* (예컨대 p.135, 136, 140, 주 62), 65), 73)).

III

브레너는 그가 오로지 "예농제라는 잉여착취관계"만을 강조하는 덕분에 농민에 관해서뿐만 아니라 영주에 관해서도 왜곡된 견해를 펴게 된다. 그가 전제하고 있듯이 봉건적 착취가 중세농업을 망쳐버린 유일한 원인이었다고 한다면, 착취의 주역이었던 영주들 자신이 그로 말미암아 곤란을 겪어야만 했던 이유는 도대체 무엇일까? 그리고 영주들이 그렇게 곤란을 겪었다는 것은 분명한 사실이다. 말할 필요도 없이 다른 측면에서와 마찬가지로 이 측면에서도 영주들마다 상황은 제각기 달랐다. 역사가들은 부지런하게 자기 영지를 개선시켜 나아갔던 —크라이스트 처치수도원의 원장이었던 이스트리의 헨리Henry of Eastry, 피터버로우 수도원의 원장이었던 런던의 리차드Richard of London 및 그 밖의 한두 사람, 글래스톤버리 수도원장이었던 암스버리의 마이클Michael of Amesbury, 그리고 레이시Lacy 백작 같은—진취적인 영주들의 보기를 쉽게 내놓을 수 있었다. 물론 이러한 보기들 가운데 대부분은 브레너가 얕보고 있는 바로 그 경제적 여건이 부지런한 영주들에게 유리한 방향으로 나타났던 13세기에 속해있다. 그러나 심지어 이러한 영지들에서도 직영지의 영농수준은 다른 시대와 다른 지역에 비교해 볼 때 더할 나위 없이 빈약했다. 직영지들 가운데에는 촌락민의 보유지들에 비해 비옥한 토양을 더 많이 차지하고 있던 경우도 몇몇 있었을 것이며, 비교적 넓은 방목지를 거느렸고 또 마을의 공동방목지를 우선적으로 사용할 권리를 행사할 수 있었던 경우도 있었다. 그러나 많은 또는 어쩌면 대부분의 직영지에서는 생산량이 비참할 만큼 낮았으며 또

계속 낮아지고 있었다.16)

뒤에 다시 이야기하겠지만 우리가 보기에 직영지의 영농수준이 그토록 낮았음은 전반적인 기술 수준이 뒤떨어진 상태로 정체되어 있었고 특히 무엇보다도 장원의 투자가 충분하게 이루어지지 못했다는 사실을 반영한 것이었다. 브레너의 견해에 따르면 영주들이 충분한 투자를 하지 못했던 것은 농민에 대한 그들의 권한에서 비롯된 결과였다. 그들은 예농들로부터 한정 없이 점점 더 높은 지대를 쥐어짤 수 있었기 때문에 "대규모 보유지를 만들어 내고 투자를 하는, 즉 관습차지인을 제거하고 새로운 기술을 도입하는 힘겹고 값이 비싸게 먹히는 과정에 괜스레 뛰어들"17) 필요에서 벗어날 수 있었다는 것이다. 이 명제는 너무나 많은 의문을 불러일으키기 때문에 이 글과 같은 짤막한 기고문에서 그러한 의문들 모두에 답을 하기란 불가능하다. 하지만 여기서 브레너가 불러일으키고 있는 의문들 가운데 몇 가지는 문제의 핵심에 너무나 가까이 놓여있기 때문에, 그에 대해 답을 하지 않고 넘어갈 수는 없다. 첫째로 그의 이론에는 지대가 예외 없이 12세기와 13세기에 영주의 가장 주된 수입원을 이루었다는 전제가 암암리에 깔려있다. 물론 가장 주목할 만한 보기로 콘월Cornwall 백작들이나 신전기사단을 들 수 있는 몇몇 영주들이 13세기에 이미 거의 완전히 지대수취자로 탈바꿈해 있었음은 의심할 나위가 없다. 하지만 많은 다른 영주들 특히 성직자 영주들은 계속해서 그들의 수입 가운데 아주 커다란 부분을 직영지에서 나온 생산물의 판매로부터 얻어내고 있었다. 영주의 총수입 가운데 직영지가 차지하는 비중은 엘리 주교의 경우

16) J. Z. Titow, *Winchester Yields* (Cambridge, 1972).

17) 본서의 p.51.

1298~1299년에 40퍼센트, 윈체스터 주교의 경우 1258년과 1288년 그리고 1317년에 각각 72퍼센트와 47퍼센트 그리고 65퍼센트에 달했다. 그리고 물론 봉건적인 사법권과 그 밖의 부수적인 권한으로부터도 아주 막대한 "영주권에 따르는" 수입이 나왔다.18)

두 번째로 브레너는 지대의 상대적인 중요성뿐만 아니라 지대의 탄력성도 지나치게 과대평가하고 있다. 지대가 이따금 탄력적으로 변동된 것은 사실이지만 브레너가 머릿속으로만 생각했던 만큼 탄력적이었던 것은 결코 아니었다. 지대부담들 가운데 핵심적인 부분을 이루고 있던 관습지대는 그 규정상 고정되어 있었다. 물론 영주들은 관습지대를 그 밖에 여러 부담을 추가로 부과함으로써 보충할 수 있었지만 이러한 추가 부담들이 영주들에게 수입을 무한정 팽창시킬 기회를 마련해준 것은 아니었다. 12세기 말과 13세기에 예농의 신분과 의무들이 엄밀하게 규정되었던 것은 예농의 처지에 대한 법적 규제를 더욱 강화시키는 데 도움을 주었겠지만, 그것은 또한 예농들을 영주에 의한 제멋대로의 수탈로부터 보호해 주는 데에도 도움이 되었을 수 있다. 브랙튼Bracton은 좀 아쉬워하는 말투로 "영주들의 권위는……한때 생사를 좌우할 정도까지 높아져 있었으나, 이제는 법률에 의해 제한되고 있다"고 지적했던 것이다.19) 13세기에 부자유농민들은 직접

18) E, Miller, The Abbey and Bishopric of Ely(Cambridge, 1951), p.93; J. Z. Titow, "Land and Population on the Bishopric of Winchester's Estates, 1208-1350" (Cambridge Univ. Ph. D. thesis, 1961), 특히 pp.10, 3 6-41, 55-8, 61-2. 직영지가 장원 수입 가운데 낮은 비율을 차지하고 있던 경우들은 R. H. Hilton, *The English Peasantry in the Later Middle Ages* (Oxford, 1975), pp.232-3에 인용되어 있다. 하지만 지대와 재판 수입에 대한 Hilton의 수치들 가운데 몇몇은 예농이 아닌 자들이 납부한 지대와 벌금들이 포함되어 부풀려진 것일 수 있다.

19) Bracton, *De legibus et consuetudinibus Angliae*, ed. G. E. Woodbine, rev. S. E. Thorne, 4 vols.(Cambridge, Mass., 1968), ii, p.34.

적인 행동을 통해서건 적법한 절차를 통해서건, 오래전에 금납화된 노동 부역을 다시 부과하거나 새로운 노동 부역을 부과하려는 영주들의 시도에 대해 종종 저항하였다. 13세기에 부역이 사실상 더 늘어났던 곳에서도 그 늘어난 정도는 통상 비교적 보잘것없었다. 예컨대 엘리 주교들은 그들이 요구할 수 있는 총 주부역을 1222년과 1251년 사이에 겨우 10퍼센트가량만을 가까스로 늘릴 수 있었을 뿐이다.[20] 원칙상으로는 언제든 그리고 얼마만큼이든 영주가 마음대로 부과할 수 있었던 임의세도 아주 많은 장원에서 정규적인 부과금으로 전환되었다. 이러한 일이 나타난 곳에서는 토지보유 허가료가 특별한 중요성을 띠게 되었는데, 그것은 토지보유 허가료가 다른 어떤 부과금보다도 시장의 요인을 더 정확하게 반영할 수 있었기 때문이었고, 그것이 13세기와 14세기 초 동안에 많은 지역에서 증가했던 이유는 바로 이러한 점에 있었다. 하지만 이와 같은 토지보유 허가료조차도 예농제라는 "잉여착취관계"를 통한 수탈에 대한 브레너의 해석을 뒷받침해주지는 못할 게다. 토지보유 허가료를 높은 수준으로 올리고 유지시킨 것은 시장의 요인들이었다고 여겨진다. 토지보유 허가료가 낮은 수준에 있거나 정체되어 있던 곳에서는 그것이 좀 예외적으로 몇몇 장원에서 관습의 제한이 아주 강력했거나 또는 지대가 부과될 수 있는 토지가 국지적으로 꽤 풍부했던 양상을 반영한 것이었다.[21] 또한 가장 중요한 것으로서 가족 안에서 상속이 이루어지는 경우에는 가족 바깥의 사람이 상속을 받는 경우보다 상속인에게 더 낮은 토지보유

20) J. A. Raftis, *The Estates of Ramsey Abbey* (Toronto, 1957), p.115, 주 68); Miller, *Abbey and Bishopric of Ely*, pp.101-2.

21) Titow, *English Rural Society, 1200-1350*, pp.73-8의 논의를 보라.

허가료가 부과되는 경향이 있었으며, 부유한 촌락민—종종 자유농—이 추가로 보유지를 새로 넘겨받은 경우에는 가장 높은 토지보유 허가료가 부과되는 경향이 있었다는 사실도 우리에게 알려져있는데,[22] 이는 다시 한번 토지가격의 상승 아래에 깔려있었던 것은 바로 시장의 요인들이었음을 시사해준다. 대체로 영주가 장원영주로서 지닌 그의 강제력을 남김없이 행사할 수 있는 대상이었던 사람들이 납부하는 토지보유 허가료는 많은 경우, 그러한 강제력 아래에 있지 않았던 사람들이 납부하는 토지보유 허가료보다 더 낮았다. 사실상 13세기와 14세기 초에 장원관습에 의한 제약을 받지 않고 자유롭게 임대된 보유지들로부터 납부되었던 토지보유 허가료는 예농보유지들로부터 납부된 그것보다 대개 더 높았다.[23]

브레너가 지대상승의 아래에 깔려 있는 근원적인 원동력으로서 봉건적 계급관계를 줄기차게 내세우고 있는 것은 그가 봉건적인 지대 수입이 전반적으로 증대되어 갔던 이유들을 어째서 그릇되게 제시하고 있는가도 설명해준다. 이러한 지대 수입의 증대가 주로 예농들에 대한 영주의 봉건적인 권력에서 빚어진 결과로서 이루어졌다고 한다

22) 이러한 일이 실제로 벌어진 데 대한 서술로는, E. King, *Peterborough Abbey, 1086-1310*(London, 1973), pp.166-7, 182-8을 참고할 것.

23) 최근에 자리 잡은 자유 보유지와 임차지가 비슷한 크기와 토질의 예농보유지보다 더 높은 지대를 부과당하거나 자산을 더 높게 평가받았던 사례들은 13세기와 14세기의 수많은 기록들에서 찾아볼 수 있으며, 역사가들에게 잘 알려져 있다. 예농보유지에 부과되는 부담들이 통틀어 얼마나 무거웠는가를 정확하게 추산하기란 어려운 일이지만, 다음과 같은 저술들을 참고할 수 있다 : Miller, *Abbey and Bishopric of Ely*, pp.109-11; R. H. Hilton, *A Medieval Society* (London, 1966: repr. Cambridge, 1983), pp.144-5; *Ancient Petitions Relating to Northumberland*, ed. C. M. Fraser(Surtees Soc., clxxvi, Durham, 1966), nos. 96-7, pp.119-21; H. p.R. Finberg, *Tavistock Abbey* (Cambridge, 1951), pp.249-50; R. H. Britnell. "Production for the Market on a Small Fourteenth-Century Estate", *Econ, Hist. Rev.*, 2nd ser., xix(1966), p.386.

면, 우리는 이러한 권력과 실로 장원경제가 절정에 달해있었던 앞선 몇 세기에 그와 같은 수입의 증대가 가장 크고 또 가장 널리 이루어졌으리라고 예상하게 될 것이다. 그러나 사실상 영주의 수입 가운데 지대소득이 차지하는 비중은 직영지와 노동 부역이 소멸되어 갔던 중세 후반기에 가장 빠르게 상승하였다. 또한 지대에서 얻어지는 수입의 총액이 앞선 몇 세기에 증대되었던 곳에서도 이러한 증대는 아주 많은 경우 새로운 차지로부터 비롯된, 즉 대부분 개간이나 직영지의 임대를 통해서 지대가 부과될 수 있는 땅이 늘어난 덕분에 빚어진 것이었다. 또 13세기에 많은 영지에서 오래된 보유지에 대한 지대 또는 지대에 준하는 부담들이 상승하는 경향을 보였다는 것도 의심할 나위가 없는 사실이지만, 그러한 상승 아래에 깔려있던 자극들과 그것을 가능하게 만들었던 여건들은 영지의 주인으로서 영주들이 지니고 있던 권력이 증대된 데에서 비롯된 것이 아니라—그 권력은 비교적 고정되어 있었던 것이다—흑사병 이전의 시대에 나타났던 경제적 변화가 영주들이 그들의 권력을 보다 완벽하게 행사하는 것을 더욱 쉽고 더욱 유리한 일로 만들어 주었던 데에서 비롯된 것이었다.[24]

끝으로 이러한 권력은 그것이 가장 높은 수준에 올라 있었던 때에조차 대개 영주들로 하여금 16세기와 17세기에 독일의 융커들이 그러했던 것처럼, 예농들을 쫓아냄으로써 자신의 자산이나 수입을 증대시킬 수 있게 만들어 주지는 못했다. 사실상 브레너는 영주들이 하나의 정규적인 관행으로서 예농들을 대규모로 축출할 수 있었다고 암암리에 전제하는 점에서 그 자신이 중세에 대해 잘 알고 있지 못하다는

24) 브레너는 현명하게도 봉건적 계급관계와 14세기 중엽에 역병이 유럽에 도래한 것을 인과적 관계로 연결시키려고 하지는 않는다.

사실을 드러내고 있다. 새로운 시토 수도원들에 의해 이루어졌던 저 유명한 예농 추방의 보기들을 제외하면 자의적인 예농 추방의 사례들은 놀라울 만큼 아주 드물었다. 지대납부나 부역제공을 제대로 하지 않거나 자신의 집이나 보유지를 제대로 돌보지 않는 예농에게 내려졌던 처벌은 통상 벌금이었다. 예농들이 그들의 보유지에 대해 자유농이 누렸던 것에 버금가는 세습적인 권리를 지니게 되었다는 것은 별로 놀라운 사실이 아니다.

지금까지의 이야기를 요약해보자. 13세기와 14세기 초에 나타났던 생존의 위기들이 당시의 전반적인 계급구조 특히 토지의 부족보다는 오히려 영주들에 의한 예농의 지나친 착취에서 비롯되었음을 입증하기 위해서, 브레너는 무엇보다도 영주의 권력이 12세기나 14세기보다 13세기에 더욱 강했고 그에 상응하여 농민의 토지보유에 따르는 신분적 또는 법적인 취약점들도 더 열악했다는 것을 증명해야만 했을 것이다. 더욱이 예농제가 농민들을 자유농의 경우에 비해 영주로부터 더욱 심각하게 착취당하도록 만들었다고 하더라도, 13세기에 예속적인 토지보유가 종종 가격이 점점 더 상승하고 토지 기근이 나타났던 시대에 농민들을 시장의 가혹한 영향으로부터 얼마간 보호해주었다—즉 16세기에 영국의 많은 농민들이 꼭 얻기를 바랐을 것이 틀림없는 보호를 제공해주었다—고 볼 만한 근거도 꽤 많다고 할 수 있다.

Ⅳ

예농에 대한 영주의 권력을 무제한의 것으로 생각하고 오로지 그 권력에만 관심을 두고 있는 것은 브레너로 하여금 장원의 투자에 대해 혼동된 견해를 갖도록 만들고 있기도 하다. 그는 토지를 사 모으고 투자를 하는 "힘겹고 값이 비싸게 먹히는 과정"이라는 언명 그 자체로 이러한 혼동을 끌어들이고 있는데, 그 언명은 토지의 구입과 생산적인 투자를 하나로 묶어 다루고 있는 것이다. 근대경제학에서 쓰이는 개념으로 말하자면 토지의 구입은 개개 사업이 "너비로" 팽창하는 것만을 뜻하며, 반면에 "깊이로" 생산자본 또는 투자가 증대되는 것은 개선을 위한 지출로부터만 나온다. 중세 영주들을 특징짓는 요소는 그들이 토지획득에 뛰어들지 않으려는 성향을 지녔다는 점에 있지 않다. 투자할 자금을 가지고 있었던 대영주들—물론 대영주들 모두가 그런 자금을 가지고 있었던 것은 아니었다—은 13세기와 14세기 초에 걸쳐 줄곧 그들의 영지를 늘려 나아갔다. 그러나 그들은 대개 그들의 자원 가운데 꽤 많은 부분을 "깊이로" 투자하는 데 사용하는 일은 하지 않았다.[25] 왜 그랬는가는 부분적으로는 새로운 기술적 가능성들이

25) 영주들의 투자에 관한 고찰로는 R. H. Hilton, "Rent and Capital Formation in Feudal Society", repr. in Hilton, *English Peasantry in the Later Middle Ages* ; M. M. Postan, "Investment in Medieval Agriculture", *Jl Econ. Hist.*, xxvii(1967)을 참고할 것. Hilton이 분석한 Adam of Stratton의 활동들은 벼락출세한 서기이자 대금업자이며 유대인 금융가의 한패이기도 한 자가—그리고 Stratton은 바로 이러한 사람이었다—커다란 영지를 떠맡고 있었던 경우에는, 비록 그 영지와 그가 대행하고 있는 영주권(Albemarle 백작 부인의 영지와 영주권)은 그 당시의 어떤 대영지와도 마찬가지로, "봉건적"이기는 했지만, 그가 바로 오늘날의 진짜 땅투기꾼이나 토지 개발업자와 다름없이 행동할 수 있었다는 사실을 분명히 입증해준다.

충분하게 제공되지 못했다는 것으로 설명된다. 개간을 제외하면 보다 새롭고 더 훌륭한 헛간을 건설하거나 방목지가 충분히 있는 곳에서 가축 수를 늘리는 것이 "깊이로"의 "순수한" 자본투자가 가능했던 유일한 형태를 이루었다. 13세기에 개선을 이루어 나가고 있던 영주들의 영지에서조차 그러한 개선들은 대개 생산자본이 커다란 규모로 투자됨으로써 이루어진 것이 아니라, 경영을 보다 효율적으로 하고 회계방법을 더 좋게 바꾸며 생산물을 보다 합리적으로 처분하고 또 때로는 작물과 윤작법을 약간 바꿈으로써 이루어진 것이었다. 이러한 개선들 가운데 어떤 것도 많은 자본을 필요로 하거나 잡아먹지 않았다. 물론 13세기에 영주들이 개간을 통해서건 구입을 통해서건 경작지를 보다 넓히면서 얼마간의 자본을 이용했던 것은 사실이다. 그러나 우리가 이미 제시하였듯이 이러한 경작지의 확대가 비록 개개 장원의 총생산량을 보다 증대시킬 수는 있었겠지만, 장원에서 경작의 생산성을 높이리라고 기대될 수는 없었다. 그럼에도 경작지의 확대가 그 소유자들이 모아놓은 투자할 수 있는 자금을 대부분 끌어들였던 이유는 중세에는 자본의 소유자가 토지의 획득에 자본을 사용하는 것을 어떤 다른 용도보다도 더 좋아하고 실로 가장 높게 쳤다는 사실에 있다.

이처럼 토지획득을 선호하는 성향은 봉건귀족의 생활양식과 가치기준에 그 뿌리를 깊게 박고 있었다. 어떤 귀족이나 제후가 그가 속해 있던 지역 또는 나라 전체에서 차지하는 위치, 그가 끌어모을 수 있는 부하들과 정치적·군사적으로 긴장 상태가 나타날 때 그가 동원할 수 있는 세력, 딸에게 지참금을 마련해주거나 가족들 사이의 유대를 맺을 수 있는 그의 능력, 그리고 심지어는 그가 종교적인 기부나 자선을 통하여 구원을 보장받을 수 있는가 없는가 하는 점까지도—실로 봉건 영주가 가장 높게 쳤던 모든 혜택과 특권이—그의 영지가 얼마나 큰가에 따라 가장 잘 가늠되고 또 보장받았던 것이다. 영주들이 그들이 끌어모을 수 있었던 자금의 대부분을 생산적인 용도로 투입할 수 없었던 것은 바로 이러한 이유 때문이었다. 더구나 영주들 가운데 많은 또는 어쩌면 대부분의 경우는 자금을 끌어모으지도 못했으며, 이러한 이중의 실패는 장원영주들 자신이 그 시대의 경제적인 역경을 비켜가지 못했던 이유 가운데 하나를 이룬다.

농업에서의 계급구조와 자본주의의 발달
프랑스와 영국의 비교

패트리셔 크루트 Patricia Croot
데이비드 파커 David Parker

중세 말과 근대 초에 유럽에서 나타난 경제발전의 패턴에 대한 전통적인 설명들의 약점을 로버트 브레너가 지적한 것은 환영할 만하고 또 쓸모 있는 일이다. 유럽 여러 나라의 계급구조를 비교사의 방식으로 고찰해야 할 필요성에 대한 그의 강조도 역시 박수를 받을 만하다. 하지만 여러 가지 중요한 관찰을 해나가는 가운데 그는 장기적인 경제적 추세들을 너무나 간략하게 조망하는 바람에 그 추세 안에 있는 결정적인 단계들을 제대로 드러내지 못하고 있으며, 특히 영국과 프랑스에서 서로 대조적인 발전이 이루어진 데 대한 그의 설명은 심각하게 의문시될 수 있다.

그의 논의에서 핵심을 이루는 것은, 영국의 경우 자본주의적인 영주들이 영지를 끌어모아 자본주의적인 차지농에게 임대해줄 수 있었던 요인은 농민들이 확고한 토지소유권을 확립하지 못했다는 사실에 있으며, 반면에 프랑스의 경우에는 농민들이 완전한 자유를 확립할 수 있었다는 점이 경제발전을 가로막는 결코 극복될 수 없는 장벽으로 작용했다는 주장이다. 이러한 논의의 두 부분 모두가 사실상 의심스럽다. 영국에 관한 한 그 논의는 일반적인 통설에 그리고 경제사를 17세기 말로부터 "거꾸로" 소급해 읽는 것에 바탕을 두고 있다. 그리고 프랑스에 관련해서는 농민의 처지가 잘못 이해되고 있다.

브레너는 대규모 자본투자를 가능하게 그리고 또 유리한 것으로 만들어 주는 커다란 농장을 제외하고는 어디에서나 농업발전이 이루어질 수 없었으리라고 믿으려는 전반적인 성향에 굴복하고 있다. 18세기에 이루어진 발전들에 더욱 많은 것을 돌리지 않는 이상에는 "자본투자와 임금노동을 바탕으로 하여 경영되는 대규모의 통합된 보유지들"의[1] 관섬에서 자본주의적인 영농의 발전을 바라보는 어떠한 고찰도 반드시 대영주들에게 관심을 집중할 수밖에 없다. 이는 근대 초에 영국에서 이루어진 참다운 발전에 관한 한정된 견해를 낳는데 왜냐하면 그것은 "농민"들이 그들이 소멸되었다는 점만 빼고는 이러한 발전에 전혀 참여하지 않았다고 전제하는 것으로 여겨지기 때문이다. 브레너는 대규모 농장이 "농업의 참다운 도약"에[2] 반드시 필요한 조건이라고 믿기 때문에 삼 세기에 걸친 농업의 발전을 압축하여 대규모 농장의 존재로부터 일반화를 끌어내고 있다. 중요한 개간 사업과 수경 농법을 시행하는 데에는 막대한 규모의 재정적 자원이 필요했지

1) 본서의 p.45. 이와 같은 "대규모 농장"은 결코 명확하게 규정되지 않고 있으며—면적을 기준으로 해야 한다는 생각은 아마도 필요치 않은 논의를 많이 절약해 줄 것이다—살아남을 수 있는 농장의 규모에서 지역에 따라 나타나는 차이들은 무시되고 있다. 아마 "대규모" 차지인 농장은 18세기에 꽤 깊숙이 들어서서까지도 전체 농장면적 가운데 아주 적은 비율만을 차지하고 있었을 게다. 1830년에 와서조차 영국의 차지인 농장 가운데 3분의 2는 100에이커 미만이었다 : L. A. Clarkson, *The Pre-Industrial Economy in England, 1500-1700*(London, 1971). p.66; 게다가 그때는 18세기에 보유지의 통합이 가장 큰 규모로 이루어진 뒤였다.

2) 앞의 브레너 논문의 주 82).

만, 비료주기나 새로운 작물의 도입 그리고 심지어는 돌려짓기 같은 다른 개선들은 농민 자신이 수익을 올려서든 아니면 빚을 내서든 자금을 대서 어떤 크기의 보유지에서도 이루어낼 수 있었던 것들이었다.[3] 참다운 농업 혁명은 농사를 보다 잘 지으려는 농민들이 아주 오랜 세월에 걸쳐 이루어낸 과정이었으며 농민들이 아무런 기록도 남기지 않은 곳에서는 그 과정을 추적하기가 힘들다. 하지만 목양과 곡물 경작을 겸했던 서섹스의 농민들이나 옥스포드셔의 개방경지제 지역에 자리 잡고 있던 농민들이 남긴 재산목록을 주의 깊게 면밀히 들여다봄으로써, 학자들은 목초지의 경작에서 중요한 개선들이 이루어졌고 보다 많은 비료를 생산하기 위해 가축의 수를 늘리는 데 관심이 기울여졌으며, 휴경을 줄이고 밀의 생산을 늘리기 위해 보다 오랜 주기로 이루어지는 돌려짓기에서 클로버와 콩류가 도입되었다는 사실들을 밝혀내왔다.[4] 이러한 개선들의 목적은 단순히 보다 높은 수익을 얻어내는 데 있었다. 상대적인 가격으로 볼 때 곡물은 특히 소농의 경우에 에이커당 양보다 더 많은 수익을 낳았던 것이다. 그리고 농민들이 그처럼 시장의 수요에 적응하고 수익에 민감했음은 농민들이 회계장부나 일기를 남긴 경우에는 어디에서나 분명하게 드러난다.[5] 사실

3) 재산목록에 청구서와 채무증서가 수많이 나타나는 것은 상당히 큰 액수의 채무 관계가 아주 많았음을 보여주는데, 이 가운데 일부는 당연히 이러한 목적을 위해 사용되었을 게다. 1668년에 Exeter에서는 클로버 씨앗이 1파운드당 2d. 또는 3d.에 팔리고 있었으며, 따라서 불과 몇 에이커에만 씨를 뿌리려고 해도 많은 돈이 들었을 것이다 : R. V. Lennard, "English Agriculture under Charles II", in W. E. Minchinton(ed.), *Essays in Agrarian History*, 2 vols. (Newton Abbot, 1968), i, p.176.

4) J. Cornwall, "Farming in Sussex, 1540-1640", *Sussex Archaeol. Colls.*, xcii(1954), p.58; M. A. Havinden, "Agricultural Progress in Open-Field Oxfordshire", in Minchinton(ed.), *Essays in Agrarian History*, i.

5) Cornwall, "Farming in Sussex, 1540-1640", pp.60-3; E. Kerridge, "Agriculture, c.

상 본질적인 개선들을 이루어내는 데에는 모든 부류의 농민이 다 참여했지만[6] 그러한 개선들은 특히 대규모의 양떼를 치기에는 보유지 면적도 적고 자본도 없어서 목양과 곡물 경작을 함께 하는 취약한 처지에 있던 소농들이 살아남는 데 결정적으로 중요했다. 사실상 새로운 작물을 도입할 수 있기 위해서 융통성이 더할 나위 없이 필요했다는 점은 농민들을 그들의 영주와 갈등을 일으키도록 끌고 갈 수 있었다. 노포크에서는 차지인들이 그들의 지조에 울타리를 치고 순무를 심었는데, 그럼으로써 그들은 많은 영주들에게 경제적으로 더 유리했고 가축을 넓은 지역에 풀어놓고 기르게 만들었던 개방 경지에서 휴경지에 돌려가며 방목을 하는 제도에 훼방을 놓았던 셈이었다.[7] 농민은 경제발전에 장애가 되기는커녕 오히려 실제로는 새로운 농사방법이나 새로운 작물을 채택함으로써 또는 바로 훌륭한 농사를 지어 얼마만큼 수익을 올릴 수 있는가를 영주들에게 보여줌으로써 경제발전

1500-c. 1793", in V. C. H. *Wiltshire*, iv, pp.54-5: J. Thirsk, "Farming Techniques", in J. Thirsk(ed.), *The Agrarian History of England and Wales*, iv, *1500-1640* (Cambridge, 1967), pp.197-8; M. Campbell, *The English Yeoman under Elizabeth and the Early Stuarts* (New Haven, 1942), pp.171-6. 기록을 남긴 몇 안 되는 농사꾼들은 자기가 지닌 땅의 특수한 토양과 조건들로부터 최대한의 수확을 거두는 방법을 경험을 통해 알아냈던 농사꾼들 가운데 극히 적은 일부에 지나지 않을 수 있다. 예컨대 1554년에 Mudford와 Hinton의 차지인들은 공동경작지를 분할하자고 제안했는데, 그 이유로 그들은 그렇게 한다면 "모든 사람이 자기 땅을 가장 쓸모 있게 만들기 위해 땅에 더욱 많은 노력과 땀을 쏟아붓게 될 것"이라고 말했다 : *Tudor Economic Documents*, ed. R. H. Tawney & E. Power, 3 vols.(London, 1924), i, pp.61-2.

6) J. Cornwall, "Agricultural Improvement, 1560-1640", *Sussex Archaeol. Colls.*, xcviii (1960), p.123; W. G. Hoskins, *Devon* (London, 1954), pp.93-4.

7) K. J. Allison, The Sheep-Corn Husbandry of Norfolk in the Sixteenth and Seventeenth Centuries", *Agric. Hist. Rev.*, v(1957), pp.26-8. 이러한 지역들에서 그토록 중요하고 그토록 두드러진 개선이 이루어지게 만들었던 것은, 대규모 농장들이 존재했다는 점보다는 오히려 목양과 곡물 경작을 겸하는 농사가 지닌 바로 그러한 엄밀함이었다.

에 추진력을 제공할 수도 있었을 것이다.8)

한편 영국의 토지보유와 농업구조에서 나타난 변화들도 역시 마찬가지로 통상 영주를 중심으로 설명되고 있다. 장원과 그 영주를 중심으로 볼 때 관습 차지인들은 농사를 짓는 사람들 가운데 가장 밑바닥에 있고, 잘못될 경우 임금노동자로 떨어질 운명에 처한 존재로 간주된다. 그러나 지주가 되어있었던 관습 차지인에 대해서나 또는 얼마나 많았는가는 알려져 있지 않지만 관습 차지인의 비교적 자유로운 토지보유권을 누리지 못한 채 대개 아주 짧은 기간으로 자그마한 땅뙈기를 임차하고 있었던 땅 없는 농사꾼들에 대해서는, 거의 아무것도 이야기되지 않고 있다. 고정된 지대를 부담하고 있던 관습 차지인들은 비록 토지보유 허가료는 상승될 수 있었을지 모르지만, 토지에 대한 수요의 증대와 지대의 상승에 편승해 자기의 보유지를 재임대함으로써 이익을 얻을 수 있는 입장에 있었다.9) 물론 이러한 재임대는 관습적인 토지보유와는 달리 그 안에 봉건제나 "강제"의 요소를 전

8) M. A. Havinden, "Lime as a Means of Agricultural Improvement", in C. W. Chalkin & M. A. Havinden(eds.), *Rural Change and Urban Growth, 1500-1800* (London, 1974), 특히 pp.127-8. 요맨과 차지농들은 실제로 영주들보다 족히 백 년은 앞서서 석회를 뿌리는 데 관심을 두었던 것으로 여겨진다. J. Thirsk, "New Crops and their Diffusion : Tobacco-Growing in Seventeenth-Century England", *ibid.*, p.97은 가족 노동력만을 또는 최소한의 임금노동만을 사용하는 농민들이 경제적으로 수익성이 높은 현금작물을 잽싸게 택하였으며, 다른 개선들에서 성공이 거두어지지 못했던 것은 아마도 변화에 대한 농민들의 저항감과는 다른 원인들에 돌려져야 할 것임을 지적하고 있다.

9) 예컨대 P, Bowden. "Agricultural Prices, Farm Profits, and Rents", in Thirsk(ed.), *Agrarian History of England and Wales*, iv, p.689. 따라서 관습 차지인들에 대한 조사를, 어떤 차지인이 생계유지에 충분한 면적을 지니고 있는가 아닌가를 보여주는 것이라기보다는, 오히려 개개인의 자본자산을 가리키는 것으로 보는 편이 아마 더 정확할 게다. 어쨌든 한 개별적인 장원에 대한 연구는 그 장원에서는 보잘것없는 7에이커짜리 보유지를 가지고 있을 뿐이면서도 여러 다른 장원에 걸쳐 많은 땅을 보유한 차지인이 있을 수 있었으며, 따라서 임의의 장원들에서 생계유지에 꼭 알맞은 크기의 보유지를 지닌 농민의 수를 산출하려는 시도를 헛수고로 만들기 때문에, 우리를 현혹시킬 수 있다.

혀 담지 않은 순수하게 경제적인 관계였다.[10] 반면에 직영지의 임대는 이따금 여전히 장원영주가 갖가지 부수입을 요구하는 형태로 봉건적인 관계를 수반했고, 따라서 브레너가 이야기했듯이 반드시 자본주의를 향한 조망을 열어준 것은 결코 아니었다.

브레너가 농민이 맡았던 역할을 깎아내리고 그 대신 자본주의적인 대규모 차지농의 역할을 크게 강조하고 있는 이유 가운데 하나로는, 그가 그에 발맞추어 농민의 법적인 지위를 너무 낮게 평가하고 있다는 점을 들 수 있다. 장원영주들이 그들의 관습 차지인들을 내쫓을 수 있었는가 하는 문제가 여전히 논란거리로 남아있다는 사실을 인정하면서도,[11] 그는 토니Tawney가 도매금으로 내렸던 결론들 즉 토지보유 허가료는 고정된 경우보다 영주에 의해 수준이 달라질 수 있는 경우가 더 일반적이었고, 장원의 관습이 "터무니없이" 높은 토지보유 허가료를 막아주었던 경우를 빼고는 법정이 대개 그러한 지나친 요구를 겨냥한 차지인들의 제소를 지지해 주지 않았다는 결론들을 받아들이고 있다.[12] 물론 17세기 초에 법정이 이미 보통법 법정에서 등본보유의 관습을 인정하는 문제에 관한 여러 가지 원칙을 발전시켜 놓고 있었으며 "터무니없는" 관습이 무효로 간주되었다는 것은 사실이다.[13]

10) R. H. Hilton, *The Decline of Serfdom in Medieval England* (London, 1969), p.44. 재임대가 조사들이 보여주는 모습을 크게 바꿔놓을 수 있다는 점은 대개 인정되고 있음에도 불구하고, 조사들을 분석할 경우에 재임대는 대개 무시되는데, 그 이유는 재임대에 대한 증거가 아주 드물고, 통계적으로 쉽게 분석될 수 없기 때문이다.

11) 앞의 브레너 논문의 주 77)

12) R. H. Tawney, *The Agrarian Problem in the Sixteenth Century* (New York, 1967), p.293.

13) A. W. B. Simpson, *An Introduction to the History of the Land Law* (London, 1964), p.161.

법정은 또한 어느 정도가 되어야 터무니없는 토지보유 허가료인가에 관해서도 그 자체의 관념을 발전시키고 있었으며, 장원관습이 그 관념에 반드시 끼어들어갔던 것은 아니었다. 하지만, 어떤 장원영주가 토지보유 허가료를 올릴 수 있었고 또 실제로 그것을 상당한 정도로 올렸다고 하더라도, 그것만 가지고는 토지보유 허가료의 상승이 농민들로 하여금 땅을 버리고 떠나도록 몰아갔음을 입증해주지 못한다. 여기에는 또한 "농민"이라는 용어를 모든 관습 차지인 또는 심지어는 땅을 경작하는 모든 사람들을 가리키는 것으로 사용하는 데에서도, 이 집단들 안에서 존재하고 있던 경제적 차이들이 아주 컸기 때문에 또 하나의 어려움이 나타난다. 따라서 토지보유 허가료가 얼마나 높게 상승했든, 대개의 경우에는 등본보유지를 구입할 만한 자본을 가진 부류가 존재하고 있었다. 실로 몇몇 장원에서는 공보유지들이 경매에 부쳐졌는데 이것은 영주가 가장 높은 경매가를 부른 사람에게 그러한 공보유지를 넘겨주지 않을 수 없었다는 사실을 암암리에 가르쳐준다.[14] 브레너는 중세 말에 서유럽의 농민들이 상대적으로 보다 큰 자유를 누리고 있었던 요인을, 공동체적인 마을제도들이 강력하여 영주가 침식해 들어오는 데 저항할 수 있었다는 점에 돌리고 있다. 그렇다면 그 제도들이 공동경작지로 이루어진 장원들에서 여전히 살아남아 있었던 16세기에는 어째서 똑같은 논의가 적용되지 않고 있는가? 장원 바깥으로 나가 중앙법정으로 이관되었던 송사들은 집단적인 행위가 실제로 행해졌고 또 얼마간 성공을 거두었음을 보여준다. 더

14) 차지인이 미망인이나 상속인 또는 계승권자를 남기지 않고 죽었을 경우, 영주가 그 땅을 자기 손안으로 복귀시키고 토지보유 허가료가 제공되기만 하면 그 땅을 그 장원의 관습 차지인들로 이루어진 집단(homage라 불린다)의 동의 없이 자기 마음대로 임대할 수 있었는가 아닌가가 언제나 분명한 것은 아니다.

구나 장원영주들의 행위 때문에 관습 차지인이든 다른 차지인이든 대부분 또는 모든 차지인들이 내쫓겼다고 농민들이 제소한 송사의 수는 장원의 수에 비교해 볼 때 적은 편이며, 따라서 영주의 행위가 농업구조의 변화와 경제발전에서 주된 요인으로 작용했던 것으로 여겨지지는 않는다.

브레너는 영국 농민의 기여를 간과하고 농민의 독립성을 아주 낮게 평가한 것과 꼭 마찬가지로, 프랑스 농민의 독립성을 지나치게 높이 평가하고 있다. 물론 그렇다고 해서 프랑스 농민이 누렸던 권리들 특히 공동체적 권리들이 보다 합리적인 영농을 가로막는 걸림돌이 되었음을 부정하는 것은 아니다. 하지만 이러한 권리들은 만일 그것들을 압도할 만한 경제적인 동기와 결단이 존재했다면 결코 극복할 수 없는 걸림돌이 되지는 않았을 게다. 사실상 16세기와 17세기의 두 세기 동안 대부분의 농민들은 너무나 심각하게 수탈을 당해 그들의 토지로부터 나오는 수입만 가지고는 살아갈 수 없게 되었고, 그리하여 임금노동으로 수입을 보충하지 않을 수 없었다.[15] 소수에 속하기는 하지만 꽤 많은 농민들은 재산을 완전히 잃었고 그들 가운데 고작 이따금씩만 일자리를 얻을 수 있었던 자들은 떠돌이로 전락하여 도시 당국에게 심각한 문제들을 불러일으키곤 하였다. 이러한 과정은 전쟁으로 황폐화된 지역들에서뿐만 아니라 도시의 부르주아지가 가난에 빠진 농민과 영주 모두의 땅을 사모으고 있었던 대도시 주변 지역과 교통이 편리하여 시장에 쉽게 접근할 수 있었던 지역들에서도 나타났다. 그것은 툴루쟁과 로라게에서 이례적일 만큼 심각하게 나타났던 것으

15) P. Goubert, *Cent mille provinciaux au dix-septième siècle* (Paris, 1968), p.210ff.: J. Jacquart, *La crise, rurale en Ile-de-France, 1550-1670* (Paris, 1974), p.358ff.

로 여겨지는데, 그 지역들에서는 고등법관들이 토지를 그들의 손아귀 속에 줄기차게 끌어모으고 있었으며, 18세기에는 농민이 "소유"한 토지가 전체토지의 20퍼센트 이하로 떨어져 있었다.[16] 여기에서는 또한 차지농의 손을 거치기보다는 오히려 임금노동을 사용하여 직접 영농을 하는 성향도 나타났다.[17] 다른 도시들 주변에서는 영지를 차지농에게 임대하는 것이 분명히 보다 일반적인 행태였지만 농민이 점점 더 토지를 빼앗겨서 접근하기 어렵고 또 많은 경우 질도 떨어지는 땅만이 그들에게 경작지로 남겨지는 경향은 똑같이 나타났다.[18] 현물지대의 납부를 기반으로 하고 있었으며 지배적인 수탈 형태를 이루었던 분익소작제 역시 농민들이 재산을 잃게 만드는 데 이바지했다. 차지인들은 점점 더 물자와 장비 그리고 자금 모두에서 영주에게 의존하게 되었다. 분익소작제 아래에서나 차지농제 아래에서나 대부분의 임대는 다섯 해에서 아홉 해 사이의 기간에 한정되었으며, 그리고 (브레너가 좀 모순되게 인정하고 있듯이) 농민에게 불리한 방향으로 갱신될 수 있었다.[19] 그리하여 수많은 공동체가 통째로 빚구렁에 빠져들었으며, 영주의 반동을 보여주는 증거는 프랑스의 여러 지역에서 찾아볼 수 있다.[20] 물론 지대가 내려간 지역도 없지는 않았지만 이것 또

16) G. Frèche, *Toulouse et la région Midi-Pyrénées au siècle des lumières vers 1670-1789* (Toulouse, 1974), p.207.

17) *Ibid.*, pp.246-8.

18) Jacquart, *Crise rurale en Ile-de-France*, pp.107-8.

19) Goubert, *Cent mille provinciaux*, p.212; Jacquart, *Crise rurale en Ile-de-France*, pp.129ff.; Frèche, *Toulouse et la région Midi-Pyrénées*, p.248.

20) E. Le Roy Ladurie, *Les paysans de Languedoc* (Flammarion edn. Paris, 1969), p.311ff.: Jacquart, *Crise rurale en Ile-de-France*, p.630ff.; G. Roupnel, *Les populations de la ville et de la campagne dijonnais au XVIIe siècle: bibliographie critique* (Paris, 1922), pp.257ff.

한 농민들이 저항할 힘을 갖추었기 때문이기보다는 오히려 주로 농민들이 지대를 납부할 만한 능력을 갖고 있지 못했기 때문이었다.[21]

사실상 프랑스에서나 영국에서나 토지보유의 패턴을 결정하는 데에는 법적인 요소보다는 경제적인 요소들이 결정적인 역할을 하였다. 영국의 소규모 자유농들은 1650년에 이르기까지 경제적 독립성과 더불어 여러 가지 법률적인 권리를 누리고 있기는 했지만, 그러한 법적 권리들이 그들로 하여금 17세기 말의 보다 힘겨운 경제적 상황에서 급속한 쇠퇴를 겪지 않을 수 있게 만들어주지는 못했다. 프랑스에서도 역시 마찬가지로 농민들은 어쩌면 삼 세기 동안이나 땅을 빼앗길 위험에 직면하여 조바심을 치고 있었다. 이러한 과정은 도시들의 주변에서 가장 멀리까지 진척되었으며 시장이 강력한 영향을 미치지 못하고 있던 지역들에서 가장 뒤늦게 이루어졌다.[22] 경제적인 동기들이 보다 더 컸고 상업적인 태도가 보다 더 널리 퍼져있었다면 농민들이 토지를 완전히 상실당할 위험에 맞서 저항할 수 있는 수단을 가지고 있었다고 여길 만한 이유는 거의 없다. 더구나 비농업부문의 경제적 정체는 보다 유리한 일을 하기 위해 심지어 완전히 부적당한 보유지들을 포기할 동기조차도 농민들에게 주어질 수 없었음을 뜻했고, 다른 한편으로 그에 상응하여 다변화된 시장이 존재하지 못했던 것은 촌락공동체의 다른 구성원들이 보다 운 나쁜 구성원들의 보유지를 넘겨받을 동기를 별로 갖지 못하게 만들었다. 어쨌든 시간이 지나가면

21) Le Roy Ladurie, *Paysans de Languedoc*, pp.309-10.

22) Frèche는 다음과 같이 지적하기도 한다. "Albigeois에서처럼 Armagnac에서도 비농민적 토지소유는 농산물을 값싸게 수출할 수 있는 가능성과 정확하게 비례해(en fonction des) 분포되어 있었다." : Frèche, *Toulouse et la région Midi-Pyrénées*, p.193.

서 그러한 팽창을 머릿속으로나마 꿈꿀 수 있는 입장에 있던 농민의 숫자 자체가 급속히 줄어들었다.

바로 이러한 점을 브레너가 제대로 평가하지 못했던 것은, 16세기와 17세기 동안에 그 두 나라의 농업구조가 어떤 점에서 가장 뚜렷한 대조를 보였는가를—즉 프랑스에서는 영국의 경우와는 달리 농민의 여러 계층들 사이에서 계층분화의 과정이 나타나지 못했고, 따라서 그 과정의 산물이었던 유명한 영국의 요맨계급에 상응하는 계급이 전혀 등장하지 못했다는 사실을—파악하지 못한 데에서 비롯된 일이다. 물론 등본보유농의 수가 줄어들지 않고서는 이러한 계층분화가 결코 이루질 수 없었고 또 실제로 이루어지지 못했음은 사실이다.[23] 하지만 이미 지적했듯이 대토지 겸병을 불러일으켰던 주된 요인이 장원영주들의 행위에 있었던 것은 아니었다. 그에 대한 책임은 바로 등본 보유농들 자신에게 있었다.[24] 이미 평균을 넘는 면적의 경작지를 보유하고 있었던 자들은 꽤 멋들어진 경제적 기회가 주어지는 경우 가격의 상승을 틈타 이익을 올릴 수 있었으며, 그리하여 상속인이 없거나 경제적 불운을 맞이하여 매물로 나오게 된 보유지들을 새로 넘겨받을 수 있었던 것이다. 하지만 중요한 점은, 등본 보유농이 인간적인 요인이나 경제적인 요인을 통해 그들의 보유지를 포기하지 않을 수 없었다는 사실에 있는 것이 아니라 15세기에 영주가 차지인을 구하기 위해 주변 지역을 이 잡듯이 뒤지고 도주한 농민들에게 마지못해 벌금

23) 주로 곡물이 시장을 위한 주된 생산물이었던, 목양과 곡물경작을 겸한 지역들에서 그랬다. 방목지역들은 17세기 말과 그 뒤에 가서야, 그리고 좀 다른 방식으로 영향을 입었던 것으로 보인다.

24) M. Spufford, *Contrasting Communities* (Cambridge, 1974), pp.76-85에 나와있는 고찰을 보라.

을 부과하려 애쓰고 있었던 것과는 정반대로—영농에 따른 수익이 점점 더 늘어나고 있었기 때문에 이러한 보유지를 넘겨받으려 했고 또 그들 자신이 꽤 많은 자본을 축적할 수 있었기 때문에 그렇게 보유지를 넘겨받을 능력도 갖추고 있었던 자들이 존재하고 있었다는 사실에 있다.[25] 토지의 값어치가 점점 더 상승하고 있었다는 사실은 사람들이 등본보유지를 보유하는 대가로 기꺼이 지불하고자 했던 지대의 수준에서도 반영되어 있으며, 또한 그 사실은 자원을 충분히 가진 촌락민이나 또는 부유한 외부인들만이 공보유지가 생겼을 때 그것을 차지할 수 있었다는 것을 뜻하였다. 토지가 없는 농사꾼들은 그들이 경작하는 토지에 대해 확고한 권리를 가지지 못하도록 차단당하고 있었던 것이다.[26] 커다란 규모의 임차지 농장에 대해서도 똑같은 말을 할 수 있다. 어느 정도의 자본을 가진 자만이 그러한 농장을 임차할 수 있었던 것이다.

그와는 대조적으로 프랑스에서는 이 시대가 농민층 자체 안에서 계층분화가 이루어진 것으로 특징지어지지 않았다. 오히려 프랑스에서는 이 시대가 한편으로는 농민들이 그들이 지닌 보유지가 점점 더 작아지고 있으며 가난에 찌들어있던 하나의 단일한 집단으로 전락해갔

25) J. A. Raftis, *Tenure and Mobility* (Toronto, 1964), p.34, 190ff.

26) 법정문서는 많은 경우 등본보유지가 어느 정도의 "대가"로 양도되었는가를 기록하고 있지 않다. 하지만 Somerset의 한 장원에서는 1631년에 37에이커의 보유지가 그에 딸린 공동권과 함께 262파운드에 팔렸다 : Somerset Record Office, DD/CC 131911a/7. 그 장원의 영주(Wells 성당의 사제장 및 참사회)가 받은 토지보유 허가료는 £24. 10s. 0d.에 지나지 않았고, 1650년에 의회가 행한 조사에서는 그 보유지가 한 해에 지닌 가치가 28. 17s. 9d.로 평가되었다 : *ibid.*, DD/CC 110001/1. 덧붙여 말하자면 이 보유지는 세 생애를 기간으로 한 등본보유지였고, 이는 그것을 보유한 집안을 계속 먹여 살리거나 가격 및 지대의 상승을 틈타 이익을 얻을 수 있게 해준 점에서 상속에 의한 등본보유지에 못지않은 매력을 지니고 있었다.

고, 다른 한편으로는 농민들의 절망적인 곤경을 틈타 이익을 챙길 수 있는 입장에 놓여있던 성·속의 영주들이 끌어모은 (영국의 기준으로 볼 때) 규모가 아주 큰 영지들이 성장해나온 것으로 특징지어졌다. 15세기 말에는 우리가 건실한 중간 규모의 보유지들이 성장해나오는 모습을 찾아볼 수 있었으나, 그러한 성장은 그 뒤 중단되었으며 다시는 되살아나지 못했다.[27] 실로 몇몇 지역에서는 비천한 날품팔이에 대한 독립적인 자영농의 비율이 1789년에 이르기까지 줄곧 낮아져갔다.[28] 겨우 물 위로 머리를 내놓을 수 있었던 자들은 예외 없이 차지농이었으나, 많은 지역에서는 영주들이 직영지를 떠맡을 능력을 갖춘 차지농을 찾아내는 데 어려움—영국에서는 나타나지 않았던 문제—을 겪었다.[29] 프랑스에서 경작지의 45~50퍼센트를 차지하고 있던 농민과 영국에서 토지의 약 25~30퍼센트를 차지하고 있던 자영농을 마치 그 두 집단이 같은 부류에 속하는 양 비교하는 것은, 그 두 나라에서 농민 개개인이 지니고 있던 보유지의 면적을 비교해보면 알 수 있듯이 아주 그릇된 일이다. 예컨대 일-드-프랑스에서는 농민들의 거의 대다수가 10헥타르 미만 그것도 대개는 5헥타르 미만을 보유하고 있었으며, 모든 지역 연구들로부터 나온 그와 비슷한 수치들은 농민의 90퍼센트가 교회와 국가, 지주 그리고 영주가 요구하는 것들을 모두 납부하고 난 뒤에 그에게 남는 것이 재투자는 고사하고 자기 가족을 먹여 살리는 데도 부족한 처지에 있었다는 사실을 보여준다.[30] 반면에 17

27) Le Roy Ladurie, *Paysans de Languedoc*, pp.24ff., 97: Jacquart, *Crise rurale en Ile-de-France, passim* ; Frèche, *Toulouse et la région Midi-Pyrénées*, pp.147ff.

28) Roupnel, *Populations de la ville el de la campagne dijonnaise*, p.319.

29) Jacquart, *Crise rurale en Ile-de-France*, p.203.

30) *Ibid.*, p.19: Goubert, *Cent mille provinciaux*, pp.210ff.

세기 중엽에 영국에서는 비록 지역에 따라 얼마간 차이가 있기는 하지만, 보유지들의 면적이 훨씬 더 큰 범위에 걸쳐 분포되어 있었고 그 가운데에는 얼마간 임금노동을 사용하고 시장에 내다팔 수 있는 잉여를 생산해내는 중간 규모의 보유지들이 꽤 커다란 비율을 차지하고 있었다.[31] 이러한 농장들은 정말로 참다운 의미에서 14세기와 15세기에 등장하기 시작했던 선구적인 자본주의적 차지농들의 경제적인 계승자들이었다.[32] 18세기를 특징짓는 토지자산의 집중화는 사실상 17세기 후반에 와서야 비로소 본궤도에 올라섰지만, 그때에는 이미 농업 자본주의가 뿌리를 깊게 내리고 있었던 것이다. 건실한 임차농의 존재는 또한 영주와 차지인 사이의 경제적인 협력도 어느 정도 가능하게 만들어 주었는데 그에 반해 곤궁에 빠진 프랑스의 농민은 그러한 협력관계를 유지하는 데 점점 더 커다란 어려움을 겪고 있었다.[33]

하지만 농업구조를 서술하는 것만으로는 영국에서는 왜 프랑스에서 그러했듯이 그냥 농민을 쥐어짜는 것이 아니라 오히려 자본주의적 영농을 향한 움직임이 나타났는가를 결코 설명하지 못한다. 프랑스의 경우 가차 없이 수탈적으로 경영되었던 대규모로 통합된 보유지들이

31) 보유지 크기에 대한 몇 가지 예로는 Clarkson, *Pre-Industrial Economy in England*, p.66: J. Thirsk, "The Farming Regions of England", in Thirsk(ed.). *Agrarian History of England and Wales*, iv, pp.30, 32; Spufford, *Contrasling Communities*, pp.69, 100, 138-9에 있는 표 3, 7, 9를 참고할 것.

32) Tawney, *Agrarian Problem in the Sixteenth Century*, pp.81-2, 136-7; Campbell, *English Yeoman*, pp.104, 160ff.

33) Clarkson, *Pre-Industrial Economy in England*, pp.67-8: G. Batho, "Landlords in England : B. Noblemen, Gentlemen and Yeomen", in Thirsk(ed.), *Agrarian History of England and Wales*, iv, p.304; H. J. Habakkuk, "Economic Functions of English Landowners in the Seventeenth and Eighteenth Centuries". in Minchinton(ed.), *Essays in Agrarian History*, i, p.199.

발달해나온 것이 어쩌면 올바르게도 봉건적인 영농에서 자본주의적 영농으로 넘어가는 과도기적인 양상으로 간주되어 오기는 했지만,[34] 그러한 보유지들의 경영이—물론 임금노동을 할 수 있는 잠재적인 노동력이 존재했고 또한 그 보유지들이 영주의 옛 사법권을 어느 정도 침해하는 영향을 미쳤음에도 불구하고—어떻게든 지대수취를 기반으로 한 옛 영주제의 틀로부터 결별해나온 것은 결코 아니었다. 대영지들이 반드시 자본주의적 영농을 가져오지는 않았던 것이다. 영국에서 요맨층이 존재했다는 것이 경제발전에 어떠한 영향을 미쳤는가를 평가하기란 어려운 일이지만 그 영향은 아마도 꽤 규모가 큰 내수시장을 만들어내는 것에 그치지는 않았을 게다. 봉건적인 관계보다 상업적인 관계가 더 유망한 것이 되었을 때 영주들로 하여금 상업적 관계를 받아들이려는 생각을 품게 만들었던 것이 다름 아니라, 등본보유농이나 그와 비슷한 차지인들 가운데 자신의 토지와 생산물에 대해 엄밀하게 상업적인 태도를 지닌 건실한 농민들이 보여주었던 본보기였다고 말하는 것은 너무 지나친 억지일까? 농민에 관한 한 15세기에 직영지가 모든 관습 차지인들 사이에서 분배되기보다는 한두 명의 촌락민에게 임대되었던 것은,[35] 중세의 농민공동체들이 유지해왔던 그나마의 균일성마저 파괴해버렸으며, 독자적으로 사업을 펴나가 부를 쌓을 수 있다는 고무적인 본보기를—특히 이러한 임차농들이 16세기

34) P. Goubert, "Le paysan et la terre : seigneurie, tenure, exploitation", in F. Braudel & E. Labrousse(eds.), *Histoire économique et sociale de la France*, 4 vols. in 7(Paris, 1970-80), ii, p.145; Jacquart; Crise, *rurale en Ile-de-France*, pp.348, 755ff.

35) Raftis, *Tenure and Mobility*, p.219: Hilton, *Decline of Serfdom in Medieval England*, p.45.

의 가격상승을 틈타 이익을 올릴 수 있었던 때에—제공해주었다.

반면에 프랑스에서는 중간층 농민들의 기업가적인 태도가 여기저기에서 나타나기는 했지만 그러한 태도는 토지를 사들이고 있던 부르주아지가 지닌 지대수취자로 만족하려는 심성에 무릎을 꿇고 말았다. 자신의 영지를 경영하는 데 부르주아지들이 얼마나 가차없이 이익을 추구했든 그러한 그들의 태도는 영주제를 더욱 보강하여 그들 자신 참다운 영주가 되려는 바람에 의해 언제나 완화되었다. 그들은 영주의 사법권으로부터 나오는 수입을 한 푼도 남김없이 모두 뜯어냈고 그 수입을 농민에 대한 그들의 지배를 유지하는 데 사용하였다.36)

이와 같이 우리는 근대 초에 프랑스가 경제적으로 아주 빈약한 성취만을 이루었던 것이 농업에서의 계급구조와 직접 연관되고, 그와 대조적으로 영국에서 경제발전을 이루어낸 핵심적인 요인이 바로 영국의 농업에서 자본주의적 관계가 발전한 데 있었다는 점에 관해서는 브레너와 의견을 같이 하지만, 그러한 관계가 왜 등장했는가 또는 등장하지 못했는가에 대한 그의 설명은 별로 설득력을 갖지 못한다. 사실상 자본주의적 관계에 관한 그의 개념은 너무나 협소하며 따라서 규모가 작은 자본주의적 농사꾼이 적어도 16세기 초로부터 17세기 중엽에 이르기까지 맡았던 어쩌면 결정적이었을 역할을 제대로 평가하지 못한다. 그러한 난점의 뿌리는 농민의 소규모 토지보유가 그 자체로서 자본주의의 발달에 걸림돌이 되며 바로 이 점이 프랑스의 비극을 설명해준다는 그의 전제에 있다. 프랑스와 영국을 비교해 볼 때 실제로 드러나는 것은 자본주의가 형성되고 "도약"이 이루어진 시대

36) Jacquart, *Crise rurale en Ile-de-France*, pp.410ff., 755; Roupnel, *Populations de la ville et de la campagne dijonnais*, p.276.

에는 소규모 토지소유가 자본주의적 관계에서 가장 주된 요소를 이루고 있었다는 사실인 것이다. 프랑스 절대왕정이 져야 할 진짜 책임은 그것이 소농의 토지소유권을 더욱 강력하게 뒷받침해 주었다는 데 있는 것이 아니라, 그 소유권을 (교회와 영주 그리고 지주들과 더불어) 너무 가차 없이 짓눌렀다는 데 있다. 그 결과는 농촌에서 가장 역동적인 세력—즉 정말로 독립적인 농민들로 이루어진 계급—이 소멸된 것으로 나타났다.

끝으로 우리는 비록 계급구조에 대한 비교·분석이 경제발전을 완전히 이해하기 위한 전제조건이라는 견해에는 동의하지만, 계급관계와 세력균형에서 변화가 나타날 가능성이 대외정책에 따르는 여러 긴박한 사정들로부터 사회적인 태도들에 이르기까지 아주 다양한 요인들과 관련된다는 것도 분명한 사실이다. 예컨대 프랑스가 16세기와 17세기의 대부분에 걸쳐 빠져들어 있었던 끝없는 전쟁이 농민과 부르주아지 모두에게 감당할 수 없을 만큼 무거운 부담을 지지 않을 수 없게 만듦으로써, 계급 간의 세력균형을 그 둘에게 불리한 방향으로 심각하게 변화시키지 않았다고 부정하기란 어려운 일이다. 또한 국왕이 그와 같은 전쟁들을 위한 자금을 끌어대려고 애쓰는 가운데 엄청난 규모로 관직을 팔아넘겼던 것은, 자본이 생산적인 투자로 흘러가지 못하도록 만들었으며, 또 상업활동에 따르는 불확실한 위험들로부터 벗어나 기존의 사회적 위계질서 속에 스스로 편입되어 들어가기를 바랐던 자들에게 윗쪽으로 사회이동을 할 수 있는 멋들어진 기회를 마련해주기도 했다. 그와는 대조적으로 내란이 벌어지기 앞서 한 세기가량 동안 영국 인민이 실질적으로 세금의 압박에서 벗어나 있었던 것은, 부유한 요맨과 장인 그리고 상인들로 이루어진 독립적인 집단이 대두해 나오도록 크게 부추겼으며 그럼으로써—16세기 중엽으로부터는 프랑스의 내수시장이 결코 따라잡을 수 없게 될 만큼—매우 탄력적이고 활기찬 내수시장을 형성시키는 데 이바지했다. 또한 프랑스가 잇달아 빠져들었던 일련의 대외전쟁과 내란이 군사적 · 봉건적 풍조를 더욱더 오래도록 살아남게 하여 자본주의적인 풍조의 발달을 가로막게 만들었다는 점도 지적되어야 한다.

물론 이 시대의 전쟁을 봉건제의 위기를 보여주는 한 측면으로 보거나 또는 자본주의의 성장으로 말미암아 유럽 전체를 무대로 두 문명 사이에서 벌어진 더 광범위한 투쟁의 한 부분을 이루는 것으로 보고, 그리하여 그것을 마르크스주의의 틀 안에 짜맞추어 넣을 수 없는 것은 아니다.37) 하지만 그렇게 하기 위해서는 "계급구조가……일단 뿌리를 내리면 그것은 그 사회의 경제발전에 꽤 엄격한 한계와 가능성을, 아니 실로 더 나아가 특정한 장기적 패턴을 부여하는 경향이 있으며" 그 계급구조는 "상대적으로 독자적인" 과정을 통해 나타난다는 브레너의 명제에38) 표현되어 있는 이론적인 입장을 넘어서야만 한다. 일반화로서는 그러한 언명들이 그리 황당한 것은 아니다. 그러나 거기에 "더 나아가"라든지 "상대적"과 같은 수사적인 낱말이 곧바로 포함되어 있는 것 그 자체가 어떤 문제가 제기되고 있는가를 가르쳐 주고 있는데 브레너는 그 문제를 파악하지 못하고 있다. 인구의 증감과 같은 특정한 현상들의 영향이 계급구조의 성격에 따라 완전히 다른

37) J. V. Polišenský, *The Thirty Years War* (Berkeley and Los Angeles, 1971); D. Parker, *Europe's Seventeenth Century Crisis : A Marxist Reappraisal* (Our History pamphlet, no.56, London, 1973)을 참고할 것.

38) 본서의 p.20.

결과를 빚어낼 수 있다는 브레너의 기본적인 주장은 받아들일 수 있다. 그러나 특정한 상황들과 비교적 짧은 기간에 걸친 현상들로 이루어진 **국면**conjuncture이 기존의 **구조**structure에 어떤 식으로든 중요한 영향을 미칠 수 없다고 주장하는, 있을 법하지 않은 단계로까지 나아가기를 그가 바라지 않는 한, 그가 그 둘 사이의 상호작용을 인정하는 것은 계급구조가 독자적으로 발전한다는 점을 입증해 주기는커녕 실제로는 그 점을 오히려 의문 속에 빠트릴 것이다. 브레너는 이러한 어려움을 비켜가면서 계급 간의 세력균형을 그 자체에 비추어서 설명하는 것으로 보이는데, 그럼으로써 그는 경제발전에 관한 "인구론적" 모델과 "상업화" 모델의 대변자들에게 그 자신이 그토록 효과적으로 퍼부었던 것과 똑같은 종류의 비판을 받을 위험 속으로 스스로 걸어 들어가고 있는 것이다.

독일 동부와 서부에서의 농민조직과 계급 갈등

하이데 분더Heide Wunder[1)]

산업시대 이전에 유럽에서 이루어진 장기적인 경제발전을 설명하기 위해 농업에서의 계급구조와 경제발전을 연관시키려고 시도하는 가운데 로버트 브레너는 여러 맥락에서 독일의 경험을 거론한 바 있다. 그러나 여기에서 필자는 "농민의 계급조직이 서로 다른 길을 따라 발전해왔다는 사실은 비교연구의 대상 가운데 아마 가장 중요한 사례일 엘베 강을 경계로 한 동부 독일과 서부 독일의 비교에서 가장 뚜렷하게 드러난다"는[2)] 브레너의 명제를 고찰하는 데에만 관심을 한정하고자 한다.

브레너는 서부 독일의 농민공동체에 관해서는 아주 간략하게만 서술하고 있을 뿐이지만 그에 뒤이어 엘베 오른쪽 지역의 농민공동체에 관해서는 훨씬 더 자세하게 서술하고 있는데, 이는 엘베 오른쪽 지역의 농민들이 중세 동안에 강력한 공동체조직을 발전시키지 못함으로써 결국 근대 초에 들어와 예농제의 굴레 속으로 빠져들었다는 그의

1) 필자는 이 논문의 영어 문장을 고쳐주는 데 수고를 아끼지 않은 E. Krause와 R. Tamchina에게 커다란 신세를 졌다.

2) 본서의 pp.65-73; 인용은 pp.65-6에서.

명제를 뒷받침하기 위한 것이다. 물론 교과서와 2차 자료에 기댈 수밖에 없는 것이 비교사가의 운명이기는 하지만 유감스럽게도 브레너는 프로이센 신화—호엔촐레른 신화—의 희생양이 되어버려 그 신화가 지니고 있는 온갖 모순되고 엇갈리는 점들을 모두 받아들이고 있다. 물론 그가 좀더 최근에 나온 전문적인 연구들을 몇 가지 이용함으로써 이러한 함정을 피하려고 애썼음은 분명하다. 하지만 그러면서도 그는 보다 뒷날에 독일이 걸어간 역사가 보여주는 긍정적 측면과 부정적 측면들을 중세로 투사시킴으로써 호엔촐레른 신화의 주된 약점을 다시 드러냈다. 따라서 필자는 너무 상세한 것까지 다루지는 않으면서 첫째로 브레너의 논의가 바탕으로 삼고 있는 사실적인 기반을 살펴보고, 둘째로 독일의 경험에 비추어 농업구조에 관한 그의 개념을 고찰하고자 한다.

브레너의 주장에 따르면 엘베 오른쪽 지역의 농민공동체들은 뒤늦게 형성되었고 영주들 및 그들의 대리인들에 의해 지배되는 식민정착지로서 어떤 공동체적 전통도 갖고 있지 못했기 때문에 상대적으로 취약하였다. 그들의 공동체 의식은 숲 가장자리를 에워싸면서 "띠ribbon" 모양으로 자리 잡은 식민정착지Waldhufen에서는 공유지도 없었고 협동 경작도 거의 나타나지 않았기 때문에, 그리고 또한 촌락들이 작고 인구가 희박했기 때문에도 미약할 수밖에 없었다. 브레너는 관습을 명문화시켜 놓은 마을헌장Weistümer이 없었다는 것을 이러한 점을 뒷받침해주는 또 하나의 증거로 들고 있다. 그럼에도 그는 엘베 오른쪽 지역의 농민들을 "가장 자유로운 농민집단 가운데 하나"로 지칭한 바 있다.3)

엘베 오른쪽 지역에서 12세기로부터 줄곧 독립적인 농민공동체들이 설립되었고, 촌락의 사법문제 및 경제문제에 대한 영주나 영역군주의 개입이 매우 한정되어 있었다는 것은 오늘날 확실한 사실로 자리 잡고 있다.[4] 서부 독일에서도 공동체의 독립성과 신분적인 자유의 기본적인 요소들이 이미 발달해나와 있었지만 집단적인 농민공동체들이 최초로 문서에 기록되었던 것은 바로 엘베 오른쪽 지역에서였다. 농민들의 그러한 유리한 처지가 영주께서 은혜롭게 내려준 선물이 아니라 오히려 경제적 효율성과 공동체적 조직 그리고 협상에서의 강력한 입장에서 비롯된 결과였음은 분명하다. 농민들이 그러한 정도로 공동체의 독립성과 개인의 신분적 자유를 얻어낼 수 있었던 곳은 서부 독일에서도 몇몇 지역뿐이었다. 하나의 짝을 이루는 그 두 가지 제도에서 농민의 이해관계와 영주의 이해관계가 표출된 것은 농민조직이 발달해 나오는 초기 단계에 전형적으로 나타났던 양상이었는데, 이러한 양상은 튀링겐과 니더작센으로부터 건너온 정착민들에 의해 엘베 중부 지역으로 전해졌고, 그곳에서 계획적인 식민화 과정이 이루어지는 가운데 변형되어 갔다. 이러한 식민사업을 조직하고 많은 경우 그 자금을 댔던 식민사업자는 그가 설립한 촌락에서 상당한 권위와 영향력을 지닌 촌장의 지위를 얻었다. 촌장이 보유한 토지는 일반 농민의 그것보다 더 컸으며 영주에 대한 모든 부담으로부터 면제되었다. 그는 공권력에 속한 여러 가지 권리를 부여받았으며 그와 더

3) 본서의 p.38.

4) *Die Anfänge der Landgemeinde und ihr Wesen*, 2 vols.(Konstanzer Arbeitskfeis für mittelalterliche Geschichte, Vorträge und Forschungen, vii-viii, Stuttgart, 1964).

불어 세습적인 촌장 겸 재판관의 세습적인 직책도 부여받았는데, 이로써 그는 촌락 법정을 주재하고 그 법정에서 부과되는 벌금 가운데 3분의 1을 차지하게 되었다. 동시에 그는 지대를 걷는 역할도 했고 또한 영주를 위해 수행되어야 하는 강제부역을 감독하기도 했다. 하지만 촌장이 공동체의 권위와 영주의 권위를 하나로 결합시킴으로써 촌락의 차원에서 독립적인 정치적 제도들이 발달해나오지 못하도록 가로막았다고 결론짓는 것은 그릇된 일일 게다. 그의 세습적인 지위 하나만으로도 그는 영주의 대리인에 불과한 존재로 전락당하지 않을 수 있었다. 오히려 촌장과 농민공동체는 한 동아리를 이루었던 것으로 나타난다. 그 동아리 속에서 촌장은 중세 동안뿐만 아니라 근대 초에 들어와서도 변혁의 시대에 이르기까지 농민의 이익을 대변하고 농민의 저항을 지도하는 역할을 했던 것이다.[5)]

독일의 엘베 오른쪽 지역 가운데 거의 모든 곳에서 마을헌장이 나타나지 않았음은 쉽게 설명된다. 지방의 관습과 관행을 기록하고 영주와 농민의 권리를 명시한 마을헌장을 필요하지 않게 만들었던 법적인 장치들이 식민 운동이 벌어지는 동안에 발달해 나왔던 것이다. 식민정착지의 설립에 관한 조례는 바로 마을특허장이라 불리는 문서에 기록되었는데 이 특허장은 그 촌락의 경계, 농민들이 그들의 보유지에 대해 갖고 있는 법적인 지위, 농민들의 부담과 노동 부역, 십일조, 공동체의 여러 권리, 마을 법정, 그리고 촌장과 교구사제의 지위 따위를 모두 규정하고 있었다. 이러한 마을 특허장들은 농민공동체와 영주 사이에 어떤 분쟁이 벌어질 때라도 참조되는 공인된 근거가 되었

5) J. Ziekursch, *Hundert Jahre schlesischer Agrargeschichte vom Hubertusburger Frieden bis zum Abschluss der Bauernbefreiung* (Breslau, 1915).

다. 이와 같은 설립 특허장이 일반적인 형태가 되기 전에 이미 정착이 이루어졌던 지역들에서는 많은 경우 영주와 농민 사이의 분쟁이 어떻게 해결되었는가 또는 공동체가 공동으로 이용할 땅을 어떻게 추가로 얻어내었는가를 기록한 것이 농민공동체의 존재를 확실하게 인정한 최초의 성문화된 문서가 되어있다. 또한 마을 헌장의 두 번째 구성 요소인 마을의 관습적인 내규 역시 엘베 오른쪽의 지역들에서 존재하고 있었으나, 그곳에서는 빌퀴렌이나 벨리붕겐 또는 드라이딩오르트눙 따위의 다른 이름으로 불리었다.6)

브레너가 지리적 증거와 인구적 증거로부터 끌어온 논의들 역시 바로잡을 필요가 있다.7) 사실상 엘베 오른쪽 지역은 제각기 특징적인 정착유형을 지닌 두 지역으로 구별되어야 한다. 그 하나는 산촌散村이 지배적이었던 작센과 슐레지엔의 몇몇 부분들에만 한정되어 있었고(그리고 브레너가 염두에 두고 있는 것도 바로 이러한 곳들이라 여겨진다), 다른 하나는 집촌集村이 지배적이었던 훨씬 더 넓은 지역이었다. 집촌은 개방 경지를 지니고 있었던 반면에 산촌에서는 한 농민의 토지가 한 곳에 모여있는 경우가 지배적이었지만, 집촌과 산촌 모두에서 대개는 삼 년 주기의 돌려짓기로 경작이 이루어졌다.8) 산촌에 공유지가 전혀 없었다는 것은 물론 사실이지만 그곳에서도 역시 촌장과 많은 경우 영주도 얼마간의 방목권을 누리고 있었으므로 농민들은 자신들의 가

6) 예컨대 K. H. Quirin, *Herrschaft und Gemeinde nach mitteldeutschen Quellen des 12. bis 18. Jahrhunderts* (Göttingen, 1952).

7) C. T. Smith, *An Historical Geography of Western Europe before 1800* (London, 1967): A. Mayhew, *Rural Settlement and Farming in Germany* (London, 1973)를 참고할 것.

8) W. Abel, *Geschichte der deutschen Landwirtschaft vom frühen Mittelalter bis zum 19. Jahrhundert* (Stuttgart, 1962), p.200.

축에 대한 방목을 공동체적인 기반 위에서 조직하지 않을 수 없었다. 경작지에서의 긴밀한 협력은 반드시 필요하지 않았다고 하더라도 공동체의식의 발달을 부추겼을 제도들, 즉 마을 법정과 교회는 존재하고 있었다. 개방 경지를 지닌 마을들에서는 농민들 사이의 협력이 엘베 오른쪽과 왼쪽 모두의 마을 내규에서 똑같은 조항들이 나타나고 있다는 사실이 뚜렷하게 보여주듯이, 서부 독일의 경우와 똑같은 방식을 따라서 이루어졌다.9)

마을의 크기로 볼 때 원주민인 슬라브족의 자그마한 마을들과 독일인의 보다 커다란 마을들 사이에는 통상 뚜렷한 차이가 있었다. 동프로이센에서는 프로이센 토박이였던 농민들도 영주의 지배를 받았기 때문에 커다란 마을들에서 살았던 반면 프로이센의 자유민들은 작은 마을을 더 좋아하였다. 동부 독일과 서부 독일 모두에서 지방과 지역에 따라 아주 커다란 차이들이 있었음을 감안한다고 하더라도, 서부 독일이 인구가 더욱 밀집한 지역이었음은 의심할 나위가 없다. 왜냐하면 서부 독일에서 더 집약적인 경작 형태가 시행될 수 있었기 때문이다. 또 서부 독일에서 더 많은 산업 생산이 가능했다는 것 역시 분명한데 그 이유는 독일의 북부나 동부의 평원에서 발견되지 않는 자연자원들이 서부 독일에는 존재해 있었기 때문이다.

물론 농민들 사이에 얼마나 강한 유대가 맺어져 있었는가를 가장 결정적으로 드러내는 것은 영주의 영향력과 수탈에 맞서서 농민이 얼마만큼 강력하게 저항했는가 하는 점이다. 엘베 오른쪽 지역에서 발발한 농민의 저항을 보여주는 가장 잘 알려진 두 가지 보기—1440년

9) 독일의 마을 내규와 영국의 그것 사이에도 놀라울 만큼 비슷한 점들이 있다 : W. O. Ault, *Open-Field Farming in Medieval England* (London, 1972)를 보라.

에 벌어진 에르멜란트 농민의 "봉기"와 1525년의 잠란트 봉기—는 브레너가 생각하는 "식민정착지"의 상황과 들어맞지 않는다. 브레너는 그러한 봉기들이 예외적인 것이고 따라서 일반적인 패턴으로부터 벗어난 것으로 보고 있다. 브레너는 두 지역 모두에서 인구밀도가 아주 높았고 잠란트의 경우에는 비교적 강력한 형태의 프로이센 농민공동체들이 독일인의 식민 사업에 의해 와해되지 않은 채 완강하게 살아남았다는 사실로 그 봉기들이 설명될 수 있다고 여기는 듯하다. 이러한 견해는 바로잡혀야만 한다. 첫째로 에르멜란트 농민의 "봉기"는[10] 폭력적인 농민 반란이 아니었다. "식민정착지"의 유형에 속하는 여러 농민공동체가 각각 마을 촌장의 지도 아래에서 그들의 마을특허장 속에 명시되어 있는 권리들을 다시 확인하면서, 몇몇 새로운 형태의 경제적 수탈을 확립시키고자 하였던 에르멜란트 성당 참사회의 시도에 대해 항의를 제기하였던 것이다. 그 분쟁이 양쪽 당사자에 의해서도 또 주교의 중재를 통해서도 해결되지 못하자 사법적인 절차로서 에르멜란트 영역의회가 그 문제를 다루게 되었다. 그 영역의회의 대표들이 양쪽 사이를 중재하려 여러 차례 시도했음에도 농민들은 그들의 마을특허장에 명시된 "옛법"을 회복하라는 그들의 요구를 결코 철회하지 않으려 했고, 마침내 두 해에 걸친 사법적인 실랑이 끝에 주교는 그들 가운데 몇몇을 체포하였다. 브라운스베르크시의 도시민들이 이에 개입함으로써 그 농민들은 겨우 풀려날 수 있었으나 그들은 무거운 벌금을 부과당했고 공개적으로 잘못을 시인해야 했다. 이 "봉기"는 "식민정착지"의 농민공동체들이 꽤 강력했고 공동체와 촌장 사이의

10) V. Röhrich, "Ein Bauernaufruhr im Ermlande, 1440-42", *Königliches Gymnasium zu Rossel. Bericht über das Schuljahr Ostern 1893-4* (1894).

유대가 긴밀했으며, 마을특허장과 그 위에 있는 법률체제가 비교적 확실하게 공동체의 권리를 보장해주었고, 도시와 농민 사이에 상당한 정도로 유대가 이루어져 있었음을 입증해주고 있다.

두 번째 사례는 1525년에 잠란트에서 발발한 봉기이다. 잠란트는 동프로이센의 북부지역으로서,[11] 십자군기사단인 튜톤기사단이 13세기에 정복했던 발트해 연안 지역들 가운데 한 부분을 이루었다. 사실상 튜톤기사단의 나라 가운데 이 지역에서는 원주민인 프로이센인들이 비교적 높은 인구밀도를 보이며 살고 있었으며, 독일인의 마을들은 몇몇 삼림지역에만 자리 잡고 있었다. 프로이센인들의 전통적인 정착 패턴이었던 산촌의 유형은 1400년 무렵에 정착지들을 집중시키는 정책으로 말미암아 변형되었다. 1525년에는 잠란트가 이미 프로이센에서 가장 인구가 조밀한 지역 가운데 하나가 되어있었는데 이는 주로 가까운 쾨니히스베르크Königsberg에 자리 잡고 있던 영역 군주가 물자를 충분하게 공급받기 위해 잠란트를 전쟁과 용병군대들로 말미암은 황폐화로부터 보호하려고 했기 때문이었다. 하지만 1525년에 발발한 프로이센인 농민의 봉기를 독일인의 식민사업으로부터 본질적으로는 영향을 받지 않았던 강력한 프로이센인 농민공동체들이 이루어낸 업적으로 간주하기란 전혀 불가능한 일이다. 그러나 바로 이 점을 주장하기 위해 브레너는 라인하르트 벤스쿠스Reinhard Wenskus가 주로 프로이센인 자유민만을 다루고 있지 프로이센인 농민의 대다수를 다루고 있지 않다는 사실을 제대로 알아차리지 못한 채 벤스쿠스의 논문을 인용하고 있다.[12] 사료들은 여러 종족이 섞여 살고 있던 이

11) H. Mortensen, *Siedlungsgeographie des Samlandes* (Stuttgart, 1923).
12) 앞의 브레너 논문의 주 72).

지역에서 농민의 모든 부류들이—독일인 농민과 프로이센인 농민 그리고 심지어는 경제적 지위로 볼 때에는 농민으로 분류될 수 있지만 사회적으로는 튜톤기사단에 의해 지위가 상승된 군사적 "계급"에 속해있었던 프로이센인 자유민까지도—봉기에 참여했다는 사실을 가르쳐준다. 기록으로부터 우리가 말할 수 있는 한 봉기의 지도자들은 독일인 마을들의 특권적인 계층들과 1525년 이전에 이미 "평화로운" 사법적인 항의에서 지도자를 배출한 바 있었던 프로이센인 자유민들로부터 나왔다. 사실상 브레너의 논의를 그대로 따라간다면 프로이센인 농민들이 도대체 어떤 이유로 봉기에 가담했고 더 나아가 농민군대의 주된 부분을 이루었던 것으로 나타나는가를 설명하기란 어려운 일이 아닐 수 없다. 물론 프로이센인 농민들 사이에 사회적으로나 문화적으로나 강력한 유대가 맺어져 있었음은 분명하지만, 촌락 차원에서는 그들이 정치적인 제도들을 유지하거나 심지어 발달시키지 못하고 있었던 것이다. 또한 동프로이센의 다른 지역들에서 살고 있던 농민들도 잠란트의 농민군대에 합류하여 애썼으나 휴전이 재빠르게 맺어지는 바람에 봉기가 잠란트와 나탕겐 너머로 확산되지 못했다는 사실 역시 지적되어야만 한다.[13] 그들의 패배에도 불구하고 농민들이 영주가 침식해 들어오는 데 맞서서 더 이상 항의하지 못하게 될 만큼 완전히 무릎을 꿇었던 것은 아니었다. 16세기의 기록들에는 농민들의 집단행동이 수없이 나타나고 있으며, 농민의 문제는 줄곧 끊임없이 해당 지역의 영역의회에 회부되어 논란을 불러일으켰던 것이다.[14]

13) H. Wunder, "Zur Mentalitt aufstndischer Bauern", *Geschichte und Gesellschaft*, Sonderheft 1, *Der deutsche Bauernkrieg*, 1524-1526(1975) : H. Wunder. "Der samlndische Bauernaufstand von 1525" in R. Wohlfeil(ed.), *Der Bauernkrieg, 1524-26* (Munich, 1975).

브레너는 자본주의를 향한 서로 다른 길들을, 그가 보기에 중세에 이미 서유럽 사회와 동유럽 사회를 구분시켜 놓았던 봉건적인 계급관계에서의 차이들과 연관시키려고 노력해왔다. 그는 독일의 엘베 오른쪽 지역에서 나타난 농민의 (계급) 조직과 영주에 대한 투쟁을 엘베 왼쪽 지역에서 나타난 그것과 비교함으로써, 자신의 논지를 뒷받침하고자 시도한다. 그러나 필자가 입증하려고 애써왔듯이 그의 논의가 바탕으로 삼고 있는 사실적 기반은 다시 검증해본 결과 시험을 통과하지 못하며, 따라서 그가 내린 결론들을 뒷받침해주지 못한다. 농민 조직에서나 농민의 저항이 보여주었던 힘에서나, 중세에 독일의 엘베 오른쪽 지역과 엘베 왼쪽 지역 사이에서 어떤 본질적인 차이들이 나타났다는 것은 결코 사실로 확정된 바 없다. 근대에 들어와서 뚜렷하게 나타난 독일의 엘베 오른쪽 지역과 엘베 왼쪽 지역 사이의, 그리고 보다 전반적으로는 동유럽과 서유럽 사이의 지정학적 차이는 한마디로 말해 중세 유럽에는 들어맞지 않는다. 이 차이가 어떻게 해서 나타나게 되었는가를 설명하려고 애쓰면서 브레너는 발트해 지역에 대해 그리고 그 지역이 중세에 북유럽 및 동유럽에게 문화적 · 경제적으로 지니고 있었던—지중해 지역이 남부 유럽에게 지니고 있던 것과 맞먹을 수 있을 만큼 컸던—중요성에 대해 거의 제대로 평가를 하고 있지 않다. 이는 중앙 유럽의 역사가들이 그들이 밝혀낸 점들을 영국과 프랑스의 역사가들에게 제대로 알려주지 못해왔다는 사실을 반영하고 있다. 이와 같은 사실을 보여주는 어쩌면 가장 두드러진 보기로는 빌헬름 아벨Wilhelm Abel의 저작을 들 수 있을 게다. 브레너는 아벨의 『농

14) N. Ommler, "Die Landstnde im Herzogtum Preussen, 1543-1561"(Univ, Bonn, Phil. Diss., 1966).

업위기와 농업경기』를 언급조차 하지 않고 있는 것이다.[15)]

보다 이론적인 차원에서도 브레너의 논의를 따르기란 어려운 일이다. 그 이유는 첫째 그가 자기 논문의 바로 첫머리에서 분석의 목적을 위해 구별하고 있는 계급구조의 두 가지 측면—즉 "노동과정" 또는 "사회적 생산력"과 "소유관계" 또는 "잉여착취관계"—을 충분히 진지하게 고려하고 있지 않기 때문이고, 두 번째로는 그가 "소유관계"와 "잉여착취관계" 사이의 차이를 모호하게 만들기 때문이다.[16)]

중세 말의 "소유"관계에 관해서는[17)] 영주들이 지대를 받아 살아가는 것이 더 유리함을 깨닫게 되면서, 독일 전역의 농민들이 꾸준하게 토지에 대한 장기적인 또는 심지어 세습적인 용익권을 획득해갔다는 사실을 반드시 염두에 두어야 한다. 이러한 소유관계는 심지어 엘베 오른쪽의 대부분 지역들에서도 19세기에 이르기까지 본질적으로 아무런 변화도 겪지 않은 채 살아남았다.[18)] 그러나 경제적 변화는 잉여착취관계와 노동과정에 영향을 미쳤다. 잉여착취의 제도 전체가 비경제적인 강제에 바탕을 두고 있었다고 인정하더라도 경제생활에서 이루어진 변화들이 농민과 영주 사이의 잉여착취관계에 심각한 영향을 미쳤음을 부정할 수는 없다. 예컨대 엘베 오른쪽 지역에 식민 · 이주해

15) W. Abel, *Agrarkrisen und Agrarkonjunktur* (Berlin, 1935; 3rd edn, Hamburg & Berlin, 1978): 영역본 *Agricultural Fluctuations in Europe from the Thirteenth to the Twentieth Centuries* (London. 1980).

16) 본서의 pp.19-20.

17) 독일 법제사에 따르면 "소유"라는 용어는 중세적인 소유 형태에는 적용될 수 없다.

18) 물론 장원영주제가—북해에 면한 몇몇 지역들에서처럼—도입되지 않았던 지역들이 있었고, 장원영주제가—Mecklenburg에서처럼—30년 전쟁 이후에 귀족의 영지들에서 거의 완전하게 철폐되었던 지역들도 있었다.

왔던 농민들의 지위에 중요한 의미를 지니고 있던 변화로서 현물지대가 고정된 화폐지대로 금납화된 것은, 그 농민들의 잉여 생산물 가운데 영주가 차지하는 몫을 줄여주었기 때문에 농민들에게 유리한 것으로 판명되었다. 하지만 관습적인 화폐지대의 가치가 장기적으로 하락함에 따라 영주들의 수입은 줄어갔고, 그리하여 영주들은 잉여착취를 위한 새로운 수단을 찾아 나서지 않을 수 없었다. 처음에는 영주들이 그들이 가지고 있는 공권력을 이용하여 농민들의 노동 부역을 사용함으로써 손실을 보충하려고 하였다. 이 점을 잘 보여주는 보기로는 1440년~ 1442년에 발발한 에르멜란트 농민의 봉기를 들 수 있는데, 그 봉기에서 농민들은 삼림과 호수를 더욱 집중적으로 이용하여 수입을 증대시키려는—이는 농민들에게 꿀을 운반하고 목재를 물 위에 띄우며 고기를 잡는 데 더 많은 노동 부역을 해야 한다는 것을 뜻했다—영주들의 시도에 맞서서 저항했던 것이다.[19] 경작지에서도 농민의 노동 부역이 강요되었던 것은 뒷날 영주의 직영지가 더욱 넓혀진 다음에야 이루어진 일이었다.

지대의 가치하락은 독일 전역에 걸쳐 나타났으나 그에 대한 영주의 반응이 정확하게 어떤 성격을 띠게 되었는가는 영주와 농민이 각자 어떤 길을 선택할 수 있었는가에 따라서 지역마다 크게 달랐다. 많은 기사들은 가난에 빠져들었고 또 역시 많은 기사들은 노상강도로 나섰으며, 일부는 용병으로 나섬으로써 살아남았고 일부는 외교관 일을 시작할 수 있었으며, 일부는 영지를 끌어모아 농민들을 쥐어짰고, 또 일부는 (브란덴부르크에서 그러했듯이) 자기 손으로 자신의 땅을 직

19) Röhrich, "Bauernaufruhr im Ermlande", p.ii.

접 갈기 시작하였다. 곡물 수출이 엘베 오른쪽 지역의 중소영주들에게 커다란 영향을 미쳤고 독일의 보다 핵심적인 지역들에서는 영주계급으로 하여금 농업에 커다란 관심을 기울이게 할 만한 중요한 유인이 없었다는 사실에 비추어 볼 때, 계급구조가 "경제적 요인들의 압력에 대해서 아주 탄력적"이었다는 브레너의 주장은[20] 의문시되어야만 한다. 17세기 중엽에 이미 전통적인 잉여착취의 형태는 엘베 오른쪽의 많은 지역에서 관습적인 화폐지대(지대장원)로부터 영주직영지에서의 강제적인 노동 부역(직영장원)으로 바뀌어 있었다. 그리하여 농민들은 그들의 재정적인 독립성에 더하여 그들의 경제적 자원에 대한 통제권까지도 상실하였다. 그들은 그들의 노동력과 가축 그리고 장비를 엘베 오른쪽 지역에 특유한 형태로 나타난 직영장원의 요구들에 적응시켜야 했다. 농민경제는 영주경제의 한 변수로 전락하였다. 그리고 도시경제는 농민과 영주 모두가 가까운 지방 시장을 이용하지 않았거나 또는 이용할 수 없었기 때문에 위축되었다. 이들 지역에 새로 도입된 예농제는 농민과 영주 사이의 관계에서 급격하게 나타난 혁신으로 간주되어야 마땅하지만, 독일의 서부와 남서부 지역들에서 오래전부터 자리 잡아 왔던 예농제는 대체로 노동과정에는 관여하지 않고 화폐 또는 현물로 더욱 많은 지대를 수탈하는 수단으로만 사용되었다.

이상과 같은 짤막한 논평들이 가르쳐줄 수 있었듯이 가장 중요한 문제는 브레너가 분석의 목적을 위해 구별한 계급구조의 범주들을 자신이 비교하고자 하는 여러 다른 경우들에 일관되게 적용하지 않기 때문에 빚어지고 있다. "세력"에 관한 그의 관념에 대해서도 같은 말

20) 본서의 p.20.

을 할 수 있다. 브레너로 하여금 "세력"을 그것이 하나의 계급으로서 농민이 가진 것이든 영주가 가진 것이든 **계급** 세력에만 한정시키고, 반면에 **정치적인** 세력은—그것이 영주들의 계급세력과 서로 관련을 맺고 또 한데 얽혀있을 수 있지만—하나의 뚜렷한 존재로 여기지 않도록 만들었던 것은, 아마도 다름이 아니라 "계급투쟁"을 사회발전의 가장 중요한 추진력으로 보는 마르크스의 개념이었을 게다. 브레너가 중앙의 정치세력을 가장 두드러지게 대변하는 국가를 언급하는 경우에는 어디에서든 국가는 지배계급의 도구이거나 농민의 잉여를 두고 영주와 경쟁하는 "계급과 비슷한" 존재로만 간주되고 있다.[21] 이처럼 두 계급을 뚜렷하게 대조시키는 것은 비록 사회발전의 여러 단계(즉 여러 사회구성들)를 규정하는 데에는 쓸모가 있을 수 있지만, 역사적 과정을 분석하는 데에는 그렇게 도움이 되지 않는다. 왜냐하면 농민을 수탈하는 데 영주와 국가가 똑같이 관심을 기울였다고 하더라도, 그러한 공통된 관심은 농민들에 대한 서로 다른 태도를 낳았기 때문이다. 국가는 나라의 경제적 · 군사적 기반으로서 농민계급을 유지시키는 데 관심을 쏟았던 반면에 영주들은 그들 자신이 가능한 한 높은 수익을 확실하게 얻을 수 있도록 충분한 노동력을 얻는 데에만 관심을 두었던 것이다. 그밖에도 국가는 광산이나 관세수입과 같은 다른 자원들도 마음껏 이용할 수 있었기 때문에 오로지 농민의 잉여생산물에만 기댈 필요가 없었다. 따라서 계급들 사이의 세력균형은 중앙의 정치 세력이 얼마나 강력했는가 (또는 약했는가)—즉 **지방**의 정치세력으로서 영주들이 중앙의 정치세력인 국가에 대해 상대적으로 얼마나 강

21) 본서의 pp.58, 86-9.

력했는가—에도 역시 달려있었다. 서유럽의 맥락에서는 브레너가 서부 독일의 "축소판 절대주의" 국가들을 국가에 의한 농민보호정책이라는 수단을 사용하여 "계급과 비슷한 잉여착취자"로서 발전해간 국가의 "원형"을 보여주는 사례로 간주하고 있다.[22] 그러나 유럽에서 농민의 계급 세력이 어떻게 발전했는가를 다루고, 또 그러한 발전에 관련하여 "엘베 강을 경계로 한 동부 독일과 서부 독일"이라는 "비교연구의 대상 가운데 아마 가장 중요한 사례"를 고찰하면서는, 잉여착취관계에 대해 정치적 세력이 얼마나 커다란 영향을 미치는가를 가르쳐주는 것이 바로 프로이센의 경험이고 농민보호정책으로 가장 이름 높은 것이 바로 프로이센의 절대주의적 군주들임에도 불구하고, 그가 이러한 문제에 대해 거의 언급조차 하지 않고 있는 것이다.

그러나 계급세력의 관념은 농민에 관련해서도 더욱 폭이 넓어져야만 한다. 중세 농민의 계급조직은 촌락과 그 촌락의 영역에서 "공권력"을 행사할 수 있었던 촌락의 공동체적 제도들에 뿌리를 두고 있었다. 농민공동체들은 "정통성"을 지닌 권력체제에 참여했고, 중세의 정치생활에서 필수적인 부분을 이루고 있었다.[23] 이는 중세에 나타났던 권력분배의 패턴이 근대의 그것과는 본질적인 측면들에서 달랐다는 사실을 분명하게 드러내준다. 따라서 엘베 오른쪽 지역에서 융커계급의 세력이 성장해나온 것을 설명하려는 어떠한 시도도 농민들의 경제적 · 사회적 그리고 정치적인 지위가 낮아졌다는 사실뿐만 아니라, 중앙과 지방 사이의 세력균형에서 나타난 일련의 변화들도 반드시 고려에 넣어야만 하는 것이다.

22) 본서의 pp.87-9.

23) H. Wunder, *Die bäuerliche Gemeinde in Deutschland* (Göttingen, 1985)

로버트 브레너에 대한 반론

에마뉘엘 르 르와 라뒤리 Emmanuel Le Roy Ladurie

필자는 로버트 브레너의 논문에 대해 그가 펼쳐 내고 있는 논의의 줄거리를 조심스럽게 뒤따르면서 간략하게 논평하고자 한다. 그의 논의는 분명히 아주 능란하고 또 증거로 잘 뒷받침되고 있지만, 때로는 얼마간 피상적일 뿐만 아니라 지나치게 편협한 모습도 보여준다. 필자로서는 "맬서스" 모델이 아니라 "신맬서스" 모델에 관해 이야기할 것이다. 이는 맬서스의 시대 이래로 아주 많은 요인들이 새롭게 모습을 드러내 사실적인 입장과 이론적인 입장 모두를 더욱 복잡하게 만들어 왔다는 사실을 고려한 것이다. 아래에서 필자는 브레너에 대한 반론을 열세 가지로 나누어 제시하고자 한다.

1. 브레너가 그의 논문 첫머리에서 제시한 것과는 달리,[1] 신맬서스 모델은 어떤 식으로든 계급구조를 하나의 추상으로 간주하여 옆으로 제쳐놓지 않는다. 오히려 정반대로 그 모델은 추상적인 경제적 범주들(지대, 사업 이익, 임금)보다는 구체적인 사회집단들(영주, 농민, 농업노

1) 본서의 pp.17-8.

동자 따위)의 역할을 훨씬 더 크게 강조하는 데 주의를 기울임으로써 계급구조를 모델 속에 통합시키고 있다. 이 점에 관해서는—필자 자신의 저작을 들먹거리는 것은 좀 미안스러운 일이지만 브레너 자신이 필자를 그럴 수밖에 없는 입장에 놓이게 만들었으니 어쩔 수 없다—필자의 『랑그독의 농민』을 보면 된다.[2]

2. 브레너는 필자 자신의 저작뿐만 아니라 포스탄의 저작도 비판하고 있지만 그는 빌헬름 아벨이 이미 여러 해 전에 내놓았던 유럽의 농업사 특히 독일의 농업사에 관한 아주 폭넓은 연구 성과를 전혀 언급하지 않고 있다.[3] (그리고 이는 사료들을 그토록 인상적일 만큼 폭넓게 섭렵하고 있는 학자로서는 이상한 일이 아닐 수 없다.) 아벨이 내린 결론들은 포스탄과 필자 자신의 저작이 담고 있는 신맬서스 모델의 핵심을 충분히 뒷받침해 준다.

3. 브레너는 "잉여착취계급 또는 지배계급(들)"[4]에 관해 말하고 있다. 브레너와 같은 재능있는 역사가가 (정치적인 요소인) 권력과 (경제적인 요소인) 잉여가치를 그토록 단순하기 짝이 없게 동일시하고 있다는 사실은 어쩌면 놀랄 만한 일일 게다. 엥겔스Engels 자신이 비록 그가 낱말의 미묘한 차이를 제대로 파악하지 못하는 사람이라고 하더

2) E. Le Roy Ladurie, *Les paysans de Languedoc*, 2 vols.(S. E. V. P. E. N. edn, Paris, 1966; Flammarion edn, Paris, 1969).

3) W. Abel, *Die Wüstungen des ausgehenden Mittelalters*, 2nd edn(Stuttgart, 1955); W. Abel, *Agrarkrisen und Agrarkonjunktur*(Berlin, 1935; 3rd edn, Hamburg & Berlin, 1978) ; 영역본 *Agricultural Fluctuations in Europe from the Thirteenth to the Twentieth Centuries* (London, 1980).

4) 본서의 p.19.

라도 과연 감히 그처럼 단순한 등식을 제시하려 했을까? 필자로서는 거의 그렇다고 생각할 수 없다.

4. 하바쿡크가 1958년에 간략하게 요약해 놓았고[5] 그 뒤에 포스탄과 필자 자신이 더욱 발전시켰던[6] 신맬서스 모델 또는 신리카르도 모델은 사실상 그 자신 안에 자체 교정의 메커니즘을 가지고 있는 자동적인 균형 유지 체계 또는 생태학적 체계가 존재한다고 전제한다. 이 모델은 인구와 생산, 지대, 공산품 및 농산물의 가격, 실질임금, 그리고 (어느 정도든 분해되어 있거나 또는 집중되어 있는) 토지소유의 양태 따위를 서로 관련지어 주는 주된 상호관계들을, 장기적인 변화들과 함께 제시해 주고 있다. 이제 아주 최근에 들어와 이 모델은 그 모든 중요한 측면에서 14세기로부터 16세기까지의 노르망디에 관한 기 브와의 탁월하고 기념비적인 연구로[7] 더욱 구체적인 내용을 얻은 바 있다. 기 브와가 스스로를 마르크스주의자로 여기고 있다는 사실은 필자 자신의 주장을 더욱 강력하게 만들 뿐이다. 필자는 이 점에 관한 견해를 『아날』지에 실린 긴 논문에서 꽤 상세하게 설명해 놓은 바 있다.[8] 더구나 필자는 이러한 자동적인 균형 유지의 모델이 농업 자본

5) H. J. Habakkuk, "The Economic History of Modern Britain", *Jl Econ. Hist.*, xviii (1958).

6) M. M. Postan, *Essays on Medieval Agriculture and General Problems of the Medieval Economy* (Cambridge, 1973); M. M. Postan, *The Medieval Economy and Society* (London, 1972) ; E. Le Roy Ladurie, "L'histoire immobile", *Annales E. S. C.*, xxix(1974), repr, in E. Le Roy Ladurie, *Le territoire de l'hitorien*, 2 vols.(Paris, 1973-8), ii.

7) G. Bois, *Crise du féodalisme* (Paris, 1976); 영역본, *The Crisis of Feudalism* (Cambridge, 1984).

8) E. Le Roy Ladurie, "En Haute-Normandie : Malthus ou Marx?", *Annales E. S. C.*,

주의를 향해 일직선으로 나아가는 특정한 추진력을 내포하고 있기도 하다는 점을 부인하지도 않는다.

5. 필자는 이 점에서는 포스탄과 생각이 다르지만 토양의 질이 점점 더 낮아져갔다는 생각이 (물론 반드시 그릇된 것은 아니지만) 결코 신맬서스 모델을 구성해 내는 데 그리고 그 모델을 여러 장기적인 국면에 걸친 주기적 변동에 적용하는 데 반드시 필요하지는 않다고 생각한다.

6. 필자는 14세기 또는 17세기에 실제로 나타난 신맬서스적인 "억제"의 사례들을 설명하기 위해서는 꼭 알맞게 그리고 전통적으로 맬서스적이라는 딱지표가 붙어왔던 요인들(경작지는 한정되어 있는 가운데 인구가 증가함으로써 농민과 전체 대중이 빈곤해지는 양상)과 더불어, 꼭 집어서 전염병의 요인이라 말할 수 있고 따라서 "생물학적" 요인이라고도 말할 수 있는 요인들에게 역사에서 더욱더 많은 관심이 기울여져야 한다고 믿는다. 필자는 이 주제에 관한 견해를 여러 논문에서 간략하게 제시해 놓은 바 있다.[9] 그러나 브레너는 14세기와 15세기에 나타난 위기를 주로 영주의 착취에 비추어 설명하려고 하면서[10] 전염병의 요인들(역병과 그 밖의 질병들)을 필자가 보기에는 너무나 지나치게 과소평가하고 있다. 엄밀하게 전염병의 요인이라고 말할 수 있는 이

xxxiii(1978).

9) E. Le Roy Ladurie, "L'unification microbienne du monde", *Revue suisse d'histoire*, xxiii(1973), repr. in Le Roy Ladurie, *Territoire de l'historien*, ii; Le Roy Ladurie, "Histoire immobile".

10) 본서의 pp.58-9.

러한 요인이야말로 사실상 브레너가 필자의 입장에 이름을 붙이면서 사용했던[11] "맬서스주의" 또는 "맬서스적"이라는 낡아버린 말보다 "신맬서스적"이라는 말을 필자가 더 좋아하는 주된 이유를 이룬다.

7. 필자는 "두 국면의 운동"이라는 말을 16세기와 17세기에 대해서만 사용했을 뿐이다. 브레너는 암암리에 필자가 그 말을 1050년과 1800년 사이의 기간 전체에 대해 사용하고 있다고 여기는 것처럼 보이지만,[12] 사실은 전혀 그렇지 않은 것이다. 이 아주 오랜 기간에 관한 한 필자는 오히려 그 기간을 제각기 상향 국면과 하향 국면을 지니고 있는 두 개의 커다란 농업 주기로—즉 1100년에서 1450년까지의 첫 번째 주기와 1450년에서 1720년까지의 두 번째 주기로—나누고자 한다.

8. 13세기에 영국에서 노동 부역이 강화된 것은—포스탄이 생각하고 있듯이—어쩌면 부분적으로는 이 시대에 영국의 농촌에서 (그리고 프랑스 농촌에서도) 인구의 압력이 아주 크게 나타났고 또 더욱 커지고 있었다는 사실로 말미암아, 각 지방의 노동력이 영주 및 대고용주들에 대하여 불리한 입장에 놓였기 때문일 수도 있다. 또한 이러한 노동 부역의 증대는—브레너가 믿고 있듯이—어쩌면 제도적인 요인과 세력의 요인들 때문에 나타났을 수도 있다. 여기에서 이러한 요인들을 분석하는 것은 필자가 할 일이 아니다. 이 시대에는 파리 부근의 지역이 영국보다 더 "근대적"이었다. (물론 17세기에는 주도권이 해

11) 본서의 pp.23-4.
12) 본서의 p.25.

협 건너 북쪽으로 넘어갈 것이었고, 해협의 이쪽과 저쪽이 잇따라 행사한 바로 이러한 주도권이 중세와 근대의 이 두 시대 동안에 위에서 언급한 일직선적인 추진력의 요소를 이루고 있다.) 어찌 되었든 파리 부근에서 13세기에 아주 크게 나타난 인구의 압력이 경제에 미친 영향은, 결코 예농제의 압박을 더욱 커지게 만드는 방향으로 흘러갔던 것이 아니라(실제로는 오히려 그 압박이 사라져갔다), 사실상 완전히 리카르도와 맬서스가 제시한 방식을 따라서 지대를 아주 뚜렷하게 상승시키는 방향으로 흘러갔다.13)

9. 브레니는 보르들레, 솔로뉴Sologne 그리고 카탈로니아에 관해 오해를 하고 있다. 이들 세 지역에서는 14세기와 15세기의 인구감소가—물론 얼마간 시간적인 간격이 있긴 했지만—그와 더불어 "사악한 공조"와 노동 부역 그리고 분익소작—촌락민들을 여러 면으로 무겁게 내리눌렀던 세 가지 유형의 부담—이 약화되는 양상을 수반하였다. 때로는 농민전쟁이 이러한 발전들을 더욱 재촉하였다. 이러한 양상은 또한 다른 어떤 것들보다도 인구감소가 세력균형을 농민에게 유리한 방향으로 바꾸어 놓았다는 사실에서도 비롯되었는데, 그처럼 노동력의 공급을 감소시켜 놓았던 장본인은 다름 아니라 바로 농민 자신이었던 것이다. 물론 이런 말을 한다고 해서 필자가 순수하게 문화적인 요인과 순수하게 제도적인 요인 그리고 순수하게 사회적인 요인들이 예농제를 소멸시키는 데 맡았던 역할의 중요성—그 중요성은 르네상스 시대와 그 앞 시대에 종종 절정에 달했다—을 깎아내리고자 하는

13) 이러한 맥락에서 매우 흥미로운 논문인 G. Fourquin, "Les débuts du fermage". *Etudes rurales*, nos.22-4(1966)를 참고할 것.

것은 결코 아니다.

10. 필자가 제시한 바 있는 모델은 가장 넓은 의미에서 지역적인 것, 즉 서유럽을 대상으로 한 것이다. 그리고 그 모델을 구성하는 가운데 필자는 예컨대 근대 초에 프랑스(이를테면 부르고뉴와 프랑슈 콩테)에서 예농제가 얼마만큼 남아있었는가에 관련된 문제들을 고려에 넣지 않았다. 따라서 브레너가 그렇듯이 동유럽에서 나타난 "재판 예농제"를 들먹여서 필자의 이론에 대한 반론을 펴는 것은 초점이 아주 빗나간 일이다. 이 "재판 예농제"는 필자가 15세기로부터 18세기까지의 프랑스를 대상으로 하여 분석한 적이 있던 것과는 아주 다른 인구적·제도적인 맥락 속에서 나타났던 것이다. 동유럽과 서유럽을 어떻게든 반드시 비교해야 할 필요가 있다면 필자가 보기에 "재판 예농제"는 오히려 후기 로마제국과 침략의 시대(3세기에서 5세기까지) 동안에 갈리아에서 성장해 나왔던 콜로누스 제도(일종의 "초판 예농제")와 비교되어야 할 것이다.

11. 17세기로부터 줄곧 영국이 농업에서 나타나는 유형의 맬서스적인 재난의 악순환으로부터 벗어나 있었다는 브레너의 견해에는 필자도 전적으로 동의한다. (어쨌든 영국은 여러 세기에 걸쳐 프랑스보다 인구밀도가 낮았고 따라서 이러한 관점에서 볼 때 훨씬 더 좋은 입장에 있었다.) 프랑스 그 자체는 18세기가 지나가는 가운데 1720년 무렵 이후에—즉 브레너의 생각보다는 약간 더 일찍이—신맬서스적인 유형을 따르는 거대한 농업주기의 깨트리기 힘든 틀에서 벗어나기 시작할 것이었다. 또 프랑스는 19세기가 지나가는 가운데 훨씬 더 뚜렷

하게 그 틀로부터 빠져나올 것이었다. 바로 이 점에 관해서는 브레너가 비록 이 시대 동안에 프랑스가 이루어 낸 경제적 성취 특히 농업에서의 성취에 대한 그의 경멸을 숨기지 않고 있긴 하지만 필자와 브레너가 의견을 같이한다고 생각한다.[14]

12. 브레너는 아우구스티누스Augustine나 칼뱅Calvin 또는 얀센Jansen이 제시한 것과 비슷한 종류의 역사관을 보여주고 있다. 그는 "근대적"인 것이 모습을 드러내 발달할 수 있으려면 그들 자신이 자본주의의 승리를 위한 앞잡이가 되어 있는 영주들에 의해 농민이 압도당해 토지를 몰수당해야만 하고, 농민공동체가 해체되어야만 한다는 식으로 생각하고 있는 것이다. 하지만 이러한 것이 "근대화"를 향해 나아갈 수 있는 여러 길 가운데 하나에 지나지 않는다는 것은 분명하다. 브레너는 차야노프Chayanov와 터너Thorner를 비롯한 여러 학자들이 밝혀낸 바 있는[15] 농민의 가족경제가 지닌 놀라운 잠재력을 완전히 무시하고 있다. 그러한 가족경제가 이루어낸 업적은 홀랜드와 벨기에에서 특히 인상적으로 나타나는데 그 지역들에서 그것은 새로운 산업자본주의가 창출해 낸 노동인구를 먹여 살리는 데 크게 이바지했고, 또한 북부 프랑스와(심지어는 남부 프랑스도 여기에 끼워 넣을 수 있다) 북부 이탈리아 그리고 일본 같은 여러 지역에서도 역시 꽤나 좋은 열매를

14) 보다 더 객관적인 평가로는, R. Roehl, "French Industrialization", *Explorations in Econ. Hist.*, xiii(1976)을 보라.

15) A. V. Chayanov, *Organizatsiya krest'yanskogo khozyaistva* (농민농장의 조직)(Moscow, 1925); 영역본 *The Theory of Peasant Economy*, ed. D. Thorner, B. Kerblay & R. E. F. Smith(Homewood, Ill., 1966); D. Thorner, "Peasant Economy as a Category in Economic History", in T. Shanin(ed.), *Peasants and Peasant Societies : Selected Readings* (Harmondsworth, 1971).

맺었다. 이러한 지역으로는 또한 아주 많은 측면에서 18세기의 랑그독과 닮아있었던 카탈로니아도 들 수 있다. 그런데 바로 이 카탈로니아를 브레너는 어쩌면 피에르 빌라Pierre Vilar의 저작에[16] 담겨있는 모든 의미를 제대로 깨닫고 있지 못한 가운데, 그가 어떤 나라로 하여금 발전을 이룰 수 있게 만드는 유일한 모델이라고 생각하여 애지중지하는 영국적인 자본주의 모델에 (필자로서는 도대체 그 이유를 모르겠지만) 통합시키고 있다.

13. 하지만 수많은 유리한 조건들이 함께 존재하고 있음을 전제한다면 엄밀한 의미에서의 농업 자본주의가 아주 많은 경우 영주의 대규모 직영지에서 탄생해 나왔다고 생각하는 점에서는 브레너가 옳다. 그러나 영주제가 자본주의를 향해 이처럼 "유리한" 발전을 이루어나간 양상이 영국에서만 나타난 것은 아니다. 그러한 양상은 그 형태가 약간 다르긴 하지만 17세기와 18세기에 파리 지역의 규모가 크고 비교적 근대적인 농장들에서도, 그리고 또한 피카르디에서도—이 지역들은 중농주의자들에 의해 또 최근에 와서는 자카르Jacquart와 베나르Venard 그리고 포스텔 비네Postel-Vinay 등에 의해서도 연구되어 왔다—발견될 수 있는 것이다.[17]

그러나 필자는 이 글을 완전히 비판하는 것으로만 끝맺고 싶지 않

16) P. Vilar, *La Catalogne dans l'Espagne moderne*, 3 vols.(Paris, 1962).

17) J. Jacquart, *La crise rurale en Ile-de-France, 1550-1670* (Paris, 1974) ; M. Venard, *Bourgeois et paysans au XVIIe siècle* (Paris, 1957) ; G. Postel-Vinay, *La rente fonciére dans le capitalisme agricole* (Paris, 1974).

다. 다른 사람들과 마찬가지로 필자 역시 브레너의 논문이 많은 자극을 주는 동시에 도전적이기도 하다는 점을 인정하지 않을 수 없었다. 하지만 필자는 전반적인 면에서나 또 보다 특수한 몇몇 측면에서나 필자가 브레너의 논의를 받아들일 수 없는 이유들이 이 글에서 몇 가지나마 드러났기를 바란다.

신맬서스모델에 대한 비판

기 브와Guy Bois

로버트 브레너의 논문은 두 가지 면에서 장점을 지니고 있다. 첫째로 그것은 과감하게 맬서스 모델을 공격하고 있으며 둘째로는 특히 유럽사에서 산업화 이전의 국면에 나타났던 장기적인 경제발전에서 계급투쟁이 갖는 결정적인 역할을 강조하고 있다. 이러한 두 가지 점에서 필자는 브레너를 지지하고자 하지만 그의 논지에 대해서는 동의하지 않으며 특히 그의 방법론이 취하고 있는 방향에 대해서는 근본적으로 견해를 달리한다.

우선 우리가 동의하고 있는 점들을 강조하기로 하겠다. 그와 마찬가지로 필자 역시 맬서스 모델이 정통설이 되어왔다는 사실을 개탄해 마지않는다.[1] 그 모델을 옹호하는 역사가들의 명성을 등에 업고서 그것은 수많은 촉수를 뻗어 우리 역사학계를 옥죄이고 있다. 중세와 근

1) 여기서 필자가 사용하는 맬서스(신맬서스) 모델이라는 말은 대체로 주된 결정요인을 궁극적으로 인구적인 요인에서 찾는 모든 모델을 뜻한다. 따라서 Wilhelm Abel과 M. M. Postan 그리고 Emmanuel Le Roy Ladurie가 제각기 지닌 독특한 입장들을 고려해 넣으면서 이러한 개념 규정에 대해 더욱 자세히 고찰하는 것이 당연히 바람직하겠지만, 그것이 여기에서 필자가 의도하는 바는 아니다.

대를 연구하는 학자들 가운데 대부분이 암암리에든 아니면 드러내 놓고서든 그 모델로부터 그들의 영감을 얻어내고 있으며 심지어는 더 이상 그것을 정당화시킬 필요조차 느끼지 못하고 있다. 어쩌다가 이러한 정통설에 도전하는 다른 분석이 나올라치면 곧바로 그 침입자를 맬서스주의의 울타리 안으로 다시 끌어들이려는 노력이 나타난다. 필자가 쓴 『봉건제의 위기』도[2] 바로 그런 식으로 해서 포스탄과 르 르와 라뒤리의 업적을 보다 구체적으로 뒷받침하고 확인해 주는 것으로 거론될 수 있었던 것이다.[3] 그리고 이 특수한 경우에서 필자의 책을 "구조"해 내려는 시도는 단순히 필자가 인구, 생산, 가격, 임금 등등에서 영국과 랑그독 그리고 독일의 경우에 나타났던 것과 아주 비슷한 장기적인 변동들을 노르망디에서 밝혀냈다는 사실에 근거하고 있을 뿐이다.

브레너와 필자 사이에 의견이 일치하는 두 번째 점은 중세와 근대에 유럽이 걸었던 발전 과정에서 사회적 관계가 지닌 중요성을 강조한다는 데 있다. 사실상 맬서스적인 분석은 바로 여기에서 걸림돌에 부딪치고 있다. 물론 브레너가 생각하고 있는 것과는 달리 포스탄과 르 르와 라뒤리가 사회적인 영역을 하나의 추상으로 만들어 버리고자 했다는 것은 아니다. 오히려 그들의 저 작은 실제로 다른 무엇보다도 여러 다양한 사회집단의 세습재산과 수입 그리고 부담에 관한 고찰을

2) G. Bois, *Crise du féodalisme* (Paris, 1976) ; 영역본, The Crisis of Feudalism (Cambridge, 1984).

3) *Le Monde*지의 1977년 3월 11자에 실린 필자의 *Crise du féodalisme* 에 대한 E. Le Roy Ladurie의 서평을 참고할 것 : 그의 주장에 따르면 이 책은 "둘 모두 우리 농업사의 선구자인 Postan과 Abel의 정신을 따르고 있으며, Postan과 Abel의 생각을 형성시킨 노대가(老大家)들의 정신도 역시 [따르고 있는데] …… 필자는 [그러한 대가들로] 바로 Ricardo와 Malthus를 생각하고 있다."

풍부하게 담고 있으며, 사실상 그들은 이러한 연구 분야에서 선구적인 역할을 해왔다. 하지만 그들이 구성해 낸 모델에서는 인구적인 요인이 결정적인 역할을 하는 것으로 간주되고 사회적 · 정치적인 요인들은 궁극적으로 그러한 인구적인 요인에 예속되고 있다. 르 르와 라뒤리의 이른바 "생태학적 체계"는,[4] 사회적 관계가 일종의 관성을 지니고서 아주 오랜 기간에 걸쳐 지속된다는 것을[5] 암암리에 가르치는 자동적인 "균형유지"의 제어작용이 인구와 자원 사이의 안정된 균형을 유지시켜 준다는 생각에 바탕을 두고 있다. 그것은 호황과 불황이 번갈아 나타나는 것을 겉보기에는 정확하게 설명할 수 있으나, 낡은 구조 안에서 자본주의가 어떻게 탄생해 나왔는가를 설명하는 문제에 다다르면 완전히 엉망이 되고 만다. 그러한 어려움을 잘 알고 있는 르 르와 라뒤리에게는 그의 "생태학적 체계"에게 농업 자본주의를 향한 "추진" 운동을 부여하면서 이 신비스러운 현상이 어떻게 해서 나타나게 되었는가에 대해서는 더 이상 구체적으로 밝히지 않는 것 말고는, 그가 할 일이 전혀 남지 않게 된다. 그 공식은 의심할 나위 없이 아주 멋들어지지만 설명은 빈약하기 짝이 없다.

요컨대 인구적 결정론이 계급관계의 역할을 모호하게 만드는 경향이 있다고 생각하는 점에서는 브레너가 옳으며 바로 이 점에 관한 한 필자도 기꺼이 그의 편에 서고자 한다.

4) E. Le Roy Ladurie, "L'histoire immobile", *Annales E. S. C.*, xxix(1974)를 보라.

5) Le Roy Ladurie는 다음과 같이 쓰고 있다. "정치 또는 계급투쟁에 관해 말하자면 그들이 힘을 쓸 순간은 아직 다가오지 않았다 …… 궁극적으로 볼 때 그 체제는 그 자신의 운명을 자기 안에 내포하고 있으며, 투쟁의 영향은 단지 피상적인 것일 뿐이다." : *ibid.*, p.689.

하지만 그 논문의 비판적인 측면들을 떠나서 브레너가 자신의 것으로 제시하고 있는 해석을 고찰하기 시작하면 우리는 곧바로 훨씬 더 복잡한 상황에 빠져들게 된다. 따라서 그의 논의를 통째로 따져보려고 시도하기보다는 그의 주된 명제 가운데 하나를 보기로 들어 살펴보기로 하자. 그 보기란 자본주의로 도약이 이루어졌던 영국과 상대적으로 정체를 맛보았던 프랑스가 보여주는 대조적인 양상이다. 브레너는 우리에게 이와 같이 대조적인 발전 양상은 계급들 사이의 세력 균형이 서로 달랐기 때문에 나타났다고 말해준다. 16세기의 프랑스에서는 농민들이 토지에 너무나 깊게 뿌리를 박고 있어서 땅으로부터 쫓겨날 수 없었다. 거꾸로 해협 건너편에서는 농민들이 영주로부터의 압력에 저항할 수 없다는 점이 드러나고, 따라서 농민 추방의 움직임이 나타나며, 이러한 움직임은 농촌에서 자본주의적 계급관계가 대두하는 데 유리한 조건을 마련해주고, 그러한 계급관계는 다시 산업화 과정을 위한 조건들을 마련해준다는 것이다.

서유럽 전역에 걸쳐서 거의 같은 시기에 농업 자본주의가 (물론 얼마나 힘찼는가는 지역에 따라 달랐지만) 똑같이 모습을 불쑥 드러냈던 이유가 사실상 그의 분석으로부터 그리 분명하게 밝혀지지는 않지만,[6] 우리는 그 문제를 당분간 지나쳐 버릴 수 있다. 그러한 결함에도

6) 사실상 Brenner는 우리에게 예농제와 강제 부역의 쇠퇴가 새로운 상황을 낳았다고 말해주고 있지만 이는 받아들일 수 없다. 그가 입각하고 있으며 유감스럽게도 마르크스주의의 고전들에 의해 뒷받침되고 있는 명제는 최근의 모든 연구 결과와 모순되고 있다. 봉건제의 경제적 토대들은 실질적으로 영주제의 틀 안에서 지대를 납부하는 다양한 보유지들이다. 그리고 14세기에 북부 프랑스에서 봉건제가 해체되었을 때 예농제는 이미 오래전에 더 이상 어떠한 역할도 하지 않게 되어 있었다. 필자가 보기에 봉건제를 붕괴시킨 근본적인 이유를 찾으면서 Brenner는 지배계급으로 하여금 새로운 해결책을 찾도록 만들었던 영주의 수입 감소에 눈을 돌리는 것이 더 나으리라고 여겨진다.

불구하고 브레너가 제시한 가설이 매우 진지하게 고려될 가치가 있음은 여전히 부정할 수 없는 것이다. 필자가 노르망디에서 찾아볼 수 있었던 것은 그의 분석과 완전히 합치하고 있다. 1520~1530년으로부터 (영국에서 나타난 엔클로저 운동의 희미한 메아리로서) 차지농을 쫓아내는 성향이 시작되고, 그러한 성향이 결국에 가서는 농민들의 격렬한 저항에 부딪치게 되며, 또한 그것의 복잡한 전개 과정이 어쩔 수 없이 곧바로 종교전쟁으로 이어지리라는 사실을 우리는 찾아볼 수 있는 것이다. 이는 영국에서 벌어진 것과 똑같은 계급투쟁이지만 프랑스에서는 농민들이 아주 강력한 힘을 갖추고 있었음이 분명하게 드러났기 때문에 그 투쟁의 결과는 전혀 다르게 나타난다.[7] 하지만 유감스럽게도 브레너의 분석은 바로 여기서부터 뒤죽박죽이 되고 만다. 첫머리에 프랑스와 영국 모두에서 사회적 세력 관계가 어느 한쪽으로 기울어져 있었다는 가설을 제시해 놓았으므로, 그 다음으로 그는 이러한 현상에 대한 만족스러운 설명을 찾지 않을 수 없게 된다. 그러면 그는 도대체 어떤 설명을 내놓고 있는가? 첫 번째로는 사회적 기원(대륙에서 농민공동체들이 꾸려 왔던 오랜 투쟁의 역사)이, 두 번째로는 정치적 기원(프랑스에서 농민계급의 강력한 힘과 절대주의 국가의 발달 사이에 맺어졌던 관계)이 바로 그가 내놓은 것이다. 물론 여기에서도 역시 이 두 가지 현상이 실제로 나타났고 또 매우 중요한 것이라는 점을 부정할 만한 여지는 있을 수 없다. 절대왕정의 국가가 중세 말로부터 프랑스 사회의 발전을 여러모로 가로막는 데 사실상 상당히 중요한 역할을 했다

7) 필자는 (여기서 왜 그런가를 말할 여유는 없지만) Brenner와 전혀 다름없이, 봉건제로부터 자본주의로의 이행에서 결정적인 역할이 농촌에서 이루어졌다는 그의 명제를 기꺼이 받아들인다. 이것은 비록 맹아적인 자본주의가 상업과 산업에서 드러내는 모습에 사로잡힌 사람에게는 잘 감지되지 못하고 있지만, 분명히 이행의 "신비"를 해명해 줄 열쇠 가운데 하나이다.

는 것은 의심할 나위가 없는 것이다. 하지만 이 요인을 따로 떼어놓아야 할 이유는 무엇인가? 왜 이 요인만이 이처럼 부각되어야 하는가?[8] 그리고 프랑스 농민들은 도대체 어떤 특별한 조건이 마련되어 있었기에 영국 농민들보다 더 훌륭하게 싸울 수 있었을까? 절대주의가 프랑스에서는 발달한 반면 영국에서는 그렇지 못한 이유는 어디에 있는가? 공정하게 말해서 브레너가 하나의 답변을 제시하고는 있다. 하지만 그것은 기껏해야 부분적인 설명으로만 간주될 수 있을 뿐이다. 그의 논문 가운데 나머지 부분은 아주 꼼꼼한 모습을 보여주는 데 반해 여기서는 이상스럽게도 허술한 모습들이 나타나고 있다. 거창한 이론적인 전제들(대륙적인 규모에서 자본주의의 발달을 종합하는 것)에서 출발하여 그는 경험주의와 실증주의(두 사회의 상반된 운명을 설명하기 위해 한 가지 정치적 사실을 따로 떼어내는 것)에 가까운 결론들을 끄집어내고 있는 것이다. 그것은 단순히 발걸음을 잘못 내디딘 것일까? 필자는 오히려 그것을 잘못 파악되거나 결함을 지니고 있는 인식론적 접근방식에서 필연적으로 빚어진 불가피한 결과라고 본다. 브레너의 생각은 사실상 단 하나의 원칙을 중심으로 하여 형성되어 있다. 이론적인 일반화가 언제나 역사적 사료에 대한 직접적인 조사에 앞서고 있는 것이다.[9] 출발점은 역사적 유물론의 가장 기본적인 원칙 즉 계급투쟁이 역사의 발전을 추진하는 역할을 한다는 원칙이다. 그리고 그는 추상적인 성격을 점차 줄여나가면서 그 원칙을 사용될 수 있는 경험적인 자료와 비교함으로써 그것을 입증하는 데 착수하고 있다. 이것은 이데올로기

8) 그 극단적인 형태에서 우리는 여기서도 맬서스주의 역사가들이 은근슬쩍 인구적 요인의 우위를 제시하면서 드러내고 있다고 비판할 수 있는 것과 똑같은 방법상의 결함을 찾아낼 수 있다.
9) 더욱이 다른 사람들이 모아놓은 자료를 사용하는 경우에 더 그렇다.

가 과학적인 합리주의를 압도하고 있는 폐쇄된 사고체계를 특징짓는 양상이다. 계급투쟁이 역사적 발전 과정에서 지배적인 역할을 하게 되는 다양한 메커니즘들은 통상 너무나 복잡하고 예측할 수 없는 것이기 때문에, 그처럼 일방적인 접근방식은 거의 어떤 경우에나 이데올로기에 맞추어 모든 것을 간단히 해석해 버리려는 지름길로 향하게 마련이다. 지금 우리가 다루고 있는 경우에서는 그것이 거창한 상부구조를 낳고 있는데 이 상부구조는 첫눈에 보기에는 바로 그 규모 덕분에 아주 인상적이고 또 심지어 그것이 지닌 일반적인 성격들 가운데 몇몇에서는 (바로 그것들이 **일반적이라는** 점 때문에) 받아들일 만하기도 하지만, 일단 우리가 그것이 무엇을 바탕으로 삼고 있는가를 조사하기 시작하면 곧바로 그것은 극도로 허약한 것임이 드러나게 된다.

이는 단순히 세부적인 사실의 문제만은 아니다. 우리 둘 사이의 방법론적인 차이가 구체적으로 어떤 면들에서 나타나는가를 보여주기 위해 필자는 똑같은 문제(프랑스 사회와 영국 사회가 겪은 서로 대조적인 운명)를 브레너와는 좀 다른 방식으로 접근해 보기로 하겠다.[10] 이처럼 브레너와 다른 접근방법은 필자로 하여금 브레너만큼 거창한 조망을 하도록 만들 수는 없겠지만, 필자가 보기에 그것은 적어도 어떤 보편적인 모델을 구성해 내는 데에도 반드시 필요한 몇몇 토대를 마련해 줄 수는 있다. 필자는 여기서 노르망디의 보기로부터 출발해 봉건제

10) 아래와 같은 가설을 구성하는 가운데 필자는 다음의 두 가지 교훈을 지켜왔다. 첫째, "경제적 사실들에 관해 가능한 한 철저하게 조사하고 끊임없이 부분적인 이론적 가설들을 실제와 대조하는 역사적 방법을 따라야 하는데, 이는 억측의 위험을 피하기 위한 것이다." 둘째, "연구의 방향을 그것의 궁극적인 목표, 즉 사회-경제적 체제의 총체적인 파악으로부터 벗어나지 않도록 유지해야 하는데, 그 이유는 아무리 조금이라도 이 목표에서 빗나가면 얼마 안 가 곧바로 경험주의에 빠져들어 버리기 때문이다." : Bois, *Crise du féodalisme*, pp.18-9.

가 하나의 사회-경제적 체제 또는 생산양식으로서 어떻게 기능하는가를 탐구해 본 결과 필자가 얻어냈던 주된 명제들을 간략하게 제시하고자 한다.

첫째로 봉건제에서는 영주가 농민으로부터 징수하는 공조들이 총생산량에서 차지하는 비율(공조징수율)이 하락해 가는 경향을 보여주는데, 그러한 경향은 소규모 생산과 대규모 토지소유 사이의 구조적 모순에서 비롯된 것이다. (13세기 중엽에서처럼) 경제팽창이 끝을 맺게 될 때면 공조징수율의 하락은 더 이상 새로운 보유지들의 설립에 의해 상쇄되지 않으며 그 결과 영주의 수입은 감소하는 경향을 보이게 된다. 봉건세의 위기는 이러한 현상과 관계를 맺고 있는데 지배계급은 그 계급의 패권을 뒷받침하는 경제적 토대를 유지할 수 없게 되는 것이다. 이러한 일은 사회적 · 정치적 대립을 배경으로 벌어지는데 그러한 대립의 결과는 한편으로는 중간층 농민들의 세력이 강화되는 것으로, 또 다른 한편으로는 국가기구가 비대해지는 것(국왕절대주의)으로 나타난다. 이로 말미암은 결과로 생산관계는 급격한 변화를 겪게 되는데 이 변화는 국왕 정부가 거의 오로지 영주계급의 이익만을 위한 방향으로 만들어 낸 국가의 과세가 영주의 직접적인 공조 요구에 덧붙여지는 것으로 특징지어진다.11)

둘째로 경제(또는 인구)의 성장과 정체(또는 심지어 쇠퇴)가 번갈아 나타나게 만들고 또한 봉건제의 구조(소규모 생산의 지배, 그리고 성장이 너비로 이루어지는 성격) 그 자체에서 비롯된 봉건경제에 특유한 장기적인

11) 이러한 맥락에서 Brenner가 절대왕정의 국가를 가리켜 사용하는 "독자적인 잉여 착취자"라는 용어는(본서의 p.87) 받아들일 수 없다. 국가라는 기구는 비록 이 기구의 실제 활용이 장기적으로는 영주의 직접적인 착취와 경쟁함으로써 봉건제를 약화시키는 데 보탬이 되기는 했지만, 여전히 대체로 봉건제의 기구로 남아있는 것이다.

운동이 존재한다. 끊임없이 나타나는 경제적 · 사회적 현상들은 이러한 운동과 관계를 맺고 있다. 성장운동이 이루어지는 동안에는 농산물 가격이 상승하고 공산품 가격과 임금 그리고 생산성은 상대적으로 하락하는 반면, 반대의 경우에는 전혀 거꾸로의 양상이 나타나는 것이다. 이에 대한 인식은 농업 자본주의의 기원을 이해하는 데 반드시 필요하다. 왜냐하면 모든 성장운동은 생산단위의 크기를 팽창시키는 데뿐만 아니라 임금을 벌어먹고 사는 노동력에의 의존을 증대시키는 데에도 더더욱 유리한 경제적 상황을 만들어 주는 동시에, 다른 한편으로는 날품팔이 노동자들을 더욱 빈곤하게 만들기 때문이다.

요컨대 애초부터 장기간에 걸친 하나의 역동적인 운동이 존재하고 있는데 그 운동은 그 자체 안에서 12~13세기와 16~18세기 같은 성장 국면들 각각에서 새로운 생산관계를 향한 길을 열어주는 토지집중의 움직임을 가져온다.

셋째로 16세기 초반은 농업 자본주의가 서유럽에서 갑작스럽게 모습을 드러낸 것으로 뚜렷하게 특징지어진다. 바로 이 시대에 여러 세기에 걸쳐 농민들을 그들의 땅에 묶어놓기 위해 많은 노력을 쏟아왔던 영주계급은 농민들로부터 보유지를 몰수하여 직영지를 넓히고 임금노동을 사용하여 그 직영지를 경작하기로 결정했던 것이다. 왜 그랬을까? 그 이유는 아주 단순히 그러한 보유지들에 대해 부과되는 다양한 지대의 수준이 아주 낮았다는—즉 앞에서 언급한 장기적인 추세가 이제 위험수위에 다다랐다는—사실에 있다. 그 결과는 토지자산이 (르네상스의 시작과 관련하여) 더더욱 크게 집중되는 것으로 나타났다.

이미 설정되어 있는 어떤 도식에서 도출한 것이 아니라 순전히 사실에 대한 엄밀한 조사에서 이끌어 낸 것인 이러한 세 가지 명제는 필자가 보기에 프랑스와 영국이 서로 다른 발전 과정을 겪었던 것을 설명해 주는 하나의 가설—필자는 의도적으로 가설이라는 말을 쓰고 있다—을 구성해 낼 수 있게 만드는 기반을 이루고 있다. 그 가설이란 다음과 같은 것이다. 그러한 서로 다른 발전 과정의 뿌리에 놓여 있는 것은 (어떤 특정한 정치적 요인이나 사회적 요인이 아니라!) 바로 봉건적 생산의 세계에서 나타났던 발달 수준의 차이라는 것이다.

13세기 말에 북부 프랑스는 봉건제가 가장 발달해 있던 지역이었다. 그 지역의 인구밀도와 농업생산량 그리고 국제교역에서 차지하고 있는 중요한 위치 덕분에 그 지역은 어떤 주도적인 경제도 으레 그러하듯이 서유럽 전체에 영향을 미쳤다. 그러나 무엇보다도 그곳—봉건제가 탄생해 나온 바로 그곳—에서는 봉건제를 가장 순수하고 가장 발달된 형태로 찾아볼 수 있다. 그곳에서는 소규모 생산이 영주직영지의 희생 위에 더할 나위 없이 깊게 뿌리를 내리고 있었으며, 영주가 농민에게 요구하는 공조들 역시 (강제부역이 줄거나 사라져 버리고 고정된 화폐지대의 실질적인 가치도 낮아지는 등등) 아주 뚜렷하게 침식당해 있었다. 같은 시대에 영국은 이러한 점에서 뚜렷하게 후진적인 모습을 보인다. 봉건제가 뒤늦게 자리를 잡았던 (그리고 부분적으로는 대륙으로부터 수입되었던) 영국에서는 강제 부역과 장원경제가 보다 큰 역할을 하고, 토지보유자의 권리가 보다 최근에 와서야 보다 약하게 주장되며 끝으로 성장의 수준 그 자체에서 후진성이 나타나는 등 고풍스러운 양상들이 많이 보이고 있는 것이다.

이러한 상황에서는 대체로 말해서 봉건제의 위기가—물론 유럽 전역에서 나타나고는 있지만—실제로는 프랑스 왕국에 그 진원지를 두고 있음을 쉽게 인정할 수 있다. 성장을 가로막는 "걸림돌"과 영주의 수입 감소가 가장 첨예한 형태로 나타났던 곳은 바로 프랑스 왕국이었던 것이다. 그 토대 자체가 흔들리게 되자 봉건제는 자신이 살아남는 데 필요한 구제책을 만들어 내야만 했고, 그러한 구제책 가운데 가장 앞면에 나서있었던 것이 바로 국왕에 의한 세금의 부과와 국왕 또는 대제후를 중심으로 한 제도들의 발달이었는데, 이러한 제도들은 재정적 수탈을 위한 장치를 제대로 작동할 수 있게 만드는 동시에 흔들리고 있는 사회질서의 유지를 보장해 주는 것이었다. 그와 대조적으로 영국에서는 위기의 영향이 그리 심각하지 않았는데 그 이유로는 두 가지를 들 수 있다. 첫째 이유는 영국의 경제가 상대적으로 후진성을 보이고 있었던 결과 프랑스의 경제만큼 그다지 심각하게 성장의 한계까지 치솟아 오르지는 않았기 때문이다. 두 번째 이유는 영국의 귀족이 프랑스 왕국을 약화시키거나 심지어는 기진맥진하게 만드는데 한몫 했던 백년전쟁에 수반된 격동을 통하여 프랑스 귀족을 희생시키는 가운데 그들 자신의 어려움들을 (적어도 일시적으로는) 일부 해결할 수 있었기 때문이었다.[12]

그 두 사회의 발전에서 나타난 차이가 어디로부터 비롯되었는가는 아마 바로 이 점에서 찾아볼 수 있을 게다. 프랑스는 일단 폭풍이 지나가고 봉건제의 재편성이 완결되자 (즉 15세기 중엽에) 봉건 경제의 전통적인 메커니즘을 따라서 새로운 성장—아니 오히려 회복—의 국면에 돌입하였고, 그 국면은 그 자체 안에서 (이미 언급한 바 있듯이) 농업 자본주의의 발달을 불러왔다. 더구나 유럽경제 전반에 걸쳐 계속 영향력을 행사하고 있는 가운데[13] 프랑스는 그 자신의 경계 너머

12) 이는 프랑스의 위기를 그만큼 더욱 심각하게 만들었다.

13) 예컨대 15세기와 16세기에 유럽에서 곡물 가격이 인구의 수준에서 나타난 변화들을 긴밀하

에 있는 지역들에서도 자본주의를 향한 발전을 자극하였다. 그러나 프랑스 자신은 봉건제의 논리를 따라 너무나 멀리까지 나아가 새로운 자본주의적 관계에서의 그러한 팽창이 막상 프랑스 자체의 경계 안에서는 결정적인 문턱을 넘어서서 다시는 역전될 수 없는 상황으로 발전해 갈 수 없게 만들었다. 여기에서는 농민들이 다른 곳의 영주들에 비해 더 훌륭하게 토지몰수에 맞서 저항했다. 그 이유는 차지인이 (궁극적으로 볼 때 공조징수율의 장기적인 하락에서 비롯된 결과로서) 이미 토지소유자로 등장하기 시작하고 있었기 때문이다. 그리고 영주들은 국가의 관리로 봉직하는 데에서 어느 정도 위기로부터 벗어날 길을 찾아내고 있었으므로, 다른 곳의 영주들에 비해 새로운 경제적 돌파구를 열어보려는 마음이 약할 수밖에 없었다. 이처럼 모든 면에서 프랑스 사회는 그 자신의 높은 발달수준 덕분에 희생되었다. 많은 부분 유럽 봉건제의 형성을 이끌어왔고 최초로 성장의 한계에 도달했기 때문에, 프랑스 사회 자체의 재편성은 걸림돌에 부딪치고 말았던 것이다. 궁극적으로는 프랑스가 자본주의를 향한 발전의 주된 추진력으로 남았지만 그 추진력의 영향은 프랑스 그 자체 안에서보다는 그 주변에 더욱 크게 미쳤다.

그와는 대조적으로 영국은 이러한 발전으로부터 이익을 얻을 수 있는 이상적인 입장에 놓여 있었다. 영국은 높은 수준의 기술적 자원을 마음껏 이용할 수 있을 만큼 가장 진보된 봉건사회에 충분히 가까이 위치해 있었고, 그러면서도 동시에 봉건제의 재편성이 이끌고 왔던 사회관계의 화석화로 말미암은 결과들을 피할 수 있을 만큼 충분히

게 반영하여 큰 폭으로 오르내렸던 것에 주목할 것.

저개발의 상태에 머물러있었다. 장미전쟁 동안에 뚜렷하게 드러났듯이 영주의 수입에서 나타난 지속적인 위기는 귀족으로 하여금 그들이 마주친 어려움들에 대한 새로운 경제적 해결책을 찾지 않을 수 없게 만들었는데, 그것은 유럽의 전반적인 상황이 부추긴 경향이었다. 그리고 영국 귀족들이 상대해야 했던 것은 예농제로의 복귀를 가능하지 않게 만들 정도로는 토지에 대한 권리를 아주 잘 확립시켜 놓고 있었으나 영주의 압력에 직면하여 토지에 대한 소유권을 유지할 수 있을 만큼 그 권리를 충분하게 확립해 놓지는 못했던 농민이었다. 달리 말하자면 영국의 사회적 발전이 프랑스의 그것에 비해 상대적인 후진성을 보여주었다는 것은 봉건제로부터 자본주의로 이행에서 비장의 으뜸패임이 판명될 것이었다.

쉽게 알 수 있듯이 필자가 여기에서 제시한 가설은 두 가지 중요한 점에서 브레너의 가설과 다르다. 첫째 자본주의의 탄생은 봉건제 전체가 사회-경제적으로 작동하는 데에서 비롯된 부산물로 취급되고 있다. 따라서 그것은 그것만 따로 떼어내서가 아니라 여러 다양한 요소들이 서로 떨어질 수 없는 관계를 맺고 있는 유럽 봉건제의 발전이라는 전반적인 맥락 속에서 연구되어야만 한다.[14] 둘째 이러한 전반적인 맥락 속에서 발전의 정도가 서로 다르게 나타났다는 생각은 아주 근본적으로 중요한 것으로 나타나고 있다. 다른 지역에 비해 어느 한 지역에서 봉건제가 성숙한 시기와 정도가 차이를 보인다는 점은 뒷날 자본주의적인 구조의 등장과 발달에 영향을 미치게 될 리듬에서 아마

14) 바로 이 점이 Brenner의 비교사적 방법이 필자에게 그리 설득력 있는 것으로 여겨지지 않는 이유이다. 즉 Brenner의 방법은 서로 이웃한 사회들 사이에 존재할 수 있는 외적인 관계들을 도외시한 채, 어떤 한 특정한 사회 안에서 나타나는 분화의 내적 요소들만을 담는 것으로 끝나고 있다.

주도적인, 그리고 분명히 매우 복잡한 역할을 할 것이다.15) 더구나 이는 양상이 약간 달라지기는 하지만 오늘날의 자본주의 사회들이 발전해가는 과정에서도 발견되는 현상이다.

끝으로 브레너와 필자를 갈라놓는 차이점들이 지닌 의미와 중요성에 관해 한두 가지 좀더 일반적인 결론을 내려야겠다. 우리 둘이 동의하며 우리 둘의 분석이 일치하고 있는 많은 점들을 강조함으로써, 그러한 차이점들의 중요성을 깎아내리고 심지어 그 두 가설이 비록 다른 방법을 통해 도출되기는 했지만 서로 맞물려 있으며 상보적이라는 생각을 변호하는 것은 마음을 끄는 일일 수 있다. 그러나 이는 길을 잘못 들게 만들 것이다. 우리 둘의 전반적인 접근방식과 방법론에서 나타나는 차이점들에 곧바로 눈을 돌려 두 가설이 제각기 지니고 있는 이론적인 토대를 자세히 살펴보고 분석하는 것이 보다 가치 있는 일임은 분명하며, 그것은 그 두 가설이 사실상 역사적 유물론을 서로 다르게 적용한 결과라는 사실 때문에 더더욱 그렇다.

브레너의 마르크스주의는 오늘날의 역사학계에 밀려오고 있는 경제결정론적인 성향의 물결에 대한 반발로서 "정치적 마르크스주의"이다. 계급투쟁의 역할이 널리 과소평가되고 있기 때문에 브레너는 그 자신의 역사 해석 안에 계급투쟁을 강력하게 처방해 넣고 있는 것이다. 필자는 그러한 반발 아래에 깔린 동기를 문제 삼는 것이 아니라 오히려 그 동기를 충족시키는 방법이 지나치게 소박하고 순전히 이데올로

15) 당연하게도 같은 논의가 동유럽에도 적용될 수 있다. 동유럽에서는 봉건 체제가 훨씬 더 뒤늦게 대두하여 제 모습을 갖추었다는 사실이 그곳의 농민들이 그토록이나 취약했던 것을 설명해 준다.

기에만 매달리고 있다는 점을 문제 삼고 있다. 그것은 계급투쟁을 모든 다른 객관적인 요인들로부터 그리고 특히 무엇보다도 어떤 한 특정한 생산양식에 특유한 것일 수 있는 발전법칙들로부터 따로 떼어내는 점에서 인간의 자유로운 의지를 강조하는 자유의지론적 역사관이나 다름이 없다. 예컨대 19세기와 20세기에 이루어진 자본주의의 발달이 지니고 있는 성격을 자본주의적 축적의 법칙과 그것의 주된 요인, 즉 잉여가치의 메커니즘을 고려에 넣지 않고 오로지 사회적인 요인들만을 참작하여 설명하려고 꿈꿀 수 있는 사람이 과연 있을까?

사실상 브레너의 접근방식은 역사적 유물론의 근본적인 개념—즉 생산양식—으로부터 어떤 실질적인 내용도 모두 앗아가 버리는 결과를 낳고 있다. 바로 이 점에서 그의 논문에 봉건제의 관념이 전혀 나타나지 않고 있다는 사실은 중요하다. 오로지 예농제만을 참작하여 "전산업" 사회의 성격을 규정하는 것은 너무 한정된 것인 동시에 정확하지 못한 것이기도 하다. 그러면 봉건제를 특징짓는 생산양식이란 무엇인가? 봉건제에 특유한 정치경제가 존재하는가? 봉건제의 발전법칙을 찾아내는 것은 필요하고 또 가능한 일인가? 브레너의 접근방식은 심지어 피상적인 차원에서나마 이러한 물음들 가운데 어느 것도 다루고 있지 않다.

브레너가 폴란드의 역사가인 비톨드 쿨라Witold Kula의 저작에 관해 침묵을 지켜왔다는 사실도 못지않게 중요하다. 쿨라는[16] 최초로 봉건제를 이론적으로 파악하고 경험주의의 입장과 교조주의의 입장 사이를 크게 벌려놓는 데 성공한 역사가이다. 브레너가 취하고 있는 것과

16) 특히 그의 *Théorie économique du système féodal* (Paris & the Hague, 1970) ; 영역본 *An Economic Theory of the Feudal System* (London, 1976)에서.

같은 태도를 견지하는 한, 즉 봉건적 생산양식을 그 자체로서 타당한 연구대상으로 보고 그 생산양식이 어떻게 작동하는가가 아직 완전하게 이해되고 있지 못하다는 사실을 인정하지 않는 한, 자본주의의 기원에 관한 수수께끼를 해결하는 것은 불가능하며 경험주의와 추상적인 사변 사이에서 지겹게 우왕좌왕하는 것을 피할 수 없게 될 게다.

그러한 "정치적 마르크스주의"의 오류는 역사적 유물론의 가장 쓸모 있는 개념인 생산양식을 무시하고 있다는 점에만 있는 것이 아니다. 그것은 또한 객관적인 경제적 요인들의 영역을 내팽개치고 있다는 점에도 있는데 이는 맬서스학파를 오히려 아주 유리하게 만들어 주고 있다. 신맬서스주의의 입장에 대해 이론적인 비판을 제기하거나 또는 분석의 이런저런 차원을 과소평가했다고 그 입장의 대변자들을 비난하는 것만으로는 결코 충분하지 못하다. 설득력이 있고 결정적인 비판이 되려면 그 비판은 더할 나위 없이 적확하게 타당하지 못한 요소들로부터 타당한 요소들을 따로 떼어내기 위하여 맬서스적 해석의 핵심 그 자체를 공격해야만 한다. 이 모델이 지니고 있는 강점은 그 모두가 그 모델이 세부적인 연구 결과—인구의 요인이 중요하고 장기적인 추세들이 번갈아 나타나며, 성장의 한계가 존재한다는 등등—에 의해 엄청난 뒷받침을 받고 있다는 사실에서 나오고 있다. 마르크스주의를 아무리 교묘하게 곡해한다고 하더라도 마르크스주의에 입각하면 다른 이론이 구성된다는 터무니없는 구실을 들어서 그처럼 확실한 자료들을 고려하지 않겠다고 나설 수 있을까? 인구적 요인을 보기로 들어 보자. (분명히 이데올로기적인 성향을 띠고서) 결정론으로 가려는 경향이 많은 역사적 저작들을 특징 지어왔다는 것은 물론 사실이다. 하지만 인구가 봉건사회의 전반적인 발달을 이해하는 데 반드시 고려되어야 한다는 것도 역시 사실이다. 그 이유들은 봉건적 생산양식의 본질 그 자체—즉 소규모 생산이 기본적인 경제단위를 이루고, "재생산"도 경제 및 인구의 변화 과정에 따라서 바로 그처럼 소규모로 이루어진다는 사실—에 내재되어 있다. 포스탄이나 르 르와 라뒤리를 인구의 요인에 너무나 많은 중요성을 부여했다는 이유로 비판해서는 안 된다. 오히려 정반대로 그들은 길을 가다가 중간에 멈추었고 인구의 요인을 모든 것을 포괄하는 전체로서의 사회-경제적 체제 속에 통합시켜 넣지 못했다는 점에서 비판받아야 하는 것이다.

장기적인 추세들에 관련해서도 같은 말을 할 수 있다. 맬서스주의 역사가들은 증거로서 일련의 상호관계들(가격, 인구, 생산 등등)을 거론해 왔다. 필자가 보기에 그들의 오류는 사회-경제적 체제가 어떤 것이든 성장의 형태를 크게 결정짓는 또 다른 변수인 노동생산성의 작용을 이해하기 위해 이 길을 더욱 멀리까지 따라가지 않았다는 데 있다. 여기에서도 역시 노동 생산성에 특유한 (경제 성장의 국면에서는 감소하고 후퇴의 국면에는 증대하는) 움직임은 필연적으로 봉건제의 구조적인 특징(정체된 기술적 기반 위에서 가족의 노동력을 가지고 생산을 하는 소규모 생산자가 압도적인 점)과 합치하며, 또한 다른 변수들(가격, 임금 등등)의 움직임을 분명하게 드러낼 수 있다고 여겨지는 것이다.

따라서 봉건제에 관한 포괄적인 조망을 얻을 수 있으려면 추상화와 일반화의 정도를 점점 더 높이는 가운데, 봉건 경제의 메커니즘들을 꾸준히 하나씩 밝혀내야만 한다. 그리고 바로 이러한 과정을 통해서만 우리는 계급투쟁이 어떤 미묘한 메커니즘을 통해서 봉건사회들의 발전을 추진하는 역할을 하게 되는가를 궁극적으로 이해하게 될 것이다.

달리 말해서 경제적 측면에 대한 지나친 강조를 피하기 위해서는 모순되게도 경제적 요인을 덜 다루는 것이 아니라 오히려 더 많이 다루어야 할 필요가 있다. 정치에로 도피해 버리는 것은 아무것도 해결해 주지 않는다. 정반대로 그것은 경제적 또는 인구적 결정론이 아무런 도전도 받지 않은 채 자리를 굳게 차지하도록 허용할 뿐이다.

끝으로 한 가지만 더 이야기하겠다. 필자가 브레너의 접근방식 대신에 제시한 접근방식은 필자로 하여금 맬서스주의적 분석이 지닌 몇 가지 요소를—예컨대 인구와 자원 사이의 불균형 같은 개념을[17]—받아들이도록 만들고 있다. 이는 맬서스주의적 접근방식과 마르크스주의적 접근방식 사이를 갈라놓는 여러 구분선을 더욱 식별하기 어렵게 만들 수 있다. 그것은 또 사람들로 하여금—논쟁에 뛰어들려는 유혹에 휩싸일 경우—심지어 필자를 신맬서스주의자로 비난하도록 만들 수도 있다. 그러나 이는 궁극적으로 볼 때 결코 중요한 일이 아니다. 왜냐하면 이르든 늦든 이러한 요소들이 인구적 결정론의 모든 껍데기를 벗어버린 하나의 포괄적인 모델에 통합되면, 그러한 요소들로부터 그들이 예전에 지니고 있던 이데올로기적 냄새가 모조리 사라질 것이기 때문이다.

간략하게나마 바로 위에 적은 것이 브레너의 논문을 보고 필자가 가지게 된 생각들이다. 그는 논의를 재개시켰고 당연한 것으로 받아들여지고 있는 수많은 관념에 도전을 했다는 점에서 커다란 기여를 하고 있다. 그렇게 하는 가운데 그는 자신의 주장에 대한 솔직한 반응

17) 그것을 노동생산성이 하락하는 추세와 연관시킴으로써.

을 기대한 바 있다. 따라서 필자는 우리가 동의하고 있는 몇 안 되는 점들을 제외하고는 우리 둘 사이에 방법론적으로 커다란 차이가 있음을 분명하게 밝히고자 애써왔다. 그 문제는 그의 논문에서 다루어지고 있는 주제를 넘어서는 아니 실로 아주 크게 넘어서는 것이다. 그것은 역사적 유물론의 본질 그 자체와 관련되어 있는 것이다.

봉건제의 위기

로드니 힐튼Rodney Hilton

중세 말에 서유럽의 사회체제가 위기를 겪고 있었다는 견해는 이미 1931년에 마르크 블로크가 『프랑스 농업사의 독특한 성격』에서[1] 제시해 놓은 것이었다. 에두아르 페르와가 『아날』에 "14세기의 위기"를 썼던[2] 1949년부터는 그 개념을 봉건제의 역사에서 한 단계를 설명하는 수단으로 쓸모 있게 사용할 수 있다는 점이 널리 인정되기에 이르렀다. 이 위기에 관한 해석들은 상당한 정도로 서로 달랐다. 일부에게는 이것이 생산 요인들이 그릇되게 적응한 데에서 비롯된 위기로 여겨졌다. 낮은 곡물 가격으로 특징지어지는 농업 불황을 이끌고 온 인구의 격감은 이미 1935년에 빌헬름 아벨에 의해 가장 본질적인 요소로 제시된 바 있었다.[3] 그 이래로 이러한 견해 또는 이에 바탕을 둔

1) Marc Bloch, *Les caractères originaux de l'histoire rural française aise* (Oslo, 1931): 제3장은 "La seigneurie jusqu'à la crise des XIVe et XVe siècles"라는 제목으로 되어있다.

2) E. Perroy, "A l'origine d'une économie contractée : les crises du XIVe siècle", *Annales E. S. C.*, iv(1949).

3) W. Abel, *Agrarkrisen und Agrarkonjunktur* (Berlin, 1935; 3rd edn, Hamburg & Berlin, 1978) : 영역본, *Agricultural Fluctuations in Europe from the Thirteenth to the Twentieth Centuries* (London, 1980).

변형된 견해들은 지배적인 정통설이 되어왔고, 로버트 브레너는 그에 대해 비판을 가한 학자들 가운데 가장 최근에 나온 사람일 뿐이다.[4] 다른 역사가와 경제학자들은 페르와와 포스탄 그리고 그 밖의 학자들이 주목하였던 인구와 화폐 그리고 그 밖의 측면들이 지닌 중요성을 의문시하지 않으면서도, 그 위기가 사회-경제적 체제 전체의 위기였다고 생각했다. 이는 주로 마르크스주의자들의 견해인데 이미 모리스 돕은 그의 『자본주의의 발달에 관한 연구』에서 간략하게 이 견해를 제시한 바 있다.[5] 그것은 미국의 학술지인 『과학과 사회』에서 더욱 깊이 다루어졌고, **봉건제에서 자본제로의 이행**에 관한 논쟁으로 불리게 되었다.[6] 그 문제에 관해 마르크스주의의 관점에서 나온 가장 최근의 업적은 아주 세밀한 경험적인 연구를 토대로 하여 이론적인 문제들을 심각하게 다루고 있는 기 브와의 『봉건제의 위기』이다.[7]

물론 한 사회체제의 전반적인 위기라는 개념은 1930년 무렵부터 역사가들이 겪었던 경험과 결코 무관하지 않았다. 많은 사람들이 정치와 경제 그리고 사회에서 나타난 온갖 위기들 모두가 자본주의 문명이 돌이킬 수 없이 빠져들고 있던 단일한 위기의 여러 측면을 이루고 있다는 믿음을—그것이 두려운 믿음이든 희망찬 믿음이든—가지고

4) 필자가 이 논문에서 Robert Brenner의 논의나 그를 비판하는 학자들의 논의를 특별히 겨냥하는 것은 아니다. 하지만 필자가 봉건사회의 발전에서 전반적인 상황을 결정하는 사회적 관계의 역할을 강조하는 Brenner의 입장에 동의하면서도 그가 무시해 온 복잡한 문제들이 있다고 생각한다는 점은 분명하다.

5) M. Dobb, *Studies in the Development of Capitalism*(London, 1946).

6) *Science and Society*지에서 벌어진 논쟁은 *The Transition from Feudalism to Capitalism* (London, 1976)으로 재간행되었다.

7) G. Bois, *Crise du féodalisme* (Paris, 1976); 영역본, *The Crisis of Feudalism* (Cambridge, 1984).

있었다. 그러한 조망은 얼마간 말세론적인 것이었고 이 점에서 중세 말에 유럽에서 나타났던 사상의 몇몇 측면과 닮아있었다. 하지만 이제 우리가 알고 있다시피 뿌리를 깊게 내리고 있는 사회 체제는 적응을 통해 살아남을 수 있는 상당한 능력을 가지고 있다. 정의에 따르면 위기란 자연유기체(즉 생물체/역자)의 역사에서뿐만 아니라 사회유기체의 역사에서도 전환점을 뜻한다. 유기체는 죽어 없어질 수 있다. 또 그것은 얼마간 제 모습을 유지하면서 살아남을 수도 있다. 또는 그것은 상황의 변화에 충분히 적응할 수 있을 만큼 변화를 겪은 뒤에 살아남을 수도 있다. 14세기와 15세기에 첫 위기를 겪은 뒤에 봉건제는, 그것이 최후를 맞이한 시점이 1640년과 1789년 그리고 1917년 등 갖가지로 제시되고 있는 것에서 짐작할 수 있듯이, 길고도 굴곡이 심한 역사를 걸어갔다. 따라서 그 사회체제가 최초의 위기를 맞이하여 사망에까지 이르지는 않았다고 하더라도 그 위기가 일어나지 않았다고 생각해야 할 필요는 없다.

어떤 한 사회체제가 겪은 위기 또는 위기들에 관해 학문적으로 고찰하고자 하는 경우 우리는 그에 관한 경험적인 자료를 가져야 한다는 의미에서뿐만 아니라 그 사회체제에 대한 규정에 동의해야 한다는 의미에서도, 우리가 무엇에 관해 이야기하고 있는가를 알아야만 한다. 여기서 필자가 뜻하는 바는 단순히 그 체제가 어떤 주어진 시기에 가지고 있는 겉모습들에 대한 묘사가 아니라 오히려 그것의 본질적인 구조에 대한 규정이 필요하다는 것이다. 그 구조를 규정하고 나면 그 다음으로는 그것이 하나의 운동법칙을 내포하고 있다면 그 운동법칙은 어떤 것인가를 밝혀내야만 한다. 필자가 "그것이 하나의 운동법칙을 내포하고 있다면"이라고 덧붙인 것은 널리 알려져 있다시피 일부

역사가들은 중세 봉건제가 정체된 체제로서 그것이 자본주의를 향해 움직이려면 외부로부터 자극이 주어져야 했다고 생각하기 때문이다. 또한 그 내적인 운동법칙을 밝혀낼 수 있다면 우리가 그 운동법칙이 어떻게 해서 무너지게 되는가도 밝혀낼 수 있으리라는 점도 덧붙여야겠다.8)

봉건제의 구조에 대한 분석은 그 기반인 농업에서 출발해야 한다. 중세 유럽에서 어떤 특정한 시점에 도시화가 아무리 커다란 정도로 이루어져 있었든, 인구의 절대다수—80~90퍼센트—는 곡물 경작이나 방목업에 종사하고 있었으며, 그 가운데에서도 숫자로 볼 때 주로 곡물 경작에 종사하는 사람은 방목업만 전문으로 하는 사람보다 훨씬 더 많았다. 따라서 우리는 구조를 분석할 때 기본적인 생산 단위를 경제의 여러 부문들 가운데 곡물 경작의 부문 또는 보다 정확하게 말하자면—곡물 생산은 그것이 중세에 도달한 단계에서는 최소한 일정한 숫자의 가축이 없이는 불가능했을 것이므로—복합영농의 부문에서 찾아야 한다. 따라서 우리는 봉건적 생산양식의 구조에서 그것의 활력과 성장 그리고 쇠퇴를 결정지었던 본질적인 요소를 다름 아니라 바로 그 농업적 토대 안에서 찾아야만 한다.

중세 전반에 걸쳐 줄곧 농민의 가족 보유지가 농업경제의 토대를 이루고 있었음은 거의 의심할 나위가 없는 사실이다. 의문의 여지 없이 그 보유지의 크기는 토지에 대한 노동력의 비율이 전반적으로 어떠했는가에 따라서, 지리적인 여건에 따라서, 기술의 수준에 따라서,

8) 다음과 같은 분석은 *The Transition from Feudalism to Capitalism*, pp.72-3에서 Kohachiro Takahashi가 제시한 논의를 발전시킨 것이지만, 또한 Bois, *Crise du féodalisme* 에도 많은 빚을 지고 있다.

그리고 기본적인 노동력을 구성하고 있던 가족의 성격에 따라서 크게 다를 수밖에 없었다. 이러한 요인들 가운데 많은 것은 아직도 논란의 대상이 되고 있으며 특히 가족구조는 더욱 그러하다. 물론 대부분의 시기에 가족 보유지들 사이에 그 크기에서 상당히 커다란 차이가 나타나 있었다는 것 또한 사실이다. 가족 보유지를 가지고 있는 농민들 가운데 가장 기본적인 핵심을 이루고 있던 사람들, 즉 자기 가족과 그에 딸린 일꾼들을 먹여 살리고 경제의 재생산을 가능케 하며 지대를 납부하기에 충분한 토지와 장비 그리고 노동력을 지니고 있는 사람들 위에는, 대개의 경우 수는 적지만 보다 부유한 가족들—자유보유농, 완전 사유지 보유농 따위—이 존재하고 있었다. 한편 더욱 중요한 것으로 위에서 말한 핵심적인 부류 아래에는 출생률이 사망률을 앞질렀고 남아도는 인구가 산업의 발달이나 도시화 또는 전쟁에 의해 흡수되지 않았을 때 어쩔 수 없이 농민 생산자의 주된 부류로부터 변두리 집단으로 전락해 버렸던 소보유농들의 유동적인 무리가 있었다.[9)]

이러한 농민경제가 생산해 낸 생산물이, 또는 오히려 그 생산물 가운데에서 농민 가구가 (노동력으로든 현물로든 또는 화폐로든) 자기 보유지 안에 남겨둘 수 없었던 부분이, 귀족과 성직자와 도시 그리고 국가로 이루어진 사회-경제적 상부구조 전체를 지탱하는 데 필요한 토대를 마련해주었다는 것은 강조할 필요조차 없는 당연한 사실이다. 따라서 이러한 상부구조는 우선 무엇보다도 어떤 특정한 시점에서든 농민의 가족경제가 자연에 대해 맺고 있던 관계에 의존해 있었다. 그러나 이는 계속 변화해 가고 있는 관계였다. 한 단계에서는, 특히 10

9) R. H. Hilton, "Reasons for Inequalities among Medieval Peasants", *Jl Peasant Studies*, v(1978)을 보라.

세기와 13세기 사이에서는 농민경제로부터 잉여를 성공적으로 끌어내는 일이 의심할 나위 없이 몇몇 기술의 개선들로부터 도움을 얻었다. 하지만 대체로 농업기술의 개선은 인구증가를 따라잡지 못했다. 정체된 상황 또는 기술이 아주 느리게만 발전하고 있는 상황 아래에서는 인구가 한 해에 평균 1/2퍼센트가량에 지나지 않는 비율로 증가한 것만으로도 농민 가족경제의 한계 안에서 찾을 수 있는 유일한 해결책은 보유지들을 여지껏 경작되지 않았던 땅으로 수평 팽창시키는 것뿐이었다. 이는 주된 농민보유지들의 평균 규모를 축소시키고 소보유지의 수를 늘리며, 노동생산성을 거의 확실하게 전반적으로 떨어트리는 결과를 빚어냈다. 인구증가가 절정에 다다라있었을 때에도 유럽의 거의 모든 나라에 엄청난 삼림 지역이 남아있었다는 점을 감안할 때, 농민경제의 수평 팽창이 반드시 상황을 더욱 악화시키지는 않았다고도 볼 수 있다. 하지만 당연히 농민경제는 사회적 진공 속에서 존재했던 것이 아니었다. 이 농민경제의 자연스러운 성장을 가로막는 (삼림법과 같은) 제도적 제약들은 결정적이었다. 더구나 생산성을 높여줄 기술의 발달이 이루어지지 못했던 것 역시 사회적으로 결정된 일이었다.10)

그러면 농민의 가족경제가 스스로를 파멸시키는 인구의 팽창과 그에 따른 빈곤화의 주기 속으로 빠져 들어가는 운명적인 성향을 가지고 있다는 점이 우리의 역사적 문제에 대한 해답을 제공할 수 있을까?

10) R. H. Hilton, "Rent and Capital Formation in Feudal Society", in *Second International Conference of Economic History, Aix-en-Provence, 1962*, 2 vols.(Paris, 1965), ii. repr. in R. H. Hilton, *The English Peasantry in the Later Middle Ages* (Oxford, 1975); M. M. Postan, "Investment in Medieval Agriculture", *Jl Econ. Hist.*, xxvii(1967).

일부 역사가들은 그렇다고 생각해 왔으며 사실상 우리는 농민경제의 역사가 지닌 이러한 측면을 결코 무시할 수 없다. 그러나 우리가 (아마 한 번도 존재해 본 적이 없었을) 독립적인 "농민경제"가 아니라 중세의 **봉건** 경제를 분석하고자 한다면, 우리는 사회구조에 들어있는 다른 요소들도 고려해야만 한다. 결국 농민의 가족경제는 결코 완전하게 독립되어 있지 못했다. 가족 노동력으로 경작되는 개개 보유지는 결코 경제적으로 자급자족적인 단위가 아니었다. 단순히 바깥으로부터 (소금과 금속제품 따위의) 다양한 산물을 얻어와야만 했을 뿐만 아니라, 각 보유지는 그 자체가 살아남으려면 그 텃밭과 경작지의 경계 너머로부터 자연 자원 및 인적자원을 끌어 들여와야만 했던 것이다. 목초지와 방목지, 땔감 및 건축자재로 사용할 목재와 뗏장, 채석장에서 날아온 돌, 그리고 물에서 잡아 올린 생선 따위를 개개인이 각자 개별적으로 얻어내는 경우란 별로 없었다. 이웃들 사이에서 서로 도와 품앗이로 경작을 하는 경우는 거의 없었겠지만, 가족 노동력은 통상 일이 많은 계절 특히 건초를 거두고 곡물을 수확하는 시절에 일시적으로 사용되는 노동력은 말할 것도 없고 다른 집안의 젊은이가 머슴으로서 한 해 내내 제공하는 노동력으로 보충되고 있었다. 이러한 가외의 자원들을 얻는 일은 그 구조 안에서 개개 가구보다 한 단계 위에 있는 또 다른 요소, 즉 촌락공동체를 매개로 하여 조직되고 있었다.

물론 크고 작은 촌락공동체들은 그들의 집단적인 활동과 위에 언급한 자원들에 대한 통제의 영역에서 서로 크게 달랐다. 곡물을 경작하는 공동 경작지에 자리 잡은 공동체들은 아주 긴밀한 유대로 통합되어 있었고, 따라서 조그마한 마을이나 따로따로 흩어져 있는 방목업자들에 비해 더 커다란 정도로 집단적인 힘과 권한들을 행사할 수 있었지만, 가장 조직이 느슨하게 짜여 있는 수준에서도 개개인이 개별적으로 얻지 못하는 자원들을 획득하는 데에는 어느 정도 집단적인 규제가 이루어져야만 했다. 더구나 한 편으로는 농민과 다른 한편으로는 (국가와 교회의 두 제도는 말할 것도 없고) 다른 사회계급들 사이에 맺어져 있던 관계를 고려해 볼 때, 바깥 세계와 접촉을 했던 것도 바로 농민 개개인이기보다는 오히려 촌락 또는 그 지방의 공동체를 대표하는 다른 사람들(대개는 비교적 부유한 집안의 가장들)이었다.

일찍이 11세기에 랑Laon의 주교가 "어떤 자유민[즉 귀족]도 살아가는"[11] 데 반드시 필요로 하는 것으로 인정하였으며, 또 뒤늦게 15세기에 와서도 한 무명 시인이 "이 세계를 유지해 주는"[12] 것이라고 말했던 농민의 가족경제를 고찰해 보면, 봉건제의 동력학에 대한 설명에서 반드시 **필요한** 부분이 바로 거기에 있었다는 사실이 분명하게 드러난다. 한편 가족경제에는 사용될 수 있는 자원에 비하여 스스로를 상대적으로 과잉 생산하는 성향이 내포되어 있었다는 사실을 감안할 때, 우리는 봉건 경제의 취약성에 대한 역시 반드시 **필요한** 설명도 가지게 되는 셈이다. 또 그 구조의 보다 높은 차원에서는 마을의 유지들에 의해 촌락공동체가 확고하게 결속되었거나 또는 반대로 이러한 공동체들이 해체되었다는 사실이, 농민에 바탕을 둔 이러한 사회질서가 보다 넓은 지평에서 지니고 있던 양상들에 대한 우리의 분석에서 역시 반드시 필요한 측면을 이루고 있다는 점 또한 분명해진다. 하지만

11) Adalbero of Laon의 *Carmen ad Robertum regem*은 *L'an mil*, ed. G. Duby(Paris, 1967). pp.71-5에 프랑스어로 번역되어 있다.

12) "God Spede the Plough", ed. W. W. Skeat(Early Eng. Text Soc., old ser., xxx, London. 1867). p.69.

물론 개개 농민의 가족경제가, 그리고 촌락공동체로 나타난 사회-경제적 단위가 봉건제에만 **특유한** 것은 결코 아니었다. 그것들은 봉건제보다 더 이른 시대의 것이든 더 늦은 시대의 것이든 다른 사회구성을 이루고 있는 부분으로도 발견되는 것이다. 그리고 그것들이 봉건제의 동력학에 대한 서술에서 반드시 **필요한** 요소들이기는 하지만 그것들만으로 **충분한** 것은 결코 아니다.

봉건적 생산양식에 대한 충분한 설명을 제공하려면 그 사회-경제적 구조를 이루는 또 하나의 요소인 장원영지—이는 여러 가지 측면을 갖고 나타나는데, 그 가운데 하나의 측면에서는 봉토로 불리며 여기에서 "봉건제"라는 용어가 나왔다—를 분석해야만 한다. 봉건제에 특유한 것은 바로 이 장원영지이다. 그것은 그 경계 안에 가족에 기반을 둔 각 가구의 개개 보유지들과 보다 높은 차원에서는 촌락공동체로 나타나는 농민의 조직체를 모두 싸안고 있다. 봉건사회의 가장 주된 두 계급이 잉여(또는 더 정확하게 말하자면 보유지의 생산물 가운데 농민이 가지지 못하는 부분)를 주고받아 그것을 토지소유자의 수입으로 전환시키기 위해 만나는 것은, 바로 이러한 장원영지 안에서 이루어지는 일이다. 봉건적인 관리들의 능력이 낮은 수준에 머물러있었고 교통 및 통신의 문제가 있었기 때문에, 장원영지는 그 영역이 분해되고 다시 형성되는 과정을 수없이 겪었음에도 불구하고 그 성격상 일종의 규칙성을 띠고 있었다. 그리하여 심지어 국왕과 대제후들의 거대한 영지들도 비교적 자그마한 장원영지들의 집합체가 되는 경향을 보였다.

농민으로부터 영주에게로 잉여노동력 또는 그 잉여노동력이 낳은 열매가 넘어가는 것은 때와 장소에 따라 아주 다양한 형태를 띠었다. 그것은 직영지에서 한 해 내내 정규적으로 행해지는 작업이나 또는 농민들이 그들 사이에서 서로 돕는 것과 비슷하게 건초를 거두거나 곡물을 수확할 때 일시적으로 행해지는 노동으로 이루어질 수 있었다. 지대는 때로는 옛 공조의 형태가 살아남은 것으로서 또 때로는 보유지에서 거두어진 수확물 가운데 일부분으로서 현물로 납부될 수 있었다. 지대는 또한 화폐로도 납부될 수 있었는데 이는 생산물을 시장에 내다 팔아야 하는 의무가 농민에게 짐지워진다는 점에서는 영주에게 유리했으나, 화폐지대가 다른 지대와 마찬가지로 일정한 수준으로 고정되어 가격이 상승함에 따라 그 가치가 낮아져 가는 경향이 있었다는 점에서는 영주에게 불리했다. 영주들은 또 그들이 지배자로서 갖고 있던—법정에서 벌금을 부과한다거나 반드시 필요한 시설의 이용(방아 찧기, 빵 굽기, 포도주 짜기 따위)에 대한 독점권을 행사하는 것과 같은—여러 권리로부터 나오는 수입을 부역과 현물 그리고 화폐로 획득하였다. 영주에게 수입이 어떤 형태로 주어지든 그것은 사법권에 의해 정당화되고 또 보장되었다. 봉건사회에서는 권력이 주로, 물론 무력이—마치 눈에 보이게 날개 속에 감추어져 있듯이—언제나 존재하고 있었긴 하지만, 그 무력보다도 더욱 크게 바로 사법권에서 표출되어 나왔던 것이다.

영주에게 수입을 제공하는 것을 정당화시켜 주는 또 하나의 요소는 물론 예농제였는데, 그에 관해서는 이해될 수 있는 일이기는 하지만 모호한 점이 많다.13) 공법公法의 눈으로 볼 때 예속된 농민이 완전히 부자유한 처지에 놓여 있었던 완전하게 성숙한 사법적 예농제는, 토

13) 예농제에 관한 Marc Bloch의 글들도 비록 비판을 받긴 했지만 무시될 수 없다 : M. Bloch, *Mélanges historiques*, 2 vols.(Paris, 1963), i, pt 4. G. Duby, *Rural Economy and Country Life in the Medieval West* (London, 1968), bk 3, chs.1, 3도 참고할 것.

지를 소유한 지배계급에 농민이 종속되어 있는 정도에서 한쪽 극단에 지나지 않았다. 다른 쪽 극단에는 자유농의 보유지 또는 완전 사유지가 있었다. 그 두 극단 사이에는 아주 넓은 범위에 걸쳐 예속의 정도를 반영하는 의무들이 놓여 있었는데, 그 의무들 가운데 가장 중요한 것들은 인신의 이주를 제한하고 생산물이나 토지의 자유로운 양도를 규제하며 그리고 상속을 통제하는 데 목적을 두고 있었다. 구체적인 예속의 형태들이 아주 다양하게 나타나는 것은 당연하게도 봉건사회의 전반적인 역사를 구성하게 되는 수많은 개별적인 역사들을 반영한 것일 뿐만 아니라 더 나아가 그 역사들을 결정하기도 한다. 하지만 우리는 경험의 다양성에 눈이 멀어 봉건사회에서 나타나는 특정한 일반적인 모순들을 찾아내지 못해서는 안 될 것이다.

봉건제에서 나타나는 그러한 모순들 가운데 가장 두드러진 것은 당시 사람들이 완벽하게 파악하지는 못했지만 그럼에도 결코 농민에게 동정적이지 않았던 몇몇 저술가가 희미하게나마 알아차리고 있었던 모순이었다. 노르망디와 이탈리아처럼 서로 아주 멀리 떨어져 있는 곳들에서 비슷한 견해가 표명되고 있었다는 사실을 우리는 알고 있다. 노르망디 공작들의 역사를 시구로 지은 12세기의 앵글로-노르만 저술가 웨이스Wace는 반란을 일으킨 농민들이 다음과 같은 말을 했다고 전한다. "자 이제 우리 자신과 우리의 재산을 지키고 서로 힘을 합치기로 맹세합시다. 그들[영주들]이 우리를 상대로 전쟁을 치르고자 한다면, 한 사람의 기사를 우리는 서른 명이나 마흔 명으로 대적할 수 있습니다."14) 한편 이탈리아 저술가인 타마시아Tamassia는 농민에 관

14) Wace, "Roman de Rou", L. Delisle, *Etudes sur la condition de la clause agricole et l'état de l'agriculture en Normandie au moyen âge* (Evreux, 1851), pp.123-4에

하여 다음과 같이 썼다. "힘을 합치면 그들이 샤를마뉴까지도 몰아붙일 수 있을 게다. [하지만] 따로따로 떨어져 있는 경우에는 그들이 같은 숫자의 병아리보다 나을 게 없다."15) 이러한 영주들은 무장한 수행원을 거느리고 있었으며 또 사적 · 공적으로 폭넓게 사법권을 가지고 있었지만, 그래도 심지어 예속적인 농민에 대해서도 완벽한 통제권을 행사한 것은 결코 아니었다. 특히 그들의 군사적 · 정치적인 힘은 농업경제를 운영하는 그들의 권한과 짝을 맺고 있지 못했다. 그 이유는 그들과 생산과정 사이의 거리가 너무나 멀리 떨어져 있었기 때문이었다. 또 이러한 거리가 단순히 아주 커다란 규모로 이루어지는 봉건적인 토지소유와 작은 규모로 이루어지는 가족경제 사이의 상반된 양상에서 비롯된 것에 지나지 않았던 것도 아니다. 이러한 거리는 수많은 촌락을 소유하고 있는 대제후들뿐만 아니라 단 하나의 촌락만을 가지고 있는 소영주들의 경우에도 나타났던 것이다. 또 하나의 이유는 영주나 그의 관리들이 농민 보유지의 경제에 대해 실질적으로 아주 한정된 정도로만 간섭할 수 있었기 때문이기도 했다. 영주가 지대와 부역을 요구함으로써 농민 보유지의 자원에, 대개는 부정적인 의미에서, 영향을 끼칠 수 있었음은 사실이다. 그는 또한 (그가 바랐던 것만큼은 결코 그렇지 못했지만) 예속민들의 이주를 통제할 수도 있었다. 하지만 그가 보유지의 경제 안에서 노동력과 다른 자원들을 이용하는 방식을 결정할 수는 없었다. 또한 심지어는 관습에 따른 토지보유가 중세 말에 무너지기 시작했을 때에조차 훌륭하게 농사를 짓는 방법을 임대

서 재인용.

15) G. Salvemini, *Magnati e popolari in Firenze dal 1280 al 1295* (Florence, 1899), p.215에서 인용.

조건에 구체적으로 명시하려는 시도가 그리 많았던 것도 아니었다.

영주와 농민 사이를 멀리 떼어놓는 데에는 영주가 가족경제에 간섭해 들어갈 수 없었던 것으로 보인다는 이러한 요인 말고도 또 하나의 요인이 한몫하였다. 위에서 지적하였듯이 영주와 농민 개개인의 가족 보유지 사이에는 촌락공동체가 자리 잡고 있었다. 실제로는 마을의 유지들 즉 부유한 상층 농민들이 촌락공동체를 대표하고 있었으며 그들의 협력이 없이는 장원 영지의 경영이 불가능했다. 영주는 강제력을 필요로 했을 뿐만 아니라, 중개인도 필요로 했던 것이다. 오늘날 집사와 장원관리인 따위의 영지관리들에 관한 글들이 많이 나와 있으나, 사실상 농촌공동체의 운영이 영주를 대리하는 이러한 영지관리들의 손으로 이루어지지는 않았다. 장원 법정 또는 영주 법정은 대부분 부유한 촌락민들의 손아귀 안에 있었다. 관습을 선포하고, 갖가지 분쟁에서 판결을 내리며, 공동체의 여러 규제를 제정하고, 온갖 내규를 공표하며, 이방인을 마을 바깥으로 내쫓고 그리고 전반적으로 말해서 영지관리 또는 영주 그 자신과 농민 가장들의 공동체 사이에서 반드시 필요했던 의사소통의 통로를 제공해 주었던 당사자는, 바로 부유한 촌락민들이었던 것이다.

농업경제 가운데에서 영주가 완벽한 통제권을 행사했던 것으로 여겨질 수 있는 요소인 직영지도 농민공동체의 관습적인 행태 속에 뒤섞여 들어가 있었다는 사실 또한 강조되어야 마땅하다. 예속된 신분이건 자유로운 신분이건 쟁기꾼, 마차꾼, 가축지기, 젖 짜는 하녀 따위와 같은 한 무리의 직업적인 하인들이 직영지에 딸려있었을 수는 있지만, 직영지에 투입되는 노동 자원들 가운데 쟁기꾼과 쟁기를 끄는 가축들, 건초를 거두는 일꾼, 곡물을 수확하는 일꾼, 대장장이, 그리고 심지어는 건축일꾼과 같은 중요한 노동력들은 가족경제로부터 직접 제공되고 있었다. 따라서 직영지는 농민 보유지의 작업 진행 과정에 발맞추어—또는 농민들이 노동 부역을 대개 마지못해 억지로 수행했으므로 오히려 농민 보유지보다 더 엉망으로—경작될 수밖에 없었다. 어쨌든 직영지가 중세 농업경제에서 보잘것없는 하나의 측면만을 이루고 있었음은 거의 확실하다. 직영지가 중요하게 취급되는 것은 어느 정도는 남아있는 문서에서 비롯된 환상이라고 할 수 있다. 왜냐하면 중세 동안의 농촌생활에 관한 가장 훌륭한 기록들은 거의 예외 없이 커다란 영지들이 남긴 것인 반면에, 농촌 가운데에서 직영지 경제가 자리 잡지 못했고 농민의 소규모농장이 지배적이었던 커다란 부분들은 상대적으로 문서를 별로 남기지 않고 있기 때문이다.

따라서 우리는 토지소유계급이 자체의 존립을 위해 그 계급과 별개로 따로 독립해 나올 수 있는 다른 한 계급으로부터 그 계급의 잉여노동과 그 잉여노동의 열매들을 넘겨받는 데 의존하지 않을 수 없었던 상황에 마주치게 된다. 여기에서 토지소유계급은 잉여를 넘겨주는 계급에 대해 정치적, 군사적, 그리고 사법적인 권한들을 행사했지만, 그 계급과의 관계에서 농사를 경영하는 기능은 하지 못하고 있었다. 농촌공동체들이 (비교적 쉽게 이동을 할 수 있었던 귀족과 그의 수행원들에 비해) 거의 이동을 겪지 않은 채 산재되어 있었고, 틀에 박힌 농사일의 절차가 모두에게 강요되었으며, 관습이 지배적인 위치에 있었고, 사제와 수도승 그리고 탁발승들이 사회질서의 정당성을 인정하도록 강력한 이데올로기적 영향력을 행사했다는 사실을 감안할 때, 지배계급의 입장이 정치적으로 강력했다는 것은 놀랄 만한 일이 아니다. 하지만 그럼에도 불구하고 밑바닥에서 농민경제가 겪은 변화들은 언제나 사회구조의 맨 꼭대기까지 메아리를 불러일으켰다. 그 이유는 바로 토지소유자의 수입은 농민경제가 얼마나 높은 생산성을 올려 얼마만큼의 수탈을 가능하게 했는가에 아주 크게 달려있었기 때문이었고, 또 봉건영주의 계급은 그들의 속성상 능동적이기보다는 수동적이기 때문이었다.

이러한 밑바닥으로부터의 메아리는 경제의 농업 부문에서만 느껴졌던 것이 아니었다. 속인이든 성직자든 영주 귀족들은 온 시대에 걸쳐 국제교역에서 거래되고 있었던 일련의 산물 특히 사치품들을 구매하는 주된 수요자를 이루고 있었다. 이러한 산물들로는 동부 지중해 지역으로부터 서쪽으로 수입되었던 양념류와 과일 그리고 비단, 저지대와 중부 이탈리아의 직물 산업이 생산해 내고 있었던 값비싼 사치품 직물들, 지중해와 보르도, 라인란트, 부르고뉴 그리고 파리분지에서 생산되었던 포도주, 동부 유럽으로부터 건너온 모피 따위가 있었다. 물론 국제교역에서는 곡물이나 목재와 같은 부피 큰 상품도 거래되었으나 이러한 상품에 대한 수요는 주로 도시로부터 나왔으며 아마도 궁극적으로는 사치품에 대한 국제교역이 얼마나 튼튼한가에 달려있었을 게다. 영주 귀족들은 또한 군사 장비와 건축에 대해서도 으뜸가지는 않을지라도 중요한 수요자를 이루고 있었다. 국제교역은 주로 도시의 상층계급을 이루었던 상인-자본가들이 떠맡고 있었는데, 그들의 활동과 소비수요를 뒷받침하기 위해 도시에는 상당한 규모의 서비스 부문이 자리를 잡고 있었다. 한편 국가 또는 국가와 비슷한 구성체들은 (주로 농업생산자들을 대상으로 한) 직접세나 교역량에 따라 달라졌던 간접세로부터 거두어진 자원에 기대어 유지되었다. 달리 말해서 경제의 도시 및 상업 부문은 주로 그리고 직접적으로 농민 생산으로부터 얼마간 직접 수입을 얻어내고 있었던 귀족계급의 구매력에 달려있었던 것이다.

14세기와 15세기에 나타난 위기의 핵심을 이루었던 것은 봉건사회가 지니고 있던 바로 이러한 모순들이다. 우리가 이용할 수 있는 증거에 비추어 볼 때 농업의 일인당 생산성은 13세기 말에 가면서 정체되거나 또는 하락했던 것이 거의 확실해 보인다. 이는 단순히 인구증가가 제도적으로 한정된 토지자원에 압력을 가하여 가족의 생계유지를 위한 보유지의 평균 면적을 줄이고, 소보유농과 무토지노동자들의 수를 증가시키며, 경작지에 대한 방목지의 비율을 낮춤으로써 빚어낸 결과일 뿐만은 아니었다. 그것은 또한 지대와 재판에 따른 벌금, 사망세, 그리고 토지보유 허가료를 뜯어내려는 영주들의 압력과 과세 및 물자징발을 위한 국가의 압력—13세기 동안에 점점 더 커져 잉여로 남을 수 있었을 모든 화폐 자산을 앗아가고 심지어는 가장 기본적인 투자마저도 하지 못하게 만들었던 압력—에서 비롯된 결과이기도 했던 것이다. 또한 토지소유자들이 직영지의 농사를 개선하는 데 주도적인 역할을 했던 것도 아니었다. 합리적인 영지경영에 대한 관심이 얼마간 나타나기는 했지만 귀족의 수입이 전쟁과 사치에로 흘러 들어간 결과, 영주의 수익 가운데 영지에 투자된 비율은 낮은 수준에 머물렀고 그에 따라 생산성도 낮거나 정체되는 성향을 드러냈던 것이다.[16)]

13세기 말에 경제의 농업 부문에서 나타나고 있던 추세들에 대한 이와 같은 비관적인 해석에 반론이 제기되지 않는 것은 아니다. 하지만 토지소유자의 수입이라는 관점에서 볼 때에는 그 뿌리가 경제적이

16) 본 논문의 주 10)을 보라.

기보다는 사회적인 또 하나의 요인이 있었는데, 그것은 바로 농민을 수탈할 수 있는 능력이 낮아져 갔다는 점이었다. 농민공동체들이 그들의 보유지에서 나온 생산물 가운데 가능한 한 많은 것을 자기 몫으로 삼고 공유지인 수풀과 방목지 그리고 낚시터를 이용할 권리를 가능한 한 확고하게 획득하기 위하여 벌였던 투쟁은, 13세기에 앞서 이미 여러 세기 전부터 나타나고 있다. 하지만 13세기 특히 그 가운데에서도 그 후반기에 이러한 투쟁이 더욱 강렬해졌고 또 반드시 실패로 끝나지는 않았다는 것은 거의 의심할 나위가 없는 사실로 여겨진다. 이러한 투쟁에서 즉각 얻어내야 할 목적으로 삼았던 바가 아주 다양했던 것과 꼭 마찬가지로 그 투쟁이 성공했는지 아닌지 그리고 성공했다면 얼마만큼이나 성공을 거두었는지도 당연히 지역에 따라 달랐다. 프랑스의 북부 및 북동부에서는 그 투쟁이 자치권의 요소들까지 지닌 농촌 공동체가 형성될 정도로 커다란 성공을 거두었다. 프랑스의 동부와 독일의 서부에서는 권리장전이나 마을 헌장의 공포와 더불어 지대와 부역이 일정한 수준으로 묶이게 되었는데, 그러한 고정은 장기적으로 볼 때 토지소유자보다는 차지인에게 유리한 것이었다. 하지만 영국의 경우에는 그 투쟁이 같은 정도로 성공을 거두었다고 말할 수 없다. 영주와 관습 차지인들 사이에 지대와 부역을 둘러싸고 벌어졌던 갈등은 예농의 신분과 그에 상반되는 자유로운 신분을 둘러싼 보다 커다란 문제를 불러일으켰던 것이다. 하지만 이러한 갈등은 꽤나 자주 벌어졌고 그리하여 영국에서도 역시, 자유로운 신분을 얻거나 옛 왕령지의 차지인으로서 자신이 여러 특권을 누려야 한다는 것을 증명하기 위해 법정에 제소하였던 자들이 목적을 이루지 못했던 경우에조차, 노동 부역과 임의세 같은 자의적인 수탈이 고정되어 가

는 추세가 나타나고 있었다.[17)]

봉건지대를 둘러싼 갈등은, 시장을 위한 생산이 잘 발달되어 있고 단순한 상품교환이 널리 퍼져있었지만, 생산물 특히 다른 것은 몰라도 곡물 가운데 대부분이 가족경제 안에서 자체 소비되고 있었던 사회의 틀 속에서 그 갈등이 벌어졌다는 점에 비추어서 이해되어야만 한다. 양적으로 볼 때 곡물 (그리고 가축) 가운데 대부분을 자체 소비하여 시장에서 팔릴 수 없게 만들었던 것은 바로 농민의 가족경제였는데, 그 이유는 다름 아니라 농민 생산자가 수적으로 훨씬 많았기 때문이었다. 하지만 영주들의 가족경제 역시 물론 형편에 따라서 시장에서 많은 양을 사고팔 수 있기는 했지만, 직영지에서 나온 생산물 가운데 막대한 양을 자체에서 소비했다는 사실도 반드시 염두에 두어야만 한다. 물론, 농민 생산자쪽에서 지대와 벌금 그리고 세금을 현금으로 납부할 의무를 지고 있었다는 사실과 부유한 농민들이 이따금 꽤 많은 액수의 현금을 저축하고 있었다는 증거는, 농민 생산자들이 생산물 가운데 일부를 시장에 내다 팔아야 했고 또 실제로 내다 팔았음을 가리킨다. 하지만 우리는 만에 하나라도 이들이 규모는 작으나마 자본주의적인 영농을 하고 있었다고 생각해서는 안 된다. 온갖 부담을 납부하고 난 뒤에는 아주 적은 액수의 현금만이 남았고, 생산에 투입되는 노동력과 물자는 대부분 가족경제 안에서 자체적으로 공급되고 있었던 것이다.

그럼에도 불구하고 농민이 생산해 낸 것 가운데 (교회를 포함한) 토지소유자와 국가가 수탈하여 자신의 수입으로 끌어들였던 부분은 대

17) 필자는 이러한 투쟁과 승리를 필자의 *Bond Men Made Free* (London, 1973)에 요약해 놓으려고 시도한 바 있다.

개 현금으로 납부되었다. 비슷하게 직영지의 경작을 위해 영주에게 제공되었던 농민의 노동력도, 이미 지적된 바 있듯이, 상당한 정도로는 현금으로 그 열매를 맺었다. 이제 많은 영지소유자들의 화폐 수입이 14세기 초의 몇십 년 동안에 직영지로부터 얻는 수익이 위기를 맞이했기 때문이든, 또는 지대 수준을 유지하기가 어려웠기 때문이든, 아니면 그 둘 모두 때문이든, 정체되거나 하락하고 있었다고 생각할 만한 좋은 이유들이 제시되어 있다. 지역에 따라 차이는 있지만 이것은 프랑스의 노르망디와 파리분지 그리고 북부 같은 지역들뿐만 아니라 영국의 대부분에서도 일반적인 패턴을 이루는 것으로 여겨진다. 하지만 영주들은 이처럼 정체되거나 하락하고 있던 영지 수입으로 점점 더 늘어나고 있던 지출을 감당해 내야 했는데, 이러한 지출의 증대는 그 당시의 봉건사회에 구조적으로 내재해 있던 성향들로부터 비롯되었기 때문에 피할 수 없는 것이었다.[18]

18) G. Fourquin, *Les campagnes de la région parisienne à la fin du moyen âge* (Paris. 1964), pp.190-208; Bois, *Crise du féodalisme*, pp.203ff. ; R. Fossier, *La terre et les hommes en Picardie jusqu'd la fin du* XIIIe *siècle*, 2 vols.(Paris, 1968), ii. pp.623-52; H. Neveux, "Déclin et reprise : la fluctuation biséculaire, 1330-1560", in G. Duby & A. Wallon(eds.), *Histoire de la France rurale*, 4 vols.(Paris, 1975-6), ii, pp.35-9를 참고할 것. 영국에서 이 점을 잘 보여주는 몇몇 영지의 역사로는 다음과 같은 것들이 있다 : H. P. R. Finberg, *Tavistock Abbey* (Cambridge, 1951), pp.261-2; J. A. Raftis, *The Estates of Ramsey Abbey* (Toronto, 1957), p.228, "농업수익의 감퇴" ; I. Kershaw, *Bolton Priory* (Oxford, 1973), pp.19-30, 1320년대의 수입 격감; C. Dyer, *Lords and Peasants in a Changing Society* (Cambridge, 1980), pp.79-83. 1280년대로부터 나타난 영지의 위축. 14세기 초에 Cornwall에서는 농업이 비교적 괜찮은 상황에 있었지만, Cornwall 공작의 지대 수입은 1287년 이후 삼십 년 동안 정체되었다 : J. Hatcher, *Rural Economy and Society in the Dutch of Cornwall, 1300-1500* (Cambridge, 1970), pp.81ff. Ely 주교와 Winchester 주교의 영지들에서는, 지대의 총액은 유지되거나 증가되었던 반면에, 직영지 생산은 크게 줄어들었다 : E. Miller, *The Abbey and Bishopric of Ely* (Cambridge, 1951), pp.98-111; J. Z. Titow, "Land and Population on the Bishopric of Winchester's Estates, 1208-1350(Cambridge Univ. Ph. D. thesis, 1961),

중세의 인구분포가 모두 그렇듯이 식량 생산에 종사하지 않았던 인구의 비율을 수치로 산출해 내기는 어렵지만 그 비율은 14세기 동안에 늘어났던 것으로 여겨진다. 우선 먼저 그 가운데에는 이미 자리 잡고 있던 도매상인과 소매상 그리고 수공업자들뿐만 아니라, 날품팔이인 비숙련노동자 대중과 어느 정도의 비율을 차지했는가는 알 수 없지만 많은 경우 농촌에서 떠나온 뒤 아직 뿌리를 내리지 못하고 있던 사람들까지도 포함하는 도시인구가 들어있었다. 한편 국가와 교회의 행정기구가 점점 더 복잡하게 발전함에 따라 관리층 역시 성장해 나왔는데, 물론 그들 가운데 대부분은 먹이의 사슬에서 생산하는 쪽보다는 소비하는 쪽에 위치한 가족들로부터 배출되어 나왔다. 하지만 식량 생산자들의 비율에서 나타날 수 있었을 감소보다 더욱 중요한 것은 정치적 상부구조의 지출이 전반적으로 증대되고 있었다는 점이었다. 국왕과 영주들의 집안 살림에서는 과시와 사치 그리고 수행원들을 위해 막대한 양의 현금이 지출되었는데, 그와 같은 지출은 귀족들의 성향과 봉건정치에 들어있던 경쟁적인 요소를 감안할 때 줄기차게 계속 늘어나 그것만으로도 가격의 상승에 한몫 했을 것이다. 이 당시에는 전쟁 또한 보다 무거운 부담이 되고 있었다. 그것은 중세 초보다 중세 말에 실제로 더욱 많은 싸움이 벌어졌기 때문이 아니라 전쟁이 더욱 값비싸게 먹히는 일이 되고 있었기 때문이었다. 원정은 더욱 길게 더욱 지속적으로 이루어지는 경향이 있었고, 어떤 지위에 있든 군인들이 화폐로 임금을 받는 경우가 점점 더 많아지고 있었으며, 전투용 말에서 요새 건설에 이르기까지 모든 장비가 더욱 비싸지고 있

pp.22-42.

었다. 그리고 농업적인 토대로부터 지대와 세금으로 거두어지는 현금이 아주 느리게 흘러들어왔다는 사실을 감안한다면, 이러한 비용이 대개 상인-금융가들이 대주는 높은 이자율의 빚돈으로 지불되었음은 분명하다.

바로 이와 같은 것들이 농업생산에서 거두어진 잉여의 주된 용도를 이루었다. 그러한 용도들 가운데 어떤 것으로부터도 생산을 증대시킬 만한 투자의 형태로 상당한 규모의 환원이 전혀 이루어지지 못했다는 점은 다른 어떤 특징보다도 주목받아야 마땅하다. 군사적인 기술이 그 부산물로 생산을 증대시킨 경우는 전혀 없었다. 정교한 갑주나 복잡한 요새 또는 잘 꾸며진 포위 장비는 농업생산에 도움을 주거나 수공업 생산의 비용을 절감시켜 줄 어떤 교훈도 제공하지 못했던 것이다. 징수된 세금은 거의 남김없이 군사적인 지출과 (왕실의 아낌없는 사치와 후원을 위한 지출을 포함한) 통치비용으로 빠져나갔다. 상인자본에서 얻어진 수익은 비록 일부는 장원영지와 봉건적인 토지자산을 구입하는 데 사용되었겠지만, 분명한 사실로 농업생산을 개선하는 방식으로 투자되지는 않았다. 또한 산업 생산에서도 상당한 규모의 투자는 전혀 이루어지지 않았는데 그 이유는 주로 봉건적인 토지소유자가 농민의 가족경제 속에 뚫고 들어갈 수 없었던 것과 마찬가지로 상인 자본이 뚫고 들어갈 수 없었던 가족경제의 바탕 위에서 산업 생산이 이루어지고 있었기 때문이었다. 상업에서 얻어진 수익은 거의 남김없이 유통의 부문에 남아있었다.

14세기에 봉건사회가 겪은 위기는 대개 그 세기 중엽에 나타난 인구의 격감과 관련지어지고 있다. 다시 말해서 그 위기는 외부적인 요인인 선페스트에서 비롯된 것으로 일컬어지고 있다. 그 시대의 경제적 · 사회적인 발전들을 이루어내는 데 인구의 요인이 중요한 몫을 했다는 것을 부정하는 사람은 특히 인구의 동향 그 자체가 조금이라도 사회에 의해 결정되지 않는다고는 결코 말할 수 없기 때문에, 완전히 눈이 멀어버린 역사가일 게다. 하지만 선페스트가 도래하기 전에 그리고 심지어는 1310년대에 대기근이 발발하기 전에도 이미 봉건제의 위기가 시작되고 있었음은 분명하다. 물론 중요한 점은 하나의 사회질서로서 봉건제가 맞이했던 그 위기가 생존의 위기이거나 또는 상승하고 있던 공산품 가격과 하락하고 있던 농산물가격 사이에 격차가 점점 더 크게 벌어진 데 따라 야기된 위기는 아니었다는 사실이다. 그 상황에서 나타났던 이러한 측면들이 아무리 중요하다 해도—그리고 그 중요성을 숨긴다는 것도 전혀 불가능하다—핵심적인 측면은 봉건사회를 이루는 주된 두 계급들 사이의 관계에서 벌어진 위기였다. 그 위기는 인구가 격감하기 전에 이미 시작되어 있었으며, 인구가 격감하는 동안과 그 이후에도, 물론 형태는 좀 바뀌었을지라도, 줄곧 계속되었던 것이다.

토지소유자가 농민으로부터 지대로 얻는 수입이 인구 위기가 나타나기 전에 이미 정체되어 있었다면, 이러한 상황은 그 뒤로 훨씬 더 심각해졌다. 토지와 노동력 사이의 상대적인 비율이 급격하게 바뀜으로써 농민들이 토지소유자에게 납부하는 노동지대와 현물지대 그리고 화폐지대의 양이 상당한 정도로 줄어들게 되었음은 분명하다. 그러나 이와 같은 지대의 하락이 단순히 이용될 수 있는 토지의 양이 늘어났다는 요인에 의해서만 결정된 것은 아니었다. 언제나 그렇듯이 지대의 수준은 부분적으로는 토지소유자들이 어느 정도로 경제외적 강제를 사용할 수 있는가에 달려있었던 것이다. 따라서 인구가 감소하기에 앞서 오랫동안 농민공동체들이 영주들과 투쟁하는 가운데 겪었던 다양한 경험들이 전혀 관계가 없을 수는 없었다. 지대수입은 토지에 대한 수요와 공급에 따라서뿐만 아니라 농촌에서 세력 균형이 어떻게 바뀌는가에 따라서도 서로 다른 정도로 하락하였다. 영국에서는 1370년대까지도 곡물 가격이 줄곧 높은 수준에 머물러있었기 때문에 지대의 수준도 높게 유지되었다고 일컬어져 왔다. 하지만 그에 못지않게 임금을 올려달라는 요구들에 맞서서 노동입법을 제정하고 시행했던 데에서 잘 나타났듯이, 지배계급이 강력했고 또 마음을 굳게 먹고 있었다는 점도 역시 중요한 요인이 되었던 것으로 보인다. 지대를 낮추기 위한 농민들의 압력이 1381년의 반란 이후에 특히 성공적인 성과를 거두었다는 사실 또한 반드시 염두에 두어야만 한다.

1348년 이후에 서유럽의 귀족들이 지대수입을 유지하는 데 겪었던 어려움은 그들이 직면하고 있었던 또 다른 어려움들에 비추어 고찰되어야만 한다. 우선 전쟁이 계속되고 있었는데 이 때문에 재정적인 지출이 늘어났을 뿐만 아니라 공식적인 군대들에 의해 자원이 더더욱 엄청나게 파괴당해버리는 결과도 빚어졌다. 또한 지대수입을 유지하는 데 일시적으로 얼마간 성공을 거두었다고 하더라도 점점 더 벌어져가고 있던 가격의 격차는 농민들 특히 주로 가족노동에 의존하고 있던 농민들보다는 영주들의 직영지 농업에 더욱 심각한 타격을 입혔다. 그리하여 한때 지대수입을 보충하는 데 아주 중요한 몫을 했던 직영지로부터의 수익은 특히 1370년대 이후에 매우 급속하게 사라져갔다. 14세기 후반에 우리가 그 위기의 경제적인 측면뿐만 아니라 그것의 정치적인 결과들도 찾아볼 수 있다는 것은 결코 놀라운 일이 아니다. 토지귀족들 사이에서 주로 국가 및 국가의 후원 자금에 대한 통제권을 둘러싸고 당파싸움이 격렬하게 벌어지는 형태로 나타났던 이러한 정치적인 결과들이 토지로부터의 수입이 줄어들고 있었던 상황과 관련을 맺고 있음은 분명하다.

보다 폭넓게 상황을 살펴보았으므로 이제는 농민경제와 장원영지에로 다시 눈을 돌리기로 하자. 봉건지대의 하락은 이미 살펴보았듯이 이에 의존하고 있던 토지소유자와 국가 그리고 도시/상업부문에게 결정적으로 중요한 상황이 아닐 수 없었다. 하지만 봉건적 생산양식이 궁극적으로 무너지기 위해서는 기본적인 생산자들 사이에서 이루어지는 여러 발전들이 앞서 있던 사회-경제적 관계들 대신에 새로운 관계들이 나타나 살아남을 수 있을 수준에 도달해야만 했을 것이다. 또 정치적 차원에서는 계급지배를 위한 옛 제도들이 영주의 수입을 보장해 주는 것은 이미 살펴보았듯이 경제적 주도권이기보다는 정치적 사법적인 권력이었기 때문에 다른 제도들로 대체되어야만 했을 것이다.

그러면 실제로 농민경제에는 어떠한 일이 일어났을까? 영국의 경우는, 부분적으로는 농업사에 대한 문헌이 많이 남아있기 때문에, 또 부분적으로는 그 뒤에 이루어진 자본주의의 발전에서 영국이 중요한 위치를 차지하고 있기 때문에, 특히 많은 관심을 끌고 있다. 여기서 필자는 다시 한번 영국의 농민이 특히 1380년대 이후에 걸어갔던 역사를 가장 뚜렷하게 특징짓는 측면 가운데 하나는 장원의 농민—관습차지인—들이 지대, 특히 명백하게 "봉건적"인 유형의 지대를 낮추기 위해 압력을 가하는 데 성공을 거두었다는 사실이었다는 점을 강조하고자 한다. 이러한 성공은 사법적으로 예속적인 예농제가 실질적으로 사라졌다는 데에서 반영되었다. 하지만 그에 못지않게 중요한 것으로 그것은 농민이 자신의 보유지에서 나온 잉여를 자기 몫으로 가질 수 있게 해주었다.

이처럼 지대의 부담이 가벼워진 것과 더불어서 다른 발전들도 이루어졌는데 그 결과 농민경제는 상당한 정도로 번영을 누릴 수 있게 되었다. 각각의 촌락 안에서나 촌락들 사이에서나 경작지가 재편성되어 타고난 토질이 얼마나 비옥한가 그리고 (농장과 시장으로) 접근이 얼마나 편리한가라는 관점에서 가장 사정이 나쁜 땅이 방목지로 버려졌으리라는 것은 분명하다. 이에 따라서 잘 알려져 있듯이 축산업이 상당한 정도로 팽창하였으며, 경작지에 똥거름을 대줄 뿐만 아니라 시장에 내다 팔 고기와 양모를 생산해 주기도 하는 가축이 곡물 경작에서 더욱 중요한 요소를 이루게 되었다. 이처럼 생산에 유리한 조건들은 충분히 예상되듯이 소보유농의 비율을 상당히 줄이고 중간층 농민이 지닌 경작지의 평균 규모를 증대시키는 결과를 수반하였다. 한편 농민들을 사회적으로 여러 계층으로 나눌 때 그 가운데 가장 꼭대기에서는 곡물 경작에 이용되든 가축사육에 이용되든 상당히 커다란 규모의 보유지들이 나타나고 있었던 모습을 찾아볼 수 있다.

생산자에게 짐지워진 지대의 부담이 줄어들고 있던 그때의 상황은 분명히 생산증대에 유리한 것이었다. 여러 가지 현상이 이 점을 분명하게 가르쳐 주는데 그 가운데에는 곡물 가격의 하락과 실질임금의 상승도 들어있다. 두 경우 모두에서 수요의 요소가 하나의 요인이 되었음은 의심할 나위가 없지만 농업 생산성의 향상이 중요한 역할을 했으리라는 것도 틀림없다. 또한 노동력의 부족이 임금을 상승시키는데 하나의 요인으로 작용했음은 분명하지만, 실질임금의 높은 수준이 그토록 오랫동안 유지되었다는 사실은 노동생산성이 실질적으로 증대되었음을 가리키고 있다. 한편 인구의 재생산율이 떨어짐에 따라[19] 가족노동력의 양도 줄어들고 있었으며, 따라서 사용될 수 있는 노동력이 전반적으로 줄어들었을 때 생산성이 오히려 증대되었음을 가리키는 현상들은 더더욱 주목할 만하다는 사실도 반드시 염두에 두어야만 한다. 이것이 1950년대에 돕-스위지 논쟁에서 비교적 자유로운 소규모 상품생산을 위해 마련되었다고 논의된 바 있었던 바로 그 기회의 한 측면을 이루었다고 감히 주장할 수 있을까?

그러면 영국만이 홀로 이러한 발전을 겪었는가? 프랑스의 농촌경제가 겪었던 발전도 물론 영국의 침략으로 말미암은 황폐화가 그 나라의 몇몇 지역을 오랫동안 침체시키기는 했지만 기본적으로는 비슷하였다. 한 가지 사실은 분명하다. 영국에서 토지 귀족의 수입에 영향을 미쳤던 지대의 하락을 프랑스에서도 찾아볼 수 있는 것이다. 토지소유자들에게 황폐화된 마을들을 되살려 낼 필요가 있었다는 점은 그들로 하여금 차지인들에게 유리한 조건을 제시하지 않을 수 없는 처지에 더욱 깊이 빠져들게 만들었는데, 그에 대한 고전적인 보기로는 앙트르-드외-메르Entre-Deux-Mers로 이주자들이 흘러 들어갔다는 사실을 들 수 있다.[20] 하지만 전쟁의 가장 심각한 측면 가운데 하나는 가축들이 죽어 없어졌다는 것이었으므로, 프랑스의 농업에서는 영국의 경우

19) S. L. Thrupp. "The Problem of Replacement-Rates in Late Medieval English Population", *Econ. Hist. Rev.*, 2nd ser., xviii(1965)는 15세기에 인구의 재생산율이 떨어졌음을 강조하였다. 그에 대한 Thrupp의 설명은 아니더라도, 그러한 현상이 나타났다는 사실 그 자체는, T. M. Lorcin, *Les campagnes de la région lyonnaise aux XIVe et XVe siècles* (Lyons, 1974); Z. Razi, *Life, Marriage and Death in a Medieval Parish* (Cambridge, 1980) ; Dyer, *Lords and Peasants in a Changing Society* 따위에서 확인되어 왔다.

20) R. Boutruche, "Les courants de peuplement dans l'Entre-Deux-Mers", *Annales d'histoire économique et sociale*, vii(1935).

처럼 곡물 경작에서 가축의 요소가 더욱 커다란 부분을 차지하게 되었던 현상이 영국에서와 똑같은 정도로 나타나지는 못했다는 점 역시 분명한 사실이다. 프랑스에서 실질임금이 영국의 경우와 똑같은 정도로 상승하지 못했던 것은 어쩌면 바로 이러한 이유 때문일 게다. 하지만 그러한 온갖 어려움에도 불구하고 프랑스에서도 15세기 중엽은 중세 농민이 유리한 입장을 누렸던 시대로 여겨져 왔다. 그러나 물론 중세 농민은 여전히 언제나 영주제의 틀 안에 매여 있었고 그 영주제는 15세기 말에 이미 힘을 되찾고 있었다.

15세기에 영국에서 장원이 쇠퇴한 정도를 너무 과장하는 것은 그릇된 일이겠지만 장원의 법정 문서를 읽어보면 15세기 중엽 이후에는 장원제가 상대적으로 생명을 크게 잃고 있었다는 사실에 마주칠 수밖에 없을 게다. 이처럼 장원의 세력이 분명히 위축된 것이 영주와 농민들 사이의 관계에 관한 한 얼마만큼 중요했을까? 에이번Avon 강가에 자리 잡은 강력한 워위크Warwick 백작의 성채가 드리운 영향력의 그늘 아래로 거의 완전하게 들어가 있던 백작의 차지인들이 이례적일 만큼 힘차게 그들의 뜻을 내세워 지대의 감면을 성공적으로 주장하였고, 그렇게 감면된 지대가 비첨Beauchamp 가문이 사라진 뒤로도 오랫동안 존속했던 것은 얼마만큼 전형적인 보기였을까?[21] 이 시대 동안에 영주와 그들의 관습 차지인들이 걸어갔던 놀라울 정도로 짙은 안개에 싸여있는 역사에 관하여 더욱 많은 연구가 이루어지고 나서야 우리는 이러한 물음에 답할 수 있을 것이다. 하지만 비록 장원영주들이 장원법정을 통하여 개별적으로 행사했던 강제력은 위축되어 갔을지 몰라

21) Hilton, *English Peasantry in the Later Middle Ages*, pp.66-7.

도, 지방의 토지소유자들이 하나의 집단으로 지니고 있던 힘은 그들 가운데 가장 활동적인 사람들이 치안판사Justice of the Peace로 지명된 덕분에 오히려 더욱 강력해지고 있었다고 말할 수는 있다. 하지만 치안판사들이 법과 질서를 다룰 뿐만 아니라 노동관계법률까지 시행했다고 하더라도 이 점이 그들에게 농민의 잉여를 지대의 형태로 뜯어내는 데 목소리를 높일 수 있게 해주었을까? 그렇지 않았음은 분명하다. (그리고 등본보유의 안정성이 침해당할 시기는 뒤에나 다가올 것이었다.) 하지만 농민들의 뜻과는 상관없이 그들로부터 그들이 앞서 지대의 문제를 둘러싸고 누렸던 저항권과 주도권을 앗아갈 발전들도 이루어지고 있었다. 장원 법정의 쇠퇴와 더불어 촌락공동체의 강제력도 쇠퇴되어 갔던 것이다. 이러한 쇠퇴는 부분적으로는 농민인구가 줄어든 데에서 비롯된 결과였고, 부분적으로는 농민의 이동이 아주 심해진 데에서 빚어진 결과였으며, 또한 부분적으로는 사회적 계층분화에서 기인한 것이었다. 이제 주로 임대차 계약에 따라 토지를 보유하고 있는 목축업자나 직영지 임차농으로 이루어져 있었던 부유한 농민 가문들은, 더 이상 영주와 관습 차지인의 공동체 사이에서 중개인의 역할을 하지 않았다. 그들은 더 이상 저항의 지도자로 나설 만한 입장에 놓여 있지 못했던 것이다.

그렇다면 더 일찍이는 아니더라도 15세기 말에는 봉건제의 첫 번째 위기가 끝나있었다고 말할 수 있을까? 프랑스에서는 영주제의 틀이 다시 되살아나 있었다. 영국에서는 영주와 농민 사이의 관계가 어쨌든 성격을 달리함에 따라 지배계급이 특유의 융통성을 발휘하여 지방에서의 세력 중심을 장원 법정으로부터 치안판사의 법정으로 옮겨놓고 있었다. 하지만 이러한 결론들은 서유럽에서 본보기가 되는 한 나라 또는 어쩌면 두 나라만을 포괄할 뿐이며, 주로 농업경제에 관한 연구로부터 비롯된 것이기도 하다. 그러면 도시 및 상업의 부문에서는 어떠했는가? 주된 두 계급, 즉 토지소유자인 영주와 농민들 사이에서 소득분배가 달라진 것이 그 부문에는 어떠한 영향을 미쳤을까?

이러한 물음에 대해서는 대체로 지금까지의 연구가 어떤 분명한 해답도 제공해 주지 못했다고 말하지 않을 수 없다. 이는 인구와 생산 그리고 상업에 관한 수량적인 증거가 충분하지 않다는 점을 감안할 때 전혀 놀라운 일이 아니다. 오래전에 자리를 잡았던 도시 중심들은 전반적으로 인구가 감소하는 상황에서 더 커지고 있었는가 아니면 위축되고 있었는가? 산업(특히 직물 산업)은 도시로부터 농촌으로 옮아가고 있었는가? 농촌산업은 새로운 시장의 수요—즉 영주의 압력이 완화된 덕분에 유리한 입장에 올라서고, 이미 지적했듯이 이 시대 동안에 비교적 높은 수입을 누리고 있었던 사람들로부터 새롭게 나온 수요—에 부응하고 있었는가? 전쟁과 그 밖의 정치적인 요인들은 보르들레지방의 포도주 생산을 살펴보든 해협의 서쪽으로부터 발트 해로 들어가는 직물 교역을 살펴보든 경제의 많은 측면에 영향을 미쳤다. 옛 중심지들과 옛 교역의 흐름들은 (예컨대 이탈리아와 플랑드르 사이의 관계가 그러했듯이) 위축되어 갔다. 반면에 다른 것들은 (예컨대 브라반트와 프랑크푸르트 그리고 다뉴브 강을 잇는 교역과 남부 독일의 교역이라는 두 개의 축이 그러했듯이) 번영을 누렸다. 이 부문에서 나타나는 사건들이 아주 복잡하고 다양한 양상을 띠고 있었기 때문에, 농업 부문의 경우에 비해 일반화를 하기란 훨씬 더 곤란한 일이 아닐 수 없다. 하지만 몇 가지 전반적인 인상을 얻어낼 수는 있다. 첫째 도시정부와 길드에 아주 정교한 위계질서가 자리 잡고 있던 기존의 도시들은 (코벤트리를 비롯한 영국의 많은 지방 도시들이 그러했듯이) 불황이 닥친 상황에서 제도적인 상부구조의 무게에 짓눌려 쉽게 무너질 수 있었다. 하지만 (뉘렌베르크처럼) 발전하고 있는 지역에 자리 잡고 있던 다른 도시들은, 전과 다름없는 상부구조의 요소들을 그대로 지니고 있거나 심지어는 더욱 팽창시켰다. 이러한 보기들은 극단적인 경우들이다. 하지만 보다 값싼 직물들을 생산하는 방향으로 움직여 가는 양상은 대체로 산업이 소규모 도시와 농촌마을들로 자리를 옮겨갔던 것으로 뚜렷하게 드러났는데, 이러한 자리 옮김은 농촌에서 소규모 상품생산이 성장해 나오는 것에 편승하여 그리고 동시에 그것을 더욱 부추기면서 이루어졌다. 또한 야금업이나 당연하게 이에 포함되는 광산업 같은, 성장하고 있던 다른 산업들도 역시 기존의 도시들을 떠나서 발달하는 경향을 보였다. 직물로부터 사치품 생산으로 전환은 이미 자리 잡고 있던 도시경제들 가운데 불과 몇 안 되는 부문만을 구원해 주었을 뿐이었다. 한때 산업이 크게 발전했었던 영국의 지방 도시들 가운데 많은 경우가 15세기 말에는 농산물이 거래되는 지방 시장이자 그 지방의 공공기관 구매자들을 위한 식량 조달 창구에 지나지 않는 존재로 전락해 가고 있었다.

중세 말에 농촌과 도시의 두 경제 부문에서 이루어졌던 이러한 발전들이 장기적으로 어떠한 의미를 띠게 되었든, 농민경제로부터 영주 귀족 및 국가에로 잉여가 넘겨지는 데에 궁극적인 바탕을 두고 있었던 하나의 사회구성으로서 봉건제가 이동과 적응의 과정을 통해 위기로부터 되살아났다는 것은 분명하다. 봉건제에게는 여전히 버텨나갈 힘이 충분히 남아있었던 것이다. 하지만 그러는 가운데 봉건제는 상당히 커다란 변화들을 겪지 않을 수 없었다. 이러한 변화들 가운데 가장 중요한 것은 소규모 상품생산의 성격이 특히 농업에서 그러나 또한 산업 직종들에서도 역시 변화를 겪었다는 점이었다. 이것은 무대의 앞면을 차지하는 경향이 있는 상인과 은행가 그리고 식민운동가들이 화폐자본을 엄청나게 축적하였다는 멋들어진 사실보다 훨씬 더 중요한 것으로 간주될 만하다.

농업 자본주의를 찾아서

쿠퍼J. P. Cooper[1)]

로버트 브레너는 그의 논문 「산업시대 이전 유럽의 농업계급구조와 경제발전」에서 농업의 변화와 사회의 근대화에 관련된 중요한 역사적 문제들에 스스로 뛰어든 바 있다. 그러한 과정들이 농민들에게 미친 영향은 역사학적인 관심이나 방법론적인 관심을 넘어서서, 경제발전을 위한 전략에 관한 오늘날의 논쟁들에까지 정치적 · 사회적인 반향을 불러일으키고 있다. 브레너는 12세기 이래로 유럽이 겪었던 사회적 · 경제적 발전에 대한 신맬서스주의적인 설명을 전반적으로 비판하는 것 말고도, 중농주의자들로부터 시작하여 기다란 줄을 이루고 있는 학자들에게 합세하고 있기도 하다. 이 학자들은 프랑스와 영국 사이에서 나타나는 성장의 차이를 빚어냈던 근본적인 원인을 주로 영국에서 대규모 농장이 지배하게 되었던 것이 낳았던 농업구조와 생산성에서의 차이들에서 찾았다.

1) [J. P. Cooper는 1978년에 때 이른 죽음을 맞이했을 당시 *Past and Present*에 싣기 위해 이 논문을 마무리하고 있었다. 그가 죽지 않았더라면 이 논문에 여러 가지 수정을 가했을 것임은 의심할 나위가 없다. 그럼에도 미망인의 친절한 동의를 얻어, 역사학에 중요한 기여가 된 이 논문을 필자가 죽었을 당시의 상태대로 싣고 또 이 책에 다시 게재하는 데 대해 우리는 고마움을 표하고자 한다/편자]

인구의 압박과 그 증감의 주기가 많은 경우 경제와 사회의 발전을 결정하는 주된 요인으로 간주되어 왔거나 또는 적어도 너무나 많은 관심과 설명을 차지해 다른 요인들을 고려할 여지를 거의 남겨주지 않아 왔다는 것을 브레너가 주장하고 있는 한 필자는 그와 동감이다. 2백만가량의 인구가 중세와 근대 초의 프랑스에서 당시의 농업기술에 비추어 볼 때 결코 넘어갈 수 없는 한계를 이루고 있었다는 것은, 프랑스 역사가들이 자명한 이치라는 듯이 즐겨 되뇌이는 말이 되어왔다. 브로델Braudel은 1600년 무렵에 인구가 이 수치에 도달했던 것이 프랑스의 인구가 지나치게 조밀해져 "이주가 거대한 규모로 이루어지는 지역"이 되어 있었음을 뜻했다고 믿는다. 하지만 그 자신의 수치에 따르면 이탈리아는 산악지대가 훨씬 더 커다란 비율을 차지하고 있는데도 평방 킬로미터당 프랑스의 34명에 비해 44명의 인구밀도를 보였다.[2] 프랑스의 4분의 1 이상은 삼림으로 이루어져 있었으므로,[3] 농업기술이 변화하고 있지 않았다고 하더라도 경작지의 면적은 어째서 증대될 수 없었던가가 곧바로 분명하게 드러나지는 않는다. 당시의 전반적인 정치적 · 사회적 상황이 지니고 있던 성격에서 어떤 설명을 찾아낼 가능성이 아직 있을지도 모른다. 그러한 분석을 추구하고자 하는 가운데 브레너가 분명히 그러고 있듯이 마르크스주의의 용어를

2) F. Braudel, *Capitalism and Material Life*, 1400-1800(London, 1973), pp.23, 29.

3) M. Devèze, *La vie de forêt française au XVIe siècle*, 2 vols.(Paris, 1961), i. pp.268-9에 따르면(전체 국토의 18.6퍼센트가 삼림이었던) 1912년에 전체 면적의 9퍼센트를 삼림이 차지했던 북부 및 서부의 31개 도(départment)가 1550년대에는 전체 면적의 16.3퍼센트를 삼림으로 지니고 있었다고 추산된다. 이러한 비율로부터 보삽함으로써 Le Roy Ladurie는 1550년에 삼림이 전체 면적의 3분의 1 이상인 1800만 헥타르에 달했다고 제시한 바 있다 : E. Le Roy Ladurie, "Les masses profondes : la paysannerie", in F. Braudel & E. Labrousse(eds.), *Histoire économique et sociale de la France*, [4 vols. in 7(Paris, 1970-80)], i, pt 2, pp.594-5. 1789년에는 삼림의 면적이 약 9백만 헥타르였다.

사용해 나아가야만 할 필요는 없다. 하지만 브레너가 "인구론적 모델"이라고 일컫는 설명들이 사회에서 권력과 압력이 미치는 영향을 상대적으로 무시하고 있는 것으로 보인다는 점에서는 필자도 그와 의견을 같이할 것이다.

구베르와 르 르와 라뒤리는 둘 모두 이미 결정되어 있는 양쪽 한계 안에서 위아래로 오락가락하면서 균형상태를 이루고 있던 한 사회체제의 모습을 불러내고 있다. 그것은 "1550년과 1750년 사이의 두 세기 동안 거의 변하지 않은 인구의 규모, 즉 프랑스가 당시의 물리적·심성적인 생활 습관에 비추어 먹여 살릴 수 있었던 수준인 평방 킬로미터당 40명가량의 인구 규모와 경제" 사이의 균형이었다.[4] 르 르와 라뒤리에 따르면 "16세기와 17세기에 랑그독에는 맬서스의 저주가 내려져 있었다……그것은 격렬한 출발 국면에 뒤이어서 거대한 농업 주기에게 냉혹하게 가차 없이 변동해 가는 성격을 부여해 주었다." 그것은 누구도 경제에 관심이 없었기 때문에 성장이 없었던 사회였다. 이 점은 프랑스에서는 프로테스탄티즘이 농민과 농촌에게 파고들지 못했다는 사실이 상징적으로 보여주며 또 입증해준다. 16세기에는 "인간의 에너지라는 자본"이 "경제에 투자되지 않았다." 그것은 종교전쟁으로 모두 소모되어 버렸던 것이다. "1600년 이후로 카톨릭의 승리는 (18세기의 철학자들이 사용했던 넓은 의미에서……) '봉건'사회의 뚜렷한 부활과 점점 더 떼어질 수 없는 관계를 맺게 되었다." 부르봉왕조의 절대주의가 지향하였던 군사적, 사회적 그리고 신학적인 목

4) P. Goubert, *L'ancien régime*, 2 vols.(Paris, 1969-73), i. p.39. Goubert는 프랑스가 2천만 명의 인구만을 겨우 먹여 살릴 수 있었다는 데 동의하면서도, 인구밀도를 Braudel과 다르게 산출하고 있다.

표들은 프랑스의 지배층에 의해 승인을 받았으며, 경제의 회복과 참다운 성장을 불가능하게 만들 재정적인 부담을 안겨주었다. 그러한 전반적인 결론들은 그리고 특히 봉건제를 거론하고 있는 것은 더욱더 브레너의 그것과 비슷해 보인다. 여기서 거론되고 있는 봉건제는 생산이 증대되는 것과 "농업 자본주의가 커다란 규모로 모습을 드러내는 것"을[5] 배제하며, 따라서 브레너가 영국의 발전을 프랑스의 발전과 구별시켜 주는 것으로 믿고 있는[6] 자본주의적 계급관계가 농촌에서 등장하는 것도 아마 배제한다는 것이다. 하지만 르 르와 라뒤리는 더 나아가 참다운 경제 성장이 18세기에 시작되었을 때 그것은, 영주들은 일시적으로 자본주의의 동맹자가 되어 있고 "대다수 인민은 프롤레타리아로 전락해 있었던 농촌 프랑스"를 빚어내었다고 주장한 바 있다.[7]

이처럼 브레너가 공격의 과녁으로 삼는 것은 프랑스의 경제와 사회가 지니고 있던 성격에 대한 르 르와 라뒤리의 규정이라기보다는, 오히려 그 성격을 심성mentalites과 문화적 걸림돌의 산물로 설명하려는 그의 시도라고 할 수 있다. 그 산물은 심성이 바뀌었을 때에만 변화될

5) E. Le Roy Ladurie, "A Long Agrarian Cycle : Languedoc, 1500-1700", in p.Earle (ed.), *Essays in European History, 1500-1800* (Oxford, 1974), pp.162, 151-2, 144-5; E. Le Roy Ladurie, "Les paysans français du XVIe siècle", in *Conjoncture économique, structures sociales : Hommage à Ernest Labrousse* (Paris, 1974), pp.350-1을 참고할 것. 여기에서는 16세기가 14세기와 15세기에 이루어진 부정적인 변화들로 교란되었던 "농촌의 생태학적 체계가 회복된" 시대로 간주되고 있다. 그리고 "'회복'을 향한 이러한 추세들은 문화적 혁신을 받아들이고자 하는 마음씨와 거의 조화될 수 없었다."

6) 본서의 pp.46-9.

7) E. Le Roy Ladurie, "Pour un modèle de l'économie rurale française au XVIIIe siècle", *Cahiers d'histoire*, xix(1974) ; E. Le Roy Ladurie, "De la crise ultime à la vraie croissance, 1660-1789", in G. Duby & A. Wallon(eds.), *Histoire de la France rurale*, 4 vols.(Paris, 1975-6), ii, pp.568-70.

수 있었던 것으로 제시되고 있는데, 브레너는 바로 그 변화를 계급관계와 계급 간의 갈등에서 나타나는 변화로부터 비롯된 것으로 보고자 하는 것이다.

페브르Febvre가 유산으로 남겨주었던 것과 같은 심성의 관념은 한결같이 어떤 특정한 시대에는 특정한 개념과 태도가 결여되어 있거나 또는 존재할 수 없다는 것을 강조하고 있다. 그렇게 함으로써 그 관념은 개인이나 사회가 서로 모순되거나 어긋나있는 관념 및 이상들을 동시에 지닐 수 있다는 것을 은폐하거나 부정하는 획일적인 모습을 만들어 내는 경향이 있다. 그 관념은 또한 변화란 반드시 심성과 심리가 어떻게든 총체적으로 탈바꿈함으로써만 이루어지게 된다는 것을 암암리에 가르치기도 하는데, 르 르와 라뒤리는 농민들이 1760년 이후에 정치적으로나 종교적으로나 반대파nonconformists가 되어가고 있었다는 사실에 비추어 이러한 일이 계몽시대에 이루어졌다고 본다.[8] 우리는 여전히 플랑드르나 로디지아노Lodigiano, 카탈로니아 또는 브레스키아Brescia에서 심성의 탈바꿈이 전혀 이루어지기도 전에 어떻게 해서 농업의 발전과 생산성의 향상이 나타날 수 있었는가라고 의문을 품을 수 있다. 랑그독에 관한 르 르와 라뒤리의 저작이 지닌 커다란 강점은 전쟁으로 말미암은 재정적 압박을 부차적인 것으로만 취급하는 대신 전쟁이 그러한 압박을 통해 국면conjonture의 장기적인 추세들에 미친 영향을 입증했다는 점에 있었다. 하지만 그가 그러한 추세들을 문화적인 걸림돌이나 태도에서 비롯된 결과로 설명하는 가운데, 그 추세들은 그것들을 바랐던 자들의 심성이 보여주는 장기적인 추세

8) Le Roy Ladurie, "De la crise ultime à la vraie croissance, p.544.

에 수반된 부수적인 현상들로 전락해 버린 것으로 여겨진다. 여기에서는 절대주의가 국민과 국가를 형성하는 사명을 띠고 있었으며 이에 대신할 어떤 가능한 대안도 존재하지 않았다는 무니에Mousnier의 말에 버금가는 필연성을 인정하는 분위기가 전반적으로 퍼져있다.

브레너는 프랑스의 발전과 영국의 발전 사이에서 나타나는 차이들을 프랑스의 농촌에서 자본주의적 계급관계가 결여되어 있었다는 점에 입각하여 설명하고자 한다. 그러한 설명에서 나타나는 추상abstraction과 사상Reification의 정도는 르 르와 라뒤리가 심성을 들먹이는 것에서 만큼이나 지나친 것으로 여겨질 수도 있다. 하지만 단순히 묘사하는 것을 넘이시고자 하는 모든 설명이 어느 정도든 추상과 사상을 결코 피할 수 없다고 한다면, 그러한 추상과 사상이 반드시 실제 발전 과정에 대한 분석을 어둡게 만드는 색안경이 된다고 볼 수는 없다. 따라서 브레너가 자본주의적 영농이라는 말로 무엇을 뜻하고 있는가, 또 그것이 효율성과 생산성에서 농민의 영농과 어떻게 다른가, 그리고 프랑스와 영국의 농업구조가 르 르와 라뒤리의 장기적인 주기를 이루는 1400년에서 1750년까지의 결정적인 시대 동안 어떠한 영향을 입었는가를, 오늘날 우리가 가지고 있는 지식이 허용하는 한 고찰해 볼 가치는 충분히 있을 수 있다.

케네Quesnay 이래로 오랫동안 이어져 내려온 학문적 전통은 프랑스의 농업에 비해 영국 농업의 생산성을 더 높게 평가해 왔다. 하지만 이것은 설명을 필요로 하는 수수께끼이기보다는 설명을 통해 물리쳐야 하는 환상일 수 있을까? 오브라이언P. K. O'Brien은 최근에 영국의 농업이 일반적으로 생각되듯이 생산성에서 그토록 두드러진 성장을 기록하지는 못했다고 주장한 바 있다. 그에 따르면 영국의 농업이 1700

년 무렵에 프랑스의 농업보다 더 효율적이고 생산적이었을 수는 있겠지만, 18세기에 그것이 보여주었던 성장률은 프랑스의 그것과 거의 같았고, 19세기 초반에는 아주 보잘것없는 정도로만 더 높았다. 더구나 1650년에서 1745년 사이의 결정적인 시대를 대상으로 장기적인 가격의 동향을 비교해 보면, 영국에서는 가격이 대륙에서만큼 크게 하락하지 않았다는 사실이 드러나게 된다. "하지만 새로운 농업이 영국에서 더욱 널리 확산되었고 또 생산요소들의 총체적인 생산성이 유럽의 농업에서보다 여기에서 더욱 급속하게 증대되었다고 한다면, 다른 사정이 같았을 경우 식량과 원자재의 가격은 유럽의 다른 곳보다도 영국에서 더욱 뚜렷하게 하락했어야만 한다"는 것이다. 이러한 결론은 (딘Deane과 코울Cole이 제시한) 농업생산에 관한 평가들과 마찬가지로, 영국에서 1700년부터 1750년까지 이루어진 인구증가에 대한 브라운리-리크맨Brownlee-Rickman의 추산치들을 근거로 삼고 있다.[9]

하지만 4백 개 교구의 교회등록부로부터 캠브리지 인구사 및 사회구조사 연구회the Cambridge Group(원래 이름은 the Cambridge Group for the History of Population and Social Structure임/역자)가 끌어낸 자료는, 1695년으로부터 인구가 이러한 추산치들보다 훨씬 더 큰 성장률을 보였다고 밝혀준다.[10] 농업생산의 지표는 한 사람당 곡물 소비량

9) P. K. O'Brien, "Agriculture and the Industrial Revolution", *Econ. Hist. Rev.*, 2nd ser., xxx(1977), 특히 p.174.

10) 1540-1750년에 대한 아주 대략적인 수치를 도표로 보여주는 것으로는 D. C. Coleman, *The Economy of England, 1450-1750* (Oxford, 1977), p.16을 보라. 여기서 사용된 인구의 추산치는 S. S. R. C.에서 후원한 프로젝트에 의해 1976년 12월에 Cambridge의 Emmanuel College에서 개최된 1700-1970년대 영국의 새로운 경제사에 관한 학술회의를 위해 배포된 "British Population in the Eighteenth Century"라는 제목의 논문에서 R. D. Lee가 제시한 초보적인 것이다. 1700-40년에 연평균 인구증가율을 0.37퍼센트로 제시한 그 추산치들은 p.8의 표 1에 들어있다. [이 논문의 수정판은 R. Floud & D.

이 일정한 수준으로 머물렀음을 가리키는 것으로 보이므로, 이러한 높은 인구증가는 곡물 생산이 1700년과 1740년 사이에 (4퍼센트가량만 증대되어) 실질적으로는 정체된 상태에 머물렀고 1700년과 1750년 사이에는 12퍼센트에 못 미치는 정도로 증대되었던 것이 아니라, 실제로는 (1750년까지) 거의 24퍼센트 가까이 증대되었음을 가리킨다. 이로써 1700년에서 1800년 사이의 전반적인 성장률이 바뀌는 것은 아닐지 몰라도, 그 세기 초반에 관해서는 성장률이 훨씬 더 커지게 되고 특히 1695년과 1720년 사이에는 1720년과 1750년 사이의 10.1퍼센트에 비해 11.4퍼센트로 훨씬 더 높아지게 된다.[11] 이처럼 프랑스에서의 농업생산량이 정체 또는 하락하고 있었던 17세기 말과 18세기 초에 영국에서는 아마도 농업생산량이 상당한 정도로 증가하였고, 영국의 성장률은 1750년에 이르기까지 프랑스의 그것보다 훨씬 더 빨리 상승했을 것이다.[12]

통계적인 동향에 대한 오브라이언의 고찰과 거의 동시에 유진 웨버

McCloskey(eds,), *The Economic History of Britain since 1700*, 2 vols.(Cambridge, 1981), i에 R. D. Lee와 R. S. Schofield의 공동집필로 출간되었는데, 앞서 말한 추산치들은 p.21의 표 2.1에 실려있다.] N. F. R. Crafts, "English Economic Growth in the Eighteenth Century", *Econ. Hist. Rev.*, 2nd ser., xxix(1976), pp.226-7, 235는 Brownlee의 추산치보다는 1710-40년에 연평균 0.7퍼센트의 증가율이 가격자료와 더 잘 합치될 것이라 주장하고 있다.

11) P. Deane & W. A. Cole, *British Economic Growth, 1688-1959*(Cambridge, 1962). pp.62-8로부터 수정된 것임.

12) 프랑스의 농업이 연평균 0.6퍼센트의 증가율을 보였다는 O'Brien의 수치는 백 년 동안 통틀어 60퍼센트가 증가했다는 J.-C. Toutain의 수치에서 비롯된 것이다. 하지만 Le Roy Ladurie는 이를 불가능할 정도로 지나치게 높은 것으로 보아, 그것을 25-40퍼센트로 낮추려고 하며 그리하여 그 세기 동안의 연평균 증가율을 0.25-0.4퍼센트로 잡고 있다 : O'Brien, "Agriculture and the Industrial Revolution", p.173; Le Roy Ladurie, "De la crise ultime à la vraie croissance", p.395; J. Goy & E. Le Roy Ladurie(eds.), *Les fluctuations du produit de la dîme* (Paris, 1972), introduction. pp.23-4.

Eugen Weber는, 농민 생산은 "경제발전을 위한 농업적 기반을 마련해 줄 수 없었고" 따라서 "경제발전으로 이끄는 참다운 농업의 도약을 위해서는……어떤 형태로든 대규모의 자본주의적 영농이 필요하였다"는 브레너의 견해를[13] 겉보기에는 분명하게 확인해 주었다. 웨버는 19세기 말에 이르기까지는 토지를 경작하는 프랑스인 가운데 상당한 비율을 차지하는 사람들이 "그들의 생산을 시장의 수요와 관련시키지" 않았다고 주장하고 있다. "중부와 남부 그리고 서부 가운데 실질적으로 모든 지역에서는 1848년의 대규모 조사서가, 어느 정도나마 진보가 있었다면 그러한 진보는 모두 18세기에 들어와서야 이루어진 발전들에서 비롯된 것이며, 또 영농방법은 대체로 구제도 아래에서의 그것과 달라지지 않은 상태로 남아"있었음을 가르쳐주고 있는 한편, 척박한 지역에서는 1860년과 1880년 사이에도 농민의 생활방식이 "석기시대 말기"의 그것과 아주 가까웠다는 것이다.[14] 이와 같은 주장은 오히려 지나칠 만큼 브레너를 뒷받침해주고 있는 것으로 여겨질 수도 있을 게다. 프랑스의 농업이 1880년에도 그토록 뒤떨어진 수준에 머물러있었다면 경제발전과 산업화가 어떻게 이루어질 수 있다는 말인가? 하지만 웨버가 밝혀낸 사실들이 북부 프랑스에는 적용되지 못한다. 북부의 평야지역인 상부 노르망디와 일-드-프랑스, 피카르디 그리고 상파뉴에서는 바로 곡물 생산과 대규모 농장이 지배적이었던 것이다. 이 지역의 남쪽과 동쪽에서는 농장들이 보다 작았고 방목업이 보다 중요한 위치를 차지하였다. 북부지역은 16세기와 17세기에 농민의 토지소유권이 침해당하고 보유지들이 커다란 농장으로 통합

13) 본서의 pp.79-80, 그리고 p.77의 주 82).

14) E. Weber, *Peasants into Frenchmen* (London, 1977), pp.117-8.

되는 상황이 가장 크게 나타났으며, 이 점에서 영국의 저지대에 자리 잡은 곡물 생산 지역들과 닮아있었던 곳들 가운데 하나였다.

물론 브레너는 어느 지역에서 어떤 농업이 이루어지고 있는가를 아주 분명하게 알지는 못하고 있다 하더라도 프랑스가 지니고 있던 다양성에 대해서 모르고 있지는 않다. 그는 "커다란 규모로 통합된 보유지들이 새롭게 만들어지고 있던 비교적 한정된 지역"에 대해 언급하고 있으며, 파리 지역에 대한 자카르Jacquart와 베나르Venard의 연구 결과를 거론하고 있는 것이다.[15] 그는 또한 촌락공동체의 힘이 약해진 곳에서는 커다란 농장들이 통합되어 나타났다는 사실도 인정하고 있다. 그러나 그는 촌락공동체들이 종교전쟁이 벌어진 시점 이래로 줄곧 얼마만큼 약화되었는가를 너무 낮게 평가하는 것으로 보인다.[16] 또 커다란 농장들이 공동체가 무너진 뒤에 남은 공백 속에서만 존재할 수 있었다는 그의 전제는 대규모 영농가들이 촌락 공동체를 지배하고 있던 보스Beauce 같은 지역들에는 분명히 해당되지 못한다.[17] 몇몇 지역에서는 영국의 기준으로 보아도 아주 규모가 컸던 사백 에이커가 넘는 농장들이 땅을 뒤덮고 있었다.[18] 물론 규모가 그 자체만으

15) 앞의 브레너 논문의 주 112).

16) J. Jacquart, "Immobilisme et catastrophes, 1560-1660", in Duby & Wallon(eds.), *Histoire de la France rurale*, ii, pp.294-6; P. de Saint-Jacob, "Mutations économiques et sociales dans les campagnes bourguignonnes à la fin du XVIe siècle", *Etudes rurales*, i(1961).

17) J.-M. Constant, "La propriété et le problème de la constitution des fermes sur les censives en Beauce aux XVIe et XVIIe siècles", *Revue historique*, ccxlix(1973), 특히 pp.372-6; G. Lefebvre, Etudes orlènaises, 2 vols.(Paris, 1962-3), i, pp.25-6. Paris 북쪽으로는 대규모 농장들이 촌락 안에 있었다 : C. Devitry, "Recherches sur quelques grandes fermes dans la plaine de France, XVIe-XVIIIe siècle", *Ecole Nationale des Charles* : *Positions des thèses* (1967).

18) 또는 162헥타르(1에이커 = 0.405헥타르; 1헥타르=2.471에이커). 노르망디의 Vexin에 대

로 효율성이나 가치를 가르쳐주지 못한다는 것은 명백한 사실이다.[19)]

그럼에도 불구하고 중농주의자들은 대규모 농장이 개선을 이루어낼 수 있는 유일한 효율적인 수단이라고 믿어 그것을 지지하는 가운데, 자신들이 영국의 본보기를 모방하고 있다고 생각하였다. 브레너 또한 영국이 임금 노동자 대중의 노동력을 사용하는 대규모 자본주의적 농장들에 의해 지배되고 있었다는 그들의 전제를 함께 나누고 있다. 하지만 밍게이Mingay는 이러한 전제가 수정되어야 한다는 점을 밝힌 바 있다. 그는 20에이커에서 100에이커 사이에 놓여 있던 농장들의 수가 1660년에서 1750년까지 줄어 들었다고 믿기는 하지만, 그래도 심지어는 1891년에 와서조차 이러한 규모에 해당하는 보유지들의 수가 100에이커가 넘는 보유지들의 수보다 무려 55퍼센트나 더 많았음을 지적하고 있는 것이다. 1878년에 케어드Caird는 차지농장 가운데 70퍼센트가 50에이커 미만이고, 100에이커가 넘는 것은 18퍼센트에 지나지 않는다고 믿고 있었다.[20)] 한편 지역에 따른 차이도 아주

해서는 G. Bois, Crise féodalisme(Paris, 1976), p.216[영역본, *The Crisis of Feudalism* (Cambridge, 1984)]; Soissonais에 대해서는 G. Postel-Vinay, *La rente foncière dans le capitalisme agricole* (Paris, 1974), pp.26-9; Brie에 대해서는 E. Mireaux, *Une province française au temps du Grand Roi* (Paris; 1958), pp.97-116, 137-52를 참고할 것. 하나의 대규모 차지농 집안이 농장을 크게 끌어모으고 한 촌락을 지배했던 두드러진 보기로는, C. Brunet, *Une communauté rural au XVIIIe siècle* (Paris, 1971)를 보라.

19) 17세기와 18세기에 프랑스에서 반쯤 프롤레타리아로 전락한 임차농들의 수가 늘어나고 가장 척박한 땅 가운데 일부가 더욱더 메말라가는 것과 더불어 Sologne에서는 소규모 농장들을 희생시키면서 대규모 농장이 증가하였다 : B. Edeine, *La Sologne*, 2 vols.(Paris, 1974), i, pp.173. 186-207; G. Bouchard, *Le village Vimmobile* (Paris, 1971).

20) G. E. Mingay, "The Size of Farms in the Eighteenth Century", *Econ. Hist. Rev.*, 2nd ser., xiv(1961-2) ; Sir J. Caird, *The Landed Interest and the Supply of Food* (London, 1878). p.58: "1800년에도 영국은 대체로 여전히 소규모 농장이 지배적인 나라였다." : Mingay, "Size of Farms in the Eighteenth Century", p.488.

켰다. 랭카셔Langcashire의 대부분 지역에서는 18세기 말과 19세기 초에 인구가 증가하고 보다 집약적인 영농이 이루어짐에 따라 보유지들이 분해되는 양상이 나타났다.[21] 슈롭셔Shropshire와 스태포드셔Staffordshire 그리고 웨스트 라이딩West Riding의 몇몇 지역에서는 산업화로 말미암아 아주 규모가 작은 보유지들의 수가 늘어났다.[22] 반면에 동앙글리아에서 토양이 푸석푸석한 지역들의 경우에는 농장의 규모가 오히려 더 커졌다.[23] 더욱 전반적으로 보면 1831년에 임금 노동자를 사용하지 않고 가족의 노동력만으로 농사를 짓는 "농민"의 수는 노동력을 고용하고 있던 부류의 수에 비해 고작 10퍼센트 정도만 작았을 뿐이었다.[24] 1801년에 커훈Colquhoun은 잉글랜드와 웨일즈에—

21) T. W. Fletcher, "The Agrarian Revolution in Arable Lancashire", *Trans. Lane. and Cheshire Antiq. Soc.*, lxxii(1962), pp.93-6, 100. 119-21; T. W. Fletcher, "Lancashire Livestock Farming during the Great Depression", *Agric. Hist. Rev.*, ix(1961), p.19. 1871년에 그 지역의 전체 경작면적 가운데 70퍼센트는 주로 가족 노동력에 의해 경작되는 100에이커 미만의 농장들이 차지하고 있었다.

22) J. R. Wordie, "Social Change, on the Leveson-Gower Estates, 1714-1832", *Econ. Hist. Rev.*, 2nd ser., xxvii(1974); 1759-79년에는 5에이커 미만의 보유지를 지닌 차지인의 수가 537명이었으나 1809-13년에는 1,014명, 1829-33년에는 1,528명으로 늘어났던 반면, 200에이커가 넘는 농장들이 전체 토지에서 차지한 비율은 처음 시기에 34퍼센트에서 끝 시기에는 55퍼센트로 늘어났다 : B. Jennings(ed.), *A History of Nidderdale* (Huddersfield, 1967), pp.337-9.

23) 하지만 Norfolk에서 500에이커를 넘는 농장들이 차지하고 있던 비율은 Berkshire, Wiltshire, Hampshire 그리고 Dorset에서의 그것보다 더 낮았다 : D. B. Grigg, "Small and Large Farms in England and Wales", *Geography*, xlviii(1963), p.278, 표 2. Grigg는 "오늘날[1958년]에 나타나 있는 대규모 농장과 소규모 농장의 분포는 19세기 초로부터 물려받은 것이며, 실로 훨씬 더 이른 시기까지도 소급될 수 있다"고 결론짓는다(pp.278-9).

24) J. H. Clapham, "The Growth of an Agrarian Proletariat, 1688-1832", *Cambridge Hist. Jl*, i(1923-5). 이러한 수치들은 영국 전체에 대한 것이다. 잉글랜드와 웨일스에서는 가족노동으로 농사를 짓는 가구의 수와 농업기업가의 수 사이의 대표적인 비율이 2.5 대 1일 게다.

1688년에 대한 킹King의 추산치보다 1만 명이 더 많은—16만 명의 농사꾼이 있다고 믿었으며, 그들의 평균소득을 120파운드로 추산하였는데 이 수치는 농장의 평균 규모가 200에이커보다는 100에이커에 더 가까웠음을 암시해 준다.[25)]

영국의 농사꾼들이 "농장이 작은 다른 나라들의 경우보다 전반적으로 더 부유하다"고 처음으로 주장했던 사람은 바로 칸티용Cantillon이었다. 그는 또한 영국의 농사꾼이 모험을 무릅쓰고 자본을 사용하는 기업가였다고 보기도 했다.[26)] 영국의 본보기들로부터 자극을 받은 케네는 자본을 끌어들여 혁신을 이루어낼 수 있었던 "부유한 농사꾼들이 수행하는 대규모 경작"이 생산의 증대를 보장할 유일한 방법이며, 가난한 농민들과 "소규모 경작"은 "거의 영에 가까운 순생산net product" 만을 낳을 것이라고 보았다.[27)] 튀르고Turgot는 농업에서의 혁신에 대한 케네의 생각을 보다 분명하게 가다듬고 그것을 상업과 제조업에 확대해 적용함으로써 자본주의의 관념을 일반화시켰다. 하지만 지금 여기에서는 사회와 경제 그리고 토지보유에서 나타난 역사적인 발전 단계들에 관한 튀르고의 학설이 더욱 중요하다.

25) P. Colquhoun, *A Treatise on Indigence, Exhibiting a General View of the National Resources for Productive Labour*(London, 1806), pp.23-4. 그들의 수입은 90파운드로 제시된 보다 소규모의 자유보유자들이 올렸던 수입보다 더 크다. 하지만 King은 자유보유자들이 차지농들보다 약간 더 높은 수입을 올렸다고 보았는데, 이는 Colquhoun이 차지농의 평균수입과 농장 규모가 1688년 이래로 보다 작은 규모의 자유보유자에 비해 상대적으로 더 늘어났다고 생각했음을 가리키는 것으로 보인다.

26) R. Cantillon, *Assai sur la nature du commerce en général*, ed. H. Higgs(London, 1931), pp.122-3, 46-9; 1734년 이전에 씌어진 것임. 하지만 Cantillon은 "자기 스스로 자립하기 위해 자본을 필요로 하지 않는, 자신의 노동력을 이용하는 사람들"에 관해서도 말하고 있다(pp.52-3).

27) *Quesnay's Tableau économique*, ed. M. Kuczynski & R. L. Meek(London, 1972), pp.8 n.(a), 17-18 n.(a), 19-21 n.(a).

그는 사회들이 전반적으로 수렵단계로부터 목축단계를 거쳐 농업단계로 이행해간다고 본다. 원시사회들은 노예노동으로 땅을 경작한다. 그 뒤에는 토지에 속박된 예농들의 사회가 나타나는데 이 예농들은 화폐와 현물로 공조를 부담하는 자유로운 소유자가 된다. 분익소작제métayage; sharecropping는 가난한 나라에서 발견되는 과도기적인 형태이다. 부유한 나라에서 발견되는 마지막 단계는 자유로운 임대차에 의한 차지영농leasehold tenant farming인데 여기에서 혁신을 이루어내는 것은 바로 차지농이다. 차지농이 여러 혁신을 이루어내고 지대를 납부하는 것은 그가 자본재stock of capital를 소유하고 있는 덕분에 가능해진다. 이러한 자본주의적인 기업영농가들 사이의 경쟁이 "임대차의 유통가격을 결정"하며 효율적인 경작을 확립시킨다. 그러한 기업영농가들이 없다는 것은 소규모 경작과 분익소작제를 뜻한다. "따라서……농사꾼들의 계급은 수공업쟁이들의 계급과 마찬가지로 두 부류의 사람들, 즉 기업가 또는 자본가와……임금에 매달려 사는 일반적인 노동자로 나누어진다……규모가 큰 농업기업을 확립하고 유지시켜주는 것은 바로 자본뿐이다." 이처럼 임금노동을 사용하는 대규모 자본주의적 영농은 경제발전을 위한 수단이 된다. 케네는 프랑스 전체를 영국과 대비시켰고 황소에 비해 말이 더 효율적임을 강조했던 반면에 튀르고는 대규모 농장이 지배적이었던 북부 프랑스의 여러 지역과 중부 프랑스(리무쟁Limousin, 앙구므와Angoumois, 부르보네Bourbonnais)의 가난한 분익소작농을 뚜렷하게 대비시킨다.[28]

매우 규모가 커다란 자본주의적 농장이 효율적이라는 이와 같은 견

28) *Turgot on Progress, Sociology and Economics*, ed. R. L. Meek(Cambridge, 1973), pp.128-32, 145-6.

해는 마르크스에게 전해졌고, 이에 마르크스는 16세기 말에 "농업혁명"이 나타나 엔클로저와 목양업, 가격상승 그리고 장기간의 임대차가 "자본주의적인 차지농 계급"을 창출하고 노동자들을 수탈했다고 보았다.[29] 이러한 견해는 다시 영국의 요맨이 지닌 독특한 성격에[30] 대한—해링톤Harrington과[31] 정치경제학자들을 통해 전해진—찬사에서 비롯된 것이기도 하다. (헤일리버리Haileybury에서 맬서스의 뒤를 이은) 리차드 존스 목사the Reverend Richard Jones는 1549년에 발발한 반란들이 엔클로저에서 비롯되었으나 "영국 귀족들의 기업정신은 이러

29) K. Marx, *Capital*, 2 vols.(Everyman edn, London, 1934), ii, pp.794-801, 823-5, 844-5: K. Marx, *Capital*, iii(Moscow, 1972 edn), pp.798-9, 801.

30) 프랑스 농민들이 처해있던 비참한 상황과의 대조는 적어도 Sir John Fortesque까지 거슬러 올라간다. [T. Gainsford], *The Glory of England* (London, 1618), pp.304-9는, 영국 요맨의 번영, 그리고 "우리 나라 농민과 보통 사람이 누리고 있는 행복한 삶"을 분명하게 밝히기 위해, 독일과 헝가리, 스페인 그리고 이탈리아에서 농민들이 당하고 있던 억압을 개괄하고 있다. Thomas Fuller는 요맨을 "거창한 부와 궁핍 사이에 낀……운 좋은 처지에 있고, 거의 영국에만 특유한 계층"이자, "다음 시대가 품위 있는 사람으로 여길 수 있을 장차 신사가 될 사람"이며, "훌륭하게 농사를 지어 자기 땅의 가치를 두 배로 올려놓은" 사람으로 봄으로써 똑같은 점을 지적하고 있으며, 엔클로저에 관련한 Henry 7세의 조례에 대한 Bacon의 해석을 증거로 들고 있다 : T. Fuller, *The Holy State* (Cambridge, 1642), pp.116-9.

31) Harrington 역시 "아주 많은 땅을 영주들에 대한 예속에서 벗어나 있던……요맨 또는 중간층의 손으로 넘어가도록 만들었던" 1488년의 조례에 관련하여 Bacon을 끌어대었고, Henry 7세와 Henry 8세 아래에서 이루어지게 되었다고 여겨지는 양도의 자유가 토지거래를 뒷받침해 주었던 한편으로, 16세기에 대토지 소유자들이 노동력을 구하는 것에서 돈을 구하는 것으로 목표를 새로 옮겨갔다는 점을 강조했다 : *The Oceana and Other Works of James Harrington* (London, 1737 edn), pp.69-70, 457. 여기서 토지거래의 활성화는 그의 뒤를 이은 학자들에 의해 상업의 성장과 연관되었다. 예컨대 스코틀랜드에서 평민이 성장하지 못한 것을 John Darlymple은 다음과 같이 설명했다. "영국은 거래가 활발하게 이루어지는 나라였으며, 원래는 대귀족들이 토지 자산을 크게 끌어모았지만, 거래가 이루어지는 과정에서 평민들은 바로 그 귀족들로부터 그들의 토지 가운데 커다란 부분을 사들였는데, 재산에는 힘이 따르는 법이다……반면에 스코틀랜드에서는……상업이 거의 또는 아예 존재하지 않았다. 귀족들이 토지 자산을 크게 끌어모았으며, 그러한 상황은 우리가 의회를 가지고 있는 한 줄곧 변하지 않은 채 그대로 존속해왔다." : J. Darlymple, *An Essay towards a General History of Feudal Property in Great Britain*, 2nd edn(London, 1758), p.272.

한 경보 앞에서 기가 꺾이지 않았거나 또는 수익에 대한 그들의 기대가 두려움을 압도하였다……오래지 않아 제조업들의 발전은 그 때문에 처음에는 거지나 방랑자가 되었던 자들에게 일거리를 가져다주었다……우리는 농촌을 거의 남김없이 손아귀에 넣고 있는 오늘날의 농사꾼들과 다름없는 한 무리의 자본가들이 영국에서 모습을 드러낸 시점을 제임스 1세의 치세로 잡는다"고 서술하였다.32) 마르크스가 제시한 시점은 좀더 모호하다. 영국 농민의 숫자는 위아래로 오르내렸으나 장기적으로는 줄어들었다. "기계에 바탕을 둔 대규모 산업이 모습을 드러내고서야 비로소" 농촌의 가내수공업을 파괴하고 "농촌 주민 가운데 압도적인 대다수"를 수탈하는 "사본주의석 농업을 위한 항구적인 토대가 나타난다." 차지농들을 거느린 대토지 소유는 "자본주의적 생산을 위해 반드시 필요한 전제조건"을 이룬다. 농업에서는 자본이 점진적으로 그리고 간헐적으로만 주도적인 세력으로 모습을 드러낼 뿐이다.33)

하지만 스칸디나비아와 서유럽 대부분에서는 1950년에 와서도 분명히 산업화가 아직 대규모 농장들을 낳지 못하고 있었다. 그 당시에

32) *Literary Remains, Consisting of Lectures and Tracts on Political Economy, of the Late Rev. Richard Jones*, ed. W. Whewell(London, 1859). "A Short Tract on Political Economy", p.224. 비슷한 부류의 경제사를 이루는 요소들은 Sir F. M. Eden, *The State of the Poor*, 3 vols.(London, 1797), i. p.73. 96, 107, 112, 115에서 찾을 수 있다 : "조례[역시 엔클로저에 관련된 1488년의 법령임]에서 사용된 말은, 농업이라는 사업이 이제 자본을 가진 사람들에 의해 수행되기 시작했음을 분명하게 입증해주는 증거이다." ; 수도원들은 "관대한 영주들"이었다. 그 시대에는 일손을 보다 적게 필요로 하는 "중간층"과 곡물 경작이 성장했던 한편, "교회와 귀족의 영지 가운데 많은 부분이 농촌 젠트리의 손으로 넘어갔던 것"은 농업의 개선과 "오두막살이들"의 감소 그리고 농장 규모의 증대를 뜻하였다.

33) Marx, *Capital*(Everyman edn, London, 1934), ii, p.830; Marx, *Capital*, iii(Moscow, 1972 edn), pp.801-2, 821.

압도적인 비율을 차지하고 있던 보유지들은 100헥타르가 넘는 보유지가 압도적이었던 영국의 저지대, 북부 프랑스의 몇몇 지역, 북부 이탈리아의 몇몇 지역, 남부 이탈리아, 그리고 중부 및 남부 스페인의 경우를 제외하고는 50헥타르 미만이었다. 또한 서유럽에서 경작지의 3분의 1에서 4분의 1 사이는 여전히 산재된 자그마한 땅뙈기들로 보유되고 있었다.[34] 마르크스의 예언들이 입증될 수 있는가는 1914년 이전에 사회주의 정당들에게 뜨거운 문젯거리가 되었으나,[35] 우리가 그 문제에 매달릴 필요는 없다. 하지만 토지보유가 화폐지대와 자본주의적 영농을 향해 발전해 간다는 마르크스나 튀르고의 도식은, 봉건제에서 자본주의로의 이행에 관한 마르크스주의자들 사이의 논쟁들에 공공연히 뛰어들지 않았던 많은 역사가들에 의해서도 암암리에 인정되어 왔다.

마르크스는 의식적으로 시장을 지향하는 상업화된 경제를 향하여 여러 단계를 거쳐 일직선적으로 발전이 이루어진다는 모델을 지니고 있는, 뿌리를 깊게 내리고 있던 전통을 따라 자신의 체계를 세웠다. 마르크스 자신은 산업자본주의를 비교적 높은 단계로 보았으나 그것이 이러한 발전의 가장 높은 단계를 이룬다는 것은 부정하였다. 그럼에도 그는 그것을 문화적으로나 경제적으로나 진보적인 것으로 인정하였다. "그것[산업자본주의]이 생산력과 사회적 관계들을 발전시키

34) E. E. Evans, "The Ecology of Peasant Life in Western Europe"과 G. Pfeifer, "The Quality of Peasant Living in Central Europe", in W. L. Thomas(ed.), *Man's Role in Changing the Face of the Earth*, 2 vols.(Chicago, 1970 edn), p.235, 243의 도표 71(a), 72; p.248의 도표 74도 참조할 것.

35) D. Mitrany, "Marx v. the Peasant", in T. E. Gregory & H. Dalton(eds.), *London Essays in Economics in Hounour of Edwin Cannan* (London, 1927).

고 새롭고 보다 높은 형태를 이룰 요소들을 만들어내는 데, 그에 앞선 노예제나 예농제 따위의 형태들에서보다 더 유리한 상황 아래에서 그리고 더 유리한 방식으로, 이러한 잉여노동을 강요한다는 점은 문명을 개화시키는 자본의 여러 측면들 가운데 하나를 이룬다"는 것이었다.[36] 토지의 직접적인 사적 소유는 필연적으로 농업생산을 비효율적으로 만들었고 그것의 철폐는 그와 같은 발전의 마지막 단계를 이루었다. 그 마지막 단계에서는 자본주의적 차지농에 의한 영농이 필연적으로 농민에 의한 영농보다 더 진보적이고 생산적일 수밖에 없었으며, 그 두 가지 영농은 "원시적인 형태의 사회들이 지닌 온갖 조야함을 문명화된 나라들이 겪는 괴로움 및 고난과 결합시킴으로써 야만인들의 계급을 만들어냈다." 그 둘 모두는 시장가격의 메커니즘에 의존해 있기 때문에 "의식적인 합리적 경작"을 이루어내지는 못한다.[37] 하지만 브레너가 경제적 변화에 관한 (그의 말을 빌리면) "상업화 모델"에서 참을 수 없을 만큼 만족스럽지 못하다고 여기는 것은 다름 아니라 마르크스의 모델에서 기본적인 토대를 이루는 바로 이러한 메커니즘들과 그들의 발전인 것이다.[38] 만일 이것이 일직선적인 모델로 파악된다면 국제교역의 성장이 엘베 오른쪽 지역에서는 예농제를 부추긴 반면 서유럽에서는 자본주의를 부추겼다는, 즉 발전단계들이 잘못된 순서로 나타난다는 모순이 제기될 수밖에 없다. 하지만 피렌느 Pirenne 이래로 그와 같은 일직선적인 설명의 모델을 선호한 역사가는 거의 없었다.

36) Marx, *Capital*, iii(Moscow, 1972 edn), p.819.
37) *Ibid.*, pp.802-13.
38) 본서의 pp.40-7.

브레너는 중세 예농제를 초보적인 노동시장에서 맺어지는 계약관계로 다루는 가운데 노스North와 토마스Thomas가 무력과 강제의 역할을 무시하고 있는 것에 불만을 토로한다. 하지만 그 자신도 소규모 영농은 자본투입을 필요로 하는 기본적인 곡물의 생산을 증대시킬 수 없기 때문에 "경제발전을 위한 농업적 기반을 마련해 줄 수 없었다"고 주장한다. 농민은 단지 노동을 보다 집약적으로 투입할 수 있었을 뿐인데 그와 같은 노동의 보다 집약적인 투입은 아마와 같은 산업작물이나 "포도재배와 낙농 그리고 원예업"에만 효율적이었을 게다. 그것은 "단위노동 투입량의 효율성을 증대시킴으로써" 생산량을 증대시킨 것이 아니었으며 "아주 한정되고 사실상 잘못된 의미로 사용되는 경우를 제외하고는 '발전'을 가져오지 못했다"는 것이다.[39] 여기에서 효율성의 기준은 상대적인 노동비용에 의해 결정되어야만 한다. 시장과 채무관계credit의 메커니즘들이 농민에게 불리하게 작용할 수 있었는가 아닌가 하는 문제와는 전혀 별개로, 노동력의 투입이 브레너의 주장이 제기하는 방식으로 자본투입과 질적으로 다르다는 것을 모든 경제학자들이 인정하지는 않을 것이다.[40] 심지어는 완전히 상업화된 농

39) 본서의 pp.79-80.

40) 플랑드르에서는 아주 작은 크기의 보유지들만이 오로지 산업 작물만을 전문적으로 경작하였다. 보다 커다란 보유지들(중간층 농민의 농장들)은 중농주의자들이 선호하였던 대규모 농장들보다 더 높은 곡물 생산성을 보였던 복합 농업을 시행했다. 1776년에 Lille 부근에서 22.3 헥타르의 크기를 지니고 있던 한 농장의 생산량에 대한 분석을 참고할 것 : C. Le Clerc de Montlinot, in O. de Serres, *Le théâtre d'agriculture, et mesnage des champs*, 2 vols.(Paris, 1804-5 edn), pp.185-6, 193-4. 사탕무의 경작이 발달했음에도 불구하고, 프랑스 쪽 플랑드르의 소규모 농장들은 19세기에 곡물생산량을 늘려갔다 : M. L. de Lavergne, *Economie rurale de la France depuis 1789*, 4th edn(Paris, 1877), pp.75-7. 벨기에쪽 플랑드르에 관해서는 E. de Lavelaye, *Essai sur l'économie rurale de la Belgique*, 2nd edn(Paris, 1875), pp.44-58을 볼 것. 이곳에서는 롬바르디아의 몇몇 지역을 빼고는 유럽의 어떤 다른 지역에서보다도 1헥타르당 투입된 자본과 생산성이 더

업 안에서도 소규모 생산 단위는 19세기 말의 프랑스가 본보기를 보여주고 있듯이[41] 대규모 생산 단위와 성공적으로 경쟁할 수 있었다. 그 막강한 중농주의자들과 마르크스주의자들의 혈통을 이어받고 있음에도 불구하고, 심지어는 브레너의 명제를 사회적 · 정치적 세력이나 농민들이 그들 자신의 노동력을 얼마만큼 투입해야 했는가라는 점에 대한 모든 고려를 도외시한 추상적인 경제적 모델로만 보는 경우에조차, 그것을 근대 초에 적용할 수 있는가는 꽤 의심스럽다고 할 수밖에 없다.

프랑스와 영국의 농업발전에서 나타나는 차이점들에 대한 브레너의 견해는 1789년 이전에 프랑스에서는 소유관계에서 비자본주의적인 부가 지배적이었다는 조지 테일러George Taylor의 명제로 뒷받침된다고 여겨질 수도 있다. 이러한 비자본주의적인 부는 "토지에의 투자, 도시의 자산, 매수된 관직, 연금" 따위였고, 일정하지만 보잘것없는 1~5퍼센트의 수익을 낳았는데 이러한 수익은 "점점 더 희미해져가고 있던 기업가적인 노력에 의해서가 아니라 단순한 소유권에 의해서 얻어졌다……위험부담은 무시해도 좋을 만큼 거의 없었다……투자는 거의 완벽하게 안전하였다." 프랑스의 토지소유자들은 위험부담을 회피하였다. 상인이나 산업가들과 달리 그들은 생산성에는 관심이 없었고

높았다. 본서의 p.304와 주 164)도 참고할 것. Brenner 자신도 국제시장에 내다 팔기 위해 농민이 곡물을 생산했던 보기를 하나 제시하고 있다(앞의 브레너 논문의 주 57) 참고). 농업 개선의 원천으로서 노동과 자본을 구별하는 고전 경제학자들의 성향과는 다른 방식으로 노동력의 투입을 다루고 있는 보기로는 S. N. S. Cheung, *The Theory of Share Tenancy* (Chicago, 1969), pp.37-9를 들 수 있다.

41) G. W. Grantham, "Scale and Organization in French Farming, 1840-1880", in W. N. Parker & E. L. Jones(eds.), *European Peasants and their Markets* (Princeton, 1975).

오로지 지대를 올리는 데에만 관심을 쏟았다. 이는 지대가 모든 계산에서 핵심에 놓여 있었고……재산의 값어치를 결정하는 것이었다"[42]는 사실에서 분명하게 드러난다. 하지만 영국에서도 토지에의 투자가 많은 토지구매자들에게 위험부담을 회피하는 투자 형태를 이루었고, 연금과 정부공채 그리고 담보물에 투자한 수많은 사람들 역시 위험부담을 감수하는 기업가였다고 보기는 거의 불가능하다. 지대가 토지의 값어치를 결정한다는 견해는 비자본주의적인 심리의 요체가 아니라 사실을 정확하게 가리키는 여전히 타당한 생각인 것이다.[43] 프랑스의 토지소유자들 가운데 정말로 가장 대규모의 토지를 지닌 사람들이 산업과 광산업에 투자를 하기는 했지만,[44] 그들이 차지인들과 맺고 있던 관계가 생산적인 투자와 자본주의적인 차지농의 발전을 가로막았다는 견해는 로버트 포스터Robert Forster에 의해 뒷받침되고 있다. 그는 브레너와는 달리 19세기와 20세기가 겪었던 경험이 결코 소규모 농장의 비효율성과 비생산성을 입증해주지는 않는다는 사실을 인정하고 있지만, 프랑스의 토지소유자들이 혁신을 위한 투자가 아니라 지대를 올리는 데에만 관심을 기울였다고 주장한다. 프랑스의 토지소유자들이 어떤 식으로 그들의 회계장부를 작성하였고 그들의 집사들이 어떻게 행동하리라고 기대했는가에 관해서는 그가 충분히 옳을 수 있겠지만, 그는 의심할 나위 없이 영국의 토지소유자들이 중요한 혁

42) G. V. Taylor. "Noncapitalist Wealth and the Origins of the French Revolution", *Amer. Hist. Rev.*, lxxii(1966–7), pp.471, 474; G. V. Taylor, "Types of Capitalism in Eighteenth-Century France", *Eng. Hist. Rev.*, lxxix(1964)5. 참고할 것.

43) C. Clark & M. Haswell, *The Economics of Subsistence Agriculture*, 3rd edn (London, 1967), pp.117–8.

44) G. Richard, *La noblesse d'affaires au XVIIIe siècle*(Paris, 1974), pp.121–269.

신들에 투자를 했던 정도를 과장하고 있으며, 따라서 영국과 프랑스의 경우에 대한 그의 뚜렷한 대조는 타당하지 못하다.45) 반면에 라브와지에Lavoisier는, 비록 프랑스에서는 차지인들의 운영 자본이 부족했다—그는 대규모 농장의 경우 운영 자본이 영국에서 사용되었던 것의 절반 또는 3분의 1에 지나지 않았다고 보았다—는 점을 안타까워하기는 했지만 지주들이 건물에 투자한 자본은 프랑스에서 훨씬 더 컸다고 믿었다."46)

프랑스에서는 오로지 "중간층을 이루면서 아주 드물게만 존재하고 있던 재지在地 지주와 독립적인 농민 소유자들에 의해 뒷받침되는 대규모 차지농들gros fermiers"만이 시장을 위한 생산을 극대화시키는 데

45) R. Forster, "Obstacles to Agricultural Growth in Eighteenth-Century France", *Amer. Hist. Rev.*, lxxv(1970), pp.1600-3, 1610-2; R. Forster, *The House of Saulx- Tavanes, Versailles and Burgundy, 1700-1830* (Baltimore, 1971), pp.86-92. 1780년대에 Saulx-Tavanes의 공작은 농업 개선을 위해 한 푼도 쓰지 않았고, 그의 총수입 가운데 4.3퍼센트만을 수리에 사용했을 뿐이다. 그 이전에도 "토지에 대한 순수한 투자가 결코 5퍼센트를 넘지 않았음은 분명하다."(p.91) 하지만 B. A. Holderness는, Norfolk와 Suffolk에서 한 무리의 중간 크기 영지들에서는 수리와 개선을 위한 지출이 1746년과 1780년 사이에 총지대 수입 가운데 8.6퍼센트에서 12.4퍼센트에 달했고, 그 시대 전체에 대한 평균은 10.7퍼센트였으며, 그 가운데 수리가 더 큰 몫을 차지했음을 밝혀주고 있다. 하지만 대규모 영지들에서는 "평균치가 1780년대 이전에 5퍼센트를 거의 넘지 못했다." 수리를 위해서 이따금 차지인들에게 자금이 지원되긴 했지만, 개선을 위해서는 차지인들이 많은 경우 [선대받은 자금에 대한] 이자를 부과당하기도 했다. B. A. Holderness, "Landlord's Capital Formation in East Anglia, 1750-1870", *Econ. Hist. Rev.*, 2nd ser., xxv(1972), pp.435-40, 특히 p.439의 표 2.

46) A. L. Lavoisier, "Sur l'agiculture et le commerce de l'Orléanais", in *Oeuvres de Lavoisier*, 6 vols.(Paris, 1862-93), vi, pp.258-9 : "그토록 많은 건물들을 유지하고 다시 세우는 일에 지출된 자금은 세금과 더불어 토지 소유자의 수입 가운데 대부분을 잡아먹었다." Adam Smith는 차지농들을 빼고는 개선을 위해 투자했던 경우가 거의 없었다고 생각하였다 : "소규모 자산가 다음으로는……모든 나라에서 부유한 대차지농이 개선을 이루어낸 주역이었다. 유럽의 어떤 다른 왕국보다도 영국에서 어쩌면 그러한 차지농이 더 많았을 것이다." : Smith, *Wealth of Nations*, bk iii, ch. 2(20), ed. E. Cannan, 2 vols. in 1(Chicago, 1976), i. p.418.

알맞은 가치와 태도를 지니고 있었다는 포스터의 말이 옳다면,47) 영국의 경우와 얼마나 크게 대조되었든 그와 같은 상황이 어떻게 해서 나타나게 되었던가를 분석해 보아야 할 필요가 있다. 첫째, 우리는 18세기에 영국과 프랑스에서 토지소유의 분포가 어떻게 달랐는가를 밝혀내려고 시도할 수 있을 것이다. 오늘날 널리 인정되고 있는 프랑스에 관한 추산치에 따르면 1780년 무렵에 토지의 40퍼센트가량이 농민에게 속해있었으나, 북부에서는 그 평균치가 3분의 1가량이었다.48) 반면에 그레고리 킹Gregory King의 조사에 입각한 추산치 또는 추정치에 따르면, 자유 보유농들은 각각 평균해서 50에이커가량의 경작지를 보유하여 통틀어 잉글랜드와 웨일즈의 30퍼센트가량을 차지하고 있었다.49) 브레너에 따르면 16세기에 영국에서 농민 반란이 실패로 돌아갔던 것은 1700년에 "영국의 영주들이 경작될 수 있는 땅 가운데 압도적인 비율—어쩌면 70~75퍼센트—을 장악하고" 있었다는 것을 뜻하였다.50) 하지만 북부 프랑스에서 농민이 아닌 토지소유

47) Forster, "Obstacles to Agricultural Growth in Eighteenth-Century France", p.1613.

48) M. Vovelle, *La chute de la monarchie* (Paris, 1972), pp.14-5.

49) R. Floud(ed.), *Essays in Quantitative Economic History* (Oxford, 1974), p.114, 118, 126; *Seventeenth-Century Economic Documents*, ed. J. Thirsk & J. P. Cooper (Oxford, 1972), p.811. 수입에 대한 King의 추산치들은, 4만 명의 대규모 자유보유자들이 각각 100-130에이커의 땅을 지니고 있었으며, 14만 명의 소규모 자유보유자들이 각각 50-60에이커를 지니고 있어, 전체 평균은 60-75에이커였음을 보여준다. 프랑스의 역사가들은 관습 차지인을 토지소유자로 포함시키기 때문에 개념 규정의 문제가 나타난다. King도 일부 등본보유자들을 그의 자유보유자 범주 속에 포함시켰을 수 있지만, 비교적 소규모 보유지를 지닌 등본보유자들은 그가 제시한 "오두막살이와 가난뱅이(cottagers and paupers)"라는 범주에 들어갔을 것이 틀림없다 : F. M. L. Thompson, "Landownership and Economic Growth in England in the Eighteenth Century", in E. L. Jones & S. J. Woolf(eds.), *Agrarian Change and Economic Development* (London, 1969), pp.42-3.

50) 본서의 p.77.

자들이 가지고 있던 땅도 이것과 거의 같은 비율을 차지한다. 더욱 중요한 것으로 킹이 제시한 대규모 농장의 평균 경작지 면적은 75에이커가량으로 나타났는데, 이는 자카르가 파리 남쪽의 중간급 농민농장으로 제시한 하나의 잿기팀으로 10~40헥타르를 경작하는 농장의 범주 안에 완전히 들어가고 있다.[51] 이는 "경제발전으로 이끄는 참다운 농업의 도약을 위해서는……대규모 자본주의적 영농이 필요"하다는 브레너의 견해와 잘 맞아들어가는 것으로 보이지 않으며, 브레너가 뜻했던 것이 바로 이러한 규모의 농장이었다고 한다면 그러한 농장은 북부 프랑스에서 널리 존재했고 그 수가 더욱더 불어나고 있었던 것이다. 브레너는 "영주와 대규모 차지농 그리고 임금노동자의 세 계급으로 이루어진 형태를 띤 '영국의 고전적인' 자본주의적 농업을 실질적으로 대신할 수 있는 유일한 대안"은 카탈로니아에서 나타난 것과 같은 "대규모 토지소유자 겸 경작자들을 기반으로 하는 똑같이 자본주의적인 체제"뿐이라고 본다.[52] 이러한 종류의 대규모 농장이 카탈로니아에서 중요했다는 것은 사실이지만 그곳의 진보적인 농업에서 분익소작제가—얼마만큼이었는지 정확하게 그 수치를 추산할 수는 없더라도—커다란 역할을 했다는 것도 역시 사실이다.[53] 이 점은 중농주의자들과 아담 스미스Adam Smith[54] 그리고 아더 영Arthur Young이 분익소작제를 혁신과 양립할 수 없는 것으로 간주했기 때문에 특히

51) J. Jacquart, *La crise rurale en Ile-de-France, 1550-1670*(Paris, 1974), p.349.

52) 본 논문의 주 82).

53) P. Vilar, *La Catalogne dans l'Espagne moderne*, 3 vols.(Paris, 1962), i, p.578, 그리고 ii, p.500, 505, 567, 576.

54) Smith, *Wealth of Nations*, bk iii, ch. 2(20), ed. Cannan, i, p.414; 십일조는 "개선을 가로막는 아주 커다란 걸림돌"이었고, 분익소작제는 "개선을 실질적으로 불가능하게 만드는 장애"가 되었다.

흥미를 끌고 있다.

많은 학자들이 17세기에 인구의 위기와 생존의 위기가 영국보다 프랑스에서 훨씬 더 심각하게 나타났다고 제시해왔다. 인구와 경제의 변동 역시 14세기로부터 프랑스에서 훨씬 더 큰 폭으로 이루어졌다면, 이 점은 농업구조와 경제구조에서 나타난 장기적인 차이들에 관한 설명의 한 부분을 이룰 수 있을까? 사실상 1600년 이전에 영국의 인구가 어떻게 변동되었는가에 관해서 어느 정도 확실하게 알려져 있는 사실은 거의 없다. 하지만 해처Hatcher의 가설들을 받아들인다면 장기적인 변화는, 비록 프랑스의 경우가 전쟁의 영향을 더 많이 받긴 했지만, 영국과 프랑스 모두에서 비슷하게 나타났다.55) 이러한 견해에 따르면 두 나라 모두 15세기 말로부터 인구증가와 경제 성장을 겪었으나 프랑스에서는 이러한 성장이 1560년 무렵까지, 특히 그 가운데에서도 16세기 초에 더욱 빠르게 진척되었다는 것이 된다. 토지보유에서 나타난 변화들은 이러한 변동에 연관지워질 수 있을까?

시실리 호웰Cicely Howell에 따르면 영국의 미들랜드에서는 1300년에 인구의 압력이 관습 보유지의 면적을 (12에이커 또는 4.8헥타르가량에 해당하는) 1/2야들랜드yardland로 축소시켰다. 1500년에는 그러한 보유지들이 점점 더 드물어지고 있었으며 1700년에는 "레스터셔

55) J. Hatcher, *Plague, Population and the English Economy, 1348–1530* (London, 1977), pp.68–9, 도표 1,2는 1450년의 인구가 1348년의 수준보다 60퍼센트나 줄어들었다고 제시한다. Hugues Neveux는 농촌 인구가 전반적으로 50퍼센트가량 감소하였고, 전쟁으로 황폐화된 지역들에서는 감소율이 70퍼센트에 달했다고 제시한다 : H. Neveux, "Déclin et reprise : la fluctuation biséculaire, 1330–1560", in Duby & Wallon (eds.), *Histoire de la France rurale*, ii, p.74, 101. Ian Blanchard는 인구와 지대가 1520년대에 이르기까지 지속적인 성장과 상승을 보이지 못했다고 주장한 바 있다 : I. Blanchard, "Population Change, Enclosure and the Early Tudor Economy", *Econ. Hist. Rev.*, 2nd ser,, xxiii(1970), pp.433–5.

에서 거의 사라져있었다." 반면에 50~60에이커에 해당하는 "상업적인 가족농장들"의 수는 늘어갔다.[56] 캠브리지셔의 치퍼넘Chippenham에서 1279년에는 1/2버게이트짜리 보유지가 지배적이었다. 1544년에는 그러한 보유지가 여섯 개밖에 없었고 토지의 60퍼센트를 50에이커가 넘는 보유지들이 차지하고 있었다. 1636년에는 1/2버게이트 보유지가 전혀 없었고 토지의 69퍼센트를 90에이커가 넘는 보유지들이 차지하고 있었다. 대규모 농장들이 성장해 가는 양상은 윌트셔의 초크 칸트리the Chalk Country에서도 전반적으로 나타났던 반면에, 치즈 칸트리the Cheese Country에서는 소보유지와 가족농장이 18세기에 들어서서까지도 줄곧 존속하였다. 링컨셔와 캠브리지셔의 소택지들에서는 소보유지들이 살아남았거나 또는 심지어 더 늘어났다.[57] 레스터셔와 워위크셔에서는 자유보유자들이 많았다. 레스터셔에서는 15세기

56) C. Howell, "Stability and Change, 1300-1700", *Jl Peasant Studies*, ii(1974-5), p.474. 그러한 농장은 어느 정도의 임금노동을 필요로 했을 것이다.

57) M. Spufford, *Contrasting Communities* (Cambridge, 1974), pp.65-84, 표 1,3, pp.90-2, 101-4; E. Kerridge, "Agriculture, c. 1500-c. 1793," in *V. C. H. Wiltshire*, iv, pp.57-9: "목양과 곡물경작을 겸하고 있는 지역들에서는 16세기 초에 토지의 대부분이 자본주의적 차지농들의 손 안에 들어가 있었다 …… 가족의 노동력으로만 경작하는 농사꾼과 임금노동으로 수입을 보충해야 하는 시간제 농사꾼들이 경작지의 반 이상을 차지하고 있었으나 …… [17세기 중엽에는] 그 비율이 3분의 1을 넘지 못하게 되었다." : Spufford, *Contrasting Communities*, pp.160-1, 165-7; J. Thirsk, *Fenland Farming in the Sixteenth Century* (Leicester, 1953); J. Thirsk, *English Peasant Farming* (London, 1957), p.98, 표 19(Lincolnshire의 점토 지대에 자리한 6천 에이커가량의 토지에 대한 17세기 초의 조사)는, 토지의 59퍼센트가량은 60에이커가 넘는 보유지들이, 43퍼센트는 90에이커가 넘는 보유지들이, 그리고 12퍼센트는 30에이커 미만의 보유지들이 차지하고 있었음을 알려준다. 10에이커나 그 미만의 보유지를 지닌 차지인들은 전체 차지인 수의 거의 30퍼센트를 차지했지만, 전체 토지 가운데 4퍼센트가량만을 지니고 있었을 뿐이다. 그 표는 각각의 범주(1-5에이커 등등)에서 토지를 보유하고 있던 차지인의 수만을 제시해주고 있다. 여기에 제시된 비율들은, 각각의 범주에 속한 모든 보유지들의 평균 규모가 그 범주의 중간치(예컨대, 10-20에이커의 범주에서는 15에이커)에 있었다고 가정하고 산출한 것이었다. 200에이커가 넘는 네 개의 농장은 각각 250에이커의 규모였다고 전제되었다.

에 그들 가운데 일부가 관습 차지인들보다 더 커다란 규모의 보유지를 끌어모았다. "1341년에는 가장 커다란 농민보유지들이 경작지 30에이커를 넘지 않았던 반면에" 1500년에는 "60에이커에서 80에이커에 이르는 경작지를 경작할 수 있었던……부유한 농민들로 이루어진 소규모 계급이 이미 자리를 잡고 있었다." 1349년 이래로 관습 차지가 줄어들고 직영지가 임대됨으로써 나타난 결과는 농민들 사이에서 토지가 비교적 균등하게 분배된 것이 아니라, 오히려 곡물경작에서 얼마간의 임금노동을 사용하는 보다 커다란 규모의 보유지들이 나타났던 것이었다. 더욱이 경작지가 뭉텅이로 방목지로 전환된 것은 더 더욱 커다란 농장들을 빚어냈는데 이들은 많은 경우 성장하고 있던 요맨들에게 임대되었다.[58)]

프랑스에서 농업이 겪은 변화 과정을 영국의 그것과 비교하기 위해서는 우선 첫째로 그것을 르 르와 라뒤리가 하부 랑그독으로부터 끌어낸 주기와 연관시킬 필요가 있다. 이러한 작업 역시 1300년 무렵에 인구가 지나치게 많았고 농민 보유지는 심지어 그보다도 더더욱 지나치게 분해되어 있던 상황에서 출발한다. 14세기에 인구가 감소하고 15세기에 회복이 시작되는 것과 더불어 물론 훨씬 더 커다란 보유지들도 존재하고 있기는 했지만, (대체로 영국의 야들랜드에 해당하는

58) R. H. Hilton, *The Economic Development of Some Leicestershire Estates in the Fourteenth and Fifteenth Centuries* (Oxford, 1947), p.105; R. H. Hilton, "Medieval Agrarian History", *V. C. H. Leicestershire*, ii, pp.183-96; W. G. Hoskins, "The Leicestershire Farmer in the Sixteenth Century," in W. G. Hoskins, *Essays in Leicestershire History* (Liverpool, 1950). Hilton은 west midlands의 대영지들에 자리 잡고 있던 40개가량의 촌락에 관해 보다 더 일반적으로 서술하고 있다 : "이 시대에 소규농 집단은 위축시키는 반면에 [30~100에이커의 경작지에 해당하는] 대규모 보유지의 수는 증가시키는 …… 추세가 꽤 분명하게 나타났던 것으로 보인다." : R. H. Hilton, *The English Peasantry in the Later Middle Ages* (Oxford, 1975), pp.39-40.

약 30에이커인) 12헥타르가량의 중간급 "요맨" 보유지들이 형성되어 나왔다. 이러한 중간급 보유지들은 16세기와 17세기에 인구가 증가하고 지대가 상승함에 따라 매우 커다란 보유지와 (정도는 좀 덜하지만) 커다란 보유지 모두가 수적으로 증가하는 바람에 다시금 침식을 당하게 되었다. 그 뒤 17세기 말에는 지대와 인구 모두 내리막길을 걷는 것과 더불어 또다시 비교적 커다란 보유지들이 형성되었지만, 이때에는 그 주역이 농촌의 "요맨"들이 아니라 도시의 상층민들이었다.59)

브와는 브레너의 논문이 발표된 뒤에야 출간되었지만 그의 『봉건제의 위기』에서 1300~1520년의 동부 노르망디에서도 비슷한 패턴을 찾아낸 바 있다. 이는 그 지역이 영국의 개방경지제 지역과 닮아있었다는 점뿐만 아니라 브와가 자신이 발견해 낸 사실들에 입각하여 위기에 처한 봉건제에 대한 마르크스주의적 모델을 구성해냈다는 점 때문에도 흥미를 끌고 있다. 그는 우선 1300년 무렵에 물론 몇 안 되지만 엄청나게 훨씬 커다란 보유지들이 존재하고 있긴 했으나, 농민의 보유지들이 거의 모두 2헥타르나 그 미만에 불과할 만큼 극도로 분해되어 있었다는 사실을 발견해 내고 있다. 그는 그 뒤 15세기 후반에는 농촌인구가 아주 급속하게 증가하였으며 또한 그에 앞서 1397년과 1477년 사이에는 아주 작은 농민 보유지들의 수는 줄어 들었던 반면 중간층 농민토지소유자(상스보유자Censitaires)의 수는 증가했다고

59) E. Roy Ladurie, *Les paysans de Languedoc*, 2 vols.(S.E.V.P.E.N. edn, Paris, 1966), i, pp.151-60, 580-1. "요맨"이란 그 자신이 사용한 말이다. 중간 크기 보유지는 20-100세테레(setérée)—3.6헥타르에서 18헥타르—범위의 보유지로 규정되고 있다. Le Roy Ladurie는 그의 "Masses profondes : la paysannerie", p.518에서 12헥타르를 전형적인 수치로 제시하고 있다. Languedoc에서는 2포제(two-field system)가 시행되고 있었으므로, 30에이커의 경작지는 영국의 3포제(three-field system) 아래에서보다 더 적은 양을 생산했을 것이다.

주장한다. 1527년에는 계속되고 있던 인구의 증가가 소규모 보유지들의 수는 증가시킨 반면 중간급 보유지들의 수는 감소시켜 놓고 있었다. 그러나 중간급 보유지들이 15세기에 이루었던 이러한 팽창은 랑그독이나 영국 미들랜드의 커다란 보유지들에서 나타났던 것보다 훨씬 덜 두드러지며, 또한 "중간급"이라는 말을 다르게 규정하지 않는 한 그러한 팽창은 완전히 사라지고 있다는 것이다.[60)]

브와에게는 하나의 쟁기팀을 지니고 있는 중간급 농민 보유지가 생산의 기본적인 형태이자 봉건제의 토대를 이룬다. 이러한 단위의 수

60) Bois, *Crise féodalisme*, pp.49-72, 148-50, 138-46. 이러한 사실들은 St. Nicholas d'Aliermont에 자리 잡고 있던 상스 보유자의 수에 대한 분석에서 나온 것이었다. 1397년에는 6-15헥타르의 보유지를 지닌 사람들이 전체 수 가운데 34퍼센트를, 1477년에는 43퍼센트를, 1527년에는 32퍼센트를 차지하였다. 하지만 중간 크기의 보유지를 10-12헥타르로 보는 Bois의 규정(p.146)을 받아들인다면, 그 비율이 1397년에는 25퍼센트, 1477년에는 26퍼센트, 1527년에는 19퍼센트가 된다. 또 8-20헥타르를 기준으로 받아들인다면, 그 비율은 각각 34퍼센트와 40퍼센트, 27퍼센트가 된다. 1527년에는 20헥타르가 넘는 땅을 지닌 (전체 보유자의 11퍼센트인) 17명이 전체 토지자산 가운데 47퍼센트가량을, 10-20헥타르를 지닌 (전체의 32퍼센트를 차지하는) 보유자들이 25퍼센트의 땅을 차지하고 있었는데, 이는 (Cambridgeshire의) Chippenham에서 1544년에 나타난 패턴—50에이커를 넘는 보유지를 지닌 (전체 보유자의 18퍼센트를 차지하는) 11명의 차지인이 토지의 60퍼센트를 차지하고 있었던 패턴—과 얼마간 비슷하다. Bois는, Normandy에서는 인구의 압력이 Languedoc에서만큼 대규모 보유지를 크게 침식하지 않았다고 믿고 있다(pp.157-8). Le Roy Ladurie는 또한 Normandy의 Neubourg에서도 Languedoc에서 나타난 장기적인 추세들을 찾아낸 바 있다 : Le Roy Ladurie, "Masses profondes : la paysannerie", pp.518-9. 아주 규모가 작은 보유지를 지닌 사람들의 수에서 나타난 변화들은 1397년에서 1775년까지 남부에서 나타난 패턴을 따라가고 있지만, 12헥타르가량인 중간 크기의 보유지를 지닌 사람들의 수는 그렇지 않다. 10-30 노르망디 에이커(7.4~22.2헥타르)를 지닌 사람들은, 1397년에는 전체 농민보유지(mouvances) 면적의 34.1퍼센트, 1497년에는 35퍼센트, 1775년에는 32.2퍼센트를 차지했던 반면에, 30에이커가 넘는 보유지를 지닌 사람들은 같은 시기에 각각 11퍼센트, 12.6퍼센트, 17.1퍼센트를 차지하고 있었다. 1775년에는 자료가 남아있는 토지의 면적이 앞서 두 시기의 그것에 비해 3분의 1도 안 된다. 10-30에이커 보유자의 수는 자료가 있는 토지의 면적이 나머지 3분의 2를 대표한다는 전제 아래에서 1775년의 수치를 수정할 때 1496년에 32명, 1397년에 38명, 1775년에 31명으로 나타난다. A. Plaisse, *La baronnie du Neubourg* (Paris, 1961), p.44의 표 9, p.348의 표 52, p.357의 표 55로부터 산출된 것임.

가 증가한다는 것은 생산의 팽창을 뜻하고 그것의 감소는 그 반대를 뜻한다. 이러한 농민 생산이 성장하면 가격은 하락하고 그 반대의 경우에는 가격이 상승한다. 성장과 정체 그리고 후퇴의 주기 및 그 메커니즘이 반복된다는 것은 하나의 체계가 존재한다는 것을 입증해준다.[61] 이 체계는 그 자체의 모순들을 통하여 성장과 후퇴의 주기를 생성해내는데 역병, 전쟁, 기후의 변화, 기술의 정체 따위는 그러한 주기에 한몫 보태주지만 실질적으로 그 주기를 결정하는 원인은 되지 못한다. 그러한 원인들은 사회적 관계, 즉 농민에 대한 영주의 지배와 공조의 징수 그리고 잉여착취로부터 비롯된다는 것이다.

잉여착취의 비율이 하락하는 것은[62] 농민들로 하여금 생산과 소비를 팽창시키도록 부추긴다. 농업기술의 정체를 감안할 때 생산의 증대는 경작지가 한계지까지도 결국 궁극적으로 경작된다는 것을 뜻한다. 이는 다시 (공산품 가격에 비한) 농산물가격의 상승과 인구의 증가를 수반한다. 이는 궁극적으로 보유지의 분해와 한계지의 경작에 따르는 생산성의 하락을 불러일으킨다. 이제까지는 이러한 성장으로

61) Bois, *Crise du féodalisme*, pp.350-61.

62) 독자적인 생산자로서 농민으로 하여금 그의 부담들을 줄일 수 있도록 만드는 항구적인 토지보유로부터 장기적으로 나타난 기본적인 현상은 바로 이러한 것이다. 잉여착취비율의 하락은 "토지소유자들이 차지인에게 부과한 지대 및 기타 요구들의 높은 수준"에 대한 Hilton의 강조와 그리 잘 합치되지 않는다 : Hilton, *English Peasantry in the Later Middle Ages*, p.213; pp.235-6도 참고할 것. 1340년대 이전에도 프랑스와 영국 두 나라의 발전 사이에 근본적인 차이가 있는가, 아니면 그 차이는 단지 용어의 문제인가? 프랑스 역사가들은 영국 역사가들만큼 자유 차지인과 관습 차지인을 뚜렷하게 구분하는 것으로 보이지 않으며, 그리하여 일단 인신을 구속하는 상황으로서 예농제가 사라지면 전형적인 상스보유자는 영국의 관습 차지인 또는 영주의 임의에 달린 차지인보다는 오히려 자유보유 차지인에게 더 가까운 것으로 간주된다. 현물 공조가, Duby가 말한 바 있듯이, 영국보다 프랑스에서 더 중요한 몫을 차지하고 있었다면, 그것의 금납화는 장기적으로 차지인들에게 유리한 변화를 낳았을 것이다. 영국의 몇몇 지역에서는 고정된 지대를 부담하는 자유보유 차지인들이 예속적인 차지인보다 더 많았다.

말미암아 생산량이 증가하고 있기 때문에, 착취율이 하락하고 있음에도 착취자들은 아직 보다 많은 수익을 올릴 수 있다. 하지만 이제 생산성의 하락은 생산량을 감소시키는 반면에 농민들은 그들의 소비와 생산에의 투입을 형편없는 수준까지 줄이고 있다. 착취자들은 그들의 몫을 유지하기 위해 착취율을 올리려고 애쓰며 그리하여 농민 생산의 기반을 파괴함으로써 성장을 후퇴로 돌려놓는다. 브와는 14세기에 이처럼 후퇴를 야기시키는 역할을 수행했고 16세기에 농촌인구가 앞선 수준으로까지 다시 팽창하지 못하도록 가로막았던 것이 아마도 바로 국왕의 과세였으리라는 점을 인정한다.[63] 이러한 후퇴의 국면은 앞선 주기를 완전히 거꾸로 돌려놓는다. 경작지는 비교적 질 좋은 땅으로 위축되고, 농민 보유지의 규모가 늘어나면서 생산성도 향상된다. 착취율은 상승하지만 실제로 착취되는 양은 총생산량과 더불어서 함께 줄어들게 된다. 인구는 감소하고 농산물가격은 하락한다. 그리고 임금과 공산품가격은 상승한다. 이와 같은 쇠퇴의 과정은 커다란 농민 보유지들에서 생산성이 향상되어 이러한 농민들로 하여금 그들 자신의 소비와 생산에의 투자를 증가시키고 세금을 납부할 수 있게 만듦으로써 한정지어진다. 그리하여 성장의 과정이 다시금 출발을 하게 될 것이다.

기술의 수준이 변화하지 않는다고 한다면 그러한 주기는 영원히 되풀이될 것으로 여겨질 수도 있을 게다. 하지만 실제로는 성장주기가 나타날 때마다 그에 힘입어 상인들과 부유한 농민들은 자원을 축적할 수 있고, 원래의 봉건적인 구조는 약화되며, 가난한 소보유농민들은

63) Bois, *Crise du féodalisme*, p.193, 336.

점점 더 프롤레타리아로 전락하게 된다. 노르망디에서는 1495년~1500년의 몇 해에 해상 교역이 팽창했을 뿐만 아니라 농촌의 직물 산업이 출발하고 있었다. 그리고 이와 더불어 부르주아들은 관습 보유지를 사 모으고 있었다. 1510년에는 영주들의 태도가 바뀌어 있었다. 그들은 자신의 직영지에 보다 많은 땅을 보태기 위하여 "차지인들을 그들의 보유지에 붙잡아두기보다는 그들을 내쫓는 데 더 많은 관심을 갖게" 되었던 것이다. 하지만 직영지와 삼림 그리고 시설독점권으로부터 나오는 수입이 증가하고 있었음에도, 대영주들은 1300년에 그들의 수입이 지니고 있었던 구매력을 회복하는 데 실패하였다. 그리하여 그들은 점점 더 돈이 많이 들어가는 그들의 생활방식을 뒷받침하기 위해 관직과 국왕의 총애에 매달리지 않을 수 없었다.[64]

이러한 사실은 프랑스의 영주들이 영국의 영주들과 달리 관습 차지인들을 내쫓을 수 없었다는 브레너의 견해와 모순된다.[65] 브와는 또한 브레너보다 훨씬 더 큰 정도로 르 르와 라뒤리의 신맬서스주의 모델을 받아들이고 있으며 "경제체제에 대하여 인구의 영역이 지닌 상대적인 독자성"을 말하고 있다.[66] 브와의 논의는 중간급의 농민농장을 중심으로 전개되는데 그와 같은 농장의 수와 투자 그리고 생산성이 농산물가격과 성장 및 후퇴의 주기를 결정한다는 것이다. 그 농장이 하나의 쟁기팀을 거느릴 만큼—즉 10헥타르에서 20헥타르(영국의 1~2야들랜드) 정도—컸다고 전제하면 "그 가족농장은 가장 효율적인

64) *Ibid.*, pp.342, 246-7, 230-4. 유감스럽게도 관습 차지인의 축출에 관한 상세한 자료나 증거는, p.204에 나온 것 말고는 거의 제시되어 있지 않다.

65) 본서의 pp.88-91.

66) Bois, *Crise du féodalisme*, p.336.

단위였다.” 커다란 농장들은 도시시장에 쉽게 접근할 수 있었거나 또는 가격이 높고 임금이 낮았던 경우에만, 상대적으로 비효율적이라는 자체의 결함을 극복할 수 있었다. 그것들은 가족농장이 그 원동력을 장악하고 있던 경제에서 변두리에 위치해있었을 뿐이다.[67]

근대 초에 동유럽에서 농민농장들이 예농의 노동력을 사용하는 직영지 농장보다 더 많은 생산량을 산출하였음을 보여주는 얼마간의 증거가 있지만,[68] 중세 말에 서유럽에서 임금노동을 사용하는 농장들의 경우에는 그와 정반대였다는 증거도 있다.[69] 개방경지제 아래에서 목양과 곡물경작을 함께 겸하는 농업에서는 그 생산량이 얼마나 많은 수의 양들이 유지되고 있는가에 의해 영향을 받았을 텐데, 그 수는 직영지 농장에서 상대적으로 더 클 수 있었다. 우리가 이미 살펴보았듯이 알리에몽Aliermont에서는 중간급 농장의 수가 물론 커다란 보유지들의 수와 면적은 실제로 감소했음에도 불구하고,[70] 모델이 15세기

67) *Ibid.*, pp.224-5, 352-3. 146. 그러나 p.226에서 Bois는 50헥타르의 경작지와 5백 마리의 양을 지닌 La Bergerie의 직영지 농장(p.220)이 일반적인 농민의 농장보다 더 높은 곡물 생산성을 보였음을 밝혀주고 있다.

68) Z. Kirilly & I. N. Kiss, “Les exploitations paysannes en Hongrie”, *Annales E. S. C.*, xxiii(1968), p.1236. 이러한 견해는 폴란드의 많은 역사가들도 결정적으로 표명해왔다. 예컨대 W. Kula, *Théorie économique du syséteme féodale* (Paris, 1970), p.87.

69) Bois, *Crise du féodalisme*, p.336; p.F. Brandon, “Cereal Yields on the Sussex Estates of Battle Abbey during the Later Middle Ages”, *Econ. Hist. Rev.*, 2nd ser., xxv(1972). Bois가 지목하고 있는 농장 규모는 개방경지제 아래에 있는 곡물 경작지에 관계된 것이며, 그는 집약적인 Flanders의 농업에 대해서는 생각하지 않고 있다. 본 논문의 주 40)을 보라.

70) 본 논문의 주 60)을 보라. Bois는 1477년에 (전체 면적의 30퍼센트에 달하는) 많은 보유지들이 차지인이 없는 채 일시적인 임차지로 임대되었고, 이에 따라 많은 토지보유자의 보유지 규모를 증대시켜 주었으며, 그리하여 72명의 토지보유자 가운데 (58퍼센트인) 42명이 자영농(laboureur)이 되어있었으나, 1397년에는 44명의 토지보유자가 10헥타르를 넘는 보유지를 지니고 있었음을 지적한다 : Bois, *Crise du féodalisme*, pp.140-6.

에 당연히 나타나리라고 기대할 만큼 뚜렷하고 결정적으로 증가하지는 않았다. 1527년에는 20헥타르가 넘는 보유지들은 총면적 가운데 47퍼센트를, 그리고 16헥타르가 넘는 보유지들은 59퍼센트를 차지하고 있었으며, 그러한 보유지들은 모두 상당한 정도로 임금노동을 필요로 했을 것이다.[71] 브와에 따르면 "봉건적 생산양식"을 약화시키는 성향은 13세기보다 16세기에 더 강력하였으나 그 체제는 본질적으로 변화되지 않았으며 그리하여 16세기 중엽에는 다시금 축적이 걸림돌에 부딪쳤다. 유감스럽게도 브와는 그의 분석을 더 멀리까지 끌고 나가지 않고 있다. 그의 모델이 지닌 논리를 따른다면 축적이 그처럼 걸림돌에 부딪친 것은 1550년~1660년의 시기에 나타났다고 여겨지는, 지대와 세금을 통한 착취율의 상승에서 비롯된 일이었다고 볼 수밖에 없다. 이는 그 다음으로 가족농장이 되살아나게 만들고 그리하여 새로운 성장 국면을 열어 주었을 것이 틀림없다. 북부 프랑스에 관한 우리의 지식이 불완전하다는 것은 부정할 수 없지만 그나마 우리가 갖고 있는 지식은 1550년부터 1700년에 이르기까지 농민들이 토지를 상당한 정도로 상실하였고 20헥타르가 넘는 커다란 보유지들의 중요성이 상대적으로 증대되었다는 사실을 보여주는 것으로 여겨진다.[72]

브와는 그의 모델이 일반적으로 적용될 수 있다고 주장하고 있지만

71) Bois는, 그가 말하는 가족농장이 어느 정도의 임금노동을 필요로 했고, 따라서 자영농들은 소보유농(manouvrier : 오두막살이)들을 임금노동자로 고용할 수 있어야만 했음을 인정하고 있다. 그는 또한, 1527년에 Aliermont에서처럼 반쯤 프롤레타리아로 전락한 소보유농의 수가 많다는 점이 평균 노동생산성의 하락을 뜻했으리라고 주장하기도 하지만, 그가 이미 그러한 소보유농들 가운데 많은 사람이 실제로는 수공업 장인이었음을 밝힌 바 있으므로, 이 점이 농업 생산성에 얼마만큼 영향을 미쳤을 것인가를 밝히기란 어려운 일이다. *Ibid.*, pp.141, 168-9, 311의 주 2).

72) Le Roy Ladurie, "Masses profondes : la paysannerie", p.792, 795.

그 모델이 바탕으로 삼고 있었던 노르망디의 상황에는 특수한 점들이 있지 않았을까? 브와는 (100~150헥타르의 아주 커다란 농장들이 지배하고 있었던 벡생Vexin 바깥에서는) 직영지들이 대개 20~30헥타르의 농장들로 임대되었으며, 직영지는 총경작지 면적 가운데 13세기나 그 이전에 이미 존재했었던 비율인 5~10퍼센트만을 차지하고 있었을 뿐이라는 사실을 밝혀주고 있다.73) 하지만 16세기에 파리 부근의 직영지들은 총 토지면적의 25~30퍼센트 그리고 경작지의 18퍼센트가량을 차지하고 있었다.74) 영국 미들랜드지역에서는 1279년에 직영지가 대영지의 경우에는 영지의 4분의 1, 군소영지의 경우에는 영지의 41퍼센트를 차지하고 있었다.75) 프랑스에서는 15세기로부터 아주 다른 패턴을 찾아볼 수 있다. 프와투의 습지대the Gâtine에서는 영주들이 관습 차지인들을 희생시키는 가운데 커다란 분익소작지métairie들을 만들어냈다. 리용지역에서는 여전히 몇 안 되는 산재된 땅조각들로 이루어져 있는 직영지를 가지고 있던 영주들이 무거운 부담들을 되살려내고 장기적인 차지들에 대한 지대를 증대시켰다. 툴루즈 부근에서는 분익소작을 하면서 한 곳에 집중되어 있는 20~40헥타르의 농장들이 형성되어 갔다.76)

73) Bois, *Crise du féodalisme*, pp.216-20.

74) Jacquart, *Crise rurale en Ile-de-France*, pp.65-6, 75의 주 27). Normandy에서는 대영지들이 광대한 삼림을 지니고 있었다. 예컨대 Neubourg 남작령 가운데 40퍼센트가량이 삼림으로 이루어져 있었다. 이러한 삼림은 직영지 가운데 가장 값진 부분을 이루었다. Paris 부근에서도 교회와 국왕 그리고 귀족이 그 지역의 거의 모든 삼림을 차지하고 있었지만, Normandy에서보다는 영주 직영지가 훨씬 더 많은 양의 곡물 경작지를 포함하고 있었다.

75) G. Duby, *Rural Economy and Country Life in the Medieval West* (London, 1968), p.263 : Kosminsky를 인용한 것임.

76) L. Merle, *La métairie et l'évolution agraire de la Gâtine poitevine* (Paris, 1974), pp.57-74; M.-T. Lorcin, *Les campagnes de la région lyonnaise aux XIVe et XVe*

플랑드르의 몇몇 영지들에서는 1400년 이후에, 비록 인구는 정체 또는 감소되고 있었음에도, 한때 총면적의 11.4퍼센트를 차지하고 있었던 15헥타르가 넘는 커다란 농장들이 사라지고 있었다. 16세기에는 인구가 초기의 몇십 년에 급격히 증가했다가 마지막 몇십 년에는 더더욱 크게 감소해가는 가운데, 7.5헥타르를 넘는 농장들이 실질적으로 사라지고 있으며, 0.75~1.5헥타르의 농장들은 점점 더 압도적인 비율을 차지해가고 있었다. 이러한 보유지의 분해는 생산의 집약화와 기술 및 생산성의 개선을 수반하였는데, 이는 16세기에 인구의 수준이 높아지는 것과 더불어서 다시 한번 생산을 앞서 도달했던 어떤 수준보다도 높게 증내시켰다.77) 이러한 발전들은 우리가 고찰한 모델들 가운데 어떤 것에도 맞아떨어지지 않으며, 특히 무엇보다도 기술이 정체되어 있었다거나 또는 소규모 농장이 생산성의 하락을 불러왔다는 브와의 전제들과는 전혀 합치되지 않는다. 르 르와 라뒤리는 그것을 "1400년~1600년의 시대에 롬바르디아의 몇몇 지역을 제외한 다른 곳에서 나타난 발전들로부터 벗어나 있는 녹색혁명"이라 보고 있다.78)

siècles (Paris, 1974), pp.441-3, 462-3; G. Sicard, *Le metayage dans le Midi toulousain à la fin moyen âge* (Toulouse, 1956), pp.25-31.

77) E. van Cauwenberghe, "Les changements de la productivit", du revenu et des formes des exploitations paysannes aux Pays Bas XIVe-XVIe ss.", *Studia historiae oeconomicae*, X(1975); 이는 Flanders에 있던 세 무리의 영지들과 Brabant에 있던 두 무리의 영지들을 포괄하고 있다. H. van der Wee & E. van Cauwenberghe, "Histoire agraire et finances publiques en Flandre du XIVe au XVIIe siècle', *Annales E. S. C.*, xxviii(1973); p.Deprez, "De boeren in de 16de 17de en 18de eeuw", in J. L. Broeckx(ed.), *Flandria nostra*, 5 vols.(Antwerp, 1957-60), i도 참고할 것.

78) Le Roy Ladurie, "Masses profondes : la paysannerie", pp.512-3. 520-1. 그는 이것이 조밀한 인구와 규모가 큰 도시 시장 그리고 상대적으로 작은 폭의 인구 변동에서 비롯된

불황에서 빚어진 한 가지 결과로서 영주들은 어디에서나 차지인들을 붙잡아두거나 새로이 얻기 위하여 양보를 하지 않을 수 없었다. 관습 차지인들은 많은 경우 좀더 유리한 조건을 얻어냄으로써 이익을 보았다.[79] 관습적인 여러 부담과 지대들이 높았던 곳에서는 차지인들이 세습적인 관습보유지를 지대가 보다 낮은 일정한 기간의 임차지로 전환시키는 것을 더 바랐을 수도 있다.[80] 15세기에 영국의 여러 수도원 영지에서 일정한 햇수나 여러 생애를 기간으로 하는 "관습적인 임차지"가 증가하였음은 의심할 나위가 없다.[81] 그러한 임차지들이 비슷한 이유들로 나타났건 아니건, 이러한 과정은 임차지의 양이 불황기 동안에 증가하여, 가격과 지대가 다시 상승할 때 궁극적으로 영주에게 이익을 가져다줄 수 있다는 것을 뜻하였다. 뇌부르Neubourg와 알리에몽에서는, 비록 15세기에 차지인이 사라져버린 관습보유지들이 임대되긴 했지만, 1500년에는 그러한 공보유지들이 관습보유지로 다시 되돌아가 있었다. 영국에서는 관습 차지인들에게 임대된 직영지의

것이라고 본다. 하지만, 1.5헥타르 미만의 농장들이 차지하는 비율이 인구가 증가하고 있을 때 여전히 그대로 유지되었고, 16세기 말에 인구가 감소할 때에는 오히려 늘어났다는 사실은 Languedoc에서 그가 찾아낸 사실들과 뚜렷한 대조를 이룬다.

79) 많은 경우 영주의 비용으로 건물들이 수리되었거나, 황무지로 버려진 공보유지들이 다시 복구될 수도 있었다. 또는 처음에는 일정 기간 지대가 아예 부과되지 않거나 감면될 수도 있었다.

80) Van der Wee & Van Cauwenberghe, "Histoire agraire et finances publiques en Flandre", pp.1057-8; G. Sivery, *Structures agraires et vie rurale dans le Hainaut de la fin du XIIIe au début XVIe siècle*, 3 vols.(Lille, 1973), ii, pp.842-3.

81) 가장 두드러진 보기는 Durham에서 나타나는데, 그곳에서는 관습 차지인들이 5년에서 15년 사이를 임대 기간으로 한 임차농이 되었다 : R. B. Dobson, *Durham Priory*, 1400-1450(Cambridge, 1973), pp.282-3. 서부 지역의 여러 수도원령에서도 똑같은 과정을 찾아볼 수 있지만, 그러한 경우에는 통상 여러 해와 여러 생애를 기간으로 하는 임대가 발전해나왔다 : 예컨대, H. P. R. Finberg, *Tavistock Abbey* (Cambridge, 1951), pp.250-1, 256-7.

땅조각들이 관습보유지에 동화되어 들어갈 수 있었던 반면에, 프랑스에서는 몇몇 경우 직영지나 임차지가 장기적으로 또는 심지어 항구적으로 세습되는 보유지로 전환되었다. 그러한 변화들이 상대적으로 얼마나 커다란 부분을 차지했고, 또 법률적으로나 경제적으로 얼마나 항구적인 것으로 자리를 잡았는가는 연구해야 할 필요가 있다. 영국 및 네덜란드와 프랑스 사이에 이러한 종류의 발전에서 차이가 있었다면 15세기는 결정적인 시대로 나타날 것이다. 하지만 우리는 주로 직영지의 임대에 관심을 두고 있으며, 여기에서는 프랑스와 영국의 두 경우 모두 영주들이 여러 가지 개선과 보다 커다란 자본투자 그리고 보다 장기간의 임대차 같은 주된 유인들을 제공하였다. 가장 중요한 차이점은 영국에서는 가격이 상승하기 시작한 뒤에도 임대 기간이 차지인들에게 보다 유리한 것으로 남아있었다는 점이었던 것으로 보인다. 영국과 프랑스 모두에서 직영지가 어떻게 그리고 누구에게 임대되었는가에 관한 증거는 압도적으로 성직자 영지들로부터 나오고 있다.

처음에는 직영지의 임대가 대개 장비와 토지를 모두 임대하는 것으로 이루어졌다. 차지인의 관점에서 볼 때 장비는 운영자본을 선대받은 것이었고, 영주의 관점에서 볼 때에는 그것이 직접 경영을 재개할 여지를 계속 열어주는 것이었다.[82] 웨스트민스터 수도원의 여러 영지에서는 논리적인 것으로 여겨지는 발전이 이루어졌다. 임대 기간이 1400년 무렵의 12년에서 1450년 무렵에는 30-40년으로 늘어남에

82) 장비를 나중에 되돌려받는 것으로 선대해주는 한 가지 변형된 형태는 East Anglia에서 15세기 말과 16세기 초에 임대되었던 일부 임차지들에서 발견되는데, 그러한 경우에 차지인은 20파운드의 값어치가 나가는 가축과 곡물을 받고는 20년의 기간에 걸쳐 한 해에 20s씩 갚아 나갔다 ; 예컨대 Suffolk의 Calcott hall 장원에서 그랬다 : Magdalen College, Oxford, muniments, Ledger B, pp.93-5, 120-1.

따라, 물론 차지인들은 줄곧 장비의 수리를 계속해갔지만, 임대에 장비가 포함되는 것은 중단되었다. 그러나 그 수도원이 지닌 스무 개 가운데 하나의 직영지는 1525년에 이르기까지 장비를 포함하는 조건으로 임대되고 있었으며,[83] 그러한 임대는 화폐지대 대신 곡물을 받아들이는 조건이 점점 더 많아지게 되었지만, 비교적 커다란 수도원 가운데 많은 경우에는 그 영지들에서 여전히 살아남아 있었다.[84] 몇몇 영지에서는 임대가 16세기 초에 와서야 비로소 보다 장기화되었다. 이러한 양상은 특히 캔터베리 대주교의 영지들에서 두드러졌는데, 그곳에서는 1500년 이전에는 5~10년이었던 임대기간이 15년으로 늘었다가 그 뒤 1520년대에는 다시 삼사십 년으로 늘어났던 것이다.[85] 하지만 우스터 주교들은 그들의 직영지를 15세기 중엽에 사십년이나 또는 그 이상의 기간으로 임대하고 있었으며, 그 뒤 또는 가장 늦어봐야 1500년에는 사십년이나 그 이상의 기간이 수도원 영지에서 보편화되어 있었다.[86] 서부 지역에서는 여러 생애에 걸친 임대가 보통이었고, 16세기 초에는 일정한 햇수로 정해질 수 있는 세 생애에 걸친 임대가 모습을 드러내고 있었다. 16세기 동안에는 이것이 윌트셔와

83) B. Harvey, "The Leasing of the Abbot of Westminster's Demesnes in the Later Middle Ages", *Econ. Hist. Rev.*, 2nd ser,, xxii(1969).

84) J. Youings, "Landlords in England : C. The Church", in J. Thirsk(ed.), *The Agrarian History of England and Wales*, iv, 1500-1640(Cambridge, 1967), pp.321-2.

85) F. R. H. Du Boulay, *The Lordship of Canterbury* (London, 1966), pp.220- 31; C. Dyer, "A Redistribution of Incomes in Fifteenth-Century England?", Past and Present, no.39(April 1968), pp.14, 28-9.

86) Leicestershire에서, 그리고 Huntingdonshire Ramsey 수도원 영지에서는 임대 기간이 40년으로 늘어났지만, Devon에서는 Buckland에 의해 훨씬 더 긴 임대 기간이 부여되었다 : Youings, "Landlords in England : C. The Church", pp.319-21. Wiltshire와 그 부근에 있던 Seymour 수도원 영지들에서 1533년 이전에 이루어졌던 18건의 임대계약 가운데 15건에서는 임대 기간이 30-60년이었고, 3건은 여러 생애를 기간으로 한 것이었다.

서부 지역에서 압도적인 토지보유의 형태를 이루게 되었다. 이러한 임대에 따른 지대는 예전의 낮은 수준에 머물러 있었으나 새로운 임대계약이 맺어지거나 다시 여러 생애의 기간으로 임대계약이 갱신될 경우에는 높은 토지보유 허가료가 부과되었다.

직영지의 임대가 반드시 커다란 보유지들을 존속시켰던 것은 아니었다. 몇몇 경우에는 직영지들이 분해되었거나 한 무리의 관습 차지인들에게 임대되었고 또는 심지어 결국에는 항구적인 영대 차지fee-farm로 전환되기도 했다. 그럼에도 이제까지 연구된 바 있는 성직자의 직영지들 가운데 대다수는 커다란—많은 경우 아주 커다란—보유지들로 임대되었고, 켄트나 데본으로부터 요크셔에 이르기까지 그러한 직영지를 임대한 사람들 가운데에는 젠트리도 적은 수나마 있었지만 그밖의 대다수는 대개 부유한 농민이었든지 아니면 요맨이 되고자 하거나 이미 되어있었던 사람들이었다. 레스터셔에서는 이러한 요맨 자영농들이 종종 수도원의 십일조까지 임차하였으나, 성직자 영주들은 대개 장원을 통째로 임대하지는 않았다. 그럼에도 레스터셔에서는 젠트리에 대한 장원의 임대가 교회 영지가 해체되기에 앞선 몇십 년 동안에 더욱 많아지고 있었다. 15세기 말에 레스터셔에서는 젠트리들이 직영지 및 십일조의 임차를 독점하고 있었던 것으로 보이는 요맨들을 몰아내고 그 대신 자리를 차지하고 있었다.87) 이는 이러한 젠트리 출신

87) S. Jack, "Monastic Lands in Leicestershire and their Administration on the Eve of the Dissolution", *Leics. Archaeol. and Hist. Soc. Trans.*, xli(1965-6), pp.14-7: Croxton Kerriall이라는 한 수도원이 맺은 임대계약들은 "수도원의 허락을 받지 않은 재임대에 관한 통상적인 조항 말고도 …… 젠트리 또는 심지어 젠트리의 아래 사람이 토지 임차권을 상속하도록 허용되는 경우에는 임대계약이 무효로 될 것임을 강력한 어투로 규정한 조항도 담고 있었다."(p.16)

의 임차인들이 그들이 빌린 토지 가운데 얼마만큼을 농민들에게 다시 임대했는가라는 문제를 제기한다. 많은 경우에는 그들이 토지를 재임대하지 않았다고 전제해야 한다. 계속해서 더욱 번영을 누렸던 요맨 출신의 임차인들은 젠트리의 지위로 상승했으리라고 여겨지는 것이다.

영국의 속인 영지들이 임대됨으로써 빚어진 결과들에 관한 증거는 그리고 심지어는 당시의 전반적인 임대 기간에 관한 증거조차도 훨씬 드물게 남아있다. 그러나 16세기 초에는 대부분의 경우에 임대 기간이 21년이나 그 이상이었으며[88] 16세기와 17세기에는 21년과 세 생애의 임대 기간이 지배적이었으리라고 여겨진다. 이러한 후기 국면에 관한 더 상세한 고찰은 뒤로 미룰 수 있다. 여기에서 직접 문제가 되는 점은 근대 초에 영국의 임대가 장기간에 걸친 것이었다는 소롤드 로저스Thorold Rogers의 주장이다. 그는 장기간의 임대가 많은 지지를 받았던 18세기와 19세기의 맥락 속에서 이것이 차지인들을 개선에 투자하도록 부추기는 데 필수적인 요인을 이룬다고 보았다. 우리는

88) Yorkshire, Sussex, Kent, Dorset, Somerset 그리고 Northumberland에 자리 잡고 있던 Percy 가문의 영지들에서는, 비록 토지보유 허가료도 징수되긴 했지만 21년을 기간으로 한 임대가 지배적이었다 : J. M. W. Bean, *The Estates of the Percy Family*, 1416-1537(Oxford, 1958), pp.54-6. Shrewsbury 백작들은 15세기 후반으로부터 Shropshire에서 21년의 임대 기간을 부여하고 있었다 : A. J. Pollard, "Estate Management in the Later Middle Ages", *Econ. Hist. Rev.*, 2nd ser., xxv(1972). 1514-35년에 Seymour 수도원의 영지들에서 이루어진 13건의 임대차 계약 가운데 8건은 21-36년, 5건은 3-4생애를 기간으로 하고 있었다 : Survey of Seymour Lands, c. 1540, Lonleat, Seymour papers, vol. xii, Rutland 백작들은 대개 1540년으로부터 21년의 임대 기간을 부여하였으며, Oxford 백작들은 1550년대에―비록 징수 책임자의 장부들은 많은 경우 납부된 토지보유 허가료를 기록할 때 임대기간을 언급하면서 분명하게 몇 해라고 명시하지 않고 있긴 하지만―20년, 21년 그리고 세 생애의 임대 기간을 부여하고 있었다 : Essex County Record Office, DDpr /140-2. 21년 또는 세 생애(그 두 용어는 17세기 후반에 이르기까지 같은 말로 간주되었다)가 통상적인 또는 최소한의 임대 기간으로 여겨졌음은, 32 Henry VIII, *cap.* 28에 의해 국왕으로부터 직접 봉토를 부여받지 않은 자들에게도 그러한 임대 기간을 부여할 권한이 주어졌다는 사실로 뒷받침된다.

그것을 프랑스에서의 상황과 연관시켜 살펴보아야만 한다.

프랑스에서는 영주들이 차지인들로 하여금 전쟁으로 황폐화되거나 버려진 땅의 보유지를 넘겨받도록 부추기기 위해, 이미 그 유형은 고찰된 바 있지만 더더욱 아낌없는 유인을 제공하였다. 대체로 대영주들은 임대된 직영지와 관습보유지 모두를 되살리고 장비를 다시 갖추기 위하여 자본을 선대해주어야 했다.[89] 운영자본을 선대해주는 또 하나의 형태는 (영국에서는 거의 발견되지 않는 것으로) 분익소작이었다. 분익소작은 상부 노르망디와 파리 지역 모두에서 나타났지만 그것은 가축의 임대bail ácheptel라는 형태로만 1500년 너머까지 살아남았을 뿐이다. 반면에 프랑스 남부와 서부에서는 분익소작이 아마도 15세기에 더욱 늘어났던 것으로 보이며 16세기에는 분명히 늘어났다.[90] 파리 지역을 비롯한 몇몇 지역에서는 일부 차지농들이 세 생애 또는 (99년까지 이르는) 일정한 햇수의 장기간에 걸친 임차 조건을 누렸다. 그러나 15세기 말에는 임대가 거의 대다수의 경우 6년에서 9년 사이의 기간으로 이루어지고 있었으며, 16세기에는 이것이 통상적인 임대 기간이 되었다. 피카르디와 노르망디에서는 9년의 임대 기간이 물론 스와송 지역Soissonnais과 보배 지역Beauvaisis에서는 보다 길었던 경우들이 발견되기는 하지만 통상적인 경우를 이루었다.[91] 랑그독과

89) G. Fourquin, *Les campagnes de la région parisienne à la fin du moyen âge* (Paris, 1964), pp.421-2, 430-55, 474-83; I. Guérin, *La vie rurale en Sologne aux XIVe et XVe siècle* (Paris, 1960), pp.254-62: R. Boutruche, *Bordeaux de 1453 à 1715* (Bordeaux, 1966), pp.31-59: Neveux, "Déclin et reprise", pp.10-20.

90) Bois, *Crise du féodalisme*, p.221; Fourquin, *Campagnes de la région parisienne*, p,355: Guérin, *Vie rurale en Sologne*, pp.262-6; Jacquart, *Crise rurale en Ile-de-France*, p.130.

91) Jacquart, *Crise rurale en Ile-de-France*, p.47, 102의 주 3) ; Fourquin, *Campagnes*

아마도 남부의 대부분 지역에서는 6년에서 9년이 통상적이었다. 파리 지역과 노르망디에서는 직영지와 관습보유지들의 상대적인 면적이 1350년과 1500년 사이에 거의 바뀌지 않았으나, 15세기 말부터는 파리를 비롯한 도시 출신의 상인과 관리들이 관습보유지를 점점 더 많이 획득해가고 있었다. 파리 지역에서는 1500년 이후에 영주가 거두어들이는 갖가지 공조와 직영지가 (이따금 십일조까지 포함하여) 한꺼번에 임대되는 경우가 점점 더 많아졌다. 그것을 임차한 자들은 대부분 부유한 농민들이었으나 관리와 부르주아들도 거기에 끼어있었다.92)

16세기 초의 프랑스와 영국을 비교해 볼 때 그리고 또한 증거의 대부분이 성직자 영지들로부터 나왔다는 사실을 돌이켜볼 때, 임대 기간에서 나타나는 대조적인 양상은 아주 두드러진다. 프랑스에서는 재건이 이루어진 뒤에 임대 기간이 점점 짧아지는 성향이 나타났다. 반면에 영국에서는 임대 기간이 점점 길어지는 경향이 어디에서나 나타나지는 않았다고 해도, 1530년에 이르기까지는 임대 기간이 전반적으로 짧아지는 경향이 전혀 나타나지 않았다는 것은 분명하다. 또 하나의 차이점은 북부 프랑스에서는 지대가 15세기 중엽에 아마도 훨씬 더 낮은 수준으로 떨어지긴 했지만, 16세기 초반에 더욱 빠르게 상승하였다는 사실에 있는 것으로 여겨진다. 위레프Hurepoix와 같은 몇몇

de la région parisienne, p.355: P. Deyon, *Contribution à l'étude des revenus fonciers en Picardie* (Lille, 1968), pp.67-8; Postel-Vinay, *Rente foncière dans le capitalisme agricole*, p.18, 24; p.Goubert, *Beauvais et le Beauvaisis de 1600 à 1730* (Paris, 1960), p.517.

92) Fourquin, *Campagnes de la région parisienne*, pp.479-80; Jacquart, *Crise rurale en Ile-de-France*, pp.83-5.

지역에서는, 커다란 농장의 경우 1550년 무렵에 다다랐던 지대의 수준이 그 뒤 2백 년가량 동안이나 실질적인 가치에서 가장 높은 수준으로 머물러있었다. 16세기 초반의 영국에 관한 증거는 빈약하지만 지대가 16세기 말부터 가장 빠르게 상승하여 1640년 무렵에 절정에 다다랐다는 것은 의심할 나위가 없다. 이는 1600년 이후가 돼서야 지대가 비로소 크게 상승하였던 하부 랑그독에서[93] 나타난 패턴과 닮아 있다. 프랑스에서 찾아볼 수 있는 또 하나의 차이점은 곡물로 내는 현물지대가 훨씬 더 압도적이었다는 사실이다.

푸르켕Fourquin은 농촌이 재건되고 인구가 회복됨에 따라 농촌에서 영주제가 다시 자리를 굳히고 활기를 얻게 되었다고 주장한 바 있으며, 따라서 13세기로부터 구제도ancien régime(프랑스혁명 직전/역자)에 이르기까지 농촌의 구조에서 본질적인 연속성을 찾아볼 수 있다고 본다.[94] 이는 물론 브와 및 브레너의 견해와 잘 맞아들어갈 것이며 영국

93) J. Jacquart, "La rente foncière, indice conjoncturel?", *Revue historique*, ccliii (1975), pp.363-4; Jacquart, "immobilisme et catastrophe", pp.250-1; E. Kerridge, "The Movement of Rent, 1540-1640", *Econ. Hist. Rev.*, 2nd ser., vi(1953-4), p.28, 표 IV; Herbert 영지에서의 새로운 수입에 대한 Kerridge의 지표에서 나타난 상승비율은―밀 가격의 상승으로 말미암은 비율을 상쇄시켰을 때―Desaives의 Notre-Dame 소재 8개 농장에서 에이커당 곡물 지대가 보여주었던 상승 비율과 대충 같은 22퍼센트였으나, Jacquart는 각각 50퍼센트와 40퍼센트의 상승률을 보여주는 두 개의 또 다른 보기들을 제시하고 있다. Languedoc에 관해서는 소작농들이 1540년 이후에 앞서의 3분의 1 이하 대신에 2분의 1을 납부했다는 사실이 주목되어야 한다 : Le Roy Ladurie, *Paysans de Languedoc*, ii, p.865. Le Roy Ladurie가 제시해 놓은 곡물 지대의 수치 계열 16개 가운데 1525년 이전에 시작하고 있는 것은 두 개밖에 없고, 1525년 또는 그 무렵에 시작하고 있는 6개 가운데에서는 세 개가 1550년에 25퍼센트 이상의 상당히 커다란 상승이 이루어져 있었음을 보여준다(pp. 1022-3). 그럼에도 헥타르당 지대가 차지하는 비율은 1560년 이전보다 17세기에 훨씬 더 높았다.

94) Fourquin, *Campagnes de la région parisienne*, p.530; G. Fourquin, *Seigneurie et féodalité au moyen âge* (Paris, 1970), pp.222-4, 243; 여기에서 그는 "영주의 반동"에 관해 서술하면서, 영주들이 1300년에 그랬던 것보다 조금이라도 더 커다란 정도로 지대수

과 뚜렷하게 대조되는 또 하나의 측면을 이룰 것이다. 영국에서는 통상 장원법정이 중세 말로부터 줄곧 끊임없이 쇠퇴를 겪었다고 여겨져 왔던 것이다. 하지만 르 르와 라뒤리는 적어도 농촌사회는 16세기에 다름 아니라 바로 영주제가 상대적으로 나약했기 때문에 새로운 양상을 띠기 시작한다고 주장한 바 있다. 얼마 안 되는 예외적인 지역들 특히 부르고뉴와 브레타뉴를 제외하고는 거의 모든 곳에서 "사회의 탈영주화 및 탈봉건화 과정"이 벌어지고 있다. 그리고 십일조를 제외한 (18세기에 사용되던 의미에서의) 봉건적인 공조들은 모두 합쳐봐야 대부분의 지역에서 토지소유자의 수입 가운데 아주 작은 비율만을 차지하고 있을 뿐이라는 것이다. 그가 이 점을 강조하는 것은 옳은 일이지만 그러는 가운데 그는 많은 농민들의 삶에서 영주의 사법권이 차지하고 있던 중요한 역할을 너무 낮게 평가하고 있다. 지배계급은 중농주의자들이 말하는 의미에서 토지소유자 계급이며, 그 계급 안에서 도시의 상층민과 시장은 점점 더 중요한 역할을 맡고 있다. 그는 1560년 이후에 개방경지제 지역에서 교회의 토지를 구입한 자들 가운데 부르주아와 관리들이 압도적인 비율을 차지하고 있었다는 사실에서, 영국에서 수도원들이 해체됨으로써 비롯된 결과들과 비슷하게 보이는, 실패로 끝나버린 토지재산에서의 혁명révolution foncière을 보여주는 징후들을 찾아내고 있다.95)

토지소유자들과 도시민들이 수도원의 재산을 획득했음은 분명한

취자가 되어있었다는 것을 부정한다.

95) Le Roy Ladurie, "Paysans français du XVIe siècle", p.346; Le Roy Ladurie, "Masses profondes : la paysannerie", pp.633-6, 704-9. 그는 18세기까지 농촌의 구조가 영주의 공조 부과와 공권(banalités)에 바탕을 둔 "봉건적"인 체제에 의해 지배되었던 서부 독일을 프랑스와 대조시키고 있다.

사실이지만, 그들이 르 르와 라뒤리의 유추가 가리키고 있는 것처럼 압도적이었던 것은 결코 아니다. 그 두 나라의 비교는 심지어 영국의 토지시장에서는 도시의 상층민들이 그리 활발한 활동을 벌이지 못했다는 것을 가리킬 수도 있다. 그러나 16세기 중엽의 프랑스에서는 대차지농과 농민들이 높은 지대와 세금을 짊어지지 않았고 1500년 이후에는 실질임금의 하락으로 이익을 보았다는 그의 견해는, 보다 장기간의 임대와 보다 낮은 세금 그리고 어쩌면 지대의 보다 완만한 상승이 요맨과 규모 큰 영농가에게 유리하게 작용했던 영국의 경우에 오히려 더 잘 들어맞는다. 하지만 우리가 이미 살펴보았듯이 르 르와 라뒤리는 그가 15세기에 랑그독에서 나타났다고 주장하는 "요맨" 소유자들이 16세기에 보유지의 분해와 인구의 압력으로 말미암아 파괴되어 버렸다고 믿는다. 그는 프랑스의 개방경지제 지역에 자리 잡고 있던 자영농laboureur들이 꽤 수가 많은 요맨층을 이루고 있었다거나, 또는 그들이 영국에서는 17세기 말에 발달할 것이었으나 프랑스에서는 18세기나 심지어 19세기에 와서야 발달할 "농촌자본주의"의 선구자였다고 보기를 꺼려하고 있다. 그는 위레프와에 대한 자카르의 분석에 입각해 직영지와 십일조 그리고 영주의 공조를 임차한 부유한 자영농들의 계급이 실제 농민 인구 가운데 5퍼센트에도 못 미칠 만큼 보잘것 없었다고 주장한다. 심지어 자영농으로 분류된 자들 가운데 대부분도 기업가가 아니라 단순히 농민 그것도 "많은 경우 아주 소규모의 농민"이었을 뿐이었다는 것이다.

하지만 이러한 결론은 경작 단위의 실제 크기보다는 오히려 농민의 토지 소유에 대한 분석에 입각해 있는 것으로 보인다. 이를테면 자카르의 조사 결과에서 자영농으로 분류되어 있는 자들 가운데 68.5퍼센트인 270명은 1헥타르 미만을 가지고 있었으며, 394명 가운데 2.8퍼센트에 지나지 않는 11명만이 10헥타르를 넘는 보유지를, 그리고 5명만이 15헥타르를 넘는 보유지를 가지고 있을 뿐이었다.96) 하지만 1550년에 자카르의 표본에 나타나 있는 관습보유지들 가운데 3분의 1은 도시민들에게 속해있었으며, 그는 그러한 소유자들이 통상 (포도밭을 제외하고는) 그들의 땅을 10~40헥타르의 보유지, 즉 하나의 쟁기팀을 거느린 농장으로 임대하고 있었음을 밝혀주고 있다. 따라서 르 르와 라뒤리가 소자영농mini-laboureur으로 일컫는 사람들 가운데 일부는 1~2헥타르를 훨씬 넘는 땅을 경작하고 있었다. 그들은 그렇다고 해도 여전히 소수에 속하겠지만, 그가 제시하고 있는 것보다는 훨씬 더 커다란 집단을 이루었을 게다.97) 더욱이 10헥타르를 넘는 농장들이 토지 가운데에서 차지하고 있는 비율은 더더욱 중요하다. 자카르의 표본을 살펴볼 때 전형적으로 복합영농이 이루어지고 있던 아브랭빌avrainville 같은 촌락에서는 토지의 거의 3분의 2를 10헥타르가 넘는 농장들이 차지하고 있었으며, 이 가운데 반이 훨씬 넘는 부분을 임금노동을 고용할 필요가 있었을 농장들이 차지하고 있었던 것으로 나타난다. 파리 사람들을 비롯한 도시민들이 1550년 이후 150년 동안 농민의 토지를 점점 더 많이 획득해감에 따라 이러한 범주에 드는 보유지의 수도 늘어갔을 것이다.98)

96) Le Roy Ladurie, "Masses profondes : la paysannerie", pp.651-8; Le Roy Ladurie, "Paysans français du XVIe siècle", pp.345, 348-50.

97) Le Roy Ladurie, "Masses profondes : la paysannerie", pp.625-6; Le Roy Ladurie는 부르주아의 토지가 전반적으로 차지했던 비율이 40퍼센트에 가까웠을 것이라고 제시한다. Jacquart의 표본에서는 농민들이 포도밭의 69퍼센트를 차지하였다.

98) Jacquart, *Crise rurale en Ile-de-France*, pp.129-32, 349. Avrainville의 경우 1650년 무렵에, 5개의 가장 커다란 농장이 그 교구 토지의 37퍼센트를 차지했다. p.348의 주

이것이 농촌자본가들이 잠재해 있었음을 입증해주지는 않지만 그래도 그것은 우리가 이미 (캠브리지셔의) 치퍼넘과 레스터셔에서 살펴본 바 있고 르 르와 라뒤리에 따르면 17세기 말에 농촌자본주의를 발달할 수 있게 만들었던, 영국의 개방경지제 지역에서 나타난 상황과 추세에 훨씬 더 가깝다고 할 수밖에 없다.

자카르가 보여주는 전형적인 아브랭빌 마을에서 주로 임금노동에 의존하고 있던 보유지들의 비율을 살펴본다면 그것은 1550년 무렵에 25퍼센트가량이었는데, 레스터셔와 링컨셔에서는 1524년에 특별보조금subsidy이 부과된 기록으로 보면 그 비율이 각각 20퍼센트와 33퍼센트였다.[99] 영국과 다른 것으로 보이는 점은 도시의 상층민이 얼마

59). 직영지는 116.5헥타르였다(p.106). p.133의 표는 또한 1560년 무렵에 그 다섯 개의 농장 가운데 60헥타르였다고 여겨지는 50헥타르를 넘는 농장이 하나, 그리고 평균을 37헥타르로 볼 때 모두 108헥타르에 이르는 25-50헥타르의 농장이 네 개였음을 보여주는데, 이로써 25헥타르를 넘는 (직영지를 포함한) 보유지들은 모두 합쳐 그 영지의 전체 면적 가운데 43.6퍼센트를 차지하는 284.5헥타르가 되었을 것이다. 10-25헥타르의 농장 일곱 개를 평균 17헥타르로 보아서 더하게 되면, 그 비율은 전체 면적의 61.8퍼센트가 되었을 것이다. "일찍이 토지의 집중화가 이루어진 지역"인(p.134) Trappes에서는 직영지 농장과 25헥타르를 넘는 11개 보유지가 1560년 무렵에는 전체 경작면적의 71퍼센트, 그리고 1507년에는 69퍼센트를 차지하였다(p.122). Wissous에서는 직영지 농장이 92헥타르였고(p.84), 1650년 무렵에 가장 커다란 6개 농장이 전체 면적의 47퍼센트를 차지하고 있었다(p.348의 주 59)).

99) Chayanov와 Thorner는 둘 모두 농민 경제를 가족 농장에 의해 지배되는 경제로 보고 있다. Chayanov의 일반적인 모델은, 그것의 동력학이 토지가 상대적으로 풍부하게 이용될 수 있는 상황에 달려있으므로, 적용될 수 없다. Thorner가 제시한 농민경제의 가장 기본적인 기준은 농민 가구가 생산물의 반 이상을 생산하고 그러한 농민 가구에서 가족 이외의 노동이 생산에 기여하는 바가 가족 노동의 그것보다 훨씬 적어야 한다는 것이다. D. Thorner, "Peasant Economy as a Category in Economic History", in T. Shanin(ed.), *Peasants and Peasant Societies: Selected Readings* (Hammondsworth, 1971), p.205. 필자가 보기에 개방경지제 아래에서의 곡물 경작에서 하나 또는 두 개의 쟁기팀을 지닌 60에이커가량의 농장들은 가족노동보다는 임금노동을 더 많이 사용하고 있었다고 여겨진다. 이 점을 보여주는 것으로, Jacquart의 표본에서 Trappes와 아마도 Wissous가 이러한 의미에서의 농민 생산에 의해 지배되지 않았음은 분명하다. 보다 전형적인 Avrainville은 가족농장의 단위와 보다 더 큰 단위 사이에 얼마간 균등하게 나뉘어져 있었다. 본 논문의 주

만큼이나 토지를 소유하여 그들의 차지인에 대한 자본의 선대, 특히 '가축의 임대'에 의한 가축의 선대에 얼마나 깊숙이 관여하였는가라는 것이다. 이러한 선대는 도시자본이 생산에 투자된 것일 수도 또 도시민들이 농민들을 고리대금으로 쥐어짜는 것일 수도 있었다. 부르주아 토지소유자 또는 대규모 영농가들이 존재하고 있었다는 사실이 결코 그 경제를 자본가에 의해 지배되는 경제로 만들지는 않는다. 마찬가지로 농민토지소유자가 아무리 많고 또 소규모일지라도, 그들이 농촌주민 가운데 대다수를 차지하고 있었다는 사실이 그 경제가 차야노프Chayanov나 터너Thorner가 말하는 의미의 농민에 의해 지배되는 경제였음을 결코 입증해주지는 않는다. 오히려 그것은 시장에 의해 지배되는 경제였고 16세기에 영국에서 나타났던 것들과 명백히 질적으로 다르지 않은 추세와 가능성들을 지니고 있었던 것이다.100)

브레너는 올바르게도 프랑스왕이 촌락공동체의 모임과 선출된 관리들을 세금부과에 이용함으로써 촌락공동체의 법적인 정당성과 집단적인 책임을 인정하는 데 관심을 두었다는 사실을 지적하고 있다. 하지만 프랑스의 촌락공동체가 궁극적으로 영국의 그것보다 영주들

98)을 보라.

100) Jacquart, *Crise rurale en Ile-de-France*, pp.138-9: 88명의 차지인과 14명의 소농, 그리고 13명의 날품팔이가 있었다. 필자는 1헥타르가 넘는 땅을 지니고 있는 7명의 소농을 제외하고 2명의 장인을 포함시켰다. 이러한 토지 대장들은, 비록 모든 세대주를 포함하고 있지만(p.137), 1524년의 보조금 징수대장과 달리 주인과 함께 살고 있는 하인들을 포함시키지 않았다; 1524년의 징수대장은 또 마을의 장인들도 포함하고 있다 : A. Everitt, "Farm Labourers", in Thirsk(ed.), *Agrarian History of England and Wales*, iv, p.397. Leicestershire의 Wigston에서는 67명의 납세자 가운데 (37퍼센트인) 25명이 임금 수입에 대하여 과세되었는데, 그들 가운데 10명이 요맨이나 부유한 농민의 아들이었다고 생각하는 Hoskins의 견해를 따른다면, 일반적인 의미의 노동자가 차지하는 비율은 22퍼센트가 될 것이다: W. G. Hoskins, *The Midland Peasant* (London, 1957), p.143, 147.

에게 저항하는 데 더 강력했고 또 더 잘 조직되어 있었다고 브레너가 생각하고 있는 한, 이는 의문스럽게 보인다.[101] 영국의 경우 일부 촌락들은 하나의 영주에 의해 지배되거나 또는 마을에서 선발된 대표들만으로 통제되는 폐쇄적인 촌락이 되어버릴 것이었다고 하더라도, 많은 촌락에는 여전히 교구 및 촌락의 모임들과 마을법정 및 장원법정의 배심원들이 17세기에 들어서서도 또는 17세기를 넘어서까지도 공동체적인 의식과 관심을 줄곧 활발하게 유지하고 있었다.[102]

또한 프랑스의 대부분 지역에 걸쳐 영주가 요구하는 공조보다 십일조가 훨씬 더 무거운 부담이 되었다 해도, 영국에서는 십일조가 프랑스에서 전반적으로 그랬던 것보다 더 높은 비율로 부과되었고, 1813년에도 18퍼센트가 여전히 현물로 징수되었다.[103] 십일조의 징수를 둘러싸고 언제나 끊임없이 마찰이 벌어지곤 했지만, 16세기에 영국에서는 프랑스에서 1520년대로부터 줄곧 벌어졌던 십일조에 대한 광범위한 저항과 집단적인 납부거부가 나타나지 않았던 것으로 여겨진다.[104] 수도원이 요구해오던 십일조가 대부분 속인 소유자에게 넘어간 것이 십일조 납부자들로 하여금 십일조를 조금이라도 더 기꺼이 내도록 만들었다고 생각하기는 어렵다. 직접세의 부담이 프랑스에서 더 일정하고 더 무겁긴 했지만 영국에서도 1520년대에는 직접세가

101) 본서의 pp.86-7, 88-91.

102) C. Bridenbaugh, *Vexed and Troubled Enlishmen*, 1590-1642(Oxford, 1967), pp.240-9는 민주적인 참여의 요소들을 과장한 것일 수는 있겠지만, 그래도 여전히 전반적으로는 타당하다. Jacquart는 프랑스의 촌락공동체가 1560년 무렵에 가장 강력했으며 그 뒤로는 줄곧 국가와 영주 모두에 대해 점점 더 약해져갔다고 주장한다 : Jacquart, "Immobilisme et catastrophe", p.284.

103) E. J. Evans, *The Contentious Tithe* (London, 1976), p.22 그리고 주 35).

104) Le Roy Ladurie, "Masses profondes : la paysannerie", pp.712-3.

전보다 더 많은 사람들에게 부과되고 있었고, 바로 그즈음에 세액이 올라가 1540년대에는 유례없이 높아져 있었으며, 게다가 해마다 정규적으로 부과되는 것으로 받아들여지고 있었다. 1948년까지는 세금에 대한 저항으로 촉발된 반란이 프랑스보다 영국에서 더 폭넓게 발발하였다. 1549년에 영국에서 발발한 농촌반란은 종교와 지대, 양세羊稅, 엔클로저 그리고 공유지의 목장화 따위에 관련하여 벌어진 것이었고, 구교를 지키기 위해 서부에서 벌어진 반란에서도 또 거꾸로 신교를 지향하여 노포크에서 발발한 케트Ket의 난에서도 젠트리층에 대한 적대감이 전반적으로 드러났다. 프랑스에서는 1560년대에, 물론 남서부의 몇몇 지역에서는 영주권과 공조도 함께 공격의 대상이 되기는 했지만, 위그노Huguenots(프랑스의 개신교도/역자)와 카톨릭 농민들 양쪽 모두로부터 전반적으로 공격을 당한 것은 바로 십일조였다. 재정적 부담과 정치적 발전 그리고 지대 및 가격의 상승이 미친 영향에서 두 나라 사이에 나타나는 차이는 16세기 중엽 이후에 훨씬 더 커지게 되었다. 그리고 농업에서 나타나는 여러 격차들은 17세기 말에 가장 크게 벌어지게 되었다.

처음 격차가 벌어지기 시작한 것은 프랑스에서 내란의 결과로 지대와 농업생산이 하락 · 감소하였으며 인구와 지대가 상승세를 멈추고 내리막길로 들어서던 1560년 이후의 일이었다. 1590년대에는 흉작과 높은 가격으로 두 나라 모두 심각한 영향을 입었지만, 프랑스에서는 그것이 불황과 재난이 절정에 다다른 것이었던 반면 영국에서는 그것이 인구증가와 지대상승의 국면에서 일시적인 교란이 나타난 것에 지나지 않았고, 또 1550년 이전에 벌어진 반란들에 비교해 볼 때 심각한 것이라고 할 만한 대중 반란이나 정치적 반란도 전혀 발발하지 않았다. 물론 영국에서도 1590년대에는 여러 차례에 걸친 중요한 정치적 격동과 더불어 대외전쟁으로 많은 비용이 지출되었지만, 그 비용은 1540년대의 그것보다 적었고 더구나 프랑스가 내란으로 치러야 했던 대가보다는 훨씬 더 적었다. 프랑스에서는 새로운 재건의 국면이 나타나야만 했다. 파리 주변과 그밖의 지역들에서는 영주들이 15세기에 그러했던 것처럼 차지인들에게 보다 좋은 조건을 제시함으로써 농장을 보유하도록 부추기지 않을 수 없었다. 이처럼 보다 좋은 조건이란 주로 영주측에서 지대를 내리고 현금이나 씨앗 및 가축을 미리 빌려주며, 건물을 다시 지어주는 형태를 띠었다. 몇몇 경우에는 임대기간도 더 길어졌지만 이러한 경우는 예외에 속했던 것으로 보인다. 자카르가 조사한 곡물뿐만 아니라 가축이나 목재도 취급하였던 대규모 차지농 가문들 가운데 대부분은 내란으로 말미암은 피해를 이겨내었고, 몇몇 경우에는 심지어 자신의 부를 더욱 늘리기도 했다.105)

그러나 비록 르와르 강 북쪽의 프랑스에서 회복과 인구증가가 1640년 무렵까지 줄곧 계속되긴 했지만, 자카르의 주장에 따르면 대부분의 지역에서는 생산도 또 인구도 프롱드의 난으로 말미암은 위기 때문에 그것들이 다시금 위축되기 시작했을 당시에 1560년의 수준으로 결코 되돌아가 있지 못했다.106) 반면에 남부에서는 프롱드의 난을 거쳐 1670년에 이르기까지 줄곧 성장이 계속되었고 지대도 계속 올라 1650년 무렵에는 곡물의 양으로 환산할 경우 16세기보다 두 배나 되는 수준에 다다랐다. 파리 지역에서는 대부분의 대규모 차지농들이

105) Jacquart, *Crise rurale en Ile-de-France*, pp.186-7, 239-40, 265, 335, 341 ; Jacquart, "Immobilisme et catastrophe", pp.200-2.

106) Jacquart, "Immobilisme et catastrophe", pp.251-2.

물론 전보다는 훨씬 더 많은 어려움을 겪긴 했지만, 이번에도 역시 위기의 몇 년을 이겨낼 수 있었고, 지대는 1680년대까지 회복되어 갔다. 파리 이북과 이남 사이에는 차이가 있었던 것으로 보이는데 곡물의 양으로 환산한 실질 지대가 파리 남쪽에서는 1560년 무렵의 수준을 넘어서지 못했던 반면에, 파리 북쪽에서는 (1680년에 에이커당 실질 지대로 볼 때 14퍼센트나) 그 수준을 넘어섰던 것이다. 피카르디에서는 1662년 이후에 지대가 기록적인 수준에 도달하기도 하였다.[107) 더구나 파리 주변에 있는 땅들의 지대는 훨씬 더 빠르게 상승해, 곡물의 양으로 환산해보면 곡물 경작지를 대상으로 1560년과 1675년의 지대 수준을 비교할 때 지대가 무려 70퍼센트나 올랐고, 목초지의 지대는 그보다도 더 커다란 정도로 상승하였다.[108) 자그마한 땅뙈기들에 대한 수요는 언제나 땅뙈기의 에이커당 지대가 규모가 큰 보유지의 지대보다 더 높게 만들 만큼 충분히 컸다. 하지만 영국과 비교할 때 더욱 중요한 것은 대규모 보유지와 소규모 보유지 모두의 지대가 1663년 이후로 1690년까지, 또는 자그마한 땅뙈기들의 경우에는 심지어 1700년까지도 가격하락에 발맞추어 떨어지지 않았다는 사실이다. 더더욱 중요한 것은 농민들이 소유한 토지의 양은 줄어든 반면에 직영지와 도시민 소유의 토지는 모두 증가하였다는 사실이다.

아브랭빌에서는 농민소유의 토지가 1560년에서 1670년까지 전체

107) Jacquart, "Rente foncière, indice conjoncturel?", pp.344-6, 370; J.-P. Desaive, "A la recherche d'un indicateur de la conjoncture", in Goy & Le Roy Ladurie(eds.), *Fluctuations du produit de la dîme*, pp.50-7; Deyon, *Contributions à l'etude des revenus fonciers en Picardie*, pp.75-6; Le Roy Ladurie, "Masses profondes : la paysannerie", pp.637-8, 807-8.

108) B. Veyrassat-Herren & E. Le Roy Ladurie, "La rente foncière autour de Paris au XVIIe siècle". *Annales E. S. C.*, xxiii(1968), pp.549-55.

토지의 47퍼센트에서 20퍼센트로 줄어들었다. 파리나 그 밖의 도시로부터 더 멀리 떨어져 있던 마을들의 경우에는 감소의 폭이 그에 비해 덜했다. 자카르의 전체 표본에서 부동산을 전혀 소유하지 못하고 심지어 오두막조차 가지지 못한 촌락민들의 수는, 거의 없었던 수준으로부터 전체 가운데 4분의 1 또는 심지어 3분의 1로 늘어나 있었다.[109] 이제 아브랭빌과 그 밖의 여러 마을에서는 토지의 반 이상을 50헥타르가 넘는 규모의 농장들이 차지하고 있었다.[110] 16세기 후반으로부터는 촌락공동체들이 빚구렁에 빠져 공유지를 팔아넘기고, 그리하여 가난한 농민들을 더욱 비참한 곤경 속으로 빠트림으로써 그들로 하여금 땅을 팔아넘기지 않을 수 없게 만드는 상황이 나타났다. 영주와 도시민에 의한 토지의 축적이 파리 지역에만 한정되지 않았음은 분명한 사실이다. 부르고뉴에서는 그러한 토지의 축적으로 말미암아 분익소작제 농장들이 형성되어 나왔고, 솔로뉴Sologne와 방목지대인 오트 오베르뉴Haut Auvergne의 척박한 지역들에서도 역시 그러하였다. 부르고뉴에서는 이와 더불어 17세기 전반에 걸쳐 줄곧 영주권이 다시 굳건하게 자리를 잡고 더욱 강화되어 가는 반면에 촌락공동체는 점점 더 약화되어 가는 현상이 나타났다.[111] 16세기에 보스Beauce에서는

109) Jacquart, *Crise rurale en Ile-de-France*, pp.724-5.

110) *Ibid.*, p.740: Avrainville과 Wissous 그리고 Trappes에서 각각 52퍼센트, 53퍼센트, 그리고 61퍼센트였다.

111) Saint-Jacob, "Mutations économiques et sociales dans les campgnes bourguignonnes à fin du XVIe siècle" ; M. Simonot-Bouillot, "La métairie et le métayer dans le sud du Châtillonnais du XVIe au XVIIIe siècle", *Annales de Bourgogne*, xxxiv(1962): S. Dontenwill, *Une seigneurie sous l'ancien régime* (Roanne, 1973). pp.141-65, 186-9: J. L. Goldsmith, "Agricultural Specialization and Stagnation in Early Modern Auvergne", *Agric. Hist.*, xlvii(1973). pp.221-3, 226-9.

관습보유지들로부터 토지의 축적을 통해 형성되어 나온 농장들의 평균 규모가 40헥타르였으나, 1696년에는 그것이 73헥타르로 늘어나 있었다. 파리 주변 지역과 마찬가지로 여기에서도 16세기에는 지방 상인들이 주도적인 역할을 했으나, 17세기에는 그들 대신 관리들이 주역을 떠맡았다.112) 프랑스의 개방경지제 지역에서도 역시 농장의 규모가 더욱 커져가고 그와 더불어 소규모 농민들이 점점 더 가난해지면서 프롤레타리아로 전락해가는 추세가, 영국에서 그랬다고 주장되는 것만큼 두드러진 정도로 분명하게 나타났다.

영국에서는 지대가 1560년으로부터 1641년까지 물론 중간중간에—특히 1620년대의 불황 때에—그 상승추세가 중단되긴 했지만 가격보다 더 빠르게 상승하였다. 그 상승률은 아마도 전보다는 1590년 이후에 더 빨랐고, 방목지보다는 곡물 경작지의 경우에 더 높았을 것이다.113) 내란으로 영주들은 지대 가운데 상당 부분을 거둘 수 없게 되었고 그에 따라 돌려받을 수 없는 미수금이 엄청나게 쌓이게 되었지만, 내란이 끝난 뒤에는 지대가 다시 곧바로 회복되었고 1650년에는 내란 이전의 수준으로 되돌아가 있었다.114) 그러나 1660년대 초까지

112) Constant, "Propriété et le problème de la constitution des fermes", pp.374-5.

113) P. Bowden, "Agricultural Prices, Farm Profits, and Rents", in Thirsk(ed.), *Agrarian History of England and Wales*, iv, pp.689-94; L. Stone, *The Crisis of the Aristocracy, 1540-1640* (Oxford, 1965), p.772; A. Simpson, *The Wealth of the Gentry, 1540-1600* (Cambridge, 1961), pp.196-211; M. E. Finch, *Five Northamptonshire Families* (Northants. Rec. Soc., xix, Northampton, 1955), pp.200-1, 163.

114) C. Clay, "The Landowners and the English Civil War"(출간되지 않은 세미나 제출 논문임, Oxford, 1977)[그 뒤 J. Thirsk(ed.), *The Agrarian History of England and Wales*, v, *1640-1750*, pt 2(Cambridge, 1985)의 제14장 "Landlords and Estate Management in England"로 출간되었음].

는 지대가 어느 정도 계속 상승했을 수도 있지만 1668년에는 지대의 하락에 대한 불만의 목소리가 어디에서나 들려오고 있었다. 지대는 1690년대 말 이후에 어느 정도 회복되기는 했지만 그때까지 대부분의 지역에서 정체되거나 하락하고 있었으며, 심지어 몇몇 지역에서는 1682년에 4분의 1 정도나 낮아져 있었다.[115] 이러한 추세에서 벗어난 예외로는 노덤버랜드와 더람을 들 수 있는데, 그 두 지역에서는 지대가 1650년대로부터 1700년까지 그리고 다시 1750년까지 상당한 정도로 상승해갔던 것이다.[116]

1550년으로부터 1700년까지 그리고 그 너머로까지도 대규모 토지 소유자들이 전반적으로 제시했던 임대 기간은 주로 21년이었거나 또는 통상 99년에 해당되었던 세 생애였다. 물론 그보다 더 짧거나 더 긴 임대기간도 찾아볼 수 있음은 분명하지만, 그러한 경우들은 대개 특수한 상황에서 빚어진 결과였다.[117] 임대차 계약의 구체적인 내용

115) *Seventeenth-Century Economic Documents*, ed. Thirsk & Cooper, pp.68-88, 179, 304; C. Clay, "The Price of Freehold Land in the Later Seventeenth and Eighteenth Centuries", *Econ. Hist. Rev.*, 2nd ser., xxvii(1974), pp.181-2; H. D. Turner, "George, Fourth Earl of Northampton : Estates and Stewards, 1686-1714", *Northamptonshire Past and Present*, iv, no.2(1967-8), pp.100-5; J. D. Chambers, *The Vale of Trent, 1670-1800* (*Econ, Hist. Rev.*, Supplement no.3, London, 1957), p.42; R. A. C. Parker, *Coke of Norfolk* (Oxford, 1975), p.4; Rutland 백작의 Belvoir 영지에 자리한 여섯 개의 장원에서는 지대가 1671-92년 사이에 12퍼센트가량 하락하였다.

116) P. W. Brassley, "The Agricultural Economy of Northumberland and Durham, 1640-1750"(Oxford Univ. B. Litt, thesis, 1974), pp.70-85. 이러한 영지들 가운데 몇몇은 17세기에 지대가 낮아졌을 수도 있다.

117) 농장을 자신에게 회수한 영주에게는, 그가 보다 높은 지대로 보다 장기간에 걸쳐 농장을 임차하려는 차지인을 찾아낼 수 없을 경우, 아주 짧은 기간 또는 1년 기간의 임대계약이 종종 하나의 대안이 되었다. 보다 긴 임대기간은 돈을 끌어낼 수 있는 수단이 될 수 있었다. 17세기에 21년 기간의 임대에서는 아주 많은 경우 토지보유 허가료가 징수되었다.(예컨대, Warwick 백작들은 Essex에서, Rutland 백작들은 Leicestershire와 Lincolnshire 그리

에 관해서는 일반화를 하기가 더욱더 어렵다. 그러나 16세기 말에는 건물의 수리가, 운반은 차지인이 맡는 조건으로 영주가 목재와 석재를 대주기는 했지만, 차지인의 비용부담으로 이루어지고 있었던 것으로 보인다.118) 울타리치기와 도랑파기 역시 차지인에 의해 이루어졌고 차지인은 또한 종종 한 해에 일정한 그루의 나무를 심도록 요구되었다. 건물을 새로 짓거나 보수할 필요가 있을 때 차지인은 많은 경우 자기 비용으로 일을 해내고는 그의 토지보유 허가료나 지대를 어느 정도 감면받았다. 차지인은 손질을 잘 해놓은 상태에서 농장을 떠나도록 요구되었다. 물론 영주들이 엔클로저와 개간을 위해 그리고 어떤 새로운 건물을 위해 자금을 투자하였음은 분명하다. 하지만 이러한 유형의 영지경영은 차지인들로 하여금 18세기에는 토지소유자 그 자신이 떠맡아야 했을 선대금을 차지인 스스로 마련하게 만드는 데 목적이 있었던 것으로 여겨진다.

임대차 계약이 주로 농사일이 제대로 이루어지게 만드는 데 목적을

고 Yorkshire에서, Leveson-Gower 수도원은 Shropshire와 Staffordshire에서, Southampton 백작들은 Hampshire에서 그리고 Salisbury 백작들은 Northamptonshire와 Hertfordshire 그리고 Surrey에서 그렇게 했다.) 그러나 그런 경우 토지보유 허가료는 지대에 견주어 볼 때 통상, 서부 지역과 남부 Wales 그리고 Lancashire에서 나타난 여러 생애에 걸친 임대의 경우에서보다는 훨씬 더 적었다.

118) 그전에는 차지인이 많은 경우 초가지붕을 올리거나 진흙벽을 바르는 따위의 사소한 수리를 자기 비용으로 하도록 요구되었던 반면에, 목재나 타일, 슬레이트 또는 석재를 필요로 하는 대규모 수리에 대해서는 영주가 그에 대한 대가를 치렀다. 일부 임대차 계약에서는 이러한 구별이 존속하였으나, 필자가 알고 있는 대부분의 경우에는 그렇지 않았다. 하지만 표본적인 임대차 계약에서 영주가 "농가와 헛간을 짚으로 씌우는 대신 슬레이트와 타일로 씌우는 데 이례적일 만큼 커다란 비용을 지출"했으므로 차지인들은 그 뒤로 계속 그 건물들을 유지할 의무가 있다고 규정되어 있는 점으로 볼 때, 그러한 표본 계약에서는 그와 같은 구별이 보다 최근에까지 존속해왔다고 보아야 할 것 같다 : E. Laurence, *The Duty of a Steward to his Lord*(London, 1727), p.130. 임대기간이 짧으면 짧을수록 영주가 보다 많은 수리를 떠맡았다 : G. Jacob, *The Compleat Court-Keeper* (London, 1713), p.485.

두고 있기는 했지만, 18세기에 깊숙이 들어서서까지도 계약조항에는 많은 경우 영주에 대한 갖가지 의무—영주의 방앗간에서 곡식을 빻고, 가외부역 특히 짐마차로 물건을 운반하는 일을 수행하며, 법정에 참석하고, 지대명목으로 수탉이나 거위를 바치며, 영주의 사냥을 망치지 말아야 하는 것 따위의 의무들—가 들어가 있었다.119) 이처럼 그러한 의무조항들 특히 짐마차로 물건을 운반해주어야 하는 의무가 포함되어 있는 양상은 프랑스에서도 보편적으로 나타났다. 하지만 건물의 수리에 관해서는 상황이 그렇게 분명하지 않다. 그럼에도 파리 지역의 대규모 농장에서는 통상 영주가 건물의 수리를 대부분 떠맡았고 몇몇 속인 영주들은 영국의 대제후들보다 건물 수리에 더 많은 비용을 지출하였다.120) 또 분익소작제의 임대차 계약에서는 지붕올리기

119) Laurence, *Duty of a Steward to his Lord*, pp.129-32; 계약서 XVII, "사냥개나 총 등을 지니고 있거나, 올가미나 덫을 놓아 영주의 사냥을 망쳐서는" 결코 안 될 것; 계약서 XIX, 아직 유지되고 있는 직영지로부터 "건초와 곡물을 옮겨 오고" 건물을 짓거나 수리하는 데 쓰일 석재와 목재를 운반하기 위해 수레와 그것을 끌 짐승을 보낼 것; 계약서 XXII, 영주에게 수탉이나 칠면조 또는 거위 등을 바칠 것. James 1세와 Charles 1세의 시대에 Sidney에서 맺어진 몇몇 임대차 계약은, 하루나 이틀 동안 일꾼들을 함께 데리고 나와 추수일을 하도록 요구하였고, 또 몇몇 계약은 그 세기 내내 땅에 이회토를 뿌리도록 요구하였다. 17세기에 Belvoir 영지에서 Rutland 백작이 맺은 임대차 계약에서는, 차지인이 "해마다……자기 수레와 마차 그리고 그 밖의 다른 통상적인 운반 도구로……운반을 하고" 영주의 방앗간에서 곡물을 빻으며, 나무를 심고 그리고 1648년 무렵부터는 Leicestershire에 있는 백작의 건물들을 새로 세우거나 증축하는 비용까지 대야 한다고 규정되었다. 사료들은, 가외의 운반 부역이 목재와 석탄 그리고 타일의 운반을 위해 사용되었고(1614년에는 마차짐을 156번 날랐다) 1712년에도 여전히 사용되고 있었음을 보여준다. Sir Thomas Hesketh가 새로 만들어진 한 농장에 대해 1814년에 맺은 임대차 계약의 초고에서는, 차지인은 법정에 참석해야 하고 또 영주가 요구할 경우 영주를 위해 사냥개나 닭을 길러야 한다고 규정되었다 : Fletcher, "Agrarian Revolution in Arable Lancashire", p.103: 사망세와 법정 참석 그리고 방앗간의 이용은, 17세기에 Thynne 백작이 맺은 임대차 계약들에서, 그리고 Jacob, *Compleat Court-Keeper*, pp.305-8에 나오는 세 생애를 기간으로 한 표본적인 임대차 계약에서도 나타난다.

120) Jacquart, *Crise rurale en Ile-de-France*, p.343은, 더 이상 자세하게 말을 하지는 않으면서, "규모가 큰 수리"는 영주가 맡았고, "사소한 것"은 차지농이 맡았는데, 차지농은 또

와 수리에 드는 노동력은 차지인이 제공했지만 그 재료를—비록 운반까지 해주지는 않더라도—대주는 것은 토지소유자가 할 일이었다.[121] 관습보유지로부터 토지축적을 통해 대규모 농장이 형성되어가는 과정에서는 필연적으로 농장건물에 대해 상당히 커다란 투자가 이루어져야만 했다. 카톨릭 동맹the League의 전쟁(신교도인 위그노와 카톨릭 사이에 벌어진 전쟁으로 통상 위그노전쟁이라 불린다/역자)과 프롱드의 난으로 비롯된 파괴에 뒤이어 재건이 활발하게 이루어진 것 말고도, 17세기에는 프랑스의 개방경지제 지역에서 관리들과 자본가의 농촌별장 및 저택들에뿐만 아니라 돌로 세워진 덩치 큰 농장건물들에도 도시의 부가 대규모로 투자되고 있었다. 산촌이 지배적이고 농민의 토지소유가 보다 강력했던 삼림지역bocage에서는 이와 같은 토지자산의 재구성이 이루어지지 않았다. 르 르와 라뒤리는 17세기에 프랑스의 개방경지제 지역에서 나타났던 바로 이러한 변화들을, 18세기에 이루어졌던 생산증대를 가능하게 만든 바탕이자 케네Quesnay가 생각한 노선을 따른 발전을 뒷받침 해주는 토대라고 보고 있는 것이다. 영국의 경우와는 대

한 자재의 운반도 맡았다고 서술하고 있다. Deyon, *Contribution à l'étude des revenus fonciers en Picardie*, pp.67-8. 그리고 주 11)은, 건물의 유지와 울타리 치기, 그리고 도랑파기를 차지농이 자기 비용으로 떠맡도록 규정한 Picardy에서의 임대차 계약들을 인용하고 있다. 반면에 Mireaux, *Province française au temps du Grand Roi*, p.113은 임대차 계약의 내용을 요약하면서 차지인이 수리를 떠맡은 경우를 전혀 포함시키지 않고 있으며 M. Fontnay, "Paysans et marchands ruraux de la Vallée de l'Essonnes dans la seconde moitié du XVIIe siècle", *Paris et Ile-de-France*, ix(1958), p.176은 주된 수리가 영주에게 떠맡겨졌음을 가리키고 있는 것으로 보인다. 프롱드의 난 이전에도 이미 Auneau 남작은 그의 총수입 가운데—Rutland 백작이나 Salisbury 백작의 경우보다 훨씬 많은—5퍼센트를 수리에 지출하고 있었다 : J.-M. Constant, "Gestion et revenus d'un grand domaine aux XVIe et XVIIe siècles d'après les comptes de la baronnie d'Auneau", *Revue d'histoire économique et sociale*, 1(1972), p.199.

121) Merle, *Métairie et l'évolution agraire de la Gâtine poitevine*, p.212, 217, 220, 228, 233.

조적으로 농업 자본주의를 향해 프랑스가 걸어갔던 바로 이러한 과정에서는 "토지의 축적engrossing ; Rassembler La Terre이 농업 자본주의를 향한 길을 닦아주고, 아직도 저 멀리에 있는 근대적인 유형의 농촌발전을 위한 토대를 마련해 주었다"는 것이다.122)

이러한 결론을 평가하기 전에 우선, 결정적인 시기인 17세기 중엽에 내란에 따른 영향에 직면하여, 그리고 가격상승의 국면이 농산물 가격이 하락 또는 정체되는 국면으로 전환되는 상황에 직면하여 대규모 토지소유자들이 어떠한 행동을 보였는가를 비교해 볼 필요가 있다. 영국의 영주들은 내란으로 말미암아 엄청나게 쌓인 미수금에 직면하여 그 미수금을 없는 것으로 치지 않을 수 없었다. 전례 없이 무겁게 그리고 잇달아 직접세가 부과되는 데 직면하여 가장 규모가 큰 토지소유자들 가운데 일부는 칙령으로 금지되어 있었음에도 불구하고 차지인들로 하여금 그 세금을 물도록 만들려고 시도하였다.123) 프랑스와 영국 사이의 차이점은 비록 그때까지 프랑스의 대규모 속인 토지소유자들이 어떻게 행동했는가에 관해서는 거의 알려진 바가 없

122) Le Roy Ladurie, "Masses profondes : la paysannerie", pp.796-9. 17세기에 삼림지역으로 이루어져 있고 분익 소작제가 널리 퍼져있던 "중앙부" 프랑스에 관해 알려져 있는 것이 얼마나 없는가는 어쩌면 주목할 만한 사실일 게다. 프랑스에서는 "농민의 강력한 토지소유권과 절대주의 국가가 서로가 서로를 뒷받침하면서 발달해갔다"는 Brenner의 주장(본서의 p.91)은 삼림지역에 관한 Le Roy Ladurie의 생각들에 더 잘 적용될 것이다.

123) L. Stone, *Family and Fortune* (Oxford, 1973), pp.146-52; Southampton 백작은 어떻게 해서든 일부 차지인들로 하여금 그에게 부과된 세금의 일부를 떠맡게 만들 수 있었다(pp.235-6). Rutland 백작 John은 1640년대와 1650년대에 그가 맺은 임대차 계약들에서 "그와 정반대되는 어떠한 법령이나 칙령에도 구애됨 없이 차지인들로 하여금 모든 세금과 부조금(Free Quarter)을 대신 납부하도록 요구하는 조항을 포함시켰다 : 예컨대, Bottesford, deed no.5371, 10th Mar. 1649/50 : Belvoir Castle muniments. 뒷날 Rutland 백작의 일부 영지들에서는 토지세에 대해서도 똑같은 원칙이 적용되었다. 여기서 그리고 여러 다른 곳에서 Belvoir Castle muniments를 참고하는 데에는 Rutland 공작 전하가 많은 도움을 주었다.

긴 하지만 1670년 이후에 가장 두드러지게 나타난다. 한 가지 예외는 보스에 있던 오노 남작Baron d'Auneau의 영지이다. 그 영지는 남작이 어려운 시절에 지대를 감면해주어 심지어는 프롱드의 난 동안에도 미수금이 그리 크게 쌓이지 않았던 덕분에, 차지농들 사이에서 안정이 이루어져 있던 모습을 보여준다. 1650년 이전의 스무 해 동안에는 많은 대규모 농장들이 더 작은 농장으로 분해되었던 반면에, 그 뒤로는 그러한 대규모 농장들이 통째로 임대되었다. 1640년대에는 곡물 지대가 화폐지대로 바뀌었으나 1653년에는 농장들이 전보다 31퍼센트나 낮은 지대로 임대되고 있었으며 수리의 비용도 늘어나 있었다. 남작은 영주로서 받는 공조와 목재 판매로부터 나오는 수입을 증대시키고 총수입 가운데 7퍼센트가량을 제공하는 농장들을 사들임으로써 그의 전체수입을 유지할 수 있었다.[124)]

거대한 농장을 임차할 수 있는 차지농들을 남작이 찾아낼 수 있었다는 사실은 그 위기가 많은 중간급 차지농들을 파산시켰음을 상기시켜준다. 거대한 차지농들의 시대가 이제 앞으로 다가왔다. 1663년에는 영주들이 프롱드의 난 이전에 전반적으로 퍼져있던 수준으로 또는 그 이상으로 지대를 올려놓고 있었다. 우리는 이미 내란과 관련하여 영국에서도 역시 지대가 이처럼 회복되었음을 살펴본 바 있다. 두 나라 사이의 차이는 프랑스의 영주들이 1680년대나 또는 그 뒤에까지 지대를 이러한 수준으로 유지하려고 애썼다는 점에 있는 것으로 보인다. 그 결과 북부에서나 또 프롱드의 난 동안에도 지대가 줄곧 끊임없이 상승하였던 남부에서나, 수많은 차지농들이 낮은 곡물 가격과 높

124) Constant, "Gestion et revenus d'un grand domaine".

은 지대 사이의 틈바구니에 끼어 파산하고 말았으며, 이로 말미암아 그에 뒤이어 18세기 후반의—지역에 따라 제각기 달랐지만—어떤 시점까지는 지대가 하락하게 되었다. 차지농들의 파산은 징수될 수 없는 미수금이 크게 쌓이고 임대차 관계가 끝장나는 것을 뜻했을 뿐만 아니라, 차지농들의 자본재인 쟁기팀과 양 그리고 소가 압류당하거나 팔려버리는 것—즉 운영자본이 파괴되는 것—을 뜻하기도 했다.[125] 그 결과 많은 농장이 차지인을 맞이하지 못하는 바람에 영주의 손에 되돌려질 수밖에 없었고, 그리하여 일부는 보다 작은 단위로 분해되었던 반면에 다른 농장들은 가장 규모가 큰 차지농들의 손으로 집중되었는데, 이러한 대규모 차지농들은 영주에게 납부되는 공조 및 십일조를 대신 거두어주는 징세 청부업자이자 대금업자 그리고 상인까지 겸하고 있었다.

앙리 4세 시대에 그리고 프롱드의 난 이후에 농장을 되살리고 차지농을 다시 끌어들이기 위해 엄청난 자금을 선대해주었던 영주들이 이처럼 차지농들을 내동댕이친 이유는 어디에 있었을까? 차지농의 수가 늘어나는 가운데 임대차 기간은 9년에서 6년으로 짧아지는 경향을 보이고 있었다.[126] 임대차 계약이 갱신되는 경우 차지농은 그의 임차지에서 나온 수입으로 한꺼번에 미수금을 지불해야만 했고, 그의 빚은

125) Jacquart, *Crise rurale en Ile-de-France*, pp.714~5; Jacquart, "Immobilisme et catastrophe", pp.254-5: M. Venard, *Bougeois et paysans au XVIIe siècle*(Paris, 1957), pp.99-102; Postel-Vinay, *Rente foncière dans le capitalisme agricole*, pp.23-5, 29: Mireaux, *Province française au temps du Grand Roi*, pp.138, 149: Goubert, *Beauvais ef Beauvasis de 1600 à 1700*, pp.526, 529-30; Fontnay, "Paysans et marchands ruraux de la Vallée de l'Essonnes", pp.254-5, 208의 주 2).

126) 유감스럽게도 미수금이 얼마나 쌓여있었는가에 관한 체계적인 서술은 오로지 Goubert, *Beauvais et Beauvasis de 1600 à 1700*, pp.526, 529-30에서만 찾아볼 수 있다.

계속해서 쌓이는 가운데 그의 수익은 낮은 가격과 높아만 가는 세금[127] 때문에 더욱 줄어들었으며, 따라서 미수금은 더욱 쌓여만 갔다. 그러한 상황에서 영주가 자신의 일상적인 수입을 얼마간 보전할 수 있는 유일한 방법은, 차지농의 미수금이 그가 지닌 자본재의 가치를 훨씬 더 능가하기 전에 차지농의 자본재를 압류하는 것뿐이라고 여겨졌다. 곡물지대가 존속해 있었던 곳에서는 영주의 수입이 가격의 하락과 함께 곧바로 줄어들었다. 스와송Soisson 지역에서는 심지어 프롱드의 난 이전에도 대규모 차지농들 사이에서 상당히 많은 빚을 지고 따라서 임대차 계약을 갱신하여 토지를 계속 보유하지 못하는 경우들이 많이 나타났다고 주장된 바 있다.[128] 마르크스주의의 용어를 빌려 말하자면 그 전체 과정은 이제 갓 태어난 농촌자본주의에 대한 "봉건적"인 지대 및 사회질서의 승리라고 간주될 수 있으며 포스텔-비네Postel-Vinay도 그렇게 해석하고 있다. 반면에 브레너는 특히 북부 프랑스에서 농민의 토지 소유가 부채와 토지축적의 압력을 이겨낼 수 있었던 정도를 너무 높게 평가하고 있다.

그와 같은 해석들은 암암리에든 아니면 분명하게든 영국과의 비교를 요구한다. 브레너는 자본주의적 차지농과 은혜롭게도 멀리 바라볼 줄 알았던 영주들 사이의 협력이 낳았던 열매에 대한 그의 설명에서

127) 재산세(Taille : 원래 봉건 영주가 부과하던 임의세였으나 뒤에 국가가 부과하는 재산세로 바뀌었다/역자)는 네덜란드전쟁과 더불어 증가했지만, 1663년 이후에 Colbert가 그 세금의 징수 행정을 개혁함으로써 대규모 농장들의 부담이 아마 더 크게 늘어났을 게다. 비록 미수금이 탕감되고 총 부과 세액도 줄긴 했지만, 세금의 부과는 더 이상 예전만큼 대제후 및 지방 유력자들의 농장에 유리하게 이루어지지 않았다. Postel-Vinay는 1669년부터 재산세를 납부하기 위해 차지농들이 그들의 가축을 부르주아에게 저당 잡힌 보기들을 제시해주고 있다 : Postel-Vinay. *Rente foncière dans le capitalisme agricole*, p.25.

128) *Ibid.*, p.16, 20, 24, 26.

마치 곡물법the Corn Laws을 옹호하는 토리당원처럼 말하고 있다.[129) 설교가들은 오래전부터 "사악한 양심을 가지고서 아무 거리낌도 없이 지대를 우려내고, 가난한 차지인들을 파멸시켜 자기 돈궤짝을 채우는 탐욕스러운 영주들"을 비난해오고 있었다."[130) 영주들은 "어떤 인간에게도 해를 입히거나 나의 차지인들에게 압력을 가하지 않고서" 살아가 "……[그래서] 내가 그들로부터 사랑을 받을 수 있기를 바랐다."[131) 토마스 풀러Thomas Fuller는 여러 세기 동안 훌륭한 영주를 묘사하는 데 되풀이될 입장에 도달하였다. 즉 그의 서술에 따르면 훌륭한 영주란 "그의 땅을 합당한 지대로 임대하여 차지인이 자신의 자본재를 사용하고 근면하게 일함으로써 정직하게 생계를 꾸려나갈 수 있도록 만든다……. 영주들이 아주 느슨한 곳에서는 차지인들이 (……그들 자신의 게으름으로 말미암아) 거의 번영을 누리지 못한다……. 우리의 영주는 차지인들을 보다 더 근면하게 만들기 위해 어느 정도 채찍을 가하지만, 차지인이 영주의 땅을 함부로 다루어 영주들에게 보복을 하지 않도록 차지인을 너무 지나치게 닦아세우지는 않는다……. 영주는 지대를 (또는 그에 상응한 토지보유 허가료를) 다른 상품들의 현재 가격에 어느 정도 발맞추어 올린다"는 것이었다. 풀러는 농민을 내쫓는 엔클로저를 비난하였으나 농민의 축출을 수반하지 않는 엔클로저는 개인에게나 전체 사회에게나 유익하다고 보았다.[132) 그는 가격이 상

129) 본서의 pp.77-9.

130) *The Works of Thomas Adams, being the Summe of his Sermons, Meditations Divine and Discourses*(London, 1630 edn), p. 53. Paul's Cross sermon, 7th March 1612.

131) Sir C. Wandesforde, *A Book of Instructions*[1636], ed. T. Comber, 2 vols. (Cambridge, 1777-8). i. pp.90-1.

132) Fuller. *Holy State*, pp.99-102.

승하고 있을 때 그 글을 썼으나 더들리Dudley, Lord North는 1669년에 지대의 하락을 위해 풀러의 원칙을 끌어대었다.133) 또한 공화정the Commonwealth 아래에서 하틀리브Hartlib를 중심으로 한 농업개혁가들은 풀러의 생각을 보다 더 직접적으로 인용하고 되풀이하였다. 블리스Blith와 하틀리브는 또한 차지인들에게 농업개선에 대한 대가를 보상해주기 위한 법률의 제정을 요구하기도 했다.134)

이러한 법률은 결코 제정되지 못했다. 그 대신에 차지인들로 하여금 근면하게 개선을 이루어 나가도록 만들어야 하는 영주들의 의무만이 강조되었고, 곡물경작지는 씨앗곡물을 빼고도 지대의 세 배를 생산해야 한다는 관념이 자라났다. 하지만 사실상 평균적인 토지가 1700년 무렵에 지대의 두 배를 생산했는지 아니면 거의 네 배를 생산했는지에 관해서는 의견이 달랐던 것으로 보인다.135) 대규모 토지소

133) [Dudley. Lord North]. *Observations and Advices Oeconomical* (London, 1669), pp.105-6. 멀리 떨어져 있는 농장을 직접 떠맡기보다, "그는……훨씬 더 나은 쪽, 즉 적당한 정도로 지대를 낮추어 주는 쪽을 선택할 것이다……나는 언제나 어느 정도 지대를 깎아줄 때에 가장 편안하며, 그러지 않으면 우리 농장들이 언제든 우리 손으로 다시 돌아오게 된다는 사실을 발견해왔다……이는 단 한 해에 보다 많은 손실을 입고, 그리하여 그 뒤 여러 해에 걸쳐 보다 많이 지대를 감면해주게 되리라는 것을 뜻한다. 그리고 성직자들 역시 차지인에게 너무 딱딱하게 대하는 자들에게는 신의 축복이 따르지 않는다고 주장할 것이다."

134) W. Blith, *The English Improver Improved*, 3rd impression(London, 1652), sig/ [C4^r]-d, sig. [A3^r-4^r]: *Samuel Hartlib his Legacie*, 2nd edn(London, 1652). sig. B2^V: "플랑드르 사람들의 통상적인 관습에 따르면, 개선을 이루어낸 조건으로 임대차 계약을 맺는 데 대한 하나의 법칙이 만들어질 수 있다……차지농은 농사일을 어긋나지 않게 훌륭히 꾸려나감으로써 토지를 더더욱 높은 지대를 받을 수 있도록 개선하기로 계약을 한다……영주는……그 임대차 계약이 종료될 때……3년이나 4년 또는 그 이상 동안……차지인이 이루어낸 개선에 대해 남김없이 보상해 주기로 계약한다."

135) 1697년에 Gregory King은 곡물경작지의 생산량이 씨앗을 제외하고 지대의 세 배가 되었다고 보는 "통상적인 의견"이 질 좋은 땅의 경우에는 사실이었으나 척박한 땅의 경우에는 생산량이 지대의 네 배일 수도 있다고 보았다. Harley는 곡물경작지의 평균생산량을 지대의 네 배로 산출했다 : *Seventeenth-Century Economic Documents*, ed. Thirsk &

유자들이 보여주었던 실제 행동과 지시들은, 그들이 어려운 시절에는 미수금이 크게 쌓이는 것을 참아주었음을 보여준다. 하지만 리차드 뉴디게이트Richard New-digate 경 같은 일부 영주들은 개선을 위한 자금을 기꺼이 투자했지만, 미수금에 대해서는 관용하지 않았다.136) 또 델

Cooper. pp.796-7. J. Mortimer. *The Whole Art of Husbandry*, 4th edn, 2 vols. (London, 1716), i, p.391(초판은 1707년에 출간) : "그들은 통상 농장에서 그 농장에 대한 지대의 세 배를 생산하여, 한몫은 영주, 한몫은 온갖 부담들, 그리고 나머지 한몫은 차지인 자신의 생계에 돌아가도록 만든다……그러나 계속해서 그러한 생산량의 증가를 이루어 낼 수 있거나, 또는 그러한 부담을 지면서 유지될 수 있을……농장은 거의 없다." ; 매해 100파운드의 소득을 올리는 농장을 보기로 들면, 그 농장이 에이커당 20실링의 가치가 있다면, 100파운드로 제 부담들을 충분히 감당할 수 있다. 그러나 그 농장이 에이커당 10실링의 가치밖에 없다면, 매해 120-130파운드가 필요하며, 당신은 그러한 땅으로는 250에이커를 한 해에 100파운드의 가치가 있는 것으로 평가해야만 한다. "그러지 않는다면 당신은 그것이 아주 개선의 여지가 많은 땅이 아닌 한 그 농장을 잃게 될 것이다." Laurence, *Duty of a Steward to his Lord*, p.53은, (1727년에) "신중하고 분별 있는 차지농"은 집안 살림 바깥으로의 지출을 위해 적어도 지대의 두 배를 팔아넘기는 한편, 자가 생산한 산물로 가족을 먹여 살려야 할 필요가 있다고 평가하였다. London에 가까이 있는 Kent와 Essex 그리고 그 밖의 남부 여러 주에서는 차지농들이 "지대의 세 배를 팔아야 한다는 것을 금언으로 삼곤 하였다." 그들이 한 해에 200파운드 또는 300파운드의 지대로 농장을 임차해야 했다면, 그들은 곧바로 그 영지들을 구입하여, 지대의 두 배를 생산하는 데 만족하지 않을 수 없는 차지인들에게 임대하였다.

136) 1680년에 그는 "한 번 지대를 내지 못한 사람은 두 번 그럴 수 있으므로, 어떤 구실을 들어 지대 납부를 연기해달라고 간청하든 그러한 차지인을 여섯 달 넘게 그대로 두어서는 결코 안 된다. 하지만 (이따금 실제로 일어나는 일이지만) 이례적인 경우일 때에는, 차지인에게 납부를 불이행할 시에는 형사적인 처벌을 감수하겠다는 서약을 받고서 3개월 동안 이자 없이 지대 납부를 연기해 주어야 할 것"이라고 썼으며, 뒤이어 지대 납부를 강요하기 위해 "좋은 가축을 지니고 있다면 그 누구로부터든" 그의 가축들을 압류하라고 충고했다. 1696년에 그는 4백 에이커를 수경농지로 만들고 농장을 여럿 사들임으로써 Chilvers Coton에서 개선을 이루려는 생각을 품고 있었다 : "가난뱅이들이 늘어나지 않도록 Coton에 아마포 제조업을 유치하고 가능하다면 Chilvers Coton에 시장을 하나 세울 것." 그는 바로 얼마 전에 Long Itchendon에서 개선을 위해 7,000파운드를 지출하였는데, 그 대부분은 14개 농장을 건설하는 데 들어갔고, 그 농장들로부터 그는 아마 그 당시에 자유보유지를 구입한 데 따랐던 수익보다 더 크지 않았을 5퍼센트의 수익을 얻었다. Sir Richard는 또한 "대영지의 소유자는 그들의 땅을 다른 사람들보다 더 값싸게 내놓아야 한다"는 점도 지적했다. Warwickshire County Record Office, Newdigate MSS., vol. 183, pp.26, 147-8, 43, 56, 84.

라머Lord Delamer 같은 다른 영주들은 여전히 개선에 드는 비용을 차지인들에게 부담시키기를 바랐으며,[137] 루틀랜드Rutland 공작들 역시 그러했는데, 그러면서 그들은 또한 엄청난 액수의 미수금을 받아내려 하였다.[138] 또 다른 한편으로 킹스톤Kingston 공작은 1730년대에 낮은 곡물 가격에 직면하여 엄청난 액수의 미수금을 받아내면서 수리에 좀 더 많은 비용을 지출하였고, 지대를 낮추어 주었으며, 얼마간 회수할 수 있는 재산을 지닌 어떤 차지인의 자산도 압류하였고, 일부 농장을 보다 자그마한 땅뙈기로 나누어 임대하였다.[139] 17세기 말과 18세기 초에 지대가 낮아져가는 데 대한 많은 대규모 토지소유자들의 반응은 능력 있는 차지인들을 끌어들이기 위해 수리와 개선에 보다 많은 자금을 투자하는 것이었다.[140]

137) *The Works of the Right Honourable Late L. Delamer and Earl of Warrington* (London, 1694), pp.28-9(1688년에 씌어진 것임)는 대체로 한 해의 수입에 해당하는 토지보유 허가료를 받으면서 21년의 기간으로 임대하는 것을 지지하고 있다 : "만일 당신의 차지인이 지대 납부를 미루고 있고, 그 기간이 한 해를 넘지 않는다면, 이 토지보유 허가료가 그것을 벌충해줄 것이다." 토지보유허가료가 징수되었음은 차지농이 꽤 부유했음을 입증해주며, 비교적 낮은 지대는 차지농으로 하여금 지대를 안정시키고 농장을 더 좋은 상태로 만들어줄 여러 가지 개선을 이루어내도록 부추길 것이다; "당신의 차지농들에게 수리를 맡기는 것이 좋다. 왜냐하면 그들은 당신에게 18펜스를 지출하게 만들 일을 단 6펜스로 할 수 있을 것이기 때문이다." Habakkuk가 지적하고 있듯이, 이상적인 영지는 여전히 차지인들이 수리를 떠맡고 있는 영지라고 여겨졌다 : H. J. Habakkuk, "English Landownership, 1680-1740", *Eccn. Hist, Rev.*, 1st ser., x(1939-40), p.14.

138) 1693년에 미수금은 지대의 총수령액 가운데 12퍼센트가량이었다. Belvoir 영지에서는 18세기 초에만 미수금과 수리를 위한 지출이 낮았다. 미수금은 1720년대 말로부터 아주 높아져, 지대의 총액 6,800파운드 가운데 2,089파운드만이 실제로 수령되었던 735년에는 9,339파운드에 달하였다. 1729년부터 1742년까지 수리를 위한 지출은 지대의 총액 가운데 평균 2퍼센트 정도였고, 18세기 초에도 그보다 더 높지 않았다. Belvoir에서는 1740년대에 미수금이 대부분 납부되었으나, Haddon에서는 그러한 일이 좀더 뒤늦게 이루어졌다.

139) G. E. Mingay, The Agricultural Depression, 1730-1750", *Econ. Hist. Rev.*, 2nd ser., viii(1955-6), pp.327-33.

이 모든 것이 17세기 말로부터 곡물 가격이 낮아지는 데 직면하여 영국의 대규모 토지소유자들이 드러내었던 갖가지 다양한 반응과 행동을 보여주는 한, 영국의 토지소유자들이 프랑스의 토지소유자들보다 전통적인 기독교 교리의 가르침들과 분별 있는 자기 이익의 추구에 더 마음을 썼다는 관념을 옳다고 보기란 어려운 일이 아닐 수 없다. 물론 하나의 설명으로서 서로 대조적인 프로테스탄트의 심성mentalité과 반종교개혁의 심성이 형성될 수 있었음은 의심할 나위가 없다. 1691년에 리차드 박스터Richard Baxter는, 영국의 곡물 경작 지역에서 소규모 차지농들이 절망적인 운명에 처해있다고 밝혔다. 그는 영주들에게 지대를 3분의 1가량 낮추어 차지인들로 하여금 품위 있게 살면서 아이들을 양육할 수 있게 해줄 것을 촉구하였다. 그렇지 않다면, "이처럼 그들을 가난하게 만드는 것은 나라에서 다른 모두를 가난하게 만드는 것이다.……그들의 가난은 이미 러시아인과 폴란드인 그리고 대다수 프랑스인의 경우에 그러했듯이, 국민의 정신을 저하시킬 것"이라고 그는 경고하였다. 그 가난한 농사꾼들은 수공업 장인이나 또는 부업을 가진 소보유농들보다 더 비참하게 살았다. 그들은 심지어 그들이 거느리고 있는 미혼인 하인이나 일꾼들보다도 더 나쁜 사정에 처해있었다. 이러한 서술은 박스터가 아주 조그마한 보유지를 지닌 사람들이 아니라 20파운드의 지대를 납부하고 있는 사람들에 관

140) Holderness, "Landlord's Capital Formation in East Anglia, 1750-1870", pp.442-3; E. L. Jones, "Eighteenth-Century Changes in Hampshire Chalkland Farming", *Agric. Hist. Rev.*, viii(1960), pp.8-9. Carlisle 백작의 Naworth 영지에 대해서는 Brassley, "Agricultural Economy of Northumberland and Durham, 1640-1750", pp.81-4, 88을 보라 ; 1740년 무렵의 몇 해에는 지대의 15퍼센트가 수리와 새로운 건물의 건설에 지출되었다 : Habakkuk, "English Landownership, 1680-1740", pp.14-5.

해서 글을 쓰고 있음을 우리에게 상기시켜 준다. 곡물 경작지 한 에이커당 지대가 평균하여 거의 6실링에 달했다는 그레고리 킹Gregory King의 수치로 볼 때, 그들의 보유지는 66에이커가량에 달했을 것이다.141) 박스터는 30에이커가량에서 60에이커까지의 보유지를 지닌 차지인에 대해 생각하고 있는데, 그들은 적어도 하나의 쟁기팀을 가지고 있는 프랑스 농촌의 중간층 자영농moyen laboureurs에 해당되었다. 구체적인 보기를 하나 들면 1692년에 조사가 이루어진 거의 2만 6천 에이커에 달하는 벨브와Belvoir 영지에서는 21에이커 미만의 보유지가 300개였고 21에이커 이상의 보유지는 297개였다. 그 297개 가운데 191개에 달했던 21에이커에서 80에이커 사이의 보유지들은 21에이커 이상 보유지들의 총면적 가운데 45퍼센트를, 그리고 81에이커 이상의 농장들은 53퍼센트를 차지하였는데, 100에이커가 넘는 농장을 따로 떼어보면 그러한 농장들은 총면적의 40퍼센트를 차지하고 있었다.142)

141) R. Baxter, "The Poor Husbandman's Advocate to Rich Racking Landlords", in "The Reverend Richard Baxter's Last Treatise", ed. F. J. Powicke, *Bull, John Rylands Lib.*, x(1926), p.180, 184, 188, 197, 183(5). Baxter는 그의 서술에서 London 부근의 차지인들과 40마일 또는 더 멀리에 목장을 지닌 차지인들을 제외시키고 있다(pp.184-5). King이 최종적으로 수정한 수치를 받아들여 에이커당 지대가 5s. 6d.였다고 본다면 그 보유지들의 규모는 36-73에이커였을 것이다.

142) Belvoir Castle muniments, Barker's survey, 1691-2. 조사 대상지들은 대부분 Leicestershire에 소재해 있었고 Warwickshire에 있는 장원인 Pillarton이 포함되어 있다. 그들은 비록 17세기에 엔클로저 된 땅들도 일부 포함하고 있지만, 대부분은 개방경지제 아래에 있는 곡물경작지였다. 공작이 맺은 임대차 계약은, 몇몇 장원에서 기간이 한 해 미만일 경우 재임대를 허용하는 관습이 있었던 경우를 제외하고는, 재임대를 금지하고 있었다. 조사된 전체 면적은 26,563에이커였으나, 공작이 직접 지니고 있었던 Croxton의 786에이커는 계산에서 제외되었다. 대부분 오두막살이들이 지니고 있던 20에이커 또는 그 미만의 보유지들도 300개가 있었는데, 그 가운데에서 10-20에이커의 보유지들은 전체 면적의 10퍼센트를 차지하고 있었다. 또한 81-100에이커의 보유지들은 12.5퍼센트를 차지하고 있었다.

박스터는 소규모 보유지들을 둘러싼 경쟁이 그들의 지대를 상승시켰다고 주장하였는데, 이는 암암리에 대규모 차지농들을 얻기 위해 경쟁했던 것은 바로 토지소유자들이었음을 가리키고 있다. 조안 서스크는 17세기 동안에 방목지역에서는 농민 차지농들이 비교적 번영을 누렸고 수적으로 증가한 반면, 대부분의 곡물 경작 지역에서는 대규모 농장에게 유리한 방향의 추세가 나타났다고 주장한 바 있다.143) 이처럼 (아직도 대부분이 개방 경지로 남아있던) 곡물 경작 지역과 방목지역을 뚜렷하게 대조시키는 것은, 르 르와 라뒤리가 북부 프랑스의 곡물경작 및 개방경지제 지역들과 후진적이고 농민이 지배적인 삼림지역들을 뚜렷하게 대조시키는 것과 전혀 다를 바 없다.144) 한 가지 차이점은 영국의 경우에 곡물 경작 지역에서 수경 농법이나 가축 수의 증대 같은 개선들을 위한 투자가 더 많이 이루어졌다는 점에 있다. 또 다른 차이점은 영국에서는 농촌산업들이 방목지역들과 더 많은 연관을 맺으면서 발전했던 것과 대조적으로 프랑스에서는 17세기 후반에 곡물 경작 지역에서 농촌 직물 산업이 발달해 나왔다는 사실이다. 포스텔 비네와 르 르와 라뒤리는 프랑스에서 높은 지대 수준이 투자와 성장을 가로막았다고 주장하지만, 박스터 또한 플랑드르의 기준으로 볼 때 대규모 농장을 가지고 있던 영국의 차지농들에 대해서 똑같은 논의를 펴고 있다. 르 르와 라뒤리는 파리 주변에서 1650년~1670년에 곡물 경작지의 헥타르당 지대가 헥타르당 곡물생산량의 거의 절

143) J. Thirsk, "Seventeenth-Century Agriculture and Social Change", in J. Thirsk (ed.), *Land, Church and People: Essays Presented to Professor H. P. R. Finberg*[Supplement to *Agric. Hist. Rev.*, xviii(1970)].

144) Le Roy Ladurie, "Masses profondes : la paysannerie", p.637, 573.

반에 이르렀다고 주장하고 있다.145) 하지만 이미 살펴보았듯이 영국의 농장들이 지대의 두 배를 훨씬 넘는 생산량을 보였는가에 관해서는 당시에도 의문이 제기되고 있었으며 또한 지대와 농업생산에 관한 그레고리 킹의 전반적인 수치들도 지대가 생산량의 절반가량이었음을 가리킨다.146) 따라서 결정적인 차이점이 지나치게 높은 지대에만 있었다고 자신 있게 말할 수는 없다.

분명히 아주 중요했던 차이는 농촌에서 채무 관계가 얼마나 많았고 또 어떤 성격을 띠고 있었는가라는 점에서 드러났던 것으로 여겨진다. 유감스럽게도, 이용할 수 있는 자료는 영국과 프랑스를 곧바로 비교할 수 없다. 프랑스에 관한 연구들은 지대로 내야할 돈을 구하기 위해 돈을 빌리거나 자본재를 저당 잡혀 결국에 가서는 땅을 팔아넘기든지 물건을 압류당해 어쩔 수 없이 팔아버려야 했던 경우들을 보여주는 사료들을 사용하여, 주로 농민의 채무에 주목해 왔다. 반면에 영국에 관한 연구들은 이제까지 갚아야 할 채무보다는 받아낼 빚돈에 대해 훨씬 더 많은 것을 알려주는 유언검인서 목록probate inventory들로부터 나온 증거에 주목해왔다. 프랑스에 관한 연구는 이제까지 그 모

145) *Ibid.*, p.637; 평균생산량에 관한 그의 다른 전제들을 감안할 때, (씨앗을 뺀) 생산된 곡물 가운데 지대가 차지하는 비율은 40퍼센트를 조금 넘었던 것으로 나타날 것이다.

146) King은 지대의 총액수를 1천만 파운드로 보았고, 농업생산물의 총가치를 21,275,000파운드로 추산했다; Dean & Cole, *British Economic Growth*, 1688-1959. p.156의 표35는 농업생산물의 총가치를 1,930만 파운드로 수정했다. 그러나 King은 뒷날 곡물경작지의 생산량이 지대의 세 배라기보다는 네 배에 더 가까웠다고 주장하기도 했다. 그에 따라 King의 추산치는 25퍼센트와 36퍼센트 그리고 47퍼센트 사이에서 유동하고 있는데, 첫 두 수치는 Le Roy Ladurie가 제시한 수치들과 직접 비교될 수 있다 : *Seventeenth-Century Economic Documents*, ed. Thirsk & Cooper, pp.782-3, 796-7. Lavoisier는 토지 소유자들이, 전반적으로 생산된 곡물로 보면 전체의 31퍼센트 또는 씨앗을 빼고 나면 38퍼센트, 전체 농업생산으로 보면 22퍼센트, 그리고 순생산량(또는 과세될 수 있는 생산량)으로 보면 50퍼센트를 차지했다고 추산했다 : Lavoisier, Oeuvres, vi, p.426, 428.

두가 1560년에서 1720년까지의 시기 전체에 걸쳐 소규모 농민들 사이에서 채무의 부담이 점점 더 늘어나고 있었으며, 그들로부터 상층 도시민과 영주들에게로 토지가 넘어가고 있었음을 보여준다. 영국에서도 그와 비슷한 과정이 나타나 대규모 영지들이 그 주변의 자유보유지들을 넘겨받고 있었다. 1580년~1664년에 관해 자카르가 제시한 목록은 가난한 농민vigneron들의 수가 매우 많았고, 대규모 차지농들 사이에서는 불과 소수만이 빚구럭에 깊숙이 빠져있었음을 밝혀주는데, 대규모 차지농들에게는 진짜 고난이 1670년 이후에야 찾아들었던 것이다.[147] 보다 일반적으로 자카르의 목록들은 촌락민들이 가축을 거의 갖지 못하고 있었음을 보여준다. 반면에 홀더니스Holderness가 남동부 린제이Lindsey에서 밝혀낸 사실들은 1670년대와 1680년대의 불황에 뒤이어 1690년대에는 차지농들이 그들의 부와 가축을 늘리고 또 보다 많은 돈을 빌려주고 있었음을 보여주는데, 바로 그 즈음에 일-드-프랑스와 스와송 지역에서는 많은 차지농들이 몰락의 길을 걸어가고 있었다. 그와 반대로 가격이 낮은 수준에 머물렀던 시대인 1723년에서 1745년까지는 차지농들이 빌려주고 있는 돈이 줄어들었고, 또 많은 차지농이 파산을 당하고 말았다. 영국의 경우 돈을 빌려주는 역할을 크게 떠맡았던 부류로는 독신자와 성직자뿐만 아니라 (자카르의 표본으로부터 제외되었던 것으로 여겨지는) 과부도 있었다. 영국에서는 돈을 빌리는 목적이 대부분 생산적인 투자에 있기보다는 오히려 심지어는 저당을 잡히면서까지 소비하는 데 있었고, 이

147) Jacquart, *Crise rurale en Ile-de-France*, pp.459-84, 715. 프랑스에서 돈을 빌려주고 빌리는 관계가 어떻게 작용을 했는가에 관한 가장 훌륭한 서술의 하나로, P. Deyon, *Amiens* (Paris,1967), pp.309-38을 들 수 있다.

점에서는 영국이 프랑스와 비슷했던 것으로 나타난다. 두 나라 사이의 차이점은 영국에서는 돈을 빌리기 위해 상층도시민 또는 소수의 대규모 차지농에게 그렇게 크게 의존하지 않았고 또 촌락 차원에서 간단한 채무계약에 의해 돈을 빌리는 것이—물론 그 빚돈 가운데 커다란 부분은 특히 저당을 이용해 토지를 획득했던 대금 중개인attorney들을 통해 도시로부터 흘러들어온 것이지만—비교적 쉬웠다는 데 있었다.[148] 다시 말해 "영국의 촌락사회 안에서 [촌락민들 사이에] 돈을 빌리고 빌려주는 것이 널리 퍼져있었음은 고리대금업자들이 대금업을 독점할 수 없도록 막는 데 매우 중요한 역할을 했다"고 말할 수 있다. 그리고 차용 기간도 지대rentes의 약정과는 달리 짧게 정해졌다. "18세기에는 위험부담이 적은 자본을 제공하기 위해 화폐시장을 새로 만들어 낼 필요가 없었다. 그것은 이미 존재해 있었던 것이다." "산업시대 이전의 촌락공동체에는 자본을 더욱 늘리는 데 이용될 수 있는" 대금의 장치가 존재해 있었으나, "……17세기와 18세기에는 오늘날의 경제학자들이 손쉽게 나누는 [자본과 소비 사이의] 구별이 기껏해야 아주 모호했을 뿐이다."[149]

부분적으로는 상층 도시민이 프랑스에서만큼 강력하거나 특권을 부여받지 못했기 때문에 영국에서는 농촌에 대한 도시의 경제적 지배가 그리 강력하지 못했다고 하더라도, 모순되게도 프랑스에서는 영국

148) B. A. Holderness, "Credit in a Rural Community, 1660-1800", *Midland Hist*, iii (1975-6). 평균하여 개인재산의 12퍼센트를 돈을 빌려 투자했음을 보여주는 Dorset에서의 보기들에 대해서는 *Probate Inventories and Manorial Excepts of Chetnole, Leigh and Yetminster*, ed. R. Machin(Bristol, 1976), pp.21-2를 보라.

149) B. A. Holderness, "Credit in English Rural Society before Nineteenth Century, with Special Reference to the Period 1650-1720", *Agric, Hist. Rev.*, xxiv(1976), p.105, 106, 108.

에서보다 도시화가 전반적으로 뒤늦어 있었다. 여기에서도 역시 북부 프랑스는 아마도 다른 지역들보다 영국에 훨씬 더 가까웠을 것이다.[150] 패튼Patten은 17세기에 들어와 그 세기의 세 번째 사반세기까지 노포크와 서포크에서 도시인구가 49퍼센트가량이나 크게 증가하였음을 밝혀낸 바 있다.[151] 또 샤르트르Chartres는 17세기 후반에 수로를 통한 운송업에서 커다란 개선이 이루어진 것은 물론이고, 육로를 통한 운송업과 그에 따른 서비스업에 사용된 자본도 상당히 크게 증가하였음을 밝혀낸 바 있다.[152] 이러한 발전 역시 부분적으로는 런던의 이례적으로 압도적인 지위와 섬나라인 영국의 길다란 해안선이 지닌 지리적인 이점 덕분에 나타난 것이다. 또한 이것 역시 이미 살펴본 사실이지만, 영국의 경제는 특히 1720년대까지 계속해서 그러나 지나치지는 않게 인구가 증가한 것으로부터 도움을 받았던 반면에, 프랑스에서는 낮은 농산물가격으로 빚어진 문제들이 전쟁과 생존의 위기가 직접 미친 영향들로 말미암아 더더욱 심각해졌다. 1760년에는 영국 농업과 프랑스 농업 사이의 차이들이, 비록 비교의 대상이 프랑스에서 곡물 경작이 지배적인 개방경지제 지역들에만 한정되어 있긴 하지만, 1560년에서보다 훨씬 더 벌어져 있었음은 분명하다. 그렇게

150) G. Rozman, *Urban Networks in Russia and Pre-Modern Periodization* (Princeton, 1976), pp.222-36. 1680년대에 영국에서 크고 작은 도시에 살고 있던 인구는 전체 인구의 20-21퍼센트를 차지하고 있었다. 반면에 프랑스에서는 1760년대에도 그 비율이 16퍼센트에 지나지 않았다. 그러나 북부 프랑스(Ile-de-France, Champagne, Picardy, Flanders, Artois 그리고 Boulonois)에서는 그 비율이 25퍼센트에 달했다.

151) J. Patten, "Population Distribution in Norfolk and Suffolk during the Sixteenth and Seventeenth Centuries", *Trans. Inst. Brit. Geographers*, lxv(1975), pp.48-9.

152) J. A. Chartres, "Road Carrying in England in the Seventeenth Century", *Econ. Hist, Rev.*, 2nd ser., xxx(1977), pp.84-8.

격차가 크게 벌어졌던 것은 17세기에 그리고 어쩌면 특히 1670년과 1720년 사이에 이루어진 일이었는데, 그때에 영국에서는 농업자본재와 농업생산량이 일정한 수준을 유지하고 몇몇 경우에는 더 증가하였던 반면에 프랑스에서는 감소했을 가능성이 큰 것이다.

17세기 말에 프랑스보다는 영국에서 시장과 교통, 수요 그리고 농업생산이 더 커다란 정도로 성장하고 있었다면, 이것은 농촌의 영국인 특히 농사꾼들이 농촌의 프랑스인보다 더 잘 살았다는 낡아빠진 상투적인 견해를 다시 되풀이하는 것에 불과하지 않을까? 박스터의 말에도 불구하고 이 견해는 아직도 그럴듯한 것으로 여겨진다. 회복을 위해 투자하려는 프랑스 영주들의 의지는 17세기 초에 파리 지역에서 새로운 작물들이 심어졌던 것에서 볼 수 있듯이 분명하게 드러났다. 하지만 영국인은 회복과 재건의 국면을 단 한 번만 맞이하면 되었던 반면에 프랑스인은 그와 같은 국면을 두 차례 맞이해야만 했다. 더구나 영국인들에게는 직접세가 1641년부터 1661년까지의 기간에만 잇달아 부과되고, 그 뒤로는 1690년에 가서야 다시금 그렇게 잇달아 부과되었을 뿐이다. 반면에 프랑스에서는 줄곧 끊임없이 재정적인 압박이 가해졌다. 1660년대에는 잠시 그 압박이 완화되었지만 그것은 대규모 차지농들에게 도움을 주지 못했을 게다. 게다가 1670년 이후에는, 그리고 1688년 이후에는 더욱더 심각하게, 재정적 압박이 농업 소득 특히 곡물 경작 지역에서의 농업 소득이 줄어들고 있던 데에 때를 맞추어 다시 커지게 되었다. 재정적 압박과 직접세의 과세 빈도가 줄어들었던 1720년 이후로 적어도 1770년대까지의 시기에는 회복과 어느 정도의 성장이 이루어졌다. 18세기에는 세금의 부담이 프랑스에서보다 영국에서 오히려 더 컸다. 마티아스Mathias와 오브라이

언O'Brien은 1인당 세금 부담액을 밀의 양으로 환산했을 때 프랑스보다 영국에서 언제나 훨씬 더 컸고 많은 경우 두 배 정도나 높았으며, 당시의 가격으로 환산하여 상품생산량 가운데 세금으로 납부된 몫의 비율도 영국에서 더 높았고, 이는 1750년 이후에는 상대적으로 더욱 더 높아지게 되었다는 사실을 밝혀낸 바 있다. 간접적인 소비세로 거두어진 세입이 총세입에서 차지하는 비율은 언제나 영국에서 훨씬 더 높았던 반면에 직접세로 거두어진 세입의 비율은 언제나 프랑스에서 훨씬 더 높았다. 프랑스의 도시인구는 대부분 영국의 도시인구보다 세금을 더 가볍게 부과당했던 반면에 프랑스의 농업생산자들은 영국의 농업생산자들보다 세금을 훨씬 더 무겁게 부과당했던 것이다.153)

세금의 부담이 얼마나 무거웠는가는 모리노Morineau와 스푸너Spooner 그리고 브릭스Briggs가 제시한 수치들에서 살펴볼 수 있는데, 그 수치들에 따르면 17세기의 마지막 사반세기에는 프랑스의 총농업생산 가운데 거의 5분의 1 또는 곡물 생산의 총가치 가운데 3분의 1이 넘는 부분이, 그리고 루이 14세의 말년에는 농업생산의 4분의 1이 세금으로 빠져나갔다.154) 프랑스에서는 대외전쟁과 내란이 17세기 내내 그 중에도 특히 1635년 이후에 농업에의 투자를 위축시키는 데 더욱 커다란 영향을 미쳤다. 1693년에 케네의 선구자인 브와길베르

153) P. Mathias & P. O'Brien, "Taxation in Britain and France, 1715-1810", *Jl European Econ. Hist.*, v(1976). 필자는 그들의 논문을 출간하기 전에 그들의 추산치들을 참고하도록 허락해준 두 분에게 감사를 드린다.

154) M. Morineau, "La conjoncture ou les cernes de la croissance", in Braudel & Labrousse(eds.), *Histoire économique et sociale de la France*, i, pt 2, pp.978-80; F. C. Spooner, *The International Economy and Monetary Movements in France*, 1493-1725(Cambridge, Mass., 1972), pp.305-15: R. Briggs, *Early Modern France*, 1560-1715(Oxford, 1977), 도표 5. 필자는 그의 도표들을 출간하기 전에 필자에게 복사해준 데 대해 Robin Briggs에게 감사를 드린다.

Boisguilbert와 보방Vauban은 프랑스의 재정제도가 대중의 소비를 가로막고 대제후의 차지농들을 제외한 거의 모든 생산자들로 하여금 농업생산과 투자를 늘리지 못하도록 방해하는 걸림돌이 되고 있다고 공격하였다.[155] 반면에 영국에서는 윌리엄William과 앤Anne의 전쟁으로 말미암은 재정적인 부담이 토지소유계급의 이익을 크게 침해할 것이라는 예상을 낳았고, 분명히 실제로도 군소 토지소유자들의 처지를 떨어트렸으나, 차지인들은 토지세를 납부하지 않는 것으로 되어 있었다. 1694년 1697년에 영국에서는 세금이 농업생산의 5분의 1가량을 차지하였고 앤 여왕 아래에서는 어쩌면 4분의 1에 가깝게 증가했다. 하지만 그때에조차 세금은, 농업에서 나온 소득이 전체의 40퍼센트가량, 상업에서 나온 소득이 12퍼센트가량을 차지하고 있던 총국민 소득 가운데 11퍼센트가량에 지나지 않았다. 심지어는 대중 소비에 유리한 방향으로 어느 정도 재분배가 이루어지기도 했다. 1694~1695년에는 전체 토지와 그에 부과된 세금 가운데에서 22퍼센트가량이 납세자의 가난을 이유로 면세되었으나, 1748~1750년에는 그 비율이 3분의 1가량으로 높아졌던 것이다.[156]

마르크스주의의 용어를 빌리면 브와가 더 이른 시대에 대해 그러고 있듯이, 세금의 부담은 "봉건적"인 공조의 한 부분으로 간주될 수 있다. 페리 앤더슨Perry Anderson은 이 시대에 대해 절대왕정들이 귀족계

155) "Le détail de la France", in *Pierre de Boisguilbert, ou la naissance de l'économie politique*, 2 vols.(Paris, 1966), ii, pp.622-8; S. le Prestre de Vauban, *Projet d'une dixme royal*, ed. E. Coornaert(Paris, 1933), pp.26-8.

156) B. R. Mitchell & P. Deane, *Abstract of British Historical Statistics*(Cambridge, 1962), p.386; Deane & Cole, *British Economic Growth, 1688-1959*, p.156; S. & B. Webb, *English Poor Law History*, pt 1, *The Old Poor Law*(London, 1927), p.153 그리고 주 1).

급의 동맹자가 되어 있었다고 본다. "절대주의 국가의 지배는 자본주의를 향한 이행의 시대에 나타난 봉건귀족의 지배였다"는 것이다.[157] 여기에서 "영주의 반동"은 농민의 희생 위에서 국가와 귀족계급이 암묵적으로 이루어 낸 흥정의 한 부분을 이룬다. 사실상 귀족들은 결코 동질적인 집단을 이루고 있지 않았다. 그리고 프랑스의 왕정은 군소귀족과 지방 유지들의 이익을 희생시키면서 대귀족들과 고위 관리 및 대금융가 가운데 일부의 이익을 편들었다. 군소귀족들의 이익에 대해 대제후들의 이익이 승리를 거두는 것은, 폴란드에서 그렇듯이, (비록 군사력을 희생시키는 대가를 치러야 했지만) 절대국가가 없이도 이루어질 수 있는 일이었나.

프랑스에서는 지방의 영주와 유지들이 정도는 여러모로 다르지만 차지농과 농민들을 국왕의 세금으로부터 지켜주는 보호자의 역할을 할 수 있었던 것이 사실이나, 17세기 후반에 가서는 일반적인 지방귀족이나 관리가 이러한 역할을 하는 것이 점점 더 어려워지게 되었다. 그와 같은 멋들어진 역할은 이제 대제후들만이 또는 적어도 감독관과 장관들의 친척이나 부하로서 그들과 관계를 맺고 있던 사람들만이 누릴 수 있는 특권이 되었다. 이는 농민과 외부 당국 사이에서 보호자이자 중개자로 역할해 왔던 군소귀족의 입장이, 영주의 사법권이 존속했음에도 불구하고, 잠식당했음을 뜻하는 것이었다. 그와 대조적으로

157) P. Anderson, *Lineages of the Absolutist State* (London, 1974), p.42 : "그것은 귀족의 사회적 우위에 바탕을 두고 토지 자산의 절대적인 중요성에 의해 한정 지어진 국가였다."(p.41) 이러한 일반화가 어떠한 결함들을 지니고 있든, 그것은 프랑스 절대주의 국가를—비록 프랑스의 행정관리들이 그렇게 하려는 욕구를 발달시켰을지는 모르지만—영주들에게 맞서 농민들을 보호해주는 "계급과 비슷한 현상……독자적인 잉여 착취자"로 보는 Brenner의 견해(본서의 pp.86-7)보다는 실제에 더 가까운 것으로 보인다.

영국에서는 토지세의 징수 업무가 지방 유지들에게 기회를 제공하였고, 지방공동체의 지도자들로 하여금 정치적 파벌싸움이나 사회적 혼란으로 말미암은 마찰을 놀라울 정도로 거의 겪지 않으면서 국가 차원의 통치 업무에 참여하게 만들어 주었다.158)

1670년 이후에 지대와 가격이 떨어지고 그토록 많은 차지농들이 파산당해 버린 데 따른 한 가지 예상되지 못한 결과는 북부 프랑스의 여러 지역에서 대규모 차지농들로 하여금 영주와 촌락공동체 모두를 압도할 수 있게 해주었던 관습이 모습을 드러내거나 확산되어 간 것이다. 이는 다름 아니라 영주로 하여금 임대 기간이 끝날 때 기존 차지인들의 동의가 없이는 농장을 마음대로 다시 임대할 수 없게 만들었던 이른바 악의의 관습이었다. 만일 영주가 자기 마음대로 농장을 다른 차지인에게 임대해 준다면 그 차지인은 촌락민들로부터 배척당하게 될 것이었다. 농장건물들을 불태워 버리겠다는 위협이 종종 가해졌고, 실제로 아주 많은 경우 실행에 옮겨졌다. 그 결과 이러한 관습을 금지하는 왕의 칙령이 1707년으로부터 줄곧 거듭해서 공포되었음에도 불구하고, 차지농 가문들은 서로 혼인 관계를 맺으면서 번창했다. 그들은 농장을 자신의 사유재산으로 간주하여 서로 토지를 거래하고 농장의 일부를 지참금으로 떠넘기며 심지어는 농장을 여러 조각으로 나누어 자손들에게 상속하기까지 했는데, 그러면서 때로는 그들의 임대차 계약을 토지소유자로부터 형식적으로나마 갱신받을 생각조차도 하지 않았다. 이러한 방향으로 가장 두드러진 변화가 이루어진 곳은 스와송 지역이었는데, 그곳에서는 1670년 이후에 위기가

158) C. Brooks, "Public Finance and Political Stability", *Hist. Jl*, xvii(1974)

나타나기에 앞서 이미 차지농들이 상당한 정도로 영주들을 압도하고 있었다. 그리고 18세기에는 영주들이 포스텔-비네가 설명하지 않은 채 넘어가고 있는 이유들 때문에 지대를 상당히 큰 정도로 올릴 수 있었던 1789년 이전의 십년까지는, 완전히 차지농들 앞에서 무력한 존재가 되어 있었다. 또 포스텔-비네는 자본주의적 차지농의 지배를 더욱 촉진시키는 한 가지 메커니즘도 밝혀내고 있는데, 그 메커니즘에 의해 중소농민들은 대규모 차지농들보다 단위 면적당 더 무거운 지대를 물어야 했으며, 그 결과 반쯤 프롤레타리아로 전락한 노동력이 대규모 차지농의 농장에 제공될 수 있었다. 하지만 소규모 보유지들에 대한 수요가 컸기 때문에 그러한 보유지들에는 많은 경우 반드시 그와 같은 결과를 낳지 않으면서도 상대적으로 높은 지대가 부과되었다. 자카르는 일-드-프랑스에서도 대규모 차지농들이 비슷한 독과점적인 지위를 누렸다고 생각하며, 그 이유로 한 줌밖에 안 되는 집안들만이 필요한 재력을 갖추고 있었기 때문에 임대지를 차지하기 위한 실질적인 경쟁이 전혀 벌어지지 못했다는 점을 들고 있다.[159] 동부 피카르디의 몇몇 지역과 캉브레지에서는 악의의 관습이 16세기 말까지 소급될 수 있었다. 그곳에서 그리고 그에 이웃해 왈룬인이 살고 있던 남부 네덜란드의 몇몇 지역에서도, 상시에censier(토지를 임차하고 공조와 십일조의 징수를 청부받은 차지농)들은 이미 촌락을 지배하고 있었다.[160] 북부 프랑스에서는 대규모 차지농들이 영주와 촌락민들 모두

159) P. Deyon, "Quelques remarques sur l'évolution de régime seigneurial en Picardie, XVIe et XVIIIe siècles", *Revue d'histoire moderne et contemporaine*, viii(1961), pp.277-8; Postel-Vinay, *Rente foncière dans le capitalisme agricole*, pp.31-3, 90-2, 255-62, 43-53, 3-40, 64-70: Jacquart, "Rente foncière, indice conjoncturel?", pp.374-5.

를 경제적으로 지배하는 양상이 혁명으로 더욱 강화되었고, 19세기 초반에는 더더욱 뚜렷해졌다.[161] 이와 같이 자본주의적 차지농들의 경제적 · 사회적 우위는 영국보다 북부 프랑스의 대부분 지역에서 더 두드러지게 되었다. 풀러Fuller와 고전적인 정치경제학의 원리에 따르면, 프랑스의 곡물 경작이 상대적으로 비효율적이었던 이유 가운데 하나는 농민의 보수성에 있는 것이 아니라 농장을 얻기 위한 경쟁이 벌어지지 못하고 영주들이 1780년 이전과 1810년 이후에 지대를 올릴 힘을 갖추지 못했다는 데 있을 수밖에 없었다. 로렌스Laurence는 대영주의 집사가 수행해야 했던 가장 중요한 의무 가운데 하나가, 차지농들이 이따금 지방 젠트리에게 선동되어 지대의 상승을 저지하게 위해 함께 힘을 합치지 못하도록 막는 것이었다고 보았다.[162] 어쩌면 포스텔-비네는 이것이 차지농들을 "봉건적" 지대에 종속시키는 것이었다고 해석할 게다. 영국에서는 비교적 커다란 규모의 토지를 소유한 젠트리들이 18세기에 그들의 점점 더 많아지는 시간과 돈으로 지방 도시와 런던에서 도시사회에 소비하는 부재지주가 되어갔다고 말할 수 있다. 그들이 주 및 지방의 통치 업무를 전문행정관리들에게 점점 더 많이 넘겨주었음은 분명하다.

자본주의를 규정하고자 할 때 농업은 심각한 용어상의 문제들을 제기한다. 자본주의 이전에 이미 자본이 존재해 있었고, 특히 무엇보다

160) Neveux, "Déclin et reprise", pp.149-51: H. Neveux, *Les grains du Cambrésis* (Lille, 1974), pp.661-7 ; S. Gruzinski, "Recherches sur le monde rural dans les Pays-Bas méridionaux, 1480-1630", *Ecole Nationale des Chartes: Position des thèses* (1973).

161) Postel-Vinay, *Rente foncière dans le capitalisme agricole*, pp.110-2, 128-38.

162) Laurence, *Duty of a Steward to his Lord*, pp, 12-5.

도 어떤 형태로든 미리 자금과 자본재를 투입해야 할 필요가 있는 정주定住농업에서는 더욱 그러했다는 사실은 종종 주목을 받아왔다. 우리가 살펴보았듯이 산업자본주의와 상업자본주의에 대한 튀르고Turgot의 분석은 농업에 대한 그의 분석을 확대해 놓은 것이다. 기계화가 이루어지기 이전의 유럽 농업에서는 어떤 경우에나 가장 중요하고 필수적인 자본재가 바로 가축이었다. 부유한 농사꾼은 누구나 자본가이며, 우리가 알다시피 호스킨스Hoskins는 15세기에 윅스톤Wigston에서 존재하고 있던 요맨 또는 상층 농민peasant aristocracy을 "자본가 농민capitalist peasants"으로 부르고 있다.[163] 17세기에 프랑스의 농업과 영국의 농업 사이에서 나타났던 결정적인 차이는 아마도 토지에 대한 가축의 비율이—무엇보다도 특히 곡물 경작 지역에서—프랑스보다 영국의 경우에 더 높았고 또 더욱 높아지고 있었다는 사실일 것이다. 하지만 브레너를 비롯한 여러 학자들은 영국이 프랑스보다 더 부유했다는 사실보다 더 중요한 그 무언가를 말하고자 한다. 그들에게는 그 사실이, 그들이 보기에 프롤레타리아를 창출하는 농업 자본주의에 의해서만 성취될 수 있고 산업자본주의를 위해 반드시 필요한 토대로서, 생산성의 향상을 위한 투자가 이루어지고 직접생산자가 생산 수단을 빼앗기게 되는 목적론적인 과정의 한 부분에 지나지 않는다. 여기에서 비교사적인 분석을 가로막는 요인은 소규모 농민 영농이 산업화를 뒷받침하는 데 필요한 생산성의 증대를 이루어내는 것은—플랑드르의 예가 그것이 실제로 가능했음을 밝혀주고 있음에도 불구하고—불가능한 일이라고 미리부터 전제하는 데 있다.[164]

163) Hoskins, *Midland Peasant*.

164) Lavelaye, *Essai sur l'économie rurale de la Belgique*, pp.55-6; 플랑드르에서는 토

호스킨스나 서스크와 같은 영국 역사가들이 농민 영농에 관해 글을 쓰면서 프랑스 역사가들과는 개념적으로 다른 무언가를 다루고 있을까? 망드라Mendras는 그렇다고 생각한다. 그는 "대륙과 비교할 때 영국은 결코 농민들의 나라였던 적이 결코 없었다"고 주장하는 것이다.165) 이러한 주장은 농민경제에 대한 그의 모델로 더욱 그럴듯하게 된다. 그 농민경제에서는 자본이 전혀 의미를 갖지 못하며 화폐는 자급자족과 물물 교환을 바탕으로 한 농민경제를 에워싸고 있는 외부경제의 한 부분일 뿐이다. 외부와의 화폐거래로부터 농민들이 벌어들인 돈은 자본도 또 소득도 아니며 단지 세금을 내고 가축이나 땅을 사며 지참금을 내주기 위해 양말 속에 차곡차곡 넣어둔 저금에 지나지 않는다. 그러한 저금은 집안의 상속 재산 가운데 일부가 되며, 화폐로 하여금 상속 재산 가운데 동산의 일부를 이루기는 하지만 그 집안의 일상적인 경제운용에서 아무런 역할도 못하는 한계적 성격을 띠게 만든다.166) 하지만 농민공동체는 갖가지 공조와 세금을 화폐로 내야만 했으므로, 화폐는 비록 농민경제의 자급자족적인 바람과는 동떨어져 있지만 그래도 농민들이 집안 살림을 꾸려가던 체제에 본질적으로 주요한 요소가 되어 있었다. 프랑스와 영국 모두에서 농민경제는 방목지역들에서 가장 강력하였다. 프랑스의 농민들이 곡물이나 그에 대신하는 식량을 자급자족하는 것에 아무리 커다란 중점을 두었다 하더라도, 그들은 지방 시장이나 더 멀리 떨어진 시장에 가축과 생산물을 팔

지의 생산성이, 롬바르디아의 몇몇 지역을 빼고는 영국이나 유럽의 어떤 다른 지역에서보다도 더 높았다. 또한 "어떤 다른 곳에서보다도 플랑드르에서 더 많았던 운영 자본도 부유한 토지소유자나 대규모 차지농들에 의해 제공된 것이 아니었다."

165) H. Mendras, *Sociétés paysannes* (Paris, 1976), p.194.

166) *Ibid.*, pp.44-5.

아넘기지 않을 수 없었다. 영국의 방목지역들에서는 멀리 떨어진 시장에 의존하는 농촌산업들이 더 중요했던 반면에 프랑스의 방목지역들은 떠돌이 노동력을 보다 많이 창출해 내었다고 볼 수 있다. 19세기에 영국의 농장노동자가 토지를 획득했을 때 프랑스 농민과 똑같이 자급자족에 중점을 두었음은 (일부 농촌사회학자와 프롤레타리아의 계급의식을 중요시하는 사람들만 제외하고는 어느 누구에게도) 놀라운 일이 아니다.[167] 17세기에는 이미 시장의 유통망이 프랑스보다 영국에서 더 크게 그리고 더 넓은 범위에 걸쳐 발달해 있었으므로, 영국 농민의 가족농장은 시장을 지향하는 성격을 더 짙게 띠었던 반면에, 프랑스 농민의 가족농장은 주로 세금을 납부하기 위해서만 화폐를 필요로 했을 것이다.

이따금 학자들은 토지가 하나의 생산요소, 즉 어떤 다른 생산요소와도 마찬가지로 수익을 가져다 줄 수 있는 자본 또는 그 자본의 한 형태로 간주될 때 농업 자본주의가 존재하는 것으로 파악해 왔다. 대규모 자본주의적 차지농들이 지배하는 상업화된 농업이, 19세기의 안달루시아에서 그 보기를 찾아볼 수 있듯이,[168] 브레너가 농업 자본주의에서 비롯된 것으로 여기고 있는 생산성의 증대를 가져오는 마술적인 힘을 반드시 가지고 있지는 않았을 게다. 반면에 1750년에서 1860년까지의 시대에 플랑드르의 농업은 농민들이 수행하는 자본주의적 영농에 의해 지배되었음에도 불구하고 바로 그러한 힘을 드러내

167) J. Obelkevich, *Religion and Rural Society* (Oxford, 1976), pp.62-3.

168) T. Kaplan, *Anarchists of Andalusia, 1868-1903* (Princeton, 1977), p.39는, 농업 자본주의란 "토지 자체가 매매될 수 있는 상품이고, 노동자들이 점점 더 토지를 얻기가 힘들어지며, 화폐경제를 위한 생산이 사회적 · 정치적 관계를 형성하는 현상"을 가리키는 것으로 본다.

었다. 이와 같이 시장을 중요시하는 접근방식을 가장 극단적인 형태로 보여주는 것은 바로 왈러스타인Wallerstein인데, 그는 국제교역과 관련하여 시장을 위해 생산하는 어떤 농업생산자도—그가 예농의 노동력을 사용하여 직영지를 경작하는 폴란드의 귀족이든, 인디언의 노동력을 사용하는 스페인령 아메리카의 농장주이든 또는 이탈리아의 종교 단체이든—자본주의적 기업가로 부르고 있는 것이다.[169]

망드라의 주장에 따르면 토지와 자본을 동일시하는 것은 분석을 가로막는 것이다. 그것은 토지의 가격이 "농업경제에서의 가치보다는 인구밀도에 따라 달라지며……지대의 소유자도 또 농민 소유자도 결코 자본가가 되지 못하는" 것을 설명할 수 없게 만든다는 것이다.[170] 하지만 역사적으로 사람들은 언제나 다른 투자 형태보다 토지로부터 더 낮은 수익이 나오는 것을 기꺼이 받아들여 왔는데, 그 이유는 단지 토지가 통상적으로 비교적 안전한 투자이기 때문일 뿐만 아니라 화폐 이외의 수익을 위한 투자이기 때문이기도 하다. 부르주아든 영주든 젠트리든 아니면 대제후이든 대규모 토지소유자의 경우, 그들은 토지와 더불어 위신과 권위를 사들였던 것이며, 오늘날에도 여전히 그러고 있는 것이다. 정반대 쪽에서도 농민들은 자급자족의 수단을 손에 넣음으로써 독립적인 입장을 사들이거나 추구하고 있었다. 이 점은 토지에서 얻어지는 수익을 오로지 돈의 액수로만 헤아릴 수는 없다는

169) I. Wallerstein, *The Modern World-System*[2 vols.(New York, 1974-80)], i, pp. 90-102, 159-62; "두 가지 형태의 사회조직, 즉 자본주의적인 것과 봉건적인 것이 동시에 병존했다거나 또는 병존할 수 있었다고 하는 것은 결코 옳지 않다. 일단 자본주의적인 사회조직이 자리를 잡으면, 겉보기에 봉건적인 것과 비슷한 모습을 지니고 있는 관계들도 필연적으로 자본주의 체제의 지배 원리에 따라 다시 규정되는 것이다."(p.92)

170) Mendras, *Sociétés paysannes*, p.96.

사실을 보여주지만, 그렇다고 해서 그것이 반드시 토지소유자나 농민들이 자본주의적이지 않았다거나 자본주의에 도달해 있지 못했음을 가리키는 것은 아니며, 또한 그들이 그러한 형태를 보임으로써 상업화된 농업을 발전시키지 못했음을 가리키는 것도 아니다. 농민들이 자급자족을 향한 그들의 바람 때문에 상업적인 합리화와 수익의 극대화를 추구하지 못했다고 한다면, 19세기에 영국의 토지소유자들도 사냥터를 보존하고 여우 사냥의 즐거움을 누리기 위해 역시 그랬던 것이다.

자본주의를 이윤과 경제적 합리성의 추구로 보는 개념은 또 다른 문제들을 불러일으킨다. 드 브리De Vries는, 17세기와 18세기에 이자율이 계속 낮아졌다는 사실은 자본의 부족이 주된 제약을 이루지 않았음을 가리키는 것일 수도 있다고 지적한 바 있다.[171] 리차드 뉴디게이트 경이 17세기 말에 5퍼센트에 지나지 않는 수익률에 만족하면서 농업의 개선을 이끌어간 사람들을 전형적으로 대표한다면, 그는 어느 정도까지 화폐 이외의 다른 수익을 위해 투자하고 있었던 것일까? 분익소작제의 농장에 대한 투자로부터 종종 더 높은 수익을 올렸던 프랑스의 도시 유지들은 경제적으로 비합리적인 사람들이었는가? 영국에서는 톰슨F.M.L. Thompson이 말하는 이른바 제2차 농업혁명에 이르러서야 비로소, "농장의 토지 및 생산량 가운데 겨우 반가량만이, 그리고 더구나 차지농 개개인들 가운데에서는 의심할 나위 없이 반에 훨씬 못 미치는 비율만이, 차지농들로 하여금 그들의 활동을 사업—면화를 생산하던 어떤 영주와도 마찬가지로 가장 값이 싼 시장에서

171) J. de Vries, *The Economy of Europe in an Age of Crisis, 1600-1750* (Cambridge, 1976), p.211.

원자재를 구입하고 그들의 공장에서 그 원자재를 처리하여 최종생산물을 가장 값이 비싼 시장에 내다 팔지 않을 수 없게 만드는 사업—으로 간주하게 만드는 상업화된 영농체제의 지배 아래로 들어갔다."[172] 우리가 알다시피, 생산성을 올리기 위해 투자된 이 모든 자본으로부터 영주들이 올린 수익은 극도로 낮았다. 하지만 차지인들이 투자를 늘려 얼마만큼 수익을 올렸는가에 대해서는 우리가 알지 못하고 있다. 만일 우리가 그 점에 대해 알고 있다면 "차지인들이 보여주는 사업도 아주 많은 경우 똑같이, 수익을 거의 내지 못하거나 잘못된 방향으로 나아갔음이 판명될 수 있을" 게다.[173] 19세기 중엽에 리용의 유지들은 그들의 소작농들로부터 구제도 아래에서 대부분의 영주들이 뜯어냈던 것보다도 더욱 많은 개인적 봉사를 받아냈는데,[174] 그들과 마찬가지로 영국의 토지소유자들 역시 앞서 여러 세기에 걸쳐 그러해 왔듯이 19세기에도 여전히 권위와 사회체제에 투자를 하고 있었으며, 이윤의 추구보다는 바로 그러한 방향에서 그들의 수익을 극대화 시키는 데 보다 많은 관심을 기울이고 있었다.

172) F. M. L. Thompson, "The Second Agricultural Revolution, 1815-1880", *Econ. Hist. Rev.*, 2nd ser., xxi(1968), p.71.

173) *Ibid.*, p.73.

174) G. Carrier, *Paysans du Beaujolais et du Lyonnais*, 1800-1970(Grenoble, 1973). pp.148-9. 그 유지들은 농업생산보다는 정원과 건물에 더 많은 투자를 했다(p.686).

산업시대 이전 보헤미아의 농업계급구조와 경제발전

아노스트 클리마 Arnošt Klíma[1]

로버트 브레너의 논문을 둘러싼 이 논쟁에 기고한 사람들은 하나만 빼고는 모두가 영국과 프랑스에서 이루어진 발전들에 주목을 집중해 왔다. 그들이 중앙유럽과 동유럽에서 나타난 상황을 언급하는 경우에도 그것은 오로지 일반적인 주장을 내세우기 위한 것이었다. 단 하나의 예외는 하이데 분더인데 그는 "중앙 유럽의 역사가들이 그들이 밝혀낸 점들을 영국과 프랑스의 역사가들에게 제대로 알려주지 못해왔다"는 결론을 내렸다.[2]

하지만 브레너 논쟁의 맥락에서는 보헤미아의 발전이 특히 중요하다. 그 이유로는 첫째, 보헤미아가 지리적으로 한가운데에 위치해 있고 따라서 산업시대 이전의 유럽 전체에 경제적으로 중요했기 때문이며, 둘째, 보헤미아가 영국과 프랑스의 경제적 · 사회적인 발전과 뚜렷이 대조되는 하나의 변형된 발전 형태를 보여주는 본보기가 되기 때

1) 필자는 여기에 싣기 전의 상태로 이 논문을 읽고서 논평을 해준 데 대해 Josef Macek에게 감사를 드린다.

2) 본서의 p.154.

문이다. 17세기 중엽으로부터 보헤미아는 줄곧 서유럽의 여러 나라와는 아주 다른 길을 따라서 발전해왔다. 따라서 보헤미아는 봉건제에서 자본주의로 이행을 판에 박힌 이론으로 설명하려는 어떠한 시도에도 그것을 바로잡을 수 있을 쓸모 있는 사례가 되며, 개재되어 있는 여러 쟁점과 문제들에 대해 신선한 관점들을 제공해주는 것이다.

이 심포지엄에 기고한 글에서 포스탄과 존 해처는 헝가리에서는 15세기 말에 이르기까지도 "노동 부역이 단지 부차적인 역할만을 맡았을 뿐"이고 "중세 농촌경제의 발전 추세가 본질적으로 서유럽 여러 나라의 그것과 일치하였다"는 파하의 관찰을 인용하고 있다.[3] 그들은 더 나아가 "보헤미아와 폴란드쪽으로부터도 비슷한 결론들이 제시되어 왔고, 그러한 결론들은 쿨라와 그라우스 그리고 말로위스트 같은 학자들의 저작 속에서 찾아볼 수 있다."는 견해를 표명하였다.[4] 이는 분명히 옳다. 그러나 30년 전쟁the Thirty Years War이 보헤미아의 사회적 · 경제적 발전에서 절대적이라고 해도 좋을 만큼 결정적인 역할을 했고, 전쟁의 직접적인 결과로 17세기 중엽이 그 나라의 역사에서 주된 전환점을 이루었다는 사실을 강조하는 것은 중요하다. 주로 이와 같은 이유 때문에 보헤미아에서 이루어졌던 봉건제에서 자본주의에로의 이행에 관해 전반적으로 설명하고자 하는 어떠한 시도도 오로지 중세에 나타난 사건들에만 한정될 수는 없다. 오히려 강조점은 훨씬 더 뒷날의 발전들에로 옮겨져야만 한다. 보헤미아의 역사에서 실제로 자본주의에 앞선 국면을 이루고 있는 것은 실로 17세기와 18세기인

3) 본서의 p.104, Z. P. Pach, "The Development of Feudal Rent in Hungary in the Fifteenth Century", *Econ. Hist. Rev.*, 2nd ser., xix(1966), p.13을 인용한 것임.

4) 본서의 p.104.

것이다.

이 심포지엄에 기고한 글에서 기브와는 16세기 초반에 서유럽에서는 영주계급이 "보유지를 몰수하여 직영지를 넓히고 임금노동을 사용하여 그 직영지를 경작하기로 결정"했는데, 그 이유는 "그러한 보유지들에 대해 부과되는 다양한 지대의 수준이 아주 낮았다"는 데 있다고 쓰고 있다. 그의 주장에 따르면 이는 "농업 자본주의가 서유럽에서 갑작스럽게 모습을 드러"내도록 만들었다.[5] 하지만 보헤미아에서는 17세기 중엽으로부터 줄곧 완전히 정반대의 일이 나타났다. 물론 보헤미아의 영주들도 직영지를 늘리긴 했지만 서유럽의 경우와는 달리 농민의 보유지를 몰수하여 그렇게 한 것은 아니었다. 왜냐하면 30년 전쟁이 끝을 맺었을 때에는 그 나라의 땅 가운데 너무나 많은 부분이 이미 버려져 경작되지 않고 있었기 때문이었다. 전쟁이 남겨준 또 하나의 유산은 노동력이 심각하게 부족해진 것이었는데 그로 말미암은 불가피한 결과로서 이용될 수 있는 노동에 대한 임금 역시 이례적일 정도로 높아졌다. 따라서 영주들은 그들의 직영지를 경작하기 위해 노동력을 고용하는 대신에 그들이 거느린 예농들에게 노동 부역을 더 무겁게 부과하는 쪽을 택하였다. 그리하여 서유럽에서는 직영지의 팽창이 임금노동의 고용을 통하여 자본주의를 향한 추진력을 더욱 강화시키는 데 보탬이 되었던 반면에, 보헤미아에서는 정반대로 인력이 심각하게 부족했기 때문에 직영지의 팽창이 오히려 예농제를 강화시키는 결과를 낳았다. 물론 이 시대 동안에 보헤미아에 자리 잡고 있던 경제구조와 계급구조는 봉건 영주와 그들의 예농 사이에 맺어진 기본

5) 본서의 p.179.

적인 경제적 관계에 입각해 있었다. 쿨라가 16세기부터 18세기까지의 폴란드에 관한 그의 저작들에서 강조하였던 여러 가지 측면들은 보헤미아에도 해당되는 것이다.[6] 그리고 이러한 기본적인 경제적 관계는, 보헤미아에서도 다른 곳에서와 마찬가지로 예농이 정치적 문제와 법률적인 문제에서도 역시 영주의 사법권에 종속되어 있었고, 따라서 영주는 상황이 필요로 할 때면 예농을 강제하고 억압할 수 있는 힘을 갖추고 있었다는 사실 덕분에 더욱 보강되고 강화되었다.[7]

17세기와 18세기에는 보헤미아의 인구 가운데 대부분—즉 80퍼센트가량—이 농촌에 살면서 농업에 종사하고 있었으며 나머지는 도시에 살고 있었다. 이러한 수치는 폴 바이로크Paul Bairoch가 그 시대에 전반적으로 그랬다고 제시한 수치와 일치하고 있다.[8] 그러나 많은 도시주민들 역시 농업과 관계를 맺고 있었다. 1748년의 토지대장에 따르면 보헤미아에서 도시에 살고 있던 사람들은 그 나라의 모든 경작지 가운데 10.3퍼센트에 해당하는 약 123,825헥타르를 소유하고 있었다.[9] 그리고 몇몇 지역에서는 도시들이 완전히 농업적인 성격을 띠고 있었다.[10] 따라서 인구의 수로 보면 농업 부문이 인구 가운데 80퍼센트를 훨씬 넘게 차지하고 있었다. 1627년에 개정된 토지법에 따

6) W. Kula, *An Economic Theory of the Feudal System* (London, 1976), p.25.

7) 본서의 pp.41-4, 53-7, 203-4.

8) P. Bairoch, "Agriculture and the Industrial Revolution, 1700-1914", in C. M. Cipolla (ed.), *The Industrial Revolution* (Fontana Economic History of Europe, iii, London, 1976), pp.452, 467.

9) J. Křivka, *Výrobni a peněžní výsledky měšťanského zemědělství v* 18. *stoleti v severních Cechách* (18세기 북부 보헤미아에서의 부르주아농업의 생산과 재정적 결과) (Prague, 1975), p.3. A. Mika, "On the Economic Status of Czech Towns in the Period of Late Feudalism", *Hospodărské dejiny*, ii(1978), pp.239, 247.

10) Křivka, *Výrobnií a peněžní výsledky měšťanského zemědělství*, p.12.

르면 농촌지역과 자치권이 없는 도시의 인구 가운데 절대다수는 토지에 속박되어 영주의 동의와 승인이 없이는 이주할 수 없었다. 추수기와 건초수확기에는 많은 경우 이처럼 이주를 제한하는 전형적인 봉건적 규제가 완화되었는데, 그러한 경우에는 예컨대 비교적 척박한 지역에 살고 있는 사람들이 노동력이 부족한 영지로 옮아갈 수 있었으나 그들은 언제나 추수가 끝난 뒤에는 자기 고장으로 되돌아가도록 요구되었다. 따라서 그처럼 부분적으로 또 완전히 일시적으로 노동력이 이동하는 것은 봉건제가 "약화"되고 있음을 보여주는 징후로 간주될 수 없다. 그것은 어떤 현실적인 의미에서도 봉건적인 억압이나 의무들이 느슨해지는 것을 가리키지 않았으며, 따라서 어떻게든 예농해방을 향한 추세를 뜻하지 않았다.[11]

30년 전쟁이 진행되는 가운데 보헤미아의 인구가 170만이 넘었던 전쟁 전의 수준으로부터[12] 95만에 불과한 전쟁 후의 수준까지[13] 40퍼센트가 넘게 감소하였다는 사실은 그 나라가 걷게 될 역사에 결정적으로 중요한 의미를 지닌다. 그것이 경제의 영역에 미친 충격은 극적인 것이었다. 엄청난 수의 농업 보유지들이 내버려졌고, 많은 땅이 경작되지 않은 채 널려있게 되었다. 그에 따른 한 가지 결과로 땅이 없는 농민들은 영주의 재가를 얻어 수없이 많은 공보유지들을 점

11) Brenner가 말하고 있듯이 영국에서도 비슷하게 일찍이 12세기에 "금납화는……아주 폭넓게 진척되었지만……이러한 금납화 추세가 농민의 해방을 뜻했던 것은 아니었다." : 본서의 p.42, M. M. Postan, "Medieval Agrarian Society in its Prime : England", in *Cambridge Economic History of Europe*, i, 2nd edn, pp.604-8, 611에서 인용한 것임.

12) O. Placht, *Lidnatost a společenská skladba českých zemí 16-18. století*(16세기로부터 18세기까지 체코 지역에서 나타난 인구와 사회구조)(Prague, 1957), p.39.

13) J. Pekař, *Ceské katastry*, 1654-1789(체코의 토지대장, 1654-1789)(Prague, 1412), pp.21-2는 인구를 93만 4천 명으로 제시하고 있다.

유하여 경작할 수 있게 되었고, 정말로 땅을 한 뙈기도 갖고 있지 않은 자들의 수는 실질적으로 사라져 버렸다. 한편 영주들도 그들의 기존 직영지에 새로 땅을 보태거나 또는 새로운 직영지를 만들어냄으로써 그들 자신 버려진 땅을 차지하도록 부추김을 받았다. 그리하여 17세기 중엽부터는 보헤미아에서 직영지의 수가 크게 증가하였다. 예컨대 1650년과 1680년 사이에 트라우트만스토르프 가문은 동부 보헤미아의 리토미슐 지역에 있던 그들의 광대한 영지에서 앞서 그곳에 이미 있었던 두 개의 직영지에 더하여 통틀어 열한 개의 새로운 직영지를 만들어냈다.[14] 그리고 그러한 추세는 보헤미아 전역에서 전반적으로 나타났다. 예컨대 북부에서는 6만 9천헥타르에 달했던 프리들란트 영지의 경우 영주가 열여덟 개의 직영지를 가지고 있었던 반면,[15] 그에 앞서 1631년에는 직영지가 세 개밖에 없었다.[16] 이 열여덟 개의 직영지는 대체로 하나의 직영지가 평균 100헥타르가량씩으로 모두 1,700헥타르의 경작지로 이루어져 있었다.[17] 하지만 경작지에 더하여 하나의 영지는 많은 경우 삼림과 물고기를 잡을 수 있는 호수 그리고 양조장이나 벽돌공장 같은 산업시설들까지 포함하고 있었다. 남부 보헤미아에서 마흔여덟 개의 촌락과 하나의 도시를 포괄하고 있던 인더지쿠프 흐라데츠—노이하우스—영지는 통틀어 700헥타르의 경작

14) A. Tomíček, *Nás sedláky každý šidí* (우리 농민은 모두에게 속임을 당한다)(Litomysl, 1927), p.6.

15) E. Janoušek, *Histosický vývoj produktivity práce v zemědělství u období pobělohorsk ém* (하얀산의 전투에 뒤이은 시대에 농업에서 노동생산성이 겪었던 역사적 발전)(Prague, 1967), p.83.

16) J. Kočí, *Odboj nebolníků na Frýdlantsku, 1679-1687* (프리들란트 지역에서 발발한 예농반란, 1679-1687)(Liberec, 1965), p.43.

17) Janoušek, *Historický vývoj produktivity práce v zemědělství*, p.104.

지에 더하여 6천 헥타르의 삼림과 고기를 잡을 수 있는 2천 헥타르의 호수들을 거느린 열 개의 직영지를 지니고 있었다.

30년 전쟁으로 말미암아 인구가 감소하고 그에 따라 인력이 부족해진 것과 더불어서 17세기 후반 동안에 새로운 직영지들이 설립되었던 것은, 충분히 예상될 수 있는 여러 가지 사회적 · 경제적 결과들을 낳았다. 전쟁이 끝난 뒤 경작되지 않은 채 버려져 있는 땅에 정착했던 땅 없는 농민들은 더 이상 생계를 유지하기 위해 임금노동에 의존하지 않아도 되었고, 이는 이미 심각해져 있던 인력 부족을 더욱 악화시켰을 뿐만 아니라 동시에 그나마 남아있던 노동력에 대한 임금의 수준을 전반적으로 높이는 데에도 이바지하였다. 반면에 농산물에 대한 수요는 16세기 내내 농산물의 가장 주된 시장 가운데 하나였던 도시 인구의 규모가 감소한 것을 반영하여 뚜렷하게 줄어들었다. 이러한 이중의 압력 아래에서 영주들은 그들의 영지에서 생산비를 낮출 수 있는 수단을 찾아 나섰으며, 이는 예농들에게 갖가지 노동 부역—물론 영주들은 이러한 노동 부역에 대해 아무 대가도 치르지 않았다—을 더욱 강력하게 수탈하는 것으로 가능해졌다. 영주들은 그들의 영지에서 노동 부역을 강화시킴으로써 그 영지에서 생산된 농산물을 내수시장과 국제시장 모두에서 값싸게 팔아넘길 수 있게 되었으며, 그에 따라 노동 부역은 17세기 중엽으로부터 두드러지게 강화되었는데, 이러한 부역의 강화는 영주가 예농에 대해 지니고 있던 정치적 · 법률적 사법권과 경제외적 강제를 행사할 수 있는 상당히 강력한 권력 덕분에 더욱 쉽게 이루어질 수 있었다.

보헤미아에서 노동 부역이 강화되었던 정도는 꽤 컸다. 1680년의 노동 부역에 관한 법령에 따르면, 예농은 영주의 직영지에서 한 주에 사흘씩 노동 부역을 해야만 했고 건초를 만들거나 추수를 할 때, 생선을 잡아들이는 때에도 영주는 그의 "마음대로" 부역 일수를 며칠이든 더 늘릴 수 있었다.[18] 우리는 18세기 동안에 영주들이 한 주일에 엿새씩이나 노동 부역을 요구했던 보기들을 많이 찾아볼 수 있다.[19]

17세기 중엽에 보헤미아에서 토지는 대부분 (그 자체가 상층 귀족과 하층 귀족으로 다시 나누어 있었던) 귀족이 소유하고 있었다. 귀족들은 교회와 도시 그리고 국왕과 더불어 사용될 수 있는 땅을 실질적으로 죄다 차지하고 있었던 것이다. 심지어는 1757년에 와서도 자유 보유자들은 전체 토지의 고작 0.5퍼센트만을 소유하고 있었을 뿐이다. 실제로 땅을 경작하는 사람들은 당연히 예농들이었는데 그들은 그들이 지닌 보유지의 크기에 따라 세 집단으로 나눌 수 있다. 면적이 4.5헥타르에 달하는 보유지를 지니고 해마다 14길더 15크로이체 이상의 세금을 내는 사람들은 쟁기를 끄는 일짐승을 데리고 나가서 하는 노동 부역을 수행하는 예농으로 분류되었다. 해마다 9길더 30크로이체를 넘지 않는 세금을 내는 소규모 보유지를 지닌 사람들은 자기 몸뚱어리로 하는 노동 부역을 수행하였다. 세 번째 집단은 땅이 없는 부류였다. 1656년에 보헤미아에서 봉건적인 토지소유의 수치는 상층 귀족이 59.5퍼센트, 하층 귀족이 9.6퍼센트, 도시가 13.1퍼센트, 교회가 12.3퍼센트, 국왕이 5.0퍼센트였다.[20] 거의 정확하게 한 세기

18) 1680년의 노동 부역에 관한 법령, 제2절. 이 법령의 원문은 *Archiv český*, xxiii(1906), pp.485-90에 독일어와 체코어로 인쇄되어 있다.

19) A. Chalupa, "Venkovské obyvatelstvo v Cechách v tereziánských katastrech, 1700-1750"(테레사의 토지대장에 나타난 보헤미아의 농촌 인구, 1700-1750), *Sborník Národního Muzea*, xxiii(1969), pp.320-1.

20) Pekař, *Ceské katastry*, p.456.

뒤인 1757년에는 그에 상응하는 봉건적인 토지소유의 수치가 상층 귀족이 62.4퍼센트, 하층 귀족이 6.1퍼센트, 도시가 12.2퍼센트, 교회가 13.6퍼센트, 국왕이 5.0퍼센트였고, 자유보유자는 고작 0.5퍼센트만을 차지하고 있었다.[21] 더구나 당시의 보고서들은 1654년에, 에겐베르크Eggenberg 공작은 그의 영지들을 통틀어 토지를 보유하고 있는 5,540명의 예농을, 트라우트만스도르프 백작은 4,094명을, 부쿠이Buquoy 백작은 3,100명을, 갈라스Gallas 백작은 3,066명을 거느리고 있었다는 사실을 보여준다. 여기서 땅이 없는 예농들에 대해서는 어떠한 수치도 남아있지 않다.[22]

테레사(보헤미아를 포함한 합스부르크제국의 여제로서 치세는 1740~1780년임/역자)의 토지대장에 따르면, 18세기의 첫 사반세기에는 보헤미아에 215,270개의 보유지가 있었다. 이 가운데 면적이 17.5헥타르를 넘는 보유지는 5.5퍼센트, 8.5헥타르에서 17.5헥타르까지의 보유지는 17.4퍼센트, 4.5헥타르에서 8.5헥타르까지의 보유지는 20.4퍼센트, 1.5헥타르에서 4.5헥타르까지의 소보유지는 21퍼센트, 1.5헥타르에도 못 미치는 땅을 지닌 오두막살이들의 보유지는 35.7퍼센트를 차지하고 있었다.[23] 이러한 수치들은 18세기의 첫 사반세기까지도 소보유농과 오두막살이들이 하나로 뭉뚱그려 보헤미아의 농업인구 가운데 가장 커다란 부문을 이루고 있었다는 사실을 드러내준다.

17세기 중엽으로부터 18세기 중엽에 이르는 백년 동안에 농촌의 상황은 다시 한번 극적인 변화를 겪었다. 그 기간에 보헤미아의 인구

21) *Ibid.*

22) Placht, *Lidnatost a společenská skladba českých zemi*, p.222.

23) Chalupa, "Venkovské obyvatelstvo v Cechách v tereziánských katastrech", pp.250-1.

는 30년 전쟁이 막을 내릴 무렵의 95만에서 1754년의 197만으로 두 배나 증가하였다. 그 뒤 1754년과 1776년 사이에는 인구가 다시 20퍼센트나 증가하여 240만으로 늘어났다.[24] 이처럼 이례적으로 급격하게 이루어진 인구의 증가 덕분에 앞서 농촌이 겪었던 인력의 부족은 어느 사이엔가 사라지고 오히려 상당한 정도의 인력과잉이 나타나게 되었다. 그 결과 땅이 없는 농민의 수가 크게 증가하였다. 18세기의 마지막 사반세기에는 그들의 수가 전체 농촌인구 가운데 지역에 따라 40퍼센트에서 60퍼센트를 차지하고 있었던 것이다. 1738년의 노동 부역에 관한 법령에 따르면 모든 예농은 땅을 보유하고 있든 말든 그들의 영주에게 노동 부역을 수행할 의무를 지고 있었으며, 그리하여 영주는 이제 그가 남김없이 이용할 수 있는 것보다 훨씬 더 많은 노동력을 거느린 상황에 놓이게 되었다. 따라서 영주는 다음과 같은 길을 택하게 되었다. 직영지 가까이에 살고 있는 예농들은 전과 거의 다름없이 영주의 직영지에서 계속 부역을 수행했으나 직영지에서 멀리 떨어진 곳에서 살고 있는 예농들의 경우에는 노동 부역이 화폐지대로 금납화되었던 것이다.[25]

이러한 현상은, 물론 훨씬 더 이른 시기의 일이긴 하지만, 영국에서도 나타났던 것이었다. 브레너가 말하고 있듯이 “영주가 노동 부역을 징발하기로 결정하지 않았던 곳에서조차 농민은 여전히 화폐로 대가를 치르고서 그의 노동 부역을 사들이도록 요구되었고, 더 나아가 그의 예속된 신분에 딸려있던 (임의세와 토지보유 허가료 따위의) 자의

24) L. Kárníková, *Vývoj obyvalelslva v českých zemich, 1754-1914* (체코 지역에서의 인구 증가. 1754-1914)(Prague, 1965), p.327.

25) Janoušek, *Historický vývoj produktivity price v zemědělství*, pp.30-1.

적인 부담들을 여전히 감수해야만"[26] 했던 것이다.

1775년의 노동 부역에 관한 법령에 규정된 조항에 따르면[27] 하루에 노동 부역을 해야 하는 작업시간은 10월 1일부터 3월 31일까지의 여섯 달 동안에는 여덟 시간, 4월 1일부터 9월 30일까지는 열두 시간이 되어야 했다. 예농과 그가 데리고 나온 가축은 앞의 여섯 달 동안에는 하루에 한 시간의 휴식을, 뒤의 여섯 달 동안에는 두 시간의 휴식을 가질 수 있었다. 그러나 그 법령은 추수기에는 필요한 만큼 작업시간을 한 시간이나 두 시간 더 늘릴 수 있도록 허용하고 있었다.

그 법령에 따르면 노동 부역을 수행하는 예농들은 열한 가지의 부류로 나누어졌다. 가장 낮은 부류는 땅을 전혀 갖지 못했지만 그럼에도 노동 부역을 수행할 의무를 지고 있던 자들로 이루어졌다. 보다 사정이 나은 농민을 위해 일을 해주거나 그 밖의 여러 다른 방법으로 생계를 꾸려나갔던 이와 같은 무토지 예농들은 해마다 고작 열사흘만 영주를 위해 일하도록 요구되었을 뿐이다. 두 번째 부류는 오두막은 갖고 있지만 땅은 전혀 갖지 못했던 예농들이었는데 그들은 한 해에 스무엿새씩 노동 부역을 수행하도록 요구되었다. 그 다음에는 소보유지를 지닌 예농들이 있는데 이들은 몸뚱어리 노동 부역이라 불리는 부역을 수행하였다. 이 부류는 다시 보유지 규모에 따라 다섯 개의 서로 다른 하위집단으로 나누어졌는데, 그들에게는 보유지의 크기에 따라서 한 주일에 하루에서 사흘까지 몸뚱어리 노동 부역이 요구되었

26) 본서의 pp.42-3; 그리고 Postan, "Medieval Agrarian Society in its Prime : England", pp.604-10을 보라.

27) 1775년에 제정된 봉건적 노동 부역에 관한 법령의 원문은 *Archiv český*, xxiv(1908), pp. 488-508에 인쇄되어 있다.

다. 한편 비교적 커다란 보유지를 지닌 예농들은 자신의 일짐승을 데리고 나와 한 주에 사흘씩 노동 부역을 하도록 요구되었다. 4.5헥타르의 토지를 지닌 예농은 한 마리의 일짐승을, 4.5헥타르에서 8.5헥타르 사이의 보유지를 지닌 예농은 두 마리의 일짐승을 데리고 나와 노동 부역을 수행해야 했다. 하지만 5월 15일부터 9월 28일까지의 기간에는 그에 더하여 한 주일에 하루씩 몸뚱어리 노동 부역을 수행할 일꾼을 한 사람 더 제공해야만 했다. 8.5헥타르에서 13헥타르 사이의 보유지를 지닌 예농들은 세 마리의 일짐승을 데리고 나와 한 주일에 사흘씩 노동 부역을 수행해야 했고, 그에 더하여 5월 15일부터 9월 28일까지는 한 주일에 이틀씩 몸뚱어리 노동 부역을 수행할 일꾼을 한 사람 더 제공해야만 했다. 이처럼 1775년의 노동 부역에 관한 법령은 부유한 농민들에게 노동 부역의 부담을 가장 무겁게 부과하였으며 그들의 의무는 실로 꽤나 무거웠다. 반면에 그 법령은 소보유자와 오두막살이 그리고 무토지 예농들의 의무를 크게 줄였고 그래서 그들에게 요구되는 노동 부역은 비교적 가벼워졌다. 노동 부역의 부담을 이런 식으로 조정한 데에는 여러 가지 이유가 있었으나, 그 가운데에서도 특히 국가가 농촌지역에서 노동력의 일부를 해방시켜 가내공업과 수공업 공장에 종사하게 만들기를 바랐다는 점이 주목된다. 그 법령은 인력이 전반적으로 과잉 상태에 있었기 때문에 직영지 경제의 활력에 어떠한 손실도 입히지 않았다.

일짐승을 데리고 나와 노동 부역을 수행해야 하는 무거운 부담이 부과된 것은 주로, 영주들이 그들의 직영지에서 자신의 일짐승을 거의 갖고 있지 못했고 따라서 모든 경작지와 삼림 그리고 그 밖의 여러 곳에서 필요했던 일짐승을 대부분 다른 데에서 충당해야 했다는 사실에서 비롯되었다. 또한 많은 사람에게는 노동 부역의 의무가 실제로 얼핏 보기만큼 그렇게 무겁지는 않았다. 커다란 규모나 중간 규모의 보유지를 지닌 농민들은 많은 경우 비교적 부유하여 노동자를 고용하고 있었다. 그 결과 그들은 그들에게 요구되는 노동 부역을 몸소 수행하는 것이 아니라 자신은 자기 보유지를 경작하는 데에만 신경을 쓰고 노동 부역을 위해서는 자기 대신 노동자를 보냈다.

1775년의 노동 부역에 관한 법령에서 제1조 제15항은 "예농들은 일짐승을 데리고 하는 노동 부역이건 몸뚱어리 부역이건 부역에 대한 어떠한 보상도 받을 권리가 없다"고 규정하였다. 일짐승을 데리고 나와 한 주에 사흘씩 부역을 수행할 뿐만 아니라 그에 더하여 5월 15일부터 9월 28일까지 몸뚱어리 부역을 수행할 일꾼을 한 사람 더 제공하도록 요구되었던 농민들만이 어느 정도나마 보상을 받을 권리를 지니고 있었는데, 이 보상은 하루에 4분의 3킬로그램씩의 빵으로 주어졌다. 그 법령은 또한 한 주에 사흘 미만의 노동 부역을 수행하는 예농들은 영주가 요구할 때면 언제든 그 요구에 따라서 한 주에 사흘을 채울 만큼의 시간을 보수를 받고 일을 해주어야 할 임금 부역의 의무가 있다는 규정도 담고 있었다. 그 법령은 이러한 작업에 대해 얼마의 보수를 지급해야 하는가를 정해놓았는데 10월 1일과 2월 28일 사이의 기간에는 하루에 7크로이체, 3월 1일부터 6월 30일까지는 하루에 10크로이체, 7월 1일부터 9월 30일까지는 하루에 15크로이체—작업 시간은 기간에 따라 8시간에서 12시간까지 달랐다—였다.

17세기 중엽에 널리 부과되고 있었던 갖가지 노동 부역의 의무는 의심할 나위 없이 아주 무거운 편이었다. 애초에는 영주들이 아무런 제한 없이—"영주가 그렇게 명령을 내릴 때는 언제나"—노동 부역을 요구했다. 1680년에 최초의 노동 부역에 관한 법령이 제정된 뒤로는 한 주에 사흘씩 노동 부역이 요구되었으나, 건초를 만들거나 추수를 할 때에는 이것이 한 주에 닷새나 심지어는 엿새로까지 늘어났다. 이러한 요구는 1775년에 새로운 노동 부역에 관한 법령이 제정될 때까지 계속 효력을 가졌다.

1680년에 앞선 시기에 예농들이 전례없이 강력하게 수탈을 당했던 것은 많은 지역에서 예농들로 하여금 노동 부역을 거부하고 도망을 치며 심지어는 조직적인 봉기에 참여하도록 만들었다. 이러한 반란은 압도적인 대다수가 특정한 몇몇 영지에서 일으킨 한정된 소규모 반란이었으나, 1680년과 1775년에는 두 해 모두 반란의 물결이 나라 전역으로 퍼져나갔다. 1680년의 봉기에서는 보헤미아에서 129개의 영지가 그 영향을 입었다. 반도들은 노동 부역의 철폐나 감축을 요구하고 귀족들의 성채와 직영지를 공격했으며 노동 부역의 수행을 거부하였다. 보헤미아에 주둔하고 있던 수비대로는 그 봉기를 진압할 수 없어 슐레지엔에서 보병연대와 기병 연대가 하나씩 새로 투입되었다. 그 부대들은 한지역 한지역 꾸준하게 봉기를 진압하는 데 성공하였다. 반란은 예농들이 체코인으로 이루어져 있었던 영지들에서뿐만 아니라 예농들이 독일인으로 이루어져 있었던 영지들에서도 발발하였다.[28] 독일인이 예농으로 자리 잡고 있었던 이러한 영지들에서는 봉기를 이끌었던 아흔아홉 명의 지도자가 사형선고를 받았고 그들 가운데 쉰다섯 명이 실제로 처형되었다.[29] 1680년의 봉기는 곧바로 황제

28) E. Strauss, *Bauernelend und Bauernaufstände in den Sudetenländern* (Prague, 1929), p.63.

29) K. Krofta, *Dějiny selského stavu* (농민의 역사), 2nd edn(Prague, 1949), p.269.

인 레오폴트Leopold 1세로 하여금 6월 28일에 최초의 노동 부역에 관한 법령을 제정하게 만들었다. 이 법령으로 국가는 (전에는 오로지 영주들에 의해서만 결정되어 왔던) 예농과 영주 사이의 관계에 처음으로 개입하게 되었는데 여기에서 국가는 결정적으로 영주들의 편을 들었다. 그 법령은 실질적으로 이미 존재하고 있었던 상황을 정당화시킨 것이었다. 법령은 뜻이 모호한 조항들을 많이 담고 있었는데, 영주들은 이 점을 이용하여 어떻게든 자신들의 이익에 가장 유리한 내용으로 해석할 수 있었다.

1680년부터는 줄곧 영주에 맞선 예농들의 봉기가 잇달았는데 그러한 봉기들은 제각기 개별적으로 발발하였으며, 모두 예농들의 상황을 전혀 개선시키지 못한 채 진압되어 버렸다. 그러나 1680년의 대규모 반란이 있은 뒤 거의 백 년이 지난 1775년에는 보헤미아에서 다시 한 번 전반적인 봉기가 발발했다. 그리고 이 때에는 사회적 세력균형에 변화가 이루어지는 결과가 빚어졌다. 봉기의 주된 중심지는 동북부 보헤미아에 자리 잡은 나코트 영지에 있었으며, 여기에서 행동 방향을 전반적으로 이끌기 위한 농민지도부가 결성되었다. 나코트와 그 주변의 넓은 지역 사이에 연락망이 형성되었고 5월 중순에 수도로 행진해간다는 계획이 세워졌다. 하지만 봉기는 계획보다 이르게 1775년 3월 19일에 발발하여 급속하게 다른 영지들로 확산되어 갔다. 예농들은 많은 경우 수천 명씩 떼를 지어 영주들의 성채를 공격하고 노동 부역의 철폐나 감축에 대한 공식적인 약속을 강제로 받아내면서 수도로 진군해갔다. 하지만 나코트의 농민지도부는 봉기에 대한 전반적인 통제력을 잃어버렸고 또한 그들 내부의 결속도 충분하게 이루어져 있지 못했다. 소규모 전투가 수많이 치러진 뒤에 4만의 병력으로 이루어진 강력한 군대가 파견되어 반도들과 맞서게 되었으며, 마침내 프라하 바로 바깥의 근교에서 반군에게 결정적인 패배를 안겨주었다.

그럼에도 정부 측에서는 그 봉기의 교훈을 잊지 않았다. 1775년 8월 13일에 노동 부역에 관한 법령이 공포된 것은 그것의 직접적인 결과였다. 1775년의 봉기는 보헤미아의 농촌에서 계속되어 왔던 계급투쟁 즉 예농과 영주 사이에서 오래도록 격렬하게 벌어져 왔던 싸움이 절정에 다다라 폭발한 것이었고, 정부로 하여금 농촌의 상황을 진지하게 바라보도록 만들었다. 그 법령 자체에 더하여 정부는 직영지를 예농들에게 분할하는 형태로 토지개혁을 하려는 급진적인 계획도 설립하였다. 몇몇 사람은 예농제가 더 이상의 경제발전 특히 산업생산의 발전을 가로막고 있으며, 장차 보헤미아의 경제가 발전하기 위해서는 예농제를 철폐해야 한다고 주장하기까지 했다.

이 심포지엄에 기고한 여러 학자는 봉건경제에서 영주와 예농이 상대적으로 어떤 입장에 놓여 있었는가에 대해서뿐만 아니라, 농민이 공개된 시장에서 그의 잉여생산물을 어느 정도로 팔아넘길 수 있었는가에 대해서도 많은 관심을 기울여왔다.[30] 18세기의 보헤미아에서는 폴란드에서와 마찬가지로 농업부문에서의 노동조직이 수백 년 동안 본질적으로 전혀 바뀌지 않고 있었으며, 심지어는 농촌에서 사용되는 농기구들조차 실질적으로 옛날 그대로였다.

보헤미아에서는 직영지가 주로 곡물생산에 치중해 있었다. 예를 들어 프리들란트 영지에서와 같이 5년 주기의 돌려짓기가 시행되어 매

30) 본서의 pp.60-1, 132-6, 205-6, 209.

해 휴경되는 땅이 전체 경작지의 20퍼센트에 지나지 않았던 몇몇 영지들이 있긴 했지만, 대개의 경우에는 3년을 주기로 하는 작물 돌려짓기가 사용되고 있었다. 저지대의 직영지와 산기슭의 언덕배기에 있는 직영지는 그 수확량에서 커다란 차이를 보이지 않았다. 예컨대 산기슭의 언덕배기에 위치해 있던 프리들란트 영지의 헥타르당 수확량은 밀 10.7첸트너, 호밀 9.5첸트너, 보리 9.5~10첸트너, 귀리 7.5~8.5첸트너였다.[31] 반면에 라베(엘베) 강 계곡의 비옥한 저지대에 위치해 있던 로우트니체 영지의 헥타르당 수확량은 밀 10.2첸트너, 호밀 8첸트너, 보리 10.7첸트너로 대체로 같았으며, 오히려 귀리는 5첸트너에 지나지 않았다. 남부 보헤미아의 인더지쿠프 흐라데츠 영지에서는 1722년의 경우 헥타르당 수확량이 밀 9.4첸트너, 호밀 7.7첸트너, 보리 5.6첸트너, 귀리 4.6첸트너였는데 이곳의 수확량이 비교적 낮았던 것은 토양이 더 척박했기 때문이었다. 추산에 따르면 프리들란트 영지에서는 한 헥타르의 땅에 곡물을 경작하는 데 노동 부역으로 쳐서 대략 80일의 작업이 필요했지만 저지대인 미엘니크 영지에서는 60일의 작업만이 필요했다. 프리들란트 영지에서는 곡물 한 첸트너의 생산에 대략 60일의 노동 부역이 필요했던 반면에 남부 보헤미아에서는 그 수치가 10.8일, 중부 보헤미아의 저지대에서는 10일에 지나지 않았다.

18세기 동안에 보헤미아에서 예농이 수행한 노동 부역의 효율성을 살펴보면 일짐승을 데리고 나오는 노동 부역이 영주 자신의 일짐승과 더불어 사용되었던 직영지들에서는, 노동 부역의 작업량이 영주 자신

31) Janoušek, *Historický vývoj produktivity práce v zemědělství*, pp.65-70. 첸트너는 독일의 무게 단위로, 대략 1헌드레드웨이트(hundredweight: 50.8kg)에 해당한다.

의 일짐승이 해내는 작업량의 겨우 절반에 지나지 않았던 것으로 여겨진다.[32] 실로 1849년 3월 4일에 공포된 노동 부역의 유상철폐에 관한 법률 제11조에서는 노동 부역의 가치가 "자유로운" 인력의 3분의 1에 지나지 않는 정도까지 낮게 평가되기에 이르렀다.[33] 그러나 체코의 농업사가들은 17세기와 18세기에 농민보유지가 직영지보다 훨씬 더 노동집약적으로 경작되었기 때문에 더 높은 수확량을 보였다는 점에 대해 전혀 의문을 품지 않는다.[34]

생산된 곡물은 대부분 지방 시장에서 팔렸지만 영주들은 그들의 영지에서 생산된 곡물 특히 밀과 보리 가운데 상당량을 맥주와 주정을 생산하는 데 사용하였다. 양조장은 영주들의 소유였으며 영주들은 예농들에게 자기 영지에서 빚어진 맥주만을 구입할 수 있도록 허용했기 때문에 생산해 낸 맥주에 대한 안정된 시장을 확보하고 있었다. 또한 모든 양조장은 그 지역의 모든 여관들이 그 지방에 있는 촌락과 도시들의 크기에 따라 많은 양의 맥주를 소비하고 있었다는 점에도 기댈 수 있었다. 양조장에서 얻어지는 수입은 영주가 영지에서 얻는 전체 수입 가운데 꽤 커다란 부분을 차지하고 있었다. 18세기 초에 보헤미아의 영주들이 올린 총수입 가운데 26퍼센트는 예농들로부터 거두어들인 온갖 수수료와 부과금에서 나온 것이었다. 직영지로부터 나온

32) *Ibid.*, p.150.

33) A. Klíma, *Revoluce 1848 v českých zemich* (체코 지역에서의 1848년 혁명)(Prague, 1974), p.109.

34) E. Maur, "Genese a specifické rysy českého pozdněfeudálního velkostatku"(봉건시대 말기 체코 직영지의 기원과 주된 특징들), *Acta Universitatis Carolinae: philosophica et historica* (1976), p.247.

수입은 69퍼센트를 차지하고 있었다. 이러한 직영지 수입 가운데 3분의 1은 곡물 판매, 3분의 1은 맥주 판매, 6분의 1은 가축사육에서 얻어진 것이었다.[35] 1757년의 귀족토지대장에 따르면 18세기 중엽에는 영주들의 총수입 가운데 양조장에서 얻은 수입이 43.1퍼센트나 차지하고 있었다.[36] 몇몇 지역에서는 직영지 자체만의 생산으로는 양조장에 곡물을 충분하게 공급할 수 없는 상황이 벌어졌고, 그러한 경우에는 영주가 필요한 밀과 보리를 예농들로부터 현물지대로 거두거나 또는 공개된 시장에서 구입하곤 했다.

이 점은 우리를 보헤미아의 대외 곡물 수출에 관한 문제로 이끌고 간다. 많은 역사가들은 엘베 오른쪽의 여러 나라에서는 곡물 수출, 특히 서유럽으로 수출이 예농제를 야기시킨 실질적인 원인이 되었다고 주장해왔다.[37] 브레너는 이들과는 견해를 달리하여 곡물의 수출은 단지 내수 시장이 곡물을 충분하게 소화해 내지 못한 데에서 비롯되었을 뿐이고, 이러한 소화불량은 인구의 구매력이 낮았기 때문에 나타났으며, 이처럼 낮은 구매력은 경제의 전반적인 쇠퇴에서 비롯되었다고 지적한다.[38]

보헤미아에서 생산된 곡물 가운데 일부가 해외시장 특히 자체의 곡

35) J. Purš, "Struktur und Dynamik der industriellen Entwicklung in Böhmen im letzten Viertel des 18. Jahrhunderts", *Jahrbuch für Wirtschaftsgeschichte* (1965), p.174.

36) J. Křivka, "Príspěvek dějinám poddanského hospodářství v první polovici 18. století"(18세기 초반 예농보유지의 역사에 대한 한 고찰), *Historie a Muzejnictví*, ii(1957), p.94.

37) 본서의 pp.60-1.

38) 본서의 pp.71-3. "가장 뚜렷한 보기는 포스탄이 지적했듯이 동유럽의 경우였다. 중세 말과 근대 초에 국제 곡물시장의 강력한 영향이 동유럽에서는 농민의 예속화를 촉진시키는 중요한 추진력을 제공했던 것이다."(본서의 p.41)

물 생산만으로는 내수 시장의 수요를 충족시킬 수 없었던 이웃한 지역들—예컨대 오스트리아, 티롤 지역 및 잘츠부르크, 상부 팔츠, 뉘렌베르크,[39] 마이센 그리고 상부 라우지츠[40]—로 팔려나갔다는 것은 분명한 사실이다. 그리고 보헤미아에서 생산된 곡물이 함부르크처럼 머나먼 곳까지 수출되었다는 증거도 있다.[41] 충분히 예상되듯이 곡물 수출에 주로 끼어들었던 것은 바로 영주들이었다. 그러나 예농들도 이따금씩 그들의 잉여생산물을 공개된 시장에 내다 팔았고 그러한 곡물을 상인이 사들여 해외로 수출했던 경우도 때때로 나타났다. 하지만 예농들이 팔아넘길 수 있었던 잉여생산물이 있었다면, 그러한 잉여생산물은 당연히 대부분 그 지방 자체 안에서 소비되게 마련이었다.

더구나 폴란드의 경우와 마찬가지로 보헤미아에서도 농산물의 수출이 전체 생산 가운데에서 아주 작은 부분만을 차지하고 있었으며, 소수의 인구만이 어떻게든 해외의 산물을 수입하는 데 끼어들고 있었던 것과 꼭 마찬가지로 극히 소수의 인구만이 곡물 수출에 참여하고 있었음은 거의 확실하다.[42] 우리는 어쩌면 비교적 많은 양의 곡물을 수입하였던 저지대에서조차 곡물 수입량은 총곡물소비량 가운데 13~14퍼센트에 지나지 않았으며, 게다가 그곳의 인구는 유럽의 총인구 가운데 고작 3퍼센트만을 차지하고 있었다는 사실도 기억해야만 할 게다.[43] 폴 바이로크는 "18세기 이전에는 총곡물생산량 가운데 국

39) J. Janáček, "Export of Agricultural Products from the Czech Lands and Transportation Expenses in the Sixteenth Century", *Hospodářské dějiny*, ii(1978).

40) Maur, "Genese a specifické rysy českého", p.247.

41) A. Klíma, *Manufakturní období u Cechách* (보헤미아의 공장제 수공업시대)(Prague, 1955), pp.73-7.

42) Kula, *Economic Theory of the Feudal System*, p.132를 보라.

제교역 안으로 흘러들어간 것이 1퍼센트에도 미치지 못했다"고 결론을 내렸다.[44] 보헤미아의 농촌인구가 예농으로 전락한 것은 많은 원인들이 복잡하게 얽힌 오랜 과정을 통해 이루어진 일이었다.[45] 해외시장으로의 곡물 수출을 **유일한** 원인으로 말하는 것은 중요한 문제를 너무 지나치게 단순화시키는 것이 될 게다.

목축 부문에서는 영주가 지방시장에서의 판매에 의존해 있었다. 17세기와 18세기에 보헤미아에서는 직영지에서 가축사육이 커다란 규모로 이루어지지 못하고 있었으나, 판매를 위해 **생산되었던** 가축은 모두 영주 자신의 영지에 자리 잡고 있는 읍과 도시의 푸줏간으로 보내졌고 그 바깥으로는 나가지 않았다. 보헤미아 자체 안에서 사육된 가축만으로는 육류 소비를 충족시킬 수 없었는데, 부족한 부분은 헝가리와 폴란드로부터 황소가 수입됨으로써 충당되었다. 보헤미아의 전체 가축 가운데 상당한 부분은 농민들의 손으로 사육되었는데 농민들은 그들의 보유지에서 고기소와 돼지를 길러 지방 시장에 내다 팔았던 것이다.

몇몇 영지에는 커다란 규모의 양떼가 있었다. 예컨대 열여덟 개의 직영지를 거느리고 있었던 프리들란트 영지에는 모두 합쳐 3천 마리나 되는 세 무리의 거대한 양떼가 있었고, 열 개의 직영지를 지니고 있었던 인더지쿠프 흐라데츠 영지에는 모두 합쳐서 6,364마리나 되는 네 무리의 양떼가 있었다. 물론 양은 고기와 양모 모두를 얻기 위

43) Bairoch, "Agriculture and the Industrial Revolution", p.477.

44) *Ibid.*, p.476.

45) A. Klíma, "Probleme der Leibeigenschaft in Böhmen" *Vierteljahrschrift für Sozial- und Wirtschaftsgeschichte*, lxii(1975).

해 사육되었다. 프리들란트 영지의 열여덟 개 직영지에는 770마리의 젖소와 136마리의 거세된 쟁기끌이 수소, 26마리의 씨받이 황소, 그리고 346마리의 송아지 및 고기소가 있었다. 하지만 프리들란트 영지에 쟁기끌이 수소의 수가 비교적 많았던 것은 예외적인 경우에 속했으며, 중부 보헤미아의 보다 비옥한 지역에 자리 잡은 직영지들은 훨씬 더 적은 수의 일짐승을 지니고 있었다. 예컨대 열네 개의 직영지와 2,200헥타르의 경작지를 거느리고 있던 로우트니체 영지에는 쟁기끌이 수소가 고작 42마리밖에 없었다. 물론 당연하게도 이와 같은 영지들에서는 영주들이 일짐승을 데리고 나오는 노동 부역을 훨씬 더 크게 필요로 하였다.

직영지 하나당 평균 38마리가량으로 모두 합쳐서 770마리의 젖소를 지니고 있던 프리들란트 영지에서는 그곳에서 생산된 우유와 버터와 치즈 대부분이 그 영지 안에서 소비되었고, 버터와 치즈 가운데 아주 적은 부분만이 여분으로 남아 판매될 수 있었을 뿐이다. 프리들란트에서는 한 마리의 젖소가 한 해에 1,000~1,200리터의 우유와 20~30킬로의 버터, 35~50킬로의 치즈를 생산하리라고 기대되었다.[46]

직영지에서의 작업 특히 밭일은 대부분 노동 부역의 형태로 예농들에 의해 이루어졌다. 특히 목축과 양계를 하는 경우 직영지를 원활하게 운영하기 위해서는 한 사람의 집사로부터 감독을 받는 열 사람의 일꾼이 필요했다. 이러한 일꾼들은 직영지에 자리 잡은 자신의 오두막에서 살았으며 노동의 대가로 음식과 약간의 임금을 받았다. 이와 같은 머슴일꾼들 외에 임금을 받고 일하는 도리깨질꾼들도 있었는데

46) Janoušek, *Historický vývoj produktivily práce v zemědělství*, pp.93-4.

그들은 10월 초부터 4월 말까지 곡물을 타작하였다. 560헥타르의 땅에 곡물이 경작되었던 인더지쿠프 흐라데츠 영지에는 91명의 도리깨질꾼이 그 기간 내내 일을 하고 그에 대한 임금으로 그들이 타작한 전체 곡물 가운데 16분의 1에 이르는 양을 현물로 받았다. 직영지에서 이루어지는 그밖의 모든 작업은 노동 부역의 형태로 수행되었다. 추수기에는 부역의 작업시간이 오전 4시부터 오후 9시까지 하루에 열다섯 시간가량이나 되었는데, 이는 1775년의 노동 부역에 관한 법령에 규정된 것보다도 더 긴 것이었다.

영지에 살고 있는 예농들은 예외 없이 어느 정도든 영주를 위해 노동 부역을 수행해야 하는 의무를 지고 있었으며, 개개 영지의 소유자들은 당연히 그들이 얼마나 많은 일수의 노동 부역을 요구할 수 있는가를 정확하게 알고 있었다. 예컨대 1775년의 노동 부역에 관한 법령이 제정된 뒤 인더지쿠프 흐라데츠 영지는 일짐승을 데리고 나와야 하는 노동 부역은 거의 11만 일, 그리고 몸뚱어리 노동 부역은 51,500일 이상을 이용할 수 있었고, 프리들란트 영지는 일짐승을 데리고 나와야 하는 노동 부역과 몸뚱어리 부역을 각각 2만 4천 일과 8만 3천 일이 넘게 요구할 수 있었다. 이러한 양의 노동 부역은 그 두 영지가 실제로 필요로 했던 것보다 훨씬 더 많은 것이었고, 다른 영지들에서도 상황은 비슷했다. 인더지쿠프 흐라데츠 영지에서는 원칙상으로는 일짐승을 데리고 나와야 하는 노동 부역을 거의 11만 일까지 사용할 수 있었지만 실제로 필요했던 것은 그 가운데 67,200일뿐이었고, 몸뚱어리 노동 부역도 51,500일이 넘게 사용할 수 있었으나 실제로 필요했던 것은 47,500일에 지나지 않았다. 이처럼 곡물 경작을 비롯한 영지경제의 여러 부문들 각각에서 원칙상 요구될 수 있었던 노동 부역의 총일수 가운데 실제로 사용되었던 것은 일부분에 지나지 않았다. 예컨대 인더지쿠프 흐라데츠 영지의 경우 곡물 생산 부문에서 요구될 수 있는 총부역 일수 가운데 57퍼센트만이 실제로 이용되었고, 삼림에서의 작업 즉 나무를 벌목하고 운반하는 일과 건축작업에서는 그 수치가 각각 17.6퍼센트와 14.3퍼센트에 지나지 않았다.

영주는 이와 같이 상당히 많은 양의 노동 부역을 마음껏 이용할 수 있었으므로 영지에 필요한 노동력을 어렵지 않게 공급할 수 있었다. 하지만 어떤 종류든 남아도는 것은 당연히 쓸모없는 자원으로 허비되기 마련이었다. 이러한 자원을 활용하는 한 가지 방법은 남아도는 여러 가지 노동 부역을 화폐지대로 금납화하는 것이었고, 18세기 동안에 보헤미아의 많은 영지에서 이러한 방향으로의 발전이 나타났음은 많은 증거로 뒷받침되고 있다. 리토미슐 영지의 경우 이러한 추세가 어느 정도로 나타났는가를 잘 보여주는데, 그곳의 예농들은 1732년에 노동 부역 대신에 모두 합쳐 5,069길더 15크로이체에 달하는 화폐지대를 납부하였으나, 바로 이듬해인 1773년에는 그 액수가 12,329길더 2크로이체로 증가했던 것이다.[47] 18세기 중엽에는 보헤미아의 모든 영지 가운데 20퍼센트가량에서 예농들의 노동 부역 의무가 적어도 일부분 화폐지대로 금납화되어 있었다.

이처럼 봉건적인 노동 부역이 봉건적인 화폐지대로 금납화된 것은 보헤미아에서의 농업발전에 더할 나위 없이 중요한 영향을 미쳤다. 마르크스에 따르면 "화폐지대가 지배적으로 되면서 영주와 한 조각의 땅뙈기를 소유하는 동시에 그 땅을 경작하는 예속민들 사이에서 전통

47) Klima, *Manufakturní obdobi v Cechiách*, p.287.

적·관습적으로 맺어져 왔던 법률적 관계는 필연적으로, 실정법의 규정들에 따라 계약을 통해 정해지는 순수한 화폐 관계로 바뀌게 된다. 이리하여 자기가 스스로 땅을 소유하면서 경작을 해왔던 자들은 실질적으로 단순한 차지인에 불과한 존재가 되어"[48]버리는 것이다.

예농이 그의 영주에게 노동 부역의 의무 대신 화폐지대를 납부하게 되었다면 그는 당연히 이러한 화폐를 어딘가로부터 얻을 수 있어야만 했다. 그리고 이는 농민과 시장의 관계라는 중요한 문제를 제기한다. 비톨드 쿨라가 폴란드와 관련하여 이 관계에 대해 말했던 것—즉 "농민은 심지어 예농제가 완전히 지배적이었던 때에조차 대개 도시 시장과의 정규적인 접촉을 유지하고 있었다"는 그의 언명[49]—은 보헤미아에도 역시 해당된다. 보헤미아에서도 농민은 그 자신이 생산할 수 없는 산물들을 구입하기 위해서뿐만 아니라 영주에게 여러 부과금을 납부하고 국가에 세금을 내기 위해서도 그가 생산해 낸 농산물 가운데 일부분을 시장에 내다 팔아야만 했던 것이다. 당연하게도 보다 부유한 농민은 소보유농보다 더 많은 생산물을 팔아넘길 수 있었다. 보헤미아의 비교적 비옥한 지역들인 라베(엘베) 강 계곡과 오르제(에이거) 강 계곡에서 11.5헥타르의 경작지를 보유했던 농민은 생산물 가운데 3분의 1가량을 시장에 내다 팔 수 있었으며, 18세기 초반에는 풍년이 들 때마다 그 수치가 45퍼센트까지 달하곤 했다. 1732년에 그러한 부류에 속한 한 농민은 그의 농장에서 두 명의 머슴 일꾼과 한 명의 하녀 그리고 아이들을 돌보는 한 명의 애보기를 고용하여 그들에게 임

48) Marx, *Capital*, iii(Moscow, 1972 edn), p.798.
49) Kula, *Economic Theory of the Feudal System*, p.68.

금을 지불하였는데, 그 액수는 한 해에 첫 번째 머슴에게는 15길더, 두 번째 머슴인 마구간지기에게는 8길더, 하녀에게는 8길더, 애보기에게는 2길더였다. 이러한 임금은 이웃한 직영지에 고용되어 있던 다른 일꾼들에게 지불되었던 임금의 액수와 대체로 같았다. 이 농민은 그의 땅에서 매해 헥타르당 평균 10.97첸트너의 곡물을 거두어들였는데, 이러한 수확량은 그 당시 직영지에서 아주 드물게만 도달되었던 수준이었다.[50] 실로 그의 보유지는 매우 높은 수익을 안겨주었다. 다른 지역들에서 나온 증거는 오르제 강 계곡의 비옥한 지역들에서는 1730~1742년에 농민이 그가 생산해 낸 곡물 가운데 무려 46퍼센트에 이르는 양을 공개된 시장에서 팔아넘길 수 있었다는 사실을 밝혀주고 있다.[51] 북서 보헤미아의 자테츠(자츠) 지역 가운데 비옥한 구역에 속해있었던 포드보르자니 시 부근에서 8.5헥타르의 보유지를 지니고 있던 한 농민은 1782년에 그가 거두어들인 곡물—주로 보리와 호밀— 가운데 거의 44퍼센트를 팔아넘겼다. 그에 더하여 그의 두 개의 과수원에서 생산된 과일뿐만 아니라 가축과 양모도 팔아넘겼다. 1777/8년에서 1791/2년까지 열네 해 동안 그가 자기 농장에서 나온 생산물을 팔아서 올렸던 총수입은 곡물 및 짚 41.2퍼센트, 과일 41.4퍼센트, 가축 14.4퍼센트, 양모 2.4퍼센트로 구성되어 있었다. 여기서 (바로 다음 것과 차이가 거의 나지는 않지만) 가장 커다란 몫이 과일 판매에서 나왔다는 사실은 어쩌면 놀라운 일일 게다.[52]

가족들을 겨우 먹여 살릴 만큼의 생산량만을 거둘 수 있는 보유지

50) Křivka, "Příspěvek dějinám poddanského hospodářství", p.304.
51) Křivka, *Výrobní a peněžní výsledky měšťfanského zemědělství*, p.43.
52) *Ibid.*

를 지녔던 소농들 가운데 대다수는 비교적 부유한 모습을 보여주는 위와 같은 보기들과 뚜렷한 대조를 이루었는데, (대개 가족을 먹여 살리는 데 충분하지 않았던) 농업 부문에서의 수입을 보충하기 위해 실 잣기 및 천짜기와 유리 만들기 같은 가내공업에서 계절노동을 하였던 무토지농민들 가운데 압도적인 대다수도 역시 그랬다. 농촌인구 가운데 대다수에게는 이와 같은 가내공업이 자본주의 시대로 깊숙이 접어들고서도 계속해서 수입을 보충할 수 있는 시간제 일자리를 제공해 주었다.

서유럽에서와 마찬가지로 보헤미아에서도 일찍이 14세기에 이미 직영지가 분할되어 농민들에게 임대되는 현상이 얼마간 나타나긴 했지만,[53] 산업시대 이전 기간 동안 보헤미아의 농업이 겪게 될 발전에 결정적으로 중요했던 것은 바로 18세기 말에 와서 이러한 움직임이 얻었던 추진력이었다. 북부 보헤미아에서 슬로우프(뷔르크스타인) 영지를 소유하고 있었던 백작 요제프 킨스키Josef Kinský는 직물과 유리의 생산에도 적극적으로 뛰어들고 있었으며, 이미 수공업 공장을 여러 개 세우고 있었다. 부분적으로는 그러한 기업활동의 결과로 킨스키는 18세기 중엽에 직영지를 그의 예농들에게 분할 · 할당하고는 그 대가로 화폐지대를 받기에 이르렀다.[54] 그와 비슷하게 테플라 수도원의 원장도 직영지를 그의 예농들에게 분할 · 할당할 것을 제안하였다. 그는 그렇게 함으로써 여러 가지 커다란 이점을 누릴 수 있다고 지적하였다. 그에 따르면 영주들은 화폐지대로부터 확실한 수입을 보장받으

53) Maur, "Genese a specifické rysy českého", p.238.

54) A. Paudler, *Graf Josef Kinsky, Herr auf Bürgstein und Schwoyka* (Leipa, 1885).

며, 노동 부역으로부터 해방된 예농들은 분명히 더욱 부유해지고 그리하여 맥주와 주정 그리고 목재에 더욱 많은 돈을 써서 영주의 수입을 더욱 늘려줄 것이었다.[55]

다른 나라들이 겪은 경험과 보헤미아 자체 안에서 장차 반란이 일어날지도 모른다는 두려움으로 더욱 부추겨진 이러한 의견들에 이끌려 궁정보좌관인 코흐Koch와 블랑크Blanc 그리고 가이너Gainer는 직영지를 분할하고 그에 상응하여 보헤미아에서 노동 부역을 완전히 철폐하자는 제안을 정부에 제출하기에 이르렀다. 이 계획을 부분적으로 실행에 옮기는 일은 1775년에 궁정보좌관인 프란시스 안톤 랍Francis Anton Raab에게 맡겨졌는데, 그는 그 개혁이 땅이 없거나 자그마한 보유지만을 지닌 농민들에게 유리한 방식으로 이루어져야 한다고 주장하였다. 랍이 제시한 안에 따르면 땅을 받은 자들은 지대를 납부해야 했고, 그 지대는 노동 부역이 아니라 화폐의 형태를 띠게 되어 있었다. 이제껏 몸뚱어리 노동 부역을 수행해 왔던 자들은 3길더를, 일짐승을 데리고 나오는 노동 부역을 수행해 왔던 자들은 6길더를 내기로 되었다.[56] 그 개혁이 실행에 옮겨졌던 영지들에서는 예전에 직영지의 일부분이었던 땅에 자신의 헛간과 집을 세운 새로운 농민계급이 등장하게 되었다. 랍은 땅이 세습적인 임대 조건으로 예농들에게 임대되어야 한다고 제안하였다. 그의 계산에 따르면 이러한 새로운 조치는 예농들뿐만 아니라 영주들에게도 이익을 가져다줄 것이었다. 브랜디스 나트 라벰(엘베 강변의 브랜디스)에 위치한 영지의 구체적인 보기를

55) Strauss, *Bauernelend und Bauernaufstäande in den Sudetenländern*, pp.82-3.

56) V. Cerný, "Pozemková reforma v 18. století"(18세기의 토지개혁), *Casopis pro dějiny venkova*, xiv(1927), p.45.

들어 그는 지난 10년 동안 그 영지가 모두 합쳐 286,262길더 또는 한 해 평균 28,626길더의 수입을 올렸다고 계산했다. 직영지가 분할되어 농민들에게 분배된 뒤에는 임대료 수입이 18,763길더, 노동 부역이 금납화된 화폐지대와 토지보유 허가료가 17,507길더로 모두 합치면 한 해에 36,270길더, 즉 전보다 7,644길더(26퍼센트) 더 많은 수입을 제공할 것이었다.[57] 그러한 조치는 영주가 더 이상 농장건물이나 장비를 유지하지 않아도 될 것이라는 점에서도 영주에게 유리할 것이었다. 실로 이러한 것들을 새로운 차지인들에게 팔아넘김으로써 영주는 덤으로 2만 길더를 더 얻을 수 있는 입장에 놓여 있었다. 1781년에 랍은 서른아홉 개의 영지에서 직영지의 분할을 시행하여 얼마나 커다란 변화를 가져왔는가에 대해 보고서를 제출하였다. 이들 영지의 전체 인구는 111,638명에서 131,801명으로 거의 20퍼센트나 증가하였고, 가축의 수 역시 27,500마리도 넘게 늘어났으며 영주들의 한 해 수입은 적어도 6만 길더나 증가하였다. 이 모든 성과는 직영지의 분할이 양쪽 모두에게 이익을 가져다준다는 것을 분명히 입증해 준다고 그는 확언하였다. 그럼에도 불구하고 보헤미아에서는 대다수의 귀족이 랍이 제시한 노선을 따르는 토지개혁—이는 랍 운동이라고 불리었다—에 적대적인 성향을 드러냈다. 그들은 특히 예농들이 세습적인 임대 조건으로 보유지를 받게 된다는 사실에 대해, 장차 물가가 오르고 화폐가치가 떨어지면 심각한 손실을 입게 될 것을 염려하여 강력히 반발하였다. 그들은 그 대신 세 해에서 여섯 해 정도에 불과한 단

57) *Ibid.*, p.48, laudpmium은 어떤 예농의 보유지가 다른 사람에게 넘어갈 때 영주에게 납부되는 토지보유 허가료였다. 직계가족 안에서 보유지의 차지인이 바뀔 때에는 그것이 그 보유지가 지닌 값어치의 2.5퍼센트, 그렇지 않은 때에는 5퍼센트 정도로 부과되었다.

기 임대를 제시한 요한 파울 폰 호이어Johann Paul von Hoyer의 제안을 더 좋아하였다.[58]

영국과[59] 프랑스에서는 훨씬 더 이른 시기에 직영지가 소규모 보유지들로 분할되었다. 영국에서는 주로 교회의 토지가 종교개혁의 과정에서 분할되었으며 여기에서도 처음에는 기껏해야 다섯 해에 불과한 단기 임대를 택하는 경향이 나타났다. 그러나 시간이 흐름에 따라 임대 기간은 꾸준히 점점 더 길어졌고 그리하여 17세기 동안에는 세 생애에 걸친 임대가 보편화되기에 이르렀다. 이와 같은 장기임대는 18세기와 19세기에도 영국에서 줄곧 보편적인 것으로 남아있었으며 그리하여 쿠퍼의 말을 빌리면 "차지인들을 개선에 투사하노록 부추기는" 요인이 되었다.[60] 프랑스에서는 비록 파리 지역과 그 밖의 몇몇 지역에서는 99년 또는 세 생애 정도까지 오랜 기간에 걸쳐 임대가 이루어질 수도 있었지만, 토지가 대개 여섯 해에서 아홉 해까지의 짧은 기간에 걸쳐서 임대되었다. 영국 및 프랑스의 상황과 보헤미아의 상황을 너무 가깝게 대비시키는 것은 보헤미아에서 차지인들이 처해있던 입장이 영국 및 프랑스의 경우와 본질적으로 달랐으므로 현명하지 못한 일일 게다. 보헤미아에서는 거의 대부분의 차지인들이 여전히 예농의 신분을 지녀 정치적으로나 법률적으로나 완전히 영주의 사법권에 예속되어 있었던 것이다. 그럼에도 불구하고 영국 및 프랑스와 마찬가지로 보헤미아에서도 이제는 차지인이, 봉건적 의무들이 그에

58) E. Wright, Serf, *Seigneur and Sovereign* (Minneapolis, 1966), p.97.

59) "몇몇 경우에는 직영지들이 분해되었거나 한 무리의 관습 차지인들에게 임대되었다."(본서의 p.262)

60) 본서의 p.263.

게 여전히 무거운 부담을 짐 지우고 있기는 했지만, 그 자신을 위해서뿐만 아니라 시장을 위해서도 생산을 하게 되었기 때문에, 비슷한 점들도 없지는 않았다.

노동 부역의 형태를 띤 봉건적인 지대가 화폐지대로 바뀐 것은 의심할 나위 없이 진취적인 활동에 보답을 해주고 열심히 일을 하도록 부추김으로써 농민들에게 새로운 자극을 주었다. 땅이 없는 농촌인구가 1775년의 노동 부역에 관한 법령으로 말미암아 농업 부문으로부터 "해방"된 것은, 새로이 등장하고 있었던 여러 산업활동들에서 필요로 하는 인력의 수요를 충족시켜 주었으며, 그러한 산업들의 발전에 매우 절실하게 필요했던 힘을 제공해주었다. 영주와 예농 사이에 맺어져 있었던 강제와 예속의 관계는 시간이 흐름에 따라 비경제적 강제보다는 합의에 바탕을 둔 노동자와 기업가 사이의 계약 관계로 바뀌어갔다. 이와 같은 중요한 변화가 이루어지고 있었음을 보여주는 징후는 1779년 7월 17일의 포고령에서 표명된 정부의 태도로 나타났는데, 그 포고령에서 정부는 직물공장들을 위해 충분한 노동력을 확보하려면 "예농들에게 어떤 일방적인 계약도 강요할 수는 없으므로 양쪽 모두를 묶는 쌍방의 합의를 바탕으로 자발적인 계약이 이루어지게 만들 필요가 있다. 산업에서는 언제나 가능한 한 강제가 없어야만 한다……수많은 예농들을 단 한 사람의 기업가에게 종속시키는 것은 개인의 타고난 자유와도 걸맞지 않을 뿐만 아니라 국가의 이익과도 합치되지 않을 것이다"라고 밝혔던 것이다.[61]

발전하고 있던 여러 산업에 종사하는 노동자들은 원칙상으로는 여

61) Státní Ustřední Archiv(국립중앙문서보관소, 프라하), CG. com. 1773-83, A 19/28.

전히 예농의 신분을 지니고 있기는 했지만, 실제로는 기업가를 상대로 하여 계약의 성격을 지니고 쌍방의 합의에 바탕을 둔 경제적 관계를 맺는 경향이 있었다. 산업의 발전은 남아있던 봉건적 억압들을 제거하고 이제껏 속박되어 있던 인력을 자유로운 노동력으로 탈바꿈시키는 방향으로 영향을 미쳤다. 정부가 1779년 7월 17일의 포고령을 선포한 뒤에 보헤미아에서 예농제가 완전히 철폐되고 예농들이 어디에서건 일자리를 찾아 자유롭게 옮겨 다닐 수 있도록 허용될 때까지는 그리 오랜 시간이 걸릴 이유가 없었다. 그리고 그 단계는 1781년 11월 1일에 예농제의 철폐에 관한 법령이 제정됨으로써 실제로 다가오게 되었다.[62] 이 법령은 사회적 · 경제적으로 폭넓게 영향을 미치게 되었고 그리하여 장차 보헤미아가 걸어가게 될 발전 방향에 실로 엄청나고도 항구적인 중요성을 띠고 있었다. 그것은 실로 봉건제에서 자본주의를 향해 나아가는 길에서 중요한 이정표가 되었던 것이다.

62) 1781년 11월 1일에 공포된 예농제의 철폐에 관한 법령의 원문은 *Archiv český*, xxv(1910), pp.25-8에 인쇄되어 있다.

유럽자본주의의 농업적 뿌리

로버트 브레너Robert Brenner[1)]

서 론

필자는 원래의 논문에서 사회적 소유 체제는 일단 확립되면 경제발전의 과정에 엄밀한 한계를 짐 지우고 특정한 전반적인 패턴들을 부과하는 경향이 있다는 생각으로부터 출발하였다. 사회적 소유 체제는 그 자체를 가장 완벽하게 재생산하기 위해—다시 말해 이미 확립되어 있는 자신의 사회-경제적 입장을 그대로 유지하기 위해—경제적 행위자들로 하여금 특정하게 제한된 행위방식, 아니 실로 아주 특수한 전략들만을 선택하도록 한정 짓는 성향이 있기 때문에 그러한 일을 해내게 된다. 이러한 생각을 바탕으로 하여 필자는 이제껏 산업시대 이전에 유럽에서 이루어진 장기적인 경제발전에 관한 표준적인 해석들

1) 필자는 이 논문에 대해 비판을 하고 여러 개선할 점을 제시하는 데 많은 시간과 노력을 쏟아준 Perry Anderson와 Lawrence Stone 그리고 Geoffrey Symcox에게 깊은 감사를 드린다. 필자는 또한 많은 도움이 된 논평을 해준 데 대해 Josef Cohen, John Elster, Franklin Mendelst, Jon Wiener, Ellen Wood에게도 고마움을 표하고자 한다.

에서 핵심을 이루어왔던 장기적인 인구의 동향 및 상업의 동향이, 역사적으로 발전되어 나온 구체적인 사회적 소유관계의 체제 및 주어진 계급들 사이의 세력균형과 연관을 맺는 가운데에서만 소득의 분배와 생산력의 발전에서 경제적인 중요성을 얻게 되었다고 주장하였다. 인구의 동향이나 상업의 동향이 비슷하고 그에 연관하여 생산요소의 가격들이 보여주는 패턴도 비슷했다고 하더라도 소유관계와 세력균형이 달랐다면 아주 다른 기회와 위험들이 제기되었고, 그리하여 전혀 다른 반응을 불러일으켰으며, 그로 말미암아 경제 전체에서 아주 다른 결과들이 나타났던 것이다. 필자가 밝혀내려고 애썼듯이 사실상 유럽의 여러 다른 지역이 보여주었던 서로 다른 소유관계와 계급간 세력균형 아래에서는 아주 똑같은 인구의 동향 및 상업의 동향이, 소득분배에서의 장기적인 추세에 관련해서뿐만 아니라 생산력의 발전 또는 정체가 보여주는 전반적인 패턴들에 관련해서도, 전혀 다른 경제적 결과를 빚어내었다. 바로 이러한 이유 때문에 계급구조를 확립하고 발전시키며 변화시켰던 상대적으로 독자적인 과정은, 산업시대 이전에 유럽에서 이루어진 장기적인 경제발전에 관한 어떠한 해석에서도 반드시 핵심에 놓여야만 한다.

이처럼 필자의 논의에서 출발점이 되었던 주장은 봉건적인 사회적 소유 체제가 소득분배에 대해 뚜렷하게 한정된 특정한 메커니즘들을 확립해 놓았고, 특히 무엇보다도 생산의 발전에 분명한 한계를 지어 놓아, 경제의 정체와 위축을 빚어내었다는 것이었다. 그 이유는 아주 대략적으로 말해 봉건적 소유체제가 주된 사회계급의 구성원들—봉건 영주와 소유자 농민—에게 그들 스스로를 재생산할 수 있는 특정한 전략들을 한정지어 놓았는데, 그러한 전략들은 경제 전반에 적용되는 경우 성장에 필요한 요건들과 조화될 수 없었기 때문이었다. 특히 영주들이 경제외적 강제에 의한 잉여 수탈을 통해 그리고 농민들이 생계를 위한 생산을 통해 그들 스스로를 재생산했던 것은, 생산단위들의 완벽한 전문화나 잉여의 체계적인 재투자 또는 정기적인 기술혁신을 향한 어떠한 폭넓은 추세도 나타나지 못하도록 가로 막았다. 이러한 재생산구조로 말미암아—특히 장기적으로 인구가 증가하는 추세를 보였던 상황에서—체제 전반에 나타났던 결과는, 노동생산성의 하락을 향한 그리고 궁극적으로는 커다란 규모의 사회-경제적 위기를 향한 장기적인 추세가 체제 자체 안에 내재될 수밖에 없었다는 것이었다. 이에 상응하여 필자는 성장이 다소간 자기 지속적으로 이루어지는 체제로 넘어가는 최초의 돌파가 유럽에서 이루어질 수 있었던 것은 계급관계의 양면적인 발전 덕분이었다고 주장했다. 그 가운데 첫 번째 측면은 영주가 경제외적 강제에 의해 잉여를 수탈하는 체제가 무너진 것이었고, 두 번째 측면은 농민의 토지소유권이 침식당한 것, 또는 농민의 완벽한 토지소유권을 향한 어떠한 추세도 좌절당해 버린 것이었다. 이러한 양면적인 발전의 결과는 무엇보다도 토지에서 새로운 사회적 소유체제가 등장해 나온 것이었다. 그 새로운 소유체제에서는 생산을 조직하는 자들과 직접 생산을 하는 자들(그들은 이따금 같은 인물이었다) 모두가, 체제 전반에 걸친 규모로 생산력의 지속적인 발전에 유리하게 작용하는 경제적 행위를 통하여 그들 스스로를 재생산하는 것이 **필요한** 동시에 **가능한** 일임을 처음으로 깨닫게 되었다. 이 체제에서는 생산조직자와 직접생산자가 재생산이나 생계를 위해 그들이 필요로 하는 수단(특히 토지)을 시장을 통하지 않고 직접 얻을 수 없었기 때문에, 그들이 스스로를 유지하기 위해서는 시장에서 사고파는 것 말고는 선택의 여지가 없었다. 이는 그들이 생산비용의 절감을 통해서 경쟁적으로 생산을 하지 않을 수 없었고 따라서 대개의 경우 가능한 한 최대한으로 전문화와 자본축적 그리고 혁신을 시도해야만 했음을 뜻했다. 그들은 대체로 이러한 일을 해낼 수 있었다. 그것은 직접생산자가 생계수단으로부터 분리되고 그와 더불어 경제외적 강제에 의한 잉여착취의 체제가 몰락함에 따라, 해방된 노동력과 토지 그리고 생산 수단이 가장 많은 수익을 내는 방식으로 결합될 수 있게 되었기 때문이었다. 특히 영주와 자본주의적 차지농 그리고 임금노동자의 세 계급으로 이루어진 체제는 근대 초에 영국에서 농업이 탈바꿈을 하고 뒤이어 지속적인 경제발전으로 넘어가는 돌파가 이루어질 수 있게 만든 바탕이 되어주었다. 반면에 같은 시대에 대륙의 대부분 지역에서는 농민의 토지소유와 경제외적 강제에 의한 잉여착취(프랑스의 경우에는 세금 및 관직의 구조, 동유럽의 경우에는 예농제)로 특징지어지는 사회적인 소유체제가 다양한 형태로 존속하여, 농업의 계속된 정체와 쇠퇴 그리고 궁극적으로는 전반적인 사회-경제적 위기를 빚어내는 근본적인 원인이 되었다.

앞에 말한 내용에 비추어 필자는 결국 봉건시대의 유럽 안에서 여러 다른 지역을 특징지었던 서로 다른 **장기적인 계급형성의 과정**을 인식하고 체계적으로 분석하는 것이 결정적으로 중요하다고 주장하였다. 필자가 보기에는 이러한 서로 다른 과정들이야말로 봉건적 생산과 영주의 수입에서 나타난 전반적인 위기의 여파 속에서 중세 말에 유럽에서 만연되어 있던 영주와 농민 사이의 계급 갈등이 어떤 형태를 띠고 또 어떤 결과를 빚어낼 것인가를 결정적으로 조건지었던 장본인인 것이다. 뒤이은 시대에 유럽의 경제적 발전을 특징짓게 될 여러 지역들 사이의 극적인 차이를 빚어내는 바탕이 되었던 것은 바로 중세 말에 있었던 영주의 봉건반동과 그 반동에 수반된 계급 갈등으로 말미암은 결과로서, 지역에 따라 소유관계가 갖가지로 다르게 변화 · 정착되었다는 사실이었다.

필자가 제시한 이러한 해석의 핵심적인 요소들은 여러 학자에 의해 의문시되어 왔다. 첫째, 유럽 봉건경제의 내적 동력학이라고 불릴 수 있는 것에 관한 필자의 견해가 도전을 받았다. 포스탄과 해처는 에마뉘엘 르 르와 라뒤리와 더불어 산업시대 이전에 유럽에서 이루어진 장기적인 경제발전을 인구 요인을 중심으로 설명하는 그들의 해석을 재확인하였다. 기브와는 인구론적 해석에 대해 비판하면서도, 봉건경제의 발전과 계급형성에 관한 필자의 설명이, 특히 그가 봉건제의 "경제적 운동법칙"이라고 부르고자 하는 것—무엇보다도 "봉건적인 공조징수율의 하락"이라는 그 자신의 핵심적인 관념—을 분명하게 제시하지 못하고 있다는 점에서 본질적으로 자의적인 해석이라고 지적하였다.

둘째로, 중세 말에 영주의 수입에서 나타난 위기와 그에 수반된 계급 갈등으로부터 어떻게 서로 다른 발전 과정이 나타났고, 또 유럽에서 소유관계의 체제가 어떻게 해서 지역에 따라 그처럼 다르게 자리잡았는가에 관한 필자의 설명에 대해서도 여러 가지 의문이 제기되어 왔다. 포스탄과 해처뿐만 아니라 하이데 분더도 예농제가 서유럽에서는 쇠퇴한 반면에 동유럽에서는 오히려 크게 성장해 나왔던 이유에 관한 필자의 설명에 도전해왔다. 그와 비슷한 방식으로 브와와 패트리셔 크루트 및 데이비드 파커는 영국과 프랑스에서 소유관계가 서로 아주 다른 발전을 겪었던 것—즉 영국에서는 농업 자본주의가 성장한 반면에 프랑스에서는 절대주의와 관련하여 농민의 토지소유권이 더욱 강화되었던 것—에 관한 필자의 설명에 의문을 제기하였다.

끝으로 유럽의 여러 지역에서 서로 다른 소유 체제가 일단 자리를 잡고 나서 그것이 어떤 식으로 근대 초에 경제발전의 장기적인 패턴을 질적으로 서로 다르게 빚어내었는가에 관한 필자의 견해도 커다란 논란거리가 되어 왔다. 필자가 보기에 예농제가 들어섰던 것이 동유럽의 장기적인 경제발전에 해로운 결과들을 가져왔다는 필자의 견해는 널리 받아들여지고 있다. 하지만 프랑스에서 절대주의와 관련을 맺으면서 농민의 토지소유권이 더욱 강화되었던 것이 자본주의적인 사회적 소유 체제가 성장한 것에 비해 농업생산의 발전에 훨씬 더 불리하게 작용하였다는 필자의 주장은, 크루트 및 파커와 르 르와 라뒤리 그리고 쿠퍼에 의해 제각기 다른 각도에서 많은 반박을 받았다.

다음 글에서 필자는 유럽의 봉건제가 어떻게 발전하여 자본주의에로 이행해갔는가에 관해 더욱 완벽하게 가다듬어진 해석을 제시하는 가운데, 앞서 나온 반박들을 하나하나 다루어 나갈 것이다. I절에서는 필자가 보기에 인구론적 해석이 바탕으로 삼아왔던 그릇된 토대를 다시 한번 명백하게 드러낼 것이다. II절에서는 봉건제의 장기적인 사회-경제적 발전에 대한 필자의 전반적인 접근을 간략하게 서술하고, 그 다음에 이러한 접근이 인구론적 해석이나 "봉건적인 공조징수율의 하락"을 중심으로 한 브와의 해석보다, 중세에 유럽의 여러 다른 지역에서 경제발전과 소득분배 그리고 봉건제의 위기가 실제로 걸어갔던 과정을 더 잘 파악할 수 있다는 점을 입증하려고 애쓸 것이다. 끝으로 III절에서는 제기된 비판들에 대해 직접 반박을 제기하는 가운데 근대 초에 유럽의 여러 다른 지역에서 나타났던 서로 다른 소유 체제의 기원이 무엇이었는가에 관한 필자의 견해를 제시하고, 이러한 소유 체제들이 뒤이은 경제발전의 길을 결정하는 데 실제로 결정적인 역할을 했던 이유를 설명할 것이다.

I. 인구 모델과 계급관계

필자 자신의 주장을 뒷받침하기 위해 필자는 원래의 논문에서 중세와 근대 초의 유럽에서 나타났던 장기적인 경제동향에 대한 지배적인 접근들에 대해—최근에 와서 인기를 잃고 있는 "상업화모델"뿐만 아니라 오늘날 압도적으로 지배적인 위치에 올라서 있는 "인구 모델"에 대해서도—비판을 제기하였다. 그런데 이를 위해 포스탄과 해처에게는 미안한 말씀이지만, 필자는 "경제적 · 사회적 변화를 촉진시키는 데 인구가 맡는 역할의 중요성을 깎아내리려고"[2] 결코 시도하지 않았으며, 그 점에서는 교역의 성장에 관해서도 역시 마찬가지였다. 필자의 논의는 적어도 넓은 맥락에서 보면 인구론적 해석을 내세우는 학자들이 제시한 주된 장기적 경제동향을 **인정**하는 것에서 출발하였다. 또한 신맬서스주의 모델 또는 리카르도주의 모델의 매우 한정적인 전제들을 받아들인다는 **조건을 붙이기는 했지만**, 필자가 그러한 모델들이 지닌 내적인 일관성이나 논리를 의문시한 것도 물론 아니었다. 필자가 분명한 출발점으로 삼았던 것이 다름아니라 바로 인구의 변화와

2) 본서의 p.109

연관을 맺으면서 발전이 없이 두 국면으로 되풀이되는 거대한 농업 주기였으므로, 필자는 이를 명백한 것으로 생각할 수밖에 없었다. 기술이 정체되어 있는 상황에서 나타난 인구의 증가는 그 주기의 상향 국면에서 노동력에 비해 토지의 가치를 상승시키고, 공산품에 비해 식량 가격을 상대적으로 높이며, 일인당 생산량을 하락시키는(이는 이따금 노동생산성의 하락으로 해석된다) 결과를 낳았다. 궁극적으로 이러한 인구 과다는 그 자체를 교정하고, 결국에 가서는 인구 동향을 역전시키며, 그리하여 다시 토지에 대한 노동력의 비율과 제 요소들의 상대적인 가격에서 정반대되는 추세가 나타나는 것으로 특징지어지는 하향 국면을 가져오게 되었다. 이처럼 두 국면으로 이루어지는 주기적인 패턴은 중세 말(1100년~1450년)에 유럽의 대부분 지역에서 경제를 지배했으며, 근대 초(1450년~1700년)에 들어와서도 유럽의 대부분 지역들에 걸쳐 줄곧 지배적인 패턴으로 남았다. 필자의 의도는 이러한 두 국면의 주기가 존재했음을 부정하는 것이 아니라, 인구론적 해석을 지지하는 학자들이 소득분배와 주기적인 변동 그리고 그것들과 관련된 경제적 정체가 보여주는 장기적인 패턴을 실제로 **설명**하는 가운데 제시하였던 신맬서스주의 모델 또는 리카르도주의 모델이 어떠한 한계들을 지니고 있는가를 드러내는 것이었다.[3)]

1. 인구의 변화와 소득분배

소득분배와 관련하여 생산력이 증대될 가능성이 한정되어 있는 경

3) 본서의 pp.17-40, 특히 pp.21-4, 30-1.

제에서는 인구증가가 노동력에 비해 토지의 가치를 상승시키고 공산품에 비해 식량의 가격을 높이는 경향이 있으리라는 (그리고 인구감소의 경우에는 정반대되는 경향이 있으리라는) 것을 부정할 사람은 전혀 없을 게다. 포스탄과 해처는 마치 필자가 이러한 관계를 부정하기라도 한 듯이 이 관계가 중세 유럽에서 분명하게 나타났음을 "증명"해주는 사실들을 나열하였다. 그러나 당연히 필자는 결코 그 관계를 부정하지 않았다. 필자가 지적하고자 했던 것은, 인구론자들이 인구요인에 의해 제 요소들의 가치가 결정된다는 이러한 모델을 계급들 사이의 소득분배를 설명하는 데 사용하려고 시도하는 점에서 잘못을 저질러왔다는 사실이었다. 그러기 위해서 그들은 계급관계의 발전을—필자가 보기에 부당하게도—인구 모델에 흡수·통합시킬 수밖에 없었다. 또 한편으로 다행히도 이러한 함정을 피했던 경우에는 그들이 그들의 모델로는 포괄할 수 없는 소득분배에서의 동향들을 설명하기 위해 계급관계를 임시변통으로 끼워 넣지 않을 수 없었다. 하지만 이런 식의 임시변통은 당연히 문제를 빚어낸다.

필자의 주장은 바로 인구의 변화로 말미암아 제 요소의 상대적인 희소성에서 나타난 변화들은, 그 변화들이 이를테면 변화하고 있는 사회적 소유관계와 계급들 사이의 세력균형이라는 프리즘을 통해서 굴절되었을 경우에만, 중세 유럽의 소득분배에 영향을 미쳤다는 것이었다. 다시 말해서 인구의 증감으로 말미암아 제 요소들의 상대적인 희소성이나 가격에서 나타난 변화들이 소득분배에 어떠한 영향을 미쳤든, 그 영향이 완전히 영주와 농민이 상대적으로 얼마만큼이나 토지를 직접 소유하고 있는가에 달려있었음은 분명하다. 영주와 농민이 토지에 대한 노동력의 상대적인 비율에서 나타난 변화로부터 제각기 얼마만큼이나 이익을 얻어낼 수 있었는가를 결정했던 것은 바로, **이미 자리 잡고 있던** 토지분배의 양상이었던 것이다. 물론 중세의 대부분에 걸쳐 많은 토지는 영주와 농민 가운데 어느 쪽에 의해서도 직접 소유되었던 것이 아니라 영주에 의해 수탈당해야 했던 예속된 농민들에 의해 "보유"되고 있었는데, 그러한 수탈의 양은 원칙상으로는 고정되어 있었으나 실제로는 종종 변하고 있었다(이러한 땅이 바로 농민들이 관습보유에 의해 영주들로부터 보유하고 있던 토지였다). 인구의 변화가 이러한 관습보유지를 지니고 있는 농민과 영주 사이의 소득분배에 영향을 미쳤다면, 그 영향은 오로지 농민들이 영주에 대한 그들의 부담을 고정시킬 수 있있는지 아니면 영주들이 그러한 부담의 수준을 변경시킬 힘을 유지하고 있었는지에 달려있었다. 앞쪽의 경우에는 농민들이 토지에 대해 완전한 소유권에 가까운 권리를 획득해 땅에서 나온 열매를 거의 모두 차지할 수 있었다. 나중 쪽의 경우에는 영주들이, 그들이 관습보유농에 대해 얼마나 커다란 권력을 지니고 있었으며 또 그러한 권력을 얼마만큼 행사하고자 했는가에 따라, 같은 면적의 토지에 대해 시장에 의해 결정된 수준보다 더 낮거나 또는 같거나 아니면 더 높은 지대를 부과할 수 있었다. 여기서도 역시, **이미 자리 잡고 있던** 분배—여기에서는 강제력의 분배—가 인구의 변화에 의해 결정된 시장의 요인들이 얼마나 중요한 역할을 할 것인가를 구조적으로 결정지었던 것이다.

필자가 이제까지 고찰한 점들을 처리하기 위하여 인구론자들은 얼마간 잉여착취나 계급관계를 인구를 중심으로 한 그들의 모델 속에 하나의 종속 변수로 통합시켜 넣지 않을 수 없었다. 중세 유럽에서 나타났던 소득분배의 동향들을 인구동향에 비추어 설명하기 위해, 그들은 노골적으로든 암암리에든 인구의 변화가 제 요소의 상대적인 희소성이나 가격뿐만 아니라 권력 및 재산의 분배도 결정지었다고 주장하지 않을 수 없었다. 포스탄과 해처가 그들이 기고한 글에서 다시 한번 그러고 있듯이 인구론자들은, 영국의 경우 13세기의 인구증가는 노동력의 가격에 비해 토지의 가격을 상승시켰을 뿐만 아니라 관습 차지인에게 갖가지 부담을 짐 지울 수 있는 영주의 권력을 증대시키고 (즉 예농제를 강화시키고) 보다 전반적으로는 영주의 부를 더욱 늘려주었다고 주장해왔다.4) 그들은 또한 거꾸로 중세의 인구감소는 제 요소의 상대적인 희소성 및 가격을 정반대되는 방향으로 변화시켰을 뿐만 아니라 서유럽에서 예농제를 쇠퇴시키기도 했다고 주장해왔다.5)

필자는 그냥 필자가 원래의 논문에서 그러했듯이 대체로 같은 시대에 똑같게 나타났던 인구동향이 유럽의 서로 다른 지역에서 서로 정반대되는 소득분배의 동향을 수반하였음을 증명하는 것만으로도 이러한 식의 논의를 물리칠 수 있다고 다시 한번 주장하고자 한다. 인구가 증가추세를 보이고 있었던 12세기 말과 13세기 동안에 영국에서는 대체로 영주들에게 유리하고 농민들에게 불리한 방향으로 변화가 이루어졌다. 이는 영주의 재산권 강화(직영지가 유지 또는 증가된 것)와

4) "영주들이 이제 노동 부역의 부담을 늘릴 뿐만 아니라 더 나아가 '그것을 마음대로 강화하려고' 시도했던 이유는 어렵지 않게 추정된다. 토지가 점점 더 희귀해지고 땅을 얻기 위해 기다리고 있는 사람들의 줄이 점점 더 길어짐에 따라, 차지인에 대한 영주의 경제적인 압력에 저항하기는 더욱 어려워졌던 것이다." : M. M. Postan, "Medieval Agrarian Society in its Prime : England", in *Cambridge Economic History of Europe*, i, 2nd edn, p.608.

5) "궁극적으로는 경제적인 요인들이 가장 앞면에 나섰으며 영주와 고용주들은 노동력을 유지하는 가장 효과적인 방법은 보다 높은 임금을 지불하는 것이고, 마찬가지로 차지인을 유지하는 가장 효과적인 방법은 지대를 낮추고 예속적인 의무들을 면제시키는 것임을 깨닫게 되었다." : Postan, "Medieval Agrarian Society in its Prime : England", p.609.

영주권의 강화(관습보유지에 대해 자기 마음대로 공조를 요구할 수 있는 영주의 권한이 증대된 것)라는 서로 연관된 현상으로 가능해진 것이었다. 하지만 같은 상황 아래에서 프랑스의 경우에는 소득분배에서 정반대로 농민에게는 유리하고 영주들에게는 불리한 방향으로 변화가 이루어졌다. 이는 영주권의 약화(농민이 부담하는 공조가 고정된 것)와 영주의 재산권 약화(직영지가 위축된 것)라는 역시 서로 연관된 현상으로 가능해진 것이었다. 또한 중세 말에 인구가 감소 추세를 보이고 있던 동안에도 서유럽에서는 장기적으로 농민들에게 유리하고 영주들에게 불리한 변화가 이루어졌고, 이는 예농제의 쇠퇴로 드러났다. 그러나 동유럽 특히 동부 독일에서는 15세기로부터 줄곧 완전히 정반대되는 추세가 나타났다.[6]

포스탄과 해처는 이러한 논의의 내용뿐만 아니라 그 방법 즉 "논리"를 몽땅 부정하고자 하는 것으로 보인다. 그들은 다음과 같이 멋들어지게 질문을 던지고 있다. "브레너는 어떤 인과적인 요인도 그것이 완전히 다른 상황 속에서 똑같은 결과를 낳는다는 점이 증명될 수 없다면, 결코 참된 원인으로 입증될 수 없다고 말하는 것인가?"[7] 하지만 필자는 그들에게 똑같은 식의 질문을 어렵지 않게 던질 수 있다. 포스탄과 해처는 정말로 원인으로 제시된 요인(인구의 증감)이 아주 비슷한 상황 아래에서 (소득분배의 측면에서) 정반대되는 결과를 낳았다고

6) 위와 같은 명제들에 관한 의문들을 감안하여 필자는 뒤에서 비슷한 인구추세에 직면하여 사회적 소유관계와 계급간 세력균형의 서로 다른 발전으로부터 영향을 받음으로써 소득 분배에서 얼마나 다른 추세가 나타났는가를 (13세기에는 영국과 프랑스를 대상으로, 15세기에는 서유럽과 동유럽을 대상으로) 보여주는 또 다른 증거들을 제시해놓았다. 본서의 pp.388-405를 참고할 것.

7) 본서의 p.103.

밝혀질 수 있는 경우에 그 역사적 설명이 과연 합당한 것으로 간주될 수 있다고 주장하고자 하는 것인가? 포스탄과 해처는 특히 12세기 말과 13세기의 영국 농촌과 프랑스 농촌이, 그 두 농촌의 구조가 그토록 아주 비슷하고 그 둘의 발전이 그토록 밀접한 상호 관련을 맺고 있었는데도, 필자가 제시한 비교사적 분석을 위한 합당한 대상이 아니라고 부정할 수 있는가? 그럴 수 없음은 분명하다. 포스탄과 해처는 그들이 기고한 글에서 (실로 좀 기묘하게도) 다름 아니라 13세기에 북부 프랑스에서 나타난 영주권의 쇠퇴와 같은 시대에 비슷한 인구 동향에 직면하여 영국에서 나타난 영주권의 강화 사이의 대조적인 양상이 "모순된" 발전 과정을 보여주는 보다 좋은 보기 가운데 하나임을—즉 필자가 제기한 것보다 더 좋은 보기임을—필자에게 상기시키려 하고 있는 것이다.[8] 하지만 이는 필자가 비교의 대상으로 사용했던 두 가지 주된 보기들 가운데 하나가 아니었던가![9] 비슷하게 포스탄과 해처는 일관되게 중세 말에 예농제가 쇠퇴하였던 서부 독일의 사회와 15세기에 예농제가 오르막길에 들어서고 있었던 동부 독일의 사회가 너무나 달라 비교의 대상으로 가치가 없다고 주장할 수 있는가? 필자는 그렇지 않다고 생각한다. 동부 독일의 사회는 최근에 와서야 서부 독일사회의 식민 팽창에 따른 결과로서 아주 비슷한 사회-경제적 조직의 원칙에 입각하여 발달해 나왔을 뿐이었다. 포스탄 자신이 다른 곳에서 주장하고 있듯이 "독일의 정복과 정착에서 그 초기 단계에는 서

8) 본서의 pp.105.

9) 본서의 pp.33-5. Postan과 Hatcher가 이 점을 간과한 것은 그들이 사실상 필자에 대한 비판의 다른 곳에서 "Brenner는 우리의 눈길을……Normandy와 Paris 지역에서 예농제가 사라져갔던 현상으로 이끌고 간다"고(본서의 p.111) 지적하고 있다는 점에서 특히 더 기묘한 일이 아닐 수 없다.

부 독일의 사회와 동부 독일의 사회가 본질적인 면보다는 세부적인 면과 정도에서만 서로 달랐다"고 볼 수 있는 것이다.10)

물론 이와 같은 비교사적 분석이 겨냥했던 바는 인구의 증감이 제 요소의 상대적인 희소성 및 가격에서 나타나는 변화를 결정함으로써 중세 내내 그리고 중세를 넘어서까지 영주와 농민에게 갖가지 문제와 기회들을 열어주었다는 사실을 의문시하는 것이 아니었다. 그 목적은 수요-공급의 요인들에서 나타난 그러한 변화들이 그 자체만으로 소득분배에서의 변화를 결정할 수 있었다는 것을 부정하는 데 있었다. 인구론자들도 이따금 암묵적으로나마 어쩔 수 없이 이 점을 인정하고 있다. 그들은 이따금 인구 동향에 비추어 실명할 수 없는 소득분배의 동향을 설명하기 위해 계급관계의 발전을 (그에 대해서는 전혀 설명하지 않은 채) 언급하고 있는 것이다. 실로 포스탄과 해처도 그들이 기고한 글에서 인구론자들이 "언제나 예외 없이 인구증가는 예농제의 강화를, 인구감소는 예농제의 쇠퇴를 불러왔다고 주장한 적이 결코

10) M. M. Postan, "Economic Relations between Eastern and Western Europe", in G. Barraclough(ed.), *Eastern and Western Europe in the Middle Ages* (London, 1970), p.167. Postan과 Hatcher는 더 나아가 국제 곡물 시장의 성장이 동부 독일에서는 수출을 위한 곡물 생산을 자극하고 그럼으로써 예농제의 대두를 위한 유인을 제공하였기 때문에, 중세 말로부터는 ("완전히 다른 상황"인) 동부 독일과 서부 독일을 비교하는 것이 적당하지 못한 일이라 주장하고자 하는 것으로 보인다. 하지만 국제 곡물 시장은 동부 독일 못지 않게 서부 독일에도 강력한 영향을 미쳤기 때문에, 그들의 주장을 받아들이기는 힘들다. 국제 곡물 시장의 영향은 그 두 지역이 겪은 경험에서 나타나는 **차이가 아니라 유사성**을 이루는 또 하나의 요소가 되며, 바로 이러한 이유로 그 두 지역의 서로 다른 발전경로를 설명해 줄 수 없다. 우리는 뒤에 훨씬 더 상세하게 이 점을 다시 다루게 되겠지만, 여기서는 **"동유럽은 경제적 · 사회적 발전에서 서유럽과 아주 다른 길을 걸어가게 되었다. 동유럽은 만일 교역에 의해 영향을 받지 않았더라도 그렇게 다른 길을 걸어갔을 것이다"**라는 Postan 자신의 말을 인용하는 것만으로 충분할 게다 : Postan, "Economic Relations Between Eastern and Western Europe", p.167(강조는 필자). 비슷한 언명을 M. M. Postan, "The Chronology of Labour Services", *Trans Poy. Hist. Soc.*, 4th ser. xx(1937), pp.192-3에서도 찾아 볼 수 있다. 본서의 pp.448-51와 주 128)도 참고할 것.

없다"고 의혹을 씻어내는 주장을 펴고 있다.[11] 하지만 그들의 주장이 옳다고 해도 다음과 같은 의문이 자연스럽게 제기된다. 인구의 증감은 **과연 어떠한 상황 아래에서** 그렇게 서로 다른 결과를 낳았는가? 필자가 보기에는 이 질문을 던진다는 것만으로도 소득분배에 관한 한 인구의 요인들이 그 자체로는 아무런 역할도 하지 못했음을 인정하는 것이 된다. 그것은 농업에서의 계급관계가 산업시대 이전에 유럽에서 겪었던 (다양한) 발전 과정을 체계적으로 설명해야 한다는 문제를 제기하고 있는 것이다.[12]

11) 본서의 p.106.

12) 최근의 한 논문에서 Hatcher는 필자가 원래의 논문에서 제시했던 것과는 완전히 어긋나는 입장을 필자에게 돌린 바 있다. 그의 주장에 따르면 필자는 봉건영주들이 농민들에 대해 실질적으로 제한 없이 권력을 행사함으로써 소득분배를 근본적으로 결정할 수 있다는 견해를 취하고 있다는 것이다. 그러나 이러한 주장은 분명히 아무런 근거도 갖고 있지 않다. 필자의 논문에서 핵심을 이루었던 비교사적 분석에서 필자가 분명하게 밝히고자 했던 점은 비슷한 "객관적"인 (인구적 또는 상업적) 경제조건 아래에서 영주와 농민이 **제각기** 상대방의 희생을 대가로 이익을 볼 수 있었는데 어느 쪽이 이익을 볼 것인가는 특히 그들 각각의 계급조직과 계급세력이 어느 정도의 수준에 다다라있었는가에 달려있었다는 사실이었다. 필자는 산업시대 이전에 유럽에서 소득분배의 **서로 다른** 발전과정들이 나타났던 것을 이해하려면, 서로 다른 지역을 각각 특징지었던 계급형성과 계급 갈등의 역사적으로 특정한 과정들을 분석할 필요가 있다고 결론지었다. 본서의 pp.30-40과 J. Hatcher, "English Serfdom and Villeinage", *Past and Present*, no. 90(Feb. 1981), p.4를 참고할 것. Hatcher가 바로 같은 논문에서 필자의 원래 논문에 담긴 핵심적인 논의들을 여럿 받아들임으로써, **필자와 똑같은 근거들에 입각하여** 암암리에 그 자신과 Postan이 이 논쟁에 기고한 논문에서 옹호하였던 인구론자들의 입장을 공격하고 있다는 점은 주목할 만하다. 하지만 그는 필자가 실제로 제시한 입장은 제쳐놓더라도, 그들 자신이 기고한 논문에 대해서도 별로 언급하지 않고 있다. 구체적으로 지적하자면 Hatcher는 필자와 마찬가지로 다음과 같이 결론짓고 있다 : "중세의 부자유농민들에게는 관습의 힘이 영주들의 권한 및 권력에 맞서는 수단이 되었다. 그리하여 경제 및 인구의 추세와 변동이 언제나 변화를 불러오는 강력한 힘을 낳긴 했지만 사회적, 정치적, 그리고 법률적인 온갖 잡다한 요인들이 그러한 힘과 서로 영향을 주고받으면서 때로는 그러한 힘들의 작용을 더욱 부추기고 때로는 가로 막으며 또 때로는 역전시키기도 하였다. **인구의 수준이나 토지의 공급에서 나타난 변화는 노동력이나 토지를 보다 희귀하거나 보다 풍부하게 만들 수 있었지만, 영주의 권력에 복속되어 있던 동시에 관습에 의해 보호되고 있기도 했던 차지인들에게는 그들이 지대를 얼마나 많이 그리고 어떤 형태로 바쳐야 하는가가 이러한 변화들만으로 결정되는 것은 아니었다**."(p.39; 강조는 필자) 더구나 그는 "우리

2. 장기적 농업주기

인구론자들이 경제 정체의 장기적 주기를 설명하는 가운데 직면하는 어려움들은 어쩌면 소득분배에 관련하여 그들이 마주치는 어려움들 못지않게 처리하기 힘겨운 것일 게다. 노동생산성이 하락하고 있는 가운데 인구가 계속 증가하면 이르건 늦건 인구와 자원 사이에 불균형이 나타나고, 이는 궁극적으로 가난과 기근 그리고 죽음을 이끌고 오리라는 것을 부정할 사람은 아무도 없을 게다. 따라서 인구 과다는 그에 대한 보상으로 인구의 감소를 가져오고, 그러한 인구감소는 결국 또다시 토지와 노동력 사이의 비율을 역전시켜 새로이 인구를 증가시키기 시작하며, 이로써 스스로를 교정하는 두 국면의 주기가 나타나는 것이다. 이 모델이 전제하는 바를 받아들인다면 그것의 논리를 의문시할 이유는 전혀 없다. 또한 두 국면으로 이루어진 장기적인 농업주기가 중세에는 서유럽의 거의 모든 지역을 그리고 근대 초에는 서유럽의 일부분을 특징지었다는 점에 대해서도 별로 의문이 제기되고 있지 않다. 하지만 그러한 장기적인 농업주기가 지닌 구체적인 양상들을 설명하는 데 맬서스적 모델이 과연 알맞는가 하는 점은 문제가 되고 있다.

첫째, 인구 과다가 실제로 나타나는가 나타나지 않는가는 (경작되지 않는 땅이 얼마나 이용될 수 있는가에 달려있을 뿐만 아니라) 소득 및 부의 분배에 직접 달려있었다. 영주들이 어느 정도로 토지를 소유하고 농민들로부터 잉여를 수탈했는가에 따라 이른바 인구의 상한선

는……그러한 결과가 시장의 요인들에 의해서만 결정되는 경우는 거의 하나도 없었다고 확실하게 말할 수 있다"고까지 단언한다(p.38).

은 두 가지 측면에서, 즉 직접적으로는 영주들이 비생산적인 용도를 위해 곧바로 농민의 소비를 감축시켜 버린 결과로서 그리고 간접적으로는 농민들이 투자와 혁신을 통해 생산력을 증대시키는 데 투입할 수 있었을 자금이 상실된 결과로서 더욱 낮추어졌다. 포스탄과 해처가 보기에 (중세의 전반적인 상황 아래에서는) 어떤 경우에든 **결국에 가서는** 인구 과다가 나타나는 경향이 있었으므로, 그들은 인구의 상한선이 성격상 계급관계에 달려있었다는 그러한 지적은 이야기를 너무 복잡하게 만들 뿐이라고 생각한다. 그럼에도 불구하고 우리가 살펴보겠지만 인구의 증가는, 여러 다른 지역에서 서로 다르게 나타났던 영주와 농민 사이의 세력균형과 재산관계에 따라, 아주 다른 수준의 인구밀도에서 인구 과다를 불러왔던 것으로 보인다.[13)]

둘째로, 맬서스적 메커니즘은 스스로를 교정해가는 과정으로 작용하여, 노동인구를 (기존의 기술 수준에서) 그 사회가 이용할 수 있는 자원과 합치시키는 것으로 생각되고 있다. 하지만 사실상 그 메커니즘은 산업시대 이전의 유럽에서 이러한 일을 언제나 완벽하게 해낼 수는 없었다. 왜냐하면 영주와 농민 사이에 맺어져 있던 잉여착취의 관계가 생산과 분배 모두를 결정짓는 데 너무나 깊은 영향을 미쳤기 때문이었다. 그리하여 사회-경제적 체제의 작용은 생산인구 및 그 인구의 생계수요를 가용한 생산량과 합치시키는 경향이 있을 뿐만 아니라, 동시에 직접생산자가 수탈당하는 잉여를 생산에 참여하지 않는 지배계급의 수요와 합치시키는 경향도 있었다. 물론 다른 변수들이 모두 일정하다면 인구 과다에 대한 반응으로 비롯된 생산인구의 감소

13) 본서의 pp.109-113ff. 본서의 pp.423-6도 참고할 것.

는 인구를 가용생산량과 합치시키는 경향을 나타냈을 것이다. 하지만 결코 다른 변수들 모두가 언제나 일정할 수는 없었다. 직접생산자의 수가 줄어들면 영주들의 수입도 그에 맞추어 감소하는 경향이 있었다. 잉여착취의 비율이 일정하다고 할 때 영주들의 소득수준은 농민생산자(차지인)의 수와 함수관계에 있었던 것이다. 그 결과 영주들은 인구가 감소하는 상황에서 그들의 수입을 유지하거나 증대시키기 위해 어쩔 수 없이 서로서로 (강도질이나 전쟁 따위를 통하여) 다른 영주로부터 더 많은 것을 뜯어내기 위해 애쓸 뿐만 아니라, 농민들 각자로부터도 더 많은 양을 수탈하려고 시도하는 경향을 보였다. 이는 적어도 가능성의 차원에서는 균형상태를 되살리기보다는 오히려 생산을 파국으로 몰고가 인구를 **더더욱** 감소시킬 수 있었다.

사실상, 14세기 중엽으로부터 나타난 인구의 감소는 유럽의 거의 모든 지역에 걸쳐 맬서스적 원칙에 따라 경제가 부활되는 데 필요한 조건을 다시 만들어 내지 못하였다. 지대를 납부하는 농민들이 줄어든 데 따른 결과로서 수입의 감소에 맞부딪친 영주들은 (지대와 세금을 통하여) 농민에 대한 부담을 증대시키고 그들 서로 간에 싸움을 벌임으로써 이에 대처하였으며, 그리하여 농민의 생산력을 잠식하고 인구를 더더욱 감소시키게 되었다. 그 결과는 맬서스적인 자체 교정이 아니라 하락의 악순환으로 나타났다. 더구나 적어도 몇몇 지역에서는 마침내 경제적으로 안정된 상황이 회복된 뒤에도 인구가 아주 오랜 기간 낮은 수준에 머물러있었다. 르 르와 라뒤리의 장기적인 농업주기에 극적인 모습을 만들었던 그러나 그 주기를 맬서스주의 모델로는 설명할 수 없게 만드는 것으로 보이는 것은 바로 중세 말에 나타난 이러한 장기적인 **자체 교정의 실패**였던 것이다.14)

3. 맬서스적 정체로부터 경제발전의 길

끝으로 장기적인 농업주기에 관한 인구론자들의 설명은 경제의 정체와 발전에 관한 이론에 바탕을 두고 있지 않으므로, 인구론자들은 그들이 따로 떼어내 고찰해 온 특수한 형태의 경제정체에 대해서나, 경제가 그러한 정체를 극복하여 지속적인 성장으로 돌파해 갈 수 있게 만들었던 요인들—지속적인 전문화, 자본투자, 그리고 기술의 혁신—에 대해서나 만족스러운 설명을 제시하지 못한다. 달리 말해 그들은 생산력이 발전하지 못했다는 그들의 맬서스적 전제가 어떤 이유로 한 시대 동안 줄곧 본질적으로 타당한 것으로 존속하다가 그 뒤에 가서는 더 이상 그러지 않게 되었는가를 우리에게 말해줄 수 없는 것이다. 이러한 약점은, 장기적인 농업주기의 상향국면을 특징지었고 전문화와 투자 그리고 혁신을 이루어낸 사람들에게 수익을 증대시킬 가능성을 제공하였던 식량 가격의 상대적인 상승에 관련하여 특히 뚜렷하게 드러난다. 인구요인에 의해 자극된 그러한 시장의 유인들은 13세기와 14세기 초 동안이나 16세기와 17세기 초 동안에 유럽의 대부분 지역에서 그에 상응한 생산의 증가를 불러오지 못하였다. 하지만 근대 초에 영국에서는 그러한 유인들이 농업이 탈바꿈을 시작할 수 있도록 자극했던 것으로 나타나는 것이다.[15] 이러한 차이는 무엇으로 설명되

14) 특히 G. Bois, *Crise du féodalisme* (Paris, 1976) : 영역본, *The Crisis of Feudalism* (Cambridge, 1984). 본서의 pp.426-37도 참고할 것. Le Roy Ladurie는 이 문제를 인식하고 있으며, 질병과 전쟁을 들어 이를 설명하고자 한다; 본서의 p.162와 E. Le Roy Ladurie, "L'hitoire immobile", *Amales E. S. C.*, xxix(1974), pp.680-6을 참고할 것.

15) P. Bowden, "Agricultural Prices, Farm Profits, and Rents", in J. Thirsk(ed.), *The Agrarian History of England and Wales*, iv, *1500-1640* (Cambridge, 1967)을 보라.

며 과연 인구요인으로 그것을 어떻게 설명할 수 있겠는가?

르 르와 라뒤리는 그가 기고한 글에서 자신의 인구론적 모델이 서유럽 전체에 타당하게 적용된다고 주장하고 있다.16) 하지만 그는 동시에 영국이 근대 초에 맬서스적 패턴으로부터 떨어져나왔다는 것도 인정하고 있다. 이러한 두 주장은 서로 모순되는 것으로 보일 게다. 르 르와 라뒤리는 그의 "자동적인 균형 유지의 모델이 농업 자본주의를 향해 일직선으로 나아가는 특정한 추진력을 내포하고 있기도 하다"고 주장함으로써 이러한 모순을 설명하려 한다.17) 하지만 그는 이러한 "추진력"이 어디에서 나왔는가도 또 그 추진력이 왜 일직선으로 나아가는 양상을 띠는지도 구체적으로 제시하지 않고 있다. 물론 한 곳에서는 그가, 영주들의 행위가 이따금 토지로부터 농민들을 내쫓고 커다란 규모로 통합된 농장을 만들어 냄으로써 경제발전을 위한 사회적 조건을 마련하는 데 중요한 역할을 하였다는 사실을 인정하고 있다.18) 하지만 그렇다고 한다면 이는 문제를 제기할 뿐이다. 15세기로부터 줄곧 유럽 전역에 걸쳐 영주들은 대체로 비슷한 인구상황에 대하여 서로 다른 방식으로 반응하였고, 자본주의를 향해 "일직선으로 나아가는……추진력"이라는 것은 전혀 나타나지 않았던 것이다. 동유럽에서는 영주들이 궁극적으로 농민들을 예속화시켜, 그 뒤로 아주 제한된 성장 과정이 이어지도록 만들었다.19) 프랑스에서는 르 르와

16) 본서의 p.167

17) 본서의 pp.163-4

18) 본서의 p.169

19) Le Roy Ladurie는 그가 기고한 논문에서, 동유럽에서 나타난 발전을 서유럽에서의 그것과 비교하는 것이 적당하거나 쓸모 있는 일임을 부정하고 있다. 하지만 **다른 곳에서는** 그 자신이 필자와 마찬가지로 서유럽 전반에서 그리고 특히 프랑스에서 이루어진 예농제의 쇠퇴와 농민층의 세력 강화를 조명하는 데 도움을 주기 위한 목적으로 바로 이러한 비교를 하고 있

라뒤리가 다른 곳에서 우리에게 말하고 있듯이 농촌에서 땅을 끌어모아 커다란 농장을 만들려는 노력이 없지 않았음에도, 농민의 토지소유권이 대체로 침해를 받지 않아, 보유지의 분해가 보유지의 통합을 능가했으며,[20] 그와 더불어 절대주의가 발전해 나왔다. 이는 중세에 이미 자리 잡고 있던 패턴, 즉 생산성의 하락이 인구위기와 생산위기를 불러오는 패턴을 되풀이되게 만들었다. 끝으로 영국에서는 농민의 토지소유를 침해하려는 영주들의 직접적인 행위가 농업 생산성의 향상과 전반적인 경제발전을 뒷받침함으로써, 우리에게 낯익은 자본주의적 농업구조의 등장을 향한 길을 닦아주었다. 이러한 차이점들을 찾아볼 수 있음은 "일직선으로 나아가는 추진력"이 존재했다는 르 르와 라뒤리의 전제를 의문시하게 만드는 동시에 봉건지배 계급이 **비슷한** 상황과 문제—중세 말의 인구감소에 직면하여, 그리고 뒤이어 근대초에 나타난 인구와 교역 그리고 산업의 발전에 직면하여 자신들의 지위를 어떻게 유지하고 향상시킬 것인가?—에 대해 보였던 **서로 다른** 반응에 관한 문제를 제기하는 것이기도 하다. 필자가 보기에 이는 봉건시대의 유럽 안에서 나타난 여러 다른 계급형성의 길과 그 뒤에 깔려 있는 계급들 사이의 세력 투쟁에 관한 문제를 필연적으로 제기하지 않을 수 없다. 하지만 르 르와 라뒤리에게는 그러한 방향으로의 연구가 배제되어 있다. 그는 "궁극적으로 볼 때 그 체제는 그 자신의 운명을 자기 안에 담고 있으며, **투쟁의 영향은 단지 피상적인 것일 뿐이다**"

다. 본서의 p.167과 E. Le Roy Ladurie, "Les masses profondes : la paysannerie", in F. Braudel & E. Labrousse(eds.), *Histoire économique et sociale de la France*, 4 vols. in 7(Paris, 1970-80), i, pt 2, pp.526ff.를 참고할 것.

20) E. Le Roy Ladurie, *Les paysans de Languedoc*, 2 vols.(S. E. V. P. E. N. edn, Paris, 1966), i, p.8 그리고 *passim*.

라고 쓰고 있는 것이다.[21]

II. 중세 유럽에서의 계급구조와 계급조직 그리고 봉건제의 발전

계급관계 또는 소유관계가 경제발전에 어떠한 영향을 미치는가에 대한 필자의 강조를 논박하면서, 르 르와 라뒤리는 필자가 그릇되게도 "경제적인 것"과 "정치적인 것"을 뒤섞어버리고 있다고 비난한다. 르 르와 라뒤리의 말을 빌리면 필자는 "잉여착취계급 또는 지배계급(들)"에 관해 말하면서 "(정치적인 요소인) 권력과 (경제적인 요소인) 잉여가치를 그토록 단순하기 짝이 없게 동일시하고 있다"는 것이다. 모순되게도 브와는 분명히 마르크스주의적인 관점에서 글을 쓰면서 얼마간 비슷한 비난을 필자에게 가하고 있다. 필자의 마르크스주의는 "정치적"인 그리고 동시에 "자유의지론"적인 마르크스주의이다. 다시 말해서 필자는 계급투쟁의 변덕스러운 변전에 너무 매달려 있는 바람에 봉건사회의 **경제적** "운동법칙"—그의 견해로는 "봉건적인 공조징수율의 하락"—을 파악하지 못하고 있다는 것이다.[22] 그럼에도 불구하고 "경제적인 것"과 "정치적인 것"의 (정확한 말은 아니지만) "혼융"이 **봉건적인 계급구조와 생산체제**를 뚜렷하게 특징 짓는 본질적인 측면이

21) Le Roy Ladurie, "Histoire immobile", p.689. 본서의 Bois의 논문 주5)에서 인용됨(강조는 필자).

22) 본서의 pp.162, 184-5.

었다는 것이 사실상 필자가 지닌 관점의 핵심을 이루고 있다. 이와 같은 측면은 지배계급의 재생산을 위한 "경제적" 조건들—농민들을 계속 복속시키는 것을 포함하여 그 계급의 생명을 유지하기 위한 행위들에 필요한 수입—이 직접생산자로부터 잉여노동을 수탈하는 체제에 의존해 있었고, 그 체제는 경제외적("정치적") 강제로 특징지어졌다는 사실에서 분명하게 드러나 있었다. 다시 말해서 이와 같은 **경제외적 강제에 의한 잉여수탈**의 체제가 생계수단(토지, 도구 등등)을 직접 **소유한** 농민들이 이루어나간 생산력의 발전과 연관을 맺고 또 모순을 일으키면서 보여주었던 다양한 **발전 형태들**은 유럽의 봉건경제가 어떻게 전개되어 나갔는가를 이해하는 데 없어서는 안 될 열쇠를 제공한다. 다시 말해 유럽봉건경제의 전개 과정에서 뚜렷하게 나타났던 노동생산성의 하락을 가져온 농업 및 인구의 특수한 발전 패턴, 지배층인 영주계급의 "정치적"인 수요를 충족시키기 위한 사치품들이 지배하였던 비생산적인 산업 생산의 특징적인 유형들, 또한 (생산인구 자체를 포함한) 생산력의 고갈과 영주의 수입 감소 그리고 영주의 반동에서 뚜렷하게 드러난 특수한 형태의 위기를 이해하는 데에는—또한 그에 더하여 봉건제가 여러 다른 지역에서 서로 다른 유형의 사회적 생산 체제에 의해 어떤 식으로 대치되었는가 또는 대치되지 않았는가를 이해하는 데에도—경제외적 강제에 의한 잉여수탈체제의 다양한 발전 형태들이 반드시 고려되어야만 하는 것이다.

1. 봉건제의 발전과 위기 : 몇 가지 일반화

1) 농민의 생계수단 소유와 비경제적 강제에 의한 잉여수탈

중세에 유럽의 거의 모든 지역을 그리고 근대 초에 와서도 유럽의 커다란 부분을 특징지었던 경제에서는, 생산이 대개 스스로의 생계를 유지하는 데 필요한 토지와 도구를 "소유"하고 있었던 농민들에 의해 이루어졌다. 여기에서 "소유"라는 말을 따옴표로 묶은 것은 그것이 계속 변화를 겪고 있었으며 또 모순된 성격을 지니고 있었다는 점—이는 봉건적 토지소유가 조건부 소유의 성격을 지니고 있었다는 사실에서 잘 드러난다—에 관한 문제가 봉건제의 발전에서 핵심을 이루고 있기 때문이다. 농민들이 그들의 생계수단에 대해 실제로 비교적 안정되고 비교적 확실한 소유권을 누리고 있었기 때문에, 그들의 재생산에는 영주들에 의한 경제적 개입이나 생산에의 기여가 전혀 필요하지 않았다. 그 결과 영주들이 다른 땅(직영지)을 소유하고 있었다는 것만으로는 영주들이 농민들로부터 잉여를 수탈하는 데 충분하지 못했다. 농민들은 영주의 땅에서 임금을 받고 일을 하거나 영주의 땅을 임차하기 위해 경제적으로 결정된 지대를 납부하지 않을 수 없는 경제적 강제 아래에 있지 않았던 것이다. 따라서 지대를 확보하기 위해—즉 농민들로 하여금 그들의 노동력이나 생산물 가운데 일부를 넘겨주게 만들기 위해—영주들은 농민들의 몸뚱어리에 대해 어느 정도의 통제권을 행사할 수 있어야만 했다. 이는 무력을 직접 행사할 수 있는 영주들의 능력 덕분에 가능하게 되었다.[23]

23) 이러한 상황은 자본주의 경제를 특징짓는 상황과 뚜렷하게 대조되어야 한다. 자본주의 경제에서는 노동계급이 그들이 살아가는 데 필요한 임금을 받는 대가로 그들의 노동력을 자본가

농민의 생산수단 소유는 한편으로는 농민공동체의 힘이 점점 더 강해지고 농민들이 이주할 기회가 (특히 자유롭고 아직 사람들이 정착해 있지 않은 토지가 얼마나 많았는가에 따라) 늘어난 덕분에 안정되어 가는 경향을 보였다. 또 한편으로는 농민의 생산수단 소유가 영주의 지배를 특징 지었던 주권의 분할—즉 영주들이 직접 강제 수단을 마음대로 휘두를 수 있었다는 점과 함께 같은 동전의 양쪽 면을 이루는 것으로, 개개 영주가 다른 영주와는 별개로 제각기 독자성을 지녔고 정치적으로 자족적이었다는 점—에서 빚어진 결과로서 현실화되는 경향을 보였다. 주권의 분할은 영주들 사이의 경쟁을 부채질하고 협력을 가로막았다. 따라서 그것은 영주들로 하여금 농민들에게 그들을 땅 위에 붙잡아 두고 공조를 납부하게 만드는 데 필요한 미끼로서, 얼마간 항구적인 기반 위에서 보유지를 부여하지 않을 수 없게 만드는 경향이 있었다. 그렇다고 하더라도 주권의 분할은 또한 개개 영주들 사이에 힘을 분산시킴으로써 농민들로 하여금 다름 아니라 바로 다른 영주들로부터 그들의 땅을 지키기 위해 그들 자신을 어떤 영주의 "보호" 아래에 둘 수밖에 없도록 만들었기 때문에, 농민들이 완전한 소유권을 얻는 것을 어렵게 만드는 경향도 있었다. 이리하여 농민의 소유권은 궁극적으로 영주의 권력에 의해 제한되었다. 사실상 개개 영주들이 힘을 얼마나 끌어모을 수 있었는가에 따라 그리고 무엇

들에게 팔아넘겨야만 한다. 그러한 과정에서 그들은, 그들이 생산수단을 소유하지 못하고 따라서 **직접** 생계를 꾸려가거나 아니면 시장에 내다 팔 상품을 생산할 수가 없기 때문에, 고용주에게 잉여(이윤)를 양도하지 않을 수 없다. 한편 자본가들은 그들대로 그들이 생산수단을 독점하고 있는 덕분에 생계를 유지하기 위해 그들에게 의존하지 않을 수 없는 노동자들에 대해 "경제적" 강제를 행사할 수 있기 때문에, 대개의 경우 **직접적인** "정치적"(무력적) 지배를 전혀 필요로 하지 않으면서도 잉여를 수탈할 수 있다. 국가권력은 오로지 지배계급의 재산을 보호하고 계약을 통한 자본과 노동 사이의 교환을 강제하는 데에만 필요할 뿐이다.

보다도 영주들이 하나의 계급으로서 얼마만큼이나 그들 상호 간의 경쟁을 배제하고 협력을 증진시킬 수 있었는가—또 그럼으로써 얼마만큼이나 주권의 분할에 따른 영향을 극복할 수 있었는가—에 따라, 영주들은 그만큼 더 그들의 지배권을 강화하고 더 나아가 심지어는 농민의 소유권을 위협할 수 있었다. 따라서 우리는 영주들이 개인으로서나 하나의 계급으로서 어떤 **방식**으로 또 어떤 **정도**로 지대 관계에서 힘을 행사할 수 있었는가, 그리고 그러한 **방식**과 **정도**가 어떻게 변화했는가—이는 농민들에 대해 영주가 지니고 있던 정치-사법적 권한의 성격과 효율성이 겪은 변화에서 전형적으로 표출되었다—가 어째서 그들이 지배계급으로 형성되는 데 결정적으로 중요했고, 또한 생산체제 전체의 발전 과정에도 깊이 흔적을 남겼는지를 충분히 이해할 수 있다.

한편 특정한 상황 아래에서는 봉건지배계급들이 경제외적 강제에 바탕을 두고 있던 봉건적인 형태의 장치들에 의존하지 않고서도—즉 오로지 토지소유권에만 의존하여, 그리고 심지어는 토지를 독점하지 않고서도—농민으로부터 잉여를 수탈하는 것이 가능하게 되었다는 사실도 강조되어야 마땅하다. 하나로 뭉뚱그려 농민계급이 생계를 보장하기에 충분하지 못한 토지를 갖고 있었던 경우, 일부 농민들은 모자라는 것을 메우기 위해 추가로 땅뙈기를 임차하거나 임금노동자로서 노동력을 팔거나 아니면 그 둘 모두를 함께 하는 것 말고는 선택의 여지가 없었을 게다. 그러한 과정에서 그들은 그들의 생산물 가운데 일부를 아무런 대가 없이 영주에게 넘겨주지 않을 수 없었다.

이러한 상황은 적어도 1050년 무렵부터 줄곧 유럽의 토지보유농민들을 특징지었던 인구증가의 추세로 말미암아 자연적으로 발생되는 경향이 있었다. 일정한 한계 안에서는 (그리고 일단 외부적인 요인으로 말미암은 사망과 질병 따위를 제쳐놓는다면) 인구증가율이 (생식력은 얼마간 변하지 않았던 것으로 여겨지므로) 결혼연령에 달려있었던 것으로 보인다. 그리고 결혼연령은 다시 가족을 이루는 데 필요한 수단, 특히 한 뙈기의 경작지를 확보할 수 있는가 없는가에 달려있었다. 따라서 농민이 토지를 소유하고 있으며 그에 연관하여 보유지가 분할되어 나갈 가능성이 있었음을 감안하면(이 두 가지 즉 농민의 토지소유권과 보유지의 분할 가능성은 모두 영주권이 얼마나 강력했고 영주가 얼마나 많은 부분을 농민에게 부담시켰는가에 따라 그만큼 더 제한될 수 있었다), 부모들은 그들의 땅뙈기를 가족을 자자손손 이어나갈 수 있게 해주는 바탕으로 간주할 수 있었으며, 자식들은 비교적 이른 나이에 보유지를 떼어 받으리라 기대할 수 있었다. 그 결과 **비교적** 이른 나이에 결혼을 하는 서유럽 특유의 패턴이 자리를 잡았던 것으로 여겨지며 이 패턴은 중세의 비교적 급속한 인구증가율을 뒷받침했던 것으로 보인다. 그리고 이 패턴은 보유지의 극단적인 **분해**와 더불어 경제적 기회들이 점점 더 줄어들고 있었음에도 아주 느리게 변화해 갔을 가능성이 있다.[24] 따라서 장기적인 추세는 인구 과다를 향해 나아갔던 것으로 보이며, 이러한 인구 과다는 토지에 대한 수요를 증가시키고, 경제외적 압력이나 통제에 직접 의존하지 **않고서도** 더욱 많은 지대를 수탈할 **가능성**을 낳았다.

하지만 그렇다 하더라도 이와 같은 방식으로 마련된—인구적으로

24) 중세 유럽에서 나타난 인구증가의 추세를 결혼연령이 낮았던 것으로 설명하고, 이러한 낮은 결혼연령을 보유지의 분해와, 그리고 이러한 보유지의 분해를 다시 농민의 토지소유와 연관시키는 해석으로는, Bois, *Crise du féodalisme*, p.331; C. Howell, "Stability and Change, 1300-1700", *Jl Peasant Studies*, ii(1975)를 보라.

조건지어진 것이라 할 수 있는—잉여수탈의 가능성은 엄격하게 제한되어 있었고, 영주들의 패권 유지를 위해 단지 불확실한 장기적 기반만을 제공할 수 있었을 뿐이다. 한편으로 농촌에서 반쯤은 농민이고 반쯤은 프롤레타리아인 부류를 등장하게 만들었던 인구증가가 계급들 사이의 소득분배에서 나타나는 변화를 어떤 식으로 또 어느 정도로 결정지었는가는, 기존의 토지분배—즉 영주들이 지닌 토지(영주들이 마음대로 경제적인 지대를 부과할 수 있었던 직영지)가 농민들의 토지(관습보유지)에 대해 상대적으로 또 절대적으로 얼마만큼 많았는가—에 달려있었다. 하지만 이러한 토지분배가 반드시 영주에게 유리한 것이라고 전제될 수는 없었다. 다른 한편으로는 영주들이 그들의 수입을 어느 정도로 그들의 토지자산에만 의존했는가—즉 농민의 노동력이나 농민의 생산물을 **경제외적**으로 수탈할 수 있는 수단을 어느 정도로 결여하고 있었는가에 따라, 영주들이 (얼마나 많은 직영지를 지니고 있든 관계없이) 지대를 수탈할 수 있으려면 그 만큼 더 인구 과다를 필요로 하는 경향이 있었을 것이다. 그리하여 영주들의 수입은 인구가 크게 감소하는 경우 갑자기 심각한 위기에 처하게 되었을 것이다. 사실상 중세 말에 꼬리를 물고 나타난 일련의 위기에 직면하여 유럽의 봉건지배계급을 구성하고 있던 여러 부류들은 (가) (12세기와 13세기의 경우에는) 인구증가를 틈타 이익을 얻기에는 토지(직영지)가 부족한 상황, 그리고/또는 (나) (14세기와 15세기의 경우에는) 인구의 격감으로 그들이 지닌 토지로부터 수입을 얻어내기가 힘들어진 상황으로 말미암아 어려움을 겪었다. 이러한 상황들은 영주들이 궁극적으로 그들로 하여금 경제외적 강제에 의해 잉여를 수탈할 수 있게 해주었던 제도들에 의존해 있었음을 드러내 주었고, 영주들로 하여금 여러 다른 방식으로 이러한 제도들의 복구 그리고/또는 변형을 시도하지 않을 수 없게 만들었다.

요컨대 르 르와 라뒤리에게는 미안한 말씀이지만, 다름 아니라 봉건사회에서 "잉여착취계급 또는 지배계급들"이 지니고 있던 성격을 알맞게 규명하고 또 그들의 지배가 어떤 기반 위에 서 있었는가를 이해하기 위해서는 "경제적인 요소와 정치적인 요소를 동일시"하는 것이 더할 나위 없이 필요하다. 중세 내내 그리고 근대 초에 들어와서도 봉건지배계급들의 존재와 재생산은 그에 필요한 잉여("경제적인 요소")를 농민 생산자들로부터 수탈할 수 있게 해주는 경제외적 장치들("정치적인 요소")에 의존하고 있었던 것이다. 이러한 장치들은 처음에는 지대수탈을 정당화시키는 관습 차지인에 대한 사법권으로 구현되어 있었으나, 뒤에는 중앙집중화된 수탈 즉 국가가 징수하는 세금 가운데 한몫을 차지할 권리를 부여하였던 관직소유권의 형태를 띠게 되었다.

더구나 봉건경제 전체의 **발전**을 오로지 브와가 제안한 이른바 "경제적" 공식으로만 파악하는 것도 불가능한 일이다. 이 공식에 따르면 "소규모 생산과 대규모 토지소유 사이의 구조적인 모순"은 가차없이 "[봉건적인] 공조징수율의 하락"을 불러왔다. 브와의 견해로는 생산체제가 소규모 농민 소유자들에 의해 움직여졌다는 사실("소규모 생산") 그 자체가 경제외적 강제에 의한 잉여착취의 체제를 쇠퇴하도록 직접 ("경제적으로") 결정지어 놓았다는 것이다. 그것은 특히 "영주제의 틀 안에서 지대를 납부하는 다양한 보유지들"로부터 수입을 실제로 얻어낼 수 있는 영주들의 능력을 장기적으로 "분해"시킴으로써 그러한 일을 하였다. 하지만 이 공식은 너무나 일방적이며 바로 그 때문에 궁극적으로는 오류로 빠져든다.[25]

특히 필자가 밝히려 애를 쓰겠지만 봉건적인 체제의 계급관계는 "정치적으로" 구성되었다는 바로 그 점 때문에, 봉건경제의 발전과정에 경제외적인 동력을 부여하는 경향이 있었다. 당연하게도 영주들이 무엇을 수탈할 수 있었는가는 농민들이 무엇을 생산할 수 있었는가에 의해 제한되었으며, 이러한 의미에서 농민을 기반으로 한 생산은 브와의 말대로 봉건경제를 형성하는 데 매우 중요한 요인으로 작용하였다. 하지만 그렇다고 해도 잉여수탈의 체제가 이를테면 그 자체의 논리에 따라서 그리고 상당히 커다란 정도로 농민 생산이 필요로 하는 것들과는 관계없이—특히 농민에 대해서 지배적인 지위를 유지하고 다른 영주에 대해서 스스로를 보호해야 하는 두 가지 요구 모두에서 비롯된, **정치적인 동기로 이루어지는 소비**에 대한 영주들의 필요가 점점 더 증대되어가는 데 비례하여—발전해나가는 경향이 있었다는 사실은 여전히 부정할 수 없다. 영주의 잉여수탈이 궁극적으로 농민을 기반으로 한 생산에 의해 제한되었다는 것이 사실이라면, 영주의 잉여착취체제가 농민 생산의 발전 그 자체를 제한하고 심지어는 결정할 수 있었다는 것도 역시 사실이었다. 그 결과 봉건경제의 발전은 두 가지 측면이 서로 갈등을 일으키며 상호작용을 하는 모습을 보여주었다. 그 두 측면이란 농민소유자들로 이루어진 계급이 그들 스스로를 재생산하고 자기 가족의 혈통이 이어질 수 있도록 만들기 위해 의존하였던 생계를 위한 생산 체제의 발전과 봉건영주들로 이루어진 계급이 개인으로서나 지배계급으로서나 그들 스스로를 재생산하기 위해 의존하였던 비생산적인 소비를 위한 그리고 경제외적 강제를 통한 잉

25) 본서의 pp.174-8, 특히 주 6). Bois의 접근방식에 대한 상세한 고찰로는 본서의 pp.388-95를 참고할 것.

여착취체제의 발전이었다.

2) 영주와 농민 그리고 생산성의 하락

따라서 필자는, 포스탄과 해처는 이 점을 부정하고 있는 것으로 보이지만, 생산에서의 전반적인 계급구조(소유구조)—생계수단을 소유하고 있는 농민 생산자에 대한 봉건영주들의 경제외적 강제에 바탕을 둔 계급구조—가 생산성을 하락시키고 궁극적으로는 여러 형태로 봉건제의 위기를 낳은 뿌리를 이루었다는 주장을 출발점으로 삼고자 한다. 이와는 달리 포스탄과 해처는 생산성 하락의 원인을 "전반적인 기술 수준이 뒤떨어진 상태로 정체되어 있었고 특히 무엇보다도 장원의 투자가 충분하게 이루어지지 못했다는 사실"에서 찾아야 한다고 주장한다.[26] 하지만 그들의 주장은 이러한 기술의 정체와 투자의 부족을 과연 어떤 요인으로 설명할 수 있는가라는 문제를 제기할 뿐이며, 필자가 보기에 그들은 이 문제에 충분한 답을 내놓지 못하고 있다. 포스탄과 해처는 기술의 혁신이 이루어지지 못했던 이유를 "새로운 기술적 가능성들이 충분하게 제공되지 못했다는 것" 때문으로 돌리고 있다. 하지만 그들의 말대로 농업 생산성을 증대시킬 수 있는 자본집약적인 기술들이 이용될 수 없었다는 게 사실이라면, 그들이 덧붙여 제시한 바 농업투자가 충분하게 이루어지지 못했다는 주장은 전혀 아무런 의미도 갖지 못하게 될 것이다. 왜냐하면 그러한 경우에는 심지어 낮은 수준의 투자만으로도 생산을 **가능한 범위 안에서** 가장 높은 수준으로 유지시키는 데 충분했을 것이기 때문이다. 사실상 티토우J. Z.

26) 본서의 p.115.

Titow는 영주의 투자가 그들의 총수입에 비해서는 낮은 수준에 머물러 있었지만, 기존의 낮은 기술 수준에는 알맞았다고 주장하면서 바로 이러한 입장을 취하고 있다.27) 그럼에도 엘레노어 설Eleanor Searle을 비롯한 여러 학자들은, 비교적 규모가 큰 투자를 통하여 농업 생산성을 상당히 크게 향상시킬 수 있는 기술들이 중세 유럽에서 사실상 이용될 수 있었다는 것—그리고 그러한 기술 가운데에는 뒷날 근대 초에 이루어진 농업혁명을 이루게 될 주된 구성요소들도 몇몇 들어있었다는 것—을 분명하게 밝혀낸 바 있다. 더구나 이러한 기술들은 13세기와 14세기 동안에 심지어 영국에서조차 적어도 몇몇 경우에는 실제로 **사용**되기도 하였다. 따라서 우리가 제기해야 하는 문제는 왜 그러한 기술들이 **더욱 폭넓게 이용되지** 않았는가 하는 것이다. 달리 말해 문제는 포스탄과 해처가 주장하고 있듯이 "새로운 기술적 가능성들이 충분하게 제공되지 못했다는 것"이 아니라, 오히려 존재하고 있던 가능성들을 이용할 능력을 봉건경제가 갖추지 못했다는 것이었다. 이미 존재하고 있는 자본집약적인 기술들을 **이용할** 능력이 보잘것없었음을 감안한다면, 농업생산에 대한 투자가 낮은 수준에 머물러 있었음은 곧바로 이해될 수 있다.28)

그러면 봉건적인 소유체제 또는 잉여수탈의 장치들은 어떻게 해서 보다 생산적인 방법들을 채택하는 능력을 제한하고, 그리하여 생산적

27) J. Z. Titow, *English Rural Society, 1200-1350* (London, 1969), pp.49-50. Titow가 말하고 있듯이 "중세농업의 기술적인 한계들은 필자가 보기에 영지에 쓸모 있게 투입될 수 있는 투자의 수준에 일정한 한도를 짐지웠던 것으로 여겨진다."(p.50)

28) 본서의 pp.49-53; B. H. Slicher van Bath, *The Agrarian History of Western Europe, A. D. 500-1850*(London, 1963; repr, London, 1966), pp.178-9; E. Searle, *Lordship and Community* (Toronto, 1974), pp.108, 174-5, 183-94, 267-329. 인용문은 Postan과 Hatcher의 논문(본서의 p.119)에서 따온 것임.

인 투자의 가능성을 줄이며, 또 그럼으로써 경제를 경제외적인 또는 정치적인 발전 형태를 띠도록 이끌어갔는가? 우선 그러한 잉여수탈의 장치들은 (자본주의 이전의 다른 경제적 장치들과 마찬가지로) 영주든 농민이든 직접생산자들을 **교환에서 얻어지는 이윤을 극대화시켜** 시장의 기회들에 반응해야 한다는 철칙으로부터 상당한 정도로 해방시킴으로써 그러한 일을 해냈다. 이로써 경제는 그 핵심적인 측면들에서 여전히 "가부장제"의 성격을 띠게 되었다. 대체로 농민 생산자들은 그들의 생계수단(토지, 도구)을 **시장을 통하지 않고서** (다소간) 직접적으로 소유·이용하였다. 이는 그들이 생계 및 생산에 필요한 것들을 구입할 돈을 얻기 위하여 시장에 생산물을 내다팔도록 강요되지 않았음을 뜻하였다. 그 결과 그들은 생산수단을 다른 생산자들과 가장 효율적으로 경쟁하기 위해 운용할 **필요**가 없었다. 그들은 그 대신에 생산을 곧바로 그들 가족의 노동력을 재생산하는 데에로 지향시킬 수 있었다. 비슷하게 영주들도 농민들의 잉여를 직접 수탈할 수 있었고 그리하여 그들 스스로를 재생산해 내는 수단을 직접 소유할 수 있었으므로, 시장에서 경쟁적으로 생산해야 할 직접적인 경제적 압박을 전혀 받지 않았고 따라서 생산비를 절감할 직접적인 압력으로부터 벗어나 있었다.

물론 그렇다고 해서 교역의 발전이 교환에서 얻어지는 이윤을 증가시키기 위해 생산을 늘리고 그럼으로써 증가하고 있는 소비수요를 충족시키는 데 중요한 유인을 제공하였음을 부정하는 것은 결코 아니다. 교역의 발전이—특히 잠재적으로 많은 양의 잉여를 팔아넘길 수 있는 능력을 지니고 있었던 영주들의 경우에—그러한 유인을 만들어 냈음은 당연한 사실인 것이다. 하지만 영주들이 교환을 위한 생산을 극대화시키려 시도하면 할수록 그 만큼 더 그들은, 그들과 차지인들 사이에 맺어져 있었던 관계 덕분에 고정자본과 개선된 기술을 노동생산성의 향상을 위해 이용함으로써 그렇게 하는 것이 아니라, 농민의 노동 부역을 더욱 강화하거나 농민 생산자들에게 화폐로든 현물로든 더욱 많은 부담을 지우며 또는 경작면적을 더욱 넓힘으로써 그렇게 하는 경향을 보이게 되었다.

13세기 초에 영국에서 그러했듯이 봉건영주들이 예속농민들에 대해 직접적이고 경제외적인 통제권을 상당히 강력하게 유지할 수 있었던 경우, 영주들이 직영지 생산을 증대시킴으로써 생산을 늘리려고 시도하는 한 예농의 노동 부역을 더욱 강화시키는 데 눈을 돌렸음은 아주 당연한 일이었다. 하지만 영주들은 그렇게 함으로써 필연적으로 새로운 기술과 고정자본의 이용을 회피하지 않을 수 없었다. 생계수단을 소유하고 있는 예농들에 의해 이루어지는 노동은 강요된 노동일 수밖에 없었고 그처럼 "해고될 수 없는" 노동은 고정자본이나 수준 높은 기술의 세심한 이용을 필요로 하는 생산방법들에 적응하기가 더할 나위 없이 어려웠던 (또는 매우 높은 감독비용을 필요로 했던) 것이다. 그리하여 영주들이 "대가없는" 노동에 의존했다는 것이 경제적으로 의미를 가지고 있기는 했지만 이 노동이 농업의 혁신을 위한 바탕을 제공해줄 새로운 기술에 대한 투자와 결합될 수는 없었다.29) 물론

29) 원래 논문에서 필자는 영주들이 경제외적 강제를 통해 농민들을 쥐어짤 수 있는 **대안**을 지니고 있었기 때문에 생산을 개선하지 않았다고 주장한 바 있다. 이런 식으로 말하는 것은 오해를 불러일으킬 수 있다. 필자는 영주들이 경제외적 강제에 의한 잉여착취에 의존하는 것 말고는 달리 선택의 여지를 갖고 있지 못했던 점이 그들로 하여금 개선을 이루지 못하게 만든 커다란 요인이 되었으며, 그 이유는 잉여착취가 개선과 성공적으로 결합될 수 없다는 데 있었다고 말하는 것이 더 옳으리라고 본다. 본서의 pp.28-30. M. Mate. "Profit and Productivity on the Estates of Isabella de Forz, 1260-92", *Econ. Hist. Rev.* 2nd ser,, xxxiii(1980)을 참고할 것.

인구가 (특히 13세기가 진행되어 가면서) 크게 증가함에 따라 임금이 아주 낮게 떨어지고 토지가격이 아주 높게 상승했던 것이, 영주들로 하여금 (당연히 이와 같은 변화가 그들에게 이익을 가져다줄 수 있었기 때문에) 노동지대를 화폐지대로 금납화시키고 그들의 직영지를 임금노동을 사용하여 경작하거나 토지시장에다 임대지로 내놓도록 이끌어갔음은 사실이다. 하지만 낮은 임금과 높은 토지가격은 예전의 노동집약적이고 노동력을 쥐어짜는 방법을—물론 이제는 예농의 노동 부역이 아니라 임금노동을 바탕으로 하고 있지만—계속 유지시키고 투자자금이 (자본집약적인 혁신들이 아니라 오히려) 토지의 구입으로 흘러 들어가게 만드는 데 유리하게 작용하면서, 자본집약적이고 노동력을 절감하는 혁신들을 채택하게 만드는 유인을 더욱 감소시키는 역할도 하였다.

한편 직영지들이 촌락을 중심으로 조직된 농업과 뒤얽혀 있었다는 사실도 직영지 영농의 개선을 가로막는 또 다른 걸림돌을 여럿 제공하였다. 많은 경우 직영지의 지조地條들은 개방된 경작지 전체에 걸쳐 흩어져 있었고 더구나 촌락공동체에 의한 경작규제에 복속되어 있었다. 따라서 직영지의 지조들을 한곳으로 모으거나 더 늘리려는 영주들의 시도는 커다란 걸림돌—농민공동체 전체의 저항 또는 자기 땅을 팔지 않으려는 농민 개개인의 거부—에 부딪칠 수 있었다. 필자가 이 점에 관련하여 다름 아니라 바로 "대규모 보유지를 만들어내고 투자를 하는, 즉 관습 차지인을 제거하고 새로운 기술을 도입하는 힘겹고 값이 비싸게 먹히는 과정"에 대해 언급한 데 대하여, 필자가 "영주들이 하나의 정규적인 관행으로서 예농들을 대규모로 축출할 수 있었다"고 암암리에 전제하고 있다고 포스탄과 해처가 필자를 비난하는 것은 좀 어리둥절한 일이다.[30] 어쨌든 공동체의 통제권이나 농민의 소유권이 지닌 힘이 농업생산을 재편성할 영주의 능력을 제한하면 할수록 수입을 증대시키려는 영주들의 시도는 다시 한번 개선**보다는 오히려** 쥐어짜기를 향하기 마련이었다.

영주들이 농민들에게 (노동으로보다는) 화폐 또는 현물로 더욱 많은 부담을 짐 지움으로써 그들의 수입을 증대시키려 애썼고 또 그러는 데 성공했던 경우, 그들은 투자를 위한 농민들의 자금을 잘라먹음으로써 농민들이 지니고 있던 땅에서 발전이 이루어질 기회를 줄여버렸다. 영국에서는 영주들이 농민에게 짐 지우는 그러한 부담이 13세기 동안 더욱 늘어났던 것으로 여겨진다. 하지만 농민들이 스스로 생산력을 발전시킬 가능성 그 자체가 뚜렷하게 한정되어 있었다는 것 역시 사실이었다. 농민들이 지니고 있던 땅뙈기가 대부분 아주 작은 규모에 머물러있었고 또 그들의 투자자금도 한정되어 있었으므로, 농민들이 [토지의] 축적과 혁신을 이루어낼 가능성은 애초부터 극도로 제한되어 있었다. 또한 수확이 아주 불확실했고, 식량 가격이 커다란 폭으로 오르내렸으며, 그에 관련하여 현금작물에 대한 시장이 변덕을 부렸으므로, 농민들은 당연하게도 생산물의 매매를 위해 시장에 의존하는 데 따르는 위험부담을 피하고자 하였다. 따라서 그들은 생산을 곧바로 직접적인 생계수요의 충족을 보장하는 방향으로 지향시키고자 시도하였다. 그들은 가능한 한 자신의 땅뙈기에서 그들이 필요로 하는 것들을 빠짐없이 생산하기 위하여 작물을 다양화시켰으며 진짜 확실하게 남는 것만을 내다 팔았다. 이처럼 "생계를 위한 생산"을 지

30) 본서의 pp.119-20, 51.

향하는 성향은 당연하게도 심지어는 시장의 기회들이 증대되었을 때에조차 상업적인 작물의 전문화를 가로막는 그리고 궁극적으로는 생산의 혁신을 가로막는 커다란 걸림돌이 되었다. 그것은 또한 땅을 끌어모으고자 했던 농촌의 비교적 부유한 농민과 영주들에게도 커다란 걸림돌이 되었다. 농민들은 어쩔 수 없는 경우가 아니면 자신의 생존을 뒷받침해주는 기반인 그들의 땅뙈기를 쉽게 넘겨주려 하지 않았던 것이다. 농민들은 오히려 정반대로 그들의 보유지를 여러 자식들에게 분할해 나누어주는 경향을 보였다. 사실상 인구가 증가하는 상황 아래에서 땅뙈기를 **분해**하는 농민들의 성향은 농업경제 전반에 걸쳐 그에 반대되는 [토지의] 축적을 향한 어떠한 성향도 압도하고 그리하여 발전가능성을 더더욱 줄여버리는 경향이 있었다.[31]

3) 봉건제의 여러 발전 형태 : 식민화로부터 정치적 축적까지

이처럼 봉건적인 계급—생산관계 또는 소유관계로 말미암은 결과로서 영주와 농민 모두가 노동생산성을 일정한 수준 너머로 향상시킬 수 없었다는 사실은, 특정한 한계와 가능성을 부과했고, 봉건경제의 발전이 보여주는 특정한 전반적인 패턴들—장기적으로 보아서 전형적으로 비생산적이고 경제외적 이었던 패턴들—을 결정지었다. 중요한 예외는 규칙을 입증해주는 법이다. 생산에 대한 대규모의 자본지출은 노동력에 더 많고 더 훌륭한 생산수단을 갖추게 만드는 것에서 발견되기보다는 오히려 무엇보다도 농업의 새로운 "옮겨심기"에서

31) H. Neveux, "Déclin et reprise : la fluctuation biséculaire, 1330-1560", in G. Duby & A. Wallon(eds.), *Histoire de la France rurale*, 4 vols.(Paris, 1975-6), ii, pp.20-9. 여기에는 중세적인 맥락에서 농민 생산과 전문화 및 투자에 짐지워졌던 여러 가지 한계들에 관한 뛰어난 고찰이 담겨있다.

(즉 이미 존재하고 있는 생산 형태들의 팽창을 위한 기반을 이루었던 하부구조적 조건들에서) 발견되기 마련이다. 사실상 봉건제가 발전하고 개량되어 가는 전형적인 과정은 새로운 땅을 경작지로 개간하는 이른바 식민운동의 형태를 띠고 나타났다. 새로운 땅이 이용될 수 있고 인구가 증가하는 한 영주들은 예전에는 경작되지 않고 있던 땅에 농민들을 새로이 정착시키는 것만으로도 수입을 늘릴 수 있었다. 이러한 상황에서는 **적어도 가능성으로 볼 때** 생산량이 증가할 수 있었으며 또한 영주와 농민이 양쪽 모두 그들 사이에서 갈등을 별로 일으키지 않으면서 그들의 처지를 향상시킬 수 있었다. 영주들은, 강제력 행사에 따르는 비용을 피하면서 지대의 수준을 이를테면 전과 다름없이 그대로 두더라도, 보유지 수를 늘림으로써 이익을 얻을 수 있었던 것이다(물론 그렇다고 해서 영주들이 언제나 이러한 길을 택했다거나 택할 수 있었다고 주장하는 것은 결코 아니다).

그럼에도 이러한 형태의 발전이 이루어질 가능성은 분명히 한정되어 있었다. 경작지를 더욱 넓히고 그리하여 지대를 납부하는 농민들을 더 많이 거느릴 가능성은 토지의 한정된 공급으로 말미암아 분명하게 제한되었던 것이다. 따라서 식민운동을 넘어서서는, 특히 투자와 개선을 통해 생산량을 증대시킬 가능성이 제한되어 있었음을 감안할 때, 봉건제의 발전이 안으로 향하는 형태—즉 부를 창출하기보다는 오히려 부를 **재분배**하는 형태—를 띠는 경향이 있었다.

포스탄과 해처는 봉건영주들 쪽에서 고정자본이 필요한 개선들에 투자하기보다는 토지를 사들이려는 성향이 강력하게 나타났다는 사실을 지적하고, 이 점을 "봉건귀족의 생활양식과 가치기준에 그 뿌리를 깊게 박고" 있었던 "토지획득을 선호하는 성향"의 탓으로 돌리고 있다.[32] 하지만 이는 부분적인 해답에 지나지 않는다. 토지획득을 선호하는 성향 그 자체가 적어도 부분적으로나마 기존의 계급적 생산관계에서 비롯된 결과로서 이해되어야만 하는 것이다. 경제적 관점에서 볼 때 그러한 성향은 사리에 맞는 것이었다. 직영지 생산을 개선하기 위해 고정자본 또는 인력자본에 투자하는 것이 이미 지적되었듯이 단지 아주 한정된 결실만을 맺으리라고 예상될 수 있었기 때문에, 영주들이 그들의 잉여를 오로지 그들의 보유지를 더욱 넓히고 그리하여 지대를 얻어낼 수 있는 땅과 농민들에 대한 그들의 통제권을 더욱 팽창시키는 데에만 사용한 것은 그들의 입장에서 볼 때 합당한 일이었다. 더구나 개선을 가로막는 걸림돌이 농민경제의 부문까지 확대되어 있었기 때문에, 농민들도 생계를 더더욱 확실하게 보장받는 데 도움을 받기 위해서뿐만 아니라 부분적으로는 투기행위로서도 똑같이 토지구입을 선호하는 성향을 드러내었다. 달리 말해서 봉건제의 맥락에서는 토지가 훌륭한 투자대상이었다. 실로 토지는 인구증가가 토지와 식량의 가격을 상승시키는 장기적인 동향을 더욱 가속화시키면 시킬수록—그리고 경제가 생산량을 인구증가에 맞추어 증대시킴으로써 이러한 시장의 징후들에 제대로 반응을 할 수 없다는 사실이 입증됨에 따라—그만큼 더 좋은 투자대상으로 나타났다.

새로운 땅을 개간하거나 경작지를 구입하는 것 이외에, 영주들은 대개 서로가 다른 영주의 것을 빼앗거나 또는 농민들로부터 더욱 많은 것을 쥐어짜는 것만으로도 그들의 수입을 체계적으로 늘릴 수 있었다. 따라서 (1000년~1100년 무렵으로부터) 봉건시대 내내 줄곧 지

32) 본서의 p.122.

배적으로 나타난 "정치적 축적"—즉 보다 크고 효율적인 군사조직의 형성, 그리고/또는 보다 강력한 잉여수탈장치의 건설—을 향한 장기적인 추세는 봉건제가 장기적인 경제발전을 이루어낼 가능성이 한정되어 있었다는 점에 의해 조건지어진 것으로 간주될 수 있고, 또 어느 정도로는 경작의 팽창이나 개선에 대한 하나의 대안으로도 간주될 수 있다. 생산증대에 여러 가지 어려움이 따랐으므로 무력의 효과적인 사용은 심지어 단기적으로 보아도 부를 축적하는 가장 좋은 방법으로 나타나는 경향이 있었다.

하지만 개개 영주들 또는 영주집단은 어느 정도로 정치적 축적을 통하여 보다 많은 사회적 잉여에 대한 권리를 획득**할 수 있었는가**?[33] 이 문제는 모든 영주 개개인이 농민들에 대하여 (영주로서) 자신의 재생산을 보장하기 위해 유지하고 있던 강제수단들(무력과 사법권) 그 자체가 다른 영주들에게 위협이 되었기 때문에 특히 첨예하게 제기되었다. 그 결과 영주들이 그들 사이에 서로 경쟁하고 다투는 성향이 일반화되었고, 적어도 장기적으로 보아 **이는 정치적 축적을 진짜 불가피한 것으로 만들어**버렸다. 동시에 이러한 "주권의 분할"은 혼란을 불러올 수 있는 효과를 지니고 있었는데, 이는 정치적 축적이 성공적으로 추진된다고 하더라도 반드시 극복되어야만 하는 것이었다.

물론 우선 무엇보다도 다른 영주들에 대해 군사적 우위를 누리거나 농민들에 대해 사법권을 더욱 강화시키기 위해서는—당연하게도 대

33) 다음에 나오는 여러 단락에 관해서는 예컨대 G. Duby, *The Early Growth of the European Economy* (Ithaca, 1974) ; P. Anderson, *Passages from Antiquity to Feudalism* (London, 1974) ; 또한 F. L. Cheyette(ed.), *Lordship and Community in Medieval Europe : Selected Passages* (New York, 1968)에 수록된 O. Brunner, G. Duby, O. Hintze, J. F. Lemarignier 그리고 J. R. Strayer의 논문을 보라.

부분 지배계급 안에서 그리고 그 계급 가운데 통상 아래 부류들로부터 충원되는—아래 사람들을 끌어모으고 조직할 필요가 있었다. 하지만 아래 사람들의 충성을 얻어내고 또 유지하기 위해서 상위 주군들은 그들을 먹이고 입혀야 했으며 또 장기적으로는 그들에게 보수를 지급해야 했다. 따라서 주군의 궁정은 적어도 아낌없는 과시와 통이 큰 소비 그리고 선물 세례의 중심지가 되지 않을 수 없었다. 하지만 이를 넘어서서 대개의 경우에는 아래 사람들에게 **지배계급의 구성원으로서 그들이 누리는 지위를 획득하거나 유지하기 위한 수단**—즉 영주로서의 온갖 특권(또는 뒷날에 가면 관직)이 함께 딸려 있는 토지의 부여를 필요로 하는 항구적인 수입원—을 제공하지 않을 수 없었다. 그러한 토지의 부여는 모순되게 보일지 몰라도 당연히 아래 사람들이 주군으로부터 더욱더 독립되어 나가게 만들어, 혼란과 분해 그리고 무정부상태가 나타날 가능성을 더욱 드높이는 경향을 지니고 있었다. 그 결과 장기적으로는 토지를 더욱더 많이 부여하지 않을 수 없게 되는 경향이 있었다. 따라서 정치적 축적이 성공적으로 이루어지기 위해서는 증대된 군사력 그리고/또는 사법권이 그에 따라 증대된 비용을 **충당하고 남을 만큼** 수익을 가져다주어야만 했으며, 이러한 비용은 시간이 흐를수록 더욱더 늘어나는 경향이 있었다. 그 결과 정치적 축적은 스스로를 지속시키면서 점점 더 확대되어 가는 과정—더욱 커다란 힘을 휘두르기 위해 자원을 끌어모으고, 자원을 끌어모으기 위해 보다 효과적으로 무력을 행사하며, 그리고 다시 효과적으로 무력을 행사하기 위해 보다 많은 토지와 인력을 끌어모으는 과정—이 되는 경향을 보여주었다.

그럼에도 정치적 축적은 그러한 양적인 측면만으로는 결코 제대로 이해될 수 없다. 그것은 양적인 팽창과정일 뿐만 아니라 봉건적인 지배계급이 점점 더 세련되게 스스로를 조직해가도록 요구하는 **질적인** 과정이기도 했던 것이다. 우선 첫 번째로, 영주들은 점점 더 훌륭하게 조직을 갖추어가고 있는 농민공동체로부터 잉여를 수탈하고 농민의 이주로 말미암은 영향을 상쇄하기 위해, 보다 폭이 넓고 보다 정교한 형태의 정치적 협력을 필요로 하였다. 농민조직의 영역이 지리적으로 촌락이나 지방에 한정되는 경향이 있었으므로 영주들의 잉여수탈장치가 얼마나 효율적으로 작동하는가는 영주들 사이에 결성된 조직이 어느 정도로 확장될 수 있고 그에 상응하여 영주들 사이의 경쟁이 어느 정도로 억제될 수 있느냐에 따라 달라지는 경향이 있었다. 두 번째로, 영주들은 다른 영주에 맞서서 자신의 재산을 보호하기 위한 상호협력을 촉진시킬 보다 발전된 정치형태를 필요로 하였고, 이는 법률의 제정과 시행을 통해 영주의 갖가지 권리를 자리 잡게 만드는 것을 뜻하였다. 끝으로 영주집단들 사이의 경쟁이 더욱 치열해짐에 따라 점점 더 세련된 형태의 군사 조직과 무기가 필요해지는 경향이 있었다. 일반적으로 말해서 (방어를 위한 것이든 정복을 위한 것이든) "대외" 전쟁을 치르기 위해 지도적인 한 주군을 중심으로 하여 영주집단들로 이루어진 조직은 아주 많은 경우 영주들을 서로 결속시키는 **근원적인** 원천이 되었고, 이는 다시 영주들이 서로의 재산을 보호하고 농민들을 통제하기 위해 필요로 했던 보다 효율적인 상호협력을 구축하는 기반이 되었다. 그리하여 봉건시대 내내 전쟁은 봉건제의 중앙집중화를 촉진시키는 커다란 추진력으로 작용하였다.

이 모든 것으로 필자는 단지 봉건적 축적의 장기적 기반은 본질적으로 봉건국가의 발전—봉건국가란, 적어도 제각기 궁극적으로는 무력을 행사할 수단을 직접 이용할 수 있었거나 또는 그러한 수단을 사적으로 소유하고 있던 봉건영주들의 여러 무리가 함께 구성한, 자치를 위한 다양한 형태의 연합체를 뜻하였다—에 있었다는 점을 말하고자 할 따름이지 영주들이 언제나 높은 수준으로 조직되어 있어야만 했다고 말하는 것은 결코 아니다. 또한 국가의 형성이 자동적이거나 보편적인 과정으로 이루어졌다고 주장하려는 것도 역시 아니다. 예컨대 식민 운동이 손쉽게 선택할 수 있는 길로 남아있는 한 봉건사회의 변두리인 동부와 남부에서는 영주 계급에게 그 자체의 조직을 보다 더 강화해야 하는 (내부적으로 비롯된) 압력이 비교적 덜 가해진 반면에, 보다 오래전부터 정착이 이루어졌던 지역들에서는 정반대되는 성향이 나타났다고 말할 수 있다. 동시에 (12세기 이후의 서부 독일에서 우리가 알 수 있듯이) 강력한 봉건국가가 "필연적"인 것으로 될 수 있었다는 이유만으로 영주들이 반드시 성공적으로 무정부상태를 피할 수 있었던 것도 아니었다. 하지만 여기서 필자가 주장하고 있는 것은 봉건 영주들의 여러 무리들 사이에서 얼마만큼 조직이 붕괴되어 있었고 경쟁이 치열하게 벌어졌는가에 따라서, 영주들이 그만큼 더 쉽게 바깥으로부터 침략을 당할 뿐만 아니라 농민들에 대한 그들 자신의 지배권까지도 침해당하는—즉 지배계급으로서 그들이 몰락하게 되는—경향이 있었으리라는 점이다. 개개 영주들 또는 영주집단의 경제적인 성공은 봉건국가의 형성에 달려 있는 경향이 있었으며, 장기적인 추세는 전반적으로 정치적 축적을 위한 더욱 강력한 정치적 중앙집중화를 향한 것이었던 것으로 나타난다.

따라서 필자가 보기에는 봉건제를 하나의 "통치 형태"로 보는 좁은 의미의 "정치적"인 규정을 강조해 왔고, 또한 그에 따라 봉건사회에서 사람과 사람을 묶어주는 매듭으로서 맺어졌던 (엄밀한 의미에서의 주군-봉신관계뿐만 아니라 보호제와 피보호제 그리고 가족의 유대에 의해 이루어진 보다 느슨하게 규정된 관계들까지도 포함하는) 폭넓은 의무와 교환의 관계에 초점을 맞추어 왔던 역사가들은 봉건제의 본질적인 추진력을 올바르게 파악한 것이었다.[34] 하지만 일부 마르크스주의자들이 봉건적인 잉여착취 관계에 특유한 경제외적("정치적") 성격이 필연적으로 지닌 경제적인 의미들을 모두 빠짐없이 끌어내지 못해왔던 것과 꼭 마찬가지로, 봉건제의 운동양태가 지닌 매우 "정치적"인 성격을 강조해 왔던 역사가들은 이따금 봉건적 통치체제 즉 봉건국가의 형성이 낳은 부분 경제, 아니 실로 "축적"—농민이 생산한 부의 수탈과 유통과 재분배 그리고 소비—에 관련된 것이었다는 사실을 잊는 경향을 보여왔다.

이러한 맥락에서 교역은 대체로 지배계급의 소비수요가 늘어나는데 발 맞추어, 특히 정치적 축적을 위한 수요의 증가에서 힘을 얻어 팽창하였다. 교역은 본질적으로 수공업자가 생산한 사치품 및 군사용품들과 농민이 생산하고 영주들에 의해 수탈된 필수품(식량)의 교환을 중심으로 한 생산물의 유통을 촉진시켰다. 우선 무엇보다도 (고전적으로 플랑드르와 이탈리아를 중심으로 하여) 도시에 기반을 둔 산업이 모습을 드러낸 것을 바탕으로 이루어진 이러한 사회적 노동분업의 성장은, 전문화를 통하여 생산비용을 절감시키고 그리하여 사치품들

34) 봉건제를 좁게 정치적으로 규정해야 한다는 주장들(Strayer, Coulbourn, Lyon)을 간략하게 요약해 놓은 것으로는 J. W. Hall, "Feudalism in Japan", in J. W. Hall & M. Jansen(eds.), *Studies in the Institutional History of Early Modern Japan* (Princeton, 1968), 특히 pp.24-6ff.가 있다. R. H. Hilton, *A Medieval Society* (London, 1966: repr. Cambridge, 1983), ch. 2 참조.

을 상대적으로 보다 값싸게 만들었기 때문에 영주들에게 더더욱 유리하게 작용하였다. 그럼에도 장기적으로 보면 이와 같은 형태의 사회적 노동분업이 유럽 전체에 걸쳐 성장해 나온 것은 영주들에게 파멸적인 결과를 가져왔다.[35] 그것은 (성장하고 있던 도시중심지들에서 만들어진 생산물 가운데 "생산에 다시 투입되어" 직접생산자인 농민들의 생산수단이나 소비수단을 더욱 증대시켜준 것은 거의 없었으므로) 경제 전반에 걸쳐 생산적 노동과 비생산적 노동 사이의 불균형이 점점 더 심각해진다는 것을 뜻하였다. 더구나 시간이 흐름에 따라 정치적 축적을 향한 추세는 (이용할 수 있는 사치품이 점점 더 많아지는 것과 더불어) 남에게 과시하기 위해 아낌없이 돈을 뿌려댈 필요가 점점 더 커짐에 따라, 그리고 (군대 규모가 갈수록 더욱 커지고 무기도 점점 더 복잡해지는 것과 더불어) 군수물자에 대한 수요가 점점 더 늘어남에 따라 더욱 **강화**되었다. 이처럼 농업경제의 토대가 점점 더 무너져감에 따라 도시사회가 농업경제에 가하는 압력도 줄곧 커져 농업경제에 심각한 타격을 주게 되었다.

그런데 영주들에 의한 정치적 축적의 효율성이 궁극적으로 그 밑에 깔려 있는 봉건적인 생산 기반의 허약함으로 말미암아 한정되어 있었음이 사실이라고 해도, 심지어 농업 부문이 인구를 먹여 살릴 능력을 잃어가고 있는 상황에서조차 힘을 한 곳으로 모으고 조직을 중앙집중화시킴으로써 더욱 강력하고 조직이 잘 갖추어진 봉건적 계급국가가 건설될 수 있었고 또 실제로 건설되었다는 것 역시 사실이었다. 그 결과, 정치적 축적을 위해 정치적 중앙집중화를 더욱 증대시키는 스스

35) 본서의 pp.205-6.

로의 힘으로 추진되는 성향은 노동생산성을 하락시키는 장기적인 성향을 더욱 가속화시켰을 뿐만 아니라 인구를 생산과 합치되게 맞추는 "정상적인" 맬서스적 메커니즘을 교란시키기도 하였다. 농민들의 잉여가 그 한계에 도달하고 실로 더 나아가 인구의 격감과 더불어 줄어드는 경향이 있었으므로, 그 잉여를 강제적 수탈과 전쟁을 통해 재분배하기 위해 보다 강력한 수단들을 만들어내려는 영주들의 노력도 더욱 강화되고 그럼으로써 경제와 사회 전반에 걸친 파멸적인 위기를 가져올 상황을 만들어내는 경향이 있었다.

2. 경제 성장국면(1150년~1300년 무렵)에서의 인구와 발전

봉건적인 생산 체제를 아주 뚜렷하게 특징지었던 "정치적인 요소"와 "경제적인 요소"의 "혼융"을 만족스럽게 이해할 수 없었다는 것이 브와의 접근방식과 인구론자들의 그것 모두가 지닌 핵심적인 약점을 이룬다. 이 문제는 실로, 12세기 말과 13세기에 유럽의 봉건 경제가 맞이한 성장 국면에 관해, 그리고 우리가 살펴보겠지만 그에 뒤이은 장기간의 위기에 관해 제기된 브와의 분석과 인구론자들의 분석 모두에서 잘 나타난다. 물론 브와와 인구론자들의 접근방식은 아주 다르다. 그럼에도 그들의 해석은 둘 모두 비슷한 어려움을 겪고 있다. 다시 말해 그 해석들은 다같이 봉건영주들이 농민의 저항에 직면하여 잉여 착취를 보장하기 위해 마련하였던 경제외적 강제의 메커니즘들이 지역에 따라 그 성격과 힘에서 서로 아주 다르게 발전해갔다는 사실을 제대로 설명하지 못하고 있는 것이다. 우리는 브와의 분석을 인구론자들의 분석과 대비시킴으로써 이러한 필자의 반박이 얼마나 설득력을 가지고 있는지 살펴보고, 그 다음에 어떠한 설명이 대안으로 제기되어야 하는지를 지적할 수 있을 게다.

1) 13세기의 프랑스 경제 : 봉건적인 공조징수율의 하락?

봉건경제 전체에 관한 그의 분석에서 브와가 기본적인 관념으로 제시한 것은 그의 이른바 "봉건적인 공조징수율이 하락하는 추세"이다. 상향국면인 12세기와 13세기에 봉건지배계급이 총생산량 가운데 차지할 수 있었던 비율은 농민계급의 그것에 비해 점점 더 낮아져만 갔다. 그 이유는 우선 무엇보다도 영주들이 부과하는 갖가지 지대는 일정한 액수의 화폐로 고정되는 경향이 있었던 반면에, 인구증가는 토지의 가격과 지대 그리고 식량 가격을 상대적으로 상승시켰다는 데 있었다. 이러한 지대수취율의 하락추세는 브와의 말을 빌리면 특히 새로운 땅의 개간을 통해 인구가 증가하고 농민보유지의 수가 늘어날 수 있게 허용함으로써 경제 성장의 과정을 촉진시켰다. 한동안은 이러한 인구증가와 새로운 보유지의 창출이 영주들에게 그들의 기존 관습보유지들로부터 나오는 수입의 감소를 벌충하기에 충분할 만큼 새로운 수입을 제공해 주었다. 하지만 그러한 상황은 이르건 늦건 끝을 맺어 식민개간의 가능성이 말라붙고, 농민 생산성이 하락하며, 계속된 인구증가와 더불어 가격의 급속한 상승이 나타나지 않을 수 없었다. 따라서 경작지의 증대와 인구증가가 더 이상 지대수취율의 가속적인 하락을 벌충할 수 없었기 때문에, 영주에게 넘어가는 지대의 절대적인 크기는 일정한 수준에 다다른 뒤에는 하락하지 않을 수 없었고, 이에 위기가 뒤따르게 되었다는 것이다.[36]

36) Bois, *Crise du féodalisme*, pp.203-4, 354-60.

이제 여기에서 중세 노르망디에 관한 한 브와가 제시한 이러한 추세들을 논박할 이유는 없다. 사실상 필자가 원래 논문에서 살펴보았듯이 그러한 추세들은 노르망디뿐만 아니라 더 나아가 북부 프랑스의 대부분에 걸쳐서도 12세기 말과 13세기에 잘 나타났던 것으로 보인다. 이즈음에는 상스(농민의 토지보유)가 어디에서나 고정되고 세습화되어 있었다. 더구나 노르망디뿐만 아니라 그에 이웃한 일-드-프랑스나 피카르드 같은 지방들도 적어도 이 시대가 끝날 무렵(1250년~1300년)에는 임의세가 자의적인 성격을 잃으면서 고정되어 가는 중요한 추세를 겪었다. 이러한 지방들에서는 토지보유허가료에 관련해서도 똑같은 추세를 뚜렷하게 찾아볼 수 있다. 토지보유허가료 역시 전반적으로 일정하게 안정된 수준으로 고정되었던 것으로 보이는 것이다.37) 끝으로 그리고 매우 중요한 것으로서, 이 지역의 대부분에 걸쳐 (조정이 가능한 경우 경제적 지대가 부과될 수 있었던) 직영지들은 (지대가 일정한 액수의 화폐로 고정되어 있었던) 농민보유지에 비해 아주 한정된 부분만을 차지하고 있었다. 브와가 조사한 바에 따르면 13세기에 노르망디에서는 직영지가 전체 경작지 면적 가운데 고작 10퍼센트 이하를 차지하고 있던 것으로 여겨진다. 기 푸르캥Guy Fourquin은 파리 주변 지역에 대해 비슷한 결과(10~12퍼센트)를 얻어내었다. 그리고 그러한 결과들은 수량적인 자료를 얻기가 힘들기는 하지만 그 지역 전체에 걸쳐 비슷하게 나타나는 것으로 보인다.38) 이처럼 13세기에는

37) 본서의 pp.33-6, 88-91; G. Fourquin, *Les campagnes de la région parisienne à la fin du moyen âge* (Paris, 1970), pp.175-9; R. Fossier, *La terre et les hommes en Picardie jusqu'à la fin du XIIIe siécle*, 2 vols.(Paris, 1968), ii, pp.555-6, 714; Neveux, "Déclin et reprise", p.36.

38) Bois, *Crise du féodalisme*, p.217. Normandy에 대해 Bois가 내놓은 결과들은 M. de

프랑스의 대부분(특히 북부)에 걸쳐 뒤비가 요약해 놓은 바 있는 상황이 나타나 있었다. 다시 말해 노동 부역은 대수롭지 않았고 또 물가 상승으로 화폐지대의 가치가 터무니없이 낮아짐에 따라 상스로부터 얻어지는 관습지대의 부담도 전반적으로 가벼워졌다. 그 결과 영주의 수입 가운데 가장 커다란 몫은 직영지로부터 얻어지는 수입으로 이루어졌다. 직영지 수입은 관습적인 부과금들과는 달리 가격에 따라 조정될 수 있었던 것이다.[39] 하지만 관습보유지(상스)로부터 충분한 만큼의 (또는 심지어 상당한 정도의) 지대를 수탈하는 데 필요한 힘을 행사할 능력을 갖지 못했거나 또는 상실했던 것 때문에, 프랑스의 봉건 계급 가운데 대부분은 경제적 기반으로 충분한 토지를 지니지 못하게 되었던 것으로 보인다. 그에 따른 결과로 처음에는 빚을 지고 그 다음에는 땅을 마구 팔아넘기는 양상이 고질적으로 나타났다.[40] 따라서 브와 말고도 중세 프랑스를 연구하는 많은 역사가가, 13세기에 (지역에 따라 다르지만) 어떤 한 시점으로부터 지대가 하락하여 영주의 수입 위기가 빚어지는 현상을 발견해왔음은 전혀 놀랄 만한 일이 아니다.[41] 하지만 문제는 이러한 추세의 근원이 어디에 있는가 하는 데 있다.

Bouard, *Histoire de la Normandie* (Toulouse, 1970). p.160에 의해 뒷받침되고 있다. Paris 지역에 대해서는 Fourquin, *Campagnes de la région parisenne*, pp.138-9를 보라. 또 다른 자료를 찾으려면 G. F. Fourquin, "Au seuil du XIVe siècle", in Duby & Wallon(eds.), *Histoire de la France rurale*, i, pp.566-8을 보라.

39) G. Duby, *Rural Economy and Country Life in the Medieval West* (London, 1968), pp.210-1, 218-9, 224, 238-9.

40) Fossier, *Terre et hommes en Picardie*, ii, pp.622-3; Fourquin, *Campagnes de la région parisenne*, pp.151-2; Bois, *Crise féodalisme*, pp.196-7을 보라.

41) Neveux, "Déclin et reprise", 특히 "Difficultés de la seigneurie"라는 제목의 절, pp.35-9에 나와있는 연구현황에 대한 요약을 보라.

13세기에 북부 프랑스에서 봉건적인 공조징수율이 하락한 이유는 무엇인가? 브와는 그러한 징수율의 하락이 봉건적 생산구조 그 자체 안에 본질적으로 내재되어 있었다고 말해준다. 브와의 주장에 따르면 농민은 "토지의 용익권과 생산과정에 대한 통제권을 지니고서 주도권을 쥐고 있었던 반면, 영주는 이러한 생산과정으로부터 배제되어 있었으므로 오로지 경제외적으로 발단된 행위들을 통해서만 지대를 부과할 수 있었다……그 결과 장기적으로 농민에게 유리하고 공조징수율의 하락을 낳는 경제적 세력관계가 발전해 나왔다"는 것이다. 이 같은 세력균형은 고정된 관습지대를 납부하는 세습보유의 원칙에서 분명하게 드러났다.[42]

그럼에도 이러한 논의가 결코 충분하지 못하다는 것은 분명하게 드러난다. 물론 필자도 농민들이 생산수단을 소유하고 있었다는 사실에 비추어 볼 때 경제외적 강제를 통해 지대를 수탈하는 영주들의 능력이 그들의 재생산을 위해 결정적으로 중요했다고 주장한 바 있다. 하지만 브와에게는 다음과 같은 질문이 제기되지 않을 수 없다. 그와 같은 일련의 상황들이, 소득분배에 관한 한 그리고 특히 장기적으로, 반드시 농민들에게 유리하게 작용할 수밖에 없었던 이유는 무엇인가? 영주들이 농민의 생산수단 소유에 직면하여 강제수단을 통해 농민에 대한 그들의 갖가지 요구들(토지보유 허가료, 임의세, 노동지대 등등)을 유지하거나 또는 심지어 상황의 변화에 발맞추어 증대시키지 못했던 이유는 어디에 있는가?[43] 영주들이 **처음에는** 농민들을 새로운 경작지를

42) Bois, *Crise du féodalisme*, p.355: 또한 pp.203-4도 보라.

43) Bois는 이러한 가능성을 깨닫고 있으나 필자가 보기에는 왜 그 가능성이 실현될 수 없었는가에 대해 만족할 만한 설명을 전혀 제시하지 않고 있다. 예컨대 *ibid.*, pp.203-4를 보라.

개간하도록 끌어들이기 위해 (그리고 그들이 개간을 할 수 있도록 만들기 위해) 농민들에게 여러 유리한 조건을 부여했으리라는 점에 대해서는 우리도 충분히 동의할 수 있다. 하지만 이 점이 영주들로 하여금 그 뒤로 그들의 수입을 유지하거나 더욱 늘리기 위해 기존의 요구들을 조정하거나 새로운 요구들을 제기하지 못하도록 가로막았던 요인이 무엇이었는가를 설명해 주지는 못할 것이다. 브와의 설명에서 꼭 필요하면서도 빠져있는 것은, 농민소유자들로부터 경제외적 강제를 통해 잉여를 수탈하는 입장에서 영주들이 본질적으로 갖고 있던 것으로 보이는 **장기적**인 구조적 취약성에 대한 설명이다.

이러한 어려움은 브와가 (좀 모순되게도) 봉건제 안에 농민대중의 희생 위에서 영주들(그리고 부농들)이 **토지를 축적**하는 **부차적**인 성향이 있었음을 지적하면서 그것을 봉건경제의 성장국면이 지닌 특징으로 보기 때문에 더더욱 심각해지게 된다.[44] 그러나 브와는 늘어나고 있는 직영지로부터 경제적 지대를 더욱 증대시킬 길을 열어줄 수도 있었을 이러한 추세가 어째서 관습보유지로부터의 봉건적 공조징수율이 하락하는 추세를 상쇄할 수 없었는가를 설명하지 않고 있다. 특히 단위 직영지 각각으로부터 얻어지는 수입을 증대시켰을 것이 분명한 인구증가의 상황 아래에서는 영주가 더욱 많은 토지를 끌어모은다는 것이, 지대수입이 늘어나고 그에 따라 소득분배에서 봉건적 공조징수율의 하락을 상쇄하는 추세가 나타난다는 것을 뜻했을 것이기 때문이다.

따라서 문제는 영주들이 어째서 관습보유지들로부터 얻어지는 수입의 하락을 상쇄할 수 있을 만큼 충분하게 그들의 직영지를 팽창시

44) *Ibid.*, pp.167-8, 217, 342-6, 361ff.

킬 수 없었는가 하는 것이 된다. 그들은 새로 개간된 땅을 그들의 직영지에 덧붙여버리든가 아니면 옛 관습보유지들을 임대차 계약에 의한 임차지로 탈바꿈시킴으로써 직영지를 팽창시킬 수 있었던 것이다. 우리는 이 문제가 첫 번째 문제와 비슷하다는 사실에 주목할 수 있을 게다. 그것은 재산 및 계급 세력의 분배와 그것의 결정요인들이라는 문제를 다른 형태로 다시 제기하고 있는 것이다. 영주들이 옛 공조들에 더하여 새로운 공조들을 충분하게 많이 요구하거나 직영지의 크기를 상대적으로 더 증대시킬 수 있었다면, 또는 그들이 단지 지대를 (화폐보다는) 현물로 거두어 들이고/들이거나 (일정하게 정해진 양으로보다는) 수확량의 일정한 비율로 수탈할 수만 있었다면 봉건적 공조징수율의 하락은 전혀 나타나지 않았으리라는 점만 감안하더라도, 브와의 논의로는 충분하지 않다는 사실이 실로 분명하게 드러나게 된다. 사실상 브와는 13세기의 프랑스에서 이런 모든 현상들이 나타났음을 보여주는 보기들을 제공해주고 있다.

끝으로 브와는 마치 영주들이 **일정하게 정해진** 안정된 수입을 유지하고 농민들이 생산량 가운데 점점 더 많은 몫을 차지하도록 허용하는 데 만족했던 것처럼 말하고 있다. 하지만 이는 영주들이 그들이 얻고 있는 수입에 비해 지배계급으로서 얼마나 많은 **소비수요**needs를 보이고 있었는가라는 문제를 슬쩍 비켜가는 것일 뿐이다. 영주들의 변화하고 있는 소비수요와 이에 영향을 미치는 과정들에 대한 분석을 하지 않고서는 영주들이 할 수만 있었다면 농민들에게 어떠한 경제적 요구들을 제시하고자 했을 것인가를 결코 밝혀낼 수 없다. 하지만 브와는 이 문제를 고찰하지 못하고 있으며 그 결과 그는 마치 영주들의 소비수요가 변화를 겪지 않았던 것처럼 전제하는 것으로 그치고 있다.[45] 이와 같은 전제는 경험적으로나 개념적으로나 결코 정당화될 수 없다. 봉건영주들의 소비수요와 그들의 실제 소비는 중세 동안 줄곧 **의심할 나위 없이** 증가하였다. 더구나 그러한 소비수요의 증가는 우연하게 나타난 일이 아니었으며 또한 그것을 "상부구조"에 속한 현상으로 보아 무시해버릴 수도 없다. 그것은 영주들로 하여금 개인으로서나 계급으로서나 스스로를 재생산하지 않을 수 없게 만들었던 과정들로부터 비롯된 몇 가지 절대적인 필요들—무엇보다도 정치적 축적을 위한 수단을 점점 더 많이 만들어내야 할 필요성—을 뚜렷하게 보여주었던 것이다.

요컨대 중세 동안 줄곧 봉건적인 지대수취율의 하락을 향한 보편적인 추세가 있었다는 사실이 밝혀진다고 해도, 우리는 여전히 영주들이 어째서 그러한 추세를 **허용**했고/했거나 **막지 못했는가**를 설명해야만 한다.

2) 13세기의 영국 경제 : 인구적 요인이 영주들의 번영을 낳았는가?

브와의 모델은 프랑스에 관한 증거와는 잘 "합치"되는 것으로 나타나는 반면에 같은 시대의 영국에 관한 아주 크게 다른 자료와는 모순되는 것으로 보인다. 첫째로, 13세기 말(1279년)에 영국에서는 자유롭지 못한 조건으로 보유된 토지가 전체 경작지 가운데 무려 3분의 1을

45) 그리하여 그는 예컨대 영주들이 그들의 수입이 절대적으로 감소할 경우에만 잉여착취를 강화하려 나선다고 보는 경향이 있다. 하나의 계급으로서 영주들의 수입이 어느 정도로 "적정한" 것인가—즉, 그들의 수입이 얼마나 충분한 것인가—를 평가하는 문제가, 심지어 그들의 소비수요가 어떻게 변화하고 있는가라는 문제를 제쳐놓더라도, 실로 아주 복잡한 것이라는 사실은 강조되어야 마땅하다. 우리는 우선 지배계급의 규모가 어떻게 변화하고 있는가에 관련 지으면서 그 지배계급에게 돌아가는 수입의 절대적인 양을 밝혀내고, 두 번째로는 지배계급 **안에서** 잉여가 어떻게 **분배되었는가**를 규명해야 하는 것이다.

차지하고 있었으며, 이러한 예농보유지들은 영주가 자의적으로 부과하고 또 증대시킬 수도 있는 온갖 종류의 공조들을 납부해야만 했다.[46] 그와는 아주 대조적으로 13세기 중엽에 보잘것없는 수입만을 영주들에게 제공하였던 프랑스의 상스보유지는 전체 경작면적 가운데 6분의 5에서 10분의 9까지 차지하고 있었던 것으로 보인다. (그러한 상스보유지는 사실상 세금이 가볍게 부과되고 경작지의 3분의 1가량을 차지하고 있었던 영국의 자유보유지와 얼마간 비슷한 것으로 간주되어야 한다.) 포스탄의 추산에 따르면 영국의 경우에 평균해서 예농차지인의 총생산량 가운데 50퍼센트가량이 영주들에게 수탈당했던 반면, 그에 비해 브와의 결론에 따르면 프랑스의 영주들은 관습보유농들의 총생산량 가운데 단지 9~10퍼센트만을 차지하였다.[47] 또한 직영지도 영국에서는 전체 경작면적 가운데 어쩌면 북부 프랑스에서 직영지가 차지하고 있던 비율의 세 배에 가까울 3분의 1을 차지하고 있었다. (그리고 직영지는 당연하게도 13세기에 인구가 증가함에 따라서 점점 더 많은 지대를 영주에게 제공해 주었다.) 끝으로 이와 관련하여 영국에서는 13세기 말에 가서도 예농의 노동 부역이 아주 생생하게 살아남아 있었다. 뒤비는 이 시기에 영국에서 나타나는 상황이 노동 부역에 관한 한 9세기에 대륙에서 나타났던 상황과 비슷하다고 서술한 바 있다.[48]

이러한 차이에 대한 브와의 설명은 아주 낯설어 보이지만 그래도

46) 1279년의 헌드레드 롤스(the Hundred Rolls)로부터 밝혀진 영국에 대한 이러한 결과들은 E. A. Kosminsky, *Studies in the Agrarian History of England in the Thirteenth Century* (Oxford, 1956), pp.92-5, 203-6에 실려있다.

47) Bois, *Crise du féodalisme*, p.191.

48) Duby, *Rural Economy and Country Life in the Medieval West*, pp.210-1.

그것은 봉건적 공조징수율이 하락해갔다는 그의 이론에서 필연적으로 도출된 것이다. 그는 우리에게 13세기의 영국이—직영지의 규모가 크고 노동 부역이 많이 남아있으며, 관습보유지(예농보유지)에 대해 자의적인 공조가 부과되고 있었다는 점에서—프랑스의 발전에 비추어 "뚜렷하게 후진적인 모습을 보인다"고 말해준다.[49] 영국은 뒤떨어져 있었고 따라서 프랑스의 뒤를 좇아가지 않을 수 없었다. 시간이 흐름에 따라 영국의 발전은 프랑스의 발전과 똑같은 길을 걸어 공조징수율의 하락과 직영지의 위축을 향한 불가피한 성향을 띠게 될 것이었다. 그러는 데에는 단지 보다 많은 시간이 필요할 뿐이었다.

그럼에도 실제로는 중세 영국에서 나타난 장기적 추세들이 브와의 해석과는 완전히 반대되게 흘러갔다. 영국은 프랑스를 따라잡지 못했을 뿐만 아니라 이따금 정반대되는 방향으로 나아갔던 것이다. 사실상 영국에서는 중세 경제의 성장 국면 가운데 대부분에 걸쳐 영주들이 총소득 가운데 **점점 더 많은** 부분을 차지해 갔던 것으로 나타난다는 사실은, 인구론자인 포스탄과 해처가 필자에 맞서서 소득분배를 결정했던 것은 봉건적 세력 관계가 아니라 수요-공급의 법칙을 통해 작용하는 인구증가였다고 주장하는 근거로 이용된 바 있다.[50] 이러한 그들의 논의를 완벽하게 만들기 위해 그들은 다시 한번 이 시대에 영국에서 이루어졌던 영주권의 강화 그 자체도 인구증가로 말미암은 것이었다고 주장할 필요를 느꼈다.[51] 이에 대해 필자는 인구의 증가가 토

49) 본서의 p.180.

50) 본서의 pp.112-3, 118-9 그리고 *passim.*

51) 그리하여 그들은 13세기에 자유로운 협의를 통해 맺어진 임대차 계약에서 지대가 아주 높았다는 사실은, 부자유 관습보유지에 대한 부과금들이 아주 높고 또 줄곧 높아져 가고 있었다는 것이 "단순히 봉건 계급의 지나친 권력 행사"(본서의 p.113)만을 반영했다기보다는 오히

지에 대한 수요를 더욱 늘려 영주들에게 유리한 방향으로 소득을 분배시켰으리라는 점을—물론 영주들이 관습보유지에 대한 지대를 가격과 발맞추어 상승시키기에 충분한 권력을 확보해 놓았을 **경우**를, 그리고/또는 그들이 거대한 직영지를 소유하고 있었을 **경우**를 조건으로 전제하여—필자가 부정한 적은 결코 없다는 사실만을 지적하고자 한다.[52] 하지만 필자는 인구증가가 그 자체만으로 영주들로 하여금 이러한 두 가지 경우를 맛보게 해줄 수 있었다는 것은 단연코 부정한다.

포스탄과 해처가 그들 스스로 지적하고 있듯이, 12세기 동안에도 인구가 증가하고 있었지만, 12세기의 대부분에 걸쳐 농민들로부터 영주들에게 납부되는 온갖 부담들이 고정되어 가는 성향이 나타났으며, 그러한 성향은 농민들에게 유리하게 작용했다.[53] (이는 어쩌면 우리가 브와의 이론으로부터 이끌어낼 수 있는 현상일 게다.) 그럼에도 12세기 말과 특히 13세기로부터는 인구의 지속적인 증가와 더불어 앞선 추세가 역전되는 상황이 나타났다. 영주들은 농민들로부터 점점 더 많은 것을 수탈해 낼 그들의 권리를 다시 성공적으로 내세울 수 있었다. 이는 법률에서 자유농과 비자유농 사이를 구별하는 선이 더욱 뚜렷하게 그어지고 농촌인구 가운데 커다란 부분에게 예속의 낙인이 찍힌 것으로 표출되었다. 이처럼 예속화가 나타난 것과 더불어 농민들은 점점 더 많은 부담을 짐지게 되었는데 이러한 현상은 (브와가 우리로 하여금 예상하게 만드는 것과는 완전히 정반대로) 가장 오래전부

려 시장의 요인들을 반영하고 있었다는 것을 보여준다고 주장한다. 본 논문의 주 4)도 참고할 것.

52) 본서의 p.35.

53) 본서의 p.105; Postan, "Medieval Agrarian Society in its Prime : England, pp.585-6: R. Hilton, *The Décline of Serfdom in Medieval England* (London, 1969), pp.15-6.

터 정착되어 왔던 지역들에서 특히 더 뚜렷하게 나타났던 것으로 보인다.[54] 끝으로 13세기 동안에 영주들은 부분적으로는 개간을 통해 또 부분적으로는 부과금을 증대시키기가 어려웠던 관습보유지를 직영지로 전환시킴으로써 직영지를 팽창시켰던 것으로 보인다.[55] 따라서 12세기와 13세기 동안에 인구가 꾸준하게 증가하기는 했지만 영국에서는 그러한 인구 증가가 그 자체만으로 소득분배의 일관된 패턴을 결정할 수 없었다. 소득분배의 패턴은 사회적 소유관계와 계급들 사이의 세력균형이 어떻게 변화했는가에 따라 달라졌다. 분명히 농민들에게 유리하게 작용했던 12세기 중엽의 추세를 13세기 동안에 거꾸로 뒤집어 (자유농들은 비교적 유리한 입장에 남아있게 만들면서) 소득분배를 비자유농들에게는 불리하고 그에 비해 영주들에게는 유리하게 바꾸어 놓는 데 커다란 뒷받침을 해주었던 것은 바로 이러한 요인들이었다.

이 점을 더욱 분명하게 하려면 "12세기 말과 13세기에 예농의 신분과 의무들이 엄밀하게 규정되었던 것은……예농을 영주에 의한 제멋대로의 수탈로부터 보호해주는 데에도 도움이 되었을 수 있다"는 포스탄과 해처의 수수께끼 같은 말에 이의를 제기할 필요가 있다. 그들은 브랙튼의 말을 인용하여 농민들에 대한 영주의 권위가 "한때 생사를 좌우할 정도까지 높아져 있었으나 이제는 법률에 의해 제한되고

54) "'아주 옛날부터 정복이 이루어져 있던 중세 영국의 핵심부' 대부분에 걸쳐……관습 차지인들의 지출이 늘어나는 추세가 나타났던 것으로 보인다……영주들에 대한 부담이 증대되었던 것이다." : E. Miller & J. Hatcher, *Medieval England* (London, 1978), p.151 그리고 또한 pp.111, 131, 213-24. "영지소유자들이 반격에 나서서……그들의 관습차지인 또는 예농차지인들에 맞서 싸워 승리를 거두었다"는 Hilton의 말도 참고할 것 : Hilton, *Décline of Serfdom in Medieval England*, p.16.

55) Hatcher, "English Serfdom and Villeinage", pp.16-21.

있다"고 주장하고 있다.[56] 그러나 이 주장은 핵심에서 벗어나 있다. 영주들은 경제적인 실속을 얻을 수 있는 영주권을 행사하기 위해 농민들에 대하여 그처럼 아무 제약도 없는 물리적 힘을 휘두를 필요가 거의 없었던 것이다. 이러한 측면에서 의심할 나위 없이 결정적**이었던** 것은 예농들이 국왕의 법정에 의해 영주들의 자의적인 수탈로부터 보호받지 못하도록 배제되었다는 사실이었으며, 이와 같은 결과는 다름 아니라 이 시대에 법률에서 이루어진 발전들로 말미암은 것이었다. 영주가 그의 차지인이 법률적 보호를 받지 못하게 만들고 차지인을 영주의 수탈이 정당하지 못하다고 법정에 제소하지 못하도록 배제시키며, 농민으로 하여금 영주를 상대로 하는 어떤 싸움에서도 그 자신과 공동체의 자산에만 의지하지 않을 수 없게 만드는 데에는 그 차지인이 (자유롭지 못한) 예농이라는 사실을 확실하게 밝히는 것만으로도 충분하였다.[57] 예속적인 토지보유가 농민들을 자의적으로 수탈당할 수 있게 만들었던 반면에, 자유로운 (또는 상대적으로 자유로운) 토지보유는 국왕의 법정에 의해 뒷받침을 받아 농민들에게 법률의 보

56) 본서의 pp.116-7.

57) Miller와 Hatcher가 최근에 그들 스스로 다음과 같이 요약해 놓은 것을 보라. "부자유 차지인은……영주의 사적인 장원법정에 의해 규제되는 소유권만을 누렸고, 그의 땅을……단지 예농보유지로 그리고 영주의 뜻에 따라 보유했을 뿐이다……예농이 사실상 영주의 뜻에 따라 토지를 보유하고 있는 한 예농보유지에는 본질적으로 불확실성—토지를 보유할 그의 권리와 토지보유의 조건 둘 모두에까지 미치는 불확실성—이 끼어들기 마련이었다. 국왕의 법정은 예농을 쫓겨날 위험으로부터 보호해주지도 또 영주에 의해 입은 손해를 예농에게 벌충해주지도 않으려 하였다. 예농은 그의 영주가 더할 나위 없이 사리에 어긋난 행위(예컨대 예농을 불구로 만들거나 살해하는 행위)를 저지르지 않는 한, 공적인 법정에서 영주와 대항할 입장에 있지 못했다……이렇게 볼 때 논리적인 결론은 영주들이 예농의 토지보유를 지배하고 있었던 관습을 '그들 마음대로 철폐할 수 있고 그들 자신의 뜻을 표현하고 있을 뿐인 것'으로 간주할 수 있었다는 것이 된다……." : Miller & Hatcher, *Medieval England*, pp.116-7과 전반적으로는 ch.5.

호를 제공하고 그들의 부담을 고정시켜 줄 수 있었다는 사실을 이해하지 못한다면, 우리는 12세기 말과 13세기에 영주와 농민 사이에서 개개 농민이나 농민집단의 토지보유가 자유로운 것인가 예속적인 것인가를 둘러싸고 그토록 격렬한 싸움이 벌어졌던 이유도 파악할 수 없다. 포스탄이 다른 곳에서 결론지은 바 있듯이 "토지가 점점 더 부족해지고 또 점점 더 값비싸짐에 따라 영주들이 획득하였던 차지인들에 대한 더욱 강화된 권력이 반半자유농censuarii에게는 가볍게 그리고 자유보유농들에게는 더더욱 가볍게 짐지워졌다는 것은 여전히 사실로 남는다. 점점 더 심각해지고 있던 토지의 부족과 장원의 반동이라는 이중적인 과정으로부터 고통을 겪었던 주된 부류는 여기에서도 역시 예농들이었다."58)

따라서 포스탄과 해처가 어떻게 해서 그들이 인용한 몇몇 경우들—공동체 안에 속해있던 부자유 차지인들(특히 상속인)이 바깥 출신의 자유민보다 보유지를 넘겨받는 데 대한 토지보유 허가료를 더 낮게 부과받았거나 또는 부자유농민들이 그들의 관습보유지에 대해 직영지로부터 임차한 (비슷한 크기의) 땅뙈기에 대한 것보다 더 낮은 부담을 납부하였던 경우들—이 마치 "13세기에 예속적인 토지보유가 종종…

58) 농민이 지닌 토지보유권의 지위를 둘러싸고 영주와 농민 사이에서 벌어진 갈등과 그 갈등이 소득분배에 미친, 즉 영주들이 지대를 징수할 수 있었는가 아닌가(이 경우에는 농민들이 법률적으로 자유로운 신분임을 입증하는 데 성공함에 따라 영주들이 지대를 징수할 수 없게 된 것)에 미친 결정적인 경제적 영향을 보여주는 보기들에 대해서는 Searle, *Lordship and Community*, pp.154-66을 보라. E. Searle, "Seigneurial Control of Women's Marriage", *Past and Present*, no.82(Feb. 1979), p.17도 참고할 것. 여기서 인용된 Postan의 말에 대해서는, Postan, "Legal Status and Economic Conditions in Medieval Villages", in Postan, *Essays on Medieval Agriculture and General Problems of the Medieval Economy* (Cambridge, 1973), p.289, 그리고 *passim.*을 보라.

…농민들을 얼마간 보호해 주었다"는 것을 보여주는 증거를 이루는 것처럼 주장할 수 있는가를[59] 이해하기란 어려운 일이다. 그러한 보호에는 법률적인 뒷받침이 전혀 없었던 것이다. 오히려 정반대로 그들이 언급하고 있는 보기들은 부자유농민들이 이따금 **심지어는 법률적인 권리를 누리지 못하고 있는 가운데에서도** 영주들에 맞서 **그들 스스로를 보호할** 수 있었다는 것을 보여주는 증거를 제공하는 것으로 여겨진다. 농민공동체가 많은 경우 외부인보다는 그 자체의 구성원들을 보호해 주는 데 더 많은 신경을 썼다는 것은 우리가 충분히 예상할 만한 일이다. 또한 몇몇 경우 (직영지는 그 공동체의 관심 영역 바깥으로 밀려날 수도 있었던 반면) 토지가 (비록 예속적일지라도) 관습보유에 의해 보유되었다는 사실이 영주들의 요구에 대한 농민의 저항을 뒷받침해 줄 수 있었다는 것 역시 결코 놀랄 만한 일이 아니다. 그러한 저항은 다시 시장에 내놓여 있는 비슷한 크기의 직영지보다는 관습보유지에 대한 부담이 더 낮아지게 만들 수 있었다. 하지만 이는 결코 **예농신분**이 보호를 제공해주었음을 뜻하지 않는다. 그것은 단지 예농들의 공동체가 이따금 자의적인 부과금을 요구할 수 있는 영주의 권리에 맞서 공동체의 관습을 밀어붙일 수 있었다는 사실(이는 예농신분이 보호를 제공해 주었다는 것과는 아주 다른 문제이다)을 가리킬 뿐이다. 사실상 그런 경우들은 포스탄과 해처처럼 봉건적 공조징수율이 시장의 요인들에 따라 달라졌다고 보려는 설명들이 알맞지 못하다는 사실을 다시 한번 드러내고, 봉건지대의 발전을 계급 세력의 원천에 비추어 그리고 계급 갈등의 산물로서 탐구해야 할 필요성을 분명하게 보여줄 뿐

59) 본서의 pp.116-20

이다.[60]

끝으로 포스탄과 해처는 13세기에 점점 더 "토지보유 허가료를 높은 수준으로 올리고 유지시킨 것은 시장의 요인들이었다고 여겨진다"는 그들의 지적이 이러한 공조들의 증가가 봉건적인 권한들에 달려있었다는 필자의 견해를 무너뜨린다고 생각하는 것 같은데, 이제까지 말한 바에 비추어 볼 때 어째서 그런가를 이해하기란 어려운 일이다. 그러한 토지보유 허가료가 봉건적인 영주권에 딸려 있는 것이 아니었다면 도대체 무엇이었다는 말인가? 사실상 토지보유 허가료의 상승이 이 시대에 이따금 임의세를 상승시키지 못하는 데 대한 대안으로 이용되었다는 포스탄과 해처의 지적은, 단지 문제가 농민들에 대한 영주들의 사법권과 연관되어 있었음을 강조해 줄 뿐이다.[61] 그러한 영주권이 없었다면 임의세도 토지보유 허가료도 또 그 밖의 모든 다른 봉건적인 공조들(노동 부역, 사망세, 결혼세 등등)도 더욱 늘어나기는커녕 거두어질 수조차 없었을 것이다. 영주권이 확실하게 확보되어 있었던 곳에서만 인구의 압력은 어쩌면 이따금이나마 영주들로 하여금 보다

60) 동시에 우리는 어쩌면 13세기에 영국에서 농민의 저항이 거둔 성과를 과대평가하거나 영주권의 힘을 과소평가하지 않도록 주의해야 할 것이다. 예컨대 Westminster 수도원이 지닌 아주 거대한 영지들에서는 중세 전반에 걸쳐 예농보유지에 대한 지대가 어떤 종류든 계약을 통한 임차지, 특히 직영지에서 나온 임차지에 대한 지대보다 구조적으로 더 높았다는 사실이 최근에 입증된 바 있다. Westminster 수도원의 영지들에서 수도승들은 13세기 내내 그리고 14세기에 들어서서까지도, 토지보유허가료와 임의세를 이용해, 그리고 궁극적으로는 환산율(노동단위당 화폐평가액)을 점점 더 높여가면서 노동 부역을 화폐지대로 금납화시키는 교묘한 방책을 사용함으로써, 얼마간 지속적으로 예농들을 더욱더 압박해 나갈 수 있었다. B. H. Harvey, *Westminster Abbey and its Estates in the Middle Ages* (Oxford, 1977). pp.236-8, 그리고 부록 9. 그 수도원의 예농들에게 부과되었던 "총부담은 자유로운 시장에서 그들의 토지에 짐지워질 수 있었던 그 어떤 수준보다 더 높았다"는 E. Miller의 지적도 참고할 것 : E. Miller, review of *ibid.*, in *T. L. S.*, 3 Feb. 1978.

61) 본서의 pp.116-9.

쉽게 (토지 부족으로 말미암아 경제적으로 선택의 여지가 심각하게 한정되어 있었던) 부자유 차지인들로부터 갖가지 부과금을 거두어들일 수 있게 만들었을 것이다. 하지만 이미 살펴보았듯이 그와 같은 인구적 상황 그 자체만으로는 어떻게 해서든 그러한 영주권을 확립할 수도, 또 자동적으로 (직영지를 부여해줄 수 없었다는 것은 말할 것도 없고) 그러한 부과조의 수탈을 가능하게 만들 수도 없었다. 오히려 정반대로 영국의 영주들이 12세기 말과 13세기에 나타난 겉보기에 유리하지만 파멸적일 수도 있었던 시장의 상황에 편승하여 번영을 누릴 수 있었던 것은, 오로지 그들이 대체로 농민들에 대해 그러한 영주권을 **부과**하고 유지하며 직영지를 유지 · 팽창시키는 데 성공했던 덕분일 따름이었다.

논의를 한 발자국만 더 내디디자면 영주권에 딸려있던 권한들—가변적이고 실로 자의적인 수탈을 가능케 하는 법률적인 권리들로 나타나 있던 권한들—이 없었다면 영주들은 그들의 관습보유지에 대해 어떠한 실질적인 재산권도 상실할 위험에 빠졌을 게다.[62] 달리 말해서 봉건적인 권한들은 영국 영주들에게 공조들(특히 토지보유 허가료)을 조정할 수 있도록 보장해 줌으로써 그들에게 토지에 대한 궁극적인 통제권을 부여해 주는 경향이 있었다. 사실상 13세기 동안에 영국의 영주들은 예농보유지에 대한 그들의 소유권을 확립하는 방향으로 상당히 멀리 나아갔다. 이는 그들로 하여금 봉건 경제의 성장 국면이라는 유리한 상황에서뿐만 아니라 앞으로 살펴보겠지만 아주 장기적으로도 그들의 지위를 유지할 수 있게 만드는 데 도움이 되었다.[63]

62) 영주권에 딸린 권한들과 농민에 대한 실질적인 통제 사이의 관계를 보여주는 것으로는, Searle, *Lordship and Community*, pp.154-66, 184-94를 참고할 것.

인구의 증가가 그 자체만으로는 결코 그러한 권한들을 보장해 줄 수 없었다는 사실은 우리가 이 당시에 북부 프랑스에서 이루어진 발전들을 상기하는 것만으로도 완전히 확실해진다. 북부 프랑스에서는 인구와 가격 그리고 단위 면적당 지대가 급속한 상승세를 보이는 데 직면하여, 농민들이 그들의 봉건적인 공조들을—지대뿐만 아니라 임의세와 토지보유허가료도 역시—고정시키는 데 성공함에 따라, 영주들이 영주권에 딸린 여러 특권을 상실하였다. (더구나 간접적인 결과로서 영주들의 직영지는 축소되는 경향을 보였다.) 14세기 초에는 북부 프랑스의 농민들이 **관습보유지에 대한 실질적으로 완전한 소유권**(보잘 것없는 수준으로 고정된 공조들과 상속의 권리)**을 이미 획득해 놓고** 있었다. 이러한 변화는 같은 시대에 영국에서 나타난 변화와 아주 뚜렷한 대조를 이루었으며, 이 또한 장기적으로 중요한 결과들을 낳게 될 것이었다. 어쨌든 **이와 같은** 프랑스의 맥락에서 브와가 "봉건적인 공조징수율의 하락"을 향한 추세를 발견해냈다는 것은 거의 당연한 일이 아닐 수 없다. 하지만 브와가 (그리고 그 밖의 몇몇 학자가) 그려낸 프랑스의 발전 항로가 인구론자들의 모델이 지닌 결함들을 조명해 주고 있는 것과 꼭 마찬가지로, 인구론자들이 (그리고 그 밖의 몇몇 학자가) 제시한 영국의 발전 추세는 브와의 모델이 지닌 결함들을 조명해준다. 브와와 인구론자들이 제각기 제시한 증거는 서로 다른 쪽 이론을 무너트리고 있는 것이다.

63) 영국의 귀족이 장기적으로 토지에 대한 통제권을 유지할 수 있었고, 이를 확실하게 뒷받침하는 데 봉건적 권한들이 맡았던 역할에 대해서는 본서의 pp.465-78을 보라.

3) 봉건국가와 경제의 발전 : 영국과 프랑스의 비교

이제 브와는 우리에게 "계급투쟁이 역사적 발전 과정에서 지배적인 역할을 하게 되는 다양한 메커니즘들은 통상 너무나 복잡하고 예측할 수 없는 것이기 때문에, [브레너의 그것과 같이] 그처럼 일방적인 접근방식은 거의 어떤 경우에나 이데올로기에 맞추어 모든 것을 간단히 해석해 버리려는 지름길로 향하게 마련이다"라고 주의를 준다.[64] 하지만 이제까지의 논의에 비추어 볼 때 우리는 어쩌면 다음과 같은 질문을 던질 수 있을 게다. 계급 조직과 계급투쟁이 경제발전에 영향을 미치게 만들어왔던 메커니즘들이 적어도 이따금은 브와가 우리로 하여금 믿도록 만들려는 정도보다 더 분명하게 드러나지 않는가? 실로 13세기에 프랑스와 영국의 농촌사회에서 정반대로 나타났고 지배계급의 운명에 서로 다르게 강력한 영향을 미쳤던 분배의 다양한 변화 양태를 **그 밖의** 어떤 다른 것에 돌릴 수 있단 말인가? 사실상 꽤 오랫동안 중세 프랑스를 연구하는 역사가들은 13세기 후반에 절정에 다다랐던 시대를 "농민의 승리"가 이루어진 시대로 서술해오고 있다.[65] 반면에 중세 영국을 연구하는 역사가들은 같은 시대를 영주 반동 또는 장원 반동의 시대로 서술해 오고 있다.[66] 13세기에 프랑스에서는

64) 본서의 p.177.

65) Neveux, "Déclin et reprise", p.36; Fossier, *Terre et hommes en Picardie*, ii, pp. 708ff., "Les conquêtes paysannes"라는 제목의 절; Fourquin, *Campagnes de la région parisenne*, p.190.

66) Miller & Hatcher, *Medieval England*, p.212; R. H. Hilton, "Freedom and Villeinage in England", *Past and Present*, no.31(July 1965), pp.6, 9-13ff.; Hilton, *Décline of Serfdom in Medieval England*, p.16-9ff. Hilton은 영국에서는 프랑스에 비해 상대적으로 농민의 저항이 성공을 거두지 못했음을 분명하게 지적하고, 그 점이 계급간 세력균형과 소득분배 등을 분석하는 데 가지는 의미들을 언급하고 있다(본서의 pp.207-9).

영주들의 수입 위기를 향한 추세가 전반적으로 나타났던 반면에 영국에서는 같은 시대가 영주계급의 황금시대로 간주되어 왔다. 우리가 서로 다른 정치적인 계급조직과 계급 갈등의 과정에서 빚어진 결과로서 서로 다른 세력균형이 미쳤던 영향들을 지적하고 있다는 결론을 뒷받침하는 **근거는 적어도 겉보기에나마** 하나도 없는가? 그리고 이러한 차이의 문제를 제기하려는 시도가 과연 브와가 주장하듯이[67] 역사적 "자유의지론"으로, 즉 설명될 수도 없고 아무런 법칙도 없는 "정치"의 영역으로 후퇴하는 것인가? 또는 지배계급이 그 자체의 생존(지배계급으로서의 재생산)을 위하여 직접생산자로부터 잉여를 수탈하는 데 사용되는 분명히 경제외적인 장치들에게 "경제적으로" 의존하고 있는 어떤 한 경제의 발전을 분석하려면, 계급 갈등에 의해 조건 지어지는 이와 같은 장치들의 발전에 대한 체계적인 설명을 제시할 필요가 있다는 사실을 인정해서는 안 된다는 말인가?

따라서 13세기에 영국과 프랑스가 걸어간 서로 다른 발전 과정에서—적어도 가설을 구성하는 데 뒷받침이 되는 하나의 토대로서—문제가 될 수 있는 점은 브와가 생각하고 있듯이 프랑스의 경우에 비해 영국의 "경제적" 발전이 뒤떨어져 있었다는 것보다는, 오히려 봉건지배계급의 "정치적" 조직이라는 면에서 영국이 상대적으로 앞서있었다는 것이다. 영국의 영주들을 농민들로부터 잉여를 수탈하는 데 프랑스의 영주들보다 더 뛰어나게 만들었던 것은, 바로 그들의 자체조직이 보다 더 훌륭하게 이루어져 있었다—즉 그들이 봉건적인 중앙집중화를 이루고 봉건적인 축적을 해 나가는 데 프랑스의 영주들보다 더

67) 본서의 pp.175-7, 184-5.

앞서있었다—는 점이었을 게다. 사실상 그것은 봉건국가의 발전에서 나타나는 차이의 문제인 것으로 보인다. 이러한 맥락에서 우리는 어쩌면 "불균등한 발전"이라는 브와의 용어를 사용하는 데 대해 특히 그가 이 용어를 봉건제의 "나이"라는 관념과 연관시키고 있는 경우 신중을 기해야만 할 것이다. 그 이유는 이러한 말들이 완전히 적용될 수 없기 때문일 뿐만 아니라, 모든 지역이 각각 앞서 다른 곳에서 이루어진 발전으로부터 직접적으로든 간접적으로든 아무런 영향도 받지 않는 채 이르건 늦건 이웃한 지역들과 똑같은 발전 패턴(지대수취율의 하락)을 경험하기 **마련**이라는 단선적 발전관으로 브와를 이끌고 가는 경향이 있기 때문이기도 하다.68) 사실상 영국 봉건 계급의 자치 조직이 12세기와 13세기에 프랑스의 그것보다 "더 앞섰던" 것으로 나타난 이유는, 그것의 출발점이 달랐기 때문일 뿐만 아니라 그것이 이러한 자치 조직의 측면에서 이미 대륙, 특히 노르망디가 이루어 낸 여러 발전들을 바탕으로 만들어졌기 때문이기도 했다. 한편 프랑스에서의 중앙집중화가 좀더 뒤늦게 가속화되었을 때 그러한 중앙집중화는 영국에서의 발전으로부터 영향을 받아서, 아니 더 나아가 부분적으로는 실로 영국의 직접적인 정치-군사적 압력에 대한 반응으로 진행된 것이었다. 하지만 프랑스 봉건제의 중앙집중화는 영국의 패턴을 뒤쫓지 않았으며 시간이 흘러감에 따라 영국의 패턴으로부터 더더욱 아주 멀리 벗어나게 되었다. 그리하여 봉건적 축적의 메커니즘들이 보여주었던 발전 양상은 "불균등"할 뿐만 아니라, 뒤늦게 나선 나라들이 봉건

68) 본서의 pp.183-5. Bois는 그러한 "외부적"인 상호작용에 대해 아주 잘 인식하고 있으며, 실로 그러한 상호작용을 무시한다고 필자를 비난하고 있지만, 필자의 견해로는 이 점이 그의 해석을 단선론적인 성향에서 벗어나게 만들어 주지는 않는다.

계급의 조직에서 이미 다른 나라가 이루어낸 발전들을 바탕으로 삼을 수 있었다는 의미에서는 "상보적"이기도 한 경향을 띠었다.

따라서 영국에서 봉건제가 일찍이 국왕을 중심으로 중앙집중화를 이루어 낸 것은 당연하게도 오로지 앵글로-색슨 왕들이 물려준 유산만은 아니었다. 그것은 많은 부분 그 힘을 정복 이전에 노르망디 공작 가문이 노르망디에서 이미 이루어 낸 아마도 유럽의 어떤 다른 곳에서보다도 더 높은 수준의 봉건적인 "정치적" 조직으로부터 얻었던 것이다. 이러한 조직의 등장은 의심할 나위 없이 노르망디 공작 가문이 지니고 있던 전사戰士이자 정복자로서의 소질과 관련되어 있었다. 그러한 소질은 특히 무엇보다도 노르망디 공작이 그가 거느린 귀족들이 성채를 마음대로 건설하지 못하도록 통제할 수 있었고 반란이 벌어진 경우에는 귀족들의 영지를 몰수할 수 있었다는 점뿐만 아니라, 그의 봉신들 사이의 분쟁을 해결하는 가운데 실질적인 우위를 확립하였다는 사실에서도 분명하게 입증되었다. 그럼에도 공작의 효율적인 통치는 단순히 공작이 지니고 있던 힘의 결과에 그치는 것이 아니라, 많은 부분 노르망디 귀족 전체에 걸쳐 높은 수준의 단합이 이루어져 있었다는 사실이 표출되어 나온 것이기도 했으며, 이는 그에 뒤이어 영국에서 봉건제가 걸어갈 발전 패턴을 결정하였다.[69] 물론 정복사업을 조직하고 영국을 점령하며 그곳에서 그들 계급의 지배를 확립해야 한

69) 예컨대 F. M. Stenton, *English Feudalism, 1066-1166* (Oxford, 1932), ch. 1; D. C. Douglas, *William the Conqueror* (London, 1964), pp.133-55를 보라. "William 공작 아래에서 공작의 권력이 Normandy에서 되살아난 것을 그 당시에 나타난 봉건귀족의 성장과 따로 떼어 생각하는 것은……그릇된 일이다……Normandy의 세력이 급속히 증대된 것은 Normandy 공작과 Normandy 대제후들 사이의 끊임없는 대립에 비추어서 설명될 수 없다……Normandy에서는 대제후 가문들의 이해관계가 더더욱 뚜렷하게 공작의 이해관계와 결합되어 갔던 것으로 보인다."(p.137)

다는 여러 가지 필요로 말미암아 노르망디 귀족의 자체조직이 더더욱 높은 수준으로 발전해갔음은 두말할 나위도 없다.[70] 영국에서 봉건제가 얼마만큼이나 중앙집중화되어 있었는가는 사적인 전쟁이 법으로 금지된 것에서 극적으로 드러났는데, 그에 앞서 대륙에서는 이와 같은 사적 전쟁의 금지는 생각조차 할 수 없는 것이었다. 그것은 또한 보다 고도로 발전된 군사적 의무 및 조직의 체제에서뿐만 아니라 모든 배신倍臣들에게 바로 위의 주군은 물론 국왕에게도 충성을 맹세하도록 의무화시킨 새로운 절차에서도 분명하게 나타났다.[71] 물론 이 모든 과정에서 바로 국왕이 최상위 주군으로서 주도적이고 핵심적인 역할을 했음은 사실이나, 이 경우에 국왕의 힘은 영주들 사이에 이루어져 있던 협력의 폭과 깊이가 표출된 것이었다.

뒤이어 특히 헨리 1세와 헨리 2세의 치세 동안에 이루어진 발전들도 대체로 똑같이 국왕의 권한들을 더욱 증대시키는 방향으로의 구심적인 성향을 드러냈다. 하지만 이러한 국왕의 권력 강화는 귀족들 사이의 단합이 더욱 굳어져 갔음을 반영하는 것이었다. 물론 그렇다고 해서 국왕이 자신의 세습 영지를 지니고서 봉건제의 중앙집중화에서 결정적으로 주도적이고 건설적인 역할을 하였음을 의문시하거나, 또는 국왕이 여러 가지 이유로 개인으로서나 집단으로서나 귀족 신하들

70) J. Le Patourel, "The Norman Colonization of Britain", *Settimane di studio del Centroitaliano di studi sull' alto medioevo*, xxvi(1969), pp.412-3, 419-33. 이 논문은 Normandy의 귀족들이 정복의 과정, 정복의 방법 및 목표, 그리고 그 밑에 깔린 봉건적 동력학을 둘러싸고 점점 더 한 동아리가 되어갔던 것을 뛰어나게 종합하고 있다; 특히 pp.430-3을 보라. 또한 J. Le Patourel, *The Norman Empire* (Oxtord. 1978)도 참고할 것.

71) Stenton, *English Feudalism, 1066-1166*, pp.11-4, 23. 물론 프랑스에서는 "나의 봉신이 거느린 봉신은 나의 봉신이 아니다"라는 것이 지배적인 원칙이었다. 그에 상응하여 대륙에서 사적인 전쟁의 **규칙을 정해 놓으려는** 정교한 시도들이 나타났음은 사적인 전쟁이 삶의 당연한 일부분으로 받아들여졌다는 것을 입증해 준다.

과 심각한 갈등을 일으킬 수 있었음을 부정하는 것은 아니다. 또한 왕의 행위들을 단순하게 또는 곧바로 (어쨌든 통일되어 있던 경우가 거의 없었던) 귀족들의 뜻을 반영한 것으로 이해할 수도 없다. 그럼에도 영국에서 봉건 정부의 발전이 일종의 자체 교정의 메커니즘을 통해서 영국 귀족의 이해관계에 아주 가깝게 부합되어 갔다는 것은 여전히 사실로 남는다. 그 이유는 국왕이 여전히 통치행위의 모든 측면에서 귀족의 지지에 크게 의존해 있었다는 데 있다. 대제후들을 필두로 하여 봉건영주들은 국왕의 직속 측근(왕실회의)으로부터 순회 재판소를 거쳐 주장관에 이르기까지 모든 차원에 걸쳐 영국 왕의 통치 업무를 도맡았다. 그들은 또 국왕이 거느린 군사 조직의 핵심을 이루었다. 그리고 그들은 궁극적으로 국왕에게 재정자원의 확보를 보장해 주었다. 그 결과 봉건국가를 점점 더 효율적으로 건설하는 작업은 귀족의 묵인과 지지를 필요로 했고, 따라서 귀족들의 이해관계를 반영할 수밖에 없었다. 왕이 **자신의** 권력을 강화하기 위해서는 자신을 중심으로 귀족들을 조직하고 단합시킬 필요가 있었고 따라서 왕이 그 과정에서 **귀족들의** 힘을 강화시키는 것은 피할 수 없는 일이었다.

그러므로 최상위 주군으로서 영국 국왕이 그를 에워싸고 있으면서 그들 스스로가 그 자신의 신하들을 거느리고 있던 제후들과 체제상 본질적으로 대립된 관계에 있었다고 보는 것은 종종 인식되어 왔듯이 거의 아무런 의미도 지니지 못한다. 이례적으로 강력한 왕권은 유럽에서 가장 고도로 발전된 봉건국가에서 계서적으로 조직되어 있던 이례적으로 강력한 귀족을 반영한 것이었다. 국왕 정부는 사실상, 영주들이 그들이 서로 공통된 이해관계를 지니고 있으며, 대륙에 있는 다른 귀족 집단들에 대해 그들의 군사력을 행사함으로써 실제로 그랬듯이 짭짤한 이익을 거두기 위해서뿐만 아니라 농민들을 성공적으로 수탈하기 위해서도 그들 서로 간의 관계를 규제해야 할 필요가 있음을 다소간 의식적으로 깨닫고 있었음을 드러내 주는 것이었다. **따라서 영국에서 강력한 국왕 국가가 성장해 나왔음은 "단순히 정치적인" 발전을 보여주는 것이 아니라, 경제적 영역에서 가장 효율적인 "축적"을 가능하게 해주었던 사회적인 계급관계의 형성을 보여주는 것이었다.**[72)]

이처럼 고도로 결속되어 있던 노르망디 귀족들이 영국을 점령함으로써 나타난 최초의 결과 가운데 하나는 봉건적 통제권이 강화되고 농민들에게 더욱 무거운 부담이 짐지워진 것이었다고 여겨진다. 이러한 점에서 초기 노르반 시대로부터 영주들이 "그들의 '도주한' 예농들을 되찾는 데 국왕의 행정부와 국왕재판소로부터 도움을 얻을 수 있었다"는 사실은 주목할 만하다.[73)] 또한 스티븐Stephen 왕의 치세에 내란이 벌어지는 동안에 봉건 계급의 조직이 일시적으로 붕괴된 것과 더불어 농민들이 12세기 중엽에 상당한 이익을 얻었다는 사실도 결코 우연이 아닐 것이다.[74)] 끝으로 12세기 후반 동안 왕권이 다시 강화되었음은 대체로 같은 시기로부터 농민들에 대한 영주의 권력이 다시 확립된 것에서 반영되었던 것으로 여겨진다. 왕권의 성장은 국왕사법

72) Henry 1세와 Henry 2세 아래에서 이루어진 봉건 왕정의 중앙집중화와 그것의 귀족적인 성격 및 동력학에 대해서는 *ibid.*를 보라. W. L. Warren, Henry II(London, 1973); J. C. Holt, *Magna Carta* (Cambridge, 1965; repr. Cambridge. 1969)도 참고할 것. "하나의 계급으로서 영국의 제후들만큼 국가에서 막강한 권력을 지녔던 귀족계급은 유럽 어디에도 없었다"는 R. H. Hilton의 지적도 주목할 것 : Hilton, *Medieval Society*, p.2.

73) H. R. Lyon, *Anglo-Saxon England and the Norman Conquest* (London, 1962), pp.327-8, 343; Hatcher, "English Sefdom and Villeinage", pp.28-9; Miller & Hatcher, Medieval England, pp.126, 114.

74) Postan, "Medieval Agrarian Society in its Prime : England", p.585: Hilton, Décline of *Serfdom in Medieval England*, p.16.

권 및 보통법의 발전에서 가장 두드러지게 표출되었다. 특히 헨리 2세의 입법에서 봉건귀족은 (물론 국왕의 행정부가 결코 귀족들에 의한 통제에서 벗어나지 못했음은 두말할 나위도 없는 일이지만) 국왕의 법정이 특권과 재산을 둘러싼 귀족들 사이의 분쟁을 재판하도록 허용함으로써 그들의 공통된 이해관계를 드러내보였다. 이렇게 해서 지배계급은 개개 구성원의 사적인 권리들을 확보했다. 반면에 이러한 사법적 발전과 더불어 동전의 양면을 이루었던 것은—두드러지게 드러나지 않았기 때문에 덜 중요했던 것은 결코 아닌데—왕의 법정에 제소할 권리를 **자유민**에게 한정하고 따라서 **부자유농민은 배제**시키도록 만들었던 법률에서의 발전이었다. 국왕의 행정부에게 그들의 재산을 (그 자신들 사이에서 서로 다른 귀족으로부터) 보호하는 일을 내맡기면서 영국의 귀족들은 그 과정에서 그러한 재산이 농민들에 대한 그들의 자의적인 권리들을 포함한다고 규정하게 되었다. 부자유농민들과 그들의 토지는 영주의 법정에 맡겨졌고 그래서 법률의 눈으로 보기에는[75] 영주들이 농민과 토지 모두를 "마음대로" 처분할 수 있었다. 이는 영주들에게 관습 보유지와 관습 차지인에 대해 공조를 마음대로 상승시키는 데 없어서는 안 될 수단을 마련해 주었다. 이렇게 영국의 귀족들이 그 계급 안에서 이례적일 만큼 높은 수준으로 단합을 이루고 있었다는 사실은, 그들이 강력한 군사력을 갖추었고 영주들 사이의 갈등을 규제할 수 있었으며 농민들을 강력하게 지배할 수 있었다는 점들에서 동시에 드러났다. 봉건적 계급관계 및 생산관계가 발전하는 과정에서 "정치적인 요소"와 "경제적인 요소"가 서로 떼어

75) Miller & Hatcher, *Medieval England*, pp.112-7; Hilton, "Freedom and Villeinage in England".

질 수 없이 서로에게 의존하고 있었다는 사실이 이러한 점들에서보다 더 분명하게 드러날 수는 없었다.

이제까지 살펴본 영국에서의 발전은 같은 시대 동안에 프랑스에서 이루어진 발전과 뚜렷하게 대조된다. 프랑스에서의 발전은 **서로 경쟁하는** 봉건 영주들이 지배하는 수많은 봉건적 사법권들이 서로 맞부딪치는 양상으로 특징지어졌다. 11세기 말과 12세기에 영국에서는 왕권의 중앙집중화가 더욱 더 진척되어 갔던 반면에, 같은 시대에 프랑스의 대부분 지역은 왕국의 차원에서 또는 심지어 제후령의 차원에서도 효율적인 정치조직이 결여되어 있었던 것에서 잘 나타나듯이 권위의 극단적인 분해로 특징지어져 있었다.76) 이 시대에는 프랑스의 대부분 지역에 걸쳐 권력이 실질적으로 이른바 "공권영주"ban lord(독자적으로 자신의 봉신들을 소집할 수 있고 공권력을 지닌 영주/역자)들이나 "성주castellan"들의 손아귀에 놓여있었다. 이처럼 강력한 영주들의 등장은 여전히 지방적인 것으로 머물러 있었을지는 몰라도 비교적 폭이 넓은 정치조직이 새로이 형성된 것—상위주군과 그의 성채를 중심으로 신하들이 모여들어 강력한 집단을 이루고, 이를 바탕으로 폭넓고 효율적인 행정기구 및 사법기구가 만들어진 것—에 힘입어 이루어졌던 것으로 여겨진다. 제후들이 거느린 기사부대에 의해 뒷받침되는 효율적인 사법권은 관습지대로 인식되게 된 공조를 농민으로부터 성공적으로 수탈하기 위한 결정적인 기반을 제공해 주었던 것으로 나타난다. 한편 뒤비가 "가내영주domestic lord"라고 부르는 (공권력을 가지지 못

76) E. M. Hallam, "The King and the Princes in Eleventh-Century France", *Bull. Inst. Hist. Research*, liii(1980), pp.143-6; E. M. Hallam, *Capetian France, 987-1328* (London, 1980), pp.27-63.

한) 영주들은 점점 더 단합되고 있던 농민공동체들의 직접적인 저항에 직면하여 봉건적 공조의 수준을 유지하는 데 어려움을 느꼈던 것으로 보이며, 게다가 영주들 사이의 경쟁을 틈탄 농민들의 이주는 상황을 더욱 악화시켰다. 농민들에 대한 그들의 통제권이 아래로부터 잠식되어 가는 상황에서 가내 영주들은 보다 힘없는 영주들을 자신의 통치권 안에 흡수해 들이고 있던 성주들에 의한 위로부터의 공격에 완전히 노출되어 있었다.77) 따라서 여기서도 다시 한번 봉건제의 발전이 보여주는 경제외적인 형태들은, 영국의 경우와 그 양상이 다르게 나타나긴 했지만 봉건경제의 발전을 지배하게 되었다. 뒤비가 말하고 있듯이 "장원경제의 발달 방향에 영향을 미친 지배적인 요인은 권력분배에서의 변화로부터 비롯되었으며," 이와 같은 변화는 공권영주들의 대두와 더불어 이루어졌던 것이다.78)

그렇다면 중세 경제의 성장 국면 동안에 프랑스의 봉건영주들이 잉여착취자로서 상대적으로 약했다는 사실을 상당한 정도로 그들이 정치적 단합을 이루지 못했던 탓으로 돌리는 것도 그렇게 터무니없는 일은 아닐 게다. 그렇게 보는 것이 옳다면 이 시대에 프랑스에서 영주의 수입이 하락하는 추세를 보였다는 사실을 브와의 뒤를 따라 봉건적인 공조징수율의 하락을 향한 구조적인 성향에서 빚어진 불가피한

77) G. Duby, *The Three Orders* (Chicago, 1980), pp.151-9; Duby, *Rural Economy and Country Life in the Medieval West*, pp.188-9. 농민의 이주가 영주의 힘에 미친 영향에 관한 고찰로는 T. Evergates, *Feudal Society in the Bailliage of Troyes under the Counts of Champagne, 1152-1284* (Baltimore, 1975), pp.23-30을 보라.

78) Duby, *Rural Economy and Country Life in the Medieval West*, pp.173ff. Duby가 프랑스에서 나타난 발전들을 같은 시대에 영국에서 나타난 발전과 대조시키면서, 영국에서는 본질적으로 성주나 공권영주가 전혀 존재하지 못했으며, "왕이 장원 영주들의 사적인 권위를 인정하고, 이것이 '가신 영주'의 체제를 굳히는 데 도움을 주었다"고 지적한 점에 주목할 것.

결과로 이해할 수는 없다. 그것은 오히려 고도로 조직된 프랑스의 농민공동체들이 저항을 통해 거두어들인 농민의 승리에서 빚어진 결과였다. 하지만 프랑스 농민들의 승리를 가능케 만들었던 요인은 상대적으로 보아 프랑스 귀족들이 극도로 분열되어 있었다는 점이었던 것으로 보인다. 영국의 농민들은 아마도 프랑스의 농민들에 거의 버금가게 잘 조직되고 또 반항적이었음에도 불구하고, 프랑스의 지배계급보다 훨씬 더 단합되어 있었던 영국의 지배계급에 맞서 프랑스 농민이 얻어냈던 것에 상응하는 이익을 거두어 낼 수 없었던 것이다.

중세 말의 프랑스에서 특유하게 나타난 계급형성 및 계급 갈등의 과정이 지닌 의미를 우리는 특히 13세기 초반 동안의 파리 지역에서 분명하고도 남김없이 찾아볼 수 있다. 그곳에서는 영주들이 가격의 상승에 직면해서 농민들의 처지를 떨어트려 그들을 예농의 신분으로 되돌리려고 시도함으로써 농민의 공조가 고정되어 가는 당시의 지배적인 추세를 한꺼번에 뒤집으려고 나섰다. 그러는 가운데 그들은 특히 농민들이 **자의적인** 공조들, 그 가운데에서도 예농 신분의 표지로 인정되고 있던 영주의 **임의세**를 부담해야 한다고 주장하려 했다. 하지만 영주들은 궁극적으로 농민들의 반란으로 말미암아 좌절을 맛보았다. 역사가들은 프랑스의 대부분 지역에서도 수많은 마을에 걸쳐서 바로 같은 시대에 파리 지역보다는 덜 극적이지만 그에 못지않게 효율적이었던 저항이 벌어졌음을 밝혀내오고 있다.[79] 이제 브와는 필자가 예농제의 쇠퇴—즉 경제외적 강제를 통해 농민 소유자들로부터 잉

79) Fourquin, *Campagnes de la région parisenne*, pp.166-8은 13세기 중엽에 그 지역에서 예농제를 향한 움직임이 있었으나, 그 뒤에 그것이 역전되었음을 보여준다. 이 당시에 다른 곳에서 나타난 농민의 성공적인 저항들에 대해서는 Fossier, *Terre et hommes en Picardie*, ii, pp.555-60도 참고할 것.

여를 수탈할 영주들의 능력이 떨어진 것[80]—를 봉건제의 발전에 관한 필자의 설명에서 핵심적인 것으로 삼는다고 비난한다. 하지만 프랑스의 영주들이—자의적인 (다시 말해 가변적인) 부과금을 요구하고 관습 보유지에 대한 공조를 가격상승에 발맞추어 조정할 능력을 잃었다는 사실에서 직접 나타나듯이[81]—예농제(영주권)의 쇠퇴를 막지 못했다는 바로 그 점이야말로 프랑스 귀족으로 하여금 특히 13세기에 봉건 지대의 하락을 그리고 그에 따라 수입의 감소를 맛보게 만든 주된 요인이었음은, 특히 비교사적 관점에서 볼 때 확실해 보인다.[82] 그와는

80) 기 브와의 논문 주 6). 여기에서 Bois는 더욱더 혼동 속에 깊이 빠져들어, 마치 필자가 예농제를 노동 부역과 동일시한 것처럼 말하고 있다. 그러나 실제로는 필자가 일부러 애를 써서, 이러한 동일시를 부정하고 노동 부역이 핵심을 이루지 **않았음**을 명시하며 결정적인 것은 경제외적 강제를 통한 잉여 착취의 체제였음을 주장하고자 하였다. "예농제가 화폐지대에 반대되는 것으로서 노동 부역을 뜻할 뿐만 아니라, 오히려 그것보다도 더욱 본질적이고 중요한 것으로서 자의적인 수탈을 자행할 영주의 강력한 권한과—어느 정도로 부자유했는가라는 점에서 얼마간 차이는 있으나—농민의 부자유를 뜻하기도 했다."(본서의 p.42) 반면에 Bois가 "봉건제의 경제적 토대들은 실질적으로 영주제의 틀 안에서 지대를 납부하는 다양한 보유지들이다"라고 하여(기 브와의 논문 주 6)) 문제를 조금이라도 더 명료하게 만든 것은 전혀 없다. 왜냐하면 본질적으로 중요했던 것은, 이러한 (봉건적인) 지대가—높든 낮든, 또 임의로 변동될 수 있든 고정되어 있든—경제외적 강제에서 빚어진 결과였다는 점이기 때문이다. 따라서 그가 봉건제의 해체에 관해 말할 때, 실제로 언급하고 있는 것은 다름이 아니라 바로, 영주들이 그들의 관습 보유지들에 대한 지대의 수준을 상황에 맞추어 **조정**할 힘을 점점 더 잃어갔고, 그 결과 고정된 화폐 납부금의 가치가 인플레이션에 직면하여 떨어지게 되었다는 점이 된다. 이것이야말로 예농제의 쇠퇴이다. 따라서 힘이 약화된 영주권은 여전히 영주제 또는 예농제를 대변한다고 말할 수 있지만, 그것이 대변하는 것은 이미 쇠락한 형태의 영주제 또는 예농제이다. 그것의 존재 자체가 적어도 추세에서나마 위협을 받고 있었던 것이다.

81) 프랑스에서 농민에 대해 필요한 힘을 유지하고 있었던 (대개 가장 강력한 제후들 사이에서 발견되는) 상대적으로 몇 안 되는 영주들이, 의식적으로 인플레이션의 영향을 상쇄시킬 수 있는 방식으로 부과금들을 요구할 수 있었다는 사실은 주목받아 마땅하다. J. R. Strayer, "Economic Conditions in the County of Beaumont-le-Roger, 1261-1313", *Speculum*, xxvi(1951), pp.279-80을 보라.

82) 영주제(예농제)의 약화가 그에 따른 수입의 감소와 함께 작용하여 간접적으로 영주들로 하여금 토지를 잃게 만들었던 것으로 나타난다는 점에 주목할 것. 관습 차지인들로부터의 수입이 줄어들었던 것은 그 시대 내내 영주들로 하여금 토지를 팔아넘기지 않을 수 없게 만들어 그들의 직영지를 위축시킨 요인들 가운데 하나로 작용하였다. Fossier, *Terre et hommes en*

대조적으로 12세기 말과 13세기가 영국에서는 바로 귀족 전체가—역시 부분적으로는 가격상승에 대한 반응으로—예농차지인들을 국왕법정으로부터 배제시키고 관습 차지인 가운데 많은 사람들을 예농의 신분으로 전락시키며 그리하여 농민들 대부분을 자의적인 수탈에 노출시키는 데 성공했던 시대였다는 사실은 반드시 기억되어야만 한다.[83)]

끝으로 프랑스에서 중앙집중화된 효율적인 왕정이 특히 13세기 말로부터 발전하고 강화되어가는 데 바탕이 되었던 핵심적인 장기적 토대는, 왕정의 **중앙집중화된 잉여착취의 체제**(특히 국가의 과세)가 성주 및 그 밖의 대제후들이 보여주는 분산되고 서로 경쟁적인 영주권보다 상대적으로 더 우월했다는 사실에 있었다는 필자의 원래 주장 역시, 비슷한 식의 논의로 뒷받침된다고 할 수 있다. 이러한 맥락에서 필자는, 프랑스에서는 왕정의 발전이 영국에서의 그것과 뚜렷하게 대조적으로 매우 많은 갈등을 내포한 과정을 통해 이루어졌으며 모순된 성격을 지니고 있었다는 점을 강조하였다.[84)] 그 이유는 카페왕가가 수많은 영주 가운데 하나, 즉 수많은 봉건적인 "정치적 축적자" 가운데 하나에 지나지 않는 입장으로 출발한 데 있었다. 카페왕가는 보다 더 지방에 국한되어 있고 보다 더 개체화되어 있는 영주들과의 **경쟁을 통해서** 그들을 압도할 만한 영주로 등장하여 그 자리를 굳혔다.[85)] 이러한

Picardie, ii, pp.622-3; Bois, *Crise du féodalisme*, pp.196-7; Fourquin, *Campagnes de la région parisenne*, p.151을 보라.

83) P. D. A. Harvey, The English Inflation of 1180-1220", *Past and Present*, no.61 (Nov. 1973), 특히 pp.21-3; Hilton, "Freedom and Villeinage in England", pp.13-4; Miller & Hatcher, *Medieval England*, pp.210-12ff., 242-3.

84) 본서의 pp.93-8. 하지만 그곳에서 필자가 제시한 명제들에 관련된 문제들에 대해서는 본서의 pp.420-1과 주 88)을 보라.

85) 전반적으로 J. F. Lemarignier, *La France médiévale* (Paris, 1970), pp.227-30, 248-

발전이 지닌 독특한 성격은 처음에는 프랑스의 대제후들이 국왕의 왕실과 행정부에 들어가 있지 않았다는, 아니 사실상 그로부터 배제되어 있었다는 사실—다시 말해 왕실과 국왕의 행정부에 들어가 있던 것은 모두 하급 기사들이었다는 사실—에서 분명하게 나타났는데, 이는 처음부터 군소영주들을 거느리고 있던 대제후들에 의해 주도된 앵글로-노르만 정부와 아주 뚜렷한 대조를 이룬다.86) 왕정이 경쟁과정을 통해 발전되어 갔다는 점은 또한 국왕의 사법권이 영주 법정을 희생시키면서 국왕의 돈주머니를 불리기 위한 수단으로 발전해갔다는 사실에서, 그리고 무엇보다도 (자의적인) 국왕의 과세가 점점 더 성장해 영주들이 갖가지 공조를 징수하는 것을 위협했다는 사실에서도 분명하게 드러났다. 끝으로 그것은 13세기 말에 프랑국왕이 지방영주들에 의한 자의적인 부과금의 요구에 맞서서 농민들이 제소할 권리를 인정하는 성향을 보였다는 사실에서도 잘 나타났는데, 같은 시기에 영국의 국왕은 아주 대조적으로 농민들에게 국왕법정에 제소할 권리를 거부함으로써 농민들의 인신과 재산에 대한 영주들의 권리를 인정하고 있었던 것이다.87) 농민의 법적 지위가—프랑스에서는 국왕에 의

58ff.를 참고할 것.

86) Stenton, *English Feudalism, 1066-1166*, pp.30-5; C. W. Hollister & J. W. Baldwin, "The Rise of Administrative Kingship", *Amer. Hist. Rev.* lxxxiii(1978), 특히 pp.902-5; E. Bournazel, *Le gouvernement capétien au XIIe siécle*, 1108-1180(Paris, 1975). G. T. Beech가 *Cahiers de civilisation médiévale, X^e-XIIe siécles*, xx(1977), pp.269-70에다 실은 Bournazel의 책에 대한 서평도 참고할 것.

87) Bois, *Crise du féodalisme*, pp.203-4, 254-6, 364: G. Fourquin, "Le temps de la croissance", in Duby & Wallon(eds.), *Histoire de la France rurale*, i, pp.381-2; Neveux, "Déclin et reprise", pp.35-6; Lemarignier, *France médiévale*, pp.227, 296-8; P. Chaunu, "L'état", in Braudel & Labrousse(eds.), *Histoire économique et sociale de la France*, i, pt 1, pp, 146-7.

해 재산권이 인정되는 방향으로, 반면에 영국에서는 국왕에 의해 예농제가 더욱 뒷받침되는 방향으로—아주 다르게 발전해 나아갔다는 사실은 이 시대에 그 두 지역에서 계급의 형성 및 계급간 갈등의 패턴과 소유 체제의 발전 양태가 아주 다르게 나타났음을 가리키는 중요한 지표를 제공해주는 것으로 보인다.

그럼에도 필자는 비록 이러한 이론이 본질적으로 옳다고 믿기는 하지만, 브와가 필자를 비판하는 가운데 필자의 설명이 지닌 중요한 빈틈을 지적했고, 이 빈틈이 그의 말대로 오해를 불러일으킬 수 있었다고 생각한다. 브와가 지적하고 있듯이, 지방영주들은 부분적으로는 그들이 이미 지대를 수탈하는 그들의 권한을 차지인들로부터 잠식당해왔기 때문에 그만큼 더 쉽게 국왕에 의해 그들의 영역을 침투당할 수 있었다. 그들은 이미 앞서서 수입의 감소로 말미암아 약해져 있었기 때문에 국왕의 세금부과에 맞서서 싸울 힘이 그만큼 모자랐던 것이다. 반면에 역시 브와가 올바르게 강조하고 있듯이 바로 이 영주들 가운데 적어도 일부가 새로운 국가기구에서 관직을 맡을 수 있었다는 것 역시 사실이다.[88] 그들은 이렇게 해서 새로운 국가기구로부터 혜택을 얻고 그리하여 그것을 지지하게 되었을 것이다. 이처럼 프랑스

88) Bois, *Crise du féodalisme*, pp.204, 264; 본서의 p.178. 이러한 맥락에서는, 필자가 국가를 "독자적"이고 "계급과 비슷한" 잉여착취자로 불렀던 것이, Bois가 말하고 있듯이, 오해를 불러일으킬 수 있었다. 필자는 프랑스 절대주의의 발달과 연관하여 나타난 중앙집중화된 새로운 잉여착취의 형태(세금 · 관직)가 지닌 **새로움**과 그것이 기존의 분권화된 잉여착취형태(예농제 또는 영주제)를 상대로 일으킨 **갈등**을 강조하기 위해 그러한 용어를 사용했던 것이었다. 그리고 필자는 지금도 이러한 강조가 프랑스의 사회-경제적 발전이 지닌 특수한 성격을 파악하는 데 아주 필요하다고 생각한다. 그럼에도 앞에서 언급한 용어들은 너무 한쪽에만 치우친 명제에로 이끌어갈 수 있다. 다시 말해 그 용어들은, 두 가지 잉여착취체제 사이에, 그리고 국왕과 귀족 사이에 나타났던 분열과 갈등의 요소들을 강조하는 반면, 상호관계와 상호작용의 요소들—그리고 하나의 성장이 다른 하나의 쇠퇴를 벌충하는 데 도움이 되었을 가능성—을 간과해 버리도록 만드는 경향이 있는 것이다.

에서는 왕정의 발전이 봉건귀족의 해체라는 맥락 속에서 그리고 몇 가지 중요한 점에서는 봉건귀족과의 갈등 속에서 이루어졌다. 하지만 얄궂게도 그러한 왕정의 발전은, 그로 말미암아 전혀 의도된 바 없이 장기적으로 빚어진 결과로서 프랑스의 지배계급을 보다 강력한 토대 위에 재조직하고 재구성해주게 될 것이었다.

요컨대 12세기와 13세기 동안에 프랑스의 왕정은 정복과 동맹을 통해 그 힘을 꾸준하게 증대시켜 나갔다. 하지만 특히 13세기 말로부터는—영주조직의 해체와 농민의 승리로 빚어진 결과였던—영주들의 수입 감소가 국왕으로 하여금 **새로운 형태의** 중앙집중화를 향해 커다란 발걸음을 내디딜 수 있도록 만들었던 것으로 보인다. 영주계급은 그들 가운데 많은 수로 하여금 국왕의 행정부를 향해 몰려들게 만들어 세금/관직 국가의 형성을 향한 길을 열어주게 될 장기적인 과정에 들어서기 시작하였고, 그에 상응하여 농민의 재산권은 국왕에 의해 더욱 강화되어 갔다.[89] 14세기 초에는 이러한 발전이 이제 막 출발점

89) Paris 지역에서 왕권의 토대가 처음에 어떻게 자리를 굳혔는가에 관련하여 Fourquin은 다음과 같이 결론짓고 있다. "13세기 중엽과 13세기말 사이에 Ile-de-France는 예농제로부터 해방되었다……그 '프랑스'의 농촌공동체는 임의세를 비롯한 온갖 공조를 고정시키기 위해 13세기에 벌어진 투쟁으로 논란의 여지가 없이 강화되었다. 공동체의 힘은 그것이 성왕 Louis의 어머니로 하여금 농민들과 영주들을 갈라놓고 있던 여러 차이들을 중재하도록 압력을 가했을 때 이미 분명하게 드러났고, 농촌공동체의 승리는 Paris 지역에서 예농제가 숨을 거두는 것으로 나타났다……국왕쪽에서는 국왕이 점점 더 농촌공동체의 단합을 더욱 강화시키는 방향으로 나갔다. 그 이유는 농촌공동체가 영주권을 견제하는 역할을 훌륭히 해냈기 때문이었다." : Fourquin, *Campagnes de la région parisenne*, pp.189-90. 또한 Fourquin의 말에 따르면 영주들은 성왕 Louis의 치세가 끝날 무렵부터 이미 "더 이상 그들의 토지로부터 살아가기에 충분한 수입을 얻지 못하고 있으며, 농민들이 납부하는 세금들이 고정되어 영주가 점점 더 단순한 **지대 수취자**가 되어감에 따라 그러한 상황은 더욱 심각해져 갔다. 이에 따라 그들은 국왕의 정부 안으로 떼를 지어 대규모로 들어가게 된다."(pp.151-3) 여기서 Fourquin은 영주들의 재정적인 어려움을 불러일으킨 근본적인 원인으로 수입의 감소뿐만 아니라 지출의 증가도 강조하고 있다. Maçonnais에서도 농민의 저항으로 말미암은 수입의 잠식과 지출의 증가 둘 모두가 영주권을 약화시키고 왕권의 침투를

을 떠났을 뿐이었고 마무리가 될 때까지는 아주 머나먼 길이 앞에 놓여 있었다. 물론 아직까지는 하나로 통합된 절대주의적 지배와 비슷한 것은 전혀 나타나지 않았다. 오래전부터 확고하게 자리 잡아 왔던 공권영주들은 여전히 강력하게 남아있었다. 또 새로운 왕자령appanage이 여럿 창설된 것은 통합을 더더욱 위협하였다. 그럼에도 거꾸로 되돌아볼 때 뒤이은 발전의 기본적인 패턴은 이미 확립되어 있었다. **장기적으로 보아, 중앙집중화된 잉여수탈**의 성장은 귀족을 재조직하는 데 도움이 되었다. 그것은 군소영주들을 국왕이 내리는 관직에 의존하게 만들었고 강력한 제후들을 궁정으로 들어와 그들 스스로를 왕정과 제휴시키도록 끌어들였던 것이다.

그와는 대조적으로 영국에서는 지배계급 전체가 보다 발전된 조직을 갖추어 제후들이 국왕을 중심으로 중앙집중화되어 있었던 덕분에 12세기 말과 13세기에 농민에 대한 영주들의 권한과 제도적 권리들이 다시 강화될 수 있었다. 이렇게 해서 영주들 사이의 정치적 결속은 **분권화된** 봉건적 잉여수탈—즉 예농제—이 성공적으로 유지될 수 있도록 보장해 주었다. 이로써 영주들은 그들의—넓은 의미에서의—재산을 단기적으로나 장기적으로나 지켜낼 수 있었다. 그 결과 13세기의 프랑스에서 뚜렷하게 찾아볼 수 있는 영주의 수입 위기를 보여주는 징후가 영국에서는 전혀 나타나지 않으며, 따라서 중앙집중화된 잉여착취의 체제가 등장하여 분권화된 잉여착취의 체제를 잠식하고 몰아내는 추세—즉 절대주의적 통치 형태의 맹아적 대두—도 전혀 드러나

향한 길을 열어준 원인이 되었다. Duby의 연구 결과를 요약하고 있는 Lemarignier, *France médiévale*, p.250을 보라. Picardy에서 나타난 똑같은 과정에 대해서는 Fossier, *Terre et hommes en Picardie*, ii, pp.598ff., 708ff., 732-5를 참고할 것.

지 않는다.

3. 봉건제의 위기 : 그 시작과 여러 형태

봉건적인 계급관계 또는 소유관계는 생산성을 하락시키는 장기적인 추세를 결정하였고,[90] 또한 봉건사회의 전반적인 경제발전에, 이를테면 근본적인 구조적 한계를 그어 놓았다. 동시에 이제까지의 논의에 비추어 본다면 13세기 말로부터 15세기 중엽에 이르기까지 어떻게 해서 봉건제의 위기가 실제로 지역에 따라 그토록 다른 양태로 나타났는가—위기가 나타난 시기가 달랐고, 위기의 **직접적인** 원인 및 특징들에서도 얼마간 다른 점들이 나타났으며, 그리고 그로부터 서로 다른 결과가 빚어졌던 까닭—를 이해하기 위해서 해당 지역들에서 이루어진 봉건적인 계급형성의 서로 다른 과정에 대한 체계적 고찰이 반드시 필요한 이유가 어쩌면 더 분명해질 것이다.

1) 생산 및 인구의 상한선과 계급문제 사이의 관계 : 흑사병 이전의 유럽에서 나타난 그 성격

포스탄과 해처는 필자가 영주와 농민 사이의 잉여착취 관계에 너무 지나치게 집착하며 그에 상응하여 소농생산자에 의한 생산이 지닌 경제적 한계들을 무시한다고 꾸짖고 있다. 특히 포스탄과 해처는 궁극적으로 가난을 몰고 오는 인구의 증가가 영주권이 강력하게 자리 잡고 있던 지역들뿐만 아니라 장원이 미약하거나 아예 존재하지 않았던

90) Bois와 필자가 의견을 같이하고 있는(본서의 pp.49-56), 생산성 하락의 추세는 당연히 봉건적인 지대수취율이 하락하는 추세와 같은 것이 아니다.

지역들에서도 나타나는 현상이었음을 지적하고 있다.[91] 필자는 이러한 비난을 받고서 좀 어리둥절했다는 사실을 고백하지 않을 수 없다. 필자의 논문은 바로 자그마한 규모로 조각난 농민들을 바탕으로 한 농업이 참다운 경제발전을 향한 길 앞에 가로 놓았던 걸림돌들에 관해 주된 관심을 기울였던 것이다. 필자는 이 문제를 뒷전에 감추어 놓지 않았으며 또 그것이 모호하게 표현되었을 리도 없다. 왜냐하면 (앞으로 살펴보겠지만) 필자는 소규모농민들의 경제적/생산적 잠재력을 너무 낮게 평가했다는 이유로 여러 다른 비판자들로부터 공격을 받아 왔던 것이다.[92]

반면에 비록 중세와 근대 초의 대부분에 걸쳐 유럽을 특징지었던 농민을 기반으로 한 농업이 필자가 보기에 질적으로는 경제발전에로의 돌파를 뒷받침할 수 없었다고 할지라도, 그것이 양적인 경제 성장을 꽤 커다란 정도로 뒷받침할 수 있었음은 분명하다. 바로 이러한 이유로 포스탄과 해처에게는 미안한 말씀이지만 필자는 영주와 농민 사이의 잉여착취 관계가 **얼마만큼** 강력했는가가 농민에 기반을 둔 경제 및 인구의 팽창 가능성을 제한하거나 증가시키는 데 중요한 요인으로 작용할 수 있었다고 주장하고자 한다. 사실상 포스탄과 해처가 인용한 사실들은 실제로는 그들 자신의 주장을 무너트리는 역할만 할 따름이다. 그들이 언급하고 있는 영주권이 비교적 약하고 인구가 밀집한 지역들은, 그들이 말하고 있듯이, **한정 없는** 인구팽창을 뒷받침할 수 없었다. 계속되는 인구증가는 **궁극적으로** 가난과 기근을 만연시키지 않을 수 없었던 것이다. 그럼에도 이처럼 보다 자유로운 지역들이

91) 본서의 pp.109-13.

92) 본서의 pp.48-9. 이러한 비판에 대해서는 본서의 p.489 이하를 보라.

같은 시대에 고도로 장원화되어 있었던 지역들에서 찾아볼 수 있는 것보다 훨씬 더 높은 수준의 인구를 먹여 살릴 수 있었으며 또 실제로 먹여 살렸다는 사실은 주목할 만하다. 13세기의 상황에 관한 최근의 한 조사 결과에 따르면 "[영주권이 아주 약했던] 노르망디를 대상으로 산출된 인구밀도는……[물론 고도로 장원화되어 있던] 당시의 영국 가운데 어떤 주요한 지역에서 찾아볼 수 있는 것보다 훨씬 더 높았다."[93] 비슷하게 영국에서 **장원화되어 있지 않았던** 소택지 지역의 평균 경작지에서 나타나는 1인당 토지면적에 대해 포스탄과 해처가 제시한 수치들도 영국의 장원화된 지역에서 **생계유지에 필요한 최소한의 면적**으로 간주되었던 수치의 3분의 1에서 2분의 1 사이에 지나지 않는다.[94] 이러한 결과들은 어쩌면 영주권이 확립되어 있던 지역들에서는 평균적인 예농들이 통상 그들의 수입 가운데 50퍼센트를 지대로 납부했다는 사실에 비추어 보면 충분히 이해될 수 있을 것이다.

포스탄과 해처가 경제 및 인구의 발전과 관련하여 봉건적 권력의 중요성을 깎아내리기 위해 인용했던, 농민인구와 빈곤에 관한 연구결과들을 내놓은 바로 그 역사가가 그들과 거의 정반대되는 결론을 내리는 방향으로 멀리 나아가있다는 사실은 주목할 만하다. 핼럼H. E. Haham은 사실상 비교적 "진보된 농업이 이루어지고 있던" 지역은 "……인구가 밀집해 있고 영주권이 미약한 대신 자유로운 제도들이

93) N. J. G. Pounds, "Overpopulation in France and the Low Countries in the Later Middle Ages", *Jl Social Hist.*, iii(1969-70), p.239.

94) 평균적인 농민가족(4.5명)의 생계를 유지시킬 수 있는 최소한의 면적은 Titow에 의해 13.5~10에이커(1인당 3~2.2에이커)로 추산되어 있다 : Titow, *English Rural Society, 1200-1350*, pp.78-83ff. Titow의 그러한 최소 생계면적은 평균적으로 농민의 생산량 가운데 50퍼센트를 빼앗아갔다고 여겨지는 지대부담을 감안한다면, 그것의 두 배가 되어야 했다(p.81).

자리 잡고 있었던 지역이기도 했다"고 주장하는 것이다.95) 달리 말해서 영주권이 미약한 지역에서는 농민들이 영주에게 납부하는 공조가 보다 낮았던 덕분에 보다 많은 소비를 할 가능성을 가지고 있었던 것으로 보인다. 하지만 그뿐만 아니라 그들은 그들의 잉여 가운데 훨씬 더 많은 부분을 마음대로 재투자할 수 있었기 때문에 장원화된 지역의 농민들보다 단위 면적당 더욱 많은 생산을 거두었던 것으로 여겨진다. 따라서 그들이 지닌 인구증가의 가능성도 그만큼 더 컸다는 것은 결코 놀라운 일이 아니다. 사실상 이렇게 볼 때 13세기에 프랑스의 대부분 지역에서 영국에 비해 상대적으로 높은 인구밀도가 나타났던 것을, 다름 아니라 이 시대에 영국에 비해 프랑스의 영주권 및 잉여 착취가 상대적으로 미약했다는 사실에 비추어 해석하는 것도 그렇게 지나친 일은 아닐 게다.96)

2) 영주의 수입 위기와 그 결과

봉건경제의 위기는 그것이 나타났을 때 단순한 맬서스적 형태를 띠지 않았다. 서유럽의 거의 모든 지역에서는 지역에 따라 그 시기가 다르긴 했지만 13세기 말이나 14세기에 인구증가가 마침내 끝을 맞이했던 것으로 보인다. 사실상 14세기 중엽과 그 이후에 여러 차례 발발한 역병은 이미 꽤 멀리까지 진행되고 있던 인구감소의 과정을 마무

95) H. E. Hallam, "The Postan Thesis", *Hist. Studies*[Melbourne], xv(1971-3), p.222.

96) Neveux가 주장하고 있듯이 **"농민들이 그토록 많이 살아남은 것은 촌락의 승리에서 즉 [촌락 공동체가] 영주제를 약화시킬 수 있었다는 점에서 비롯된 일이기도 하다**……[이로써 영주의 수탈이 줄어들었던 것은] 농민들의 지출을 줄여주었고 많은 보유지가 아주 작은 크기였음에도 불구하고 농촌에서 상대적으로 조밀한 인구가 유지될 수 있게 해주었다. 그 결과 영주들은 경제적으로 어려운 상황에 빠져들게 된다." : Neveux, "Déclin et reprise", pp.36, 39(강조는 필자).

리짓는 파국적인 대단원을 이루었던 것으로 여겨진다. 맬서스적인 논리를 엄밀하게 따른다면 이러한 인구의 감소는 인구를 자원과 합치시킴으로써 체제가 지닌 병폐를 치료하고, 그리하여 다시금 인구증가 및 경제 성장의 시대를 열어주어야만 했다. 하지만 뒤따랐던 것은 그러한 시대가 아니라 오히려 장기간에 걸쳐 경제와 인구가 쇠퇴—정체와 몇몇 지역의 경우에는 파국—를 겪게 될 시대였다.

인구론자들이 이러한 어려움을 잘 알고 있음은 분명하다. 그럼에도 그러한 어려움이 "맬서스적"이라 불리든 "리카르도적"이라 불리든 그들의 기본적인 틀 안에서 어떻게 해소될 수 있는가를 알아내기란 그렇지 않다는 포스탄과 해처의 주장에도 불구하고 힘겨운 일이 아닐 수 없다. "리카르도가 제시했던 역전될 수 없는 수확체감의 추세가 투자와 혁신에 의해 제동이 걸리지 않은 채로 남아있을 때까지만 그리고 그러는 한에서만 지속되었음을 우리가 인정한다면, 중세농업에서 혁신이 이루어지지 못했고 투자가 아주 빈약했다는 사실은 중세 말의 회복이 왜 그토록 느리고 굼뜨게 이루어졌는가를 훌륭하게 설명해주는 매우 중요한 원인으로 나타날 것이다"라고 포스탄과 해처는 주장하고 있다.[97] 하지만 이러한 주장은 필자가 보기에 핵심을 잘못 짚은 것으로 여겨진다. 인구의 감소는 경작이 한계지를 떠나 좋은 땅으로 되돌아가게 만들고 **바로 이러한 과정을 통해서** 농업 생산성을 높였을 것이 틀림없다. 그리고 이와 더불어 농민들의 1인당 소득이 더 높아진 것은 반드시 농업투자의 증대를 촉진시켰을 것이다. 이러한 두 가지 메커니즘은 둘 모두 인구 및 경제의 새로운 성장에 영향을 미쳤고 궁

97) 본서의 p.108. Le Roy Ladurie는 이러한 주장을 하지는 않고, 단지 질병의 요인만을 언급하고 있다.

극적으로 그 성장의 원동력이 되었다. 하지만 그러한 일은 아주 장기적으로만 적어도 한 세기 정도나 뒤늦게야 이루어지게 되었다. 문제는 바로 여기에 있다. 다시 말해서 그처럼 뒤늦었던 이유는 도대체 무엇이란 말인가?

이 어려운 문제는 아직도 완전히 해결되지 않고 있다. 그럼에도 필자는 그에 대해 적절하게 해석하려면 중세 말에 유럽 전역에 걸쳐 나타난 영주의 수입 위기와 그것의 영향들이 반드시 해석의 핵심적인 구성요소가 되어야 할 것이라는 점에 대해 브와와 의견을 같이하고자 한다.[98] 귀족들의 수입 감소는 이르건 늦건 어느 곳에서나 영주들로 하여금 귀족계급을 재조직하여 보다 더 효율적으로 농민들을 수탈하고 봉건 계급 내부의 전쟁을 수행함으로써 그들의 재산을 되찾으려는 노력을 강력하게 밀고 나가도록 만들었다. 이것이 바로 필자가 원래의 논문에서 길게 언급하였던 이른바 "귀족의 반동"이었다.[99] 이는

98) 15세기의 대부분에 걸쳐 역병이 끈질기게 재발하였다는 사실 역시 설명을 위한 어떤 시도에서든 핵심적인 요인으로 취급되어야 한다. 하지만 역병이 인구의 회복을 가로막는 데 의심할 나위 없이 하나의 중요한 요인으로 작용했음을 받아들인다 하더라도, 그것을 완전히 외부적인 요인으로만 보는 것이 옳은 일일까? 이는 적어도 의문의 여지가 있는 물음이다. 종종 지적되어 왔듯이 역병의 발발은 기근의 발생과 밀접하게 연관되어 나타난다는 경향이 있었던 것이다. 이례적으로 앞선 농업을 누리고 있었으며 대체로 전쟁의 파괴적인 영향도 별로 입지 않았던 15세기의 플랑드르에서는 역병이 아주 가볍게 스치고 지나갔을 뿐인 것으로 나타난다는 사실은 이러한 연관성을 보여주는 가장 중요한 증거의 하나이다. 15세기 후반에 프랑스에서 대중의 영양상태가 개선되고 전쟁으로 말미암은 혼란이 끝을 맺으면서 역병의 힘이 사그라들었던 것으로 나타난다는 사실 또한 그러한 증거의 하나이다. 반면에 역병이 특별한 영양결핍의 징후가 없었던 것으로 보이는 몇몇 특정한 지역과 시기에 아주 극심하게 발발하였다는 것도 사실이라 여겨진다. Bois, *Crise du féodalisme*, pp.278-80; Le Roy Ladurie, "Masses profondes : la paysannerie", pp.488-97, 511-4; Neveux, "Déclin et reprise", p.91.

99) 본서의 pp.54-6, 175 주 7). Bois는 필자가 영주의 수입 감소를 무시하고 이 점에 관한 우리 둘 사이의 견해차를 강조하였다고 비난하고 있는데, 필자는 (그 원인들에 관해 우리가 완전히 동의하고 있지 않다는 점은 인정하더라도) 그가 왜 그런 비난을 가하고 있는지 완전하

농민의 생산력을 더더욱 와해시키고 그리하여 인구를 더더욱 감소시키는 경향이 있었다. 다시 말해서 그것은 인구론자들이 말하는 바로 그 인구와 자원 사이의 불균형을 반영하는 것이 아니라, 서로 대립되는 사회계급들이 지니고 있던 역시 서로 대립되는 필요들 사이의 불균형을 반영하는 악순환을 낳았던 것이다.

반면에 영주의 위기는 브와가 주장하고 있듯이 봉건적인 공조징수율이 하락해가는 얼마간 자동적이고 지속적인 과정에서 무조건 곧바로 빚어졌던 결과가 아니라, 계급관계의 여러 다른 발전 과정과 관련을 맺고 있었다. 몇몇 지역에서는 영주의 수입 위기가 이미 인구가 감소하기도 전에 그리고 농민의 승리와 그에 따른 지대수취율의 하락으로부터 얼마간 직접 빚어진 결과로 나타났다. 하지만 영주의 권력과 재산이 그대로 남아있거나 더 강화되었던 다른 지역들에서는, 지대수취율의 하락과 영주의 수입 위기가 인구가 감소한 뒤에야 나타났는데, 이러한 인구감소 그 자체가 부분적으로는 생산성의 하락추세에서 그리고 부분적으로는 선페스트가 계속 되풀이해 발발한 데에서 비롯된 결과였다. 동시에 봉건적인 잉여착취체제가 지역에 따라 여러 다른 형태를 띠었고 또 그 효율성에서도 정도가 다르게 작용했기 때문에 영주들이 그들의 수입 위기를 타개하는 데 기댈 수 있었던 방법도 다를 수밖에 없었으며, 그에 따라 단기적인 생산의 동향과 장기적인 경제발전 모두에 미쳤던 결과들 역시 달랐다.

북부 프랑스에서는 영주의 수입 감소가 더 빨리는 아니더라도 일찍이 13세기 중엽에 이미 시작되었다.[100] 13세기 말로부터는 이러한

게 이해하지 못하고 있다.

100) "영주들의 곤궁은……적어도 13세기 두 번째 사반세기까지 소급되는……장기적인 것"이

감소와 더불어—그리고 부분적으로는 이로부터 영향을 받아—중앙집중화된 국왕의 과세제도가 급속히 성장해 나왔다. 그와 같은 과세제도의 성장은 백년전쟁이 개시되면서 더욱 급속하게 가속화되었다. 전쟁 자체는 크고 작은 수많은 영주로부터 지지를 받았다. 그 이유는 전쟁이 여러모로 국가기구의 관직을 얻거나 전투의 열매, 특히 부유한 포로의 몸값을 따먹음으로써 경제적 어려움에서 빠져나올 길을 제공해 줄 수 있었기 때문이었다. 그리하여 국가기구는 더욱 성장해 나오면서 점점 더 효율적으로 되어갔고 수탈을 강화했는데, 그로부터 얻어진 수입 가운데 일부는 더욱 심각해진 영주의 수입 위기를 메꾸는 네 사용되었나. 하지만 세금의 증대는 이미 한계에 도달해 있넌 농빈경제에 타격을 가했다. 14세기 초에는 이미 다름 아니라 영주의 공조요구가 미약했던 덕분에 앞에서 지적했듯이, 농민인구가 주어진 토지자원과 기술 수준을 감안할 때 가능했던 가장 높은 수준(어쨌든 몇몇 지역에서는 18세기에 이르기까지 다시는 도달되지 못했을 만큼 높은 수준)에 거의 다다랐던 것으로 보인다.[101] 그 결과 중앙집중화된 과세의 증대는 생산을 와해시키고 인구를 감소시키는 효과를 지니고 있었다. 14세기 중엽의 30여 년 동안에는 외국군대의 침입과 곧바로 뒤이어 발발한 역병 그리고 그에 뒤따른 외국군의 재침략이 인구를 더욱 감소시킴에 따라 쇠퇴의 속도는 더더욱 빨라지게 되었다.

그럼에도 인구의 감소는 균형을 되살리지 못했다. 인구감소는 세금

라는 Neveux의 지적을 보라. : Neveux, "Déclin et reprise", p.35. Bois, *Crise du féodalisme*, p.200, 240; Fourquin, *Campagnes de la région parisenne*, p.152도 참고할 것.

101) Le Roy Ladurie, "Masses profondes : la paysannerie", pp.483-5. 본서의 쿠퍼의 논문 주 96)도 참고할 것.

납부자의 감소를 뜻했고, 따라서 영주들에게는 전반적인 수입의 감소를 의미했으며, 그리하여 수입을 되살릴 필요를 더더욱 크게 만들었다. 몇몇 지역들에서는 영주들이 1350년 이후에 영주의 통제권을 더욱 강화하고 분권화된 공조들을 증대시킴으로써—즉 예농제를 다시 강화시킴으로써—그에 대응하려 시도했다.102) 하지만 대체로 프랑스의 영주들은 이러한 길을 선택할 여지를 갖지 못했다. 따라서 그들의 기본적인 대응은 전쟁의 가열과 국왕 과세의 성장 그리고 국가기구(관직)의 건설이라는 서로 연관된 발전들을 부추기고 그로부터 이익을 얻어내려 애쓰는 것이었다. 그 결과 14세기 후반과 15세기 초반 동안에는 과세의 증대와 점점 파괴적으로 되어가고 있던 군사적 행동들이, 농민의 생산 기반이 위축되어 가고 있었던 것과 관련을 맺는 가운데, 불균형과 쇠퇴의 "악순환"을 시작되게 만들었다. 그러한 악순환은 한 세기 동안 간헐적으로 되풀이되었고 1430년대와 1440년대에는 파국을 불러올 정도까지 이르렀다. 이처럼 정치적 축적을 위한 정치적 중앙집중화의 가속화는 필요하였던 맬서스적 자체조정을 가로막았고, 그 대신 봉건제를 장기적이고 전반적인 위기 속으로 몰아넣었다.103)

프랑스와 대조적으로 영국에서는—어쩌면 영국의 영주들이 농민들에 대해 그들의 지위를 비교적 단단하게 굳히고 있었음을 보여주는 또 하나의 지표로서—영주의 수입이 압박을 받아 정체하거나 하락하고 있었음을 보여주는 징후들이 14세기에 들어와서도 수십 년이 지난

102) 프랑스에서 분권화된 영주제/예농제의 강화를 통한 영주의 반동이 나타난 것에 대해서는 앞의 브레너의 논문 주 27)에 나온 문헌들을 참고할 것.

103) Bois는 지금까지 말한 상호연관된 과정들을 Bois, *Crise du féodalisme*, 특히 chs. 10-3에 아주 뛰어나게 밝혀놓고 있다. 필자는 그의 서술에서 매우 많은 도움을 얻었다. Neveux, "Déclin et reprise", pp.55ff.도 참고할 것.

뒤에야 나타나기 시작했던 것으로 보인다.104) 바로 이즈음에는 인구도 한계에 도달하여 감소하기 시작했던 것으로 보이며 그 두 현상은 서로 관련을 맺고 있을 가능성이 있다. 하지만 그렇다고 하더라도 급격한 인구감소를 가져왔고 그리하여 모든 종류의 지대에 대한 압력을 줄여주었던 14세기 중엽과 그 뒤 여러 차례에 걸친 역병에 직면하여, 과연 봉건 계급의 수입에 대한 전반적인 위협이 나타났는가는 확실하지 않다. 이 시기에 영주들이 농민들에 대한 통제를 강화하려고 시도했음을 보여주는 증거가 폭넓게 남아있음은 놀라운 일이 아니다. 이러한 시도들이 경제외적 강제를 통한 **분권화된** 잉여착취라는 이미 존재하고 있는 장치를 이용하기 위해서 영주의 정치적 조직을 강화하려는 노력으로 나타났다는 것은 충분히 예상될 수 있는 일이다. 이에 따라—예전의 지대 수준을 더 높이거나 또는 적어도 유지하기 위하여 — 농민의 이주를 억제하고 임금의 상한선을 정하며 노동력을 확보하기 위한 영주들 사이의 경쟁을 규제하려는 노력이 이루어졌다.105)

104) 본서의 pp.209-10 그리고 주 18). 그 시기 또한 프랑스의 경우와 비교되어야만 한다.

105) Hilton, *Decline of Serfdom in Medieval England*, pp.35-42. 영국에서는 절대주의적이고 중앙집중화된 잉여착취(관직과 세금)를 향한 프랑스의 발전을 그대로 되풀이하려는 추세가 상대적으로 거의 없었다는 사실은 주목되어야 마땅하다. 농민의 승리로 말미암아 지대를 수취하는 그들의 힘이 약화되는 상황을 겪어왔던 프랑스의 영주들은 국왕의 침투 앞에서 무력한 존재가 되는 경향이 있었다. 수입을 얻어내야 한다는 문제에 직면하여 국왕의 과세가 확대되는 것이 그들로 하여금 관직에 따르는 열매를 따먹을 수 있게 해준다면, 그들은 심지어 그것을 환영했을 수도 있다. 그와는 대조적으로 영국의 영주들은 13세기 동안 그리고 그 뒤에 가서도, 널따란 직영지로부터 상당히 많은 액수의 지대를 거두고, 예농보유지들로부터도 상대적으로 높은 수준의 봉건적 공조를 뜯어낼 수 있었다. 그 결과 그들은 (관직으로부터 수입을 얻어낼 수 있게 해주는 기반으로서) 국왕의 과세를 그렇게 필요로 하지 않았고, 오히려 국왕이 세금을 부과하면 지대를 납부할 수 있는 농민들의 능력이 떨어지는 경향이 있었기 때문에 국왕의 과세에 반대하는 성향을 보였다. J. R. Maddicott, *The English Peasantry and the Demands of the Crown, 1294-1341*(Past and Present Supplement, no.1, Oxford, 1975), 특히 pp.23-4, 49-50, 71을 보라. 이에 상응하여 영국에서는 과세가 증대되더라도 프랑스에서처럼 절대주의적인 형태로 발전하

그리하여 1349년 이후에 영국에서 인구가 격감하긴 했지만, 인구론자들 이 우리에게 기대하게 만들 수 있는 결과와는 정반대로, 많은 지역에서는 그러한 인구감소가 그에 상응한 즉각적인 공조의 감소를 불러오지 않았다. 사실상 역사가들은 농촌 전역에 걸친 여러 영지들에서 때로는 심지어 1380년대에 접어들어서까지도—인구가 급격히 감소했음에도 불구하고—지대가 역병 이전의 옛 수준으로 유지되었던 사실을, 바로 농민들에 대한 영주의 경제외적 압력과 통제가 더욱 강화된 점을 들어서 설명하는 경향을 보여왔다.[106] 인구가 급속하게 감소하는 데 직면하여 예전의 지대 수준을 유지하려는 시도가 이처럼 부분적으로나마 성공을 거두었던 것은 얼마간 농민의 생산활동을 교란시킴으로써, 토지와 노동력의 상대적 비율이 보다 더 유리해졌음에도 불구하고 농민들이 경제적으로나 인구적으로 회복할 능력을 앗아갔을 게다. 이는 적어도 당분간은 어느 정도 프랑스에서 나타났던 것과 같은 종류의 악순환을 불러왔을 것이다.

그럼에도 영국에서는 프랑스에 비해 경제의 붕괴가 훨씬 덜 심각하게 나타났던 것으로 보인다. 영국에서는 인구밀도가 대체로 프랑스에서 도달되었던 것만큼 높은 수준에 이르지 못했다. 14세기 초에 영주

는 것이 아니라 점점 더 성숙해가고 있던 영국 의회와의 관계 속에서 그리고 그 의회의 통제 아래에서 발전하는 경향이 있었다.

106) 예컨대, J. A. Raftis, *Tenure and Mobility* (Toronto, 1964), pp.139-44ff를 보라. Harvey의 말을 빌리면 "토지보유 조건은 많은 경우……당시의 경제적 현실과 일치하지 않게 결정되었다. 지대가 실제로 하락했다고 하더라도 1348년 이후에 이 영지에서 토지에 대한 수요가 줄어든 것과 같은 정도로 지대가 떨어지지는 않았다; 예농들은 여전히 Westminster 수도승들이 계약에 의해 땅을 보유하고 있는 차지인들로부터는 뜯어낼 마음조차 먹을 수 없었을 만큼 높은 수준의 지대를 요구받았고 또 실제로 납부하였다.": Harvey, *Westminster Abbey and its Estates in the Middle Ages*, p.268, 또한 pp.262-4.

의 부과금이 높은 수준에 올라 있었던 것이 인구가 프랑스에서와 같은 정도로 팽창하지 않도록 만들어 주었음은 거의 확실하다. 또한 (지대뿐만 아니라 세금을 포함한) 봉건적 공조의 징수율도 영국에서는 1350년 이후에 프랑스에서 그랬던 것으로 보이는 정도로 그리고 그처럼 오랜 기간에 걸쳐 증가하지는 않았다. 게다가 영국 농촌은 프랑스에서 나타났던 것과 같은 전쟁으로 말미암은 황폐화를 겪지 않았는데, 그 이유는 백년전쟁이 프랑스를 무대로 하여 치러졌기 때문이었다.[107] 더구나 15세기 초반에는 영주의 반동이 농민들의 이주뿐만 아니라 농민들의 저항에 의해서도 깨져버리는 바람에 이미 실패로 돌아가 있었다. (이는 어쩌면 영국의 **분권화된** 잉여착취 형태가 아무리 잘 조직되고 통합되어 있었다 하더라도—특히 중세 말에 상대적으로 인구가 부족하게 된 상황 아래에서는—프랑스에서 새로 등장한 **중앙집중화된**—세금과 관직에 의한—잉여착취체제에 비해서는 뒤떨어져 있었음을 가리키는 것일 게다.) 영주들은 이제 계약에 의해 결정되고 따라서 근본적으로 경제적인 성격을 띤 훨씬 더 낮은 수준의 지대만을 뜯어낼 수 있었을 뿐이었다. 국가를 중심으로 한 중앙집중적인 과세 장치는 전혀 발달해 나오지 못했다. 지배계급은 전반적으로 다른 수단을 통해—대외적인 군사적 개입과 결국에 가서는 (비교적 작은 규모의) 내란을 통해—수입을 벌충하지 않을 수 없었다. 얄궂게도 이 시대에 대륙의 몇몇 지역이 겪었던 것과 같은 종류의 경제적 파국을 막아주었던 요인은 바로, 영국의 귀족이 장기적으로 볼 때 예농제를 강화하거나 절대주의적 국가에 의한 과세를 시행함으로써 농민들에 대한

107) 본서의 p.181.

경제외적 강제를 통한 잉여수탈을 증대시키지 **못했다는** 점에 있었을 게다.

엘베 오른쪽의 독일지역은 또 다른 패턴을 보여준다. 이 지역에서 중세에 이루어진 인구와 경제의 발전은 서유럽으로부터의 식민운동에 크게 의존해 있었던 덕분에, 서유럽의 추세로부터 강력한 경향을 받았던 것으로 여겨진다. 그로 말미암아 동부 독일에서는 위기가 서유럽보다 얼마간 뒤늦은 시기에 나타난 것으로 보이고 얼마간 다른 형태를 띠었으며 또한 아주 다른 결과를 빚어내게 되었다. 동부 독일에서는 인구가 정체되고 궁극적으로 감소하는 현상이 서유럽에서 인구성장이 끝나자마자 나타나기 시작되었던 것으로 여겨지며, 그러한 현상은 식민운동이 고갈되는 것과 함께 14세기 후반에 이미 꽤 뚜렷하게 모습을 드러냈다.[108] 이는 당연하게도 영주의 수입에 커다란 위협을 가하였다. 그 이유는 동부에서는 어쩔 수 없이 매우 미약한 형태의 영주권을 바탕으로 발전이 이루어져 왔다는 사실에 있었다. 동부의 영주들에게는 문제가 정착이 이루어져 있지 않은 땅에서 수익을 얻어내야 한다는 것이었다. 따라서 그들에게는 농민정착자들에게 보다 유리한 조건을, 다시 말해서 고정된 공조와 자유로운 신분—이른

108) F. L. Carsten, *The Origins of Prussia* (Oxford, 1954), pp.101-2, 114, 그리고 전반적으로 ch. 8; Postan, "Economic Relations between Eastern and Western Europe", p.149; M. Malowist, "The economic and Social Development of the Baltic Countries from the Fifteenth to the Seventeenth Centuries", *Econ. Hist. Rev.*, 2nd ser., xii(1959-60), p.181. 인구의 감소가 중세 후반에 북동부 유럽에서 보편적으로 나타났다고 생각해서는 안 된다. 예컨대 폴란드에서는 동부 독일(Mecklenberg, Pomerania, Brandenburg, Prussia)과 대조적으로 16세기 내내 인구의 증가가 한 번도 심각한 장애에 부딪치지 않고 계속되었다. I. Gieysztorowa, "Research into the Demographic History of Poland", *Acta Poloniae historica*, xviii(1968), pp.10-1 그리고 *passim*.

바 "독일법Germanic Law"—을 제공하는 것 말고는 선택의 여지가 거의 없었다. 하지만 인구가 계속 증가하는 한에서는 영주와 농민이 땅이 충분하게 널려있는 상황에서 양쪽 모두 이익을 얻을 수 있었다.[109] 이러한 상황 아래에서는 영주들이 정치적 축적을 목적으로 자체조직을 발전시키고 중앙집중화를 이루어 낼 동기가 거의 없었던 것으로 여겨진다. 국가들은 대체로 매우 미약한 상태로 남아있었고, 이제 막 모습을 드러내고 있던 귀족들은 더할 나위 없이 조직을 갖추지 못한 채 분열되고 질서가 잡히지 않은 양상을 보여주고 있었다.

하지만 14세기 말로부터는 인구증가가 급격하게 둔화되었다. 서유럽의 경우와는 대조적으로 이에 대한 설명은 아주 미약한 정도로만 생산성 하락의 문제와 관계되는 것으로 보인다. 왜냐하면 동부에서는 아직도 식민이 가능한 처녀지가 엄청나게 널려있었기 때문이다. 서부에서 이미 이루어지고 있던 것과 똑같은 쇠퇴의 주기가 동부 지역에서도 그에 상응하는 파국적인 결과들을 경제와 인구에 가져다주면서 모습을 드러냈던 것은, 부분적으로는 역병 때문이었지만, 무엇보다도 중요한 요인으로는 서부에서 나타난 인구 및 경제의 전반적인 쇠퇴로 말미암아 동부로의 이주가 급격히 줄어들었기 때문이었던 것으로 보인다. 영주들은 수입의 감소를 겪었고 경제외적 수단들을 동원함으로써 이에 대응하려고 시도하였다. 동유럽의 영주들은 (관직과 세금으로부터 수입을 증대시키기 위해) 그들이 기댈 만한 잘 발달된 중앙집중화된 국가기구를 전혀 갖고 있지 못했으므로, 예농제를 강화함으로

109) M. Malowist, "Problems of the Growth of the National Economy of Central-Eastern Europe in the Late Middle Ages", *Jl European Econ. Hist.*, iii(1974), pp.322-9. Carsten, *The Origins of Prussia*도 참고할 것.

써 농민들로부터 더욱 많은 것을 수탈하려고 하였다. 동시에 그들은 그들 사이에서 서로에 대한 공격을 더욱 강렬하게 벌였으며, 그럼으로써 그나마 거의 남아있지 않았던 군주정이나 통합된 국가의 흔적마저 대부분 없애버리고 있었다. (15세기에 튜톤기사단이 내리막길을 걸었던 것은 이와 관련하여 가장 눈에 띄는 경우에 지나지 않는다.) 끝으로 그들은 대외적으로도 전쟁을 위해 조직을 갖추었는데 그들의 군사적 원정으로 말미암은 황폐화는 생산과 인구에게 특히 파멸적인 영향을 미쳤던 것으로 여겨진다. 그들의 수입이 더더욱 위협받게 되자 영주들은 농민과 다른 영주의 희생을 대가로 수입을 벌충하려는 시도를 다시 되풀이했고, 이는 경제 및 인구의 불균형과 쇠퇴를 향한 낯익은 악순환을 낳게 되었다.[110)]

Ⅲ. 봉건제의 위기에 따른 결과와 뒤이은 발전 패턴들

15세기 중엽으로부터 서유럽의 대부분 지역에서는 위기를 만들어내고 있던 상황들이 마침내 물러갔으며, 그리하여 새로운 경제상승의

110) Carsten, *The Origins of Prussia*, ch. 8; M. Biskup, "Polish Research Work on the History of the Teutonic Order State Organization in Prussia, 1945-1959". *Acta Poloniae historica*, iii(1960), pp.96-9: 여기에는 특히 15세기에 프로이센에서 나타난 인력 부족의 문제에 대한 Bronislaw Geremek의 연구결과—B. Geremek, "Problem sily raboczej w Prusach w pierwszej polowie XVw."(15세기 초 프로이센에서의 인력 문제), *Przeglad historyczny*, xlviii(1957)—가 요약되어 있다. 필자는 이 논문을 필자를 위해 번역해 준 Kasha Seibert에게 감사를 드리고자 한다. 비슷한 결과를 보여주는 것으로는 H. H. Wächter, *Ostpreussische Domänenvorwerke im* 16. und 17. Jahrhundert(Würzburg, 1958), p.15를 보라.

시대가 막을 올렸다. 농민들은 다시금 보다 질 좋은 땅을 경작하고 있었으며 그리하여 생산성 증대의 가능성을 열어주었다. 내란과 대외전쟁은 좀더 드물게 발생하였고 그 파괴성도 어느 정도 줄어들었던 것으로 보이는데, 이는 어쩌면 귀족들이 탈진해 있었고 또 그들의 진영이 일시적으로 흐트러져 있었던 것을 반영한 현상일 게다. 또한 지배계급이 농민에게서 뜯어내는 수탈의 수준도 그에 발맞추어 적어도 일시적으로나마 낮아졌던 것으로 보인다. 그리고 역병의 영향 역시 사라져 있었던 것으로 여겨진다. 이에 따라 인구가 증가하고 경작이 팽창하는 새로운 시대가 막을 올렸으며, 이러한 상황은 생산의 증대를 낳고 그와 더불어 영주계급과 농민계급 모두의 수입을 증가시켜주었다. 그에 따른 결과로 나타난 수요의 증가는 유럽의 산업 및 상업이 새로운 팽창의 시대를 맞이하는 데 필요한 바탕을 마련해주었다. 유럽의 상업은 예전의 한계를 훨씬 넘어서서까지, 특히 아메리카와 바닷길을 통해 동방으로까지 뻗어나갔다. 하지만 여러 가지 중요한 측면에서 근대 초에 나타난 유럽의 상업 경제는 많은 부분 그 중세적 성격을 그대로 지니고 있었다. 그것은 여전히 그 주된 상품으로서 (이제 특히 영국과 홀란드에서 만들어지고 있던) 고급 직물의 생산과 (프랑스에서 생산되는) 포도주 그리고 그에 덧붙여 동방으로부터 건너온 비단 및 양념류들에 크게 의존해 있었다. 오로지 그러지는 않았더라도 커다란 정도로 지배계급에 의한 소비를 지향하고 있었던 이러한 상품들은 대체로 급속하게 팽창하고 있었으며, 이제 동유럽의 농업을 깊숙이 개입시키고 있던 곡물 시장에 의해 공급되는 필수적인 농산물들과 교환되었다.

유럽의 여러 다른 지역이 새로운 경제팽창의 시대가 열어준 기회와 위험들에 대해 보여주었던 서로 다른 경제적 반응들은, 중세 말에 나타난 영주의 수입 위기로부터 모습을 드러냈던 농업에서의 여러 다른 소유관계 또는 잉여착취 체제에 의해 결정적으로 조건 지어졌다는 것이 바로 필자의 주장이었다. 이러한 소유관계 자체는 상당한 정도로 농업에서의 계급형성 및 계급 갈등이 걸어갔던 서로 다른 장기적인 과정들—유럽의 여러 다른 지역에서 지배계급이 그 자체의 재생산을 보장하는 데 필요한 잉여를 착취하기 위해 발달시킬 수 있었던 장치들의 형태와 힘을 농민들이 크든 작든 어느 정도 제한할 수 있게 만들었던 과정들—에서 빚어진 결과로 나타난 것이었다. 동시에 어떤 경우에든—즉 예농제가 성장한 동유럽의 경우에든, 농민의 재산권 확립과 연관하여 절대주의가 성장한 프랑스의 경우에든, 아니면 새로운 형태의 통합된 국가가 대두한 것과 연관하여 토지에서 고전적으로 자본주의적인 관계가 발달해 나온 영국의 경우에든—새롭게 등장해 나온 잉여착취체제는, 지배계급이 해당 지역에서 예전에 도달했던 것보다 훨씬 더 높은 수준으로 자체의 조직을 갖추고 스스로를 중앙집중화했던 덕분에 성립될 수 있었으며, 따라서 그것은 적어도 하나의 시각에서 볼 때에는 이러한 방향을 향한 봉건제의 전반적인 추세가 절정에 오르지는 않았더라도 지속되고는 있었음을 가리키는 것으로 간주될 수 있다. 끝으로, 이미 자리를 잡은 서로 다른 소유체제들은 필자가 보기에 지역에 따라 아주 크게 다른 경제발전의 패턴을 만들어내는 데—대륙의 대부분 지역에서는 여러 다른 형태로 농업의 쇠퇴와 궁극적으로는 "전반적"인 위기를 가져다준 반면, 영국에서는 자기 지속적인 성장에로 넘어가는 결정적인 돌파를 가능하게 만들어주는 데—구조적인 요인으로 작용하였다.

1. 서로 다른 발전 패턴의 뿌리

1) 예농제의 성장과 쇠퇴 : 동부와 서부의 비교

모종의 이유를 들어 포스탄과 해처는 인구감소와 그에 수반한 영주의 수입 위기가 특히 이미 15세기로부터 엘베 오른쪽의 독일에서 농민들을 예농으로 전락시키는—다시 말해서 인구감소가 지대를 낮추고 임금을 높이는 쪽으로 압력을 가하는 데 직면하여 [영주들이 농민들로부터] 잉여를 수탈하기 위해 경제외적 사법권을 사용하는—방향으로 변화가 이루어지는 데 결정적인 요인으로 작용하였다는 것을 부정하고 있다.[111] 그럼에도 이를테면 프로이센에서 (특히 다양한 방법으로 농민의 이주를 제한함으로써) 농민에 대한 영주의 통제권을 강화하여 영주의 지대수탈을 뒷받침하기 위해 정부가 수많이 공포한 일련의 칙령 가운데 최초의 것이 15세기 초의 몇십 년 동안 벌어진 전쟁들로 말미암은 최초의 급격한 인구감소에 뒤이어 공포되었다는 사실은 결코 우연이 아니다. 이러한 칙령들에는 그들이 왜 제정되었고 또 어째서 정당한 것인가를 보여주는 근거로서 노동력의 부족이 **분명하게** 명시되어 있다.[112]

더구나 포스탄과 해처의 생각과는 달리 15세기 후반 동안 영주들이 **인구의 수준이 크게 낮아진 데 직면하여 그리고 그럼에도 불구하고** 프로이센 농민들에게 보다 강력한 통제권을 행사하고 더욱 무거운 부담을 짐지우는 데 성공하기 시작하였다는 점에 대해서는 역사가들 사이에

111) 본서의 p.103: 그리고 본 논문의 주 10)도 보라.

112) Carsten, *The Origins of Prussia*, ch. 8; Geremek, "Problem sily raboczej w Prusach w pierwszej polowie XVw.".

동의가 이루어져 있는 것으로 보인다. 동부 독일에서 예농제가 새로운 인구성장의 시대에 바로 그 인구증가에 의존하여 대두해 나오지 않았음은 분명하다. 예농제는 인구가 16세기 중엽에 가면서 다시금 성장을 시작하기 훨씬 오래전에 이미 확고하게 자리를 잡고 있었던 것이다. 그 정확한 시점을 제시하기란 어렵다. 하지만 예컨대 영주들이 일찍이 또 강렬하게 공세를 취하였던 잠란트에서는 우리가 알고 있다시피 1525년의 인구가 1400년의 수준보다 약 3분의 1가량 낮은 수준에 머물러있었다. 그러나 바로 그 사이의 기간에 예농제는 더욱 강화되어 그 지역의 농민 가운데 대부분에게 삶의 당연한 사실이 되어 있었다.113) 물론 필자로 하여금 서유럽에서의 인구감소가 그 자체만으로 그에 수반된 예농제의 쇠퇴를 불러올 수 있었다는 널리 받아들여지는 견해를 의문시하게 만들었던 것은, 바로 똑같이 인구가 감소하는 상황 아래에서 동부 독일에서는 이처럼 예농제가 자리를 잡았다는 사실이었다.

14세기 말과 15세기에 서유럽에서는 영주들이 **그러려고 시도했음에**

113) Heide Wunder는 그녀의 비판에서 중세 말에 나타난 동부 독일과 서부 독일의 발전 사이의 **유사성을 강조하려 했지만, 그럼에도** 15세기 후반부터 동부에서 이루어진 발전을, 그것의 뚜렷한 특징을 드러내는 식으로, 다음과 같이 요약하고 있다. "[농민들 사이의] 모든 집단들은 앞서 자리 잡고 있던 농촌의 사회적 계급 질서가 사회적으로 평준화되는 상황에 그들이 직면하고 있음을 깨닫게 되었다. **이러한 사회적 평준화의 추세는 하향적인 것, 다시 말해서** 14세기 이래로 계속되어 온 상향적인 평준화 추세와는 완전히 정반대되는 것이었다……농민과 자유민들은 그들의 반란[1525년]을 통해 이러한 평준화 과정을 거꾸로 돌리려 하였다." : H, Wunder, "The Mentality of Rebellious Peasants", in B. Scribner & G. Benecke(eds.), *The German Peasant War of 1525* (London, 1979), p.155(강조는 필자). 15세기 후반에 인구가 감소하고 농민들의 지위가 하락한 것에 대한 그 밖의 자료로는 H. Wunder, "Der Samländische Bauernaufstand von 1525", in R. Wohlfeil (ed.), *Der Bauernkrieg, 1524-1526* (Munich, 1975), pp.153, 162-3; Geremek, "Problem sily raboczej w Prusach w pierwszej polowie XVw.", pp.231-2ff.를 보라.

도 불구하고 예농제를 강화함으로써 영주의 수입 위기에 대처할 수 없었던 반면, 엘베 오른쪽의 유럽에서는 영주들이 바로 이러한 일을 실제로 해낼 수 있었던 이유를 설명하기 시작하면서, 필자의 설명은 동유럽이 상대적으로 최근에 와서야 특히 식민운동을 통해 발달해 나왔다는 사실에 초점을 맞추었다. 동부 독일뿐만 아니라 폴란드도 포함하는 북동부 유럽의 영주들은 처음부터 "인위적"이고 합리적으로 고안된 농민의 정착 형태를 만들어가면서 뒤늦은 농업발전의 과정을 이끌어가고 또 통제하였다. 그와는 대조적으로 서유럽의 영주들은 보다 더 오래전부터 이미 자리 잡고 있었으며 더 잘 조직되어 있었던—또 그들의 권리를 위해 (많은 경우 성공적으로) 투쟁해 온 전통을 물려받고 있었던—농민공동체에 맞서 그들의 권력을 "바깥으로부터" 덮어씌워야만 했다. 그 결과 동부의 영주들은 농민들을 예농으로 전락시킴으로써 수입 감소의 문제를 해결할 가능성을 갖고 있었던 반면에, 서부의 영주들에게는 서부의 농민들이 상대적으로 더 강력한 힘을 갖추고 있었던 덕분에 이러한 길이 처음부터 막혀있었다. 동부의 영주들은 실제로 주로 그들 스스로를 정치적으로 재조직하는 방법을 통해서 특히 새로운 형태의 봉건국가를 발전시킴으로써 이러한 일을 이루어 낼 수 있었다.[114)]

하이데 분더는 이러한 설명이 모순된 것이라고 생각한다. 엘베 오른쪽의 독일지역에서 농민들이 처음부터 필자 스스로 인정하고 있듯이 서유럽에서 가장 자유로운 농민이었다면, 그들이 어떻게 해서 그토록 쉽사리 예농으로 전락당할 수 있었다는 말인가? 분더는 특히 엘

114) 본서의 pp.65-73.

베 오른쪽의 농민들이 정착을 하면서 그들의 영주로부터 여러 가지 자유로운 권리들을 매우 폭넓게 부여 받았다는 사실을 지적하고 있다.[115]

하지만 필자가 보기에 농민들이 처음에는 아주 유리한 조건들을 얻을 수 있었으나 하나의 계급으로서는 영주들에 대해 기본적으로 취약한 상태에 머물러있을 수 있었다는 논의에는 일관되지 못한 점이 전혀 없다. 영주들은 식민정착민들을 그들의 땅으로 끌어들이기 위해서 유리한 조건을 제공하지 않을 수 없었고, 그들이 그렇게 한 것은 바로 그들 자신의 이익을 위해서였다. 사실상 그들이 아직도 경작되고 있지 않은 땅을 개간하도록 꾸준하게 새로운 식민정착민들을 끌어들일 수 있었던 한, 그들은 경작지의 증대와 어쩌면 생산성의 향상으로 이익을 얻는 반면 강제에 따르는 비용을 피할 수 있었으므로, 꽤 오랜 세월 동안 농민들에 대해 느슨한 태도를 계속 유지할 수 있었다. 하지만 그렇다고 해서 필자가 이러한 조건들이 (그들 자신의 이유로) **부여한** 것이고 농민들이 영주들로부터 그 조건들을 **부여받았다는** 사실을 부정하는 것은 아니다. 이러한 과정은 서부의 많은 지역에서 나타났던 것으로서 많은 경우 아주 장기적으로 공동체의 자체조직이 이루어져야만 가능했던 성공적인 저항을 통해 농민들이 영주들로부터 여러 가지 권리를 **뜯어내었던** 과정과는 아주 달랐다. 그 결과 동부의 농민들은 영주들이 노동력의 부족이라는 문제를 해결하기 위해 수탈과 통제를 더욱 강화하는 방향으로 그들의 정책을 변화시켰을 때,[116] 불리한

115) 본서의 pp.146-7.

116) 서부의 영주들이 그와 비슷하게 정책을 거꾸로 뒤집는 데 성공한 사례들에 대해서는 Searle, *Lordship and Community*, pp.45-68: Duby, *Rural Economy and Country Life in*

입장에 놓이게 되었다.117)

서부 독일의 경우에 비해 동부 독일에서 영주들에 대한 농민들의 지위를 상대적으로 더 취약하게 만들었던 장기적인 토대에 관하여, 분더는 올바르게 동부에서 특수한 식민정착지의 유형을 띤 촌락공동체—여기에서는 농민 생산이 다른 곳에서보다 훨씬 더 개인주의적인, 그리고 공동체에 의한 규제를 훨씬 덜 받는 바탕 위에서 조직되었다—가 확산되었다는 사실에 대한 필자의 언급이 기껏해야 설명의 일부분만을 제공할 수 있다는 점을 지적한 바 있다. 그것은 그녀가 말하고 있듯이 이러한 공동체가 그 지역에서 결코 보편적이지 않았기 때문이다.118) 그럼에도 분더는 동부보다는 서부에서 정착이 훨씬 더 조밀하게 이루어져 있었다는 사실에 대해서는 동의하고 있는 것으로 여겨진다. 또한 그녀가 서부에서는 촌락과 장원영지가 서로 일치하지 않는 현상이 꽤 보편적으로 나타나 있었던 반면에 동부에서는 대조적으로

the Medieval West, pp.113-4를 보라.

117) 이와 관련해 볼 때 마을특허장(Handfeste)—동부 독일의 농민들에게 자유를 부여해 주었던 원래의 정착 계약서—에 대한 Wunder의 언급은 핵심을 잘못 짚고 있다고 여겨진다. 왜냐하면, 그것은 (정착민을 끌어들이기 위해 부여된) 형식적인 권리들의 문제를 실제 사회관계 및 권력관계와 혼동하고 있는 것으로 보이기 때문이다. 마을특허장은 처음에 영주들이 노동력을 필요로 했음을 분명하게 드러내 주었지만, 그에 뒤이어서 세력관계가 어떻게 발전해 갔는지에 대해서는 우리에게 거의 아무것도 말해주지 않고 있는 것이다. 그 지역의 한 역사가는 마을특허장에 대해 다음과 같이 냉소적으로 기술하고 있다. "그것들의 내용은 거의 황당할 정도로 서로 비슷해서, 그것들을 죄다 읽어보아도 촌락공동체의 법률적 관계에 대해 새로운 사실을 찾아낸다는 것은 거의 불가능한 일이다." 대조적으로 서부 독일에서 부여된 마을 헌장(Weist ümer)은 대개 투쟁 과정에서 빚어진 결과를 반영해, 농민들이 그들의 요구들을 얻어냈다는 사실을 보여주는 직접적인 증거를 이룬다 : H. Patze, "Die deutsche bäuerliche Gemeinde im Ordensstaat Preussen", in *Die Anfänge der Landgemeinde und ihr Wesen*, 2 vols.(Konstanzer Arbeitskreis für mittelalterliche Geschichte, Vorträge und Forschungen, vii-viii, Stuttgart, 1964), ii, p.150.

118) 본서의 pp.150-1.

그 둘이 일치하는 현상이 일반적이었다는 사실을 의문시하는 것으로 보이지도 않는다. 이처럼 서부에서 장원영지와 촌락이 서로 일치하지 않았다는 점은 영주권의 분할을 불러왔고, 서부의 농민들에게 일을 꾸밀 가능성—동부의 농민들로서는 분명히 이용할 수 없었던 가능성—을 얼마간 제공해 주었다. 서유럽의 농민들은 촌락의 일부분에 대해서만 사법권을 주장할 수 있었던 영주에게 맞서—또는 달리 말하자면 그 촌락에 대해 분할되고 어쩌면 서로 경쟁적인 사법권을 지닌 여러 영주들에게 맞서—하나의 촌락으로서 단합된 모습을 보여줄 수 있었다. 게다가 농민은 여러 촌락에 걸쳐 비교적 쉽게 단합을 이루어 낼 수 있었고 또 실제로 이루어 냈던 반면에, 그 촌락들을 다스리는 여러 영주들은 그들이 제각기 촌락민들을 지배하는 데 사용하는 분할된 사법권들이 서로 맞부딪치는 바람에 분열을 일으키거나 서로 단합할 마음이 꺾일 수 있었기 때문에 그들 사이에 그리 쉽게 유대를 맺을 수 없었다. 동유럽의 농민들을 서유럽의 농민들에 비해 불리한 입장에 놓이게 만들었던 이러한 차이점들은 동유럽이 뒤늦게야 그것도 처음부터 식민정착지로서 발달해 나왔다는 사실과 연관되어 있었던 것으로 여겨진다. 실로 동부에서 식민과정을 영주들이 직접 이끌었다는 사실은, 그들로 하여금 의식적으로든 무의식적으로든 장기적으로 그 지역의 경제에 대한 그들의 지배를 보다 쉽게 만들어 주었던 정착패턴을 확립할 수 있도록 허용해 주었던 것으로 보인다.

필자는 1525년에 대규모로 농민전쟁이 발발했을 때 동부 독일에서 비교적 중요한 농민 봉기가 일어났던 유일한 지역—즉 동프로이센—이 이미 동부 독일의 나머지 지역들과는 다른 성격의 농업발전을 겪어 그곳의 영주계급과 농민계급 모두가 다른 곳과는 아주 분명하게 구별되는 성격을 띠게 되었다는 사실을 밝힘으로써, 동유럽과 서유럽에서 영주와 농민 관계가 서로 다른 변화 과정을 겪었다는 점이 그에 뒤이은 발전에 얼마나 중요한 의미를 가질 수 있었는가를 다시금 보여주고자 하였다. 동프로이센에 자리를 잡았던 튜톤기사단은 매우 특이한 식민 정책 및 발전 정책을 시행하였다. 가능한 한 그들은 농민 생산자를 직접적인 기반으로 하여 그들의 지배체제를 세우고 그들과 경쟁하게 될 수도 있을 영주계급 또는 기사계급의 출현을 미리 막으려 하였다. 바로 이 점 덕분에 엘베 오른쪽의 독일에서 튜톤기사단이 지배하던 지역의 농민들은 다른 지역들의 농민들이 그랬던 것보다 더욱 강력하게 그들의 자리를 굳힐 수 있었던 것으로 여겨진다.[119] 15세기 동안에 튜톤기사단이 서서히 해체되고 그 대신 새로운 기사 영주계급이 자리를 잡기 시작했을 때, 이러한 농민들은 동부 독일의 다른 곳에서는 농민들에게 주어지지 않았던 일을 꾸밀 여지를 일시적으로나마 가질 수 있었을 게다.[120]

더구나 분더에게는 미안한 말이지만 동프로이센에서 1525년에 발발한 농민 반란이 주로 잠란트를 중심으로 벌어졌다는 사실도 필자가 보기에는 결코 우연이 아니다. 잠란트 지역에서는 프로이센인 농민들이 독일인의 식민과정보다 훨씬 앞선 오랜 역사를 지니고 있었으며, 그 식민과정으로부터 비교적 영향을 받지 않은 상태로 남아있던 단합된 공동체들을 이루고 있으면서, 압도적인 비율을 차지하고 있었던

119) Carsten, *The Origins of Prussia*, pp.54, 57-8, 60-1, 70-3; F. W. Henning, *Herrschaft und Bauernuntertänigkeit* (Würzburg, 1964), pp.36-7.

120) Carsten, *The Origins of Prussia*, pp.89-148; Wunder, "Samländische Bauernaufstand", pp.162-3; Wunder, "Zur Mentalität aufständischer Bauern", pp.29-32 ; Henning, *Herrschaft und Banernuntertänigkent*, pp.41-9ff.

것이다. 분더는 프로이센인 농민의 촌락공동체들이 동부에서 가장 인구가 조밀했다는 사실을 인정하고 있다. 하지만 그녀는 그러한 공동체들이 강력했다고 간주될 수는 없다고 주장하면서, 그 이유로 튜톤 기사단이 프로이센인 농민들에게 부여해 주었던 정치적 특권들이 같은 지역에서 독일인 정착자들에게 주어졌던 정치적 특권들보다 뒤떨어져 있었다는 점을 들고 있다. 그러나 이러한 주장 역시 필자가 보기에는 **형식적인** 권리를 실제적인 사회적 관계—사회적 세력 관계—의 증거와 혼동한 것이다.[121] 프로이센인 농민의 공동체들은 공동체적 차원과 공동체 바깥의 차원 모두에서 그들이 예전에 가지고 있었던 단합된 모습을 얼마간 그대로 지니고 있었고, 이는 그들에게 저항할 힘을 갖게 해주었다. 특히 프로이센인 자유민들(프로이센인 농민들과 튜톤기사단 사이에 위치해 있었고 분더가 특별히 주목할 것을 바라고 있는 "부농" 엘리트)뿐만 아니라 프로이센인 농민들도 예전의 조직 형태들을 유지하고 있었다는 증거가 남아있는 것으로 보인다.[122] 어쨌든 분더가 제시한 것을 포함해 모든 증거는 독일인 정착자들이 잠란트 지역에 겨우 발을 들여놓았을 뿐이었다는 사실을 가리킨다. 벤스쿠스Wenskus가 결론짓고 있듯이 "독일인에 의한 식민운동은 아주 적은 영향을 미쳤을 뿐이며 따라서 옛 프로이센의 관계들은 오래도록 예전과 다름없이 존속할 수 있었다."[123]

분더는 똑같은 노선을 따라 그녀의 비판을 계속하면서 "여러 종족

121) 본서의 pp.152-4.

122) R. Wenskus, "Kleinverbände und Kleinräume bei den Preussen des Samlandes", in *Anfänge der Landgemeinde und ihr Wesen*, ii, pp.220, 227-32.

123) *Ibid.*, p.202. 똑같은 결과를 보여주는 Wunder의 증거에 대해서는, Wunder, "Zur Mentalität aufständischer Bauern", p.22와 주 53)을 보라.

이 뒤섞여 살고 있던 이 지역에서 농민의 모든 부류들이—독일인 농민과 프로이센인 농민 그리고……프로이센인 자유민까지도—봉기에 참여했다"고 주장한다.[124] 하지만 이 주장은 분명히 잘못되어 있다. 분더는 다른 곳에서 반란에 참여한 사람들을 분석한 바 있다. 그녀의 증거에 따른다면 농민군에 참여했던 사람은 약 2,500명이었던 것으로 보인다. 그녀의 말에 따르면 반란의 가장 주된 무대였던 잠란트에 거주하고 있던 3백 명가량의 프로이센인 자유민들이 거의 빠짐없이 반란에 참여했던 것으로 여겨진다. 반면에 그녀는 또한 "반란에 참여한 독일인 농민들의 수는 독일인의 새로운 정착지들이 비교적 적게만, [그것도](반란은 잠란트의 서부 지역을 중심으로 발발했던 반면에) 주로 동부 지역에서만 존재하고 있었다는 점에서 모두 합쳐봐야 그렇게 컸을 수 없다"고 지적하고 있다.[125] 이는 우리로 하여금 어쩔 수 없이 반란에 뛰어든 사람들은 그 대다수가 프로이센인 농민들로만 이루어져 있었다는 결론을 내릴 수밖에 없게 만든다. 필자로서는—촌락 너머로까지 이례적으로 폭넓은 정치적 · 상업적 관계를 맺고 있으면서 주민 가운데 특수층을 이루고 있던—프로이센인 자유민들이 반란에서 핵심적인 조직책을 맡았다는 분더의 견해를 반박할 만한 어떠한 이유도 찾을 수 없다. 그럼에도 필자는 프로이센인 자유민들이 분명히 어떻게든 주도적인 입장을 차지하고 있었다는 언명이 상대적으로 강력한 조직을 갖춘 프로이센인 농민공동체들의 중요성을 강조하는 필자의 주장과 어떻게 상충되는 것인지 도대체 알 수가 없다. 그

124) 본서의 p.153.

125) Wunder, "Zur Mentalität aufständischer Bauern", p.22; Wenskus, "Kleinverbände und Kleinräume", pp.202-3.

언명은 오히려 필자의 주장을 더욱 강력하게 뒷받침해주는 것으로 여겨지는 것이다.

하지만 가장 중요한 점은 분더의 비판이 문제의 핵심에서 거의 완전히 벗어나고 있다는 사실이다. 1525년에 서부 독일의 대부분 지역에 걸쳐 커다란 규모로 농민 반란이 벌어졌으나, 동부 독일에서는 필자가 언급한 단 하나의 예외(잠란트 지역)를 빼고는 반란이 전혀 발발하지 않았다. 서부 독일에 비해 동부 독일에서는 어째서 상대적으로 그토록 저항이 미약했는가? 잠란트의 프로이센인 농민공동체들에서는 저항이 나타났던 반면, 동부 독일의 나머지 지역에서는 저항이 실질적으로 전혀 나타나지 못했던 이유는 무엇인가? 어쨌든 이즈음에는 엘베 오른쪽 지역 전반에 걸쳐 그리고 특히 프로이센에서는 자유로운 독일인 농민들이—부농이건 소농이건 모두가—그들의 처지가 크게 아래로 떨어지는 경험을 겪고 있었다.[126] 그런데 그들은 왜 반란을 일으키지 않았을까? 끝으로 가장 핵심적인 문제로서 서부 독일에서는 농민공동체와 영주들 사이에 오랜 기간에 걸쳐 끈질기게 계속된 전쟁의 결과 농민들이 토지의 90퍼센트가량을 차지하고 바로 위의 영주에게 아주 보잘것없는 공조만을 바치게 되었던 반면, 동부 독일에서는 상황이 정반대로 나타나 예농제가 아주 극단적인 형태로 대두해 나왔던 이유는 어디에 있었는가?

분더는 동부 독일에서 예농제가 성장해 나오는 데 기본적인 조건이 되었던 것으로 곡물 교역을 들고 있다. 그녀는 또한 중세 말로부터 영주들이 수입의 감소라는 문제에 직면하여 새로운 해결책을 찾지 않을

126) Wunder, "Zur Mentalität aufständischer Bauern", p.32; Wunder, "Samländische Bauernaufstand", p.163.

수 없었다는 점도 지적하고 있다.[127] 그러나 그녀는 농민들을 예농으로 전락시키는 것이 동유럽의 영주들에게는 선택될 수 있는 길이었던 반면, 그들과 비슷한 문제와 비슷한 동기를 지니고 있었던 서유럽의 영주들에게는 그렇지 못했던 것으로 보이는 이유를 설명하지 않고 있다. 어쨌든 영주의 수입 감소에 따른 문제들뿐만 아니라 곡물 시장의 발달에서 비롯된 기회들도 노르망디로부터 폴란드와 그 너머에 이르기까지 영주들에게 똑같은 강력한 동기를 제공하였다. 하지만 서유럽의 영주들은 그들의 노력에도 불구하고 어디에서든 예농제를 다시 확립하는 데 성공하지 못했다. 사실상 몇몇 지역에서는 영주들이 아니라 바로 농민들이 그들의 지위를 굳게 확립하고, 그럼으로써 팽창하고 있는 곡물수출시장에 뛰어들어 이익을 얻어낸 당사자가 되었다. 포스탄과 해처가 동유럽과 서유럽에서 발전이 서로 다르게 이루어진 것을 설명하기 위해 다시금 곡물 교역의 요인에 되돌아갈 수 있었다는 것은 기묘한 일이다. 포스탄은 상업의 발달과 예농제의 등장 또는 쇠퇴 사이에 직접적인 상관관계가 맺어져 있었다는 관념을 무너트리기 위해 자신의 저작 가운데 아주 많은 부분을 아낌없이 바쳐왔고, 실로 동유럽에서 특이하게 나타난 발전이 국제곡물교역으로 설명될 수 있다는 것을 분명하게 부정해왔던 것이다.[128] 경제적인 필요나 욕구가 존재했다는 사실 그 자체만으로는 그러한 필요나 욕구의 충족을 설명할 수 없고, 또한 기회들이 존재했다는 사실 그 자체만으로는 그러한 기회들로부터 이익을 얻어내는 능력을 설명할 수 없다. 포스탄이 말하고 있듯이 "그러나 동부와 서부 사이의 차이는……자동적인

127) 본서의 pp.155-6.

128) 본 논문의 주 9)와 129).

경제적 변화에서 빚어진 결과가 아니라 영주들의 권력 행사가 가져온 것이었다."[129]

사실상 동유럽의 영주들은 궁극적으로 그들 자신의 정치적 조직을 더욱 높은 수준으로 향상시키는 방법을 통해서만 농민들을 예농으로 전락시킬 수 있었다. 영주의 수입 위기는 이르건 늦건 중세 동유럽에서 심지어 가장 강력했던 왕정마저도 해체시켜 왔었고, 그리하여 동유럽에서 절대주의가 성장해 나올 가능성을 전혀 남겨주지 않았다. 그 대신에 우리는 중세 말로부터 동유럽 전역에 걸쳐 이중적인 발전이 이루어지고 있었음을 알 수 있다. 첫째로, 지방과 영역의 차원에서 영주들 내부의 단합이 장기적으로 점점 더 강력해지는 현상이 나타났다. 이는 지방의회와 영역의회가 점점 더 강력하고 중요한 위치를 차지해 가고 있었던 폴란드에서 전형적으로 드러났다. 둘째로, 국가적인 차원에서도 전국적인 신분제 의회의 성장을 통해 영주들의 권력이 강화되어 갔는데, 이러한 현상은 동유럽에서 거의 보편적으로 나타났다. 이러한 통치기구들을 만들어내는 가운데 동유럽의 영주들은 그들의 비교적 단순한 필요에 특히 알맞은 형태의 국가를 건설하였다. 바로 그러한 형태의 국가에서 그들은 그들 스스로를 가장 즉각적이고 직접적으로 대변할 수 있었고, 또 이 국가를 통해서 그들은 전쟁에 뛰어들려는 그들의 성향 때문에 당연하게도 더욱 힘겨운 것이 되었던 과제이지만, 국가의 어떠한 통치기구에 드는 비용도 최소한으로 유지될 수 있게 만들면서 그들의 토지와 농민들에 대한 권리가 보호되도록 확실히 보장받을 수 있었다.[130] 끝으로 바로 이러한 형태의 국가는

129) Postan, "Economic Relations between Eastern and Western Europe", pp.170, 173-4.

서유럽의 거의 모든 지역에 걸쳐 등장하고 있던 형태의 국가들과 아주 달랐다. 그럼에도 그것은 한 가지 결정적인 측면에서 서유럽국가들과 비슷했다. 그것은 귀족계급의 자기의식과 자체조직에서 이루어진 질적인 발전을 뚜렷하게 보여주었던 것이다. 그리고 중세 말에 밀어닥친 영주의 위기와 농민의 저항이라는 거센 파도 속에서 귀족이 계속해서 지배계급으로 남고 재생산의 능력을 유지하도록 보장받기 위해서는 유럽 전역에 걸쳐 그러한 발전들이 분명히 필요했던 것으로 여겨진다.

동유럽 영주들의 정치적 재조직은 그들로 하여금 16세기에 유럽 전역에 걸쳐 나타난 경제의 상승세로부터 이익을 얻어낼 수 있도록 허용해 주었다. 하지만 경제외적 강제를 통해 잉여를 수탈하고 정치적 축적을 이루어내는 그들의 능력이 더 커졌던 점은 장기적으로 볼 때 경제의 파국을 빚어 낼 가능성을 낳았다. 직영지의 확대와 노동 부역의 증대를 바탕으로 한 농업의 성장은 단지 아주 한정된 발전가능성만을 제공했을 뿐이다. 1560년대와 1570년대에 폴란드의 국민 총생산은 이미 (18세기에 이르기까지 다시는 도달되지 못할) 상한선에 다다라있었던 것으로 보인다. 이때로부터는 줄곧, 영주들의 생산량 증대가 토지의 재분배라는 수단에 의존하여 주로 곧바로 농민보유지를 희생시키는 대가로 직영지의 규모를 늘리는 것으로 성취되었고, 그럼으로써 체제 자체의 주된 생산력(즉 농민의 노동력과 가축들)을 잠식해갔다. 더구나 폴란드가 겪은 경험은 북동부 유럽지역 전체가 겪었던 경

130) J. Baradach, "Gouvernants et gouvernés en Pologne au moyen-âge et aux temps modernes", *Recueils de la Société Jean Bodin*, xxv(1965), 특히 pp.273-4; Carsten, *The Origins of Prussia*, ch.12.

험을 전형적으로 보여주었던 것으로 여겨진다. 어디에서나 밑으로 곤두박질치고 있던 생산성은 낯익은 "정치적"인 해결책들을 요구하였다. 이에 따른 농민에 대한 요구의 증대와 지배계급들 안에서의 더욱 격렬해진 투쟁 그리고 대외전쟁은 결국 경제의 후퇴와 동유럽판 "17세기의 전반적인 위기"를 낳았다.131)

2) 토지에 대한 자본주의적 소유관계의 대두 : 영국과 프랑스의 비교

필자와 여러 가지 면에서 견해를 달리하면서도 브와는 계급관계 및 생산 구조가 영국과 프랑스에서 서로 다르게 등장한 것이 근대 초에 그 두 나라에서 경제발전의 패턴이 달라지게 만든 배경이 되고 있다는 필자의 주장을 받아들이고 있다. 그리고 그는 이러한 발전들의 역사적 뿌리에 대한 필자의 설명도 부분적으로 받아들이고 있다. 브와는 근대 초에 영국에서 농업이 혁신되고 농업 생산성이 향상된 배경에는 농민 소유자를 희생시켜 자본주의적 계급관계를 확립하는 방향으로 성공적인 변화가 이루어졌다는 사실이 놓여있다는 데 의견을 같이하는 것으로 보인다. 그는 또한 소농소유자들을 기반으로 한 생산이 더욱 자리를 굳혔다는 점이, 특히 이제 절대주의 국가에 의해 중앙집중화된 잉여착취와 관련하여(그리고 또한 이에 더하여 영주가 토지를 소유하고 있었던 경우 영주가 차지인들을 쥐어짰던 것과도 관련하여), 프랑스에

131) A. Maczak, "Export of Grain and the Problem of Distribution of National Income in the Years 1550-1650", *Acta Poloniae historica*, xviii(1968) ; J. Topolski, "La régression économique en Pologne du XVIe au XVIIIe siècle", *Acta Poloniae historica*, vii(1962) ; L. Zytkowicz, "An Investigation into Agricultural Production in Masovia in the First Half of the 17th Century", *Acta Poloniae historica*, xviii(1968) ; E. Le Roy Ladurie & J. Goy, *Tithe and Agrarian History from the Fourteenth to the Nineteenth Century* (Cambridge, 1982), pp.122-3.

서 농업의 정체가 계속되고 궁극적으로 농업의 위기가 나타나게 만든 주된 요인이었다는 데 대해서도 동의하고 있다.132) 하지만 그의 비판에서 급소를 이루는 것은 이러한 상이한 발전들이 봉건적 지대수취율의 하락추세를 중심으로 봉건제의 발전을 파악하는 그의 전반적인 도식에 비추어서 해석될 때에만 제대로 이해될 수 있게 된다는 그의 주장이다.

프랑스

필자가 원래의 논문에서 그러했듯이 브와도 16세기 초에 프랑스의 농업이 가격의 상승과 시장의 성장에 좀더 성공적으로 반응하지 못했던 것을 주로 확고하게 자리를 굳힌 농민들의 지위와 연관시키고 있다. 하지만 이러한 농민의 지위에 대한 브와의 해석은, 필자가 보기에 그의 전반적인 접근방식이 지닌 기계론적인 성향을 드러내주고 있다. 그는 "여기에서는 농민들이 다른 곳에서보다 더 훌륭하게 토지몰수에 맞서 저항했다. 그 이유는 차지인이 (**궁극적으로 볼 때 공조징수율의 장기적인 하락에서 비롯된 결과로서**) 이미 토지소유자로 등장하기 시작하고 있었기 때문이다"라고 말한다.133) 필자에게는 브와가 제시하는 이러한 인과의 고리가 여기에서 완전히 거꾸로 뒤집혀 있다고 여겨진다. 16세기 초반에 영주들이 극복하지 못했던 봉건적 공조징수율의 하락은 농민들의 토지에 대한 소유권이 점점 더 실질적인 것으로 되어가게 만든 **원인이 아니라** 그로 말미암은 **결과**였던 것이다. 이러한 소유권은 물론 16세기에 새로이 발전해나온 것이 아니라 영주들이 부과

132) 본서의 pp.174-6; Bois, *Crise du féodalisme*, p.347, 그리고 "Conclusion générale".
133) 본서의 p.182(강조는 필자).

하는 온갖 공조가 고정되고 농민들의 토지보유가 세습화되어 갔던 오랜 기간에 걸친 과정에서 비롯된 결과로 나타난 것이었다. 사실상 상스 보유는 이미 13세기 후반에 북부 프랑스의 대부분에 걸쳐 완전한 소유권에 버금가는 것으로 인정되고 있었다.134) 그러면 이러한 강력한 농민의 소유권은 어디에서 비롯된 것일까? 브와는 필자의 논의에 대한, 즉 그처럼 강력한 농민의 소유권을 부분적으로는 대륙에서 원래 조직을 갖추고 있지 못했던 봉건지배 계급에 맞서 농민공동체들이 싸움을 벌여왔던 오랜 투쟁의 역사에 비추어 설명하려는 논의에 대한, 그의 경멸을 솔직히 드러내고 있다. 하지만 그는 과연 이러한 투쟁의 역사 및 그 결과들로부터 따로 떼어내서 "봉건적 공조징수율의 하락"이라는 것을 정말로 제시할 수 있을까?

브와는 16세기에 프랑스 농민들이 안정된 토지보유권을 누리고 있었다는 사실은 영주들 측에서 얼마간 태도가 느슨해졌다는 점으로도 설명될 수 있고, 이처럼 영주들의 태도가 느슨해진 이유는 다시 그들 가운데 일부가 절대주의 국가로부터 이익을 얻을 수 있었던 점에 돌려질 수 있다고 생각한다. 그의 말에 따르면 "영주들은 국가의 관리로 봉직하는 데에서 어느 정도 위기로부터 벗어날 길을 찾아내고 있었으므로, 다른 곳의 영주들에 비해 새로운 경제적 돌파구를 열어보려는 **마음이** 약할 수밖에 없었다"는 것이다.135) 하지만 이러한 언명은 그릇된 것이다. 영주들의 "마음"은 그들 계급의 입장—특히, 농민들에 대해 그들 계급의 권력을 행할 그들의 **제한된 능력**—에 의해 구조적으로

134) C. Fourquin, *Lordship and Feudalism in the Middle Ages* (London, 1976) pp. 189-92: Forquin, *Campagnes de la région parisienne*, pp.175-6, 179.

135) 본서의 p.182(강조는 필자).

결정되었던 것이다.

국가의 관직으로부터 수입을 얼마나 얻어낼 수 있었든, 프랑스의 영주들은 **어떤 경우에나** 농민 차지인들을 수탈하기를 **바랐을** 것이 틀림없다. 왜냐하면 농민 차지인에 대한 수탈이야말로 그들이 자신의 토지로부터 지대를 거두는 영주로서의 입장을 유지하는 데 사용할 수 있었던 유일한 수단이었기 때문이다. 물론 농민의 강력한 토지보유권은 농민이 부담하는 갖가지 공조를 세습적으로 고정시켰으며, 그리하여 관습지대의 수준을 보잘것없게 만들고 더 나아가 인플레이션에 직면하여 점점 더 낮아지게 만들었다—다시 말해 "봉건적 공조징수율의 하락"을 낳았다. 브와가 스스로 지적하고 있듯이, 16세기 초 동안에 영주들은 차지인들을 내쫓으려고 체계적으로 그리고 강력하게 **시도**하였다. 하지만 대개의 경우 그러한 시도들은 이따금 성공적인 농민 반란들에서 분명하게 드러났듯이 주로 농민들의 힘이 강력했기 때문에 성공을 거둘 수 없었다.136)

영주들로 하여금 수입을 얻기 위해 국가에게 손을 벌리지 **않을 수 없게 만들었던** 것은 다름 아니라 바로 이와 같은 농민들의 확고한 지위였다. 영주들 가운데 많은 경우는 아주 조그마한 직영지를 가지고 있

136) 따라서 Cooper는 Bois가 모아놓은 증거를 사용하여 영주들이 실제로 차지인들을 쫓아낼 수 있었음을 입증하려고 시도한 점에서 잘못을 범하고 있다. 그는 그러고자 하는 **바람**을 그럴 수 있는 능력과 혼동하고 있다(본서의 p.254). Bois가 말하고 있듯이 "필자가 Normandy에서 찾아볼 수 있었던 것은 그[Brenner]의 분석과 완전히 합치하고 있다. 1520~1530년으로부터 (영국에서 나타난 엔클로저 운동의 희미한 메아리로서) 차지농을 쫓아내는 성향이 시작되고, 그러한 성향이 결국에 가서는 농민들의 격렬한 저항에 부딪치게……되리라는 사실을 우리는 찾아볼 수 있는 것이다. 이는 영국에서 벌어진 것과 똑같은 계급투쟁이지만, 프랑스에서는 농민들이 아주 강력한 힘을 갖추고 있었음이 분명하게 드러났기 때문에 그 투쟁의 결과는 전혀 다르게 나타난다."(본서의 p.175) 거의 똑같은 언명으로는 Bois, *Crise du féodalisme*, p.347을 보라.

을 뿐이었다. 그리고 영주들은 지방적으로나 개인적으로나 관습보유지에 대한 공조들을 성공적으로 올릴 수 없었다. 관습 차지인들로부터 잉여를 착취하기 위해서 영주들은 국가기구의 중앙집중화된 권력(세금 징수와 관직)에 기대지 않을 수 없었다.

하지만 국가의 관직과 세금 징수에 영주들이 관여하게 된 것은 개개 지방에서 농민들이 지닌 힘(특히 농민토지보유의 안정성)에 대해, 따라서 농민들을 토지로부터 내쫓을 수 있는 영주들의 능력에 대해, 그리고 궁극적으로는 농민 생산의 경제적 잠재력에 대해 더더욱 중요한 의미를 지니고 있었다. 영주들이 국가의 관직과 세금 징수에 기대게 됨에 따라 영주들은 그러한 과정을 통해 국왕 정부의 전반적인 권력을 강화시키고 그리하여 국왕의 사법권을 더욱 강력하게 만드는 경향을 보였던 것이다. 그 결과 영주들의 지방적인 사법권은 날개가 꺾여버리게 되었고, 이에 따라 농민소유자들에 맞서서 대항할 수 있는 영주들의 능력도 더더욱 줄어들었다. 브와가 어쩔 수 없이 인정하고 있듯이 “국가라는 기구는 여전히 대체로 봉건제의 기구로 남아” 있기는 하지만, “이 기구의 실제 활용이 장기적으로는 영주의 직접적인 착취와 경쟁함으로써 봉건제를 약화시키는 데 보탬이 되었다”는 것 또한 사실이다.[137] 물론 이는 필자가 분명히 하고자 했던 (하지만 그럼에도 이 때문에 브와로부터 필자가 비난을 받았던) 점이었다.

이제 크루트와 파커는 프랑스의 왕정이 농민을 보호해주는 데 커다란 힘이 되어주었다는 것을 부정하고, 심지어 프랑스의 농민들이 영국의 농민들보다 더 강력한 소유권을 지니고 있었다는 것까지 부인하

137) 브와의 논문, 주 11).

고 있다. 하지만 그들의 입장을 뒷받침하는 증거를 제시하는 대신에 그들은 오히려 장기적으로 보아 토지에 대한 국왕의 과세가 프랑스의 농민들 가운데 일부를 파멸시키는 결과를 가져왔다는 점을 지적하는 것으로 만족하고 있다. 이것은 바로 필자가 주장한 것이었다.138) 하지만 국왕의 세금 징수가 (특히 장기적으로 보아) 농민의 재산을 잠식했다는 이유만 가지고서, 국왕의 사법적인 개입이 농민의 여러 권리를 더욱 강화시키지 않았고 그리하여 농민의 재산을 보호해 주지 못했다고 단순하게 결론을 내릴 수는 없다.

사실상 크루트와 파커는 프랑스에서 국가가 농민의 재산권을 뒷받침하기 위해 사용하였던 여러 다양한 개입 방법에 대한 고려를 전혀 시작조차 하지 않는다. (그들이 영국에서 국가가 농민들을 뒷받침하는 행동을 취하였다고 암암리에 믿고자 하는 점에 비추어 볼 때 이는 이상한 일이다.) 우선 첫째로, 중세 내내 특히 그 가운데에서도 인구가 크게 줄고 토지가 황폐화되고 있던 시대인 15세기 동안에, 국왕은 상스 보유의 통합성을 확고하게 만드는 데 강력한 역할을 했던 것으로 보인다. 이즈음에는 관습보유지 가운데 아주 막대한 부분이 점유되지 않은 채 버려져 있었다. 하지만 영주들이 그처럼 버려진 땅들을 그들의 직영지로 흡수하는 것은 어려운 일이었다. 그 이유는 국왕이 실제로 심지어는 오래도록 땅을 비우고 있는 농민들의 권리까지도, 그들이 자기가 한때 그러한 땅을 점유하고 있었거나 심지어 예전에 점유하고 있던 사람의 합법적인 상속인이라는 것을 입증할 수 있는 한, 보호해주려 했기 때문이었다. 사실상 국왕은 15세기에 단지 영주들로

138) 본서의 pp.130-5, 140-1, 94-8.

하여금 농민들이 그러한 땅에—예전과 다름없이 고정된 세습적 상스 보유 조건에 입각하여—다시 정착하는 것(이른바 재점유reaccesment)을 허용하도록 만들 만큼 충분히 보장하기 위해 일련의 법령을 제정해야 했다.[139] 재건의 시대에 상스 보유자로서 농민들이 지니고 있던 지위는 최초로 보편적으로 문서화된 상스 보유 계약이 나타났고 그리하여 법정에서 더더욱 강력하게 보호를 받게 됨으로써 더더욱 강화되었다.[140]

두 번째로, 15세기와 16세기에 국가는 예농제의 남아있는 흔적들을 없애려는 움직임을 보였고, 특히 영주의 **임의세**를 폐지함으로써 자의적인 지대 수탈을 금지하려 하였다. 물론 이즈음에는 프랑스의 많은 지역에서 그러한 부담들이 이미 지나간 과거의 것이 되어있었다. 그럼에도 국왕은 15세기에 들어와서도 예농제가 강력하게 남아있던 곳들, 특히 중부(예컨대 니베르네)와 동부에서 실질적인 영향을 미쳤다. 여기에서는 국왕이 농민들이 직접적인 행동을 통해 얻어내었던 열매들을 인정하고 그리하여 그것들을 더욱 강화시킴으로써 중요한 역할을 했던 것이다.[141]

세 번째로, 15세기 중엽으로부터 국왕은 지방의 관습들을 뒷받침하는 일련의 칙령을 공포하였고 특히 한 지방씩 차례로 이른바 "관습법

139) 농민들이 버린 토지를 복구하려는 영주들에게는 공매라는 복잡하고 오래 걸리는 절차가 필요했던 점, 그리고 보다 일반적으로 이 시대에 토지에 관련하여 영주들이 직면하고 있었던 어려움들에 대해서는 Fourquin, *Lordship and Feudalism in the Middle Ages*, pp.218-22; Fourquin, *Campagnes de la région parisenne*, pp.430-2ff.; A. Plaisse, *La baronnie du Neubourg* (Paris, 1961), pp.366-8.

140) Neveux, "Déclin et reprise", p.136.

141) Chaunu, "L'état", pp.146-7; Neveux, "Déclin et reprise", pp.135-6; A. Bossuat, "Le servage en Nivernais au XVe siècle, d'aprés les registres du parlement", *Bibliothéque de l'Ecole des Charles*, cxvii(1959), pp.115-20; Le Roy Ladurie, "Masses profondes : la paysannerie", pp.526-8.

전customs"을 간행했다. 이러한 관습법전은 프랑스의 대부분에 걸쳐 농민의 권리들을 확정시키고 법률로 그 권리들을 완전하게 뒷받침해 줌으로써 농민의 재산권을 결정적으로 강화시켜 주었다. 또한 이 시대에는—예컨대 1550년대로부터 새로운 등급의 국왕 법정 즉 초심법정presidiaux이 설립된 것에서 분명히 나타난 추세로서—국왕의 통치권이 실질적으로 농촌에 침투해 들어감에 따라, 영주의 법정으로부터 국왕의 법정으로 상소하는 것도 훨씬 더 쉬워지게 되었다.[142)]

끝으로 그리고 어쩌면 전반적인 발전을 가장 뚜렷하게 드러내는 징후로서 국왕은 국왕의 세금을 징수하는 모든 책임을 농민촌락들의 손에 맡기려는 움직임을 보였다. 국왕은 이렇게 함으로써 그의 옛 경쟁자인 영주에 맞세워 공동체를 강화시켰다. 하지만 물론 국왕은 그렇게 하면서 점점 더 쇠퇴하고 있었던 분권화된 영주들의 공조에 대한 요구를 대신하여, 중앙집중화된 국왕의 잉여착취를 점점 더 무겁게 그리고 점점 더 효율적으로 부과하기 위한 기반을 마련하였다.[143)]

16세기 초에 가격이 급속히 상승하여 상스 보유지들로부터 얻는 고정된 지대의 가치를 크게 떨어트리는 상황으로 말미암아 영주의 반동이 나타날 유인이 엄청나게 커졌음에도 불구하고, 영주의 반동이 실제로 나타났음을 보여주는 증거는 사실상 거의 없다. 영주들은 단지, 경제적 지대를 물리는 데 필요한 토지에 대한 소유권을 확립하기 위해 사용할 수 있었을 충분한 봉건적인 권력—특히 자의적인 요구를

142) Chaunu, "L'état", pp.91-3ff.; Neveux, "Déclin et reprise", pp.135-6; J. Jacquart, *La crise rurale en Ile-de-France, 1550-1670* (Paris, 1974), pp.102-3; Le Roy Ladurie, "Masses profondes : la paysannerie", pp.526-8.

143) Lemarignier, *France médiévale*, p.318; Neveux, "Déclin et reprise", pp.135-6.

할 수 있는 권리로 나타나는 권력—을 가지고 있지 못했던 것이다.[144)]

세금 징수와 관직을 바탕으로 삼았던 절대주의 국가는 이처럼 영주들에 의한 분권화된 옛 착취 형태들과 투쟁하고 그것들을 희생시키는 가운데 상당한 정도로 크게 발달하였고, 개개 봉건영주들 가운데 많은 사람들이 이러한 과정에서 피해를 입었다. 그 결과 절대주의의 성장은 영주계급으로부터 비록 간헐적이고 궁극적으로는 효과를 거두지 못했지만 조직적인 저항을 불러일으켰다. 여러 차례에 걸쳐 그때그때 프랑스에서 절대주의적인 국가기구의 장기적인 팽창을 중단시켰던 영주들의 왕정에 대한 반발은, 옛 착취 양식과 새로운 착취 양식 사이에 진짜 **경쟁**이 벌어졌음을 가장 분명하게 보여주는 현상이다.[145)] 반면에 프랑스의 절대주의는 그것이 영주제의 잠식에 따른 피해자들인 바로 그 영주들 가운데 많은 사람을 국가기구 안으로 흡수해 들일 수 있었기 때문에, **다소간에** 지속적으로 발달해 갈 수 있었다.[146)] 한편 절대주의 왕정은 그 발전 과정을 통틀어 가장 강력한 봉건영주들—그들이 국가기구의 핵심 특히 군대 안으로 파고 들어갔던 17세기에 들어서서까지도 그들의 독립적인 지위를 유지하고 있던 대제후들—과 동맹을 맺고 동시에 그들을 끌어들이는 것 말고는 선택의 여지를 갖고

144) 이 시대에 대한 Le Roy Ladurie의 다음과 같은 지적을 보라. "'영주의 반동' 또는 재봉건화라는 아주 널리 애용되는 관념은 16세기에 대해서나 18세기에 대해서나 실질적인 의미를 전혀 갖고 있지 못하다." : E. Le Roy Ladurie, "Les paysans français du XVIe siècle", in *Conjoncture économique, structures sociales: Hommage à Ernest Labrousse* (Paris, 1974), p.346. Jacquard가 지적하고 있듯이, **충성의 의무**(hommage)를 다하지 못한 대가로서의 **토지몰수**(saisie féodale)가 실행에 옮겨지긴 했지만 그것으로 토지가 실제로 몰수된 경우는 전혀 없었다: Jacquart, *Crise rurale en Ile-de-France*, p.102. 본서의 p.175도 참고 할 것.

145) Chaunu, "L'état", pp.136, 144, 166ff.

146) Bois, *Crise du féodalisme*, pp.257, 364.

있지 못했다.147) 절대주의적 국가기구가 이처럼 잉여착취의 옛 **구조들을** 잠식하는 데 도움을 주었다 하더라도, 그것은 또한 그 구조에 기대어 살아왔던 많은 **개개인들**에게 이익을 가져다주기도 했던 것이다.

요컨대 절대주의 국가가 단순히 영주에 의한 분권화된 착취에 바탕을 둔 옛 재산 형태들을 유지하도록 보장해주는 역할만 했던 것은 아니었다. 오히려 절대주의 국가는 옛 체제의 **변형된** 형태로 나타나게 되었다. 하지만 프랑스의 왕정이 절대주의적 조직을 구축함에 따라 바로 그 과정속에서 지배계급의 세력을—비록 그 토대는 아주 달랐을지라도—다시 재건하지 않을 수 없었다는 점은 강조되어야 마땅하다. 국왕을 중심으로 하는 절대주의 국가를 건설하는 데 가장 열렬하게 몸 바친 사람들은 바로 많은 경우 "새로운 인물들"이었던 국왕의 관리들이었다. 하지만 국왕은 그 나름대로 **자신의** 권력을 실제로 강화시키기 위해 이러한 종복들의 충성을 확실히 해놓아야 했다. 이러한 일은 본질적인 측면에서 예전과 같은 방식을 통해서만 이루어질 수 있었다. 국왕은 농민들로부터 착취한 잉여 가운데 일부분에 대한 개인적 소유권을 보장해 줌으로써 봉사와 충성을 확보하는 것 말고는 달리 선택할 여지를 갖고 있지 못했던 것이다. 중세에는 이런 일이 (물론 똑같은 목적을 위해 봉토 말고도 많은 다른 것들이 수여되기는 했지만) 전형적으로는 봉토의 수여를 통해 이루어졌다. 하지만 이제는 (물론 여기서도 역시 연금이나 토지와 같은 다른 것들을 수여하는 경우가 없지는 않았지만) 처음에는 한 생애 동안만 그러나 뒤에는 세습적으로 관직을 수여하는 것이 전형적인 경우로 되었다.148) 요컨대 농민

147) R. Mousnier, *Etat et société en France aux XVIIe et XVIIIe siècles* (Paris, 1969), pp.89-92.

들에 대한 보다 효율적인 잉여착취체제는 지배계급의 보다 효율적이고 긴밀하게 짜인 정치적 연합, 즉 보다 강력한 국가를 필요로 했다. 이것은 사실상 대개 국왕의 종복들에게 유리한 방향으로 "정치적 영역에서의 사적 소유권"이 다시 창출됨으로써 건설되었는데, 이는 모순되게도 (다시 건설된) 독립적인 (커다란 정도로, 하지만 그래도 부분적으로만 관직에 기반을 두고 있던) 지배 계급에게 국왕이 궁극적으로 의존하는 상황이 다시 나타난 것을 뜻하였다. 관직보유자들의 독립성은 1604년에 (관직세의 부과와 더불어) 관직의 완전한 세습이 선포됨으로써 더욱 강화되었다. 그들이 점점 더 독자적인 입장에 올라섰음은 근대 초 내내 그들로 이루어진 고등법원이 점점 더 강력하게 자기주장을 앞세워 갔으며 또한 시시때때로 저항을 하고 반란을 일으켰다는 점에서 분명하게 드러났다.[149]

계급관계가 이와 같이 새롭게 정립된 것은 경제발전에 파멸적인 영향을 미치게 될 것이었다. 농민의 소유권은 더더욱 강화되었고, 그것이 지니고 있던 옛 한계들—전문화나 개선을 이루지 못한다는 점, 그리고 토지의 축적보다는 분할을 불러오는 경향이 있다는 점—은 그대로 남아있었다. 게다가 문제를 더욱 심각하게 만든 것으로서 새로운 잉여착취체제는 옛 체제보다 더 효율적이었고 더더욱 올곧게 과시적인 소비와 전쟁을 지향하고 있었다. 그것은 옛 체제보다 훨씬 더 커다란 정도로 농민들의 생산력 향상에 필요한 요건들과 관계없이 발달하였고, 그리하여 장기적으로는 더 완전하게 그러한 요건들을 파괴하게 되었다.

148) *ibid.*, pp.46-51.
149) *ibid.*, p.51.

15세기 중엽으로부터 프랑스에서는 중간층 농민들이 토지에 대해 강력한 통제권을 지니게 되었으며, 이에 따라 중세로부터 눈에 익은 발전 패턴, 즉 인구의 증가가 보유지를 더욱 세분화시키고 그와 더불어 생산성이 하락하여 궁극적으로는 정체와 쇠퇴를 불러오는 패턴이 전개되어 갔다. 당분간 영주들은 이러한 과정으로부터 이익을 얻어낼 수 있었다. 단지 버려져 있던 땅이 다시 경작되고 농민 보유지의 수가 늘어나는 것만으로도 (지대는 고정되어 있었음에도 불구하고) 그들의 수입은 증가할 수 있었던 것이다. 하지만 얼마 뒤에는 경작이 보다 한계적인 성격을 띤 땅으로까지 확산되어 가고 생산성이 인구증가에 직면하여 하락하기 시작하는 것과 더불어, 인플레이션이 점점 더 가속화되면서 고정된 지대의 가치를 잡아먹기 시작하였다. 이것은 성장의 시대가 막을 내리기 시작하고—농민들뿐만 아니라 다시금 자신의 수입이 점점 더 늘어나는 수요를 따라잡지 못한다는 것을 깨닫게 된 지방 영주들에게도—온갖 종류의 경제적 문제들이 나타나는 것을 알려주는 신호탄이었다.[150]

16세기 후반 동안에 프랑스는 인구 및 생산이 앞서 14세기 초에 도달했었던 성장의 한계에 이르렀던 것으로 보인다.[151] 그에 상응하여 우리는 중세 말에서 그랬던 것과 마찬가지로 경제외적 수단을 통해 상대적으로 고정되어 있는 국민 소득을 재분배하기 위한 온갖 종류의 투쟁이 벌어지는 모습을 찾아볼 수 있다. 하지만 이제는 세금 징수와 전쟁을 통해 정치적 축적을 해 나가는 추세들이 유례가 없을 만큼 현실로 나타나 있었다.

150) Le Roy Ladurie, "Masses profondes : la paysannerie", pp.555-76.
151) *Ibid.*, pp.576-85.

1550년 이전에는 세금들이 농민의 총생산 가운데 커다란 몫을 차지할 정도가 되지 못하고 있었다. 하지만 그 뒤로는 상황이 바뀌었다. 네 명으로 이루어진 가족에게 부과되는 세금들은 1547년에는 한 해에 7일의 노동으로 생산되는 양에 해당되었으나 1675년에는 그것이 크게 늘어나 한 해에 34일의 노동으로 생산되는 양에 해당되기에 이르렀다.[152] 한편 종교전쟁에 수반된 파괴는 직접적으로 생산을 파멸적인 정도까지 붕괴시켜 버렸다. 이미 16세기 중엽에 뚜렷하게 드러나 있었던 정체와 쇠퇴로부터 프랑스의 경제는 돌이킬 틈도 없이 곧바로 17세기의 전반적인 위기 속으로 빠져들어 갔다. 몇십 년 동안 군대와 세금으로 말미암은 파괴를 겪은 뒤에 16세기는 "무엇보다도 인구와 생산의 감소로 뚜렷하게 특징지어지는 파국으로 끝을 맺었다."[153] 뒤이어서 짧은 기간이나마 회복의 시대가 다가왔으나, 그 다음 1630년 이후에는 대외전쟁(30년 전쟁)이 벌어진 데다가 그에 더하여 내란(프롱드의 난)이 발발하고 절대주의적 세금 국가가 줄곧 그 힘을 키워감으로써 경제는 또다시 거의 항구적인 파멸을 겪게 되었다. 14세기와 15세기 초에 그러했듯이 온갖 형태의 정치적 축적이 강화되었던 것은 맬서스가 제시한 고전적인 자체 교정의 메커니즘이 작동하지 못하도록 만들고 경제 전체를 장기적이고 구조적인 위기 속으로 몰고 갔던 것이다.

영국

152) M. Morineau, "La conjoncture ou les cernes de la croissance", in Braudel & Labrousse(eds.), *Histoire économique et sociale de la France*, i, pt 2, pp.978-80.

153) *Ibid.*, p.994.

영국에서 토지에 대한 자본주의적 재산 관계가 등장한 것을 설명하기 위해서 브와는, 귀족계급이 "상대해야 했던 것은 예농제로의 복귀를 가능하지 않게 만들 정도로는 토지에 대한 권리를 아주 잘 확립시켜 놓고 있었으나, 영주의 압력에 직면하여 토지에 대한 소유권을 유지할 수 있을 만큼 그 권리를 충분하게 확립해 놓지는 못했던 농민이었다"고 주장한다. 따라서 영주들은 시간이 흘러감에 따라 농민소유자들을 잠식하고 또 제거해 나갈 수 있었다. 필자의 분석도 바로 이와 같았다. 반면에, 브와는 다시 한번 이런 상황을 그의 단선적인 "지대수취율의 하락"이라는 도식에 비추어서 **설명**하고 있다. 그의 주장에 따르면 "영국의 사회적 발전이 프랑스의 그것에 비해 상대적인 후진성을 보여주었다는 것은 봉건제로부터 자본주의로 이행에서 비장의 으뜸패임이 판명될 것이었다." 그의 견해로는 (후진적인) 영국에서는 봉건적인 지대수취율의 하락이 (앞서있던) 프랑스에서 그랬던 것만큼 뚜렷하게 나타나지 않았고, 따라서 영국의 영주들은 그들의 지위를 회복하기에 부족함이 없는 유리한 입장을 유지할 수 있었다는 것이다.[154)]

필자는 이미 이러한 접근방식에 관하여 필자가 생각하는 여러 문제점을 지적한 바 있다. 이와는 대조적으로 필자가 주장한 바는 다음과 같았다. 중세에 영국의 지배계급이 **진보된** 자체조직을 갖추고 있었다는 바로 그 점이야말로 그들이 분권화된 형태의 봉건적인 잉여착취를 봉건경제의 성장 국면 동안에 제대로 작동하도록 만들 수 있게 해주

154) 본서의 p.183. 이와 관련하여 Bois가 12세기와 13세기에 영국의 영주들이 농민에 대해 보다 커다란 승리를 거두었던 것을 영국의 "후진성"에 비추어 설명하고 있기도 하다는 사실을 상기해야만 한다.

었던 주된 요인이었다. 그리고 14세기 중엽에 인구가 급격히 감소하게 되자 그들은 자연스럽게 소득감소를 벌충하기 위해 바로 이처럼 시험을 이미 거친 진짜 봉건적인 형태의 잉여착취로 되돌아가려고 시도하여, 1350년 이후에 영주의 반동을 개시하였다. 하지만 이러한 분권화된 잉여착취 방법은 장기적으로 볼 때 농민의 저항 및 이주를 없애거나 예농제의 쇠퇴를 막기에, 또는 지대의 장기적인 하락을 중단시키기에 알맞지 못하다는 사실이 특히 14세기 말로부터는 이미 분명하게 드러나 있었다. 얼마 동안은 영국의 귀족이 어쩌면 이제 마지막으로 영국 봉건 계급의 조직과 단합이 프랑스 봉건 계급의 그것보다 더 우월했던 데 힘입어, 대외 전쟁을 통해 어느 정도 보상을 받을 수 있었을 것이다.155) 하지만 일단 전쟁이 전보다 더욱 단합된 프랑스 귀족 및 프랑스 국가를 상대로 치러지게 되어 더 이상 이익을 안겨주지 못하게 되자, 영국 귀족들은 그들 자신의 자원에만 의존해야 하는 처지에 빠지게 되었다.

영주들이 그들 계급 전반에 걸쳐 수입 위기를 겪은 결과 대제후들을 거느리고 있는 국왕도 또 그들 자신 군소 영주계급을 거느리고 있는 대제후들도 제각기 자신이 거느린 신하들을 상대로 하여, 귀족들 사이의 유대—영국에서 귀족계급과 궁극적으로는 국왕으로 하여금 강력하고 안정된 힘을 갖추게 만드는 데 옛부터 그 바탕을 이루어왔던 유대—를 더욱 밀착시키기 위해서 반드시 필요한 "접착제"였던 경제적 자원을 소유하지 못하게 되었다. 지대가 실질적으로 크게 하락

155) 귀족들이 전쟁으로부터 얻어 들인 이익에 대해서는 K. B. McFarlane, "War, the Economy and Social Change", *Past and Present*, no.22(July 1962)와 M. M. Postan, "The Costs of the Hundred Years War", *Past and Present*, no.27(April 1964)의 서로 대립되는 견해를 참고할 것.

함에 따라 쪼들리게 된 신하들은 역시 재정적으로 궁핍해진 상위 주군에게 손을 더욱 크게 벌리지 않을 수 없었는데, 그런 요구만 해도 충족시키기에는 너무나 컸던 것이다. 그 결과는 당파가 모습을 드러내고 귀족들의 조직이 와해되며 귀족계급 안에서 내분이 벌어지는 것으로 나타났는데, 이는 15세기 중엽을 특징지었던 정부의 붕괴와 내란의 발발을 불러왔다.[156]

영국의 영주들로 하여금 장기적으로 수입 위기로부터 빠져나갈 새로운 길을 찾지 않을 수 없게 만들었던 요인은 바로 그들이 농민들을 다시 예농으로 전락시키지도 못하고 (프랑스 영주들이 그러했듯이) 절대주의를 향해 나아가지도 못한 데 있었다. 중세 말에 나타난 영주의 수입 위기로 말미암은 압력 아래에서 그들 자신의 자체 질서와 자체 조직이 무너져 가는 가운데, 영국의 지배계급은 당분간 봉건적인 정치적 축적의 장치들을 거꾸로 뒤집어 놓지 않을 수 없었다.[157] 하지만 그로 말미암아 지배계급 전체에 걸쳐 수입이 감소해가는 맥락 속에서 **지배계급 자체 안에서** 나타난 서로 먹고 먹히기zero-sum game는 안정된 해결책을 이룰 수 없었다. 농민들에게 어떤 종류든 경제외적 착취 체제를 다시 부과할 능력을 갖고 있지 못했으므로 영주들은 그들에게 남아있는 봉건적 권력들을, 궁극적으로는 자본주의를 향한 발전임이 판명될 변화를 더욱더 촉진시키는 데 사용하지 않을 수 없었다. 여기에서 그들이 계속 토지에 대한 통제권을 장악하고 있었다는 점—

156) R. L. Storey, *The End of the House of Lancaster* (London, 1966)의 서론.

157) Storey의 다음과 같은 지적을 보라. "다른 나라에서 나타난 제후의 반란은 국왕 정부의 전제적인 성격이 점점 더 커진 데에서 촉발되었으나, 여기[영국]에서는 아주 정반대되는 이유로, 즉 그 당시 사람들이 '제대로 된 지배와 통치의 결여(the lack of politic rule and governance)'라 불렀던 것 때문에 내란이 벌어졌다……."(*ibid.*, p.28)

즉 관습 차지인들이 완전한 소유권을 획득하지 못하도록 막아내고 궁극적으로는 이런 차지인들을 임차농의 지위로 전락시킬 수 있었을 뿐만 아니라 넓은 직영지를 유지하였다는 점—은 그들에게 비장의 으뜸패임이 판명되었다. 이러한 토지재산에 대한 통제권은 무엇보다도 그들의 봉건적 권력을 잘 드러내는 것으로서, 영주들이 중세 내내 그들 자체의 조숙한 중앙집중화를 바탕으로 하여 확립하고 유지해 왔던 강력한 입장이 물려준 유산이었다. 그들은 뒤이은 시대에 얼마간 다른 형태들을 사용하여 그들 자체의 중앙집중화를 더 높은 수준으로 올림으로써 이러한 권력을 더욱더 강화시키게 될 것이었다.

이제 여기서 다시 크루트와 파커는 이의를 제기하고 있다. 그들은 필자가 프랑스 농민의 토지소유권이 지닌 안정성을 지나치게 과장했다고 생각하는 것과 똑같이, 필자가 영국의 관습농들이 토지에 대해 지니고 있던 권리를 너무 낮게 평가했다고 믿는다. 특히 그들은 영국의 등본보유농이 누리고 있던 토지보유권의 안정성을, 마치 필자가 그것을 너무 낮게 평가했다는듯이 문제로 제기하고 있다.[158] 이것은 중요한 문제이다. 하지만 등본보유의 안정성은 근대 초에 영국의 농민들이 행사할 수 있었던 토지보유권에 영향을 미친 많은 일련의 요인들 가운데 하나에 지나지 않았으며, 따라서 보다 폭넓은 맥락 속에서 평가될 필요가 있다.

첫째로, 이미 13세기 말에는 영국의 영주들이 프랑스의 영주들이 그랬던 것보다 경작지 가운데 훨씬 더 커다란 비율을 직접 직영지로 보유하고 있었다. 다시 말해 프랑스의 경우에는 그 비율이 8분의 1에

158) 본서의 pp.130-5.

서 10분의 1에 지나지 않았던 데 비해 영국의 경우에는 3분의 1가량에 달했던 것이다. 둘째로, 그리고 똑같이 중요한 점으로 영국에서는 전체 토지 가운데 역시 3분의 1이 예농보유지였고, 따라서 영주들로부터 자의적인 공조들(임의세, 토지보유 허가료 등등)을 요구받을 수 있었으며, 그러한 땅을 보유한 (부자유) 차지인들은 토지에 대한 그들의 권리를 보호받기 위해 오로지 그들 자신에게만 기댈 수 있을 뿐이었다. (국왕의 법정이 보기에 지방에 따라 관습이 보여주는 실제 모습과 세력균형이 얼마나 다양하게 다르던 이러한 보유지는 영주들의 땅이었다.) 그와 대조적으로 프랑스에서는 (특히 적어도 그 북부에서는) 토지의 85~90퍼센트가 상스 보유지였으며, 따라서 자의적인 요구들로부터 실질적으로 자유로웠고 본질적으로 농민들에 의해 소유되고 있었다.

인구감소의 시대는 이러한 차이를 더욱 뚜렷하게 만들었을 뿐이다. 프랑스에서는 이미 지적되었듯이 경작되지 않은 채 버려져 있던 농민들의 관습 보유지들이 대부분 영주들에 의한 겸병으로부터 보호되고 있었다. 그 결과 1450년~1500년 무렵에도 13세기와 거의 똑같은 (한정된) 면적의 땅만이 경제적 지대가 부과되는 직영지로 남아있었다.[159] 그와 대조적으로 영국에서는 영주들이 많은 경우 (부자유) 관습보유지들을 그들의 직영지에 겸병할 수 있었다. 그것을 금지하는 법률이 없었음은 분명하다. 수량적인 추산을 하기란 어려운 일이지만 연구 결과가 하나씩 하나씩 쌓여감에 따라, 예전에 관습(예농)보유지

159) Bois, *Crise du féodalisme*, pp.281, 319: Fourquin, *Campagnes de la région parisenne*, pp.474-5. Jacquart가 연구한 Paris 주변 지역에서는 영주의 직영지가 15세기 후반에 전체 경작지 면적의 12퍼센트가량을 차지하고 있었다 : Jacquart, *Crise rurale en Ile-de-France*, p.110.

였던—따라서 영주들이 (특히 법률이 그렇게 규정하고 있었고 또 그들에게 도전을 제기할 사람이 전혀 없었으므로) 자기 땅이라고 여겼던—땅 가운데 적어도 상당한 비율이 그냥 직영지에, 즉 경제적 지대가 통용되는 임대차의 부문에 보태졌음을 보여주는 증거가 드러나고 있다.160)

이는 우리를 15세기 말에 들어와서까지 관습보유지로 **남아있었던** (예전에 예농보유지였던) 땅이 어떻게 발전해 갔는가라는 문제, 즉 다름 아니라 등본 보유에 관한 문제로 이끌고 간다. 우리는 이제 근대 초가 막을 올릴 즈음에 영국에서는 프랑스에서보다 훨씬 더 적은 면적의 토지가 관습보유의 형태로 보유되고 있었으며, 영주의 손 안에 완전히 들어와 있던 땅(직영지)은 훨씬 더 많았다는 사실을 잘 알고 있다. 그러면 남아있던 관습보유지의 미래는 어떻게 되었는가? 그것은 프랑스의 관습보유지(상스)와 마찬가지로 실질적인 자유보유지로 발전해갔는가? 아니면 그것은 결국 영주들에게 환수되어 영주들로 하여금 경제적 지대를 부과할 수 있게 만들었는가?

이 문제는 궁극적으로 이제 (케리지Kerridge와 그레이Gray가 모두 16세기 초엽부터 그럴 수 있었다고 동의하고 있듯이) 등본보유자가 법정에서 제소권을 인정**받을 수 있었다**는 전제 위에서 법정들이 등본보

160) R. H. Hilton, "A Study in the Pre-History of English Enclosure in the Fifteenth Century", in *Studi in onore di Armando Sapori*, 2 vols.(Milan, 1957), i: J. P. Genêt, "Economie et société rurale en Angleterre au XVe siècle d'après les comptes de l'hôpital d'Ewelme", *Annales E. S. C.*, xxvii(1972), pp.1464-71: Howell, "Stability and Change, 1300-1700", p.473: R. A. Lomas, "Developments in Land Tenure on the Prior of Durham's Estate in the Later Middle Ages", *Northern Hist.*, xiii(1977) ; R. B. Dobson, *Durham Cathedral Priory, 1400-1450* (Cambridge, 1973), pp.282-3; H. P. R. Finberg, *Tavistock Abbey* (Cambridge, 1959), pp.250-2, 256-7; 그리고 본서의 pp.258-60과 주 80).

유자의 어떠한 권리들을 기꺼이 뒷받침하려 했는가라는 문제로 귀착된다.[161] 이는 다시 농민들이 어떤 성격의 관습적 조건 아래에서 토지를 보유하고 있었는가라는 문제로 귀착된다고 여겨진다. 농민들이 관습으로 토지의 세습과 고정된 토지보유 허가료를 확립해 놓았던 경우에는 그들이 본질적으로 자유 보유농과 다름없는 입장에 올라섰다. 하지만 케리지가 지적하고 있듯이 영국의 상당히 넓은 지역에 걸쳐 농민들은 그러한 관습을 전혀 확립시켜 놓고 있지 못했다. 그들은 몇 년 또는 몇 생애로 정해진 일정한 기간에 걸쳐서만 토지를 보유하였으며, 토지보유 허가료에 대한 영주의 자의적인 요구에 복종해야 했다. 케리지에 따르면 특히 불안정한 토지보유권이 유별나게 더 지배적이었던 영국 서부와 북부의 변경 지대에서는 등본보유자들이 영주에 의해 자의적으로 토지보유 허가료를 부과당할 수 있었다. 이처럼 토지 가운데 또 다른 한 부분도 본질적으로 직영지와 같은 조건 아래에 놓여 있었다. 다시 말해서 이와 같은 조건 아래에서 등본보유로 토지를 보유하는 것은, 마음대로 조정될 수 있는 토지보유 허가료가 경제적 지대로 이용될 수 있었으므로, 실제로는 영주가 소유한 토지를 경제적 임대차 계약으로 보유하는 것과 다름없었다. 끝으로 이제까지 아주 많은 논쟁을 불러일으켜 왔던 것으로, 등본 보유자들이 상속 조건에 의해 토지를 보유하고 있었으나 토지보유 허가료는 자의적으로 부과되었던 모호한 경우도 있다. 이러한 상황은 특히 동앙글리아, 미들랜드 평원, 소택지, 사우스 다운스 그리고 남부 해안지역들에서 널리 퍼져있었다.[162] 크루트와 파커는 **17세기 초에는 이미** 법정들이 토

161) E. Kerridge, *Agrarian Problems in the Sixteenth Century and After* (London, 1969); C. M. Gray, *Equity and the Common Law* (Cambridge, Mass., 1963) 참조.

지보유 허가료를 "합당한" 수준으로 정해놓음으로써 이러한 비정상적인 상황을 해소하기 시작했다는 증거를 제시하고 있다.163) 하지만 이러한 증거는 사실상 그들의 주장을 오히려 **의심스럽게** 만드는 것이다. 그것은 토지보유 허가료는 고정되어 있지 않았으나 상속은 허용되고 있던 등본 보유자들을 위한 보호가 아주 최근에 와서야—한 세기 동안이나 가격과 지대가 상승한 뒤에야—비로소 확립되기 시작했다는 사실을 분명하게 보여주는 것이다. 그때까지는 토지 보유 허가료를 어느 정도까지 올릴 수 있고 또 어느 정도까지 법정에서 제소에 의해 뒷받침할 수 있는가에 대한 제한이 전혀 법률적으로 확립되어 있지 않았던 것으로 여겨진다. 이처럼 늦은 시기까지 살아남은 등본보유자들은 아주 많은 경우 (토지보유 허가료의 상승으로 나타난) 지대의 상승을 감당해 낼 수 있었거나 그들 스스로 토지자산을 사들일 수 있었던 비교적 부유한 농민들이었음에 틀림없다.

요컨대 중세 전반에 걸쳐 영국의 영주들이 유지하고 있었던 직접적인 봉건적 권리 및 권한들은 그들에게 뒤이은 시대에 토지에 대한 그들의 통제권을 확립하고 유지하며 팽창시킬 수 있는 강력한 바탕을 마련해 주었고, 바로 이러한 점에서 그들이 농민들에 대하여 프랑스의 영주들보다 훨씬 더 강력한 입장을 누렸다는 것을 부정하기란 힘든 일이라고 여겨진다. 물론 영국의 영주들이 지니고 있던 토지자산

162) Kerridge, *Agrarian Problems in the Sixteenth Century and After*, pp.38-9.

163) 본서의 pp.130-1을 보라. Croot와 Parker는 A. W. B. Simpson, *An Introduction to the History of the Land Law* (London, 1964), p.161을 근거로 삼고 있다. R. H. Tawney, *The Agrarian Problem in the Sixteenth Century* (New York, 1967), pp.296 그리고 주 3), 297). 또한 Kerridge, *Agrarian Problems in the Sixteenth Century and After*, p.40도 똑같은 점을 지적하고 있다.

은 그들에게 그들의 땅을 경쟁가격으로 임대할 권리만을 부여해주었을 뿐이며, 처음에 15세기에는 지대가 아주 낮았을 것이 틀림없다. 그럼에도 토지에 대한 경쟁이 더욱 심해질 가능성이 있는 한 임대차 시장은 영주의 수입이 다시 회복되고 또 동시에 차지인들이 경제적인 계층분화를 겪게 될 기본적인 조건을 제공하였다.

자본주의적인 대규모 차지농을 대두시키게 될 그러한 계층분화 과정의 첫걸음은 어쩌면 15세기에 인구는 50퍼센트가량 감소해 있었음에도 불구하고 양모수출은 대체로 14세기의 수준을 유지하고 있었던—다시 말해 이제 영국에서는 이전의 반밖에 안 되는 수의 농민들이 전과 같은 양의 양모를 생산하고 있었던—덕분에 촉진되었을 것이다. 이러한 계층분화는 아마도 15세기의 세 번째 사반세기로부터 수출을 위한 직물생산이 급속히 성장하고 1520년대로부터는 더욱더 가속적으로 발전해 간 것에서 뚜렷하게 나타나는 전반적인 상업의 성장으로부터도 힘을 얻었을 게다.[164] 궁극적으로 인구가 점점 더 산업분야의 일자리로 옮아간 것은 강력한 인구상승세와 더불어 장기적으로 농산물에 대한 수요를 증가시키고 따라서 식량가격을 상승시킴으로써, 농업생산의 증대와 농업 생산성의 향상을 빚어내었다.[165] 농업의 발달

164) 계층분화의 초기국면에 대해서는, T. H. Lloyd, *The Movement of Wool Prices in Medieval England* (*Econ. Hist. Rev.* Supplement, no.6, London, 1973), pp.24-30; Hilton, "Study in the Pre-History of English Enclosure in the Fifteenth Century"; F. R. H. Du Boulay, "Who were Farming the English Demesnes at the End of the Middle Ages?", *Econ. Hist. Rev*,, 2nd ser., xvii(1964-5) ; F. R. H. Du Boulay, *The Age of Ambition* (London, 1970), pp.55-8; Genêt, "Economic et société rurale en Angleterre au XVe siècle", pp.1464-71을 보라.

165) Bowden, "Agricultural Prices, Farm Profits, and Rents"; D. C. Coleman, *The Economy of England*, 1450-1750(Oxford, 1977), 특히 chs.2, 3, 7을 보라.

은 생산조직자와 직접생산자(이 둘은 이따금 동일한 사람이었다)로 하여금 더 이상 그들의 재생산 수단을 완전히 소유하지 못하게 만들고, 따라서 시장을 위해 체계적으로 생산하지 않을 수 없도록 만들었던 새로운 사회관계의 체제에 의해 조건 지어진, 뚜렷하게 자본주의적인 과정을 통해 이루어졌다. 그에 따라 차지인들 사이에서는 토지를 얻기 위해 그리고 영주들 사이에서는 차지인을 확보하기 위해 경쟁이 벌어졌는데, 그러한 경쟁은 비용 절감을 자극하고, 따라서 전문화와 개선을 부추겼으며, 시간이 흐름에 따라 상대적으로 비효율적인 소규모 농민 차지인들이 대규모 자본주의적 차지농에 의해 밀려나게 만들고, 그리하여 농업의 변혁을 뒷받침해주었다.

농업생산과 상업적인 토지소유에서의 기회들은 더 커져갔던 반면에 옛 봉건적인 관계들과 그들의 약탈적인 작용이 지닌 경제적 잠재력은 쇠퇴함에 따라, 세력균형은 정치적 축적을 위해 봉건제를 재조직하려는 어떤 종류의 성공적인 시도도 좌절시키는 방향으로 점점 더 기울어졌다. 이리하여 점점 더 많은 수의 영주와 차지인이 상업적인 생산활동을 계속하는 데 반드시 필요한 평화와 안정을 보장해주기를 국왕에게 기대하게 되었다. 이로써 영국의 토지소유계급이 점점 더 크게 **자체의 중앙집중화**를 이루어 나갔던 장기적인 추세는 물론 이제는 토지소유계급이 스스로를 재생산하는 데 사용하고 있던 소유관계 또는 잉여착취관계의 성격이 달라진 데 발맞추어 질적으로 다른 형태를 띠긴 했지만, 근대 초 동안에 더욱 확대되어 갔다. 폭넓은 토지소유계층들에게 전에 없이 깊이 뿌리를 내리고서 점점 더 강력하게 중앙집중화를 이루어나가고 있던 국가는 이렇게 해서, 점점 수는 줄어들고 있었지만 여전히 (이 때에는 주로 강도질과 약탈 그리고 국왕의 행정 및 사법 활동을 훼방하는 짓으로 이루어지고 있던) 경제외적 수단들을 사용하여 경제를 꾸려나가고 있던 토지소유자들의 파괴적인 행동을 더욱 효율적으로 저지할 수 있었다. 한편 심지어는 가장 강력한 대제후들조차 그들의 지방적인 정치적 힘이 국가에 의해 잠식되고 있음을 깨닫게 되자, 그들 가운데 많은 사람들은 경제적 토지소유에 눈을 돌리지 않을 수 없었다.166)

따라서 영주들이 농민의 소유권에 대항하여 절대적인 사적 소유권을 확립한 과정은, 봉건제후들의 사적인 권력에 대항하여 힘을 독점할 수 있었던 다른 종류의 국가가 점차 성장해 나온 과정과 함께 밀접한 관계를 맺으면서 진행되었다. 하지만 튜더 시대 동안에 등장한 국가는 결코 절대주의 국가가 아니었다. 상업적인 영주와 자본주의적 차지농 그리고 임금노동자의 세 계급으로 이루어진 새로이 대두하고 있던 자본주의적 계급구조를 주도함으로써 지대상승으로부터 이익을 얻어낼 수 있었던 영국의 토지소유 계급들은 잉여를 착취하기 위해 직접적인 경제외적 강제에 의존할 필요가 전혀 없었다. 또한 그들은 정치적 수단(세금 징수/관직과 전쟁)을 통해 잉여를 수탈하는 장치로서 국가가 간접적으로 그들에게 도움을 주는 것도 필요로 하지 않았다.

그들이 적어도 대내적 차원에서 필요로 했던 것은 바로 질서를 바로 잡고 사적 소유권을 보호하며 그리하여 계약을 기반으로 한 경제적 과정이 정상적으로 작동하도록 보장해 줄 값싼 국가였다. 그들은

166) L. Stone, "Power", in L. Stone, *The Crisis of the Aristocracy, 1558-1641* (Oxford, 1965), ch.5; M. E. James, *Change and Continuity in the Tudor North* (Borthwick Papers, no.27, York, 1965) ; M. E. James, "The First Earl of Cumberland and the Decline of Northern Feudalism", *Northern Hist.*, i(1966)을 보라.

16세기와 17세기가 지나가는 동안에 (본 논문의 서술 영역을 훨씬 넘어서는 과정들을 통하여) 그들로 하여금 정부에 대해 중앙집중화된 통제를 가할 수 있도록 해주는 특수한 기구로서 의회를 강화시키고, 국가의 관직이 무엇보다도 지방적인 차원에서 늘어나지 않도록 점점 더 강력하게 억제함으로써 바로 이러한 목표를 이루어낼 수 있었다. 국왕절대주의를 지향한 두 차례의 실험은 좌절되어 버렸으며, 영국 경제의 발전을 가로막게 될 세금 국가는 결코 나타나지 못했다. 새로운 국가는 그것을 뚜렷하게 특징짓는 측면으로서 비록 모든 차원에서 토지소유계급에 의해 움직여졌지만 그 계급에게 관직의 열매를 따먹을 기회를 아주 한정된 정도로 제공했을 뿐이며, 지방의 통치 업무에 대해서는 전형적으로 아무 대가도 지불되지 않았다. 또한 새로운 국가는 비록 군사력을 독점하긴 했지만 단지 최소한의 세금만을 부과했을 뿐이다. 사실상 17세기 말로부터 줄곧 세금이 크게 늘어나기 시작했을 때 그러한 세금들이 국왕에 대해 승리를 거두었던 덕분에 이제 확고하게 국가에 대한 통제권을 장악하고 있던 토지소유계급에 의해 **그 자체의 구성원들에게** 부과되었다는 점은 실로 중요한 의미를 지닌다. 이는 프랑스에서 나타난 상황과 뚜렷하게 대조되는데 프랑스에서는 지배계급에 속해있다는 한 가지 징표만으로 국세가 면제되었으며, 그것은 또한 국가가 본질적으로 귀족을 위해 부를 제공해주는 정치적인 장치로 여겨졌기 때문에 당연한 일이기도 했다. 영국에서는 영주계급이 농민들을 이미 몰아내고 있었으므로 대부분 "비개인적"이고 "경제적"인 과정들—자본주의적 차지농들이 임금노동자를 착취하는 것, 그리고 또한 특히 농업 부문에서 차지농들 사이에서, 하지만 경제 전반에서도 자본가들 사이에서 내부적으로 경쟁이 벌어지는 것—의 작동에만 의존해도 충분하였다.

요컨대 영국에서는 농업 자본주의를 향한 발전이 17세기 말에 이미 "경제적인 요소"와 "정치적인 요소"의 유서 깊은 "혼융"을 끝장내고 있었으며, 국가와 시민사회를 제도적으로 분리시켜 놓고 있었다. 무엇보다도 노동생산성의 향상으로 뚜렷하게 드러났던 경제발전을 향한 돌파가 이루어지는 것과 더불어, 부를 쌓는 일은 봉건적인 사회적 생산관계 아래에서 그랬던 것처럼 본질적으로 서로 먹고 먹히기가 더 이상 아니게 되었다. 한편 엄밀하게 한정된 사회적 생산물을 재분배하기 위해 군사력을 축적하고 또 직접 사용하는 것도 더 이상 지배계급의 성공을 위한 필수조건이 아니게 되었다. 영국의 발전은 대륙의 대부분 지역에서 나타난 발전과 두 가지 서로 관련된 결정적인 측면에서 이미 뚜렷하게 구별되어 있었다. 그것은 **자본주의적 귀족**이 등장해 농업혁명을 이끌어가고 있었다는 점으로 분명히 특징지어졌던 것이다.

2. 서로 다른 발전 패턴의 결과 : 영주와 농민 그리고 자본주의적 농업(1450~1750)

중세 말에 나타났던 영주의 수입 위기에 직면하여 유럽의 여러 다른 지역에서 소유관계 또는 잉여착취 관계가 보여주었던 서로 다른 발전 패턴의 뿌리에 관한 필자의 설명이 의문시되어 왔던 것과 마찬가지로, 이러한 소유관계의 서로 다른 발전이 그에 뒤이은 경제발전 과정에 대해 **어떠한 의미를 지니고 있었는가**에 관한 필자의 해석도 역시 의문시되어 왔다. 특히 (프랑스에서 고전적으로 이루어졌듯이) 절대주의의 대두와 관련하여 농민의 소유권이 강화된 것이 (무엇보다도 영국에서 그러했듯이) 고전적인 영주 - 자본주의적 차지농 - 임금노동자 관계가 등장한 것과 비교하여, 부의 분배와 생산력의 발전에 아주 다른 의미를 가지고 있었다는 필자의 견해는 더더욱 의문시되어 왔다.

1) 소유 형태와 토지소유권의 발전

우선 먼저 크루트와 파커는 중세 말에 프랑스에서 영국의 농민보다 훨씬 더 강력한 토지소유권을 가진 농민들이 등장해 나오긴 했지만 이는 거의 참된 의미를 지닐 수 없었다고 주장하면서, 그 이유로 "경제적" 요인들 특히 무엇보다도 시장이 장기적으로는 결정적인 역할을 할 수밖에 없었다는 점을 들고 있다. 그들에 따르면 "사실상 프랑스에서나 영국에서나 토지보유의 패턴을 결정하는 데에는 법적인 요소보다는 경제적인 요소들이 결정적인 역할을 하였다." 그들은 "프랑스 농민이 누렸던 권리들이……보다 합리적인 영농을 가로막는 걸림돌이 되었음"은 사실이지만 "이러한 권리들은 만일 그것들을 압도할 만한 경제적인 동기와 결단이 존재했다면 결코 극복할 수 없는 걸림돌이 되지는 않았을" 것이라고 주장한다. 크루트와 파커에 따르면 필자의 접근방식이 지닌 전반적인 문제는, 필자가 "프랑스에서는 영국의 경우와는 달리 농민의 여러 계층들 사이에서 [경제적인] 계층분화의 과정이 나타나지 못했고, 따라서 그 과정의 산물이었던 유명한 영국의 요맨계급에 상응하는 계급이 전혀 등장하지 못했다는 사실"을 파악하지 못했다는 점에서 특히 구체적으로 드러난다.[167)]

167) 본서의 pp.134, 132, 135.

하지만 크루트와 파커는 핵심적인 문제를 건드리지 않고 있다. "요맨의 등장"—즉 근대 초의 프랑스에서 지배적인 추세로 나타났던 농민의 빈곤화 및 평준화와 대조적으로 농민의 경제적인 계층분화 과정을 통해 보다 규모 큰 상업적인 농사꾼 계급이 모습을 드러낸 것—이 영국의 경제발전에 특별한 의미를 지니고 있다는 점에 관해서는 그들과 필자 사이에 전혀 견해가 다르지 않다. 문제는 이 두 나라에서 어떻게 이처럼 아주 다른 추세들이 나타났는가를 **설명하는 것**이다. 중요한 점은 이처럼 서로 다른 과정의 순수하게 "경제적"인 출발점이 영국과 프랑스 모두에서 대체로 같았다는 데 있다. 15세기 말에는 두 나라 모두에서 비교적 커다란 보유지를 지니고 있던 중간층 농민이 강력한 입장을 차지하고 있었던 것으로 나타난다. 어려움을 빚어내고 있는 점은 크루트와 파커가 생각하고 있는 것과는 달리, **두 지역 모두에서 근대 초 내내 줄곧 똑같은 시장의 요인들 특히 무엇보다도 식량 가격의 상승이 강력한 영향을 미쳐, 토지축적을 통해 이익을 얻어내려는 동기가 계층분화를 불러오기에 전혀 모자라지 않을 만큼 크게 생겨났음에도 불구하고**, 그 뒤로 두 나라에서 농민들이—특히 농민의 토지소유권이—아주 다른 발전 과정을 겪었다는 사실에 있다. 프랑스와 영국에서 농민들이 빠져 들어있던 서로 다른 소유 체제에 대한 언급은168) 바로 이처럼 서로 다

168) Genêt, "Economie et société rurale en Angleterre au XVe siècle", pp.1468-9; Neveux, "Déclin et reprise", p.107 참조. 필자는 필자의 논의가 사회적 소유관계의 우위에 대한 것이지—필자가 충분히 분명하게 밝히지 않았을지는 모르지만—농장의 규모 그 자체에 대한 것이 아니라는 점을 강조해야겠다. 서로 다른 형태의 사회적 소유관계는 서로 다른 형태의 경제적 행위를 개개 경제 행위자에게 합리적이고 가능하며 또 필요한 것으로 만들었으며, 이렇게 하여 경제적인 발전 또는 비발전의 전반적인 패턴을 서로 다르게 조건지었다. R. Brenner, "The Social Basis of Economic Development", in J. Roemer (ed.). *Analytical Marxism* (Cambridge, 1985)를 보라.

른 발전 패턴을 설명하기 위해 반드시 필요하다. 두 나라 각각에서 농민들로 하여금 대체로 유사한 경제적(시장) 조건에 서로 다른 방식으로 반응하도록 허용한 그리고/또는 강요한 것은 바로 이러한 상이한 소유체제였던 것이다.

이를테면 영국 농민의 계층분화는 새로 등장한 사회적 소유관계 아래에서는 그들이 가능한 한 효율적으로 서로 경쟁함으로써—비용을 절감하고 그리하여 전문화와 잉여의 축적 그리고 혁신을 이루어 나감으로써—성장하고 있는 시장에 반응하는 것 말고는 **선택의 여지가 전혀 없었다**는 사실에 의해 결정적으로 조건 지어졌다. 하지만 이처럼 경쟁이 강요되었다는 것은 **그들이 토지소유로부터 배제되어 있었고**, 따라서 그들의 생계 수단을 (시장을 통하지 않고서) 직접 획득할 수 없게 되었으며, 그에 상응하여 토지를 빌려 경작하는 임차농의 입장에 머무르게 되고 따라서 **경쟁적 지대**의 체제에 종속되었다는 사실에서 비롯된 **결과**일 뿐이었다.169) 이러한 체제에서는 비교적 커다란 규모로 농사를 지어 보다 효율적으로 생산하고 시장에서 보다 많은 수익을 얻어낼 수 있었던 부농들이 그들의 우세한 경쟁력을 이용함으로써—소농들의 임대차 기간이 만료되었을 때 더 높고 더 안정된 지대를 제시하거나 또는 시장에 나오게 된 임차지들에 대해 소농들보다 높은 지대를 제시함으로써—곧바로 소농들을 희생시키면서 토지를 축적할 수 있었다. 한편 영주들도 그들이 자신의 토지를 임대함으로써 최대한의 지대를 얻고자 한다면—특히 보다 크고 한곳에 집중되어 있는

169) Genêt가 설명하고 있듯이 15세기 동안에는 "농민들의 입장이 강화되었다……그러나……영주들은…그들이 토지에 대해 갖고 있었던 권리들과 그로부터 수익을 끌어낼 수단을……그대로 간직하고 있었다." : Genêt, "Economie et société rurale en Angleterre au XVe siècle", pp.1468-9.

그리고 때로는 울타리가 쳐 있고 개량되어 있는 땅들을 제공함으로써—가장 조건이 좋은 차지인을 얻기 위해 경쟁하지 않을 수 없었다. 크루트와 파커가 생각하는 것과는 달리 영국에서 농민의 계층분화가 급속히 진행되고 (거의 모든 경우 비교적 규모가 큰 상업적 차지인이었던) 요맨이 성장하도록 만들었던 것은 시장의 성장 그 자체가 아니라 오히려 영국의 농업생산자들을 완전히 경쟁적인 생산에 의존하도록 만들었던 사회적 소유관계였다.[170]

그와 대조적으로 프랑스 농민들은 자기 땅뙈기에 대한 실질적인 소유자로서 임차 기간의 만료나 토지보유 허가료의 상승 또는 임차지에 대한 직접적인 경쟁에 전혀 직면하지 않았다. 그들은 그들의 가족을 먹여 살리고 세금을 납부하기에 충분한 만큼을 생산할 수 있는 땅뙈기를 보유하고 있는 한, 대개 살아남기 위해서 시장에서 생산물을 팔고 효율적으로 경쟁하도록 강요당하지 않았다. 반면에 그들은 대부분 축적의 가능성을 거의 갖고 있지 못했다. 그들은 직접 그들 자신과 자식들을 먹여 살리기 위해 생산하고 그들의 땅을 여러 조각으로 나누어 상속하는 낯익은 패턴을 뒤따르는 것 말고는 선택의 여지를 거의 갖지 못했다. 크루트와 파커는 이러한 사회적 소유 관계의 맥락 속에서 요맨계급의 성장을 가져올 계층분화의 어떤 추세도 그에 역행하는 토지분해의 성향에 의해 압도되었다는 사실에 놀라워해서는 안 된다. 영국과 프랑스에서 서로 다른 사회적 소유 체제가 제도적으로 자리잡고 또 그것이 두 나라의 경제가 제각기 나아갈 길을 결정적으로 갈

170) 모순되게도 Croot와 Parker는 여러 곳에서 바로 이러한 경쟁과정이 영국에서 이루어진 농민의 경제적 계층분화 과정 아래에 깔려있었다고 제시하고 있다. 하지만 그들은 이러한 영국의 상황을 그것과 아주 달랐던 프랑스의 상황과 적절하게 비교하지 않고 있다. 본서의 p.132, 138-9를 보라.

라놓기 시작한 것은, 이처럼 바로 15세기 후반으로부터 이루어진 일이었다.

이는 무엇보다도 그에 뒤이어 두 나라에서 토지자산의 분배가 극적일 만큼 다른 발전 과정을 겪었다는 사실에서 분명하게 드러났다. 그처럼 다른 발전 과정은 첫째로 두 나라 각각을 지배하게 되었던 인구체제에서의 분명한 차이로부터 비롯된 결과였고, 둘째로는 두 나라 모두에서 강력하게 나타났지만 그 각각에서 서로 다른 영향을 미쳤던 시장의 새로운 성장으로부터 비롯된 결과였다. 이러한 원인들 각각의 작용 또한 서로 다르게 제도화된 소유관계에 소급될 수 있었다.

프랑스에서는 지역에 따라 그 시점은 여러모로 다르지만, 1450년 이후로부터 인구가 12세기와 13세기에 그랬던 것처럼 급속하게 가속적으로 증가하였다. 몇몇 지역에서는 그 시기가 얼마간 뒤늦었지만 이미 16세기 중엽에는 실로 프랑스의 인구가 14세기 초에 기록된 수준에 도달해 있었고 심지어 몇몇 곳에서는 실제로 그 수준을 넘어서 있었다.[171] 영국의 상황은 이와 아주 뚜렷한 대조를 보였다. 영국에서는 인구가 어쩌면 1510년대에 이르기까지도 정체되어 있었다. 더구나 뒤늦게나마 인구가 증가하기 시작했을 때에도 그 속도는 프랑스의 경우에 비해 상당히 느려, 17세기 중엽에야 또는 어쩌면 1700년에 와서야 비로소 14세기의 수준에 다다랐던 것으로 보인다.[172]

171) Le Roy Ladurie, "Masses profondes : la paysannerie", pp.555-61; Neveux, "Déclin et reprise", pp.101-3.

172) J. Cornwall, "English Population in the Early Sixteenth Century", *Econ. Hist. Rev.*, 2nd ser,, xxiii(1970) ; I. Blanchard, "Population Change, Enclosure and the Early Tudor Economy", *Econ. Hist. Rev.*, 2nd ser., xxiii(1970) ; Coleman, *Economy of England*, 1450-1750, pp.12-3ff.

이처럼 대조적인 인구변동의 양상에서 재산분배에서의 서로 다른 발전을 낳은 결정적인 원인뿐만 아니라 소유 체제의 차이가 미친 최초의 그리고 결정적인 영향까지 찾아내려는 유혹을 떨쳐버리기란 어려운 일이다. 프랑스에서는 15세기 중엽으로부터 농민의 소유권이 다시 확인되고 심지어는 더 강화되었던 것이 농민을 기반으로 한 예전의 인구체제가 다시 나타날 수 있게 만들었다. 이러한 인구체제가 (비교적) 이른 결혼연령으로 말미암아 나타났음은 분명하고, 이처럼 이른 결혼연령은 다시 땅을 이른 나이에 쉽게 획득할 수 있었다는 사실에 뿌리를 두고 있으며, 이는 다시 궁극적으로는 보유지의 분할을 허용하였던 강력한 농민소유권에 바탕을 두고 있었다. 그렇게 해서 가능해진 인구의 급속한 증가는 토지자산의 극단적인 분해를 불러왔다. 그와 대조적으로 영국에서는—적어도 다음과 같이 가설을 세울 수는 있는바—직접생산자가 확고한 소유권을 상실하고 그에 발맞추어 어쩔 수 없이 상업적 차지농이 등장한 덕분에, 토지보유자들(임차농들)은 그들의 땅뙈기를 (그것을 계속 보유하고자 한다면) 상업적 투자이자 수익의 원천으로 취급하는 것 말고는 선택의 여지가 거의 없었고, 따라서 그들의 땅을 더 이상 가족을 **직접** 먹여 살리기 위한 자급자족적 기반으로 볼 수 없게 되었다. 이러한 상황은 토지가 비경제적인 조그마한 땅뙈기들로 분해되는 것을 가로막는 경향이 있었다. 그 결과 자녀들은 성년이 되면 땅뙈기를 얻을 것이라고 더 이상 기대할 수 없게 되었다. 반면에, 가족 안에 있는 자녀의 수는 가능한 한 상업적 보유지의 경제적 생산에 따른 여러 필요와 가능성들에 맞추어 조정되어야 했다. 그 결과는 결혼연령이 늦어지고, 가족의 규모가 작아지며, 자녀들을 집 바깥으로 내보내 다른 직업을 갖게 만드는 것과 같은 양태들로 나타났던 것으로 여겨진다. 이와 서로 연관을 맺는 가운데 인구는 보다 느리게 증가하였고 전반적으로 보유지의 분해가 억제되는 결과들이 빚어졌다.173)

유럽 전역에 걸쳐서 전반적으로 상업이 성장하고 있던 바로 이 시대에 시장이 서로 다른 사회적 소유 체제에 미친 영향은 영국과 프랑스에서 재산 분배의 서로 다른 발전 과정을 조건 지은 두 번째로 강력한 요인을 이루었다. 이 점은 특히 15세기 중엽으로부터 16세기 후반에 이르기까지 프랑스의 가장 상업화된 지역들에서 이루어진 발전과 영국에서의 발전을 비교함으로써 아주 잘 드러낼 수 있다. 이러한 목적을 위해서는 파리 지역을 보기로 들 수 있는데 그 이유는 프랑스에서 시장의 요인이 파리 지역에서보다 더 강력한 영향을 미쳤던 지역을 찾아보기란 힘들기 때문이다. 이 시대 동안에는 파리 시 자체가 급속히 성장하였고, 그 배후지에 대해 엄청난 흡인력을 행사하였다. 더구나 파리 주변의 농업지역에서도 인구가 엄청난 속도로 증가했다. 그 결과는 무엇보다도 가격 특히 식량과 토지에 대한 가격이 아주 급속히 상승하는 것으로 나타났다. 토지의 축적을 향한 유인들이 존재했을 뿐만 아니라, 축적을 할 수 있었고 또 하고자 했던 자들도 (지방 영주와 궁정의 관직 보유자, 도시 상인 그리고 부유한 농민들 따위로) 존재하고 있었다. 토지를 축적하지 못한 자들은 이익을 얻을 수 있는 엄청난 기회를 상실하였고, 관습적인 보유 조건을 그대로 고수하고 있던 토지소유자들은 그들이 거두어들이는 지대가 실질적인 가치에서 아주 보잘것없는 정도로 낮아지는 상황에 직면해야 했다.174)

173) 이 단락은 Bois, *Crise du féodalisme*, pp.353-4와 Howell, "Stability and Change, 1300-1700"에서 끌어낸 것이다.

이로 말미암아 실제로 빚어진 결과들은 어떠했는가? 우리는 파리 지역에서 4,699헥타르의 경작지에 달하는 일곱 개의 영지를 포괄하고 있는 자카르의 거창한 연구를 바탕으로 하여 그에 관해 꽤 분명하게 알 수 있다. 심지어 이 지역에서조차—한 세기에 걸쳐 도시가 발전하고 인구가 증가하며 시장이 팽창하고 가격이 하늘로 치솟아 오른 뒤인—1550년~1560년에 와서도 각각 60에이커 미만의 보유지를 지닌 2,567명의 사람들이 경작지 가운데 무려 69퍼센트를 차지하고 있었던 반면에, (각각 예로부터 내려오는 커다란 직영지를 지닌 일곱 명의 영주를 포함해) 60에이커 이상을 지닌 17명은 경작지 가운데 (직영지가 차지하는 18퍼센트를 포함하여) 31퍼센트만을 차지하고 있었다. 같은 결과를 좀 다르게 표현하면 24에이커 미만을 보유한 2,516명은 토지의 55퍼센트를 차지하고 있던 반면에, 25에이커 이상을 보유한 75명은 토지의 45퍼센트를 차지하고 있었다.[175] 이렇게 볼 때 토지의 축적이 얼마간 상당한 정도로 이루어졌음은 분명하지만, 그러한 토지축적으로부터 이익을 얻은 사람은 극소수에 지나지 않았고 대다수 농민들은 여전히 자기 땅에 눌러앉아 있었다.

파리 지역에서 농민의 소유권이 이처럼 제한된 정도로 잠식된 것은 **시장 너머에서 이루어진** 과정들에 의해 조건 지어진 것이었다. 1550년에는 이미 인구증가와 토지의 **분해가**, 보유지들 가운데 88퍼센트(2,273개)가 다른 수입원으로 수입이 보충되지 않고는 가족을 먹여 살

174) Fourquin, *Campagnes de la région parisenne* ; Jacquart, *Crise rurale en Ile-de-France* 참조.

175) Jacquart, *Crise rurale en Ile-de-France*, p.118에 있는 도표와 같은 책의 ch.3에 있는 설명 자료로부터 산출한 것임.

릴 수 없을 정도로 작은 규모인 6.2에이커 미만의 보유지가 되어 있는 상황을 빚어 놓고 있었다. 이에 가격이 급속하게 상승하며 그로 말미암아 생계비는 오르고 임금은 낮아지자, 많은 농민은 그 압박을 이기지 못해 땅을 팔아넘기지 않을 수 없었던 것이다.176)

재산의 축적이 얼마간 이루어진 곳에서조차 기본적으로 농민적인 **생산**조직은 여전히 달라지지 않은 채 그대로 남아있었다. 사실상 소유의 패턴은 보다 효율적인 생산을 **목적으로 한** 토지의 축적과 시장생산 그리고 개선이 이루어질 수 있는 가능성이 얼마나 한정되어 있었는가를 정확하게 드러내 주지 못하고 있다. 토지소유의 단위들 그 자체가 제각기—농민이 지배하는 체제가 존속하고 있었음을 의문의 여지없이 입증해 주는 사실로서—밭 전체에 흐트러져 있고 규모가 극도로 작은 수많은 땅뙈기들로 분해되어 있었던 것이다. 자카르가 연구한 일곱 개의 영지 가운데 하나에서는 어떤 땅뙈기도 12.5에이커를 결코 넘지 못하고 있었다! 사실상 (소유의 단위와 경작의 단위 모두가 이례적으로 커다란 규모로 집중되어 있었던) 트라페 영지를 제외하면, 자카르의 연구가 포괄하고 있는 전체지역에서 12.5에이커를 넘는 땅뙈기는 모두 합쳐 열 개에 지나지 않았다. 이처럼 토지소유의 집중화는 생산의 필요들과 별개로 아니 더 나아가 많은 경우에는 사실상 생산의 필요들과 상충되게 진행되어 갔다. 얄궂게도 토지소유의 단위가 더 커지는 것은 경작의 단위가 더 작아지는 것을 뜻할 수도 있었던 것이다.177)

176) Jacquart, "Immobilisme et catastrophes, 1560-1660", in Duby & Wallon(eds.), *Histoire de la France rurale*, ii, p.265.

177) Jacquart, *Crise rurale en Ile-de-France*, pp.123-4. 경작 단위의 분해가 프랑스의 농

프랑스에서 가장 일찍이 발달한 이 지역의 발전조차도 필자가 보기에는 영국의 발전과 분명한 대조를 보여준다. 영국의 경우에는—물론 그 전부는 아니나—많은 지역에서 적어도 15세기 후반으로부터 줄곧 규모가 큰 보유지와 경작 단위들이 규모가 작은 보유지와 경작 단위들을 희생시키는 가운데 형성되어 나오는 과정이 나타나고 있는 것이다. 아주 면밀하게 연구되어 있는 (캠브리지셔의) 치퍼넘 마을에서는 13세기에 거의 모든 다른 곳에서 그러했듯이, 1/2버게이트(15에이커) 보유지가 지배적이었다. 또 15세기 중엽에 와서도 30에이커를 넘는 보유지는 전체 보유지 가운데 5분의 1가량에 지나지 않았다. 하지만 1540년에는 42개 보유지 가운데 22개가 27에이커 이상의 보유지였다. 사실상 (직영지를 포함한) 이러한 보유지들 가운데 12개는 50에이커 이상의 보유지였고, 총경작지 면적 2,265에이커 가운데 (직영지 780에이커를 포함하여) 64퍼센트가량인 1,560에이커를 차지하고 있었다.[178] 더구나 윌트셔Wiltshire의 백악토 지역에서는 우리가 알다시피 이미 "16세기 초에는 대부분의 땅이 자본주의적 차지농들의 손 안에 들어와 있었고, 17세기 중엽에는 자본주의적 농장들이 거의 모든 농경지를 점유하고 있었다."[179] 또한 서부 미들랜드에서도 이제까지

업발전을 본질적으로 가로막는 걸림돌이 된 것에 대해서는 J. Meuvret, "La vaine pâture et le progrès agronomique avant la Ràvolution", in J. Meuvret, *Etudes d'histoire économique* (Paris, 1971). pp.195-6을 참고할 것. 토지의 집중화가 이루어지는 가운데에서도 보유지의 분해가 점점 심각해져 갔던 것에 대해서는, G. Cabourdin, *Terre et hommes en Lorraine, 1550-1635*, 2 vols.(Nancy, 1977), ii, pp.640-1을 보라.

178) M. Spufford, *Contrasting Communities* (Cambridge, 1974), ch.3. 하지만 Spufford는 농민들이 재산권을 갖지 못했던 것이 그들의 토지상실을 결정짓는 데 무엇보다도 더 중요했음을 부정하고 있다.

179) E. Kerridge, "Agriculture, c.1500-c.1793", in *V. C. H. Wiltshire*, iv, p.57.

밝혀져 왔듯이 15세기로부터 "소보유농집단은 위축시키는 반면에 [30~100에이커의 경작지에 해당하는] 대규모 보유지의 수는 증가시키는……추세가 꽤 분명하게 나타났던 것으로 보인다."[180] 심지어 영국에서 농민에 의한 영농의 보루였던 것이 분명한 레스터셔에서조차 **평균적이고 전형적인** 단위는 16세기 후반에 이미 45에이커가 되어 있었다.[181] 이는 중세에 대표적이었던 농민 보유지 규모나 16세기에 프랑스에서 대표적이었던 보유지 규모의 거의 네 배나 되는 크기이다. 일찍이 1500년에는 이미 레스터셔에서 1/2야들랜드 보유자들이 드물어지고 있었다.[182]

여기서 쿠퍼는 프랑스와 영국의 농업구조가 16세기 말에도 크게 다르지 않았다고 주장하는 것으로 보인다.[183] 그와는 대조적으로 필자는 프랑스에서 1450년으로부터 농업이 걸어갔던 발전 패턴은 농업이 전과 다름없이 농민 소유자에 의해 지배되었기 때문에 중세에서의 발전 패턴과 본질적으로 단절을 이루지 않았던 반면, 영국의 그것은 일종의 돌파를 겪었다고 결론짓고자 한다. 더구나 이러한 차이는 생산의 발전에 여러 가지 매우 중요한 의미를 지니고 있었다.

2) 소유관계와 생산성

앞선 시기에 영국과 프랑스에서 서로 다르게 소유관계가 자리 잡았

180) R. H. Hilton, *The English Peasnatry in the Later Middle Ages* (Oxford, 1975), p.40. Cooper가 본서에 실린 논문 주 58)에서 인용함.

181) W. G. Hoskins, "The Leicestershire Farmer in the Sixteenth Century", in W. G. Hoskins, *Essays in Leicestershire History* (Liverpool, 1950), pp.137-8. 그러나 이 수치에는 많은 오두막살이의 농장들도, 그리고 또한 직영지들도 포함되어 있지 않다.

182) Howell, "Stability and Change, 1300-1700", p.474.

183) 특히 본서의 pp.265-71.

던 것은, 16세기 후반에 가서 재산분배의 발전 패턴을 서로 다르게 조건 짓고 있었을 뿐만 아니라 농업생산력의 발전 방향도 서로 다르게 나아가도록 영향을 미치고 있었다. 쿠퍼와 르 르와 라뒤리뿐만 아니라 크루투와 파커도, 필자가 생계 수단을 소유하고 있는 소규모 농민들을 기반으로 한 생산 체제가 근대 초에 지속적인 경제 성장이 이루어지는 데 필요한 질적인 농업발전을 가로막는 걸림돌이 되었던 반면에 "영국의 체제"는 같은 시대에 결정적인 돌파를 위한 토대를 마련해 주었다고 주장하면서 농업 생산성을 증대시킬 수 있는 농민의 능력을 너무 낮게 평가하고 있다고 지적한다. 그럼에도 필자에게는 이러한 명제들이 근대 초 내내 서유럽 전체가 겪었던 경제적 경험뿐만 아니라 영국과 프랑스 두 나라가 겪었던 경제적 경험에 의해서도 잘 뒷받침되고 있다고 여겨진다.

a) 프랑스의 농민 소유자와 영국의 자본주의적 차지농

16세기로부터 프랑스의 널따란 지역들 특히 북부 지역에 영향을 미쳤던 식량 가격의 상승으로 뚜렷하게 나타난 수요의 엄청난 증대에 직면하여, 농민이 생산을 장악하고 있었다는 점이 생산의 증가를 가로막는 주된 역할을 했음은 분명하다. 시장으로부터 특히 더 커다란 압력을 받고 있었던 지역인 노르망디와 캉브레지에 관한 사례연구들이 우리에게 알려주듯이, 그곳에는 지방시장이든 해외시장이든 시장을 위한 생산이 일찍이—16세기의 첫 일이십 년에—절정에 달하였다. 그 뒤로는 인구가 증가함에 따라 농민들이 점점 더 작은 규모의 땅뙈기를 보유하게 되었고 그리하여 그들의 땅 가운데 점점 더 많은 부분을 그저 곧바로 먹고살기 위한 생산에 바치지 않을 수 없었다. 따라서 우리는 대마나 아마 같은 상업적 작물의 생산이 줄어드는 양상을 찾아볼 수 있다. 더구나 가축 생산도 농민들이 그들 자신의 소비를 위한 생산에 점점 더 치중해감에 따라 줄곧 줄어들어 갔다. 1540년대에는 두 지역 모두에서 곡물 가격이 급속하게 상승하고 있었음에도 불구하고, 실제로 시장에 내다 팔리는 곡물의 양이 더 많아지기는커녕 오히려 더 적어지고 있었다. 또 한편으로는 가축 생산의 증가에 달려있던 농업 생산성이 증대될 가능성도 뚜렷하게 줄어들어 버렸다.[184]

16세기에 또는 17세기 말에 이르는 어떤 시기에도 농민 영농에서 혁신이나 발전이 이루어졌음을 보여주는 징후는 전혀 없다. 생산기술은 프랑스 전역에 걸쳐, 다른 곳 못지않게 북부지방에서도 제자리에 머물러있었다. 자카르가 그에 앞서 나온 프랑스의 여러 지역에 걸친 지방적인 연구들을 요약해 놓고 있듯이 "기술이 결정적으로 발전한 흔적은 전혀 찾아볼 수 없으며, 농민들의 활동이 낳은 결과들은 아주 보잘것없다는 점에서 실질적으로 전과 다를 바 없었다."[185] 그 결과 프랑스의 거의 어디에서나 16세기 초엽에는 1인당 생산성이 상당한 정도로 하락하고 있었는데, 이는 새로운 생존 위기를 낳고 가격을 하늘로 치솟게 만들며 또한 이미 지적했듯이 농업생산에 (18세기에 이르기까지 다시는 도달되지 못할) 절대적인 한계를 짐 지워놓았다.[186]

184) H. Neveux, *Les grains du Cambrésis* (Lille, 1974), pp.692-3; Bois, *Crise du féodalisme*, pp.337-40.

185) Jacquart, "Immobilisme et catastrophe", p.239; 같은 책의 pp.213, 216-21, 224-5, 237-9도 참고할 것. 이와 비슷한 점을 지적한 것으로는 Le Roy Ladurie, "Masses profondes : la paysannerie", pp.568-78을 보라.

186) Le Roy Ladurie, "Masses profondes : la paysannerie", pp.576-85를 보라. Bois는 Normandy에서 생산이 더 일찍이는 아니더라도 1540년에는 절정에 다다랐음을 밝혀내었다 : Bois, *Crise du féodalisme*, p.337. Jacquart 역시 Ile-de-France의 경우에도

따라서 농민을 기반으로 한 프랑스 농업은 **종교 전쟁에 따른 황폐화가 막을 올리기 훨씬 이전에 이미** 그 자체가 아무런 억제도 받지 않고 발전해가는 가운데 정체와 쇠퇴 속으로 빠져들어 있었다.

영국은 이와 뚜렷하게 대조적인 양상을 보여준다. 우리가 알다시피 영국에서는 근대 초가 진행되는 가운데 농업혁명이 이루어졌다. 중세와 근대 초에 걸쳐 유럽에서 시행된 복합농업에 사용될 수 있었던 기술 아래에서 기본 식량의 생산비용을 상당한 정도로 값싸게 만들어줄 질적인 개선이 이루어지기 위해서는, 가축사육과 곡물 경작이 보다 더 긴밀하게 결합되고 서로 더욱 강력한 상보관계를 맺을 필요가 있었으며, 특히 토양의 비옥도가 떨어지는 성향을 막아줄 수 있는 똥거름의 양과 쟁기질의 횟수를 더욱 늘리려면 가축 생산이 곡물 생산에 비해 더 크게 늘어나야만 했다. 농민들의 생계를 위한 생산은 직접 소비를 위한 식량 생산을 부추긴 반면 전문적인 사료작물의 경작 및 가축사육을 멀리하도록 만들었기 때문에, 가축 생산과 곡물 생산을 서로 경쟁하게 만드는 경향이 있었다. 그것은 그럼으로써 앞서 말한 종류의 변화를 직접 가로막는 장애를 이루었다. 반면에 자본주의적 소유 체제는—경쟁에 의해 강요되는 전문화 및 개선을 향한 성향을 마련해줌으로써, 그리고 그뿐만 아니라 앞에서 말한 (분해의 과정이 아니라) 계층분화의 과정을 통하여 모험을 무릅쓰고 투자를 하며 필요한 대규모 영농을 수행할 수 있는 자본주의적 차지농 계급을 등장시킴으로써도—그러한 변화를 촉진시켰다.

이러한 메커니즘들은 근대 초에 윌트셔에서 나타난 농업의 양상과

생산량이 1540-50년 무렵에 최고에 달했다고 제시하였다 : Jacquart, *Crise rurale en Ile-de-France*, pp.49-50.

발전을 면밀하게 고찰한 에릭 케리지Eric Kerridge의 연구에서 분명하게 드러나고 있다. 윌트셔에서는 16세기 초로부터 자본주의적 농장들로 이루어진 체제가 뚜렷이 모습을 갖추고 있었다. 시장의 영향 역시 아주 일찍부터 느껴지고 있었다. 그곳에서는 뒤이어 경제적 계층분화 과정이 전문화 및 개선을 수반하면서 진행되어 갔다. 어디에서나 곡물 경작은 그것에 특히 알맞았던 백악토 지역을 지배하게 되었다. 더구나 17세기 중엽에는 대규모 농장들이 전문화된 곡물 생산을 완전히 도맡고 있었는데, 그 이유는 소농이 그가 좋아하던 목양과 곡물 경작을 겸하는 농업에 매달리는 한 그는 경쟁을 할 수 없었기 때문이었다. 다른 한편으로는 소농들도 차지인으로서 살아남고자 한다면 그들 스스로가 시장을 지향하여 전문화하지 않을 수 없었다. 그들은 곡물 경작을 포기하지 않을 수 없었으나 낙농업에 아주 알맞았던 이른바 치즈 컨트리Cheese Country에서는 그들이 버텨나갈 수 있었다. 이 지역에서는 상대적으로 보아 대규모 생산자가 별로 우세한 경쟁력을 누리지 못했던 것이다.187)

윌트셔에서 나타난 발전들은 근대 초에 영국 전역에서 이루어졌던 과정을 압축해서 보여준다. 조안 셔스크Joan Thirsk는, "전문화된 곡물 경작지역에서 나타났던 대규모 차지농의 지배"를 언급하고는, "전문화된 곡물경작지역에서는 성공적인 사람들이 언제나 상당한 정도의 부를 지닌 요맨 자영농이거나 젠트리였었다"—그리고 "곡물경작지역에서는 소농의 경우 살아남을 희망이 거의 없었다"—고 결론을 내리고 있다.188) 그 이유를 찾기란 그리 어렵지 않다. 첫째, 곡물 생산에서

187) Kerridge, "Agriculture, c. 1500-c. 1793", pp.61, 49, 54, 57-9, 63-4.

188) J. Thirsk, "Seventeenth-Century Agriculture and Social Change", in J. Thirsk

는 노동력의 이용에서뿐만 아니라 기본적인 하부구조(토지를 가리킴/역자)의 이용과 일짐승 및 장비의 이용에서도 상당한 정도로 규모의 경제가 중요하였다. 둘째, 특히 대규모 양 우리를 만들어야 할 필요 때문에 막대한 자본이 요구되었다. 셋째, 전통적으로 목양과 곡물 경작이 함께 이루어져 왔던 지역에서 어쩌면 가장 효력이 컸을 혁신으로서 수경 농법에 드는 비용은 소농들이 마련하기에는 너무 컸다.189)

비슷하게 땅들이 곡물경작지로부터―가축생산과 곡물생산 둘 모두가 제각기 독자적으로 성장할 수 있게 만들어주었던―혁신적인 "고지高地-저지低地" 농업의 체제로 탈바꿈되었던 곳에서도, 그 일을 이루어낸 주역은 거의 예외 없이 자본주의적 차지농들이었다. 케리지가 말하고 있듯이 "고지-저지 농장을 만드는 것은 누구나 할 수 있는 일이 아니었다. 그 일을 이루어내는 데에는 과감함과 인내 그리고 풍부한 자본이 필요하였다." 그 이유는 농장의 구조와 그 장비 그리고 수확을 내는 데 요구되는 시간에서 엄청난 변화들이 필요했기 때문이었다. 따라서 차지농들이 근대 초에 고지-저지농업을 채택하였던 지역들에서―특히 16세기 후반으로부터 미들랜드 평야 지대와 계곡지대 그리고 북동부 저지대에서―이러한 발전들과 더불어 소규모 생산자들이 대거 내리막길을 걸어갔음은 결코 놀라운 일이 아니다.190)

(ed.), *Land, Church and People: Essays Presented to Professor H. P. R. Finberg* [(Supplement to *Agric. Hist. Rev.*, xviii(1970)], p,151, 166; J. Thirsk, "The Peasant Economy of England in the Seventeenth Century", *Studia historiae oeconomica*, x(1975), p.8. Thirsk는 요맨을 "커다란 규모의 농장을 지니고 있으며 임금노동에 의존하였던 부농"으로 규정하고 있다(*ibid.*, p.7).

189) Thirsk, "Seventeenth-Century Agriculture and Social Change", pp.151, 153, 155, 166: J. Thirsk, "Peasant Economy of England", pp.8, 10; Kerridge, "Agriculture, c. 1500-c, 1793", pp.52, 54, 55-7; E. Kerridge, *The Farmers of Old England* (London, 1973), pp.75-7, 81.

소농들은 또한 가축사육에서도 불리한 입장에 놓여 있었던 것으로 보인다. 목축업자들은 대개 투자할 자금을 풍부하게 지니고 있었고 또 충분히 때를 기다릴 수 있었던 대규모 자본가였다고 여겨진다. 어쨌든 항구적인 곡물 경작지로부터 항구적인 목초지로 탈바꿈되었던 땅들, 다시 말해 토양의 성질에 더욱 알맞게 농사를 짓기 위해 전문화가 이루어졌던 땅들에서는 그랬던 것이 틀림없다. 이와 같은 지역들에서는 울타리를 치고 농장의 구조를 바꾸는 데 엄청난 규모의 자본이 투입되었던 것이다.[191]

반면에 소농들이 대규모 차지농들에 못지않게 효율적일 수 있었던 특수한 분야들에서는—무엇보다도 낙농업에서, 그러나 또한 시장을 지향하는 도시 부근의 원예업에서도—소농들도 살아남을 수 있었고 또 실제로 많이 살아남았다. 소농들은 방목지대들에서 작은 규모로나마 여러 상업적 농업 활동(예컨대 대마와 아마의 생산)과 산업활동을 함께 해 나감으로써 강력한 입지를 확보하고 있었다. 하지만 그렇다 하더라도 이처럼 고도로 상업화된 소농들에게는 한정된 범위의 농업적 가능성들만이 열려져 있었다는 사실은 강조되어야 마땅하다. 또한 그들이 존재할 수 있었다는 것 자체가 곡물 생산지역들의 생산성이 향상되어 그 지역들로 하여금 점점 더 많이 생산되고 있던 식량을 바깥으로 내다 팔고 그리하여 목축-상업지역들에서 점점 늘어나고 있던 식량 수요를 충족시켜 줄 수 있게 해주었던 덕분이었다는 사실도 지

190) Kerridge, *Farmers of Old England*, pp.106, 127, 128, 그리고 전반적으로 ch. 4.

191) Thirsk, "Seventeenth-Century Agriculture and Social Change", pp.155, 157: Thirsk, "The Peasant Economy of England", p.11 ; Kerridge, *Farmers of Old England*, pp.62, 90-1.

적되어야만 한다.192)

끝으로 자본주의적 농업체제가 농민에 기반을 둔 체제에 비해 여러 이점을 지니고 있었다는 것이, 특수한 농업발전 방향에서 대규모 차지농들이 소농에 비해 여러 이점을 누렸다거나, "단 한 번으로 끝나는" 이런저런 전문화나 개선을 이루는 데 더 뛰어난 능력을 갖추고 있었다는 문제에 그치는 것은 아니라는 사실이 강조되어야만 한다. 가장 중요한 것은 어쩌면 자본주의적 소유관계가 경쟁을 통해 **경제 전반에 걸친** 지속적인 과정으로서 전문화와 개선을 향한—즉 노동의 사회적·지리적 분업을 향한—체계적인 추진력을 제공해주는 성향을 지니고 있었다는 점일 게다. 그리하여 영국에서는 우리가 알다시피 지역들 사이에서 전문화를 이룬 한 지역의 발전이 다른 지역의 발전과 서로 의존하는 유기적인 관계를 맺는 복잡한 분업적 전문화 체제가 일찌감치 발달해 나왔을 뿐만 아니라, 더 나아가 새로운 기술들이 이용될 수 있게 됨에 따라 계속해서 발전하고 변화되어 갔다. 아주 효율적인 "복합영농" 체제가 성장해 나온 것은 이 점을 아주 잘 보여주는 데,

192) 위와 같은 맥락에서 볼 때 Cooper가 증거를 들어 제시한 것과 같은 농장 규모의 전국적인 평균치들은 영국에서 나타난 농업생산의 변화에 관해 밝혀주는 것보다는 오히려 숨기는 것이 더 많다. 그 이유는 이미 살펴보았듯이, 그러한 변화가 동질적인 과정이기는커녕 오히려 정반대로 지역과 지형 그리고 작물에 따라 농장 규모가 극도로 다양해지는 것으로 특징지어졌다는 데 있다. 소규모 농장들이 수많이 존속했던 것은—농장 규모의 전국적인 평균치를 떨어뜨리는 것으로서—필자의 논의와 전혀 모순되지 않는 방식으로 설명될 수 있다. 다시 말해 그것은 방목지역과 원예농업지역에서는 소규모 농장이 경쟁력을 갖추고 있었고, 토양이 척박한 지역에 대해서는 대규모 영농가들이 관심을 두지 않았으며, 얼마 안 되긴 하지만 몇몇 지역에서는 농민들이 안정된 토지보유권을 누리고 있었다는 점들로 설명될 수 있는 것이다. 더구나 농업에서 소규모 영농이 차지하는 비중은 소규모 농장들이 전체 경작면적—또는 더욱 좋은 것으로 비옥한 곡물 경작지의 전체 면적—가운데 어느 정도를 차지했는가가 아니라 전체 농장의 수에서 어느 정도를 차지했는가에 비추어 평가될 경우, 과대평가될 수밖에 없다는 점도 지적되어야 마땅하다. 본서의 pp.266-8을 보라. Cooper 자신이 이러한 점들 가운데 많은 것을 스스로 제시하고 있다.

이 체제에서는 도식적으로 말해 사료작물의 경작증대가 가축 생산을 뒷받침하기 위해 이용되었고, 다시 이러한 가축 생산의 증대는 휴경이 필요 없는 지속적인 곡물 경작을 가능하게 해주었던 것이다. 이러한 체제는 이제까지 영국에 대부분의 곡물을 공급해 왔던 찰진 진흙밭보다는 푸석푸석한 모래밭에 훨씬 더 잘 적용될 수 있었다. 그 결과 17세기 동안에는 예전에 곡물이 경작되었던 지역들, 특히 미들랜드 지역이 대거 가축 생산쪽으로 넘어가는 양상이 나타나게 되었다. 그와 더불어 나타난 "인구감소"와 노동해방은 이웃한 지역들에서 새로운 산업들 특히 (그 지역에서의 가축사육과 관련된) 가죽제품과 레이스, 메리야스 그리고 직물의 생산이 성장해 나오도록 길을 열어주었다. 한편 영국 남부의 토양이 푸석푸석한 지역들은 더더욱 완전히 곡물 생산에만 치중하게 되었다. 결과적으로 곡물경작 지역들에서는 농업노동에 대한 수요가 더욱 늘어났고, 이러한 지역들에서의 산업 생산은 그에 발맞추어 줄어드는 경향을 보였다. 그 대신 이러한 지역들은 곡물을 다른 곳으로 내다팖으로써 다른 지역에서 식량 이외의 상업작물을 생산하는 농업과 산업이 발달할 수 있도록 뒷받침해 주었다.[193]

b) 프랑스와 영국의 대규모 차지농장

그렇다면 크루트와 파커뿐만 아니라 쿠퍼도 필자를 논박하기 위해 제시한 사실, 즉 임금노동을 사용하는 대규모 차지농의 농장들이 궁

193) E. L. Jones(ed.), *Agriculture and Economic Growth in England, 1660-1815* (New York, 1967), pp.9-11, 36-7; E. L. Jones, "Agriculture and Economic Growth in England, 1660-1750 : Agricultural Change", *Jl Econ. Hist.*, xxv(1965), pp.10-8.

극적으로는 특히 17세기 말에 프랑스의 몇몇 지역들에서도 지배적이게 되었지만, 그래도 그 농장들이 개선과 연관되었거나 그 지역들에 발전을 가져온 것으로 나타나지는 않는다는 사실에 대해서는 어떤 말을 해야 할까? 이러한 사실은 필자가 제시한 해석의 타당성을 무너트리는가? 필자는 원래의 논문에서 똑같은 현상을 지적하고 그에 대해 한 가지 설명을 제시했다. 즉 겉모습은 비슷하나 프랑스의 몇몇 지역에서 나타난 대규모 직영지로 특징지어지는 생산 체제는 사실상 영국에서 지배적이었던 것들과 아주 다른 사회적 생산 관계의 존재를 반영한 것이었다.[194] 필자가 기본적으로 밝히고자 했던 점은 특정한 소유관계의 체제와 결합된 잠재적 생산력을 분석하기 위해서는—사실상 그 체제를 완전하게 **규정하기** 위해서는—개개 생산 단위들에 초점을 맞추는 것만으로 충분하지 않으며, 경제체제 전체 안에서 생산 단위들이 차지하고 있는 위치를 구체적으로 밝혀내야 한다는 것이었다. 이 경우 우리는 규모가 큰 개개 생산 단위들을 산업에서의 생산 단위들과의 상호관계 속에서뿐만 아니라 농업에서의 다른 생산 단위들과의 상호관계 속에서도 이해할 필요가 있다. 사실상 17세기에 프랑스에서 모습을 드러내고 있던 대규모 차지농장은 영국의 그것과는 아주 다르게 기능하는 경향을 보였는데, 그 이유는 그것이 아주 다른 역사적 발전에서 비롯된 결과였기 때문일 뿐만 아니라, 특히 그것이 전반적으로 아주 다른—그 기본적인 원동력에서 여전히 **농민에 의해 지배되고 있던**—소유체제 안에서 움직였기 때문이기도 했다.

이러한 대규모 차지농장들은 대개 프랑스의 영주들로 하여금 예전

194) 본서의 pp.95-8, 그리고 주 112).

에 농민의 땅이었던 토지에 대한 그들의 소유권을 **처음으로** 주장할 수 있게 만들어 주었던 과정들에서 비롯된 결과로 나타났다. 영국에서 농민들을 토지로부터 내몰았던 원래의 과정이 커다란 정도로 **경제외적 강제에 의한** (특히 토지보유 허가료를 마음대로 올려받을 수 있는 봉건적 권한에 의한) 잉여착취 체제의 작용에 의존해 있었던 것과 꼭 마찬가지로 프랑스에서도 그랬던 것이다. 하지만 프랑스에서 토지를 축적하려는 사람들로 하여금 (많은 경우 이미 보유지의 극단적인 분해로 약화되어 있었던) 농민들의 입장을 잠식할 수 있게 만든 요인은, 전쟁이 촌락민들의 재산에 직접 파괴적인 영향을 미쳤던 것과 더불어서 국왕이 점점 더 많은 세금을 부과한 데 있었다. 첫 번째 단계인 토지몰수의 커다란 물결은 종교전쟁 동안에 밀려왔고 특히 직접 전투의 무대가 되었던 지역들, 그 가운데에서도 부르고뉴와 파리 지역에 집중되었다. 두 번째 단계인 토지축적의 커다란 물결은 17세기 중엽에 안팎에서 벌어진 전쟁들 특히 프롱드Fronde의 난과 더불어 밀려왔다. 여기서도 역시 농민들이 빚구럭에 빠져 결국에 가서는 땅을 그 지방의 재산가들에게 팔아넘기지 않을 수 없었던 것은, 재정적 압박이 증대되어 그들을 점점 더 열악한 처지에 빠트렸고 거기에 더하여 군사적인 약탈이 상황을 더욱 악화시켰기 때문이었다.[195]

프랑스에서 앞서 말한 과정들로부터 등장해 나온 대규모 재산 단위들은 영국의 그것들과 비슷한 모습을 띠었다. 하지만 프랑스의 대규

195) N. Fitch, "The Demographic and Economic Effects of Seventeenth Century Wars", *Review*[Fernand Braudel Center, S. U. N. Y. Binghamton], ii(1978-9) : P. de Saint-Jacob, "Mutations économique et sociales dans les campagnes bourguignonnes à la fin du XVIe siécle", *Etudes rurales*, i(1961) ; Jacquart, *Crise rurale en Ile-de-France*, pp.213-27, 248-53, 691-707, 723ff.

모 재산 단위들은—바로 그들의 주변에서 그리고 프랑스 전역에 걸쳐—여전히 이제 땅은 대부분 상실했지만 그래도 수는 엄청나게 많았던 농민들에게 에워싸여 있는 환경 속에서 대두해 나왔다. 그 결과 그들은 영국의 대규모 재산 단위들과는 아주 다른 경제적 동력학을 갖게 되었다. 촌락에서 땅을 끌어모으는 자들이 농민의 토지를 차지했던 것은—농민의 인구가 증가한 데 따른 당연한 결과였던 보유지 분해의 영향을 더욱 가중시켰을 뿐으로—농민 대다수에게 생계를 유지하기에는 너무나 작은 보유지만을 남겨줌으로써, 그들로 하여금 먹고살기 위해서는 임차지를 구하고 수입을 보충해 줄 일자리를 찾지 않을 수 없게 만들었다.[196] 한편 농민을 기반으로 한 생산에서 나타날 수밖에 없던 낮은 농업 생산성은 프랑스의 내수시장과 산업 부문의 발전을 제한했고, 그리하여 농업 바깥에서 다른 일자리를 찾기 어렵게 만들었다. 따라서 궁극적으로 볼 때 규모가 큰 재산 단위 및 생산 단위가 등장해 나왔음에도 불구하고, **지대의 수준을 결정했던 것은 전과 다름없이 바로 농촌에 매여있는 농민들로부터 나오는 생계를 위한 토지에 대한 수요**였다.[197] 이 점은 17세기의 대부분에 걸쳐 지대가 장기적으로 상승해 간 데에서 분명하게 드러났다. 토지 가운데 농민들이 차지한 몫이

196) 대규모 농장들과 더불어 소규모의 농민 생산자들이 아주 많이 존재하고 있던 데 대해서는, Jacquart, *Crise rurale en Ile-de-France*, pp.721, 724-7, 741-2: E. Le Roy Ladurie, "De la crise ultime à la vraie croissance, 1660-1789", in Duby & Wallon(eds.), *Histoire de la France rurale*, ii, pp.414, 428을 보라.

197) 많은 경우 생계유지에도 모자라는 크기의 보유지를 지녔고, 대규모 차지인들보다 단위 면적당 훨씬 더 높은 지대를 기꺼이 납부하고자 했던 소규모 농민들로부터 지대상승의 압박이 나왔던 것에 대해서는 J. Jacquart, "La rente foncière, indice conjoncturel?", *Revue historique*, ccliii(1975), pp.372-4를 보라. B. Veyrassat-Herren & E. Le RoyLadurie, "La rente foncière autour de Paris au XVIIe siècle", *Annales E. S. C.*, xxiii(1968), pp.549-55; 본서의 pp.263-6도 참고할 것.

줄곧 줄어듦으로써 인구가 가장 높은 수준에 도달한 뒤에도 토지에 대한 수요는 계속 증가할 수밖에 없었고 그에 따라 지대도 계속 상승해 갔던 것이다.198)

앞서 말한 경제적 맥락에서는 가장 높은 수익을 올릴 수 있는 방법이 그저 (지대를 올림으로써 직접) 차지인들을 쥐어짜는 것이었음은 분명하다. 또한 이와 관련하여 고정자본에 대한 투자를 회피하고 그 대신에 거두어들인 수입을 더욱 많은 땅을 사들이는 데 다시 투입하는 것도 토지소유자들에게는 합당한 일이었다. 이와 같은 쥐어짜기는 이따금 직영지를 작은 땅뙈기들로 조각내어 농민 차지인들에게 빌려주는 분할임대를 통해 직접적으로 이루어지기도 했다. 하지만 아주 많은 경우에는 직영지가 대규모 차지농에게 통째로 임대되었다. 그러나 이러한 대규모 차지농들은 독자적인 자본가의 역할을 하기보다는 오히려 영주와 농민대중 사이의 재정적 중개인으로 역할을 하는 경향이 있었다. 물론 그들은 특히 쟁기와 가축을 마련하기 위해 얼마간의 투자자금을 제공하였다. 하지만 그 밖의 다른 자본지출은 한정되어 있던 것으로 보이며 오히려 노동집약적인 기술들이 더 즐겨 이용되었다. 대규모 차지농들은 궁극적으로 보아 영주들에게 예속되어 있었다. 다소간에 토지에 매여있던 그들은 다른 경제적 대안을 거의 갖고 있지 못했으며 그들이 잉여를 축적할 여지는 비교적 적게만 허용되었던 것이다. 그들은 영주들에게서 토지를 직접 경영해야 하는 부담을

198) 프랑스 북부에서 나타난 지대의 변동—종교전쟁의 시대 동안에는 줄곧 상승했다가, 그 뒤에 하락하였고, 17세기 초엽쯤에는 다시 예전의 높은 수준으로 회복되어 1640년 무렵부터는 가속적으로 상승해 갔던 지대의 등락—에 대해서는 Jacquart, "Immobilisme et catastrophes", pp.251-2; Jacquart, "Rente foncière, indice conjoncturel?", p.365를 보라.

덜어주었으며, 또한 영주들을 대신하여 지대를 거두어들이고 사법권을 행사하는 등 영주의 수많은 행정업무를 수행해 주었다.[199] 한편 점점 더 많은 수가 고급 관리층과 도시의 부르주아계급으로부터 충원되고 있던 영주들은 그들의 영지에 대해 대체로 수동적인 접근방식을 채택하여, 계속 더욱더 많은 땅을 사들이면서도 개선을 거의 이루어내지 않았던 것으로 보인다. 하지만 이러한 "**지대 수취자**의 근성"은 훌륭하고 충분한 물질적 기반—즉 농민들의 고질적인 토지 기근이라는 상황에서 지대를 쥐어짜는 잉여착취 방법이 높은 수익을 가져다줄 수 있었다는 점—을 지니고 있었다.

필자는 실제로 이즈음에는 영국의 중요한 지역들에서 영주와 차지인 사이에 보다 생산적이고 보다 협동적인 관계가 이미 모습을 드러내어 지속적인 발전을 뒷받침하고 있었다고 주장했다. 쿠퍼는 (그가 "브레너는 곡물법을 옹호하던 토리당원처럼 말한다"고 쓰고 있듯이)[200] 필자가 그렇게 주장하는 가운데 어느 정도는 영국의 영주들이 뚜렷하게 자비로운 동기들과 생산을 증대시키려는 의도를 지니고 있었던 것처럼 말했다고 생각한다. 하지만 필자의 주장에는 그러한 의도가 전혀 들어있지 않다. (또한 필자가 프랑스 영주들이 얼마간 뒤떨어져 있었거나 또는 기업가적 행위에 적대적이었음을 뜻한 것도 결코 아니다.) 필자가 주장하고자 하는 점은 단지 17세기 말에 영국과 프랑스에서 지배적인 것이 되어 있었던 서로 다른 사회적 생산 조건들이 영주

199) Jacquart의 다음과 같은 지적을 보라. 자영농들은 "진짜로 권력을 지니고 있던 사람들을 농촌 세계의 한가운데에서 대변해 주는 대리인에 지나지 않았다." : Jacquart, *Crise rurale en Ile-de-France*, pp.756-7.

200) 본서의 pp.258-6, 290.

의 수입을 가장 잘 보호하고 더 나아가 증대시킬 수 있는 전략을 서로 다르게 결정지었다는 것뿐이다. 영국에서 특히 곡물경작지역들에서는 자본주의적 차지농들이 고도로 자본집약적인 농업을 장악하였고, 그에 따라 토지를 보유한 농민들의 수는 급격하게 줄어들었다. 이러한 상황에서는 영주들의 수입이 자본투자를 바탕으로 차지인들이 얼마만큼 효율적으로 농사를 지을 수 있는가에 달려있었다. 요컨대 자본주의적 차지농의 수익은 영주의 지대수취를 위한 전제조건을 이루었다. 영주들이 차지인들을 쥐어짜려고 시도해 차지인들이 그들의 투자로부터 합당한 수익을 올리지 못하게 만들수록, 그만큼 더 차지인들은 투자를 그만두고 궁극적으로는 그들의 임차지를 포기하여 다른 농장이나 어쩌면 심지어 다른 생산 분야로 옮겨갈 수 있었던 것이다. 반면에—자본주의적 차지농들이 납부했던 것과 같은 수준의 지대를 낼 수 있었던 농민은 말할 것도 없고—땅에 머물러있으면서 반쯤 프롤레타리아가 되어버린 농민대중은 전혀 존재하지 않았다. 간단하게 말해서 경제적인 성공은 축적과 혁신에 달려있었고, 이러한 맥락에서는 차지인이 자금 부족에 시달리는 경우 영주가 어느 정도 자본투자의 역할을 떠맡는 (그리고서 수입의 일부를 자본투자에 대한 이윤으로 차지하는) 것이 때로는 영주에게 유리하게 작용하였다. 이처럼 필자가 언급한바 영주와 차지인이 맺고 있던 그와 같은 공생관계는 경제적으로 훌륭한 근거를 가지고 있었으며, 역동적인 농업발전을 뒷받침하는 경향이 있었다. 쿠퍼도 결국에 가서는 어쩔 수 없이 17세기 말과 18세기에 그러한 공생관계가 존재했다는 사실이 거듭거듭 입증되어 왔다는 것을 인정하고 있다.[201]

겉모습은 비슷하지만 영국의 대농장과 프랑스의 대농장 사이에 질적인 차이가 있었다는 사실은, 곡물 가격이 낮았던 시대인 17세기 후반에 그들이 서로 분명히 다르게 기능했다는 것에서 더할 나위 없이 뚜렷하게 드러난다. 이 시대에도 영국의 농업에서는 농장을 더욱 효율적으로 만들어 줄 알맞은 조치들이 취해지기만 하면, 여전히 아주 높은 수익이 거두어질 수 있었다. 곡물 경작에 알맞은 토지의 경우에는 그러한 조치들이 목축과 곡물 경작을 겸하는 농업의 보다 발전된 형태가 더욱 강화되고 팽창하는 것—즉 사료작물의 사용이 증대되고 엔클로저가 이루어지며 대규모 농장들이 만들어지는 것—을 뜻하였다. 예전에 곡물이 경작되었으나 사실은 방목에 알맞았던 땅들의 경우에는 그러한 땅을 항구적인 목초지로 탈바꿈시키거나 그 땅에 고시-저지농업을 시행함으로써 꽤 높은 수입을 올릴 수 있었는데, 그러기 위해서는 대개 엔클로저와 본질적으로 새로운 농장운영이 필요하였다. 두 경우 모두 생산 단위를 보다 큰 규모로 만들고 자본을 투입하며 혁신을 가속화시키는 것이 요구되었다. 실제로 바로 이러한 일들이 이루어졌다는 사실은 자본주의적 생산관계가 우월하다는 것을 보여줄 뿐만 아니라, 이 시대에 영국 농업에서 그러한 관계가 지배적이었다는 것도 확실하게 보여주는 증거가 되고 있다.202)

같은 시대에 1660년대로부터 줄곧 식량 가격이 낮았던 상황에 대

201) 본서의 pp.286-9와 주 140). Cooper 자신이 인용한 사료들뿐만 아니라, Jones, "Agriculture and Economic Growth in England, 1660-1750 : Agricultural Change"도 참고할 것. 또한 Coleman, *Economy of England*, 1450-1750, pp.122-3도 보라.

202) Thirsk, "Seventeenth-Century Agriculture and Social Change", pp.155-7; 그리고 본서의 pp.285-93. 따라서 많은 영주들이 그들의 소규모 차지인들에 대해 가혹한 정책을 채택하였다는 사실은, Cooper가 제시하고 있는 것과는 달리 필자의 주장을 뒤엎는 것이 아니라 오히려 더 뒷받침해준다.

해 프랑스의 토지소유자들이 보여주었던 반응은, 쿠퍼 스스로 지적하고 있듯이[203] 영국에서의 반응과 뚜렷한 대조를 이루었다. 농산물에 대한 시장, 즉 가격이 하락하는 데 발맞추어 지대도 하락을 "해야 한다"는 것을 "가리켜주는" 시장이 쇠퇴해가는 데 직면하여, 프랑스의 토지소유자들은 지대상승을 고집하였다. 그 결과 대규모 차지농들을 포함한 엄청난 수의 차지인들이 높은 지대와 낮은 가격 사이의 틈바구니에 끼어 쥐어짜임으로써 빚구럭에 빠져들었으며, 결국에는 농장의 여러 장비와 심지어 집안 가구들까지 포함하여 그들이 축적해 놓은 재산의 대부분뿐만 아니라 그들의 농장 자체마저도 영주에게 넘기지 않을 수 없었다.[204] 하지만 이 점이 영국의 영주들보다 프랑스 영주들이 더 또는 덜 합리적이었다거나 더 또는 덜 자비로웠다는 것을 가리키는 것은 아니었다. 그들은 단지 다른 상황에 직면해 있었을 뿐이었다. 1660년 이후에 나쁜 시절이 다가왔을 때, 프랑스 영주들에게는 부담을 차지인들에게 떠넘기는 것이 합당한 일이었다. 왜냐하면 영주들은 그렇게 하면서도 여전히 꽤 많은 수익을 얻어낼 수 있었기 때문이었다. 지대는 땅을 충분히 보유하지 못한 농민들로부터 나오는 토지에 대한 수요가 계속해서 높은 수준에 있었던 덕분에 계속 상승했던 것으로 보이는데, 그러한 농민들은 분명히 영주들에게 보다 높은 지대를 납부하기 위해 기꺼이 그들의 노동력을 더욱 집약적으로 투입하려 했던 것이다. 대규모 차지농들 역시 옮겨갈 만한 곳이 전혀 없었기 때문에 이처럼 높은 지대를 계속 납부하지 않을 수 없었던 것

203) 본서의 pp.273-5, 282-4, 286-91.

204) Jacquart, *Crise rurale en Ile-de-France*, pp.742, 744-8; Jacquart, "Immobilisme et catastrophes", pp.254-5, 261-5.

으로 여겨진다. 그들은 많은 경우 결국에 가서는 임차지를 계속 보유하기 위해 그들이 축적해 놓은 자본을 마지막 한 푼까지 영주들에게 넘겨주었고 그래서 마침내 파산당하고 말았다. 그리하여 자카르는 이 시대에 농사꾼과 농촌 상인들이 겪은 "궁핍함"에 대해 언급하고 있는 것이다.[205] 물론 궁극적으로는 시장의 요인들이 겉으로 드러날 수밖에 없었다. 하지만 그것은 장기적으로만 그랬을 뿐이다. 많은 경우에는 영주들이 한 세대에 걸쳐 가격이 낮았음에도 불구하고 높은 지대를 유지할 수 있었다. 그러나 프랑스 북부에서 지대가 그처럼 1700년에 이르기까지 계속 상승해가는 동안[206] 프랑스 농업의 기반은 줄곧 잠식되어 갔다.

c) 농업생산 : 영국과 프랑스에서 나타난 장기적인 결과들

이와 같이 영국과 프랑스에서 아주 다른 체제의 사회적 소유관계가 작동함으로써 나타난 장기적인 결과는 두 나라 각각의 농업이 이루어낸 성과에서 이미 나타나 있었던 뚜렷한 차이를 더욱 벌려놓은 것뿐이었다. 이러한 결론은 오랫동안 받아들여져 왔던 정통설을 부정하려고 시도해 온 수정주의 학파에 의해 논박되어 왔다. 쿠퍼는 비록 일관되지 못하긴 하지만 이 학파를 지지하는 것으로 보인다. 그리하여 쿠퍼는 16세기와 17세기에 프랑스의 농업이 영국의 농업에 비해 허약했다면 그러한 허약함은 다름이 아니라 바로 프랑스가 전쟁으로 말미암은 약탈로 더 많은 피해를 입었다는 점으로 충분히 설명된다고 생각한다.[207] 또 다른 역사가들은 특히 18세기 초로부터 절대주의의 가

205) Jacquart, *Crise rurale en Ile-de-France*, pp.747-8.
206) Jacquart, "Rente foncière, indice conjoncturel?", p.365.

장 나쁜 폐해들이 사라지면서 프랑스의 농업이 영국의 농업에 비해 아주 유리하게 진행되었던 엄청난 성장을 겪었다고 주장해왔다.208)

하지만 수정주의 학파의 논거는 투탱J. C. Toutain이 프랑스의 국민 소득에 관한 엄청난 규모의 거시적 연구에서 밝혀냈던 자료들에 바탕을 두고 있다. 그런데 투탱의 자료는 대체로 신뢰를 받아오지 못했다.209) 어쨌든 18세기의 프랑스 농업사를 연구하는 사람들 가운데 거의 누구도 투탱의 자료를 받아들이지 않고 있음은 분명하다. 그들은—직접적인 증거는 물론이고—십일조 징수 대장에 대한 그들 자신의 연구에 입각해, 거의 모두가 **적어도 1750년까지는 농업이 정체되어 있었다**고 결론지어 왔던 것이다.210)

207) 본서의 pp.297-8. 필자가 보기에 이 논문에서 Cooper가 이 문제에 대해 취하고 있는 입장은 심각한 모순을 드러내고 있으며, 필자는 Cooper 자신이 제시한 증거를 이러한 견해를 반박하는 데 사용한 바 있다.

208) 특히 P. K. O'Brien, "Agriculture and the Industrial Revolution", *Econ. Hist. Rev.*, 2nd ser., xxx(1977) ; 또한 R. Roehl, "French Industrialization", *Explorations in Econ. Hist.*, xiii(1976), p.260을 보라.

209) E. Le Roy Ladurie, "Les comptes fantastiques de Gregory King", *Annales E. S. C.*, xxiii(1968): D. Landes, "Statistics as a Source for the History of Economic Development in Western Europe", in V. Lorwin & J. Price(eds.), *The Dimensions of the Past* (New Haven, 1972), p.74: E. L. Jones, "Introduction: Industrial Patterns and their Rural Backgrounds", in *Agricultural History and Industrial Development* (이탈리아어 판 타이프 원고). 필자는 이 원고를 출간하기 전에 필자가 참고할 수 있도록 허락해 준 E. L. Jones에게 감사를 드리고자 한다.

210) Le Roy Ladurie는 필자가 원래의 논문에서 산업시대 이전에 프랑스에서 이루어진 농업의 발전을 충분하게 평가하지 못했다고 생각한다. 하지만 여기에서의 이러한 맥락에서는 필자가 Le Roy Ladurie 자신의 다음과 같은 요약을 받아들이고자 한다. "대체로 14세기로부터 18세기 초반에 이르기까지 농업생산이 커다란 변동을 겪었음은 의심할 여지가 없다 …… 그러나 아주 장기적으로 볼 때 농업생산이 지속적인 성장운동에 의해 팽창한 것은 아니었다……참다운 성장은……1750년 이후에야 그리고 그때에도 종종 머뭇거리면서…… 모습을 드러냈다." : Le Roy Ladurie, "Masses profondes : la paysannerie", p.575. 또한 Le Roy Ladurie, "De la crise ultime à la vraie croissance", p.395도 참고할 것. 프랑스에서는 농업 생산성이 1840년 이후에야 비로소 두드러지게 향상되기 시작했다는

영국에 대한 증거는 프랑스의 경우에 비해 덜 직접적이지만 그 결과는 아주 분명하다. 영국의 인구는 1450년에 220만가량이었는데 1700년에는 이미 5백만을 넘어서고 있었다. 14세기에는 똑같은 인구수준 아래에서 심각한 기근과 위기가 벌어졌었다. 반면에 1700년에는 생존의 위기가 이미 오래전부터 머나먼 옛일이 되어 있었다. 상대적으로나마 심각하다고 말할 수 있을 생존의 위기가 마지막으로 나타난 때는 1597년이었는데, 이 위기조차도 대륙에서의 기준으로 보면 결코 심각한 것이 아니었다. 한편 1700년에는 인구 가운데 어쩌면 절반까지가 농업 이외의 부문에 종사하였는데, 농업생산자들은 이러한 비농업 종사자들을 모두 먹여 살려야 했다. 게다가 그러면서도 영국은 이미 유럽에서 가장 커다란 규모로 곡물을 수출하는 나라들 가운데 하나가 되어 있었다.211)

18세기에는 또 어떠했을까? 이 시대에 영국의 농업과 프랑스의 농업이 겪었던 성장에 대한 평가는 주로 변하지 않는 것으로 전제되는 **1인당 곡물 소비량**을 기준으로 하여 이루어져 왔다. 이러한 전제 위에서는

주장에 대해서는 G. Grantham, "The Diffusion of the New Husbandry in Northern France, 1815-1840", *Jl Econ. Hist.*, xxxviii(1978)을 보라.

211) 영국에서는 프랑스의 경우에 비해 심지어 16세기에도 생존의 위기가 그렇게 심각하게 나타나지 않은 점에 대해서는 A. Appleby, "Grain Prices and Subsistence Crises in England and France, 1590-1740", *Jl Econ. Hist.*, xxxix(1979)를 보라. 영국의 곡물수출에 대해서는, D. Ormrod, "Dutch Commercial and Industrial Decline and British Growth in the Late Seventeenth and Early Eighteenth Centuries", in F. Krantz & P. M. Hohenberg(eds.), *Failed Transitions to Modern Industrial Society* (Montreal, 1975), pp.37-40: J. A. Faber, "The Decline of the Baltic Grain-Trade in the Second Half of the 17th Century", *Acta historiae Neerlandica*, i(1966), pp.125-6: A. H. John, "English Agricultural Improvement and Grain Exports, 1660-1765". in D. C. Coleman & A. H. John(eds.), *Trade, Government and Economy in Pre-Industrial England : Essays Presented to F. J. Fisher* (London, 1976), pp.47-64를 참고할 것.

인구의 증가가 대략적으로 식량 공급의 증가율을 가리켜주는 훌륭한 지표가 될 수 있다. 쿠퍼가 설명하고 있듯이 18세기 초반에 영국의 농업이 프랑스의 농업에 비해 상대적으로 더 크게 성장하지 못했다고 주장하는 수정주의 학파의 논거는, 이미 받아들여지지 않고 있는 낡은 인구자료—브라운리-리크맨 추산치—를 바탕으로 하고 있다. 교구별 교회등록부로부터 나온 자료를 바탕으로 하여 캠브리지 인구사 및 사회구조사 연구회가 보다 최근에 제시한 수치들은, (식량 가격이 비교적 안정되어 있었을 때) 영국의 인구가 앞서의 추산치들이 가리키는 것보다 훨씬 더 빠르게 증가하고 있었음을 밝혀준다. 이는 17세기 말과 18세기 초에 농업생산량이 전에 생각되어 왔던 것보다 훨씬 더 급속하게 증가했음을 가리킨다. 쿠퍼는 "프랑스에서의 농업생산량이 정체 또는 하락하고 있었던 17세기 말과 18세기 초에 영국에서는 아마도 농업생산량이 상당한 정도로 증가하였고, 영국의 성장률은 1750년에 이르기까지 프랑스의 그것보다 훨씬 더 빨리 상승했을 것"이라고 결론을 내리고 있다. 그의 말에 따르면 "1760년에는 영국 농업과 프랑스 농업 사이의 차이들이, 비록 비교의 대상이 프랑스에서 곡물 경작이 지배적인 개방 경지제 지역들에만 한정되어 있긴 하지만, 1560년에서보다 훨씬 더 벌어져 있었음은 분명하다."212)

212) 본서의 pp.228-30, 296. 유사한 방법을 사용하여 18세기 전체를 살펴보았던 E. L. Jones도 비슷한 결론에 다다른 바 있다. 그의 말에 따르면 잉글랜드와 웨일스에서는 1700년에 농업에 고용된 한 사람이 1.7명이 먹을 만큼을 생산했고, 1800년에는 47퍼센트가 증가한 2.5명이 먹을 만큼을 생산할 수 있게 되었다. 반면에 프랑스에서는 같은 방법으로 산출한 결과, 1701년에는 한 사람이 1.2명이 먹을 만큼을 생산했고, 1789년에 가서도 고작 8퍼센트가 증가한 1.3명이 먹을 만큼을 생산할 수 있었을 뿐이다 : Jones, "Introduction : Industrial Patterns and their Rural Backgrounds", pp.27-9.

d) 유럽 전체에 대한 비교사적 조망에서 바라본 프랑스와 영국의 농업

근대 초에 영국과 프랑스를 제외한 유럽의 여러 다른 곳들에서 이루어진 농업의 발전 양상은 앞서 말한 관계 및 패턴들을 더욱 확실하게 밝혀주는 경향이 있다.

네덜란드의 경우

르 르와 라뒤리는 16세기와 17세기에 네덜란드에서 진보된 농업이 성장했다는 점을 필자에게 제시하면서, 마치 그 사실이 농민이 지배적인 농업경제가 근대 초에 농업의 혁신적인 도약을 위한 발판을 제공해줄 수 있었다는 자신의 주장을 뒷받침하는 보기라도 되는 것처럼 여기고 있는 듯하다.[213] 하지만 근대 초가 막을 올릴 무렵에 네덜란드에서 나타나 있던 농업구조에 관하여 가장 중요한 사실은, 그것이 서유럽에서 전형적으로 나타났던 봉건적 · 농민적인 패턴과 **구조적으로 달랐다**는 점이다. 우선 네덜란드에는 경제외적 강제를 통하여 잉여를 착취할 수 있었던 깊이 뿌리내린 영주계급이 결코 존재해오지 못했고, 1500년에는 토지소유 계급이 오로지 경제적 지대만을 거두어들이고 있었다. 똑같이 중요한 사실로 생계수단을 시장을 통하지 않고 직접 얻어낼 수 있었던 전통적인 "가부장적" 농민"소유자"도 결코 존재해오지 못하였다.[214] 네덜란드의 농업은 분명히 소규모 낙농업과 가축 생산을 기반으로 해서만 성립될 수 있었다. 그 결과 농사꾼들은 처음부터 먹고살기 위해 시장에서 곡물을 사들여야만 했으므로, 교환

213) 본서의 pp.168-9.

214) J. de Vries, "On the Modernity of the Dutch Republic", *Jl Econ. Hist.*, xxxiii (1973), pp.194-5ff. ; J. de Vries. *The Dutch Rural Economy in the Golden Age, 1500-1700*(New Haven. 1974), pp.24-41.

을 위한 생산에 전문적으로 뛰어드는 것 말고는 거의 선택의 여지를 갖고 있지 못했다.[215] 더구나 아주 일찍부터 토지의 임대차 관계가 널리 퍼져있었고, 그리하여 경쟁적으로 시장을 지향해 생산하는 성향을 더더욱 부추겼던 것으로 보인다.[216]

이와 같이 사회적 소유 체제가 비봉건적이고 비농민적인 것이었음을 감안할 때, 네덜란드의 농업이 16세기로부터 줄곧 깊이 뿌리내린 농민 소유자들을 기반으로 하여 기본적으로 인구적 요인에 의해 변화가 이루어지는 성향—즉 보유지의 분해와 생산성의 하락 그리고 위기를 불러오는 낯익은 맬서스적 패턴—을 결코 겪지 않았다는 것은 어쩌면 전혀 놀라운 일이 아닐 게다.[217] 오히려 네덜란드에서는 도시 시장으로부터 가해지는 압력 아래에서 경쟁과 계층분화를 바탕으로 하는 경제 성장의 과정이 이루어졌다. 다시 말해서 고도로 전문화된 시장생산은 소보유농을 몰락시키고, 자본투자와 기술의 개선 그리고 임금노동의 도입을 바탕으로 한 대규모 농장을 형성시켰던 것이다.[218]

215) De Vries, "On the Modernity of the Dutch Republic", p.194. 곡물 수입이 산업뿐만 아니라 전문적인 목축업도 가능하게 만드는 데 엄청나게 큰 역할을 했다는 점에 주목할 것 ; De Vries, *The Dutch Rural Economy in the Golden Age*, pp.169-73; H. van der Wee, "The Agricultural Development of the Low Countries as Revealed by the Tithe and Rent Statistics, 1250-1800", in H. van der Wee & E. van Cauwenberghe(eds.), *Productivity of Land and Agricultural Innovation in the Low Countries* (Louvain, 1978), p.12.

216) De Vries, *The Dutch Rural Economy in the Golden Age*, pp.33.

217) De Vries가 네덜란드 농업의 발전이 [자급자족적인] 농민의 모델과는 전혀 다른 전문화의 과정을 따랐다는 점에서 고유한 특징을 지니게 되었다고 분명하게 개념을 정립하고 있음은 주목할 만하다 : *ibid.*, passim.

218) J. de Vries, *The Economy of Europe in an Age of Crisis, 1600-1750* (New York, 1976), p.71.

플랑드르의 경우

끝으로 쿠퍼와 르 르와 라뒤리는 둘 모두 실제로 아주 규모가 작은 농사꾼들이 활동하고 있던 플랑드르의 농업이 근대 초에 일찍이 개선을 이루어냈다는 사실을 지적하고 있다.219) 이러한 플랑드르의 경우는 농민들이 근대 초에 농업의 발전과 더 나아가 경제의 발전을 향한 도약의 발판을 마련할 수 있었고 또 실제로 마련했다는 것을 증명해 주는가? 우선 처음부터 플랑드르의 소규모 농사꾼들은 대개 생계 수단을 소유하고 있지 않았다는 사실에 주목할 필요가 있다. 사실상 농민들을 토지의 "소유"로부터 분리시키는—그리고 그럼으로써 농업의 발전을 위한 조건을 마련해 주는—과정에서 중요했던 하나의 단계는, 중세 말에 인구가 급격히 감소한 데 뒤이어 농촌이 다시 건설되는 동안에 토지소유자들이 관습 보유지를 임차지로 바꾸어 가는 가운데 이루어졌던 것으로 보인다. 어쨌든 근대 초에 플랑드르의 농업은 주로 상업적인 차지인이나 또는 "생계를 위해" 생산하기에는 너무나 작은 농장을 갖고 있었던 소규모 자유 보유농에 의해 수행되고 있었다. 그 두 부류는 둘 모두 살아남고자 한다면, 시장을 위해 생산하고 전문화를 이루어내야만 하였다.220)

이러한 소규모 생산자들로 하여금 전문화와 개선을 이루어내지 않을 수 없게 만들었을 뿐만 아니라, 그러한 일을 성공적으로 해낼 수

219) 본서의 pp.168-9, 241 주 40), 258, 304 주 164).

220) H. van der Wee & E. van Cauwenberghe, "Histoire agraire et finances publiques en Flandre du XIVe au XVIIe siècle", *Annales E. S. C.*, xxviii(1973), pp.1056-8; F. M. Mendels, "Agriculture and Peasant Industry in Eighteenth Century Flanders", in E. L. Jones & W. N. Parker(eds.), *European Peasants and their Markets* (Princeton, 1975), pp.194, 198-9; 본서의 pp.258-60.

있게 만들기도 했었던 요인은 무엇보다도 먼저 동유럽으로부터 곡물을 쉽게 수입해 올 수 있었다는 점에 있었다. 동부 독일과 폴란드로부터 곡물이 막대하게 수입되었던 덕분에, 플랑드르의 농사꾼들은 살아남기 위해 시장에 의존해야 하는 필요에서 벗어나려고 다양한 생계수요에 맞추어 생산을 하지 않을 수 없게 만드는 통상적인 압박으로부터 비교적 자유로울 수 있었다. 물론 유럽의 대다수 농민들에게는 기본적인 필수품들이 그처럼 안정되게 공급되지 못했고, 따라서 그들은 대부분 자급자족을 하지 않을 수 없었다.[221] 또한 플랑드르의 농민들은—도시들의 배후지에 살고 있어서—플랑드르의 대규모 산업중심지들과 직접 접촉할 수 있었던 덕분에 가깝고 또 믿을 만한 시장을 갖게 되었고, 훨씬 위험부담을 적게 안고서 전문화를 이루어낼 수 있었다.[222] 끝으로 그리고 반드시 필요했던 것으로 플랑드르의 농사꾼들은 도시에 가까이 있었던 덕분에 도시(도시의 사람과 동물)로부터 막대한 양의 비료를 얻어낼 수도 있었다. 도시로부터 얻어졌던 이 비료는 그들의 전체 생산활동을 뒷받침해주는 대들보가 되었는데, 그것이 없었다면 농사짓기가 아주 어려웠을 것이다.[223]

이러한 소규모 농사꾼들이 대개 기본적인 식량작물을 생산하지 않

221) A. Verhulst, "L'économie nirale de la Flandre et la dépression économique du bas moyen âge", *Etudes rurales*, x(1963), pp.76-7; A. van der Woude, "The *A. A. G. Bijdragen* and the Study of Dutch Rural History", *Jl European Econ. Hist.*, iv(1975), p.235; B. H. Slicher van Bath, "The Rise of Intensive Cultivation in the Low Countries", in J. S. Bromley & E. H. Kossman(eds.), *Britain and the Netherlands*[i](London, 1960), p.149.

222) Slicher van Bath, "Rise of Intensive Cultivation in the Low Countries", pp.145-6.

223) "그 모델은……필요한 비료를 보충해주는……도시들 부근에만 적용된다." : Le Roy Ladurie, "De la crise ultime à la vraie croissance", p.414.

았다는 사실은 강조되어야 마땅하다. 그들은 오히려 갖가지 종류의 산업작물과 낙농제품 그리고 시장을 지향한 원예작물을 전문적으로 생산했던 것이다.[224] 따라서 팽창하고 있던 플랑드르의 산업중심지들에 식량을 대주었던 것은 플랑드르의 소규모 농사꾼들이 아니었다. 오히려 정반대로 동유럽으로부터 곡물이 수입되지 않았다면 플랑드르의 전문화된 소규모 농민농업도 또 플랑드르의 발전된 산업도 결코 번창할 수 없었을 것이다.

그 모든 특수한 성격들을 감안할 때 플랑드르와 같은 유형의 농업이 그것의 원래 본거지 너머로 거의 확산되어 가지 못했음은 별로 놀라운 사실이 아니다. 이웃한 북부 프랑스의 농민들이 플랑드르 농민들을 모방하기에는 얼마간 지나치게 보수적이었다고 생각할 이유가 있을까? 또 계몽사상이 카톨릭교도인 플랑드르의 농민들에게는 일찍이 다가온 반면에, 그리 멀리 떨어져 있지 않은 노르망디와 캉브레지 그리고 피카르디에 살고 있던, 혜택을 덜 받은 농민들에게는 그냥 비켜갔다는 말인가? 르 르와 라뒤리 그 자신도 다른 글에서 조심스럽게 플랑드르 농업의 발전을 "상례에서 벗어난" 것이라고 말하면서, 플랑드르 농업이—다름이 아니라 도시화되어 있었고 곡물을 수입해 들여왔던 그 지역의 특수한 상황 때문에—"외따로 ('갇혀있는' 상태에서) 발전한 것으로 보인다"고 지적하고 있다.[225] 바로 이러한 플랑드르의 경우가 규칙을 입증해주는 예외라는 것은 분명하지 않은가?

224) Mendels, "Agriculture and Peasant Industry in Eighteenth Century Flanders".

225) Le Roy Ladurie, "Masses profondes : la paysannerie", pp.511-4, 특히 p.514: Cooper도 본서의 pp.258-60에서 이를 인용했다; Le Roy Ladurie, "De la crise ultime à la vraie croissance", pp.414-6.

산업시대 이전의 농민농업이 지니고 있었던 잠재력에 관해 이와 같은 결론들을 내리는 데에는 한 가지 단서가 붙어야만 한다. 그 단서란 중세와 근대 초의 유럽에서 일반적으로 나타났던 "규칙"이 모든 시대 모든 지역에 해당되는 것으로는 간주될 수 없다는 것이다. 그 이유는 특정한 소유 체제와 특정한 경제발전—특히 생산력의 발전—의 경로 사이에 맺어지는 관계가 역사를 초월하는 법칙에 의해 지배되지는 않기 때문이다. 특히 지속적인 자본주의적 경제발전의 도약이 일단 여러 지역에서 이루어지면, 이러한 도약은 그에 뒤이어 다른 곳에서 벌어지게 될 비슷한 과정들의 조건과 성격을 다시 돌이킬 수 없게 변화시켰다. 시간이 흐름에 따라 특히 19세기가 진행되어감에 따라 소규모 소유자 겸 경작자들을 기반으로 하는 농업이 경제발전에 대해 지니고 있던 의미는 변화되어 갔다. 시장을 위한 생산을 지향하게 만드는 유인들은 더욱 커졌고, 생계를 위해 생산을 하게 만드는 압력은 줄어들었으며, 소규모 가족농장의 기술적인 잠재력은 더욱 팽창하였다. 산업의 성장 덕분에 더욱더 폭넓은 범위의 상품들을 싼 값으로 구입할 수 있게 되면서, 농민들로 하여금 필수품의 자가 생산을 포기하고 전문화를 이루어내며 그들이 필요로 하는 것들은 시장에서 구입하도록 부추기는 유인들은 엄청나게 커졌다. 또한 온 세계에 걸쳐 기본적인 식량의 공급이 점점 더 늘어났고 수송 수단의 발달로 그처럼 늘어나고 있던 식량을 더 쉽게 구할 수 있게 되면서, 전문화에 따르는 위험부담도 점점 더 줄어들어 갔다. 끝으로 19세기 말로 가면서 인공비료가 발달하고 생물학적 지식이 증대됨에 따라, 소규모 가족농장은 특정한 몇몇 생산유형에서 긍정적인 이점들을 갖게 되었다. 특히 새로운 형태의 (사료작물과 결합된) 가축생산("복합축산")에서는, 가장 수준 높은 기술들이 대규모 농장 못지않게 소규모 농장에서도 훌륭하게 이용될 수 있었으며 자본도 거의 필요로 하지 않았다. 더구나 소규모 가족농장에서는 가축 생산에 필요한 노동이 보다 질 높게 그리고 보다 정성스럽게 이루어질 수 있었던 반면에, 임금노동을 사용하는 대규모 농장에서는 대개 그러지 못했다.226) 이러한 발전들은 당연하게 농민 영농이 직접생산자를 생계수단으로부터 분리시키는 경제외적 과정을 거칠 필요도 없이 순조롭게 본질적으로 자본주의적인 영농으로 이행해 가는 것—즉 가족농장이 계속 살아남는 것—을 훨씬 더 쉽게 만들어주었다.

결론 : 산업과 농업 그리고 경제발전

영국의 경제로 하여금 대륙의 이웃들에게는 이미 막혀있던 발전에로의 길로 올라설 수 있게 만들어 주었던 것은, 바로 농업에서의 계급관계 또는 소유관계가 바뀐 데 뿌리를 둔 농업 생산성의 증대였다. 이러한 발전에의 길은 유럽의 다른 나라들에서는 "전반적인 위기"가 경제를 사로잡았던 시대를 **거쳐서** 산업혁명의 시대에 들어와서까지, **산업화가 계속되고** 경제가 전반적으로 성장한 것으로 특징지어졌다.

여기에서 15세기 말로부터 수출을 위한 영국의 직물생산이—약간

226) C. Servolin, "L'absorption de l'agriculture dans le mode de production capitaliste", in Y. Tavernier, M. Gervais & C. Servolin(eds.), *L'univers politique des paysans* (Paris, 1972), pp.44–5, 그리고 *passim*; M. Gervais & C. Servolin, "Reflexions sur l'évolution de l'agriculture dans les pays d éveloppés", *Cahiers de l'Institut économique appliqué*, ser. Ag 3, no. 143(1963). pp.102–6.

뒤에 시작된 인구증가로 더욱 강력한 힘을 얻어—두드러지게 성장했다는 점이 근대 초에 영국에서 나타난 경제발전의 전반적인 과정을 **출발시킨** 요인이 되었을 가능성은 꽤 크다. 그것은 아주 민감한 농업생산체제를 가동시킨 수요의 압력을 **최초로** 제공했을 수도 있는 것이다. 그럼에도 수출을 위한 영국의 직물 산업이 대륙의 그것들과 마찬가지로 중세에 플랑드르와 북부 이탈리아에서 발전했던 대규모 직물산업과의 **연속성** 및 **유사성**으로 특징지어졌다는 사실을 강조하는 것은 결정적으로 중요하다. 다시 말해서 그것은 똑같은 봉건제의 동력에 반응하였고, 봉건제에 입각한 똑같은 한계들에 부딪쳤으며, 따라서 지속적인 성장을 위한 바탕을 마련해줄 수 없었다. 그것은 유럽에서 본질적으로 사치품의 성격을 띤 산물에 대한 수요가 늘어나고 있는 가운데 그 수요의 커다란 부분을 장악할 수 있었던 덕분에 성장하였고, 그와 같은 수요의 증대는 상층계급 및 중간계급의 수입이 증가하고 있었던 데 힘입은 것이었으며, 다시 그러한 수입의 증가는 궁극적으로 15세기 말로부터 시작된 유럽 경제의 성장 국면에 바탕을 둔 것이었다. 하지만 앞서 중세에 발전했던 직물 산업들과 마찬가지로 수출을 위한 영국의 직물 산업도 궁극적으로는 봉건제가 농업생산을 탈바꿈시킬 수 없었기 때문에 더 이상 커질 수 없었던 유럽 시장의 한정된 규모로 말미암아 성장을 엄격하게 제한당했다. 그래서 수출을 위한 영국의 직물 산업도, 대륙의 그것들이 모두 그랬던 것과 마찬가지로, 16세기 말과 17세기에 대륙에서 인구와 생산이 성장의 한계에 도달하여 위기 속에 빠져들기 시작하면서 어쩔 수 없이 비틀거리기 시작하였다. 수출을 위한 직물 산업이 영국에서뿐만 아니라 대륙에서도 모두 더욱 격렬한 경쟁 속에 빠져들었음은, 시장이 이미 포화점에 도달해 있었다는 것을 가리키는 지표였다. 그 포화점을 넘어서면 여러 나라의 수출을 위한 직물 산업들 사이에서 그 각각이 시장에서 차지하는 몫은 어느 정도 재분배될 수 있었겠지만, 산업 전체가 커다란 정도로 성장할 수는 없었다.227) 그리하여 그 뒤로는 대륙의 모든 지역이 이르건 늦건 17세기에 서로 연관되어 나타난 농업 위기와 산업위기 속으로 빠져들어 갔다.

따라서 17세기에 영국의 경제는 그것이 옛 맬서스적 한계들 너머로 인구를 계속 증가시킬 수 있었다는 점에서뿐만 아니라, 또한 전통에 의해 지배되고 있던 수출을 위한 직물 산업이 위기와 정체를 맞이한데 직면하여 산업과 경제 전반의 지속적인 성장을 이루어낼 수 있었다는 점에서도, 대륙에 있는 모든 다른 나라의 경제와 **뚜렷하게 구별되고 있다**. 영국 산업의 지속적인 팽창은 어쩌면 원래 직물수출로부터 힘을 얻었을지는 모르지만 기본적으로는 궁극적으로 농업생산의 지속적인 탈바꿈에 뿌리를 둔 내수시장의 성장을 바탕으로 하여 이루어진 것이었다. 그와 대조적으로 프랑스와 서부 독일 그리고 동부 유럽 전역에 걸쳐 제조업생산이 널리 하락한 데에는 바로 내수시장이—농업 생산성의 하락으로 말미암아 잠식당한 바람에—한정되어 있었고 또 쇠퇴해 갔던 것이 근본적인 원인으로 작용하였다.

227) Coleman, *Economy of England, 1450–1750*, pp.48–55, 61–5; F. J. Fisher, "London's Export Trade in the Early Seventeenth Century", *Econ. Hist. Rev.*, 2nd ser., iii(1950–1) ; B. Supple, *Commercial Crisis and Change in England, 1600–1642* (Cambridge, 1959) ; D. Sella, "The Rise and Fall of the Venetian Woollen Industry", in B. Pullan(ed.), *Crisis and Change in the Venetian Economy, 1550–1630* (London, 1968) ; P. Deyon, "La concurrence internationale des manufactures lainières aux XVIe et XVIIe siècles", *Annales E. S. C.*, xxvii(1972) ; C. Wilson, "Cloth Production and International Competition in the Seventeenth Century", *Econ. Hist. Rev.*, 2nd ser., xiii(1960–1).

유럽대륙에서 산업의 발전이 근대 초 내내 그것의 기반을 이루고 있던 봉건적 성격의 농업으로 말미암아 줄곧 가로막혔다는 사실은 끝으로, 대륙에서 가장 선진적인 지역이었던 네덜란드 연방the United Provinces조차 옹색한 발전경로를 걸어갔다는 점으로도 확인된다. 17세기 초에 네덜란드의 해운업은 유럽의 운송업 분야를 지배하고 있었으며, 아마 네덜란드 경제의 가장 역동적인 부문을 이루고 있었을 게다. 네덜란드에는 또한 특히 라이덴Leiden에 자리 잡고 있던 수출을 위한 직물 산업도 꽤 인상적인 규모로 존재하고 있었다. 더구나 이 시대에는 적어도 부분적으로는 수출을 위한 것이었던 제지, 양조, 표백, 제빵, 벽돌 및 타일제조 따위의 중요한 산업들도 성장해 나왔다. 또 한편으로는 아주 중요한 농업 부문도 지역별로 그리고 특히 전체 유럽경제와의 관련 속에서 아주 높은 정도로 전문화를 이루어냄으로써 급속하게 발달하였다.

하지만 문제는 이러한 모든 발전들이 16세기 동안에 그리고 17세기에 들어와서까지 유럽경제가 전반적으로 성장한 데 힘입어 촉진되었다는 사실에 있었다. 산업 부문과 농업 부문은 모두 그들의 생존을 동부 유럽으로부터의 곡물 수입에 크게 의존하고 있었다. 더더욱 중요한 점으로 해운업과 직물 산업은 네덜란드의 여러 다른 주요 산업들과 마찬가지로 해외 수출시장에, 따라서 결국에는 해외에서의 생산에 의존해 있었다. 이는 궁극적으로 네덜란드의 농업에서도 마찬가지였다. 요컨대 네덜란드에서는 생산이 자립적인 경제를 거의 이루고 있지 못했다. 그것은 전반적인 유럽경제의 한 부분으로서만 성장하였으며, 따라서 당연하게 그 운명을 같이 나눌 수밖에 없었던 것이다.

그러므로 유럽 경제가 그 시점은 지역에 따라 여러모로 다르지만

17세기에 전반적으로 정체와 위기에 빠져 들어감에 따라, 네덜란드의 경제도 심각한 영향을 받으리라는 것은 충분히 예상될 수 있는 일이었다. 운송업은 유럽의 전반적인 위기에 어쩌면 가장 민감했던 부문으로서 1650년 이후에 정체 속에 빠져들었다. 직물 산업 또한 피해를 입지 않을 수 없어, 라이덴에서는 직물생산량이 1650년과 1700년 사이에 3분의 1이나 줄어들었다. 네덜란드의 경제는 유럽 경제에 너무나 깊이 뿌리를 내리고 있었기 때문에, 위기가 닥쳐왔을 때 스스로의 힘으로 그 위기에 맞설 수 없었다. 네덜란드 사람들은 다름 아니라 허약한 기초 위에 너무 커다란 건물을 세워놓았던 것이었다. "A 국면" 동안에는 그 지역이 발전된 경제조직 덕분에 유럽 경제의 팽창하고 있던 시장을 지배할 수 있었다. 하지만 이 시장이 어쩔 수 없이 한계에 도달하자 네덜란드 경제는 뒤로 물러서지 않을 수 없었다. 본질적으로 봉건적인 것으로 남아있던 생산의 회로 속에 말려들어 있었던 네덜란드 경제는, "B 국면"이 시작되면서 그 회로가 점차 위축되어 가자, 그와 더불어 서서히 질식당해 갔다.228)

그와 대조적으로 영국의 경제에서는 근대 초에 국내에서 농업 부문과 산업 부문이 서로에게 의존하고 서로를 발전시키면서 꾸준하게 성장해 나오는 양상이 나타났다. 17세기의 두 번째 사반세기에 이미 영국의 생산이 그 당시 팽창하고 있던 내수시장을 지향하기 시작하였다

228) 앞서의 몇 단락에 관해서는 특히 Van der Woude, "*A. A. G. Hijdragen* and the Study of Dutch Rural History", pp.227-41을 보라. Schöffer는 다음과 같이 지적하고 있다. "어느 정도까지는, 네덜란드 공화국의 경제적 번영을 기생적인 것이라 부를 수 있다……[그것은] 그 모든 면에서 유럽에 기대고 있었다……홀랜드의 번영은 1660년 이후 내리막길을 걸었고, 공화국도 유럽의 경제발전에서 나타난 B국면으로 빠져들었다." : I. Schöffer, "Did Holland's Golden Age Co-incide with a Period of Crisis?", *Acta historiae Neerlandica*, i(1966). pp.100-1.

는 점은, 전통적인 직물 수출업이 이 시대에 맞이하였던 극적인 위기가 경제 전체를 비교적 작은 정도로만 교란시켰다는 사실에 의해 뒷받침되는 것으로 보인다. 경제위기는 대체로 수출을 위한 직물생산에 직접 관여하고 있던 지역들에만 한정되었고, 바로 이런 지역들에서는 그 위기가 높은 수준의 실업률에서 분명하게 드러났다.229) 하지만 바로 같은 시기(1615년~1640년)에 수입업—상층계급을 위한 사치품뿐만 아니라 스페인의 과일, 레반트의 건포도, 인디아제도의 양념류 그리고 아메리카의 담배와 같은 폭넓은 범위의 소비재들까지도 포함한 온갖 종류의 상품을 취급하는 수입업—은 상당한 정도로 성장했다.230) 이는 중산계급 그리고 심지어는 더 낮은 계급이 탄탄한 내수시장을 형성하고 있었음을 가리킨다고 여겨진다. 이 시기에 곡물 생산이 실로 남아돌면서 곡가가 하락해 갔던 현상은, 직물 산업이 맞이한 위기의 영향을 크게 감소시켜 지속적인 성장을 위한 기반을 마련해 주었던 것으로 보인다.231)

17세기 후반에 영국 경제에서 나타났던 지속적인 활력은 경제의 탈바꿈이 이미 이루어져 있었음을 분명하게 보여주었다. 서스크가 설명하고 있듯이 이 시대 동안에는 튜더 시대에 모습을 드러내기 시작한 (양말 짜기, 레이스 짜기, 아마포 짜기 따위의) 산업들이 전반적으로 급속하게 성장했을 뿐만 아니라, (칼, 날붙이 도구들, 모자, 그릇 따위

229) Supple, *Commercial Crisis and Change in England, 1600-1642*.

230) H. Taylor, "Trade, Neutrality and the 'English Road', 1630-1648", *Econ. Hist. Rev.*, 2nd ser., xxv(1972) ; A. M. Millard, "The Import Trade of London, 1600-1640"(Univ, of London Ph. D. thesis, 1956)의 부록들.

231) J. Thirsk, *Economic Policy and Projects* (Oxford, 1978), p.161. 필자는 그 원고를 출간하기 전에 필자가 볼 수 있도록 허락해준 데 대해 Joan Thirsk에게 감사를 드리고자 한다.

를 만드는) 다른 일련의 "소비산업"들도 빠른 성장을 보였다.[232] 이러한 발전들이 얼마나 커다란 정도로 이루어졌는가를 수량적으로 전출하기란 어려운 일이다. 그럼에도 거시 경제적인 동향들은 산업제품들에 대한 내수시장이 크게 팽창하고 있었다는 인상을 더욱 뒷받침해주는 것으로 여겨진다. 인구는 17세기 말을 거쳐 18세기에 들어서서까지 줄곧 증가하였고, 그와 함께 줄곧 농업으로부터 산업으로, 그리고 농촌지역으로부터 도시지역으로 옮아가, 런던뿐만 아니라 리버풀과 맨체스터 그리고 버밍엄도 크게 성장하기에 이르렀다. 그럼에도 곡물가격은 더 이상 상승하지 않았다. 이 덕분에 실질임금이 증대될 수 있었고, 그리하여 노동 인구에게는 새로운 황금시대가 열렸다. 바로 농업이 마음대로 소비할 수 있는 소득을 증가시키고 그에 따라 구매력을 증대시켜 주었던 덕분에 내수시장은 줄곧 팽창해 갔다. 이리하여 산업은 농업에 힘입어 발전해 갔고, 동시에 거꾸로 농업이 더더욱 개선을 이루어 가도록 자극해 주었다. 이와 같이 위로 향한 발전적인 순환은 산업혁명에 들어서서까지 계속 이어져갔다.[233]

232) *ibid.*, ch.5, 그리고 결론 부분.

233) 지속적인 발전에 대해서는 Coleman, *Economy of England, 1450-1750*, chs. 6, 7, 9, 11; A. H. John, "Agricultural Productivity and Economic Growth in England, 1750-1780", in E. L. Jones & G. E. Mingay(eds.), *Land, Labour and Population in the Industrial Revolution* (London, 1967)을 참고할 것.

번역을 마치고

이 책에는 로드니 힐튼이 붙인 훌륭한 서론이 나와 있으므로, 책의 내용에 대해 소개할 필요는 없을 것이다. 옮긴이는 단지 도움을 준 여러분께 감사를 드리고자 한다. 우선 서울대학교 서양사학과의 은사님들께 머리를 숙여 감사를 드린다. 옮긴이가 대학에 입학했을 때 중년이셨던 은사님들께서는 이제 정년퇴임을 하셨거나 정년을 앞두고 계신다. 그 짧지 않은 세월 동안 한결같이 능력 없는 역자를 격려하고 부추기시며 애정이 담긴 질책을 해주신 은사님께 한없는 고마움을 이 자리를 빌려 표시하고자 한다. 다음으로 항상 학문적인 토론과 논의를 통해 옮긴이에게 자극을 주어왔던 여러 선배님들과 동학 그리고 후배들에게도 감사를 드린다. 끝으로 이 책의 원고를 쾌히 받아들여 출판해주신 도서출판 집문당의 임경환 사장님과 편집부 여러분들, 그리고 이 책의 출판에 협조를 아끼지 않으신 바른글방의 임명구 사장님과 실무진들께도 고마움을 표하지 않을 수 없다.

1991년 4월

옮긴이